李鸿章
和他的幕僚们

欧阳跃峰 ———— 著

团结出版社

图书在版编目（ＣＩＰ）数据

　　李鸿章和他的幕僚们 / 欧阳跃峰著. 一北京： 团
结出版社，2012.1（2022.12 重印）
　　ISBN 978-7-5126-0742-2

　　Ⅰ . ①李… Ⅱ . ①欧… Ⅲ . ①李鸿章（1823～1901）
- 生平事迹 Ⅳ . ① K827=52

　　中国版本图书馆 CIP 数据核字 (2011) 第 272214 号

出　版：团结出版社
　　　　（北京市东城区东皇城根南街 84 号　邮编：100006）
电　话：（010）65228880　65244790（出版社）
　　　　（010）65238766　85113874　65133603（发行部）
　　　　（010）65133603（邮购）
网　址：http: //www.tjpress.com
E-mail: zb65244790@vip.163.com
　　　　tjcbsfxb@163.com（发行部邮购）
经　销：全国新华书店
印　装：三河市东方印刷有限公司

开　本：170mm×240mm　16 开
印　张：31.25
字　数：443 千字
版　次：2012 年 1 月　第 1 版
印　次：2022 年 12 月　第 2 次印刷

书　号：978-7-5126-0742-2
定　价：88.00 元

目 录

第一章　李鸿章的生平与事功

　　李鸿章是一位妇孺皆知的历史人物。他以一介书生投笔从戎，进而得以长期手绾兵符，掌握着当时在国内堪称装备精良的淮军，创建了近代化的北洋海军；以镇压农民起义有功，而出任封疆大吏，活跃在晚清政坛上长达40年之久。李鸿章本人不无得意地说自己"少年科第，壮年戎马，中年封疆，晚年洋务，一路扶摇"[①]。梁启超甚至说："自李鸿章之名出现于世界以来，五洲万国人士，几于见有李鸿章，不见有中国。一言蔽之，则以李鸿章为中国独一无二之代表人也"，"要之，李鸿章为中国近四十年第一流紧要人物。读中国近世史者，势不得不日李鸿章；而读李鸿章传者，亦势不得不手中中国近世史；此有识所同认也"。[②]可见李鸿章对于近代中国乃至整个世界的影响之大。然而，世人在不同时期对李鸿章的评价却相差悬远。稍微对历史有点兴趣的人都可能会了解到：早先李鸿章一直背着"卖国贼"的恶谥，被视为中华民族的千古罪人；20世纪80年代以来却逐渐被推崇为中国社会近代化的倡始人和先驱者。这种状况的出现，一方面固然是由于随着时代的进步，人们变换了观察历史的视角；另一方面也是因为以前的研究尚不够全面而深入。

一、出身于科举，发迹于军旅

　　李鸿章出生于道光三年（公元1823年），本名章铜，字渐甫，一字子

[①] 吴永：《庚子西狩丛谈》卷4，第129页。

[②] 梁启超：《李鸿章》，第2页。

黻，号少荃，亦作少泉，晚年自号仪叟，安徽省庐州府合肥县磨店庄（今属肥东县）人。先世本姓许，后因本支祖先过继给李氏承续香火，遂改姓李。李鸿章祖上世代务农，一直都是默默无闻的平民百姓，直至其父李文安始以苦读踏入仕途。

李文安早年在家乡设帐授徒，1838 年与曾国藩同榜考中进士，后官至刑部郎中、记名御史。李鸿章自幼随父攻读经史，学作八股文，一心要通过科举之途博得高官厚禄，以光大父业。追求功名利禄的动力加上资质聪颖，李鸿章果然学有所成，先于 1840 年考中秀才，又于 1844 年进京参加顺天府乡试，考中了举人。次年会试落榜，遂拜曾国藩为师，"朝夕过从，求义理经世之学"①，研习制举文。1847 年，李鸿章考中进士，被选为翰林院庶吉士，三年后散馆授编修。曾国藩对李鸿章青睐有加，目之为"伟器"，尝将其门下同榜考中进士的李鸿章、郭嵩焘、陈鼐、帅远燡四人称许为"丁未四君子"。

太平天国起义爆发后，清军不堪一击，望风披靡，清政府令各地办理团练以对抗太平军。1852 年底，太平军由湖南进入湖北，连克汉阳、汉口，全力围攻武昌，清廷于次年初任命丁母忧在籍的礼部侍郎曾国藩帮办湖南团练。2 月，太平军于攻克武昌后顺江东下，先克九江，再占安徽省城安庆，击毙安徽巡抚蒋文庆。3 月初，清廷令籍隶安徽旌德的工部侍郎吕贤基回安徽办理团练，吕贤基奏调李鸿章一同回皖，帮办团练事宜。

先是，因李文安曾写信"劝谕乡人先为思患预防之计"②，合肥各乡地主士绅已纷纷举办团练。李鸿章抵皖后，先随以兵部侍郎衔办理防剿事宜的周天爵镇压了定远县的陆遐龄起义和颍州（今阜阳市）境内的陈学曾、纪黑壮等部捻众。5 月，李鸿章被新任安徽巡抚李嘉端调往庐州（今合肥市）。适

---

① 周维立：《清代四名人家书》，第 145 页。
② 光绪《续修庐州府志》卷 34，第 12 页。

值太平天国分兵北伐、西征皆路过安徽，李鸿章率领团练防守店埠（今肥东县）和长江北岸的运漕、东关等地，以"数月勤劳"，由李嘉端奏请赏给六品顶戴、蓝翎。

10月，湘系骨干江忠源接替李嘉端任安徽巡抚，旋即被太平军围困于庐州。李鸿章率团练配合清军解救未及，太平军于1854年1月攻占庐州，江忠源投水自尽。继任安徽巡抚福济是李鸿章会试时的座师，遂将其招入幕府。是年，李文安亦被清廷派回原籍办理团练。翌年2月，李鸿章自告奋勇，督率兵勇攻占含山，以功赏加知府衔。7月，李文安死于庐州军营，李鸿章回乡奔丧。11月，李鸿章随福济等督师攻下庐州，蒙军机处记名以道府用。1856年秋，太平天国发生天京内讧，实力大损，各路清军乘势反攻。李鸿章率团练协同皖北清军攻克巢县、和州（今和县）、东关等地，被清廷赏加按察使衔。次年，太平天国将领陈玉成、李秀成率部再攻皖北，李鸿章部团练被击溃。1858年8月，太平军再克庐州，李鸿章携眷辗转逃往江西南昌，投奔其兄李瀚章。

李瀚章早先以拔贡参加朝考，蒙曾国藩取为一等，以知县分发湖南，历署永定、益阳、善化（今长沙市）等县知县。曾国藩创建湘军之初，即将他调至军营办理粮台。1854年曾国藩率湘军出省作战，次年将湘军后路粮台移至南昌。1857年曾国藩因父丧回籍，李瀚章亦回庐州守制。翌年曾国藩复出督师，仍将李瀚章调往南昌总理粮台。经李瀚章荐引，李鸿章于1859年1月前往江西建昌（今南城县）湘军大营加入曾国藩幕府，"初掌书记，继司批稿、奏稿"。曾国藩一方面非常赏识李鸿章的才华，尝谓："少荃天资于公牍最相近，所拟奏咨函批，皆有大过人处，将来建树非凡，或竟青出于蓝，亦未可知。"另一方面也深知他恃才傲物、落拓不羁，有心对其严格要求，"欲折之使就范也"。据说，曾国藩起居有节，每日黎明即起查营并与幕僚共进早餐，李鸿章深以为苦。有一天，他谎称头疼想美美地睡个懒觉。曾国藩不露声色地接连派人催他起床，声称一定要等幕客到齐了才开饭。李鸿章见实在赖不过去了，只得"踉跄而往"。饭后，曾国藩郑重地对他说："少荃，既入我幕，我有言相告，此处所尚唯一'诚'字而已。"李鸿章不禁"为之悚然"[①]，从此不敢稍有懈怠。平日里曾国藩对他"特加青睐，于政治、军务悉心训诲，曲尽其熏陶之能事"[②]。日积月累，李鸿章从中学到了不少东西，自己也觉得学识、才干均有所提高，曾心悦诚服地说："从前历佐诸帅，茫无指归，至此如识南针，获益匪浅。"[③]

起初，曾国藩令李鸿章负责由皖北募勇编练马队，因受地方势力阻挠而流产，继又令他协同曾国荃领兵增援景德镇。1859 年 11 月李鸿章被清廷任命为福建延建邵遗缺道，曾国藩仍将其奏留在幕府中。次年 5 月，太平军第二次攻破清军江南大营，乘胜挥师东进，攻占苏州、常州等地。清政府不得不于 6 月初任命曾国藩为两江总督，令其率部由皖南直趋苏州，以保东南大局。曾国藩正在督师围攻安庆，不愿弃之东下，又不敢对抗朝命，乃于 7 月底至皖南的祁门建立湘军大营，摆出东进的架势以应付朝廷。旋又奏保李鸿章为两淮盐运使、湘军水师将领黄翼升为淮扬镇总兵，令他们负责筹建淮扬水师，以阻遏苏南太平军向江北发展。但是，清廷仅任命黄翼升为淮扬镇总兵，却未任命李鸿章为两淮盐运使。9 月，英法联军逼近北京，清廷又令曾国藩立即派兵入卫京师。曾国藩同样是既不愿分兵，又不敢抗命，便召集幕僚商讨办法。多数人主张派兵北上，李鸿章力排众议，倡言："夷氛已迫，入卫实属空言"，根本是远水难救近火；对外战争的结局，"不过金帛议和，断无他变"，只有农民起义才会威胁清王朝的统治；湘军"关天下安危，举措得失，切宜慎重"，最好的办法是"按兵请

---

① 薛福成：《庸盦笔记》卷 1，上海进步书局印行，第 8 页。

② 刘体智：《异辞录》卷 1，第 21 页。

③ 《庸盦笔记》卷 1，第 8 页。

旨"①，以待时局变化。果然，曾国藩不久便接到了和议已成、无须派兵的朝旨。

由于湘军主力一直在围攻安庆，曾国藩移营祁门后，迭遭太平军进攻，险象环生，李鸿章断言祁门为绝地，建议曾国藩及早转移。可曾国藩唯恐朝廷怪罪他对苏、常坐视不救，宣称要誓死驻守祁门，双方发生了严重的意见分歧。恰值驻防徽州（今歙县）的徽宁池广太道李元度不听曾国藩坚壁自守的命令，擅自领兵出城与太平军作战，致使徽州失守，又耽延于浙赣边界，不及时回祁门向曾国藩汇报。曾国藩决定上章对其加以弹劾，以肃军纪。李鸿章以李元度与曾国藩"尝共患难"，弹劾他会使追随者寒心，表示不愿拟稿，甚至以去就争。曾国藩不为所动，坚持上奏朝廷将李元度革职，李鸿章负气离开湘军大营。

李鸿章一度打算前往福建就任延建邵道，他的会试同年福建闽侯人沈葆桢告诉他："闽事糜烂，君至徒自枉才耳。"②他的另一位同年郭嵩焘和湖北巡抚胡林翼都劝他仍应依附曾国藩，以期建功立业。1861年5月曾国藩移营东流（今属安徽省东至县）后，于下月函邀李鸿章"速来相助为理"③。7月，李鸿章重入曾国藩幕府。9月，湘军攻占了安庆。11月，清廷命曾国藩统辖江苏、安徽、江西、浙江四省军务，并令四省巡抚、提镇以下各官悉归节制。时太平军已占领了江浙大部分地区，上海已形同孤岛。当月，上海官绅推举户部主事钱鼎铭赴安庆乞师，曾国藩决定派李鸿章招募淮勇援沪。

李鸿章很快招致了刘铭传、张树声、潘鼎新、吴长庆等庐州团练旧部共四营。原先由李鸿章幕练的皖北团练张遇春部时已改隶湘军，曾国藩将其归还李鸿章，又将韩正国、程学启等部湘军六营拨归淮军。另从江苏巡抚薛焕

---

① 徐宗亮：《归庐谈往录》卷1，第20页。

② 苑书义：《李鸿章传》，人民出版社1991年6月版，第41页。

③ 曾国藩：《曾文正公全集》，书札卷15，第43页。

派员至湖南招募的 4000 名乡勇中挑选出 1000 人，编为二营，一并交李鸿章指挥。1862 年 3 月，淮军正式编成，计有 13 营，共 6500 人。随即由沪绅雇用洋商轮船分批运往上海。

曾国藩决计派李鸿章援沪时，即奏称：李鸿章"劲气内敛，才大心细，若蒙圣恩将该员擢署江苏巡抚，臣再拨给陆军，便可驰赴下游，保卫一方"。[①]1862 年 4 月 8 日，李鸿章随首批淮军抵达上海，4 月 25 日，清廷即令其署理江苏巡抚。12 月初，又实授江苏巡抚。尽管有曾国藩的大力举荐，但是李鸿章刚刚手握兵权，尚未立下尺寸之功，就迎来了仕途上的飞黄腾达，这恐怕是连他本人也始料未及的。

二、镇压农民起义

李鸿章到达上海之先，沪上官绅为借用英、法军队防守上海，已成立了中外会防公所。另雇用美国人华尔组建了华洋混合的洋枪队，时已改称常胜军，很快扩充至 4500 余人。由江苏巡抚薛焕指挥的清军有 50000 余人，还有部分团练武装。淮军抵沪之初，因装备落后，衣着土气，被"笑指为乞丐"。官场上，出身于"钱谷猾幕"的吴煦以苏松太道署理江苏布政使，与"以通事奸商起家"的苏松粮储道杨坊沆瀣一气，勾结洋人，任用亲信，架空薛焕，把持着人事与财政大权。是年初，太平天国忠王李秀成亲率大军发动第二次进攻上海的战役，于太仓、嘉定等地大败清军与英、法军队，先后打伤英国水师提督何伯，击毙法国水师提督卜罗德，生擒常胜军副领队法尔思德。李鸿章将其初到上海时所处的形势概括为："岛人疑谤，属吏蒙混，逆众扑窜，内忧外侮，相逼而来。"[②]

接任江苏巡抚后，李鸿章以"不要钱，不怕死六字刻刻自讼"，决

---

① 《清史列传》卷 45，第 18 页。

② 李鸿章：《李文忠公全集》，朋僚函稿卷 1，第 59 页。

心要干出点模样来，庶可"仰酬君国，远对友朋"。他考虑到"规复吴疆，人少断不济事"①，除重用其会试同年刘郁膏与钱鼎铭等外，还四处延揽人才，陆续将郭嵩焘、黄芳、王凯泰、郭柏荫、丁日昌等奏调至上海，组建起一个阵容强大的幕府班子，用他们逐步接管各项事务，最终把吴煦、杨坊等赶出了官场。同时，李鸿章于当年6月亲自督率淮军在上海徐家汇、九里桥、新桥、虹桥等处连续击败太平军，致使太平军第二次进攻上海的战役功败垂成。李鸿章由此在上海站稳了脚跟，连洋人也对淮军竖起了大拇指。此后，他积极地通过各种途径大力扩充淮军，一年后淮军总数已有40000人，苏南战事结束时，李鸿章所统各军总数已达70000人。

1862年10月，为配合湘军围攻天京的战斗，李鸿章派常胜军会同英、法军队攻占了嘉定。留守苏南的太平天国慕王谭绍光等率部主动出击，分兵进攻嘉定、南翔，包围了四江口的淮军营垒。李鸿章急调各部增援，经过数日激战，"歼、擒悍贼至一万数千名之多"。这一仗成为淮军在苏南战场上由战略防御转入战略进攻的转折点。后来有人为李鸿章吹嘘道："是役也，贼垒为平，擒斩无算，溃逃落水，江为不流，此为东征第一大捷，亦为中兴第一转机。"②次年初，驻守常熟的太平军将领骆国忠叛降，李鸿章乘势发动反攻，于5月初攻克太仓，是月底攻占昆山，兵锋直指苏州，旋又分兵攻占了吴江、江阴。12月初，驻守苏州的太平天国纳王郜永宽等刺杀谭绍光，献城投降。一个星期后，淮军攻下无锡，此后又相继占领了江苏宜兴、溧阳和浙江嘉兴，1864年5月，攻克常州，数日后又克丹阳。至此，李鸿章已经完成了"用沪平吴"的大业，随即遣散了常胜军。时，曾国荃督率湘军久攻天京不下，清廷令李鸿章速派所部淮军前往助攻。曾氏兄弟一心想独占攻陷天京的首功，

① 《李文忠公全集》，朋僚函稿卷2，第35页。
② 《李文忠公全集》卷首，第46页。

当然不愿让李鸿章参与天京战事。李鸿章早已摸透了曾氏兄弟的心理，便多方寻找借口，一再拖延，直至 7 月中旬才决定派刘铭传等率淮军 27 营连同炮队会攻天京。7 月 18 日曾国荃于军营中收到李鸿章通告此事的来函，当即以之传示众将曰："他人至矣，艰苦二年以与人耶？"大家同声表示："愿尽死力！"① 第二天湘军即攻破了天京。据说，后来曾国藩与李鸿章相见时，曾特地为此而向他致谢，执其手曰："愚兄弟薄面，赖子全矣。"② 清廷论功行赏，加封曾国藩为一等毅勇侯，曾国荃为一等威毅伯，李鸿章为一等肃毅伯，三人同时赏戴双眼花翎。

镇压了太军天国起义后，曾国藩为免功高震主之嫌，一面劝说曾国荃称病辞职回籍，一面将所部湘军裁撤殆尽，而淮军仅裁撤了数千人。1865 年 5 月，督师剿捻的蒙古科尔沁亲王僧格林沁被捻军击毙于山东曹州（今菏泽）高楼寨。清廷命曾国藩为钦差大臣，统帅淮军北上剿捻；命李鸿章署理两江总督，负责为剿捻部队筹措军械、粮饷。

曾国藩改变了僧格林沁一味穷追的鲁莽办法，采用"画河圈地"的战略，沿运河、黄河、沙河、贾鲁河设防，以堵御捻军。但是由于战线较长，参与剿捻的各军难以协调一致，即使是淮军亦觉指挥不灵。1866 年秋冬间，捻军一再突破沙河至贾鲁河防线，曾国藩不得不承认自己"是打捻无功之人"③，尝致函李鸿章谓："捻匪非淮勇不能灭，淮勇非君家不能督率。"是年 12 月，清政府令曾国藩回任两江总督，让李鸿章接替他督师剿捻。

这时，捻军已分为两支，一支由梁王张宗禹率领，前往陕甘联络回民，通称为西捻军；另一支由遵王赖文光、鲁王任化邦率领，留在中原坚持斗争，通称为东捻军。李鸿章出征之始，见东捻军 10 万余众集结于湖北钟祥臼口一带，马上调集各部清军 70000 余人分头齐进，欲一举聚而歼之。1867 年

---

① 《太平天国史料丛编简辑》第 3 册，第 369 页。

② 《异辞录》卷 1，第 38 页。

③ 刘声木：《苌楚斋随笔》，四笔卷 4。

1月，捻军先于安陆府罗家集击败淮军松字营，重伤其统领郭松林；再于德安府杨家河重创淮军树字营，击毙其统领张树珊。2月，尹隆河一战，为抢战功而轻进的刘铭传部淮军几为捻军全歼，幸亏鲍超部湘军及时赶到，才得转败为胜，捻军损失了20000余人。3月，捻军于蕲水全歼彭毓橘部湘军。尔后冲出清军的包围圈，进入河南。6月突破运河防线，挺进胶东半岛。李鸿章决定实施"扼地兜剿"的战略，"蹙之于山深水复之处，弃地以诱其入，然后各省之军合力，三四面围困之"①。一面采纳刘铭传等提出的"倒守运河"的建议，将原设于运河东岸的防线移至运河西岸；一面于胶莱河两岸增设内层防线，以紧缩兜扼的范围。同时奏请朝廷令直隶总督刘长佑、三口通商大臣崇厚调兵沿黄河布防，令漕运总督张之万督军在苏北沿六塘河布防，构成了一个硕大的包围圈。8月，捻军突破胶莱河防线，西渡潍河，进入山东腹地。李鸿章亲至台庄督师，着力加固运河防线，将东捻军堵截于黄河、运河、六塘河与大海之间，并组织精锐之师跟踪追击。11月，东捻军先受挫于潍县松树山之役，再受挫于苏北赣榆之战，任化邦被叛徒刺杀于阵前。下月，山东寿光一战，东捻军损失30000余人，主力基本被歼。赖文光率余部于次年1月冲过六塘河防线，旋于扬州东北湾头瓦窑铺遭到清军袭击，伤重被俘遇害。

张宗禹于1867年底在陕西境内获悉东捻军被困的消息，马上率西捻军东渡黄河，经山西进入直隶，兵锋直指北京，欲攻敌于必救，以解东捻军之围。次年2月，西捻军进抵保定，清廷震动，急调李鸿章等率部北援。此时东捻军已被全歼，西捻军成为深入敌后的孤军。3月冀中饶阳一役，幼沃王张禹爵、淮王邱远才战死。旋于豫北滑县击败淮军杨鼎勋部，复进至天津附近的杨柳青等地，因受阻于崇厚所部洋枪队，折而南下冀南、鲁北。李鸿章欲故技重演，实施"就地圈制"战略。但西捻军汲取了东捻军失败的教训，

---

① 中国近代史资料丛刊《捻军》（一），第141页。

一直留心不落入清军的包围圈。李鸿章"初意拟蹙之怀、卫之间，继欲扼之卫、黄之交，皆未及谋定而贼已窜逸"。5月，连降大雨，运河水位暴涨至一丈五六尺，黄河水亦"陡涨数尺"，西捻军连战皆败，数次抢渡运河不成，处境日益艰难。李鸿章乘势沿马颊河、徒骇河布防，以缩紧包围圈。8月，西捻军在山东荏平境内遭淮军主力截击，全军覆没，张宗禹"独以八骑窜茌中，走茌平，至徒骇河，下马四顾，极天皆巨浸"[1]，乃驱散从骑，投河自尽。李鸿章以剿捻之功得以升任协办大学士，并被赏加太子太保衔。

先是，清廷已于1867年2月任命李鸿章为湖广总督。剿捻军事结束，他尝奏请裁撤淮军，表示："撤军归农是吾素志，此后扁舟垂钓，不复与闻军事，可告无罪。"[2]但清廷仍令他酌留劲旅以备缓急。1868年10月，李鸿章遵旨进京觐见了慈禧、慈安两宫皇太后和同治皇帝，随后赴南京与曾国藩商定将淮军裁遣50营，保留75营，旋于回乡省亲后赶往武昌就任。

次年2月，李鸿章接任湖广总督。6月，奉命入川查办四川总督吴棠被参案。李鸿章早先在皖办理团练时已与吴棠相识，后来在任江苏巡抚期间与时任漕运总督的吴棠交往甚为密切，尝称之为"金石至交"，且又素知其受慈禧太后"圣眷颇隆"，当然要多方为之开脱。11月，李鸿章于复奏中说：吴棠在江苏任州圻时，即"有循吏之目，迨洊擢封圻，扬历数省，官声尚好，僚属皆知"。只因在川督任上整顿吏治，"殊于贪官猾吏不便，遂造言腾谤以倾之"，其"被参各款，毫无证据"[3]。结果，清廷不但对吴棠未加任何处理，反而将弹劾他的人加以申斥。同时，李鸿章还奉旨顺便查办了四川酉阳教案和贵州遵义教案。1870年1月，李鸿章回到武昌，10天后接奉清廷令其赴贵州督师镇压苗民起义的廷寄。他大为不满，强调饷事、地势、军情、采办、

---

① 《捻军》（一），第202、305页。

② 《李文忠公全集》，朋僚函稿卷8，第51页。

③ 《李文忠公全集》，奏稿卷15，第45页。

转运诸多为难状况，极力拖延。乃未及成行，又于 3 月中旬奉命率部前往陕西协同左宗棠镇压回民起义。李鸿章更不愿与左宗棠共事，耽搁了一个多月才由武昌起程，一路磨磨蹭蹭，直至 7 月下旬始抵达西安。一个星期后，又奉命"移缓就急"，"酌带各军克日起程，驰赴近畿一带相机驻扎"①。这一次，李鸿章如蒙大赦，急忙挥师东进，不到一个月即统带 20000 余人的大军疾驱 2000 余里，赶到了直隶境内的获鹿县。适值两江总督马新贻遇刺身亡，清廷令直隶总督曾国藩再次回任两江总督。8 月底，李鸿章在获鹿接奉调任直隶总督的上谕，实在是有点喜出望外了。11 月，李鸿章奉旨兼任北洋通商大臣，隔年晋升武英殿大学士，1875 年初转任文华殿大学士，是为清政府中名分最高的官职。时人至谓："李文忠坐镇北洋，遥执朝政，凡内政外交，枢府常倚为主，在汉臣中权势为最巨。"②

三、倡导洋务运动

李鸿章早在率淮军赴沪前夕，即认识到了中国已被强行纳入资本主义世界殖民体系这一严峻事实，慨叹："华夷混一局势已成，我辈岂能强分界划！"并由此而萌发了向洋人"求自强之术"的想法。抵沪后，他很快了解到英、法军队的武器装备比他想象的还要先进得多，一面惊叹西洋"落地开花炸弹真神技也"，一面积极购买洋枪洋炮装备淮军，密令各营将官"随队学其临敌之整齐静肃，枪炮之施放准则"，并果断地将淮军营制由每哨下辖两个抬枪队、两个小枪队、四个刀矛队，改为每哨下辖两个劈山炮队、六个洋枪队，还建立了独立的洋炮队。同时，鉴于江南大营和春、张国梁部虽有洋枪，却因未加操练而终至溃败，又"分令各营雇觅洋人教练使用炸炮、洋枪之法"。还在 1862 年 9 月以前，李鸿章已让华尔代"请外国铁匠制炸弹"。两个多

---

① 《李文忠公全集》，奏稿卷 16，第 34 页。
② 《异辞录》卷 2，第 24 页。

月后，又请近代著名数学家李善兰"制成开花炮二尊"，并通过他雇请了"善制军器之西人一名"①。次年，他先后让英国人马格里与韩殿甲、丁日昌分别在上海附近设立了三所炸弹局，随后又将马格里主持的炸弹局迁往苏州，改称苏州洋炮局。

随着与洋人接触的增多，李鸿章对世界大势有了进一步的了解，逐渐认识到中国正处于"数千年来未有之变局"，面对着"数千年来未有之强敌"。他看到："外国利器、强兵百倍中国，内则狎处辇毂之下，外则布满江海之间，实能持我短长，无以扼其气焰。"认为：中国"外海内江，彼族凭陵，我无设险能守之处，更无思患预防之人，此则数十年后之隐忧矣"。因而明确地提出："目前之患在内寇，长久之患在西人。"他大声疾呼："外国猖獗至此，不亟亟焉求富强，中国将何以自立耶？千古变局，庸妄人不知，而秉钧执政亦不知，岂甘视其沉胥耶！"迫切地希望能够尽快平定各地的农民起义，尔后"讲求戎政，以改数百年营伍陋习"。断言："我能自强，则彼族尚不至妄生觊觎，否则后患不可思议也。"② 由于当时他对西方的认识尚停留在"中国文武制度，事事远出西人之上，独火器万不能及"的水平上，所以他以为只要引进了洋枪洋炮，即足以抵御列强的侵略了。不过，他已经感觉到单靠从外国购买枪炮，是难以与列强抗衡的，因而他主张："中国欲自强，则莫如学习外国利器；欲学习外国利器，则莫如觅制器之器，师其法而不必尽用其人。"③ 就是要建立中国自己的近代军事工业。因而镇压太平天国起义的战争尚未完全结束，他就迫不及待地倡导了以"自强"为目标的洋务运动，开始了筹建近代军事工业的活动。如果说李鸿章在"用沪平吴"期间设立炸弹局、洋炮局主要是为了装备淮军、镇压太平天国起义的话，那么，他在湘军攻占天京之后还要大规模地兴办近代军事工业，就完全是着眼于抵御

① 《李文忠公全集》，朋僚函稿卷 1，第 9、20、54 页；卷 2，第 39 页。
② 《李文忠公全集》，朋僚函稿卷 5，第 34、41 页；卷 4，第 17 页；卷 6，第 37 页；卷 3，第 13 页。
③ 孙毓棠：《中国近代工业史资料》，第一辑上册，第 261、262 页。

外来侵略的了。

1864年初，经李鸿章同意，马格里等买下了阿思本舰队配备的制造枪炮子弹的机器，安装于苏州洋炮局。该局采用机器生产后，成为中国第一家近代军事工业。次年5月李鸿章署理两江总督后，将苏州洋炮局迁往南京雨花台，改称金陵机器局。该局主要生产大炮、炮弹、炮车、枪弹等军需品，产品基本用于装备淮军，所需经费初由淮军军饷内划拨，每年约50000两。19世纪七八十年代，该局连续进行了四次扩充，添置了大量的机器设备，加盖了不少厂房，规模逐步扩大，生产能力大大提高，每年的经费增加到114000两。自19世纪90年代初开始，每逢夏历闰年，另加经费10000两。

1863年12月，曾国藩决定派留学美国归来的容闳前往美国选购机器，所需经费由江苏、广东两省筹给。次年1月，时任江苏巡抚的李鸿章"饬司道赶拨万金交令速往"[①]。1865年夏，已经署理两江总督的李鸿章令丁日昌出面买下美国商人设立于上海虹口的旗记铁厂，同时将丁日昌、韩殿甲主持的两所炸弹局并入其中，成立了江南制造总局。稍后，容闳由美国归来，所购机器也并入了该局。隔年，江南制造总局迁至上海城南的高昌庙，分设有机器厂、汽炉厂、木工厂、铸铜铁厂、熟铁厂、轮船厂、枪厂和船坞等。19世纪70年代厂房占地面积展拓至400余亩，此后又陆续增设了火药厂、枪弹厂、炮厂、炮弹厂、水雷厂、炼钢厂和火药库。该局除生产枪支、子弹、大炮、炮弹、火药、水雷、地雷外，还制造了15艘大大小小的轮船。90年代，又购进炼钢炉，自行冶炼钢材。据有人估算，江南制造总局的创办经费高达543000两，另由江海关将关税收入的20%拨给该局作为常年经费，平均每年约60万两。后来该局产品调拨各省，往往要求各省按值付价。加上这笔款项，中法战争时该局岁入经费达151万余两，中日甲午战争期间更

---

① 《李文忠公全集》，朋僚函稿卷4，第29页。

高达 211 万余两。

李鸿章调任直隶总督后，还接管了三口通商大臣崇厚创办的天津机器局，并很快将原任总办英国人密妥士撤职，改派其亲信沈保靖等担任该局总办，一再添购机器设备，扩建厂房，增拨经费，以扩大该局的生产规模，使之成为"北洋水陆各军取给之源"①。

早在 19 世纪 60 年代，李鸿章对于中国的贫穷已经有了深切的体会，尝喟然长叹"中国无处不穷，令人短气"，认为中国"不患弱而患贫"。并且认识到西方资本主义国家的掠夺，是造成中国贫穷落后的重要原因。他十分痛心地指出："长江通商以来，中国利权操之外夷，弊端百出，无可禁阻。"惊呼：中国的利权全被洋人所夺，"血脉将日枯矣"②！在创办近代军事工业的过程中，李鸿章进一步加深了对清政府财政拮据的了解，同时也认识到了创办近代工业所面临的原料、燃料、运输、通信等方面的困难。这些都促使他更全面地了解西方社会，更深入地思索中国的出路。

19 世纪 70 年代初，李鸿章已经弄清了"贫"与"弱"的关系，明确指出："中国积弱由于患贫。"他倡言："西洋方千里、数百里之国，岁入财赋动以数万万计，无非取资于煤、铁、五金之矿，铁路、电报、信局、丁口等税。"审时度势，中国也应该"早图变计，择其至要者逐渐仿行"。否则，"以贫交富，以弱敌强，未有不终受其敝者"③。一方面，他深入地分析了"富"与"强"的关系，认为："古今国势，必先富而后能强，尤必富在民生，而国本乃可益固"，于是提出了"寓强于富"的口号；另一方面，他有感于西方资本主义国家稳操中国利权，严重地阻碍了中国社会经济的发展，针对"中国财源频年漏于外洋，元气暗亏，无所底止"④的沉

---

① 《李文忠公全集》，奏稿卷 63，第 73 ～ 74 页。

② 《李文忠公全集》，朋僚函稿卷 4，第 17、22 页；卷 3，第 12 ～ 13 页；卷 7，第 24 页。

③ 《李文忠公全集》，朋僚函稿卷 16，第 25 页。

④ 《李文忠公全集》，奏稿卷 43，第 43 页；卷 78，第 11 页。

痛现实，进一步提出了"挽回利权"的口号；并身体力行，积极开始大力兴办近代民用企业，千方百计地开辟利源，以推动民族经济的发展，抵御列强的经济掠夺。洋务运动也由"自强"阶段转入了以"求富"为主的阶段。

鉴于"中国长江、外海生意，全被洋人轮船、夹板占尽"，李鸿章于1872年8月令候补知府朱其昂筹设轮船招商局，"冀为中土开此风气，渐收利权"[①]。朱其昂原拟领用福州船政局、江南制造总局制造的轮船，折价作为官股，另行招募商股，采取官商合办形式。后因闽、沪两局所制轮船均不合用，无官船可领，才改为官督商办。是年12月，轮船招商局在上海成立，后又陆续于沿江沿海各城市设立分局。李鸿章起先委派朱其昂为该局总办，但朱并不善于经营近代轮船航运业，招募的股本也极为有限，致使该局很快出现亏损。次年7月，李鸿章改派唐廷枢为总办，徐润等为会办，对该局加以改组，很快募集了股金476000两，经营也大有起色。1877年，轮船招商局兼并了美商旗昌轮船公司。19世纪80年代初，该局募足了200万两股本，所发行的面值100两的股票，市场价格一度上升到200两。

考虑到"中国金、银、铁各矿，胜于西洋诸国，只以风气未开，菁华闷而不发，利源之涸日甚一日，复岁出巨款购用他国煤铁，实为漏卮之一大宗"，李鸿章又着手兴办采矿业，认为只要"采炼得法，销路必畅，利源自开，榷其余利，且可养船练兵，于富国强兵之计殊有关系"[②]。他于1876年秋委派唐廷枢前往直隶开平勘察煤铁矿，经多方筹备，于1878年秋正式设立官督商办的开平矿务局，19世纪80年代初募足股本100万两。开平煤矿自1881年正式投产后，产量逐年上升，很快占领了天津市场。1881

---

① 《李文忠公全集》，译署函稿卷1，第39、40页。

② 《李文忠公全集》，奏稿卷40，第41页；卷19，第50页。

年天津进口洋煤 17000 余吨，至 1886 年已减至 301 吨。面值 100 两的开平股票在上海的售价一度高达 250 两。经李鸿章默许，开平矿务局还于 1881 年夏筑成了唐山至胥各庄段长约 15 华里的铁路，是为中国自行建造的第一条铁路。此后，该路由胥各庄一头不断延伸，至 1888 年秋，唐山至天津全线已告开通。另外，李鸿章于 1887 年令候补道李金镛负责开采黑龙江漠河金矿。李金镛经实地勘查后拟定章程，于次年春成立官督商办的漠河矿务局，亦称漠河金厂公司，计划集股 20 万两，购买机器，聘用外国技师开采黄金。后因仅集得商股 3 万两，乃由李鸿章代借商款 10 万两，黑龙江将军恭镗拨借官款 3 万两。该矿于 1889 年初投产，当年出产黄金 18961 两，次年出产 23105 两，1895 年产量高达 50000 两。

由于列强一再要求在中国架设电线，企图包揽中国的电讯业，李鸿章决定自行兴办，"以杜外人觊觎之渐，而保中国自主之权"①。1879 年，他于天津至大沽、北塘之间试通电报，效果良好。遂于次年 10 月在天津成立电报总局，委派盛宣怀为总办，挪用淮军饷项于 1881 年架设了津沪电线。1882 年，电报总局改为官督商办性质，当年集股 8 万两，次年集股 50 万元，用一年多时间架设了粤沪线。此后，该局又陆续架设了由镇江至汉口的长江线、京津线、由广州至广西龙州的粤桂线、由汉口经四川至云南蒙自的鄂川滇线、天津至旅顺口线、由营口经奉天（今沈阳）过吉林（今吉林市）分别通往珲春（今属吉林省）和大黑河屯（今黑龙江省爱辉县）的东北线、由保定通往新疆乌鲁木齐再分头拓展至喀什噶尔和伊犁的西北线。甲午战争爆发以前，除西藏和内、外蒙古以外，全国各省（区）的大部分重要城市都通了电报。

眼看着"英国洋布入中土，每年售银三千数百万，实为耗财之大端"，

---

① 《李文忠公全集》，奏稿卷 45，第 32 页。

李鸿章认为"亟宜购机器纺织，期渐收回利源"[①]。他先于 1876 年派道员魏纶先赴上海筹建纺织厂，因招股无着而流产。1878 年起又先后委派彭汝琮、戴景冯、戴恒、龚寿图、郑观应等创办上海机器织布局，几经周折，至 1880 年始募得股金 35 万余两，在上海杨树浦建造厂房，从外国订购轧花、纺纱、织布等机器。其后又迭起波折，数易总办，直至 1890 年才开始投产，随于 1893 年遭火灾而付之一炬。李鸿章再派盛宣怀赴沪重新集股，设立官督商办的华盛机器纺织总厂。1894 年秋，该厂又告部分投产。

这些近代企业在李鸿章的大力扶植下，大多数都取得了较好的效益。仅以李鸿章颇为自豪地自诩为"开办洋务四十年来最得手文字"的轮船招商局为例，他曾向朝廷报告说："约计创设招商局十余年来，中国商民得减价之益，而水脚少入洋商者奚止数千万，此实收回权利之大端。"[②] 李鸿章主持创办的官督商办的洋务企业，不但卓有成效地抵制了资本主义国家的经济侵略，而且客观上也成为中国社会近代化的具体标志。

李鸿章在大力兴办洋务企业的同时，还多方引进西方的科技文化知识，积极培养适应社会发展需要的近代化人才。1863 年他在上海设立外国语言文字学馆，随即改称上海广方言馆，兼聘洋人为教习，主要招收 14 岁以下"资禀颖悟，根器端静"之幼童，入馆学习外国语言文字，兼习西人所擅长的"测算之学、格物之理、制器尚象之法"，以期"一切轮船、火器等技巧，当可由渐通晓"[③]。1867 年，江南制造总局附设翻译馆，着手翻译外文书籍。隔年，上海广方言馆并入江南制造总局，仍沿用广方言馆名称。此后该馆学生分为初级班与高级班，初级班所授西学课程主要有外语、数学、物理、天文、地理、绘图等，高级班则分设七科："一、辨察地产，分炼各金，以备

---

① 《李文忠公全集》，朋僚函稿卷 16，第 3 页。

② 《李文忠公全集》，奏稿卷 59，第 39 页。

③ 《李文忠公全集》，奏稿卷 3，第 12 页。

制造之材料；二、选用各金材料，或铸或打，以成机器；三、制造或木或铁各种；四、拟定各种汽机图样或司机各事；五、行海理法；六、水陆攻战；七、外国语言文字，风俗国政"[1]，实际上已成为中等技术专业学校。1874 年，江南制造总局还设立了更专门的操炮学堂。至 19 世纪 80 年代初，江南制造总局翻译馆翻译了各类西学书籍 150 余种、400 余本，其中已刊印者为98 种、235 本。

　　1880 年春，李鸿章设立天津水师学堂，招收 13～17 岁的"良家子弟"入堂学习，培养海军人才，"以开北方风气之先，立中国兵船之本"。驻德公使李凤苞一再致函李鸿章谓："严宗光堪充教习，闽人多引重之。"严宗光即中国近代著名资产阶级启蒙思想家严复，他遂由此进入李鸿章幕府，被聘任为天津水师学堂总教习，后由会办升任总办，执教于该校达 20 年。是年秋，李鸿章设立天津电报学堂，雇用洋教习培养中国的近代电讯人才。次年，天津机器局设立了接待朝鲜留学生的朝鲜馆。后又陆续设立电机学堂、水雷学堂和水师学堂等。1882 年，电报总局设立了上海电报学堂。1885 年春，李鸿章创办了天津武备学堂，聘用德籍教官，"挑选各营精健聪颖、略通文义之兵弁，入堂肄习兵法"，学习期限为一年，期"于西洋后膛各种枪炮、土木营垒及行军布阵、分合攻守各法必能通晓"[2]，是为中国第一所陆军军官学校。此后，李鸿章等还先后设立了旅顺口鱼雷学堂、驾驶学堂、管轮学堂、水雷营学堂，大连湾水雷营学堂，威海卫南北岸水雷营学堂，刘公岛水师学堂，山海关水雷学堂，天津北洋医学堂，烟台海军学堂。70 年代初，李鸿章曾与曾国藩会衔奏请选派幼童赴欧美各国留学。曾国藩去世后，由李鸿章独立主持，于 1872—1875 年间分四批选派了 120 名幼童留学美国。此后，他又与丁日昌等由福州船政学堂分三批选派了 70 余名学生赴英、法等国留

---

[1]　朱有瓛主编：《中国近代学制史料》，第 1 辑上册，华东师范大学出版社 1983 年 12 月版，第224 页。

[2]　《李文忠公全集》，奏稿卷 52，第 8 页；卷 60，第 48 页；卷 53，第 43 页。

学。另外，他还曾选派卞长胜等 7 名淮军弁兵赴德国学习军事。各类洋务学堂培养出来的学生与留学归来的各种专门人才，为中国社会近代化注入了第一股新鲜血液。

四、筹建北洋海防

早在鸦片战争爆发前夕，奉命以钦差大臣前往广东查禁鸦片、旋改任两广总督的林则徐即曾购买外国轮船，积极筹办广东海防。稍后，魏源也提出了设立造船厂，建立海军，以加强海防的主张。第二次鸦片战争期间，清政府曾局部地加强大沽口的防务，并且一度成功地击退了企图由此登陆的英、法军队。战后，又委托时任中国海关总税务司的李泰国代为从英国购买船炮，组织舰队，以协助湘淮军镇压太平军。旋因察觉李泰国欲控制该舰队，而将其解散。1866 年，闽浙总督左宗棠奏准设立福州船政局，自行制造船舰，调拨沿海各地。此后数年间，广东、福建等省也曾分别购买外国船舰，用于巡缉沿海地区。李鸿章于 1870 年就任直隶总督后，也曾在天津、大沽一带布置防务。但是，清朝最高统治者却始终未能予以足够的重视，加强海防建设也一直未能成为清王朝的基本国策。

1874 年 5 月，日本派兵侵略我国领土台湾，清朝统治阶级大为震惊，部分有识之士认识到了筹办海防的必要性和紧迫性。11 月，总理衙门提出了加强海防、抵御外侮的六条办法。在籍养病的原江苏巡抚丁日昌建议设立北洋、东洋、南洋三支海军，分段负责沿海防务。清廷令沿江沿海各省将军、督抚就此进行认真筹划，并展开充分讨论。12 月，李鸿章向朝廷呈递了《筹议海防折》，表示完全赞同丁日昌的意见，进而提出："北、东、南三洋须各有铁甲大船二号"，"一处有事，六船联络，专为洋面游击之师，而以余船附丽之，声势较壮"。至于船舰的来源，李鸿章指出：福州船政局与江南制造总局所造各船，"物料、匠工多自外洋购致，是以中国造船之银，倍于外洋购船之价，今急欲成军，须在外国定造为省便"。显然，他之所以主张买船，一是为了应急，二是为了省钱，实际上他并不反对发展中国自己的造船业。关于沿海防务，李鸿章分析道："自奉天（今辽宁省）至广东沿海，袤延万里，口岸林立，若必处处宿以重兵，所费浩繁，力既不给，势必大溃，唯有分别缓急，择尤为紧要之处"重点设防。他认为："京畿为天下根本，长江为财赋奥区"；"直隶之大沽、北塘、山海关一带系京畿门户，是为最要；江苏吴淞至江阴一带系长江门户，是为次要"。"但能守此最要、次要地方，其余各省海口、边境略为布置，即有挫失，于大局尚无甚碍"①。经过激烈的论争，后由总理衙门汇总各派意见，奏准"先就北洋创设水师一军，俟力渐充，就一化三，择要分布"②。同时，清廷任命李鸿章与两江总督沈葆桢分别督办北洋、南洋海防事宜，令由广东、福建、浙江、江苏等省海关税与上述各省及江西、湖北厘金收入中每年拨解400万两作为南北洋海防经费。

　　起初，沈葆桢主动表示：朝廷既明令"外海水师宜先尽北洋创办"，则海防经费亦应"统解北洋兑收应用"。三年后，他又借口"南洋税课日绌"③，请求将海防经费分解一半至南洋使用。1875年4月，李鸿章请海关总税务司赫德代为从英国阿模士庄造船厂订造载38吨大炮与载26.5吨大炮的蚊子船（即炮艇）各两只。明、后年先后造成，行驶来华，李鸿章将其分别命名为龙骧、虎威、飞霆、策电。随后，李鸿章又经赫德代南洋向该厂订购了载38吨大炮的蚊子船四只，1879年11月造成驶抵天津，由沈葆桢分别命名为镇北、镇南、镇东、镇西。是年12月，沈葆桢病死。自此，"海军之规划遂专属于李鸿章，乃设水师营务处于天津，办理海军事务，以道员马建忠董之"④。1880年4月，李鸿章将北洋订购的龙骧、虎威

---

① 《李文忠公全集》，奏稿卷24，第16、17、18页。
② 中国近代史资料丛刊《洋务运动》（一），第146页。
③ 沈葆桢：《沈文肃公政书》卷7，第52、53页。
④ 《洋务运动》（八），第484页。

等四只旧蚊子船拨给南洋，将南洋订购的镇北、镇南等四只新蚊子船留在北洋。次年秋，他又将代山东订购的镇中、镇边两只蚊子船留在北洋"合队操练"。

清廷决定着手筹办海防后不久，沈葆桢、丁日昌等即提出了购买铁甲舰的建议。但李鸿章考虑到此举不但遭到了来自封建统治阶级内部的反对，而且也确实存在着经费严重不足、缺乏驾驶人才等实际困难，起初态度并不积极。1879 年，日本以武力吞并了琉球，清朝统治者再次受到强烈刺激，谕令南、北洋大臣妥筹自强之策。赫德乘机向清政府推销英国阿模士庄造船厂设计的新式快船（即巡洋舰），随后又草拟了一份"试办海军章程"，建议清廷任命他为总海防司，全面负责中国的海防建设。李鸿章先是通过赫德由阿模士庄厂订造了两艘快船，隔年造成，驶抵大沽，分别命名为超勇、扬威。而对于设立总海防司之议，李鸿章虽然感到赫德有借此控制中国海防大权的野心，却碍于总理衙门已原则上表示同意，起初觉得未便公然反对。但稍后他还是明确地向总理衙门指出："赫总税司前议，此间文武幕吏多不以为然，谓其既有利权，又执兵柄，钧署及南、北洋必为所牵制。"且中国"初讲自强，仅倚一赫德，恐为东、西洋人所轻视"，强调：即使采纳赫德的意见，对其所拟章程"尚须斟酌改定，以免太阿倒持之患"①。结果，总理衙门在李鸿章的影响下改变了态度，赫德并未能如愿以偿。

是年冬，中、俄伊犁交涉陷入僵局。俄方扬言将"添派兵船多只来华，内有大铁甲二船，吨数甚重，被甲甚厚"。李鸿章深知：俄国此举"无非挟彼之所有，以陵我之所无，意殊叵测"。因而倡言："今欲整备海防、力图自强，非有铁甲船数只认真练习，不足以控制重洋、建威销萌。"②随于次年令驻德公使李凤苞代为在德国伏耳铿造船厂订造了两艘排水量达 7000 余吨

---

① 《李文忠公全集》，译署函稿卷 10，第 5 页。

② 《李文忠公全集》，奏稿卷 37，第 5 页。

的铁甲舰，分别命名为定远、镇远。同时还在该厂订造了一艘快船，命名为济远。后因中法战争爆发，三舰造成后滞留于德国，直至战争结束后才驶回中国。

中法战争后，清政府汲取福建水师于马江之战中全军覆没的教训，决定大力发展近代海军。为了统一全国海军的指挥权，于1885年10月在北京设立海军衙门，任命光绪皇帝的生父醇亲王奕𫍽为总理海军事务大臣，庆郡王奕劻与李鸿章为会办，善庆与曾纪泽为帮办。实际权力基本上掌握在李鸿章手中，从而为北洋海军实力的发展提供了一个较好的机遇。当年，李鸿章又分别向英、德两国各订购了两艘快船。后将英国制造的两舰分别命名为致远、靖远，将德国制造的两舰分别命名为经远、来远。四舰造成后于1887年冬驶抵厦门，次年春到达大沽口。在此前后，李鸿章还从英、德等国订购了福龙、左一、左二、左三、右一、右二、右三等鱼雷艇。同时将福州船政局与江南制造总局制造的巡洋舰平远、广甲，鱼雷巡洋舰广乙、广丙，练船康济、威远、海镜，及通信、运输船各两只调往北洋。早先，李鸿章已于1881年奏准以淮军将领丁汝昌为北洋水师提督。北洋海军舰队的海军将弁，则主要来自福州船政学堂、天津水师学堂与刘公岛水师学堂培养的学生以及留学归来的海军人才。先后聘用英国人葛雷森、琅威理，德国人式百龄、汉纳根等为教习，协同丁汝昌率领各军进行操练。1888年，李鸿章令丁汝昌、周馥等拟订《北洋海军章程》，规定了各船舰的人员编制与饷俸标准，经醇亲王奕𫍽奏请朝廷批准，标志着北洋海军已正式成军。

李鸿章受命主持筹办海防之初，就提出了以沿海口隘为主，兼及海面、水陆相依的海防方针，并着手在烟台、登州（今山东省蓬莱县）、威海等处择地构筑炮台。19世纪80年代初，他在大沽口购地建造了一座简易船坞，以供临时维修北洋海军各船舰之用，同时开始大力营建旅顺与威海卫两处海军基地。至甲午战争爆发前夕，已在旅顺建成了一座"规模宏敞"的大型船坞，疏浚了旅顺军港；在港口东、西两边海岸上修筑的两组炮台群，共包括

13 座炮台，安装有 71 门大炮；环绕旅顺港背面修筑的陆路炮台群，共有 17 座炮台，安装了 78 门大炮；为巩固旅顺后路，又在大连湾修筑了 5 座海岸炮台和 1 座陆路炮台，共安装了 24 门大炮。同期，在威海卫军港南、北两边海岸上筑成了 6 座炮台，配备了 29 门大炮；在刘公岛修筑了 6 座炮台，配备了 17 门大炮；在日岛修筑了 1 座炮台，配备了 8 门大炮；环绕军港背面筑成了 3 座炮台，配备有 9 门大炮。李鸿章耗费大量金钱修建的这两个海军基地从两边紧扼着渤海口，占尽了险要的地形，时人将其称为渤海之锁钥、天津之门户，真是再贴切不过了。

自 1884 年起，李鸿章曾先后五次巡阅北洋海军。前一段时间，他也曾为北洋海防实力的不断增强而自鸣得意。1891 年 6 月，他于第四次巡阅北洋海军后颇为自豪地向朝廷奏称："综核海军战备，尚能日新月异，目前限于饷力，未能扩充，但就渤海门户而论，已有深固不摇之势。"[①]

但是，担任总理海军衙门大臣的醇亲王奕譞为了迎合慈禧太后，每年挪用大量的海军经费用于修建颐和园与三海工程，致使北洋海军自 1888 年以后即未能再增购一船，自 1891 年以后连购买枪炮弹药亦告停止。而日本为了侵略中国，却一直在拼命地发展海军，至 1894 年，日本海军在船舰总吨位与武器装备方面都大大超过了北洋海军。这时，连李鸿章也感到有些不妙了。当年，他在第五次巡阅北洋海军之后，曾忧心忡忡地奏称："西洋各国以舟师纵横海上，船式日新月异"，"即日本蕞尔小邦，犹能节省经费，岁添巨舰"；而中国自 1888 年"北洋海军开办以后，迄今未添一船，仅能就现在大小二十余艘勤加训练，窃虑后难为继"[②]。再加上北洋海军将弁平日操练很不认真，军纪相当松懈，战斗力更是远远不及日本海军。结果，李鸿章担心的事果然发生了。在随后爆发的甲午战争中，日军不但攻占了旅顺

① 《李文忠公全集》，奏稿卷 72，第 4 页。
② 《李文忠公全集》，奏稿卷 78，第 17 页。

与威海卫两个海军基地，而且全歼了北洋海军。李鸿章苦心经营了 20 年之久的北洋海防一旦化为乌有，他在清朝统治阶级中的地位亦随之而一落千丈。

五、以地方官员主办国家外交

1870 年 6 月，天津民众因当地经常有迷拐幼童事件发生，拿获的拐犯供称系受教堂指使，而自发地聚集到教堂门前表示抗议。天津知县刘杰赶来劝解，法国驻天津领事丰大业竟凶蛮地开枪击伤了他的随从。愤怒的民众打死了丰大业及各国传教士等 20 余人，烧毁了法国领事馆和各国教堂多处，是为震惊中外的"天津教案"。

教案发生之次日，法、俄、英、美、德、比、西七国驻华公使联衔照会清政府，要求惩办凶犯，清廷命直隶总督曾国藩负责查办此案。尽管曾国藩一意"委曲求全"，法国公使罗淑亚等仍多方威逼，哓哓不已，并调集军舰至大沽口外示威。清廷乃令在陕西督师的湖广总督李鸿章率部驰赴京畿一带驻扎，以备不测。待李鸿章挥师赶到直隶境内时，曾国藩已因屈从外国人的意旨捕拿凶手而遭到舆论的谴责，他本人也自叹"外惭清议，内疚神明"，巴不得能够早日摆脱这一困境。恰值两江总督马新贻遭人刺杀，清廷遂于 8 月底令曾国藩回任两江总督，将李鸿章调任直隶总督，接手办理天津教案。

李鸿章认为：天津教案的发生，主要是由于三口通商大臣崇厚"平日谄媚彼族过甚，洋风太炽，绅民含愤已久，触机一发，遂不可制"。丰大业虽先开枪伤人，但"其人已死，无从责问"；而天津民众杀死洋人 20 余名，"衅端重大，为通商二十年来未有之事"，应该承认"彼直我诎，彼是我非"。主张办理此案时，首先要"满口认错"，答应将愚顽百姓"治以刑律"，对失职官员"酌予惩处"，"杀人抵命，烧房抢物赔银"。然后，对于超出情理之外的过分要求，则应当坚决予以抵制。"若要夺据地方，索赔至百数十万，总不答应，开仗与否，听客所为。"坚定地表示："我于尽情尽礼后，若再以无理相干，只一拼而已。"他深知："津案拿犯一节实为题中要义，乃三辅绅民与都中士大夫群以为怪"，他不能不考虑到社会舆论的巨大威力，担心于莅任直隶总督后，"初政即犯众恶，嗣后诸难设施"。因而请求曾国藩先"将凶犯议抵依限议结"，他再赴津接手该案，保证："此外未了各事，必为一力担承。"① 后经清政府同意，处决 20 人，徒流 25 人。至于法国方面提出的处死天津知府张光藻、知县刘杰与提督陈国瑞，赔偿白银二三百万两，允许法国驻军大沽并由清廷支付军费等无理要求，经李鸿章等反复辩驳，最后仅将张光藻、刘杰流放到黑龙江，赔偿白银 50 万两。另外，李鸿章还成功地保全了原已定为死刑、替被打死的俄国人偿命的段大、项五、田二、张国顺四人的性命。

天津教案尚未议结，日本政府又于 1870 年 7 月派外务大丞柳原前光等来华洽谈订约建交事宜。9 月，柳原前光一行到达天津，清廷令李鸿章与署理三口通商大臣成林负责接待。起先，总理衙门已经拒绝了日方的修约要求。但是，李鸿章认为："日本距苏、浙仅三日程，精通中华文字，其兵甲较东岛各国差强，正可联为外援，勿使西人倚为外府"，积极主张"联络东洋以牵制西洋"。总理衙门遂采纳了他的意见，转而同意与日本订约。清政府旋即令李鸿章等"预行妥筹"中日修约之事，李鸿章明确提出：中日"条约尤须妥议另定，不可比照英、法、俄一例办理，庶于大局有裨"②。并让天津海关道陈钦、署理江苏布政使应宝时等针对日方递交的条约草稿，重新草拟了中日《修好条规》与《通商章程》初稿。

次年 6 月，日本政府派大藏卿伊达宗城为钦差全权大臣来华议约，清政

---

① 《李文忠公全集》，朋僚函稿卷 10，第 9～10、15、17、23～24 页。

② 《李文忠公全集》，译署函稿卷 1，第 3、4 页。

府任命李鸿章为全权大臣。8 月初，谈判在天津正式开始。李鸿章坚持以中方所拟的约稿为蓝本，经过激烈的争论，挫败了日方通过签约攫取片面最惠国待遇、中国内地通商等项侵略特权的企图，于 9 月 13 日签订了中日《修好条规》与《通商章程》，是为中国近代史上唯一的一份平等条约。1872年 3 月，日本政府又派柳原前光等来华要求修改条约。李鸿章严厉地批驳了日方的一些无理要求，并坚定地表示：已订条约不可改动，若其中确有内容不合、必须变更之处，应于换约时另议专条，列为续约。日方见捞不到什么实际的好处，便于翌年 4 月底互换了条约批准书。

当然，日本的侵华野心并未因为与中国签约建交而有丝毫的收敛，中日双方换约后刚刚一年，日本就派兵侵入了中国的领土台湾；20 年后，日本又蓄意挑起了更大规模的甲午战争；20 世纪 30 年代，日本进而发动了旨在灭亡中国的侵略战争。事实无情地粉碎了李鸿章的"联日"美梦，但这显然与签订不签订条约并无直接的关系，我们不应因此而漠视李鸿章为签订这份平等条约所做的努力，不应因此而否定李鸿章曾在谈判桌上挫败日本侵略意图的历史功绩。

1873 年 10 月，秘鲁使臣葛尔西耶等到达天津，欲与李鸿章订立中秘条约。当时，被非法贩运至秘鲁的华工达 10 万余人，经常遭到惨无人道的虐待。李鸿章坚持要求秘鲁方面先就保护华工问题作出切实保证，然后才能议约。经反复交涉，双方于次年 6 月签订了《会议查办华工专条》与《通商条约》，除秘鲁单方面地在华享有领事裁判权外，条约的其他内容都是双方对等的，李鸿章还成功地在条约里写进了有关禁止非法贩运华工和保障华工合法权益的条款。1875 年 7 月，秘鲁使臣至天津换约，李鸿章因派容闳赴秘鲁调查，发现华工受虐待的情况并无改善，再次要求秘鲁使臣以照会的形式声明，秘鲁政府将实力保护华工的权益。数年后，李鸿章与巴西使臣签订的中巴《和好通商条约》，也与中秘条约一样，仅领事裁判权一条是不平等的。

　　1874 年，英国组织了以柏朗上校为首的"探路队"，准备开辟一条由缅甸进入我国云南的通道。7 月，英国驻华使馆向总理衙门索要了由缅甸至云南游历的护照，派马嘉理持护照前往滇缅边境迎接"探路队"，兼充翻译。这支近 200 人的武装"探路队"进入云南后，很快遭到当地军民的阻击。次年 2 月，马嘉理等在蛮允被打死，这就是轰动一时的"马嘉理事件"，亦称"滇案"。

　　英国驻华公使威妥玛蓄意借滇案对中国进行敲诈勒索，于 3 月 18 日向总理衙门提出了派人调查滇案、赔款、通商等六条要求，并以断绝中英外交关系相威胁。清政府已经作出了部分让步，但是威妥玛为了听取柏朗的汇报并向本国请示（当时除中国香港外，中国仅上海一地有电报可与伦敦相通），于 4 月初单方面中止谈判，离京赴沪。8 月，威妥玛由沪北上，路过天津。总理衙门嘱咐李鸿章"设法密探，窥其著意之处，迎机开导"①。

　　"滇案"发生之初，李鸿章即指出：英国派遣武装"探路队"，"如未经商准，不独有违条约，亦显悖万国公法"；"中华自主之国，岂容他国无故调兵入境！"②但又主张"迅速查凶问抵，追赔抢物，切勿轻于用武"。威妥玛谒见李鸿章时，凶蛮地叫嚣"非先换总署几个人不可"，其"愤激不平之气，狂妄无理之言，殊堪骇异"。随即备文进而提出清廷派员赴英道歉、饬令各地遵守条约、准许中外大员互相往来与滇缅边境通商等七项要求，声称：若上述要求得不到满足，则"必要失和，必要动兵了"。李鸿章虽然严正地向威妥玛指出：中国有自主之权，"国政非尔等所能干预"。却又认为："此案其曲在我，百喙何辞？威使气焰如此张大，断非敷衍徇饰所能了事。"建议择其要求中"不大碍国体者"，"酌量允行，以慰其意，而防其决裂"③。清政府遂正式将滇案交李鸿章等"妥商定议"。谁知威妥玛竟撇下李鸿章，跑到

① 《李文忠公全集》，译署函稿卷 3，第 33 页。
② 《李文忠公全集》，朋僚函稿卷 15，第 10～11 页。
③ 《李文忠公全集》，译署函稿卷 3，第 15、33、29、48、46、47 页。

京城直接与总理衙门交涉去了。

次年4月，清政府已陆续接受了威妥玛的大部分要求，可他又得寸进尺地提出了将云南巡抚署理云贵总督岑毓英等地方官员与有关犯人"提京审讯"、太后与皇上召见他并当面道歉、增开通商口岸、向云南和重庆派驻领事等无理要求，并于6月中旬再次离京赴沪。总理衙门先让李鸿章于其路过天津时"设法挽回"，但威妥玛"词意极为决绝"，根本没有商量的余地。清政府只好再请赫德赴沪调解。恰值英国与沙俄在土耳其问题上矛盾急趋尖锐，威妥玛接到本国政府训令，要他尽快议结滇案，遂通过赫德通知李鸿章赴烟台会商。清廷于7月底任命李鸿章为全权大臣。李鸿章深知这不是一件好差事，尝对友人说："稍不如愿，恐兵端随其后；若使其如愿，天下之恶皆归焉；此所谓进退两难者也。"① 但他又怎敢推托？

8月，李鸿章抵烟台。由于威妥玛的要求涉及了各国在华利益，俄、美、法、德、奥、西等国公使相继以避暑为名来到烟台，密切关注着中英谈判的动向，并先后晤见李鸿章，表示必要时"亦可从旁调停"。谈判之初，威妥玛仍坚持要将涉案人员提京复审，李鸿章乃"故示整暇"，连日与其他各国公使"往来谈燕"，并于慈禧太后过生日那天"邀请各国公使、提督至公所燕饮庆贺"。谈及中英交涉，"各国使臣公论亦谓无确实凭据擅请提京为非"。李鸿章甚至准备在谈判破裂时，将有关情况通告各国公使，"听其公评"②。

威妥玛不愿让其他国家插手，遂于9月13日与李鸿章签订了中英《烟台条约》，主要内容包括遣使赴英道歉，中英会订滇缅通商章程，赔款20万两，中外商订外交礼节条款与会审章程，涉英案件准许英国派员观审，以及租界免厘、增开口岸、划定各口岸租界界址、统一半税单款式等。同时另

---

① 《李文忠公全集》，朋僚函稿卷16，第18页。

② 《李文忠公全集》，译署函稿卷6，第2、14页。

议专条，准许英人由内地或由印度进入西藏探路。经李鸿章力争而挽回部分权益之处有二：其一是威妥玛原拟将通商口岸"离海口数十里或百余里定为子口界址，其界内免再收洋货厘捐"；后改为"仅于租界免抽洋货厘金"[①]。其二是威妥玛要求开放重庆、宜昌、温州、芜湖、北海五处通商口岸，另以湖口、沙市、水东三处为税务司分驻地，安庆、大通、武穴、陆溪口、岳州、码斯六处为外轮停泊码头；后减为开放宜昌、温州、芜湖、北海四处通商口岸，湖口、沙市、安庆、大通、武穴、陆溪口六处停泊码头。

签约后的第四天，清政府即批准了《烟台条约》。英国方面却因印度政府对条约规定的鸦片税厘并征办法感到不满，一直拖到 1885 年 7 月中英另订《烟台条约续增专条》后，才将《烟台条约》与其一道批准。待次年 5 月双方在伦敦换约时，距《烟台条约》签订相隔已近 10 年了。

19 世纪 80 年代，法国加紧侵略越南，由南向北逐步逼近中越边境。1882 年 11 月，李鸿章与法国驻华公使宝海议定：越南北部的中国驻军后撤，法国声明无意侵犯越南的领土和主权，允许法国商人沿红河入滇贸易，在红河与中国边境之间划界，界南归法国保护，界北归中国保护。次年 2 月，法国新上台的茹费理内阁决定采取更激进的侵略政策，便推翻了李宝协议。李鸿章认为："越如为法所并，凡我属国咸有戒心，而滇、粤三省，先失屏蔽"，"边患固无已时也"[②]。因而主张"量力添兵进扎，严明约束，固我边防，徐观其变，再作区处"。但是，他一方面强调："各省海防兵单饷匮，水师又未练成，未可与欧洲强国轻言战事"[③]；另一方面又表示："如法兵来犯我驻守之地，不能不与开仗"[④]。当然，李鸿章主张派兵入越，主要是为了以实力促成和谈；从总体上说，李鸿章是主和的，不过一旦法国挑起了战争，他还是

---

① 《李文忠公全集》，奏稿卷 27，第 39～40 页。

② 中国近代史资料丛刊《中法战争》（五），第 157 页。

③ 《李文忠公全集》，译署函稿卷 14，第 9、10 页。

④ 《中法战争》（四），第 92 页。

主张还击的。

是年 6 月，李鸿章在上海与法国代表脱利古重开谈判，却未取得任何进展。8 月，法国军队攻占越南都城顺化，逼迫越南统治集团签订了《顺化条约》。李鸿章认为："法越新约虽由逼胁而成，然越南固为一国也，其君、相既肯允行，各国无议其非者，岂中国所能代为改毁？"① 甚至觉得中国不值得为越南火中取栗，已倾向于放弃对越南的宗主权。12 月，法军在越南北部发动攻势，清军节节败退。李鸿章尝慷慨地奏称："中外交涉，每举一事，动关全局。是以谋划之始，断不可轻于言战；而败挫之后，又不宜轻于言和。"希望朝廷"决计坚持，增军缮备，内外上下，力肩危局，以济艰难"②，待扭转了战场上的被动局面后，再争取对中国有利的和局。

1884 年 3 月，北越战场败局已定，法方作出和谈的试探，李鸿章向总理衙门提出："此时与议，似兵费可免，边界可商；若待彼深入，或更用兵船攻掠沿海地方，恐并此亦办不到。"③ 经清廷同意，李鸿章于 5 月 11 日与法方代表福禄诺在天津签订《中法会议简明条款》，主要内容为：清廷承认法国与越南签订的条约，同意在北越境内开埠通商，清军自北越撤回中国边界，法国不索赔款等。6 月，驻守越南北部谅山的清军与前来接防的法军发生冲突，法国乘机讹诈，提出赔款 2.5 亿法郎等要求，为清廷拒绝。8 月，法军进攻台湾基隆，歼灭了福建水师，清廷亦对法宣战。李鸿章一度积极筹备沿海防务，多方为前敌将士筹饷购械、策划战事，并拒绝了美国公使杨约翰的调停。

1885 年春，赫德令中国海关驻伦敦办事处负责人金登干赴巴黎，代表清政府与法方达成了和谈的协议。3 月下旬清军取得镇南关大捷后，有人从上海致电李鸿章谓："谅山已复，若此时平心与和，和款可无大损，否

---

① 《李文忠公全集》，译署函稿卷 15，第 8 页。

② 《李文忠公全集》，奏稿卷 48，第 19 页。

③ 《中法战争》（五），第 306 页。

则兵又连矣。"[1] 李鸿章当即将此意见转告总理衙门，显然他是主张"乘胜即收"的。素有主战派之称的驻英、俄公使曾纪泽也致电总理衙门称："谅山克，茹相革，刻下若能和，中国极体面，稍让亦合算，似宜趁法新执政初升时速办。"[2] 明确提出了"乘胜即收"的建议。清政府早已下定了"乘胜即收"的决心，先令金登干于4月4日与法国签订了停战协定，随又令李鸿章于6月9日与法国公使巴德诺在天津签订了《中法新约》，规定：清政府承认法国对越南的保护权，中越边境开埠通商，中国日后修筑铁路时须先与法国人商办等。法国于战败之后，仍获得了其追逐已久的侵略权益。应当指出的是，这次议和主要是由赫德操纵金登干在巴黎进行的，"每一项提议都是事先经过太后亲自主持考虑和批准"的[3]，李鸿章的作用"不过奉文画诺"而已。

日本自明治维新之始，即确立了海外扩张政策，侵略的矛头直指中国与朝鲜，至19世纪90年代中期，已经做好了发动侵略战争的准备。1894年5月，朝鲜爆发了东学道起义，李鸿章误信了袁世凯有关日本无意于出兵朝鲜的汇报，遂于6月初应朝鲜政府之请，派直隶提督叶志超等率军1500名开进朝鲜代为戡乱，驻扎于牙山。日本乘机向朝鲜派出军队10000多人，旨在挑起战争。李鸿章马上提出了中、日两国同时从朝鲜撤兵的建议，日本方面断然拒绝，反而提出要与中国共同监督朝鲜实行内政改革。李鸿章只好请俄、英等国出面调停。尽管俄、英等国一再劝告日本从朝鲜撤军，但日本却一意孤行，仍积极进行战争准备。

7月14日，光绪皇帝始决意主战，谕令李鸿章"亟应速筹战备，以杜狡谋"。要他"先派一军由陆路前往边境驻扎，以待进发"，水路亦"须有

① 顾廷龙、叶亚廉主编：《李鸿章全集》，电稿一，第462页。
② 《清季外交史料》卷55，第5页。
③ 《帝国主义与中国海关》第四编，第130页。

继进之军，以资接应"①。慈禧太后亦传出懿旨"不准有示弱语"。李鸿章感到日本绝无和平之诚意，也开始做战争的准备，于7月16日调派卫汝贵、马玉昆、左宝贵等部进驻朝鲜平壤，随后又租用"高升"号等英船运兵增援牙山。由于他对列强的调停仍抱有幻想，又告诫前敌部队："我不与开仗，彼谅不动手，此万国公例，谁先开战，即谁理诎。"②

7月23日，日军占领朝鲜王宫，组成傀儡政权。隔日，日本军舰在丰岛海面拦击我"济远"等舰，击沉运兵船"高升"号，同时派陆军进攻我牙山驻军，中日战争正式爆发。李鸿章一面积极筹备战事，一面要清廷向各国声明"衅非自我开"，要求列强加大调停力度，甚至派兵参战。希望一再落空之后，李鸿章于8月底提出了"保船制敌"的战略方针。9月中旬平壤失守、黄海之战失利后，进而采取了全面防御的战略方针，却仍多方激励各部与日军决一死战。10月10日，英国公使欧格讷向李鸿章提出："今要讲和，非允赔兵费不可"，李鸿章当即强硬地表示："与其赔兵费，不如留此费用兵，断难依允。"③是月下旬，日军分两路侵入辽东，清军望风披靡，李鸿章于11月建议清廷派天津海关德籍税务司德璀琳赴日本代为求和，为日方所拒。清廷随后正式派户部侍郎张荫桓与署理湖南巡抚邵友濂赴日求和，亦被日方逐回。

1895年2月中旬，清政府任命李鸿章为头等全权大臣赴日议和。李鸿章起先曾明确表示："割地不可行，议不成则归耳。语甚坚决。"④但在请求列强干涉无望之后，不得不等待朝廷授予割地之权才动身赴日。3月19日，李鸿章一行到达日方指定的议和地点马关。日方代表一开始就提出了由日军占领大沽、天津、山海关等十分苛刻的停战条件。李鸿章一再要求日方作出

---

① 《清光绪朝中日交涉史料》卷14。
② 《李鸿章全集》，电稿二，第794页。
③ 《李文忠公全集》，译署函稿卷20，第54页。
④ 中国近代史资料丛刊《中日战争》(四)，第538页。

让步，皆被拒绝，只得同意先议和款。旋因李鸿章遇刺受伤，日方唯恐引起列强干涉，才勉强同意停战 21 天，且停战区域不包括中国台湾和澎湖列岛。4 月 1 日，日方提出和约草案，主要内容包括：清政府承认朝鲜独立，割让辽东半岛、台湾和澎湖列岛，赔偿军费三亿两，允许日本人在华设厂制造，增开北京、沙市、重庆、苏州、杭州、湘潭、梧州七处通商口岸等。经李鸿章等再三磋磨，日方于 10 日拿出条约修正稿，割地在辽东半岛东北部略有退让，赔款减为二亿两，通商口岸删去北京、湘潭、梧州三处。声称这是最后办法，李鸿章只需要表示允与不允就行了，并威胁说："广岛运兵船六十余只，现装十万人，已陆续开驶，由小松亲王等带往大连湾、旅顺，准备进攻。"李鸿章再三恳求无效，乃在接奉清廷"如竟无可商改，即遵前旨与之定约"的谕令后①，于 4 月 17 日正式签订了《马关条约》。稍后，由于俄、法、德三国的干涉，日本同意将辽东半岛归还中国，却又向清政府勒索了 3000 万两"赎辽费"。

　　《马关条约》对中国的危害是极其严重的，李鸿章因为签订此约而一度成为国人皆曰可杀的卖国贼。平心而论，李鸿章怎能不愿清军战胜日军？又何尝不想签订一份平等的条约？说他"卖国"未免有些冤枉。但是，由于他编练的海陆军战斗力太差，他经营的北洋海防不堪一击，他在日本蓄意发动侵略战争时过分依赖列强的调停，才导致了这种丧权辱国的后果，说他应当承担"误国"的责任，倒是比较恰如其分的。

　　甲午战败与马关议和使李鸿章声望扫地。清廷于 1895 年 8 月令其入阁办事，李鸿章虽有文华殿大学士的头衔，但是由于内阁久已形同虚设，李鸿章手中已无任何实际权力可言了。

　　1896 年 5 月，沙皇尼古拉二世将举行加冕典礼，清政府本拟派布政使王之春赴俄庆贺的，但俄方以王之春人微言轻，希望能派李鸿章前往。清政

---

① 《李鸿章全集》，电稿三，第 497、498 页。

府乃改派李鸿章为钦差头等出使大臣，赴俄庆贺俄皇加冕，并访问英、法、德、美等国，借以联络邦交。李鸿章抵俄后，俄国财政大臣维特很快以互助御日为诱饵，向他提出了修筑东三省铁路的要求。

沙俄首倡三国干涉还辽，使清朝统治阶级中大部分人对其产生了不切实际的幻想，"联俄制日"一度成为清王朝的国策。与俄国签订互助御日的条约，不但对于李鸿章，而且对当时的整个清朝统治阶级，都太有诱惑力了。5月13日，俄国外交大臣罗拔诺夫拿出了一份条约草稿，李鸿章马上向国内请示，清政府谕令："中俄睦谊，从此加密，着派李鸿章为全权大臣，与俄国外部大臣画押。"[①] 6月3日，李鸿章与维特、罗拔诺夫签订了中俄《御敌互相援助条约》，通称《中俄密约》，沙俄获得了修筑横贯东北的中东铁路以及使用该路运兵、运粮、运军械等权益。随后，李鸿章一行访问了德、荷、比、法、英、美等国，于当年9月经加拿大回国。10月，李鸿章被任命为总理衙门大臣。1898年3月，俄国又提出了租借旅顺口、大连湾，自中东铁路向南展筑支线等要求，李鸿章又与俄方签订《旅大租地条约》《续订旅大租地条约》，再次满足了俄国的侵略要求。

1899年12月，李鸿章被外放为两广总督。其时，义和团运动已在山东兴起，次年春夏之间又在直隶境内蔓延开来。1900年6月15日，清廷令李鸿章"迅速来京"。在此之先，李鸿章已通过有关渠道了解到，掌握着清政府权力的慈禧太后等顽固派对义和团主抚，认定："群小把持，慈意回护，必酿大乱！"因而太息："国事太乱，政出多门，鄙人何能为力！"接到进京之命后，他一面电请驻英、法、德、俄、日五国使臣"密探彼政府注意所在"，一面奏请朝廷"先定内乱，再弭外侮"。6月21日，清廷颁布了要"大张挞伐"，与列强"一决雌雄"的所谓宣战上谕。次日，李鸿章仍向朝廷

---

① 《李鸿章全集》，电稿三，第652页。

提出："但能保住使馆，尚可徐图挽回，否则大局不堪设想。"此后一连五次电请朝廷镇压义和团以维持和局，并积极支持两江总督刘坤一、湖广总督张之洞、督办铁路事务的盛宣怀等策划与列强"互保"事宜。当刘坤一等接到宣战上谕，对"互保"一事感到犹豫时，李鸿章果断地表示："廿五矫诏（指宣战上谕），粤断不奉，此乱命也。"从而促使他们与各国驻上海领事达成了"上海租界归各国公同保护，长江及苏、杭内地均归各督抚保护"的协议①，即东南互保章程。双方还议定：未经各督抚同意各国不得增派军舰驶入长江，各国军舰不得靠近上海制造局、火药局以及吴淞口与沿江各炮台，以确保长江流域的和平与安宁。

7月3日，清廷再次令李鸿章仍"遵前旨，迅速来京"，五天后，又将其调任直隶总督兼北洋大臣。是月17日李鸿章由广州动身，21日到达上海，旋接其子李经述由山东德州发来的电报，说天津已被八国联军攻占，"津亡京何能支？大事去矣！"恳请他"留身卫国，万勿冒险北上"。李鸿章即奏称："连日盛暑驰驱，感冒腹泻，衰年羸躯，眠食俱废"②，只能暂留上海。决定待八国联军攻占北京后，再北上议和。此后，清廷连续六次颁旨催促其北上，李鸿章俱不为所动，甚至直言不讳地奏告朝廷："每读诏书，则国是未定；认贼作子，则人心未安。而臣客寄江南，手无一兵一旅，即使奔命赴阙，道途险阻，徒为乱臣贼子作葅醢之资，是以小作盘桓。"③8月7日，清廷任命李鸿章为全权大臣，令其"即日电商各国外部，先行停战"。李鸿章一面通过驻外使臣分别向各国提出了停战议和的请求，一面极力谏阻慈禧太后离京出逃，建议速自京城派重臣赴前敌，直接向八国联军统帅乞求停战。甚至要求慈禧"先下罪己之诏"④，以示议和之诚意。

---

① 《李鸿章全集》，电稿三，第928、926、938、936、943、955、959～960页。
② 《李鸿章全集》，电稿三，第1004、1033、1037页。
③ 《义和团运动史料丛编》第一辑，第18页。
④ 《义和团档案史料》上册，第446、540页。

8月14日，八国联军攻陷了北京，慈禧太后挟持光绪皇帝逃往西安。李鸿章再次电请各驻外使臣向列强提出停战、议和、撤军等请求。清廷于8月20日以光绪的名义颁布了"罪己诏"，即慈禧代光绪作了一番检讨。四天后，谕令："全权大权李鸿章着准其便宜行事，将应办事宜迅速办理，朕不为遥制。"①随后，又加派庆亲王奕劻为全权大臣，令刘坤一、张之洞参与议和事宜。9月8日，再次催令李鸿章"即日进京，会商各使，迅速开议"。14日李鸿章自上海启程，经天津，于10月11日到达北京。

起先，德、英、日等国一直不肯承认以慈禧太后为首的清政权的合法地位与李鸿章的全权大臣资格，甚至准备扣押李鸿章作为人质。经俄国多方斡旋，列强才同意在保持中国现行政权和领土完整的前提下，与李鸿章等谈判。李鸿章进京之前，法国已综合德、俄等国意见，于10月4日提出了对华谈判的六条建议。后经各国公使多次讨论，才于12月24日正式提出《议和大纲》12条。三天后，慈禧即宣布："所有十二条大纲，应即照允。"旋又应李鸿章等之请，增派大理寺少卿盛宣怀为会办商务大臣、太仆寺卿徐寿朋帮办商务条约事宜。在逐项解决了惩办祸首、赔款等问题之后，各国公使于1901年8月18日拿出了条约正文。27日，慈禧谕令："公约业已定议，即行画押。"②9月7日，李鸿章、奕劻等与英国、俄国、德国、法国、美国、日本、意大利、奥地利、西班牙、比利时、荷兰11国公使正式签订了《辛丑条约》，主要内容包括：赔款4.5亿两，分39年还清，年息4厘，本息共9.8亿两；将北京城内的东交民巷划为使馆区，准许各国派驻军队；折毁大沽炮台及由北京至海边通道上的所有炮台，允许各国在北京至山海关沿线12处驻军；惩办祸首及排外官员，永远禁止中国人成立或加入各种反帝组织；派王大臣分赴德、日道歉，在德国公使克林德被杀之处建立牌坊；改总

---

① 中国近代史资料丛刊《义和团》(四)，第43页。

② 《义和团档案史料》下册，第853～854、1298页。

理衙门为外务部，"班列六部之前"，等等。

义和团运动期间，沙俄乘机出兵占领了我国东北地区。《辛丑条约》签订后，李鸿章很快又投入了中俄交收东三省的谈判。10 月 30 日，他在谈判中受到俄国公使的威逼恫吓，年老体弱的李鸿章在长期积劳、忧愤之余，经此刺激，"呕血碗许"，遂至一病不起，延至 11 月 7 日与世长辞，终年 79 岁。已在回銮途中的慈禧与光绪于行至河南荥阳时得到这一消息，不觉"震悼失次"，"随扈人员乃至宫监、卫士，无不相顾错愕，如梁倾栋折、骤失倚恃者"①。清廷随后颁旨赐谥号文忠，追赠太傅衔，加封一等侯爵，列入贤良祠，准许在京城、原籍与有关省城建立专祠，并将生平事迹宣付国史馆立传。

《辛丑条约》对中国社会的危害可以说是空前绝后的。然而，与签订《马关条约》后被朝野上下同声斥为卖国贼形成鲜明对照的是，李鸿章主持签订《辛丑条约》却赢得了一片赞誉声。据时人记载："京师陷，中外皆延颈望和"，"鸿章既受命，朝局始有转机，都人皆置酒相贺"②。不但崇拜他的人颂扬他此次议和有"扶危定倾"之功，使自己"黄花晚节，重见芬香"。甚至连反对他的人也不得不承认其为"当代第一伟人"，"不独朝廷倚之为长城，即中外人民无不望之如山斗"，此次进京，"中外人民莫不举首相望，以为和局指日可成，銮舆指日可回，旋转乾坤，非异人任"③。其实，李鸿章这一次并未起到什么"旋转乾坤"的作用，只不过在八国联军占据中国首都的背景下，人们都已清楚地意识到，无论由什么人来主持这次议和，也根本不可能签订更好的条约了，那么，还有什么理由来指责李鸿章呢？

尽管李鸿章在主办外交的过程中与列强进行过积极的抗争，甚至也或多

---

① 《义和团》(三)，第 452 页。

② 《义和团》(二)，第 524 页。

③ 杜春和等编：《荣禄存札》，齐鲁书社 1986 年 12 月版，第 48 页。

或少地挽回过一些民族权益，但是在总体上，他的外交活动是以妥协、失败、屈辱为主要内容的。李鸿章是一个悲剧性的人物，其悲剧就在于清政府选择他充当了一系列丧权辱国的不平等条约的签订人。然而，这悲剧根源于近代中国的贫穷落后，根源于晚清政权的腐朽反动。从某种意义上讲，李鸿章也是这一特定历史条件下的受害者。

第二章　李鸿章幕府概述

幕府制度源远流长，清代尤为盛行。上自封疆大吏，下至州县官员，几乎每一位地方长官都要或多或少地自行聘用一些专门人才，组成自己的幕府班子，以弥补国家正式设置的辅助官员的不足。

幕府人员属于幕主的私人助手，一般不担任政府官职，不领取国家的俸禄；而是由幕主给他们分配工作，并由幕主从自己的廉俸中分出一部分来给他们发放酬金，或以其他方式另筹款项作为他们的酬金。幕府人员大体上可以分为三类：第一类是熟悉钱粮、刑名业务的专门人才，他们或有家学渊源，或有师承关系，以此作为其终身职业，借以养家糊口，是为一般州、县官员必不可少的助手，其中尤以绍兴师爷最为著名；第二类是以文笔见长，或具有漕务、盐政、河工等方面的经世才干，而又科场不售者，亦有少数考中了进士，甚至被选为翰林，尚未及腾达即在官场遇挫、铩羽而归者，多被地方督、抚延入幕中备顾问、供驱策，他们不但可以由此取得衣食之资，而且有望得到幕主的举荐，重新步入仕途；第三类是终将受到朝廷重用者，他们在考中进士之前为生活所迫，或在考中进士之后担任闲职期间，往往会进入督、抚的幕府，借以熟悉地方政务，积累行政经验，历练各方面的才干，为自己将来出任封疆做些准备。幕主与幕府人员之间并非严格的雇佣关系，亦无契约的限制。幕府人员通常居于一种宾客的地位，他们可以根据自己的喜好选择幕主，合则留，不合则去；幕主对幕客多礼貌有加，尽量表现出一种礼贤下士的风度，以博取好的名声。后一种幕客大多会师事幕主，期望得到他的点拨、指教乃至提携。由幕主举荐而进入仕途的幕客也往往以幕主的门生自居。

幕主聘用幕客的人数一般是由其权力的大小与掌管事务的多少来决定的。李鸿章于 19 世纪后半叶在中国政治舞台上活跃了 40 年之久，几乎参与了与近代中国社会发展相关的每一个重大事件。在此期间，他组建了一个庞大的幕府班子，网罗了一批各具特色、在许多方面堪称一流的人才。李鸿章幕府对于协助他有效地处理各项军政事务，建树其毕生的事功，都发挥了十分重要的作用。

一、李鸿章幕府的结构与功能

李鸿章在考中进士、入选翰林之后，于 1853 年奉旨随同工部左侍郎吕贤基回安徽办理团练，扮演的就是幕僚的角色。抵皖后，他又先后进入周天爵、李嘉端的幕府，但时间都较为短暂，宾主之间相互影响不大。后在其座师福济（李鸿章于丁未科会试考中进士，福济时为副主考）幕府时间稍长，亦因福济在军事、行政方面俱无所建树，也未能获得什么教益，反倒于 1858 年因庐州（今合肥）失守而仓皇逃离了安徽。这以后，李鸿章两入曾国藩幕府。曾国藩一贯注意"以兵事、饷事、吏事、文事四端训勉僚属"[1]，以造就能独当一面的人才。他既然早已将李鸿章目为"伟器"，当然会对其另眼相看，尽心尽意地加以培养，随时、随地、随事予以启迪，致使李鸿章明显地感到："从前历佐诸帅，茫无指归；至此如识南针，获益匪浅。"[2] 从而更加健全了他出任军事统帅与封疆大吏的基本素质。

近 10 年的幕府生涯，还使李鸿章切身感受到了网罗幕府人才的重要性，是以他在受命招募淮军之初，即已开始延揽人才，筹建幕府。由于他当时的官职不过是福建延建邵遗缺道，初建幕府时摊子不可能铺得太大。即便如此，他在安庆时亦已招致了周馥、凌焕与刘瑞芬、刘含芬兄弟等人。

---

① 丁凤麟、王欣之编：《薛福成选集》，上海人民出版社 1987 年 9 月版，第 215 页。

② 《庸盦笔记》卷 1，第 8 页。

太平天国起义爆发之初，清政府从各省调兵镇压，按惯例由户部拨解军饷，仅过了两年半时间，户部拨饷已达2963万余两，库存白银只剩下22.7万余两。自此，清政府再也负担不起镇压各地农民起义的军费了，带兵打仗的军事统帅只好从地方上筹措军饷。所以，湘军和淮军都建立了整套的后勤机构，以承担筹集、运输、分配粮饷等事务，这些机构基本上都是由幕府人员组成的。李鸿章率领淮军到达上海后，很快即奉命署理江苏巡抚，不久即实授该职。由军事统帅出任封疆大吏，李鸿章以一身而二任，他的幕府班子也势必要兼顾到军事和政务两个方面。

再者，上海自鸦片战争后被辟为通商口岸，经济发展迅速，此时已逐步取代广州成为中外贸易的中心，海关税收较以前有了大幅度的提高。李鸿章到上海之初，苏松太道吴煦署理江苏布政使，与苏松粮储道杨坊等串通洋人，把持着海关收入，控制着地方财政。李鸿章当然要任用自己的心腹来取代他们，以夺回这部分权力。同时，李鸿章既然率部驻扎在上海，就免不了要与洋人打交道，也非常容易受到欧风美雨的影响。于是，他既要设立广方言馆以培养翻译人才，又要购买洋枪洋炮来装备淮军，还要聘用洋人来帮助训练淮军，进而由设立炸弹局、洋炮局直至创办大型的近代军事工业，倡导了以"自强"为主旨的洋务运动。这些事务在在需人协助，李鸿章不得不动用各种关系，通过各种渠道，大肆招揽人才，建立起阵容强大的幕府班子。

这以后，李鸿章奉命督师剿捻，接办天津教案，就任直隶总督，兼任北洋大臣，主持创办民用企业，负责筹办北洋海防，组建北洋海军，一次次与外国谈判签约，在清朝统治阶级中的地位越来越重要。随着经办事务的不断增加，手中权力的日益扩大，李鸿章对幕府的要求也越来越高了。一方面，随着时间的推移，原有的幕府人员不断有人经李鸿章举荐出任各级官员而离开李鸿章幕府；另一方面，李鸿章随时留心物色新的人才，不断充实自己的幕府。所以，李鸿章幕府在很长一段时间里，一直保持着长盛不衰的局面。直到甲午战争后，这种状况才有所改变。

李鸿章根据军务、政务、洋务、外交等方面的需要设立了一些机构，同时将其幕府人员按照才质的不同而加以分工，一部分留在他的身边帮助他处理一些日常事务或作为智囊团，一部分安置在各个机构中负责各项具体工作。后者也有一定的职务，有些甚至要上报朝廷，但是，由于这些晚清新出现的机构既可因地制宜地设置，又往往以事过境迁而撤销，明显地带有临时性，因而其中的职位也与知府、知县之类的官缺不同，一般称之为"差事"。幕府的分工不是一成不变的，幕主可以根据需要而随时加以调整，办事能力强的幕客常常身兼数差。

李鸿章临时设立的办事机构在一定程度上反映了其幕府的结构与功能。这些机构的变更则体现了李鸿章在不同时期活动重心的不同，同时也决定了其幕府的发展与变化。大体上说，李鸿章幕府的演变主要经历了以下几个阶段。

1. "平吴"时期

这一时期自李鸿章招募淮军时起，至 1866 年底受命督师剿捻时止，其活动重心是镇压苏南的太平军。

李鸿章奉命督师援沪，脱离湘军大营而专任方面，组建幕府已势在必行。率部抵沪后，他很快仿照曾国藩的办法，建立起自己的幕府机构。"平吴"时期，李鸿章幕府成员大致可以分为四个部分。

首先是文案，主要有监生周馥，举人凌焕、王学懋，进士薛时雨等人。他们主要负责起草章奏函牍与文件的收发、保管等事务。

其次是营务处，由于当时淮军是由李鸿章亲自统率、直接指挥的，所以这一时期淮军营务处虽为独立的机构，却一直是紧随于李鸿章身边的。李鸿章的会试同年、道员衔海防同知刘郇膏一度总理营务处，他的另一位会试同年郭嵩焘与同为进士出身的王凯泰、赵继元都曾襄办营务处，一般成员有在籍的詹事府右春坊右中允冯桂芬、在籍户部主事钱鼎铭、生员金福曾、副贡秦缃业等，这实际上是一个兼及军务、政务等方方面面的高级智囊团。

　　再次为后勤机构，又分为粮饷与军械两大块。当时，上海的军饷来源主要为厘捐与海关税两大项，原先都控制在吴煦、杨坊等人手中。李鸿章就任江苏巡抚后，虽三令五申，吴煦等"总不肯报出细账"，这使他感到：上海的"关税开销，一时实难清厘"①。考虑到上海海关收入虽丰，但中英、中法《北京条约》规定，按季度从中扣还清廷对英、法两国的赔款各二成；而汉口、九江被辟为通商口岸之初，海关税收本由沪关代为征收，这时又提出要沪关归还代征的关税，到手的六成再经汉口、九江两关瓜分，剩下的就不到一半了。李鸿章与吴煦约定：厘捐由李鸿章接管，用于支付淮军与驻沪其他清军以及协济湘军的饷需；海关税收仍由吴煦经收，用于支付常胜军、中外会防局与驻守镇江的冯子材部清军的饷需。于是，负责征收厘金的淞沪厘捐局与江苏牙厘局便成了淮军的后勤机构。李鸿章委派举人出身的合肥同乡蒯德标为淞沪厘捐局督办，进士出身的河南灵宝人薛书常为该局总办，拔贡出身的浙江海宁人陈其元为该局提调，另有委员褚兰生、张家斌等；委派举人出身的湖北蕲水人陈庆长为江苏牙厘局督办，举人出身的浙江平湖人王大经为该局总办，进士出身的福建侯官人郭柏荫为该局襄办，另以蒯德模、刘汝翼等为该局委员。同时让知府赵炳麟在上海为淮军办理米捐，让候补道许道身在江北办理米捐，令举人出身的江西彭泽人高梯与安徽南陵人徐文达办理淮军粮台，任命安徽庐江人张莘亭与陈锡纯为军饷委员。未几，他又委派原上海知县黄芳署理苏松太道，委派刘郇膏署理江苏布政局，任命郭嵩焘为苏松粮道，罢免了吴煦与杨坊，夺回了掌管海关税收的权力，并从中截留了大笔款项用于购买洋枪洋炮、雇用洋人做军事教官。

　　淮军的军械装备也有两个来源，一是向外国购买，二是自行制造。负责购买与管理军械的有李鸿章的门生江苏江阴人沈保靖，李鸿章的外甥张席珍，安徽贵池人刘瑞芬、刘含芬兄弟等。由于外国制造的洋枪洋炮价格太贵，为

---

① 《李文忠公全集》，朋僚函稿卷1，第37页。

了节省经费，李鸿章又在上海设立了专门制造军械的炸弹三局，分别由曾任江西万安县知县的广东丰顺人丁日昌、安徽寿州人参将韩殿甲、英国人马格里与江西庐陵人刘佐禹负责，马格里与刘佐禹主持的炸弹局一度迁往苏州，改称苏州洋炮局。负责向前敌各部转运粮饷、军械的则有浙江慈溪人贡生严信厚、李鸿章的合肥同乡万年清与程国熙、周沐润等。为了提高淮军的战斗力，李鸿章还先后雇用了法国人毕乃尔（后主动申请加入中国籍）、吕嘉，英国人金思立、备雷、哲贝等 20 余名外籍军人分任淮军各部军事教官，训练淮军使用洋枪洋炮、演习西洋操法。

镇压太平天国的军事基本结束后，曾国藩奉命督师剿捻，李鸿章于 1865 年 5 月署理两江总督，又以购运、制造军械的人员与机构为基础，创办了大规模的近代军事工业，其幕府中又多出了洋务这一分支。他让时已升任苏松太道的丁日昌出面买下了上海虹口的美商旗记机器铁厂，将分别由丁日昌、韩殿甲主持的两所炸弹局以及由容闳从美国采购回来的机器一起并入其中，成立了江南制造总局，委派丁日昌为该局督办，已升为总兵的韩殿甲、分发补用同知冯焌光、候选直隶州知州沈保靖、候选知县王德均分别担任该局的总办与会办。同时将苏州洋炮局迁至南京雨花台，改称金陵机器局，仍由马格里与刘佐禹主持，时已获得三品顶戴的马格里为该局监督，已升为直隶州知州的刘佐禹任该局总办。

2. "剿捻"时期

这一时期自李鸿章于 1866 年 12 月奉命替代曾国藩督师剿捻时起，至 1870 年夏秋之间率部入卫京、津时止，其活动的重心是镇压捻军起义。

曾国藩承认自己"打捻无功"，清廷令其回任两江总督，改任李鸿章为钦差大臣，专办剿捻事宜。次年 2 月，虽任命他为湖广总督，却仍令其在前敌督办军务，湖广总督先后由调任江苏巡抚的其兄李瀚章、调任湖北巡抚的其幕府人员郭柏荫署理。由于捻军为适应北方平原的地理特点而大量地"易步为骑"，采用飘忽不定的流动作战方式，李鸿章不得不指挥所部淮军、湘军与各省清军，围追堵截于山东、江苏、河南、湖北数省之间，对于地方政务已无暇顾及，其幕府人员的配置，完全是从剿捻军事需要出发的。办理文案的主要有举人出身的江苏无锡人钱鼎、廪生出身的江苏太仓人钱恩荣与工部员外郎薛福辰等。专折奏留奉旨进京引见的其会试同年安徽安庐道福建闽县人陈浚总理营务处，另派进士出身的安徽望江人倪文蔚任襄办，成员有进士出身的陕西长安人薛允升、淮军濂字营统领李鸿章的门生杨宗濂、廪生出身的安徽寿州（今寿县）人戴宗骞等。1868 年夏，原先在皖北督师剿捻的钦差大臣、漕运总督袁甲三之长子候补鸿胪寺少卿袁保恒自请到剿捻前线效力，被清廷派往李鸿章军营。李鸿章以其"久历戎行，智勇俱全"，且素与各军统将熟识，乃任命他为马步全军翼长，让他负责"联络诸军，妥筹防剿"①，实际上相当于高级军事参谋。

　　李鸿章奉命北上之初，即针对剿捻战争战线太长的特点向朝廷提出："臣从军十数年，稔知军情利钝之由，其枢纽不在贼之难办，而在粮饷、军火之难接济"②，是以大力扩充淮军后勤机构。当时负责供应剿捻前敌各军饷需的主要有四大粮台：其一是设于皖南祁门的山内粮台，其二是设于安庆的江外粮台，其三是新设于南京的金陵粮台，其四是也设于南京的后路粮台，亦称北征粮台。前三个粮台主要为湘军筹办粮饷，淮军各部的粮饷则由后一个粮台筹措。剿捻时期淮军的军饷仍来源于江苏的厘金、关税等项收入，据记载："淮军正饷、杂支"加上李鸿章的"办公经费"，"每月约需三十七八万两。所指进款以沪厘为大宗，每月十六万两，沪之中国关（即常关）四万两，苏省牙厘二万两，地丁二万两，共止二十四万两，不足之数，系沪之洋关（即海关）税包补，所缺尚多"，李鸿章乃提取"淮北票盐预厘十万两"③。时第二次鸦片战争对英、法两国的赔款已经付清，李鸿章又将上海海关划拨的四成

---

① 《李文忠公全集》，奏稿卷 13，第 56 页。

② 《李文忠公全集》，奏稿卷 10，第 55 页。

③ 王尔敏：《淮军志》，中华书局 1987 年 8 月版，第 264 页。

关税截留下二成，共四十万两，才算基本够用。为了确保这一粮饷基地不出现任何问题，他特意安排其得意幕僚丁日昌担任江苏布政使，旋又让曾国藩奏保他为江苏巡抚。并加派刘瑞芬进入淞沪厘捐局，专折奏调"清操卓识，体用兼备"的内阁中书安徽南陵人何慎修以加强对江苏牙厘局的控制。后路粮台关系全军的命脉，则由陈浚与其另一位会试同年江苏溧阳人陈鼐先后任总办，凌焕、安徽广德人张光藻与举人出身的湖北汉阳人洪汝奎曾参与其事。徐州粮台另派江苏常熟人邵增为委员。采购军械增加了举人出身的广东大埔人林达泉，管理军械增加了举人出身的江苏宜兴人崔乃鹜与军械所委员冯瑞光等。

　　由于镇压捻军的战场远离江苏省的政治、经济中心南京与苏州，而淮军为了追击捻军又经常处于流动作战状态，因而向前敌运送粮饷、军械的任务十分艰巨。为了解决这一难题，李鸿章于苏北清江设立了转运局，并随着战场的变更，选择适中之地，设立了多处转运分局与支应所，另外还有随军转移的前敌支应局。清江转运局先后由已被清廷赏加布政使衔的钱鼎铭与官至江苏徐海道的浙江钱塘人吴世熊主持，该局委员已知的有张进、张凤翔、张秉刚、赵康侯、江麟瑞、蒋铭勋等10余人。此外，清江转运分局有委员张垤、蒋浩、王文治、袁世功等，江苏邵伯（今属江都县）转运分局有委员刘文荣、杨觐宸等，河南氾水（今属荥阳县）转运分局有委员李隰馥、于培庆等，山东德州收支局由委员安徽泾县人翟增荣负责，张秋转运分局由委员浙江山阴人陈锦负责，济宁转运分局由委员潘其钤负责，临清转运分局由委员吴国恩负责，胶州转运事宜由吴炳辉、叶清臣经办。委派徐文达总理前敌支应局，秀才出身的安徽石埭人陈簧举负责行营粮械支应事宜，进士出身的山东济南人杨福祺负责转运军械事宜，江苏无锡人杨倬章为解饷委员，安徽合肥人张士智为解运饷械委员，另外还有经办转运事宜的陈洪钟、许懋功等，可谓是机构庞杂，人员充斥。同时，李鸿章还专门设立了报销局，委派童埏为总办，成员有石东山等人。又设立清淮善后局，委派举人出身的安徽六安人李元华主持其事。

剿捻军事结束，李鸿章于1869年2月抵武昌就任湖广总督。是时，淮军刘铭传部铭军20余营留驻山东张秋，潘鼎新部鼎军7营分防山东边境，董凤高部凤字营4营与吴长庆部庆字营11营驻扎徐州，段喆率勋字营5营防守沿江一带，刘玉龙部开花炮队驻扎于南京下关；李鸿章自率其六弟李昭庆所募武毅军5营（由时任湖北提督的淮军部将郭松林统带）、周盛波与周盛传兄弟所部盛军14营进驻湖北，曾设立湖北淮军粮台，委派曾任湖北布政使的蒯德标主持。6月，李鸿章被清廷派往四川查案。次年1月，尚未回到武昌，清廷又命其赴贵州镇压苗民起义，未及启行，再次于3月改令其督师援陕。其时，盛宣怀经杨宗濂介绍进入李鸿章幕府，李鸿章一见即大为赏识，先委派其为行营文案兼营务处会办，旋又令其会办陕甘后路粮台。7月，李鸿章行抵西安，旋即奉命率部驰赴京畿一带。这段时间，他四处奔波，根本没有来得及将其幕府的活动重心由军事方面转向行政方面。

3. 督直时期

这一时期自李鸿章于1870年8月被调任直隶总督时起，至1895年夏《马关条约》签订后止，其活动的重心是举办洋务。

李鸿章就任直隶总督后，在清朝统治阶级中的地位进一步提高，手中的权力也不断扩大。近代工业方面，他一面接管了崇厚创办的天津机器局，一面继续控制着江南制造总局和金陵机器局，还一度插手福州船政局。稍后，他又提出"求富"的口号，陆续主持创办轮船招商局、开平矿务局、电报总局、漠河矿务局、上海机器织布局等民用企业。军事方面，他除了一直掌握着当时中国装备最新、实力最强、承担着主要国防任务的淮军之外，又于19世纪70年代中期受命筹办北洋海防，于80年代建成了近代化的北洋海军。同时，他还多次代表清政府办理外交，赢得了列强的好感。这段时间，是李鸿章一生最"辉煌"的阶段，也是其权力鼎盛时期。由于他主管的事务太多，许多事务又是无例可循的近代新事物，必须由他指定专人临时负责，于是，其幕府机构亦随之而进一步扩大。概略而言，李鸿章担任直隶总督兼北洋大臣的 20 余年间，其幕府班子大致可以分为政务、军务、洋务、外交四个部分。当然，其中有不少人是一身多任，同时兼任好几个职务的；也有一些人是一专多能，先后承担过几个方面事务的。

在政务方面，首先是代李鸿章起草章奏函牍并协助他处理日常公务的文案人员，主要有深受曾国藩器重的薛福成、晚清桐城派著名代表人物吴汝纶、进士出身的广西贺县人于式枚等。其次，当时直隶境内河道长期失修，连年发生水灾，除周馥每遇水患必参与治理，并一度署理永定河道外，曾任直隶清河道的安徽怀宁人叶伯英、贡生出身的浙江绍兴人娄春藩与戴宗骞、吴廷斌、林木减等都曾主办过治水工程。大灾之年，饥民嗷嗷待哺，邻近直隶的河南、山西等省也经常发生灾荒，李鸿章曾花费不少力气筹款由其他省份购运粮食，赈济灾民，协助他办理赈务的有金福曾、顾肇熙、盛宣怀与出身于沙船业世家长期承办海运漕粮业务的朱其昂、早年经商致富捐得同知官衔的江苏无锡人李金镛等。此外，他曾先后聘请进士出身的贵州贵筑人黄彭年、曾国藩的另一得意门生湖北武昌人张裕钊与吴汝纶主讲保定莲池书院，受他聘请主持讲席的还有进士出身的安徽望江人陈树屏与王季樵等人。又请黄彭年主持修纂《畿辅通志》、整理咸丰年间何秋涛所撰有关北部边疆形势的著作《朔方备乘》，进士出身的浙江桐乡人劳乃宣与王树楠等参与其事；推荐进士出身的安徽黟县人程鸿诏主持修纂《安徽通志》；委派举人出身的安徽太湖人王恩培办理山东全省书局兼任山东通志馆总理。先后礼聘秀才出身的安徽肥西人吴光大、举人出身的安徽望江人金简丞、进士出身的安徽全椒人彭倬、安徽颍上人郑芷馨、江苏南通人范当世、留学美国归来的广东香山人刘玉麟、曾任美国驻天津副领事与北洋大学总教习的美国人丁家立等做他的家庭教师，不但要其子、侄学习经史诗文，而且要他们学习英文，这在当时应该说是很新潮的。

在军务方面，首先是营务处，直隶的省会当时是保定，直隶总督以前一直驻节于保定。李鸿章兼任北洋大臣后，清廷令他"每年于海口春融开冻后移扎天津，至冬令封河再回省城"[①]，其权力的重心逐步移向天津。起先，他分别于天津、保定各设了一个淮军营务处，天津营务处又称北洋海防营务处，先后由安徽怀宁人叶元琦、袁甲三的另一个儿子袁保龄等负责，周馥曾任天津营务处会办，以知府分发直隶的湖南长沙人郑业敩曾任该处提调；保定营务处则由叶元琦兼管。中法战争爆发时，李鸿章又设立了海防各军营务处，奏派曾任山东布政使、一度署理山东巡抚的李元华为总理。随后又于旅顺设立北洋沿海水陆营务处，先由刘含芳负责，后又委派其合肥同乡二品顶戴直隶候补道龚照玙为会办。同时设有威海卫水陆营务处，以牛昶炳为提调；北洋海军营务处，由马复恒任总理，聘用德国人毛吉士为翻译。甲午战争期间，还专门设立了前敌营务处，委派周馥为总理。由于北洋海防延绵数千里，淮军分防各地，平时李鸿章不便也无暇亲自过问各军事务，因而营务处还负有协调各军的责任，于是又有诸军翼长等职务的设置，如：袁保龄任职于营务处时同时受命总办水陆军防务，周馥曾兼任北洋行营翼长，李元华曾兼任海防各军翼长。此外，以清流派主将而名震朝野的直隶丰润人张佩纶尝三入李鸿章幕府，李鸿章极为赏识他的才华，甚至在其被朝廷处以充军之罪后，仍把自己宠爱的小女儿许配给他做了继室。张佩纶在李鸿章幕府中当然也受到了特殊的礼遇，其身份相当于李鸿章的高级参谋。

其次是军需供应机构，李鸿章先是设立了淮军银钱所与直隶练饷局，前者由广东人吴鄂与买办出身的江西婺源人吴懋鼎负责，后者由叶元琦与他的怀宁同乡、进士出身的吴传绂经办，筹措的粮饷分别供应淮军与驻防直隶的其他各军之需。奉命督办北洋海防后，李鸿章另设了北洋海防支应局，委派周馥与其安徽建德（今东至县）同乡、廪生张观成负责，筹措北洋水师所需的粮饷、军械与构建北洋海防所需的经费、装备。安徽泗州（今泗县）人胡

---

① 《李文忠公全集》，奏稿卷17，第10页。

燏棻于 1874 年考中进士，已被选为翰林院庶吉士，三年后散馆却被外放为广西灵川县知县。他不愿到偏远的广西省去当一个微不足道的县官，遂加捐为道员，分发到直隶，李鸿章也曾令他管理北洋军需。19 世纪 80 年代末，李鸿章还将已被清廷任命为驻日本公使、因病而未能赴任的湖南浏阳人李兴锐奏留于直隶，委派他办理北洋海防支应局。甲午战争爆发，李鸿章又设立了后路粮台，委派已升任直隶按察使并被朝廷赏加头品顶戴的周馥兼任总理。稍后，已经升任广西按察使的胡燏棻于进京觐见后，赴天津谒见李鸿章，也一度奉派管理粮台。为了确保淮军各部的军械供应，李鸿章专门设立了北洋军械局，先后委派刘含芳与自己的两个外甥张席珍、张士珩主持。承担军械制造任务的，除了几家大型的近代军事工业外，李鸿章还设有天津行营制造局，由江南制造总局调来王德均主持其事。同时，北洋军械局还经常从国外大量地购进洋枪洋炮。

在洋务方面，直隶原先设有天津道，李鸿章兼任北洋通商大臣后奏称："天津道承办海运，每年南漕百万石，由该道陆续接运赴通（即通州），繁难已极，未能兼任洋务，致有偏废"，要求另行添设天津海关道一缺，"专管洋务及新、钞两关税务"与"华洋交涉案件"①，并保举四品衔记名海关道刑部郎中陈钦署理该缺。天津海关道道员作为李鸿章的洋务助手，虽属国家命官，实乃其洋务幕府之首脑。

李鸿章首先加紧控制各大军事工业。他接管天津机器局后，立即奏派已升任湖北补用道的沈保靖总理该局事务，同时将广东惠潮嘉道安徽庐江人吴赞诚调入该局。后来又陆续委派举人出身的浙江余姚人邵友濂为该局总办，安徽人潘骏德为该局会办，宋春鳌、高从望、童恒麟等为该局提调，通过他们对天津机器局加以大力整顿和扩充。崇厚为该局聘用的洋总工程师密妥士原为英国商人，曾任英国驻宁波副领事、丹麦驻天津领事，对机器制造并不

---

① 《李文忠公全集》，奏稿卷 17，第 11～12 页。

内行。为了加强该局的技术力量，李鸿章毅然将其撤职，改聘英籍工程师麦考瑞斯为该局厂务监督，英国人施爵尔为教习，德国人沙富尔为栗色火药教习，司图诺为东局子总工程师，约士为火药厂设计师，并曾雇用英国人特尔纳为该局安装炼钢炉。同时，他还尽力抓住金陵机器局与江南制造总局不放，将"人甚憧憧，管局十年，只知赚钱，不解制造"的金陵机器局总办刘佐禹、该局洋监督马格里先后撤职，改派段寿虎、候补道郭道直、委用道龚照瑗等为该局总办。此后，该局一直未再雇用洋匠，一段时间全靠龚照瑗"有三分内行，指挥调度"①。而江南制造总局的历任总办杜文澜、汤寿铭、刘麟祺、沈秉成、黄祖络等，历任会办林志道、钟启祥、倪人涵、聂缉椝、唐寿嵩、蔡汇沧等，历任提调华世芳、华蘅芳、徐寿、张勳、黄恩诏等大多由其委派或出自他的推荐。甚至连左宗棠创办的福州船政局，他也要找机会插上一手。1875 年夏，左宗棠举荐的福州船政大局沈葆桢被清廷任命为两江总督，李鸿章马上推荐丁日昌接任福州船政大臣，清廷虽采纳了他的意见，却又同时任命丁日昌为福建巡抚。李鸿章再推荐时已升任顺天府尹的吴赞诚出任福州船政大臣，终于一度间接地控制了福州船政局。

自 19 世纪 70 年代初起，李鸿章又主持兴办了一批近代民用企业。其中，轮船招商局起先由浙江海运委员候补知府朱其昂、买办商人唐廷枢任总办，朱其昂之弟朱其诏、另一位买办商人徐润与盛宣怀等任会办。中法战争后，改由盛宣怀任督办，马建忠与谢家福任会办，沈能虎与美国人马士任帮办。开平矿务局曾由天津道丁寿昌、天津海关道黎兆棠任督办，唐廷枢、候补道张翼先后任总办，候补知府吴炽昌、徐润曾任该局会办。该局曾聘用英国人马立师、巴尔等为矿师，聘用比利时人沙德温为监工，聘用英国人柏爱特、金达为工程师。先是由金达主持修筑了唐胥铁路，随后成立开平铁路公司，由伍廷芳任总办、吴炽昌任会办，将该路展筑至芦台；再组成中国铁路

---

① 《李文忠公全集》，朋僚函稿卷 17，第 4 页。

公司，由沈保靖、周馥任督办，伍廷芳、吴炽昌分任正、副总办，将该路延长至大沽与天津。唐廷枢还在开平煤矿附设了唐山细棉土厂，生产水泥，聘用英国人飞赤为技师、芬治为监工。天津电报总局由盛宣怀任总办，周馥任会办，聘用丹麦人博来负责技术问题；上海电报分局由郑观应任总办，谢家福、经元善先后任会办。漠河矿务局，又称黑龙江金厂公司，由以道员用候补知府李金镛任总办，候选知县安徽涡阳人袁大化任提调。1890年李金镛病死后，由袁大化总办局务。李鸿章曾专片奏调坐选广西宜山县知县志燮、直隶州同知衔吉林委用通判姚岳松、湖北另补知州刘械林等前往漠河相助，并曾聘请美籍矿师阿鲁士威赴矿区勘察。上海机器织布局先由道员魏纶先、四川候补道彭汝琮等筹办，未有结果。李鸿章再令浙江候补道戴景冯、其叔父翰林院编修戴恒等筹办，戴恒邀请曾任英商太古洋行买办的郑观应、沪上商人经元善、候补道龚寿图与李培松、郎中蔡鸿仪等协助，于1880年设局招股，聘请美籍工程师丹科到沪考察，携带当地所产棉花回美国试验，以便选购合用的机器。旋因内部发生纠葛，郑观应、经元善相继离局，先后由龚寿图、龚彝图兄弟与马建忠等接管。19世纪90年代初，在杨宗濂、杨宗瀚兄弟主持下建成投产。旋遭火灾焚毁，李鸿章又派盛宣怀赴沪督办，改名华盛机器纺织总厂。

19世纪70年代中期，李鸿章奉命督办北洋海防后，设立了工程局，由安徽六安人史克宽主持，负责建造炮台、营垒。同为进士出身的安徽舒城人王元超、安徽绩溪人章洪钧都曾办理过北洋海防。后来又成立了旅顺船坞工程局，先后由袁保龄、刘含芳、二品顶戴直隶候补道龚照玙任总办，营建旅顺船坞、威海卫军港作为北洋海军基地，构筑北洋沿海防御体系，周馥、戴宗骞、郑藻如等都曾参与其事。聘用退役的德国陆军要塞工程师汉纳根负责工程设计与技术指导，聘用德籍工程师舒尔茨与善威等作为汉纳根的助手，聘用法国人吉利丰、邵禄、李维业与葡萄牙人路笔纳为旅顺船坞监工，雇用英籍挖泥船技师勒威负责疏浚旅顺军港，任用受德国克虏伯炮厂委派来华推销军火的瑞乃尔与额德茂为旅顺炮台教习。在筹建北洋海军过程中，最先由薛福成草拟过水师章程，后经周馥与北洋水师提督丁汝昌等正式制定《北洋海军章程》。北洋海军的主力船舰，大部分是通过驻外公使曾纪泽、李凤苞、刘瑞芬等从英、德两国订造的。1879 年，李鸿章曾保举近代著名科学家徐建寅为驻德国使馆二等参赞，令其协同驻德公使李凤苞访购铁甲舰。并先后聘请英国人葛雷森、琅威理、马格禄，德国人式百龄、汉纳根为北洋海军总教习；英国人哥嘉、章斯敦、泰勒等为教习。聘用英国人鲍德均、伊尔文、郝尔德、克尔克，法国人道礼思等为北洋海军的医生。

李鸿章还创办了一些西式学堂，除了早期筹建的上海广方言馆和 1880 年设立的天津电报学堂之外，其余的基本上都属于军事性质的，其中以天津水师学堂和武备学堂成效最显著，影响也最大。前者由前任福州船政大臣光禄寺卿吴赞诚任督办，二品衔分发补用道吴仲翔为总办，福州船政学堂毕业后赴英留学归来的严宗光（即严复）初任总教习，后升任会办、总办，聘用英国人马莱绪、美国人马吉芬等为轮船驾驶教习，嘉格蒙为帆缆教习，麦赖斯为洋文教习。后者由周馥、刘含芳等负责创办，初由道员杨宗濂任总办，后由候选知府联芳接管，聘用德国军官黎熙德为总教习，举人出身的安徽黟县人金庆慈任汉文教习，湖北沔阳人卢靖任数学教习，聘用德国人李宝、那珀、巴恩士、坤士、艾德、李喜脱、敖耳等为洋教习，后又聘请德国人瞿思图为该学堂铁路教习。同期创办的北洋管轮学堂聘用霍克尔、希耳顺为洋教习，大沽口电气水雷学堂聘用美国人满宜士为教习，旅顺口水雷营学堂聘用德国人施密士为教习，旅顺口鱼雷营学堂聘用德国人福来舍为教习，威海卫鱼雷营学堂聘用德国人哈孙克赖乏为教习，天津电报学堂聘用丹麦人璞尔生为教习，北洋医学馆聘用英国伦敦会传教医师马根济与美国医师阿布德为教习，天津西医学堂聘请英国医官欧士敦拟定课程。李鸿章协同曾国藩倡议选派的赴美留学生，由翰林出身的四品衔刑部候补主事陈兰彬任监督、运同衔江苏候补同知容闳任副监督，主事容增祥、侍讲衔翰林院编修吴嘉善先后任驻美肄业局总办，光禄寺典簿附监生叶源浚、江苏试用县丞沈金午、同知衔容思济为汉文教习，五品衔监生曾忠恒任翻译。李鸿章与沈葆桢、吴赞诚等由福州船政学堂选派的留英、留法学生，由李凤苞、原福州船政局监督法国军官日意格任监督，马建忠为随员，陈季同为文案，罗丰禄为翻译。

在外交方面，李鸿章因接办天津教案而调任直隶总督，随即又主持签订了中日《修好条规》，很快成为中外公认的清朝统治阶级中最擅长于外交的官员。从此，他一次次被清朝统治者推上谈判桌，其政治生命也与外交紧紧地联系在一起。为了办理外交的需要，李鸿章十分注意搜罗和培养外交人才，一批具有近代意识、了解西方世界、熟悉国际事务的新型知识分子先后汇聚到了他的幕府中。李鸿章幕府中的外交班子成员也可以分为四类：第一类是商讨对外政策、处理涉外事务的助手，主要有毕业于伦敦的林肯法律学院曾在中国香港任大律师的伍廷芳、留学法国获得多科学位的马建忠、被李鸿章举荐驻扎朝鲜总理交涉通商事宜的袁世凯等。第二类是协助李鸿章谈判签约的随员，如协同李鸿章起草并签订中日《修好条规》的署理江苏布政使应宝时、江海关道涂宗瀛、天津海关道陈钦，随同李鸿章签订中英《烟台条约》的翰林院编修黄彭年、户部主事钱荣增、道员许钤身与朱其诏、直隶州知州薛福成、知县徐庆铨、知县诸可权等。第三类是驻外使节，甲午战争以前主要有以署理兵部左侍郎、总理衙门大臣出使英国的郭嵩焘，以三品卿衔记名海关道出任驻德公使的李凤苞，以天津海关道赏三品衔出任驻美国、西班牙、秘鲁三国公使的郑藻如，以布政使出任驻英、俄公使的刘瑞芬，以湖南按察使出任驻英、法、意、比四国公使的薛福成，以江苏候补道出任驻日本公使的李鸿章养子李经方，以四川布政使出任驻英、法、意、比四国公使的龚照瑗等。第四类是外语翻译，大致有同文馆毕业的英语翻译张德彝，留学德、奥的德语翻译荫昌，随同李鸿章赴日本马关谈判的日语翻译罗庚龄、卢永铭，以及罗丰禄、曾恒忠等。此外，李鸿章还曾任用德籍天津海关税务司德璀琳协助自己办理外交，聘用曾任美国驻天津副领事的毕德格、曾任美国国务卿的科士达作为自己的外交顾问。

4."英雄末路"时期

甲午战争期间，李鸿章于旅顺失守之后被革职留任。1895年2月13日，清廷任命李鸿章为头等全权大臣，赴日议和；令前任云贵总督王文韶署理直隶总督。马关议和后，清廷于8月28日命李鸿章以文华殿大学士入内阁办事。李鸿章一度失去了权势，在清朝统治阶级中的地位大大削弱。自此以后，直至签订《辛丑条约》后死去，李鸿章的职位变动较大，我们笼统地称之为"英雄末路"时期。

李鸿章失势以后，已无需大量的幕僚相助，也供养不起那么多没有薪俸收入的幕僚了。名为入阁办事、实则投闲京师时期，原幕府人员中仅有于式枚、伍廷芳、罗丰禄等少数人相随左右，后曾国藩的孙女婿原直隶怀来县知县吴永，道员李征庸、洪恩广，知府胡溁等先后加入李鸿章幕府。1896年2月，李鸿章奉命前往俄国庆贺沙皇尼古拉二世加冕，顺道访问欧美各国，除李经方、李经述二子外，又奏准以兵部候补主事于式枚、分省补用道塔克什讷、记名海关道罗丰禄、升用道分省补用知府联芳、候选知府林怡游、浙江试用同知薛邦龢、升用直隶州补用知县柏斌、直隶试用县丞麦信坚、北河试用县丞张柳、分省试用县丞洪冀昌等为随员；聘用俄籍五品衔副税务司柯乐德、德籍二品衔税务司德璀琳、法籍三品衔税务司穆意索、英籍花翎头品顶戴税务司赫政、美籍三品衔税务司杜德维为参赞。当年10月李鸿章回国后，被任命为总理衙门大臣，为办理外交方便，乃以德璀琳、俄国人葛罗士、美国人毕格德等为顾问。李鸿章对毕德格信用尤专，"苟有事至使馆，必使之往"[1]。并曾采纳他的建议，推荐顺天府尹胡燏棻为中国铁路总公司督办，任用英籍铁路工程师金达修筑天津至卢沟桥段铁路与山海关外铁路。

"百日维新"期间，李鸿章被光绪皇帝赶出了总理各国事务衙门。慈禧

---

① 《异辞录》卷3，第25页。

太后发动政变后，于 11 月 13 日谕令李鸿章前往山东查勘黄河工程，要求他"周历河干，履勘情形，通筹全局，拟定切实办法"。李鸿章以"年将八十，精力衰颓，步履蹇滞"相辞①，未获朝廷同意。随携同前任直隶大顺广道吴廷斌、礼部员外郎于式枚及道员孙宝琦、袁大化等赴鲁，并调用天津武备学堂学生分任测量工作。旋又增调直隶按察使周馥、山东粮道尚其亨、福建兴化府知府启续、山东沂州府知府定成等，聘用比利时工程师卢法尔随同勘察，于次年 3 月奏上治理黄河的 10 条办法。但是，慈禧太后与当政的顽固派大臣正在策划废立大计，根本就没有把此事放在心上。

1899 年 11 月 24 日，慈禧任命李鸿章为商务大臣，赴各通商口岸考察商务。未及成行，旋又于 12 月 19 日改令其署理两广总督。李鸿章喜出望外，很快与其子李经迈、美国人白狄克带淮军旧部数人经唐山，转上海，赴广州上任。督粤期间，李鸿章幕府成员还有商务随员二品衔候选道陈日翔、道员张振勋、委员方政、遂溪县知县崔广沅、银元局委员知县薛培榕及广东绅士卢绍华、富顺等。奉慈禧太后密令，以考察商务为名赴日本谋刺康有为和梁启超的刘学询，也成为李鸿章的机要幕僚。李鸿章曾在广州设立商务局，令其主持。

八国联军发动侵华战争后，清廷一再电令李鸿章北上，先将其调任直隶总督兼北洋大臣，复任命其为全权大臣。7 月 17 日，李鸿章由粤赴沪，静观待变，直至 9 月 14 日才动身北上。其随员有李经方、刘学询、富顺、蒯德浦及由福州船政局调来的吕文经等。在沪期间，他曾令南京制造局道员吴学廉在宁设立金陵收支局，令天津海关道黄建筦、山东粮道尚其亨、清江转运局道员恽福祁、直隶候补道李保恂与那晋、知府吴家修等为其筹措粮饷，以备其调用军队之需。进京议和期间，李鸿章任用于式枚，并奏调已被革职的张佩纶为文案；奏派周馥任直隶布政使，作为其主要助手；奏请以盛宣怀、

---

①《李文忠公全集》，奏稿卷 79，第 60 页。

徐寿朋会办商约，令驻俄公使杨儒与沙俄交涉接收东三省事宜；命胡燏棻在北京试行警察制度，委派道员郑业斅帮办直隶善后事宜，任用曾国藩之孙兵部员外郎曾广铨、曾留学法国的刘式训等为翻译。李经方、李经述兄弟则随侍左右，负责处理一些日常事务并照顾其饮食起居。

二、李鸿章幕府的基本成分与主要特色

李鸿章自 1861 年底受命招募淮军时开始筹建幕府，至 1901 年 11 月死于北京，其幕府前后延续了整整 40 年，而前 35 年一直处于长盛不衰的状况。李鸿章以募练淮军、镇压太平天国起义起家，在曾国藩死后成为晚清第一重臣，担任直隶总督兼北洋大臣，手握重兵坐镇畿辅长达 25 年之久。这段时间，除了日常的军政事务外，他还曾倡导洋务运动，筹建北洋海防，主办国家外交，一直是晚清统治阶级中公务最为繁忙的官员。为了便于开展工作，李鸿章设立了一系列的临时机构，大量地聘用幕宾分任各项事务，形成了庞大的幕府队伍。王尔敏先生在《淮军志》一书所附"淮军幕府表"中，列举了镇压太平天国与剿捻时期的李鸿章幕府共 139 人。马昌华先生主编的《淮系人物列传》一书，所附"淮系集团文职人员表"共列举了 427 人，"淮系集团洋员表"列举了 139 人，中外合计达 566 人。当然，表中所列李鸿章属下的在任政府官员与刘铭传、张树声等淮军将领出身的封疆大吏聘用的幕府，严格地说不能算作李鸿章幕府成员。但是，也有许多可以算作李鸿章幕府成员者没有被列入，例如：北洋海军营务处总理马复恒、威海卫水陆营务处提调牛昶炳、威海卫水师学堂提调郑汝成、天津水师学堂会办严复等被列入了"北洋海军人物表"；而轮船招商局提调沈能虎，开平矿务局总办张翼，漠河金矿的志燮、姚岳松、刘械林，参与筹办上海机器织布局的魏纶先、彭汝琮、戴恒、龚寿图等，李鸿章在两广总督任上聘用的陈日翔、张振勋等，被遗漏的也不在少数。

处于同一时代，堪与李鸿章幕府相比拟的，唯有曾国藩幕府。尝居曾幕八年的薛福成盛赞曾国藩"奋艰屯之会，躬文武之略，陶铸群英，大奠区宇，振颓起衰，豪彦从风，遗泽余韵，流衍数世。非独其规恢之宏阔也，盖其致力延揽，广包兼容，持之以恒而御之有本，以是知人之鉴为世所宗，而幕府宾僚尤极一时之盛"。但是，曾国藩自 1853 年初奉旨帮办湖南团练后，开始编练湘军，组建幕府，至其 1872 年 3 月病死于两江总督任所，其幕府存在的时间前后尚不足 20 年。薛福成《叙曾文正公幕府宾僚》一文共列举了83 人，李鼎芳《曾国藩及其幕府人物》一书中所列"幕府人物总表"共收录了 89 人，朱东安在《曾国藩幕府研究》一书中确定曾国藩幕府共有 400余人。诚然，薛福成所列除了不包括他本人外，还曾明确宣称："其碌碌无所称者，不尽录"①；李鼎芳则曰：曾国藩"所延聘之士，在幕府无论久暂，就吾人所知，可得百人左右"②；可见，他们自己也承认列举的不够完全。即便是朱东安，也未必做到了搜罗无遗。不过，可以基本肯定，无论是存在时间的长短，入幕人员的众寡，设置机构的多少，承担事务的繁简，李鸿章幕府都远远超过了曾国藩幕府，而堪称晚清第一幕府。

李鸿章幕府人才济济，成分也相当复杂。从家庭背景来讲，官宦子弟占有相当大的比例，如：潘曾玮之父潘世恩官至内阁大学士，长兄潘曾沂曾任光禄寺署正，次兄潘曾莹官至吏部侍郎，三兄潘曾绶官居内阁侍读；许钤身父辈兄弟五人全是进士出身，其父许乃普官至吏部尚书，二伯父许乃济曾任广东按察使、光禄寺卿等职，叔父许乃钊官至江苏巡抚；钱鼎铭之父钱宝琛官至湖北巡抚，袁保恒与袁保龄之父袁甲三官至漕运总督、钦差大臣，赵炳麟之兄赵炳言曾任湖北巡抚、刑部侍郎，徐宗亮之父徐丰玉官至湖北督粮道，盛宣怀之父盛康曾任湖北盐法道，薛福成之父薛湘做过浔州知府，陈其元之

---

① 《薛福成选集》，第 215 页。

② 李鼎芳：《曾国藩及其幕府人物》，岳麓书社 1985 年 9 月版，第 8 页。

父陈鳌曾任福建同安知县，等等。也有不少人出生于平民家庭，其中以中小地主与没有做过官的封建士绅占大多数，如：祖父辈"世业农商，无显宦"的周馥、幼年因家贫以鸡蛋换松脂照明的吴汝纶等最为典型。另外，朱其昂、朱其诏兄弟祖上累世经营沙船业，严信厚早年在宁波恒兴小钱肆做学徒，李金镛年轻时即以经商致富，他们应属于旧式商人；唐廷枢、徐润、郑观应、吴懋鼎等则担任过洋行买办；伍廷芳出生于新加坡，其父伍荣彰时在新加坡经商，系华侨。

就个人出身之途而言，绝大多数走的都是科举之路，"淮系集团文职人员表"中标明进士出身者共47人，其中隶属于刘铭传、张树声、吴长庆、刘秉璋、聂士成等淮系军政大员幕府者有6人，吴赞诚系拔贡出身，表中误标为进士出身。李鸿章幕府中进士出身者约40人，已确知为翰林者有21人，其余举人、秀才、贡监生出身者应该占有很大比例。高官显宦子弟除参加科举考试外，还可以享受朝廷的荫封，直接获得官爵。如徐宗亮曾承袭骑都尉世职，孙宝琦初以二品荫生任户部主事等。出身于旧式商人和买办者以及幼年因家贫而失学者，一般以捐纳的方式，花钱买得官衔。朱其昂最初曾捐资为通判，朱其诏尝纳捐为知县，李金镛于1860年捐得同知衔，唐廷枢早年捐了个候选同知的官衔，徐润先后捐得光禄寺署正、员外郎、郎中，郑观应也曾纳资捐得郎中、道员等头衔。后期，李鸿章幕府成员中有不少出身于国内的新式学堂与出国归来的留学生，如张德彝、刘式训是同文馆毕业的学生，李厚基是北洋武备学堂毕业的学生，容闳、伍廷芳、马建忠、罗丰禄、刘玉麟、荫昌等都是留学欧美的学生，郑汝成与严复则是先分别于天津水师学堂、福州船政学堂毕业后又赴英国留学的。

从阶级属性上看，李鸿章幕府成员起初基本上都应该属于封建统治阶级。即便是旧式商人、买办、学生出身者，当他们捐得官衔、投身于李鸿章麾下之际，也就步入了封建统治阶级的行列，或成为封建统治阶级的附庸。其中，除薛允升曾两次官任刑部尚书外，官至封疆大吏的在甲午战争之前有广东巡抚郭嵩焘，以江苏布政使护理江苏巡抚的刘郇膏，先署理江苏巡抚再调任湖北巡抚兼署湖广总督的郭柏荫，先后任江苏、福建两省巡抚的丁日昌，福建巡抚王凯泰，河南巡抚钱鼎铭，由广西、河南、湖南三省巡抚升任湖广总督的涂宗瀛，历任广西、广东、河南三省巡抚的倪文蔚，先后任广西、安徽两省巡抚的沈秉成，先曾署理广西巡抚后实授安徽、山东巡抚的李秉衡，历任湖南、台湾两省巡抚的邵友濂，广东巡抚刘瑞芬等 12 人；在甲午战争之后有由山东巡抚升任直隶总督的袁世凯，历任江西巡抚、广东巡抚、闽浙总督、两江总督的李兴锐，先后任湖北、江苏、安徽、浙江四省巡抚的聂缉椝，由山东巡抚署理两江总督调任两广总督的周馥，由山东巡抚升任直隶总督的杨士骧，以山东布政使署理山东巡抚的吴廷斌，以河南布政使署理山东巡抚后来实授新疆巡抚的袁大化，山东巡抚孙宝琦等 8 人。同时，淮军将领中张树声曾由江苏、贵州两省巡抚升任两广总督一度署理直隶总督，刘秉璋由江西、浙江两省巡抚升任四川总督，潘鼎新历任云南、湖南、广西三省巡抚，刘铭传先授福建巡抚旋改台湾巡抚；李鸿章之兄李瀚章于 1865—1895 年间历任湖南巡抚、浙江巡抚、四川总督、湖广总督、两广总督，李鸿章三弟李鹤章之子李经羲于 1901 年以后历任广西巡抚、云南巡抚、贵州巡抚、云贵总督。此外，李鸿章幕府人员中，郭嵩焘、李凤苞、郑藻如、刘瑞芬、薛福成、龚照瑗、罗丰禄、伍廷芳、徐寿朋、张德彝、荫昌、孙宝琦、曾广铨、刘式训、刘玉麟等，以及李鸿章的儿子李经方、李经迈，李鸿章的孙子李国杰都曾担任过晚清政府的驻外使节。至于司、道、府、州、县等各级地方行政官员，则更加不胜枚举了。总之，淮系集团在晚清形成了一股强大的政治势力。这股政治势力不但延伸及于全国大部分省区，而且在很多方面影响晚清政局长达数十年之久。

李鸿章幕府成员，尤其是跻身于封建统治阶级上层者，除了郭嵩焘、丁日昌等极少数著名的洋务派官僚外，大多数在思想观念上仍属于守旧派，至少其开放的程度远远跟不上李鸿章的思想节拍。李鸿章自谓："每恨今世学人侈诩著述，毫无实济，误尽苍生；又自恨久羁尘网，贻不学之诮，未免矫枉过正。"尝慨叹："吾党如补帆（王凯泰号补帆）、调甫（钱鼎铭号调甫）、振轩（张树声字振轩）、仲良（刘秉璋字仲良）联翩而起，不可谓非才，仅比于乡党自好之流，孰是忧国如家、视远若近者？其余更不可知。"①难怪他在兴办洋务时有"尝苦有倡无和"之感了。但是，随着李鸿章倡导的洋务运动的逐步深入，中国社会的近代化全面展开，处于晚清这一由传统社会向近代社会转型时期的大背景下，李鸿章幕府也会发生分化。起先是19世纪70年代初，出身于买办和旧式商人的唐廷枢、徐润、朱其昂、朱其诏等因经营和投资民用的洋务企业而逐步转化为近代中国的第一批资本家；盛宣怀等少数出身于官僚地主家庭者也紧步他们的后尘，开始了同样的转变；后来，杨宗濂、杨宗瀚兄弟与吴懋鼎、严信厚等又自行创办了纯粹商办的近代资本主义企业，成为更加典型的近代资本家。同时，从洋务派的阵营中还分化出了一批中国资本家的最早的代言人，曾任驻英、法、意、比四国公使的薛福成十分赞赏英国议会中的两党制，留学法国的马建忠介绍了西方资产阶级的"三权分立"学说，买办出身的郑观应明确提出要在中国建立议会制度。他们强烈地谴责西方列强对中国的侵略，分析了不平等条约对中国社会的严重危害，认为列强对华的经济掠夺使中国日益贫穷落后；主张"以商为本"，以商办的形式大力发展资本主义工商业，与西方资本主义国家进行"商战"，以维护并挽回民族权益；呼吁改革科举考试的内容，广设新式学堂，大力推行近代教育，加速西学的引进和传播，培养和造就近代化的人才；在政治方面，则希望中国能够仿效西方资本主义国家，实行君主立宪制度，反映了新兴的资产阶级要求参与政权的愿望。因此，他们被称为代表资产阶级利益的早期维新思想家。戊戌维新运动期间，深受李鸿章赏识的严复翻译《天演论》等西方名著，系统地介绍了西方资产阶级的社会政治学

① 《李文忠公全集》，朋僚函稿卷12，第26页。

说，猛烈地抨击了在中国延续了 2000 多年的封建君主专制制度，成为著名的资产阶级启蒙思想家。辛亥革命时期，李鸿章的亲信幕僚伍廷芳被南方独立各省共同推举为议和总代表兼外交总代表，中华民国南京临时政府成立时被临时大总统孙中山任命为司法总长，护法运动期间又被孙中山委任为广州军政府的外交总长，后再兼任财政总长、广东省长，直至病死于医院中，成为坚定的资产阶级革命家。此外，李鸿章幕府中还有中国近代著名数学家华蘅芳、化学家徐寿及其子徐建寅，他们不但为近代军事工业的发展做出了贡献，而且翻译了一批西方的自然科学书籍，促进了近代科技知识在中国的传播。

　　李鸿章幕府成员有三个主要的来源，其一是同乡、同学、亲属、朋友。李鸿章的幕僚以安徽同乡为最多，如：周馥与道员徐先路是安徽建德（今东至县）人，凌焕与知府方鸿是安徽定远人，刘瑞芬、刘含芳兄弟是安徽贵池人，薛时雨与道员张保衡是安徽全椒人，涂宗瀛、李元华是安徽六安人，徐文达、何慎修是安徽南陵人，韩殿甲、戴宗骞是安徽寿州人，徐宗亮、吴汝纶是安徽桐城人，翟增荣、吴廷斌是安徽泾县人，王翚翎、吴赞诚是安徽庐江人，赵继元、王恩培是安徽太湖人，胡燏棻、杨士骧是安徽泗州（今泗县）人，程鸿诏是安徽黟县人，王德均是安徽怀远人，章洪钧是安徽绩溪人，倪文蔚是安徽望江人，袁大化是安徽涡阳人等。龚照瑷、龚照玙兄弟与刘文棨、余思敏、郭道直、万年清、张进、鲍国治、蔡良杰等则都是李鸿章的合肥小同乡。此外，刘郁膏、郭嵩焘、陈浚、陈鼐都是李鸿章的会试同年；沈保靖、杨宗濂等是李鸿章的门生；蒯德模、蒯德标兄弟与王学懋是李鸿章入仕前的好友；官至江苏候补知府的费日启是李鸿章的妹婿，张席珍、张士珩兄弟是李鸿章的外甥，张佩纶是李鸿章的女婿，官至江苏候补道的孙传樾是李瀚章的女婿，等等。其二是曾国藩的幕僚。如：郭嵩焘、陈鼐、帅远燡与李鸿章同为曾国藩的门生，又同被曾国藩目为"丁未四君子"；涂宗瀛在曾幕中位列"三圣"之一，曾任江苏知县的莫友芝为曾幕中的"七贤"之一；此外，在曾国藩生前由其幕府转入李鸿章幕府的还有凌焕、冯焌光、郭柏荫、候选通判高梯、官至两淮盐运使的洪汝奎、官至徐州兵备道的程国熙、官至候选道的陈艾、官至候补道的程鸿诏，以及吴汝纶、倪文蔚、华蘅芳、徐寿等；在曾国藩死后进入李鸿章幕府的主要有薛福成、张裕钊、李兴锐等。其三是上海官绅。主要有刘郇膏、薛书常、应宝时、赵炳麟、冯桂芬、钱鼎铭，以及在籍刑部郎中潘曾玮、丁忧回籍的武昌盐法道顾文彬等人。难以列入以上三类的人也不是没有，但在镇压太平天国和捻军时期仅仅是极少数。调任直隶总督并兼任北洋大臣后，李鸿章经办的事务越来越多，且许多事务远远超出了传统的行政范围。为了有效地办理好这些事务，他开始注重任用一些具有各方面特长的近代化专门人才。比如：为了创办和经营近代民用企业，他任用了买办出身的唐廷枢、徐润、郑观应和旧式商人出身的朱其昂、李金镛等人；为了能在外交活动中更好地折冲于樽俎之间，他任用了伍廷芳、马建忠、罗丰禄、张德彝、荫昌等留学生和国内新式学堂的学生；为了筹办海防、训练北洋海军、开办新式学堂，他还大量地聘用了外国的各类技术人才，等等。这些人才的加入，大大增加了李鸿章幕府的近代色彩，使之能够在一些主要方面基本适应中国社会近代化的需要。

李鸿章幕府成员身份差别很大，他们的入幕方式也大相径庭，归纳起来，大致有以下几类：首先是正式奏请朝廷批准调用的。经李鸿章先后指名奏调入幕的主要有：五品衔候补中允冯桂芬、在籍翰林院编修郭嵩焘、四品卿衔翰林院编修王凯泰、在籍户部主事钱鼎铭、安徽候补道王大经、浙江金华府知府徐宝治、安徽候补直隶州知州阎炜、江西建昌县知县王学懋、同知衔浙江候补知县薛时雨、同知衔江西候补知县丁日昌、记名盐运使李元华、广东惠潮嘉道吴赞诚、翰林院编修章洪钧、二品顶戴三品衔即选道员袁保龄等，从他们的官衔可以看出，这一类人员主要是京官或外省的官员。其次是通过函札等方式邀请入幕的。主要有周馥、刘瑞芬与刘含芳兄弟、沈保靖、陈箫、蒯德模、薛福成、吴汝纶、劳乃宣、伍廷芳等，基本上是与李鸿章有某种特

殊关系的熟人或享有盛誉的知名人士。再次是经熟人推荐入幕的。如：江苏
补用知府黄芳是曾国荃推荐的，盛宣怀是杨宗濂推荐的，马建忠最初是由已
在李幕的其兄马建勋引荐的，唐廷枢与徐润是由盛宣怀推荐的，等等。复次
是自行投效入幕的。如韩殿甲、李金镛、戴宗骞、龚照瑗与龚照玙兄弟、杨
宗濂与杨宗瀚兄弟以及同知衔浙江富阳县教谕陈其元等。后两类人社会地位
不高，也没有太大的名望，他们必须具有一定的真实才干，能被李鸿章看中，
才会被留用。从李鸿章的角度而言，他接纳幕府人员的手续主要有两种，凡
是在其幕府所属各个机构中任职的，一般都要由他加以札委；而仅仅做文案
或其家庭塾师的，通常由其加以礼聘。前一种人在李鸿章幕府中显然要占绝
大多数。

　　对李鸿章幕府的各方面情况加以综合分析，可以发现它有一些比较鲜明
的特色。

　　第一，新旧杂糅。19 世纪 60 年代初，李鸿章率领淮军到上海并被清政
府任命为江苏巡抚后，很快将冯桂芬、郭嵩焘、丁日昌等奏调入幕府。当时，
冯桂芬已在其所著《校邠庐抗议》一书中，破天荒地提出了"以中国之伦常
名教为原本，辅以诸国富强之术"这一影响中国思想界达数十年之久的"中
体西用"思想。次年春，他又促使李鸿章奏准在上海设立了外国语言文字学
馆，旋改称上海广方言馆。郭嵩焘亦因在学习西方问题上见解新颖，而被清
朝中央政府中的洋务派代表人物恭亲王奕䜣、李鸿章等推许为"第一流"的
洋务人才。丁日昌不但具体负责筹建了中国第一家大型近代军事工业江南制
造总局，而且最先提出了建立中国近代海军的设想和规划。他们与李鸿章共
同拉开了中国社会近代化的大幕，都是当时思想最先进的中国人。70 年代，
朱其昂、唐廷枢、徐润等因投资于轮船招商局、开平矿务局等近代民用企业，
而开始转化为中国第一批资本家；80 年代，薛福成、马建忠、郑观应等以
推崇西方的君主立宪制度、主张大力发展资本主义工商业，而成为早期维新
思想家；90 年代，严复一度因其翻译的《天演论》风靡一时而独占思想界

的鳌头，成为举世公认的资产阶级启蒙思想家。李鸿章幕府中新人辈出，每一个时期都能涌现出一些走在时代前列的精英人物，这是其他的任何一个幕府、任何一个群体所不能比拟的。但是，社会转型期的时代特点决定了李鸿章幕府中不可能全是新人。其中也有掌管金陵机器局 10 年，"只知赚钱，不解制造"的刘佐禹；主持江南制造总局 7 年，"惟务外而不甚精于内"的冯焌光；与冯焌光一同具禀，以轮船招商局"窒碍多端，请暂缓办"的沈秉成；在洋务运动期间，一再与李鸿章唱反调的袁保恒；甚至还有在义和团运动期间，支持慈禧太后盲目排外，不惜以身相殉的极端顽固派李秉衡。趋新而又不能尽弃旧，可谓是李鸿章幕府的一大特色。

第二，中西荟萃。李鸿章开设幕府之初，主要是为了延揽国内的人才。但是，随着洋务运动的全面展开与逐步深入，许多涉及西方近代科技领域、国内无人能够承担的事务先后被提上了议事日程，他不得不借才异域，从马格里、毕乃耳，到金达、汉纳根、琅威理，为了兴办近代工业、开设新式学堂、修筑铁路、建造船坞和军港、训练北洋海军，李鸿章陆续聘用了一大批各具专长的外国人。不论这些洋人来华的目的是什么、受聘于李鸿章的动机如何，他们在客观上都对中国社会的近代化产生过或多或少的促进作用。李鸿章聘用的洋人不只在数量上相当可观，甚至连前任美国国务卿科士达这样重量级的人物也一度被其网罗入幕中。中西合璧可以说是李鸿章幕府的一大创举。

第三，才干第一。李鸿章选用幕僚，首要的标准是才干，有史料记载说："鸿章用人，取瑰异俶傥，其拘守文墨无短长者，非所熹。"[①] 王尔敏也认为：李鸿章"所注重的幕才，多为通达治体、了解洋务的人物和廉正精明的循吏，着重于经世致用。凡有谋略而干练，必受到赏识擢拔；文章道德，尚在其次"。因此，在他的幕府中，"多精明练达之士，而绝少道学先生，即文学侍

---

① 金天翮：《皖志列传稿》卷 7，第 4 页。

从之臣，亦不多见"。① 李鸿章之重才，可从他对待丁日昌的态度中略窥一斑。1863 年，丁日昌以同知衔候补知县的微末官衔进入李鸿章幕府，马上即以超人的才干而受到李鸿章的赏识。在李鸿章的保举下，他当年即获直隶州知州衔，次年先后加知府、道员衔，1865 年实授江海关道，旋升两淮盐运使，翌年加布政使衔，1867 年升任江苏布政使，1868 年初即被任命为江苏巡抚。升迁速度之快，一时无人可以比拟，甚至连曾国藩也认为他"虽称熟悉夷务，而资格太浅，物望未孚"②。丁日昌不但因倡办洋务而受到顽固派的攻击，而且因只考取过秀才而遭到科甲出身者的轻视，可李鸿章却对他推许有加。1870 年冬，丁日昌丁母忧去职。李鸿章尝慨叹："其才力过人而不蒙时誉，可惜也！"又致函勉励他说："吾弟才识心力什倍庸众，岂终为山中人哉？"并于 1875 年推荐他担任福州船政大臣。后来，丁日昌在福建巡抚任上因与闽浙总督何璟意见不合而"久有退志"，李鸿章一再写信给他，"每以鞠躬尽瘁相属"③。1882 年，李鸿章丁母忧回籍，本拟推荐丁日昌继任直隶总督的，却因其已病亡而未果。此外，李鸿章幕府中的盛宣怀、唐廷枢、马建忠、伍廷芳等，皆为当时难得的人才。

第四，务实为本。李鸿章任用幕府人员，还有一条基本的原则，就是一切从实际需要出发，而不受身份、地位的限制。王尔敏以为："鸿章幕府，则仅注意实用，其所罗致专家，首重经纪庶务之才。"④ 为了办好近代民用企业而任用买办出身的唐廷枢和徐润，为了能在外交活动中更好地运用西方的法律知识而不惜以每年 6000 两白银的高薪聘用香港大律师伍廷芳，以及在各项洋务事业中以重金雇用了大量的洋人做顾问、教习和技师，无不体现了以务实为本的用人原则。正是因为遵循了这一原则，李鸿章幕府中才有可

---

① 《淮军志》，第 331、326 ～ 327 页。

② 曾国藩：《曾文正公全集》，奏稿卷 23，第 18 页。

③ 《李文忠公全集》，朋僚函稿卷 11，第 6、8 页；卷 17，第 17 页。

④ 《淮军志》，第 326 页。

能汇集各种专门人才，才能够在一定限度内适应推动中国社会近代化进程的需要。

第五，近代色彩日益浓厚。1865 年以前，因设立上海广方言馆，创办江南制造总局和金陵机器局，李鸿章幕府已经被打上了近代化的印记。但是，李鸿章当时的中心任务是镇压太平天国和捻军起义，其幕府的构建也不得不围绕着这一中心任务而进行，首先必须满足镇压农民起义的军事活动的需要。这一时期，李鸿章幕府不但主要由封建官绅所组成，而且其中充满了同乡、同学、亲属、师生等封建关系的纽带，基本上是一个封建的群体。70年代以后，随着洋务运动的全面展开，李鸿章幕府的构成也有了明显的变化。一方面，李鸿章延揽幕僚的重心开始转向具有各种专长的近代人才；另一方面，原有的李鸿章幕府成员也有一部分受西学影响而发生转化。于是，李鸿章幕府的近代色彩越来越浓厚，可以毫不夸张地说，甲午战争以前，李鸿章幕府中汇集着一批国内最先进的人才，堪称是中国当时独一无二的近代人才库。

李鸿章一生的事功，都是在其幕府的协助下完成的。正是因为有了一个颇具办事效率的幕府班子，他才有可能完成镇压太平天国和捻军起义的任务，才能够在很长一段时间内保证淮军的存在和发展，才得以形成在晚清社会最具有实力的淮系集团，才足以实施推动中国社会近代化的各项计划。研究李鸿章幕府，充分地了解这一特殊的社会群体，不但可以全面地展示李鸿章这一历史人物的形成过程，以便于准确地评判其一生的功过是非，而且有利于加深人们对于近代中国社会的认识和理解。

李鸿章幕府人数众多，成分复杂，要弄清其历史全貌，绝非一朝一夕之事。本书仅仅将其幕府成员大致地归纳为几种类型，再从每一种类型中选择几位最具有代表性的人物介绍给读者。有些同时具有几种不同身份的人物，可以隶属于好几种类型，则只能归入最能反映其历史地位的某种类型之中。笔者的归纳或许有失精当，尚祈读者谅解。

幕府在中国古代典籍中是具有特定内涵的专用名词。先后寄身于曾国藩、李鸿章幕府的薛福成尝有幕僚"专司文事"之说。王尔敏对幕府的界定是："幕府地位属于主官私人的助手，不任公职，不受公俸"；就军事统帅而言，"幕府人才仅为一军之附属，如非亲统军伍，实不能与统将人物并列，无法视为一军之主体"。① 是以本书内容不包括淮军将领与李鸿章属下的实缺官员这两个部分。当然，曾在幕府中任事的将领与实缺官员则又当别论了。

幕府中人物大多数政治地位都不太高，他们的活动多是在幕后的，档案、正史中甚少记载，有些人虽然后来做了大官，但他们在幕府中的活动也缺少系统的记载，只能从私人函札、日记、年谱与碑传资料中去寻找一些蛛丝马迹。资料的分散与不足大大增加了本书的撰写难度，以至于对每一位人物的介绍篇幅悬殊较大，有些人的生平活动显得不够连贯，一些重要的人物由于资料不足或为篇幅所限不得不加以割舍，笔者也只好表示遗憾了。

本书是在充分利用已有研究成果的基础上写成的，笔者也尽可能地对一些有疑问的地方进行了考辨。然而，对于李鸿章幕府的研究，这本书仅仅是一个开始，只要条件允许，笔者今后将会投入更大的精力，作出进一步的努力，力争有更成熟的成果奉献给读者。为了实现这一愿望，恳请方家予以批评、指教。

---

① 《淮军志》，第 311 页。

第三章　入幕最早、相随最久的周馥

在李鸿章的众多幕府人物中，周馥不但入幕最早，而且相随最久。李鸿章晚年对他倚任尤专。在长达40年的鞍马相随中，他协助李鸿章办理过军务、政务、洋务、外交，尤其以擅长治理水患著称。在辅佐李鸿章建功立业的过程中，周馥本人也由一介书生而连连加官晋爵，在李鸿章生前已升任直隶布政使，在李鸿章死后又连任山东巡抚、两广总督等要职，获得了光宗耀祖、封妻荫子等殊荣，堪称是李鸿章一生事功的襄赞者和荣辱升迁的见证人。

一、李鸿章幕府第一人

周馥世居于安徽省建德县（今东至县）东门外之纸坑山，祖上"世业农商，无显宦"。周馥出生于道光十七年十一月二十三日（公元1837年12月20日），初名宗培，乳名玉成。后因避难，流亡他乡，"虑不得归"，乃改名周复。以"舍后之玉峰山"取字玉山，又以"门前之兰溪水"取别字兰溪。入李鸿章幕府后，一次，李鸿章"手书保奖单，误写'馥'字入奏，遂因而未改"。①

周馥幼承庭训綦严，四五岁时即由其祖父课读"四书"，8岁入塾读书，13岁时步行70余里到袁家山王应兆馆中学习举业。"先生初见即许以大器，爱之如子侄"，不但在学业上"诱掖备至"，而且在生活上也予以诸多关照。周馥后来所作怀旧诗中有"每逢暮雨常留饭，为念家贫自减修"句②，即指的

---

① 周馥：《周悫慎公自撰年谱》卷上，第1～2页。
② 《周悫慎公自撰年谱》卷上，第2～3页。

是当时的实际情况。

1851 年 1 月，洪秀全率众在广西省桂平县金田起义，建号"太平天国"。次年 6 月，太平军打出广西，经过湖南，于 1853 年 1 月攻克素有"九省通衢"之称的湖北武昌。然后顺江东下，途经江西、安徽，于当年 3 月攻占南京，遂改称天京，奠为都城，建立了与清王朝对峙 10 余年之久的太平天国政权。是年 2 月，周馥到县城应童子试，考完第一场，第二场刚开始不久，太平军攻克省城安庆的警信传来，"仅试一文而罢"。后来花钱捐了一个监生。次年起，周馥开始举家避难，同时在学馆训蒙，以束脩糊口。由于皖南为太平军与清军争夺最为激烈的地区之一，数年间，建德曾几度易手，周馥一家在逃难途中不免"一夕数惊"，甚至全家被困于山顶，"竟日不得食"。周馥尝背着襁褓中的大儿子周学海在梅岭间一日跋涉数十里，可谓饱尝了颠沛流离之苦。

1860 年，曾国藩部湘军攻占了安徽的舒城、桐城、枞阳、东流（今属东至县）等地，以重兵围困安庆。周馥至东流县城，经熟人推荐给湘军中一位姓祝的营官帮办文案，并教其子读书。是年冬，太平天国英王陈玉成为解安庆之围，率部 10 余万人猛攻枞阳。其时，祝某所部恰好驻守枞阳，周馥与湘军将士"日夜凭垒守御，目不交睫者十余夜"[1]。后战事虽缓，但周馥等被围困于城内达一个多月。其父闻讯后，捎信托言其祖父母盼孙速归，周馥遂请假离营。

此后，周馥一度由建德向芜湖贩卖茶叶，赚取盘缠，四处周游以谋求出路。1861 年 9 月，湘军攻占安庆。11 月，周馥辗转来到安庆，随即被李鸿章揽入麾下。

李鸿章于 1859 年初至江西省建昌府（1912 年废，治所在今南城县）加入湘军幕府，深得曾国藩的赏识与器重，很快即令其至皖北招募骑兵，计

---

[1] 《周悫慎公自撰年谱》卷上，第 5 页。

划由他独自统领，自成一军，但因受到地方势力的阻挠而未果。次年 8 月，曾国藩又向朝廷保举李鸿章为两淮盐运使，保举湘军水师将领黄翼升为淮扬镇总兵，计划由李鸿章主持招募淮扬水师，以经营淮扬地区。不久，李鸿章因与曾国藩发生意见分歧而一度离开湘军大营，却很快又于 1861 年 7 月应曾国藩之招回到其麾下。这时，淮扬水师已募足了 9 营，由已被朝廷任命为淮扬镇总兵的黄翼升统领。尽管李鸿章的两淮盐运使官职未被朝廷批准，且未参与淮扬水师的招募工作，但曾国藩仍然让他以福建延建邵遗缺道的身份总理淮扬水师。

当年 11 月，上海官绅在遭到太平军的攻击之后，恐危城不保，推举在籍户部主事钱鼎铭与候补知县历学潮专程至安庆请兵。钱鼎铭等一面极力陈说上海形势之危迫，沪上官绅盼兵心切，竟至于痛哭流涕；一面声称上海饷源充裕，不但可以保障援沪之师的军需供给，而且可以每月协济湘军大营饷银 10 万两，用轮船运送至九江。曾国藩为之心动，几经筹划，决定由曾国荃增募湘勇 6000 人接替安徽防务，并让他率旧部万余人由皖援沪。但曾国荃意在攻取南京，抢占镇压太平天国的头功，因而不愿率部东下。曾国藩乃于 12 月改令李鸿章招募淮勇援沪，同时奏保他堪任江苏巡抚。

李鸿章原先受命总理淮扬水师，仅仅是名义上的，并没有什么具体的公务要办，所以他本人仍是一直留在曾国藩身边，担任幕府工作。现在他受命招募淮勇，自成一军，且要远征上海，当然会有许多事务需要有人帮忙了。当时，李鸿章并不认识周馥，只是见过他起草的文报，比较欣赏他的文字，听说他恰好在安庆，遂于 1861 年底将他招至身边，命他办理文案。于是，周馥便成为李鸿章的第一个幕僚。

李鸿章受命募军援沪后，当即函邀合肥西乡团练头目张树声至安庆筹划有关事宜，议定由张树声持李鸿章函札回乡代为联络各团练武装。1862 年 2 月，张树声、刘铭传、潘鼎新、吴长庆等各率所部团练陆续到达安庆，驻扎于北门外，按照湘军营制编立营伍，加以训练。同时，曾国藩又拨给湘军数营作为"嫁妆",共成淮军 13 营,约 6500 人。周馥亦于淮军开到安庆时,正式入营,操办文牍事宜。

4 月,上海官绅以 18 万两白银的高昂运价雇用外国轮船,分批将淮军运往上海,李鸿章携周馥首批乘船赴沪。船过南京江面时,驻扎在南岸下关一带、北岸九洑洲一带的太平军将士皆"凭垒观望",周馥与军士 600 人"同匿舱中,不敢露面"①。

李鸿章到达上海后,很快即奉命署理江苏巡抚,当年 12 月被朝廷实授为江苏巡抚,翌年春又兼署南洋通商大臣。刚届不惑之年,即任此要职,李鸿章踌躇满志,立即着手整顿吏治、安插亲信,并指挥淮军向太平军发起进攻。周馥鞍前马后相随,也忙得不亦乐乎。

李鸿章十分信任周馥,战事紧张时,常将巡抚官印交其保管。有时,李鸿章在前面督师作战,周馥在后面携印相随,连续行军,"数日不知驻营何处"。淮军陷苏州时,正值严冬,天寒地冻,军营又无炭火,周馥"日夜理公牍不懈,遂得咳嗽病,久乃愈"②。淮军攻克青旸镇(今青阳镇)时,俘虏了太平军将士千余人,李鸿章将他们交给周馥处理,并告诉他:这些俘虏都是战败后阵前投降的,至少可以杀掉一半。周馥认为:他们既然已经投降,就不应该全部杀掉。于是,连夜一一审讯,仅将最先参加太平军的所谓"广西老酋"和由清军投降太平军者 30 余人处死,并找来 10 多个剃头匠为其余的人全部剃完头(清朝统治者把剃发留辫作为汉人臣服的标志,清初有"留发不留头,留头不留发"的说法,太平军亦以蓄发表示反清,封建统治阶级由此而诬称之为"长毛""发贼",所以周馥在遣散太平军俘虏时要为他们剃发),每人发给一斗米作为盘缠,加以遣散。李鸿章以此而"益贤之"。

---

① 《周悫慎公自撰年谱》卷上,第 7 页。

② 《周悫慎公自撰年谱》卷上,第 10 页。

1863 年 10 月，因淮军连战连捷，朝廷令李鸿章保奏各营将士。李鸿章乘便将周馥列入保奏名单，遂得"以从九品留江苏补用"，是为周馥初登仕籍。次年 7 月，湘军攻克南京。时任两江总督的曾国藩为了延揽士子，奏准于 10 月补行江南乡试，李鸿章以江苏巡抚入场监临，周馥随同李鸿章赴南京应试，未能考中。李鸿章以军功保举其为县丞。1865 年 5 月，朝廷任命曾国藩为钦差大臣，赴山东督师镇压捻军，由李鸿章署理两江总督。当年，李鸿章先将周馥保举为知县，赏戴花翎，旋又将其列名于淮军克复苏州汇保案中，"奉旨以直隶州知州留于江苏补用"。周馥在不到两年的时间内，即受到了李鸿章的四次保举，很快由一介平民升任为正五品的直隶州知州，可见他与李鸿章的关系确非一般。

这年 9 月，周馥的祖父以 81 岁的高龄去世。周馥在请假回籍安葬了祖父之后，有感于数年间其祖母、父亲、祖父相继弃世，"伤痛罔极，拟终身布衣蔬食，不复远游"①。其母则极力劝他复出，并告诉他：当年被保举为知县的喜报传到家中时，其祖父已生病在床，犹十分高兴地望着墙上的报喜帖说：只要能见到我的孙子做一任好知县，这一辈子就满足了！希望他不要辜负长辈的期望，立志光宗耀祖，勿稍懈怠。

1866 年，李鸿章委派周馥襄办金陵善后工程局事务。翌年，李鸿章受命替代曾国藩督师剿捻，周馥因经手的事务未了，未能随行，却以办理善后工程著有劳绩于 1868 年经曾国藩、李鸿章保举，"以知府留江苏尽先补用"。

周馥为了报答李鸿章的知遇之恩，勇于任事，不辞辛劳，再加上连年迭遭丧亲之忧，一度心力交瘁，患上了怔忡症，时常感到头晕心悸，身疲力惫。1870 年春，他辞谢了新任两江总督马新贻委派的"总办江安粮道河运事宜"的差事，到句容县境内的宝华山养病，遇一道士传授以"真人止观法"。周

①《周悫慎公自撰年谱》卷上，第 12 ～ 13 页。

馥排除杂念，潜心学习了三个月，遂"大彻大悟，病去而精气勃然"。据他的儿子说：周馥后来之所以能活到85岁，主要得益于此。

二、治理水患的专家

是年6月，"天津教案"爆发。时曾国藩已调任直隶总督，清政府命他就近查办，但很快即"谤议丛积"，曾国藩本人也深感"外惭清议，内疚神明"，以至于旧疾复发。恰好两江总督马新贻遇刺身亡，清廷乃于8月命曾国藩回任两江总督，令李鸿章继任直隶总督，接办天津教案。11月，又命李鸿章兼任北洋大臣。清代的总督和巡抚综理一省或数省的军务和政务，司、道、提、镇以下，无不仰其鼻息，权倾一方。直隶总督被公认为各省督抚之首，更是权势煊赫。北洋大臣负责管理直隶、山东、奉天（今辽宁）等地的海关及外交、通商等涉外事务。李鸿章任此要职，公务十分繁忙，在在臂助需人，遂于1871年春将周馥奏调至直隶任用。

是年夏，直隶发生大水灾，永定河多处决口，京津一带几成泽国，李鸿章令周馥协同永定河道李朝仪治理水患。周馥极为认真负责，亲至沿河一带勘查，"虽大风雨，奔踔泥淖不稍休"。当年即成功地堵塞了卢沟桥石堤5号决口，李鸿章奏报朝廷时，称赞他"耐劳忍苦，办事核实"，要求朝廷让他免补知府本班，"以道员改留直隶尽先补用"，"冀于直隶河防有裨"。但吏部认为：治水属于"寻常劳绩"，照章不准未任原职即予提升，要求周馥先任知府，然后再以道员补用。次年4月，李鸿章又向朝廷提出：周馥一向负责办理工程，"深知款要"，近来对于永定河工"历练较熟"，且"操守廉洁，足式浮靡"，值此"河务棘手之际，得人为难"，应破格以道员补用，"以为任事认真者劝"①。10月，周馥负责堵塞永定河北岸17号决口，工成，李朝仪在向李鸿章禀报此事时，赞扬周馥"经年督役，果敢任事，忠实性成，凡

---

① 周馥：《周悫慎公全集》卷首，第39～40页。

危险吃紧之工得无疏失而能成者，皆该员之力居多，在寻常劳绩百数十人中，实为异常出力"。李鸿章进而奏称：周馥于"经费支绌，众心疲懈"，咸以为"势难必底于成"之际，仍然"力任劳怨，早夜经营，多方鼓舞，竟能克期蒇事，使河流及早复旧，毋误穷民种麦之期，尤为有裨时局"。强调：周馥不但对于河工"熟谙机宜"，而且能知道怎样在施工中"撙节款项"，这样的人才"殊不易得"，现今直隶水患频仍，"亟须储才备用"，"俾资臂助"，再次要求朝廷让周馥"免补本班，以道员留直尽先补用"，并保证"嗣后不得援以为例"①。1873年秋，周馥又以堵塞永定河南四汛九号决口之功，被朝廷赏加按察使衔。李鸿章为了周馥能够升任道员，竟然置吏部的反对于不顾，一连三次上章保奏，一方面，固然是由于周馥办事认真负责，为治理永定河水患立下了汗马功劳；另一方面，亦可见李鸿章对于任用、提拔周馥是尽心尽力的。

清代最大的水患莫过于黄河泛滥。早先，黄河流至河南省兰仪县（今属兰考县）境内的铜瓦厢（原为集市，现已坍入河中）后，折向东南，经江苏徐州、淮阴，汇入淮河，流向大海。1855年，黄河溃决于铜瓦厢，折向东北，分三股横贯山东境内，汇入大清河，流向大海。这次黄河改道，不但淹没了许多城镇田舍，给山东人民带来了极大的灾难；而且拦腰冲断了运河，使清政府旨在解决京畿一带粮食供应问题的漕粮北运陷于重重困境。1873年春，山东巡抚丁宝桢、漕运总督文彬奏称：黄河流经山东，致使城池被淹，盐场遭漫，对于该省"财赋有伤，水利有碍"。要求清政府派员堵塞铜瓦厢决口，挽黄河复徐淮故道。但东河总督乔松年却主张堵塞河南与山东交界处的霍家桥决口，并"筑堤束水"，使黄河沿张秋、八里庙一线流入大海，同时以其支流分注运河，借以疏通漕粮运输的渠道。在朝诸臣无人懂得河务，不知孰是孰非，无法裁断。有人想到李鸿章前几年督师剿捻，曾多次来往于

---

① 《李文忠公全集》，奏稿卷20，第5页。

黄河两岸，应当熟悉当地情形，遂发下谕旨令他发表意见。李鸿章统兵镇压捻军时，军务倥偬，疲于应付，何尝有心情去考察黄河该怎样治理？他急忙问计于周馥。周馥认为：必须经过详细的实地勘查，确实了解了黄河与运河沿岸的地形、水势之后，才能比较完满地回复朝廷。李鸿章即命周馥前往勘查。

周馥由天津大沽口乘帆船出发，由海道抵山东利津，然后溯河而上，至铜瓦厢折向东南，沿黄河徐淮故道而下，再至河南开封，经卫辉府（治所在今河南汲县），过朝城（今属山东莘县）、张秋，抵汶上县，"遍涉运河南北"。回津后，为李鸿章代拟了一份奏稿。李鸿章"韪其议"，遂据以上奏，指出：一则，清初以来，"黄河决口宽不过三四百丈，尚且屡堵屡溃，常阅数年而不能成"，现铜瓦厢决口宽约十里，落差达三丈以上，欲加堵塞，其难度可想而知；二则，铜瓦厢以下"旧河身高决口以下水面二丈内外及三丈以外不等"，如欲挽黄河复故道，"必挑深引河三丈余，方能吸溜东趋"，工程过于浩大；三则，即使能够勉强令黄河复行故道，"挽地中三丈之水，跨行于地上三丈之河，其停淤待溃、危险莫保情状，有目者无不知之"；四则，黄河故道旧堤数年弃置不用，堤身干松，遇水易溃，"即加修治，必有受病于不易见之处，万一上游放溜，下游旋决，收拾更难"；五则，黄河故道"高于平地约三四丈，风沙成堆，老淤坚结，年来避水之民移住其中，村落渐多，禾苗无际"，"年年丰收"①，迁徙为难。有此五个方面的原因，丁宝桢、文彬所提挽黄河复故道的建议自然碍难实行。

针对乔松年的意见，李鸿章在该折中指出：一方面，由于霍家桥处"本非决口，乃大溜经行之地，两头无堤无岸，一望浮沙，并无真土可取"。若硬是要以沙土筑堤束水，"窃恐浮沙易塌，适足撄河之怒"，纵不论目前虚耗国帑民力，尚须虑及"日后防守难资，终为痼疾"，一旦溃决，则前功尽弃。

---

① 《李文忠公全集》，奏稿卷22，第9～10页。

另一方面，引黄河水以济运河，并非乔松年的创见，由于黄河水"多挟泥沙，一入运河，易致淤垫"，前已迭遭失败，"往事覆车，可为永鉴"。现今张秋一带运河宽仅数丈，"两岸废土如山，若引重浊之黄，以闸、坝节宣用之，水势抬高，其淤倍速。人力几何，安能挑此日进之沙？且所挑之沙仍堆于积年废土之上，雨淋风荡，河底日高，闸亦壅塞"①，工程必废。所以堵塞霍家桥决口及以黄济运之议也不可采纳。

李鸿章根据周馥的意见提出：应该把治理黄河与漕运问题分开来考虑。对于黄河，应遵循"因水所在，增立堤防"的原则，先事绸缪，随时防范。并具体分析道：黄河北岸，自张秋以上至开州（今河南省濮阳县）境内的二百余里，有大金堤"可恃为固"；张秋以下至利津海口八百余里，"岸高水深"，只要"将原有民埝保护加培"，即可无虞。黄河南岸，自安山以下，"多傍泰山之麓，诚为天然屏障"；自安山以上至曹州府（治所在今山东省菏泽县）境二百余里，"地形较洼，为古巨野泽，即宋时之八百里梁山泊也"，比较容易溃决。尤其是侯家林决口上下百余里"民埝高者丈余，低者数尺，断难久恃"。朝廷应饬令丁宝桢"于秋汛后悉心勘估，酌筹款项"，将该处民埝"仿照官堤办法，一律加高培厚"，若再能"责成地方印委设法守护，更为久远之计"。铜瓦厢决口处仍不断向东坍塌，"决口以下兰仪、东明境内地势平衍"，遇有大汛，则"东西坍涨不定"，应由乔松年"就近察看形势"，"量筑堤埝"，"以杜窜越"②。

至于漕粮，则根本不必胶执于河运成例，完全可以交由轮船招商局的轮船海运北上。就中外形势而言，"当今沿海数千里，洋船骈集，为千古以来创局，已不能闭关自治，正不妨借海道转轮之便，逐渐推广，以扩商路，而实军储"。用轮船招商局的轮船装运漕粮，不但可以为清政府解决漕粮运输

---

① 《李文忠公全集》，奏稿卷22，第11页。

② 《李文忠公全集》，奏稿卷22，第14～15页。

问题，而且可以扩大轮船招商局的业务范围，增加其运费收入，使之得以在与外商轮船公司的竞争中立于不败之地，从而收到扶植轮船招商局、发展本国轮船航运业的效果。同时，用轮船运输漕粮，不但速度极快，而且可以节省运费。嘉庆年间即有人指出："南漕运抵京仓，综计公私费用，每石需银十八两"之多，此后"积弊相沿，实为秕政"，病国累民，莫此为甚。而内地省份将应征收的漕粮折价改征白银，至江浙一带采购粮食，用轮船运送入京仓，"每石连水脚、剥价银不过二两七八钱"，所省实多。海运较之于河运，利弊如此悬绝，尚有人汲汲以求恢复河运，主要是对海运是否安全感到不放心。李鸿章指出，"今南北宦商往来，率以海舶为通衢捷径，独至运粮则有戒心，将谓夷情叵测"。事实上，中国人"就中国洋面运中国官粮，外人断不敢欺侮，即有他变，我停运而彼亦须停贸易"，西方各国皆重视贸易，既不同于海盗，也不同于倭寇，"岂肯舍各口通商而无端开衅"？[①]

周馥根据自己实地考察所得的第一手资料起草的这份奏稿，让人不能不信服，朝廷认为"所奏事理详尽"，当即下令让丁宝桢、乔松年等照李鸿章的意见办理。这份奏折还以其独到的见解博得了社会有识之士的广泛嘉许，被作为治理黄河的重要文献收入了《中兴奏议》一书。

直隶境内河道纵横，永定河、滹沱河、大清河、北运河、南运河向有五大河之称，"其旁支别派、节节并注于五大河者，又有六十余河"。这些河流皆经天津三岔口汇入海河，再经大沽流入渤海湾。自嘉庆年间以后，由于经费不足，河道已不能及时疏浚，咸丰以后，"各河淤废益甚"。加之海河既多弯曲，又复窄隘，"诸水争赴，不能容泄"[②]，每遇连日大雨，诸河即会盛涨、漫决，天津周围一片汪洋，时有被淹之虞。1874年，天津道丁寿昌提出了开挖减河的建议。减河俗称金钟河，位于天津城的东北部，由于积年淤垫，

---

① 《李文忠公全集》，奏稿卷22，第17页。
② 《李文忠公全集》，奏稿卷23，第41页。

已成一条"上下不通大河"的小沟。丁寿昌主张由永定河、滹沱河、大清河、北运河四大河交汇处的陈家沟向东，循金钟河开挖一条大渠，直达北塘海口，以便于分泄天津四周的积水。周馥认为：开挖减河固然可以泄天津之水，但等到诸河之水汇集天津之后再泄之，实为下策。应该在南运河之南、北运河之北，远离天津之处挖渠泄水，使诸河之水不再汇聚天津，方为上策。李鸿章觉得周馥的意见很有道理，但因先已同意采纳丁寿昌的建议，便决定仍开挖减河，并令周馥会同丁寿昌等一同督工。8月初工成，周馥又被赏加二品衔。稍后，淮军统领天津镇总兵周盛传接受周馥的建议，督率所部"开兴济减河下灌小站，垦田数千顷"，所产稻米自给而有余。所以，周馥盛赞他："任事之勇，纳善之诚，世罕伦比。"①

　　同年，周馥还主持了北运河筐儿港减河工程。自道光中叶以后，北运河水常常"由中道旁溢"，地方官一直未加修缮。时值连年大水，"武清东乡村庄数十里积潦不消，民尤苦之"，李鸿章命周馥疏通筐儿港减河以泄之。经过仔细勘查，周馥发现旧减河常年淤垫，河床已经很高了，不如另开一渠为便。但北运河旁溢之水多少无法预定，若新开之渠过浅过窄，一遇大水，势必仍要溃决；若开挖一条又深又宽的大渠，不但劳民伤财，而且平时闲置无用，周馥为此而犹豫不决。恰好当地居民开会聚议此事，有一位少年提出：可以相隔半里平行地开挖南北两道小渠，以北渠之土在北渠之北筑北堤，以南渠之土在南渠之南筑南堤。水再大，两渠之间半里宽的河滩亦足以容之；水小时，由两渠泄之，中间的河滩尚可以耕种。众人皆以为其说必不可行，责备他不该乱讲话。周馥却认为他的说法很有道理，并采纳了他的意见。

　　是年夏，位于北运河上游的潮白河于平家疃溃决了二百余丈，"大溜趋于箭杆河"。朝廷令李鸿章"妥为筹议办理"，李鸿章又把这项任务交给了

---

① 《周悫慎公自撰年谱》卷上，第 15 页。

周馥。10月起开始挑挖引河，至11月即将决口抢堵合龙，"大溜复归北运河故道"①，随后又在河的东西两侧修筑了护堤。次年夏汛期间，周馥考虑到顺天府官员在堵塞潮白河决口期间曾有所需索，被他拒绝，"未遂其贪欲"，担心他们会乘汛期盗决河堤，以泄私忿，"遂自请往防汛"。8月，潮白河"水大涨，一夜长一丈三尺"，形势十分危险。周馥不求神仙保佑，"惟专恃人力"，督率民夫日夜抢护，"堤尾漫一口，旋即堵合"，终于战胜了洪水，安全地度过了汛期。随后，又以办理"永定河南二大工"，获"吏部从优议叙"②。

1875年汛期，由直隶、山东两省"筹拨津贴"，"劝谕绅民匀派夫役"，修筑自直隶长垣（今属河南省）、东明（今属山东省）、开州（今河南濮阳），下至山东菏泽，长达60余里的黄河南堤。因为这一带"历被黄水灾歉，民力拮据"，所筑之堤不够坚固，且上下游高低宽窄不一。次年春，李鸿章决定将该堤"从新加筑高厚，夯硪坚实"，并使上下游之堤"一律整齐"。考虑到此举"工大费繁，既不能再派民夫，库款又万分支绌"，李鸿章决定调军队前往施工。遂令记名提督刘盛休统率驻扎山东济宁的所部淮军14营与署理正定镇总兵叶志超、署理大名镇总兵许保清、开州协副将张桂芳率练军6营"驰赴工次，顺堤排列，分认段落"，于3月中旬开工。由于淮、练各军分别负有防卫海疆、弹压地方、巡缉盗匪等职责，"未可久顿工次，致废操防"，李鸿章又派周馥"前往驻工监察，随时验收，以便各军工完即撤"。至5月底"全工告蒇"③，共完成土方46万余方，节省了大量的经费。

1877年，周馥一度署理永定河道，这是他首次出任实缺官员，可惜只有两个月左右的时间。同年，周馥又奉命查勘滹沱河。滹沱河为直隶境内的

① 《李文忠公全集》，奏稿卷26，第35页。

② 《周悫慎公自撰年谱》卷上，第16页。

③ 《李文忠公全集》，奏稿卷27，第23～24页。

五大河之一，它源于山西省境内，出太行山入直隶平山县，在此与冶河汇合后，流经正定、藁城、献县，汇入子牙河，经天津入海。由于山西与直隶交界处的太行山区地势较高，滹沱河至平山以下，正当出山之后，迅流急湍，挟沙壅泥，易淤善徙，加之向无堤防限制，所以藁城、束鹿、深州（今深县）、冀州（今冀县）一带"南北纵横，皆其故道"。但在 1868 年以前，它总要向南与滏阳河汇合，再流至献县。1868 年，滹沱河由藁城改道北迁，不再与滏阳河相通。河水泛滥所至，藁城、晋州（今晋县）、无极、深泽、安平、饶阳、献县、肃宁、河间、任丘、雄县、保定皆成灾区，祁州、博野、蠡县、高阳、束鹿、深州亦被波及，下游的文安与大城两县，"水无出路，被淹尤甚"。后来有人提出：开辟上游的冶河，分水南行，以削弱滹沱河的水势，以便于下游堵塞新河道，恢复旧河道。朝廷命李鸿章"酌度情形，奏明办理"，李鸿章令周馥与清河道叶伯英一道前往查勘。周馥等由平山、正定、藁城、栾城，经赵州（今赵县）、深州、冀州，过任丘、文安，至天津，取得了大量的第一手资料，并提出了自己的见解。李鸿章根据他们的汇报上奏朝廷说：冶河河底高出于滹沱河水面数丈，"低昂相去悬远，势难逆挽而行"；再则，"冶河口至入滹沱十里之间，则上高于下数丈，水性就下，自然奔入滹沱，恐非坝工所能抵御"，所以滹沱河绝不可能由冶河分水南行。此外，滹沱河藁城段大水盛涨之际，"走溜河槽宽至七百二十丈，深至一丈一尺五寸"。而南行的故道"现在至宽不过三十五丈，窄者仅二丈，至深不过七尺，浅者仅一尺"，其间还有不少地段已经淤成了平地。故道"河头高于现行河底一丈一尺有奇"①，欲挽滹沱河恢复故道，需开挖旧河道 200 余里，工程浩大，实在无此人力、财力。遂打消了异议。

　　1890 年夏，永定河北上汛漫口，大水直入南苑，"被淹各处，饥民遍野"，永定河道周培因被"革职留任"。清政府于 8 月一连两道谕旨催促李

① 《李文忠公全集》，奏稿卷 31，第 19～20 页。

鸿章"赶紧妥筹勘办"，李鸿章向朝廷奏报说：直隶"按察司周馥自同治十年（公元 1871 年）以后历办永定河堵筑大工，熟悉机宜，才长心细，卓有成效"，现已饬令他由保定"就近带印赴工查勘实在情形，督催集料、兴工事宜"。周馥于 8 月中旬"驰往工次"，经过认真勘察，提出：这次永定河共有大小决口四处，总宽度达 556 丈，"上下游引河共须挖长六十余里，约用挑夫三四万人"，"各处工程撙节估计，共需银三十万两之谱"。遂于 8 月底动工，"夜以继日，分投赶办，优赏严罚，明定章程，使员弁兵夫鼓舞奋兴"①。至 10 月下旬，各口堵塞完成，"奉旨赏头品顶戴"。同年，周馥创议在永定河北岸修筑两道石堤，并推荐道员张莲芬会办。工成之后，永定河北岸上游之水再也不曾决口流入南苑了。

　　1893 年，永定河再次成灾，周馥又奉命督同张莲芬抢堵南上决口。早先，周馥鉴于永定河十年之中有八九年决口，每年堵塞决口的用费，多者达二三十万两白银，少者亦需十余万两，再加上减免受灾地区的钱粮，办理赈灾，又需数万两，"历任直督苦之"，曾提出"改道抛石"等办法，以求根治永定河水患，但李鸿章以为"费重招忌难行"，而未加采纳。至是，朝廷以明年值慈禧太后 60 大寿，"近畿不宜见灾"，特派东河总督许振祎赴直隶查勘永定河工程，以确保来年不再发生水灾。周馥再次提出：永定河河床高，堤坝薄，"水大难容"，单靠挑沙疏浚河道，难收治理之效，最好能在南岸上游卢沟桥一带修建一座减水大石坝，使永定河盛涨时可以分水流入大清河，如此，虽不敢必保岁岁平安，至少十年之中可以有八九年不再成灾。有人担心，永定河水分入大清河后，会导致大清河泛滥成灾。周馥指出：永定河在汛期通常是暴涨暴落，大清河未必与永定河同时上涨；即便同时上涨，永定河由减水坝分水不过是一两天的事，不至于给大清河增加多少负担；"且大清河有清水刷沙，不虑淤淀也"。这项建议得到了许振祎和朝廷的首肯。同年，

---

① 《李文忠公全集》，奏稿卷 68，第 23、30～31 页。

有人奏请开永定河两岸堤坝，放水灌田。李鸿章令各道员条议上奏，大家深知开堤放水有诸多不便，却"皆畏避不敢详驳"。周馥见拖延得太久了，"乃独具稿详陈利害"，其他人"欣然同画诺"，李鸿章"亦深赞之"，遂据以上奏，驳回了放水灌田之议。次年春，周馥正随同许振祎到永定河勘定减水坝基址时，原奏请放永定河水灌田者为泄私愤而上章弹劾周馥，列举了"办工不实、溃决不报及用私人、通贿赂"等罪状[①]。朝旨命许振祎查明复奏。经调查，许振祎认为所有的罪名均系诬陷不实之词，不但为周馥洗刷净尽，而且极力保举他主持永定河减水大坝工程。许振祎离开直隶之前，又奏请朝廷命周馥全面管理永定河防汛事宜。3月中旬，减水坝正式开工，动用了民工10000余人，并购买了开平矿务局制造的水泥300多万斤，用于"勾砌石缝，填筑槽底"。6月底大坝筑成，"各工坚固整齐，布置如法，绝无草率偷减"[②]。当年永定河又发大水，由于有减水坝及时分洪，竟未破堤。

1898年11月，李鸿章奉命前往山东主持筹议治理黄河事宜，当即电招时已"开缺回籍"的周馥前来襄助，奏称："周馥在直境督办河工多年，于修守事宜最为谙练，应机敏决，识力过人"，现因"东省河工关系重要，专函敦劝前来襄筹一切"。周馥推辞不过，乃与李鸿章议定了"作为游客勘筹办法，不办工，不奏调"等条件[③]，于年底赶到济南。随即沿黄河向下游勘察至利津海口，向上游勘察到曹州府贾庄，并代李鸿章拟订了治河办法12条以奏报朝廷。

后来，周馥在山东巡抚任上又曾于1903～1904年派按察使尚其亨、道员丁达意等堵合惠民县刘旺庄与利津县宁海庄、王庄、扈家滩、薄庄等处漫口。由于以前历任山东巡抚"皆不谙治河之法"，往往"随湾就曲立堤"，致使"水流不畅，尾闾更甚"，所以经常溃决。周馥见黄河"下口河形如之

---

① 《周悫慎公自撰年谱》卷上，第28～29页。

② 《李文忠公全集》，奏稿卷78，第34页。

③ 《周悫慎公自撰年谱》卷上，第36页。

字"，决定将河道取直，要求朝廷拨银 300 万两以备用。户部却提出要周馥保证以后黄河"永无漫溢"，才肯拨款。黄河自古难以治理，若以区区 300 万两经费即责以"永保安澜，千古无人敢道此语"。周馥知道，这是户部不肯拨款，"故巧其辞以难我也"。只好自筹经费，一面购办石料，以备护堤之需；一面"先将当水冲之民，预为购地建屋，并给迁家待之"。如薄庄正当黄河之冲，周馥事先即为其选好了迁居地，并拨给"移家建屋之费用银三十余万两"。1904 年夏，黄河水暴涨，"直冲薄庄，数千家片瓦不存。幸预为筹备，民皆迁居，未伤一人"①。周馥又亲自乘小舟顺流察看，见黄河水不再受阻，奔流顺畅，遂奏明朝廷，不再堵塞决口，就此将河道取直。并将上游河堤险段节节抛石防护，下游路途遥远，运石不便，则烧砖以代石。自此以后 10 余年间，黄河未曾于山东境内溃决一次。

李鸿章任直隶总督 20 余年间，周馥一直在其幕府中任事，对于各项政务多有赞画，尤其以善于治水著称。每遇水患，李鸿章都要让他参与筹划治理方案；凡重大工程，无不交给他主持。周馥每次接受任务，总是要亲临实地仔细地了解各方面的情况，然后再提出切实可行的治理办法。由于屡次办理河工，周馥积累了丰富的治水经验，无论是堵口、分流、护堤、筑坝，都有一套行之有效的方法。治水的成功，为周馥赢得了极高的声誉，直隶士绅声称："其尤大有造于直省者，厥唯治河。"颂扬他"自同治十年（公元 1871 年）迄光绪二十年（公元 1894 年），殚精治河，不遗余力。最著者，修建永定河卢沟桥减水大石坝，经营惨淡，保障实多"。自李鸿章于 1895 年离开直隶总督任所"后二十余年，永定（河）下游未有溃决之患者"，实赖周馥"有以致之"。其"澹沈天灾，奠安民舍，此尤阖省人民所倾心顶礼而永矢弗谖者也"②。固然不无溢美之词，但至少可以说明：周馥的治水之功

---

① 《周悫慎公自撰年谱》卷下，第 8 页。
② 《周悫慎公全集》卷首，第 10 页。

得到了人们的认可。

三、综理北洋庶务

1875年，周馥奉命会办海防支应局。当时，海防支应局会办除周馥外，还有长芦盐运使如冠九、天津海关道黎兆棠、天津道刘秉琳三人。李鸿章当着大家的面宣布：该局会办虽有四人，但专门责成周馥一人"驻局经理"，主要负责北洋驻军饷需的筹措与支放。前一年，日本派兵侵略我国台湾，引起清朝统治集团的震惊，于是，兴起了筹办海防之议。经过中央和地方官员的热烈讨论，清政府于1875年5月命直隶总督、北洋大臣李鸿章督办北洋海防事宜，命两江总督、南洋大臣沈葆桢督办南洋海防事宜，每年由广东、福建等地海关与江苏、浙江等省厘金项下拨款400万两，南北洋各半，作为筹建海军的经费。开始，沈葆桢同意将每年400万两经费交由北洋统一支配。但由于各省多有拖欠，北洋每年实际上仅收到数十万两，远远不能满足购买军舰及武器装备的需要。赖周馥"苦心经画"，才保障了北洋驻军的饷需供给。

1878年春，周馥请假回原籍看望母亲。7月，其母病逝，遂在籍守制。古代官员凡遭父母、祖父母之丧，称之为丁忧或丁艰。清代制度：凡文职官员丁忧，须解职在家守孝三年（实际上为27个月），称之为守制。周馥守制期满后，于1881年春应两淮盐运使洪汝奎函邀来到扬州。时，两江总督刘坤一计划改筑城墙以缩小南京城的范围，预算经费300万两。洪汝奎力劝周馥"改官江苏"以主持这项工程。周馥指出改筑南京城墙工程浩大，300万两经费根本不够用；声称自己"官兴已阑，愿就幕职"；并表示："李相国（李鸿章当时兼任文华殿大学士，俗称'相国'）待我厚，我既出山，安可无端弃北而南也？丈夫出处，唯义是视，何计利害。"[1] 硬是谢绝了他的好意。

---

[1] 《周悫慎公自撰年谱》卷上，第19页。

随即应李鸿章之招赴天津，仍任海防支应局会办。

是年7月，周馥开始署理天津海关道，次年春经李鸿章力保而实授。天津海关道虽为实缺官员，实际上相当于李鸿章的幕僚长。自此，周馥在李鸿章幕府中的地位越来越重要，经管的事务也越来越多。凡军务、政务、洋务、外交等方面，几乎无不涉及。

军务方面：天津海关道例兼北洋行营翼长职务，但前任皆视这一兼职为虚衔，从不过问北洋驻军营务。周馥就任天津海关道后，由于他自淮军始创之时即已进入李鸿章幕府，与淮军各部将士都比较熟悉，关系相当融洽，"凡营务、海防，皆时为商助，使上意下宣，下情上达"[1]，真正发挥了北洋行营翼长这一兼职的作用。1882年4月，李鸿章丁母忧离职，直隶总督由原淮军将领两广总督张树声署理，随即任命周馥会办天津营务处，倚为臂助，遇事多与其磋商。1884年夏，中法战争到了关键时刻，正请假在天津养病的周馥主动要求销假视事。恰好朝廷因沿海防务吃紧，命李鸿章派员前往渤海湾沿海地带督察驻防事宜，李鸿章以周馥"随营多年，熟谙工程，究心韬略"，就把这项重要任务交给了他。此后数月间，周馥终日奔波于沿海各要隘之间，督同地方文武官员"编查民船"，以防有个别民族败类勾结洋人，暗中接济敌军。他会同诸军将领，勘查各海口港湾炮台营垒，绘制了北洋地形总图，上面详细记载了各海口要隘的地理位置、驻军人数与统兵将领的姓名。同时还分别绘制了大沽、北塘、营口、旅顺、大连、烟台、登州（今山东省蓬莱县）七处要塞的形势图，"其山水曲折、台垒、驻扎处所，都按地位摹绘"。其中，旅顺口黄金山炮台与山海关宁海城炮台的营房和弹药库皆暗藏于台墙之内，"非纸画所能毕肖"，周馥则令工匠做成木制模型，以便于进呈朝廷。根据周馥的汇报，李鸿章曾颇有信心地向朝廷奏称："北洋沿海地段绵长，要隘极多。现在择要屯兵处所，南起烟台，北迄山海关、营口、旅

---

[1]《周悫慎公自撰年谱》卷上，第20页。

顺等处，延袤几三千里，断难处处周密。而中间以旅顺口、大沽、北塘及山海关内外为要冲，尤关畿疆要害。臣历年次第经营，规模粗具，虽未能创设大枝水师，纵横海上，以扼渤海门户，而督饬陆军坚筑台垒，精习后膛枪炮，以为凭岸固守之计。竭我兵力、饷力，以萃聚于此三四处，设敌国大队水陆来犯，不敢谓有把握，当可力与撑持。"①

中法战争结束后，清政府总结这次战争的经验教训，认为："陆路各军屡获大胜，尚能张我军威"；只是水师力量过于薄弱，以致福建水师在马江之战中全军覆没；"当此事定之时，惩前毖后，自以大治水师为主"②。为了集中力量大力发展海军，清政府于 1885 年 10 月设立海军衙门，由光绪皇帝的生父醇亲王奕譞出任总理海军事务大臣，庆郡王奕劻与李鸿章同任会办大臣。次年 5 月，奕譞奉旨巡阅北洋海防，扈从仆役达 200 余人。李鸿章为了能让清政府多拨经费，优先发展北洋海军，首先必须取得奕譞的欢心，让奕譞在朝廷上为他讲话。因而，如何搞好这次接待工作，对于李鸿章来讲，可以说是至关重要的。他把这项重要任务交给了周馥，"凡阅操一应事宜"，悉委周馥筹办。周馥丝毫不敢怠慢，竭尽所能地对迎送礼仪、膳食品种、住宿条件、巡行路线、阅操程序等一一作了精心安排。并亲自跟随李鸿章陪同奕譞一行前往大沽、旅顺、大连湾、威海卫、胶州湾等地，以便沿途照料一切。同时还以日记的形式，逐日地记下了奕譞等人的重要活动。奕譞此行巡视了各海口的炮台、营垒，检阅了北洋海军的实弹演习，并就北洋防务中的一些重要问题进行了讨论，对于周馥主持的接待工作甚为满意，保奏他以按察使留直隶补用。此后，周馥曾一度署理长芦盐运使。

1887 年 4 月，李鸿章向朝廷奏称：周馥"才识宏远，沉毅有为，能胜艰巨，历年随臣筹办军务、洋务、海防，力顾大局，劳怨不辞，并熟悉沿海

---

① 《李文忠公全集》，奏稿卷 50，第 19 页；卷 51，第 24、22 页。

② 《洋务运动》(二)，第 560 页。

情形，堪资倚任"①，准备任命他总理北洋沿海前敌水陆营务处兼督办旅顺船坞工程，把筹建北洋海防的具体事务交由他一手操办，"奉旨允准"。周馥与法籍商人德威尼签订了承建旅顺船坞的合同，辞退了由道员袁保龄雇用的洋员善威等。他先后多次往来于各海口督察施工情况，亲至威海卫与道员戴宗骞讨论设防事宜，至大连湾与淮军统领河南南阳镇总兵刘盛休商量驻军事务。"出入于风涛险塞之区，坚台坞，厉水操，终岁奔驰，不遑启处"。次年春，又陪同李鸿章视察旅顺、大连湾、威海卫各处工程，检阅北洋海军军事演习。5月，周馥升任直隶按察使。旋与北洋海军统领丁汝昌、记名总兵林泰曾、候补道罗丰禄等一同起草《北洋海军章程》。7月奉旨晋京陛见，又被海军衙门奏留在京"襄订《北洋海军章程》"。期间，奕谖多次接见他，就《北洋海军章程》中的有关问题当面征询他的意见，"乃参各国海军制，折其中，奏上，著为令"②。

1891年5月，周馥再次随同李鸿章巡阅北洋海军。他发现：尽管《北洋海军章程》"赏罚各有条例，而将官多不遵行"；当时具体承担北洋防务的"陆军将士多昔日偏裨，水师多新进少年，其肯励志图功者不多"。李鸿章在阅操过程中"亦示宽大，谓：此武夫，难拘绳墨"。再加上"部臣惜费，局外造谣"等多方掣肘，周馥深感北洋防务堪忧，"时事难为"。一天，他见李鸿章身边无人，乘机进言曰："北洋用海军费已千余万，只购此数舰，军实不能再添，照外国海军例，不成一队也，倘一旦有事，安能与之敌？朝官皆书生出身，少见多怪，若请扩充海军，必谓劳费无功；迨至势穷力绌，必归过北洋；彼时有口难诉。不如趁此闲时，痛陈海军宜扩充，经费不可省，时事不可料，各国交谊不可恃，请饬部枢通筹速办。言之而行，此乃国家大计，幸事也；万一不行，我亦可站地步；否则，人反谓我误国事矣。"李鸿章虽有

---

① 《李文忠公全集》，奏稿卷59，第31页。
② 《周悫慎公全集》卷首，第42页。

同感，却表示无能为力。他颇为无奈地回答说："此大政，须朝廷决行，我力止于此。今奏上，必交部议，仍不能行，奈何？"周馥"复力言之"，李鸿章唯"嗟叹而已"①。其实，李鸿章也曾说过："北洋全系海面，海军规模虽云粗具，而就现有船舰而论，拟之西国全军之式，亦仅可云半支。若论扩充，密察目前情形，恐亦非十年内所能办到。"②不幸的是，他们的这种预感，竟然在三年之后的中日甲午战争中得到了验证。

　　中日甲午战争爆发时，周馥正在督办永定河防汛事宜。后奉李鸿章电召，于7月底赶到天津参议军务。周馥感到："日人以全力拒我，此次军务必大且久"，应尽快做好全面准备。当即向李鸿章提出了三条建议：一、奏派刘铭传为清军统帅，赴前敌督师；二、调集清军三万人至前敌布防，另以一万人屯后路，备接应；三、水陆路皆设立转运局，全力筹备饷械。力言："此时军需全未预备，切勿与战，姑隐忍之。我不与战，敌不越鸭绿江而西也。"李鸿章并未采纳他的意见。周馥后来回忆说："时，某枢（指时任军机大臣兼户部尚书的帝党首领翁同龢）请由中旨径调度各军，不问北洋。相国（指李鸿章）无权，亦不便有所言。"由是"知事必败无疑矣"③。

　　稍后，朝中"大僚议举淮军出身现任三品大员，派赴前敌，帮办军务"，意在让李鸿章推荐周馥（时为直隶按察使，正三品）出任此职，周馥极力推辞。李鸿章深知战争前景未可乐观，明确地向周馥表示："不欲以此事困汝"，乃推荐他总理前敌营务处。旋奉旨："周馥于淮军情事较为熟悉，着即派令驰赴前敌，作为总理营务处，联络诸将，体察军情"，将前线军事随时电告李鸿章。周馥的好友劝阻他说："此役必败无疑，尔往前敌何为？"周馥回答道："明知必败，而义不可辞也。余从相国（指李鸿章）久，不忍不顾，死生听之。"随即交卸了直隶按察使篆务，于1894年9月上旬偕同奉命"办

① 《周悫慎公自撰年谱》卷上，第27页。

② 苑书义：《李鸿章传》，第213页。

③ 《周悫慎公自撰年谱》卷上，第29～30页。

理朝鲜抚辑事宜"的浙江温处道袁世凯一道赶往辽东。出山海关后，即先后电请李鸿章速调河北镇总兵刘盛休、四川提督宋庆率部"赴朝鲜安州，以固平壤后路"。10月初，周馥奉命"筹办后路粮台事宜"，此后遂专门负责转运饷械，"其营务处名目虚悬而已"。当时，辽东军务相当混乱，筹办饷械供应至为不易。一是饷械来源不畅。辽东各军所需饷械主要由天津运送前线，"天津军械稽滞不至"，前线则无以分发给各军。初以轮船运送饷械至营口，"见冰块忽至，惊避，拔碇返津，改由陆运，两旬始到"。后水路被日舰阻断，陆运途程遥远，费时耗力，加之"辽河将冻，尤难时渡"。二是装备未必适用。"天津东局所制枪弹不合用，各军不愿具领，其已领者又欲退换"。各军需要战马，好不容易买到了马，却又没有马鞍。为山东军队买马所用的银两，山东巡抚李秉衡又不肯拨还。三是运送难以到位。"时，各军无主帅，亦乏粮械，节节败退"，驻扎地点不断变动。"办转运者若将粮送前，恐军败资敌；存后，又难依时接济"。且"往返车辆多被各军扣留"，运输工具亦不凑手，因而"煞费经营"。由于"军械粮饷，转运采买，萃于一身"，周馥深感"艰困百折，掣肘万分"。他辗转奔走于辽东各地，"孤身出入枪林弹雨之中，寝馈冰雪，趱粮械，集散亡，艰难数月，死生以之"，自始至终，基本上保障了各军的饷械供应。为此，周馥曾颇为自豪地说："故战事虽败，而将官无可推诿卸过于余也。"①

次年春，清廷担心日军于解冻后进犯津沽，命新任直隶布政使陈宝箴驻扎天津，办理粮台。李鸿章立即电召周馥回津，要他将前敌转运饷械事务交由袁世凯接办，准备让他赴保定署理直隶布政使，"以固后路"。3月初，周馥由关外动身入津，但事情很快又发生了变化，陈宝箴愿至保定就任直隶布政使，请另外派人代办粮台。是时，李鸿章奉旨进京准备议和，直隶总督已交由前任云贵总督王文韶署理。周馥行至山海关时，驻军各统领来见，一起

---

① 《周悫慎公自撰年谱》卷上，第30、32～33页。

要求他"勿赴任"。周馥当即表示："军务一日未平，我一日不离营，决不舍诸公他去。战事皆公等任之，饷械各事我独任之。"3月8日到津后，当即向王文韶提出愿办理前敌营务处，驻扎唐山，"以便往来南北各营"。次日，王文韶便札委他"总理北洋沿海各军营务处"①。周馥很快便与直隶提督聂士成一道巡视大沽、北塘各营驻军。此时，在关外清军又连失牛庄、营口、田庄台三大军事重镇之后，中日战事已告基本结束。

政务方面：1883年春，周馥在天津海关道任上设立天津工程局，向市民征收船步捐，自捐白银10000两，"创马路，拓街衢，竣沟渠，设巡徼"，使天津的市容为之一新，"天津商埠之盛自此始"。1888年5月，周馥"奉旨补授直隶按察使"，因参议《北洋海军章程》、晋京陛见、请假"回籍省墓"等诸多耽搁，直至次年初始接印视事。按察使的主要职责是掌管一省的刑事案件，周馥"一以雪冤狱、恤累囚为务"，"每年平反案，或由重减轻，或有罪改无罪，约三五十起"。偶尔有一两件原判从轻，经周馥重审后罪名加重者，皆属于"积惯强盗与杀人、逆伦等案"。一般案件"则从宽居多，不翻案加重也"。他还制定了"隔境缉匪章程"，重申了"命盗迟报罚银章程"，改订了"保甲分段章程"②，使直隶境内的人命案件破获率达90%，盗窃案件破获率达70%。"官吏奉法罔敢或渝，一时讼盗以衰"。

当时，直隶境内旗人的土地"迷失甚多，既不交租，又不完粮"。户部主张"清查归公，以补缺赋"，交由吴桥县知县劳乃宣拟订办法，于1889年5月成立清赋局，由直隶布政使松椿主持，李鸿章令周馥会办清赋局事务，进一步订立"清赋章程"，"督饬州县谕民报出黑地三千余顷"，预订每年能增收赋税30万两。适军机处有人与劳乃宣有宿怨，乃唆使满族御史奏请撤销了清赋局，周馥也受到了牵连。李鸿章与户部官员深恨之，然亦无可奈何。

---

① 《周悫慎公自撰年谱》卷上，第34页。

② 《周悫慎公自撰年谱》卷上，第26页。

周馥却认为："贫民耕黑地，事固有之，然其事固以益民，于国体无伤也。丈而厘之，赋未增而民扰矣，此岂朝廷矜恤穷黎之意哉！"李鸿章仍以牵连周馥为憾。周馥反而安慰他说："我之进退，何系轻重？彼但能抑我不升迁耳，不能无端加罪"①，所以能够泰然处之。

是年 9 月，周馥一度署理直隶布政使。清代布政使俗称"藩司"，负责一省的行政与财政事务。各省例设有储藏银、钱的仓库，因直属布政使管辖，通称"藩库"。周馥署任之初，管理藩库的官吏给他送来了 500 两白银，周馥不收，库吏解释说：实任布政使一般送 1000 两，署理布政使一般送 500 两，这是惯例。周馥不愿贻人以口实，坚决拒绝接受。数年后，有人在署理布政使时接受了这笔款项，其属下的官吏因为与他有矛盾，就贿赂御史就此对他提出弹劾。直隶总督在查核了藩库的账簿后，尽管认为按惯例收受这笔款项不应加以处罚，却仍以其他借口将其免职。有一位同僚为此而对周馥深表佩服，问他何以有此先见之明。周馥不好细说官场内部钩心斗角、相互倾轧的黑幕，只是委婉地回答说：我当时正好不缺钱用，所以没有接受，并非故意要表示自己有多么廉洁。

周馥在直隶居官多年，发现直隶境内州县官员中的旗人较他省尤多，"其政绩多不及汉人"。但是，他们由于在朝中有亲贵作为靠山，往往贪黩成性，骄横无比。即使向朝廷揭参，也未必能把他们怎么样。"且参不胜参，大府亦无如之何"，不得不听之任之。眼看着他们素餐尸位，玩视民瘼，甚至贪赃枉法，朘民自肥，周馥痛感"实属疚心，有愧职守"②。

马关议和后，李鸿章一度投闲京师，无所事事。周馥"念文忠（李鸿章死后，谥号文忠）既去，指臂益孤"，乃以"咳病加剧"为借口，自请开缺，1895 年 5 月经朝廷批准后离职回籍。此后数年间，周馥"布衣野服，日与

---

① 《周悫慎公自撰年谱》卷上，第 25 ~ 26 页。

② 《周悫慎公自撰年谱》卷上，第 26 页。

里老话桑麻，不复谈国事"①。

慈禧太后发动戊戌政变后，于1898年10月谕令安徽巡抚邓华熙查问周馥的身体状况，旨称："直隶臬司周馥前经告病回籍，现在是否病痊，着即查明复奏。"周馥闻讯后，喟然太息曰：像李鸿章那样功高望重的大臣尚且不安其位，我辈即使复出，还指望能有什么建树吗？遂请邓华熙复奏朝廷：自还乡以来，经多方医治，"痰咳虽愈，唯头苦眩晕，夜不安眠，步履维艰，两耳重听，衰惫已极，不堪再供驱策，莫由图报，愧悚无地"。旋奉李鸿章电召，协同查勘黄河工程。李鸿章常对人说："老夫荐贤满天下，独周某佐吾三十载，劳苦功高，未尝求荐拔，今吾年已老，独负此君，吾其能自已乎？"② 乃密疏加以推荐。次年4月，周馥晋京陛见后，奉命在京等候任用。据说，当时文渊阁大学士、军机大臣荣禄曾当面向慈禧太后奏请任命周馥为东河总督。不料，周馥的一位"旧相知，为挟小嫌之故"，而从中加以阻挠，遂事败垂成。9月，"奉旨简放四川布政使"。周馥因此而更觉世道浇漓、人心叵测，当时所赋诗中有"交情深浅黄河险，世路崎岖蜀道奇"句③，以志感慨。

是年12月，周馥至成都接任视事。针对四川"吏治疏懈"、官吏多不习律文的弊端，周馥设立了"课吏馆"，为官吏讲授律例。为改变川省"钱荒米贵"的经济状况，周馥首先清查铸币机构宝川局积弊，接着筹划铸造银圆，并购买了大批粮食储存起来以备荒年。鉴于四川为教案频发省份，周馥还撰拟了"安辑民教告示"六条，颁布于所属各府、州、县。

义和团运动期间，慈禧太后于1900年6月颁布了向帝国主义各国"宣战"的上谕，同时谕令各省"招集义民成团"。周馥秘密地向四川总督奎俊建言："川省本有团练，何用再招？彼不招而自成团者，皆乱民也，必慎防

---

① ②　《周悫慎公全集》卷首，第43页。

③　《周悫慎公自撰年谱》卷上，第36、37页。

之。"这道谕旨真伪难辨，不可宣布。"且乱不可长，强寇不可挑衅。况川省僻远，洋兵决无进川之理。疆吏惟有戡匪安民，筹饷整军，以待朝命。"奎俊认为他说的很有道理，便采纳了他的意见，"寝朝旨不下"。义和团运动在直隶迅速达到高潮，受其影响，西南地区民众也望风思动，四川境内"温、郫、崇、灌、大邑、蒲江、名山诸县蜂起仇洋"。周馥认为：这种乱民一旦蔓延开来，就难以收拾了，因而力主迅速派兵镇压，将其扼杀在萌芽状态。他商请奎俊与成都将军绰哈布、署理四川提督夏毓琇等多次派兵镇压民众的反洋教活动，并命府、县官员带兵巡行四境。这种高压政策，使义和团运动终未能在四川兴起。由于周馥拒不执行清朝中央政府关于招抚义和团的谕令，当时封建官绅中"颇有不谓然者"，待后来听说八国联军攻占了天津、北京等地，慈禧太后被迫挟光绪皇帝逃往西安，"始恍然改谤为誉"[①]。

洋务方面：1884 年，周馥以天津海关道兼任电报局会办。倡议架设了由北塘通往山海关的电报线路。次年春，李鸿章采纳了周盛传的建议，令周馥主持创办天津武备学堂。从选购校址、建造校舍、延聘外籍军官为教师、由各营弁卒中挑选学生，到课程设置、教学安排、制定定期考核与奖赏成绩优秀者等章程，均由周馥具体负责。天津武备学堂学生不但要学习天文、地理、物理、化学、数学、测绘等自然科学基础知识，而且要学习步兵、骑兵、炮兵战术与行军布阵、分合攻守、修筑炮台营垒等专门的军事知识，因而培养造就了一大批军事人才。后来的直系军阀首领冯国璋和皖系军阀首领段祺瑞都是从这里毕业的。

1886 年春，周馥捐白银 2600 两，在天津的三叉河购买了一块土地，建立集贤书院，"使四方游士有所肄业"。5 月，考虑到"万国既通，译才尤重"，周馥又捐白银 3000 两，在东圩门外建立博文书院，"招学生习洋文"，

---

① 《周悫慎公自撰年谱》卷上，第 37、38 页。

以备翻译之选,"天津人才之盛实以此"①。

6月,鉴于开平煤矿投产之后,产量逐年成倍增长,原先专为运煤而开挖的河道已不能满足需要,致使"唐山运煤迟滞,不能以时接济兵船",周馥禀请修筑由胥各庄至阎庄的铁路,以解决煤炭运输的困难。随即利用运煤河道岸上的废土铺成路基,"铺设钢轨六十里",是为"中国兴办铁路之始"②。后来,周馥又创议兴办天津至山海关的铁路,并负责修建了天津至林西段。有人认为:"北洋新政,称盛一时,馥赞画为多。"③

是年秋,户部以天津海关"洋药税厘、箱数不符",周馥有贪赃的嫌疑,奏请将其"严议革职"。这件事使李鸿章极为恼火,认为户部是在故意拆他的台,决心奋力与之抗争。他一面公开上奏朝廷,申述天津海关征收的洋药税厘,"箱数并不短少",已经查明"并无弊混",极力为周馥辩白,要求朝廷"撤销参案",对周馥免予处分。一面暗中四下活动,多方为其疏通,他写信给军机大臣、刑部尚书张之万与吏部尚书徐桐说:"北洋交涉事件本极繁重,又须兼顾他省洋务、商务",他自己近年来"精力渐衰",天津海关道一职必须是"得力熟手",才能弥补缺失,相助为益;周馥"于洋务、商务,均能相度机宜,随同悉心筹划,有裨时局",是天津海关道的最合适的人选;周馥在天津海关道任内"所收钞关税、子口税,册报皆有溢余",户部的指控并"非其罪";若户部仍然"固执前议",坚持要罢免周馥,"唯有再行分析顶复,必蒙更正而后已"④。希望他们能够主持公道,在朝廷集议此事时为周馥说话,以尽量减少不必要的麻烦。由于李鸿章的大力保护,朝廷最终撤销了这一参案,周馥保住了天津海关道的官职。

外交方面:1882年初,周馥署理天津海关道时,即奉李鸿章之命参与

① 《周悫慎公全集》卷首,第41页。

② 《周悫慎公自撰年谱》卷上,第22页。

③ 《清史稿》第41册,第12535页。

④ 马昌华主编:《淮系人物列传》,文职·北洋海军·洋员,第6页。

与美国使臣薛斐尔商订"朝鲜通商条约之事"。周馥参与草拟的条约初稿开头即申明："朝鲜为中国属邦"，薛斐尔坚决不同意在条约里写上这句话，提出：如果中国承认朝鲜为自己的属邦，代为订立了通商条约，以后一旦朝鲜与各国发生外交纠纷，"中国当任其责"。清朝军机处的政要们认为："朝鲜向来自主，所奉中国者，仅朝贡虚名而已，何必多事？"遂令薛斐尔前往朝鲜，与朝鲜代表商订了《朝美条约》，删去了"朝鲜为中国属邦"等字句，仅于商约之外，另由朝鲜方面照会美国政府，声明：朝鲜为中国属邦，"向例朝贡等事，美国不得过问"。周馥认为这就是"后来日本占朝鲜之由"①。

是年7月，朝鲜发生了"壬午兵变"，专擅朝政的闵妃改装易服逃往乡间，国王生父大院君李昰应重掌政权。时李鸿章丁母忧回籍，周馥与马建忠、薛福成等建议署理直隶总督、北洋大臣张树声采取果断措施，派广东水师提督吴长庆率淮军3000人东渡，逮捕李昰应送回国内，软禁于保定，以朝鲜国王李熙的名义号令全国，安抚民心，平息了变乱。"此事起于仓猝，了办亦速"，皆由周馥等赞助而成。周馥认为："朝鲜本我属邦，归我保护，凡与外国议约通商、设防平乱大事，应由上国主持。"但是清朝亲贵权臣"无一敢任事者，尽推北洋。北洋亦不敢辞，几视朝鲜为直隶附庸"。天津海关道职司地方中外交涉事务，所以周馥"比他员更加烦劳"。9月与朝鲜使臣赵宁夏等议订中朝"商民陆路互市章程"。同年，法国领事狄隆提出：他与前三口通商大臣崇厚曾就在天津紫竹林滩地建立租界一事达成协议，后又与前任天津海关道郑藻如划定了租界的范围，要求直隶地方官府履行前约，准许其建立天津租界，"欲并河岸租去，不许我漕船停泊"。由于法国方面坚持不肯让步，双方"辩争累月，几至决裂"，谈判毫无进展。"经总理各国事务衙门调取案卷至京接办，仍不能决"，只好再退还给直隶地方官府办理，

---

① 《周悫慎公自撰年谱》卷上，第19页。

最后还是由周馥"权宜设法了之"。晚清之际，国势衰微，外人动辄恃强要挟，办理外交至为不易。周馥声称："余生平虑事周密，遇外交事尤慎，鲜为人所持。"唯独办理"前人未结之案，殊费心力"，却始终"未尝归过前人也"[1]。

次年春，越南政府因法国入侵，派使臣范逼、阮述等至天津，要求清政府派兵援助。"时朝廷无意援越南，但使北洋羁縻之而已"，这项接待任务当然又落到了天津海关道周馥身上。数月之后，越南使臣才离津返回。中法战争后，周馥于1885年冬参与议订中法商民在越南边境通商的章程。并于是年将道光以来历年签订的中外通商条约编纂成集，以供各级地方官僚参考。

周馥任天津海关道前后共八年，在此期间，"凡直隶一省商务、教案，皆力任不辞"。当时，直隶各州县既不通电报，又未设邮局，周馥唯恐"文报稽迟"，会影响中外交涉大局，饬令各州县遇有涉外案件，立即派专人报送省城。他本人"一闻民教有争执事，州县力不能了者，遂派员持平办结"。尽管直隶境内案件甚多，周馥总是尽量从快处理，以免日积月累，逐渐演变成为中外交涉重案。1884年夏，周馥为了养病而第一次离职时，直隶涉外纠纷"只剩一二起债案未结"；1888年，周馥因升任直隶按察使而第二次卸任时，"计津关未结小案只三四起"[2]。

义和团运动期间，八国联军攻占了天津、北京和直隶大部分地区。慈禧太后一再电令时任两广总督的李鸿章北上议和，李鸿章奏调周馥进京相助。恰好当时直隶布政使廷雍因纵容义和团为联军所杀，清政府遂将周馥由四川布政使调任直隶布政使，令他"迅赴京师，随同奕劻、李鸿章办理和议条款事宜，详细磋磨，务期妥协"[3]。周馥于1900年12月由四川起程，至次年2

---

① 《周悫慎公自撰年谱》卷上，第20页。

② 《周悫慎公自撰年谱》卷上，第24～25页。

③ 《周悫慎公自撰年谱》卷上，第38页。

月抵京，随同李鸿章寓居于贤良寺。

这次议和涉及的内容相当广泛，周馥参与了停止考试、惩办祸首、商议赔款等项谈判。所谓"停止考试"，是指帝国主义各国提出的，将外国人在义和团运动中被杀害、被虐待的城镇，"停止文武各等考试五年"，以示惩戒。周馥通过尽力磋商，"将停考减去十余县"。惩办祸首，就是将那些煽动、怂恿义和团排外行动的顽固派王公大臣、各级官绅处以死刑、流放、革职等不同的处罚。周馥亦设法"将在川省十余员减去"。赔款一项，周馥具体负责核定直隶全省包括京城内外的教案赔款。他逐一查勘了各地被毁的教堂和传教士墓地，与法国主教樊国梁及英、美、俄等国传教士再三商讨，核定了赔款数额，将其中的 400 余万两纳入全国性的庚子大赔款，请户部筹拨 200 万两，由各州县摊赔 300 余万两，"其民间私偿者约数十万两，教士亦减让二三十万两"。后以襄议和约之劳，周馥被清廷赏加巡抚衔。

周馥乘便将直隶全省教案一一加以了结，"其杀戮教民凶手，概取悔过甘结"，免予诛杀。当时，"各县教民藉洋兵势力，报怨寻仇，无不嚣张横行"；曾参加义和团的百姓"不敢归家，亦结党劫掠"。"洋兵搜剿"，往往"玉石不分"；清军前往镇压，则"此拿彼窜，或藏山谷，或匿村庄"，而"难于遍索"。周馥一面商请传教士"诫饬教民"，勿再寻仇生衅；一面约集绅士多人，"分投劝谕，赦罪归农，给以执照"。对于曾任义和团首领，并有扰害地方、抢劫杀人等劣迹者，则派员"招抚之，练成新营，以备捕盗。但给衣粮，不给快枪，先以木杆作枪操演"。共招抚了 1300 人，至是年冬全省各地"渐就敉平"后，始将他们"资遣回籍"①。

是年 8 月，周馥至保定接印，就任直隶布政使。时，保定城内仍驻有法国兵，"衙署颓败，无门窗、板壁，仅存数柱撑挂橡瓦而已"。面对此情

---

① 《周悫慎公自撰年谱》卷下，第 1、2 页。

此景，周馥戏撰一联云："山有盗，野有匪，城有洋兵，何时是化日光天气象；库无银，档无册，房无书吏，全凭我空拳赤手指挥。"①值此满目疮痍之际，周馥仍力行新政，创办了保定大学堂，"选高才肄业"其中，"为天下望"②。

11月6日，周馥接到了李鸿章病危的电报，连忙于当天赶到北京。这时，李鸿章已经穿好了寿衣，喊他尚知答应，但已不能说话了。挨至次日中午，李鸿章"目犹瞠视不瞑"。周馥抚之痛哭曰："老夫子，有何心思放不下，不忍去耶？公所经手未了事，我辈可以办了，请放心去吧！"李鸿章"忽目张口动，欲语泪流"。周馥"以手抹其目，且抹且呼"，其目遂瞑，"须臾气绝"③。周馥一生追随李鸿章，忠心耿耿，荣辱与共，因而深得李鸿章的信任和器重，由李鸿章一手提拔成为司道大员。这种知遇之恩，周馥久已铭刻在心，一旦永诀，情难自已，曾赋诗以志怀念曰："吐握余风久不传，穷途何意得公怜。偏裨骥尾三千士，风雨龙门四十年。报国恨无前箸效，临终犹忆泪珠悬。山阳痛后侯芭老，翘首中兴望后贤。"④

四、晚年封疆兼圻

李鸿章死后，周馥一度护理直隶总督、北洋大臣，待新任直隶总督袁世凯到任后，仍回任直隶布政使。次年5月，周馥升任山东巡抚，赏加兵部尚书衔。晋京陛见，慈禧太后当面令他先留在北京，与各国使臣商议交还仍由八国联军占据的天津城与津榆铁路事宜。周馥"殚精竭虑，激以至诚，立谈之间"，即将交还天津事商议就绪，列强"前所要索多端，皆作罢论"⑤；又

----

① 《周悫慎公自撰年谱》卷下，第2页。
② 《周悫慎公全集》卷首，第45页。
③ 《周悫慎公自撰年谱》卷下，第3页。
④ 《周悫慎公全集》，诗集卷4，第11～12页。
⑤ 《周悫慎公自撰年谱》卷下，第6页。

很快将交还津榆铁路事议有眉目，交胡燏棻接办，随后于 8 月至济南接印视事。

周馥任山东巡抚期间，正值清政府大力推行"新政"之际。因而，他在山东也开办了一系列"新政"，诸如：在济南创办山东高等学堂、师范学堂以及客籍、武备、巡警、农林、蚕桑诸学校，令各府、县创办各级各类学堂，以"开教养之原"；设立山东省工艺总局与农桑总局，令各地设立分会、分公司，同时设立铜元局、教养局、官银号，"为富民之策"；此外，"虑上情不能下达也，则设官报局以达之；虑民病之不能治也，则设立中西医院以治之"。周馥本人还带头投资近代企业，购买了胶济铁路股票 13 万两，向峄县煤矿（即今枣庄煤矿）投资 10 万两。又奏请主动向各国开放济南、周村（今属淄博市）两处商埠，以抵制德国人独占山东的阴谋。经交涉，使德国撤退了胶济铁路沿线的驻军，归还了被他们霸占的胶济铁路沿途的矿山。周馥尝冒雪至胶州湾考察，因"悲怆时局"而赋诗曰："朔风吹雪海天寒，满目沧桑不忍看。列国尚尊周版籍，遗民犹见汉衣冠。是谁持算盘盘错，相对枯棋着着难。挽日回天宁有力，可怜筋骨已凋残。"日本公使高平"见其诗悲凉郁塞，感叹久之"[1]。这首诗还被人译成英文，呈交美国总统罗斯福，产生了一定的国际影响。

1904 年 11 月初，清政府命周馥署理两江总督、南洋大臣。奉旨之初，周馥以"江南吏治窳败"，忠厚纯朴遗风扫地尽矣，自己"资浅德薄，难以挽救；且籍隶安徽，例应回避"等因，恳请朝廷收回成命而未果。次年春，清廷命"割江北淮扬徐海地"，置江淮巡抚，与江苏省"划江为界"。周馥"初以事由内廷独断，不敢议驳"，继而江苏绅民闻讯，舆论哗然，周馥决定"以去就争之"，终使朝廷裁江淮巡抚，改淮扬镇总兵为江北提督，"以备震

---

[1]　《周悫慎公全集》卷首，第 47 页。

慑"①。7月，周馥与湖广总督张之洞、直隶总督袁世凯等联名奏请清政府于12年后实行立宪政体，先派亲贵大臣赴各国考察政治。这一年，爆发了全国性的抵制美货运动，江苏省与上海市成为这场运动的中心，上海商务总会会长曾铸成为运动的领袖。8月，清政府一再电令周馥严惩曾铸等人，周馥慑于群众斗争的巨大威力，一直未敢执行。是年冬，英国驻上海副领事见清朝某官员的遗孀携带婢女多人外出，误以为是拐带妇女，捕交会审公堂审判，并唆使西洋巡捕殴伤差役，激起民愤。有人印发传单，号召罢市，导致武力冲突。结果，打伤印度巡捕三名、英人三名；华人被枪毙12名。周馥奉旨前往查办，一面缉拿肇事者，组织会审公堂审判；一面安抚受害人家属，使"民心大定"。同时，驳回了英国公使索取赔款的无理要求，并认定：英国驻上海副领事应予撤职，先动手打伤差役的西洋巡捕应予惩办，乃报请外务部与英方交涉。

周馥署理两江总督期间，还筹划成立了渔业公司，派员查勘东三省矿务，招商试办；裁撤湘军老弱约一万人，编练新军一万数千人，编练巡警一千数百人，增设了武备、法政、师范、女子诸学校。

1906年9月初，周馥奉旨调任闽浙总督，未及赴任，旋又改调两广总督。11月抵任后，即针对"广州人繁地狭，患疫频仍"之弊，着手扩展珠江堤岸，设立新市局，"拓地数百亩，市政一新，中外商民至今利赖"。鉴于广东官场风气不正，讼狱繁兴，狱犯往往囚禁十余年不得释放，则首先整顿吏治，令有关部门清理讼狱，"不数月，囹圄一空"②。次年，相继派兵镇压了资产阶级革命党人在广东潮州饶平县黄冈镇、惠州归善县七女湖、钦州三那（即那黎、那彭、那思三墟）地区发动的武装起义。当时，"朝臣党争，互相水火"，波及于周馥。据说，军机处有人为了将邮传部尚书岑春煊排挤出京，

---

① 《周悫慎公自撰年谱》卷下，第9页。
② 《周悫慎公全集》卷首，第48页。

奏称：广东革命党活动频繁，周馥年老力衰，精神不济，可以岑春煊代之。是年5月，周馥被免职，6月底卸任回籍。他的儿子称颂他"志虑忠纯"，"视国事如家事"，"忠荩之忱，老而弥笃。在官终日治文书、接宾吏，旦夕无倦容；夜分就寝，恒置笔砚枕席间，事之待举及举而未竟者，或竟夕沉思不寐，既思而获，辄披衣援笔以待旦。为政务，持大体，不矜苛细，而规模宏远"①。虽不免有溢美之嫌，但大致可以说明他办事认真，勤于职守。

此后十余年间，周馥优游林下，陶情冶性于山水之间，间以读书、著述为事，先后编撰了《历代治水述要》《河防杂著》《负暄闲语》《玉山诗稿》《易理汇参》《建德县志》《理学粹语》及历代诗、赋选和一些名人的诗选等。于1921年10月21日病逝于天津寓所，享年85岁，已经退位的清朝宣统皇帝溥仪赐谥号曰"悫慎"。其主要著述及居官期间的奏稿、电稿、公牍、文稿等经后人汇编为《周悫慎公全集》。其子周学熙清末官至长芦盐运使、直隶按察使，民国初年又两任财政总长，先后创办了启新洋灰公司、滦州煤矿、华新纱厂等企业，既是北洋军阀集团的骨干分子，又是北方实业界的著名代表人物。

---

① 《周悫慎公全集》卷首，第48页。

第四章　高级参谋王凯泰、陈鼐、张佩纶

李鸿章是由编练淮军、镇压农民起义起家的。19世纪60年代，他大部分时间奔波于绞杀太平军和捻军的战场上。镇压太平天国和剿捻的胜利，不仅为他赢得了"中兴名臣"的桂冠，而且奠定了他在封建统治阶级中的政治地位。70年代以后，由于淮军已成为近代中国最重要的国防力量，李鸿章也成为大清王朝的重臣。80年代，随着筹备北洋海防力度的加大和北洋海军的创建，李鸿章的权势一度急剧膨胀。中日甲午战争中，淮军连连战败、丧师失地，北洋海军全军覆没，李鸿章的政治地位亦随之而一落千丈。

军队既然是李鸿章从政的重要资本，军事也就一直成为李鸿章所操持的最基本的事务。自李鸿章在近代中国政治舞台上崭露头角后，就在军事上倾注了大量的心血。无论是编练军队、筹备国防，还是指挥内外战争，都需要有人从旁为他出谋划策。晚清军队不设参谋之职，担任此项事务的主要是幕府人员。李鸿章幕府中始终聘用着一些参谋人员。不过，当时的分工不是很明确，军事上的参谋往往也就是政治上的高参，其中有些人在名义上还另有职司。

一、尝"躬亲行阵"的王凯泰

王凯泰出生于道光二年（公元1822年），初名敦敏，字幼轩，一作幼徇，号补帆，江苏省宝应县人。幼年勤奋好学，年未弱冠就考中了秀才，1843年被选拔为优贡，三年后考中举人，1850年考中进士，被选为翰林院庶吉士，三年散馆后授翰林院编修。1860年，以母丧丁忧回籍，正好赶上太平军第二次击溃清军江南大营，清政府为勉力支撑长江下游的战局，任

命籍隶江苏仪征的前任浙江巡抚晏端书为督办江北团练大臣，苏州籍首席军机大臣、武英殿大学士彭蕴章推荐王凯泰为帮办。此后两年间，王凯泰积极协助晏端书在苏北组织地主团练武装，镇压当地的农民起义，对抗太平军和捻军，著有劳绩，多次受到保举，累加至四品卿衔。

1862 年，王凯泰守制期满，重返京师任职，以翰林院编修兼任实录馆协修。6 月初，刚刚就任署理江苏巡抚的李鸿章专片奏称："王凯泰现由江北团练销差回京，可否饬来臣营，以资赞助。"① 次年秋，王凯泰由京至沪，进入李鸿章幕府，具体负责淮军营务处事务，事实上兼有李鸿章军事参谋的身份。李鸿章督率淮军攻克苏州、常州等战役，王凯泰都曾随同参与策划布置，所以，李鸿章说他"躬亲行阵，洞悉机宜"。苏南战事结束后，李鸿章一度派他"综核厘捐"②，为淮军筹措军饷。王凯泰也能够任劳任怨，多方设法兴利除弊。

1865 年春，马新贻新任浙江巡抚，急需有人相助，曾致函李鸿章商借王凯泰一用。李鸿章复函称：王凯泰"开朗精细，廉正和平，足胜大任"，确实是比较理想的人选。但他前不久已请假回原籍去了，现将来函转寄给他，他若愿意前往浙江，对你必定会"大有裨助"。希望能任以监司之职"小试之"，以便于"将来奏调时敢画诺同保"。但又提出：以后本人如果调往其他省份任职，则"仍求奉还"③。是年夏，马新贻即于"保举贤才"折内，奏请将王凯泰以道员留浙江候补，并让他署理浙江粮储道。当年 10 月，李鸿章又奏称：王凯泰"廉悫深稳，皎然不欺，其志洵为有体有用"，要求朝廷准许"遇有浙江道员缺出，请旨简放"④。同时，曾国藩也上折极力加以保举。次年，王凯泰升任浙江按察使。浙江绍兴府属山阴、会稽（1912 年两县合并为绍兴县，今为绍兴市）、萧山三县地势低洼，常有积潦，原设有三

---

① 《李文忠公全集》，奏稿卷 1，第 23 页。
②④ 《李文忠公全集》，奏稿卷 9，第 52 页。
③ 《李文忠公全集》，朋僚函稿卷 6，第 14 页。

江闸以泄三县之水入江，年岁已久，积沙淤塞，水道不畅，三县绅民请求官府修治。王凯泰亲履三县勘查水道，组织人力加以疏浚，使之恢复了原状。1867 年，王凯泰迁任广东布政使，在任裁革陋规，减省差徭，核实厘捐，清丈沙田，疏浚了广州城内的六脉渠，还增建了应元书院。李鸿章曾盛赞"粤东应元书院章程法良意美，造就必多"，辛未年（公元 1871 年）科举考试，"已得状头及词林五人，足征教泽之远"①。1870 年 8 月，王凯泰又升任福建巡抚。

　　清代翰林的身份相当尊贵，疆臣非遇军国要政一般不得随意奏调。官居翰林者大都自恃身份，不肯轻易做别人的幕僚。王凯泰以翰林院编修加入李鸿章幕府，李鸿章对他自然会另眼相看并倍加倚任的。后来，李鸿章曾称王凯泰为淮军大营中"最为得力之员"。可见，王凯泰在苏南策划镇压太平天国军务方面，确实起了很重要的作用，堪称为李鸿章平吴时期的高级参谋，并由此而得到了李鸿章的信任和赏识。为了扩大淮系集团的势力和影响，李鸿章不遗余力地提拔王凯泰，不但自己直接向朝廷保奏，而且说服曾国藩、马新贻交章举荐，致使王凯泰的官职在五年之内即由正七品的翰林院编修（王凯泰当时虽有四品卿虚衔，却非实职），很快升任为正二品的巡抚，跻身于封疆大吏之列。随后，钱鼎铭升任河南巡抚，张树声升任江苏巡抚，刘秉璋升任江西巡抚，李鸿章深为淮系人才"联翩而起"感到高兴。

　　王凯泰凭借淮系的势力而得到发展，依靠李鸿章的扶持而飞黄腾达，他对李鸿章当然要感恩戴德。自 1865 年至浙江任职，王凯泰在形式上虽然离开了李鸿章幕府，而实际上却一直与李鸿章保持着密切的联系。直到他升任封疆大吏后，不但在一些重要的军政事务上与李鸿章意见一致、合作无间，而且仍经常为李鸿章出谋划策。

---

① 《李文忠公全集》，朋僚函稿卷 12，第 2 页。

　　1870 年 4 月，李鸿章奉命率部赴西北会同左宗棠部镇压陕甘回民起义时，曾向时任广东布政使的王凯泰通报西北军情，指出："陇事筹饷难于筹兵，筹粮及转运难于筹饷。"打算在迫不得已时奏请由广东筹拨部分军饷，希望王凯泰及早做好准备。王凯泰升任福建巡抚后十余日，李鸿章即被调任直隶总督，二人在来往信函中经常商讨有关政务。李鸿章尝感慨地说："畿辅之穷，远过他省"，州县官员廉俸"不敷日用"，钱粮难以足额征收，往往亏挪巨款，任满无法交代，"尤形疲累"。王凯泰提出："州县苦累，必为设法清理"，然后方能责以廉洁自奉、勤政爱民。李鸿章大加赞赏，认为"此诚探原之计"。当时，廷旨屡饬各省练兵，李鸿章关切地询问闽省练兵的情形，并坦诚相告："直省练军行之数年，无甚成效，自曾相（指曾国藩）责令扎营操练，规模少整，固不足以御大敌，似较城汛散处为强。"[1] 同时还以天津海防、圈筑新城、添建炮台等事务就商于王凯泰。同治皇帝大婚前一年，李鸿章函告王凯泰：皇上举行大婚典礼，"督抚似应有贺折，表式若无颁发，似难臆谳"，时任福州将军、署理闽浙总督的文煜"于内事甚熟，届时商询酌办"。1871 年夏直隶大水，李鸿章在给王凯泰的信中说："畿疆水患为数十年所仅见，鄙人适承其厄，灾区太广，为时又长"，"津河洼地水未全涸，麦不能种，饥民待赈方长"。虽"穷搜力索"，仍难遍施赈济。"外间筹款，一歇即尽，正苦接济无方"。王凯泰当即与文煜商定，由福建筹款购买大米 40000 石运送直隶，赈济灾民。李鸿章闻讯后，极口称赞文煜与王凯泰"关顾大局，令人感佩"，马上安排以此项赈米作为解救春荒之用，要求他们"速委员分起购办"，解运北上，"愈速愈妙"。事后再次致函表示谢意说：闽省购办的赈米"分运各属，起枯回生，功德匪浅"[2]。时，福州船政局与江南制造总局引进西方造船技术，所造轮船"以视西国兵船，犹小巫之见大巫"，

① 《李文忠公全集》，朋僚函稿卷 9，第 44 页；卷 10，第 53 页。
② 《李文忠公全集》，朋僚函稿卷 11，第 28、27、30 页；卷 12，第 16 页。

因而"各省不肯拨用"，两局经费支绌，难以为继，内阁学士宋晋等奏请停止造船，李鸿章多次与王凯泰论及造船事务，慨叹："闽船创自左公（指左宗棠），沪船创议曾相（指曾国藩），鄙人早知不足御侮，徒添糜费，今已成事而欲善其后，不亦难乎！"但又认为："轮船有不可中止之势"，加之左宗棠与前任福州船政大臣沈葆桢极力坚持，李鸿章表示："季（左宗棠字季高）、丹（沈葆桢字幼丹）两公大声疾呼，鄙人岂复能异议？"①

王凯泰在福建巡抚任上课吏兴学，严禁械斗，整顿科场积弊，奏请限期清理台湾积压讼案，禁止溺杀女婴、淫祀等民间旧俗，并奏准拨厘金购米20万石充实仓储，以备灾荒。1873年，王凯泰应诏陈言，向朝廷提出了停捐例、汰冗员、限保举、复廉俸、重学额、立练营六条建议。镇压太平天国起义期间，清政府大开捐例，削价卖官鬻爵以筹集军费。结果，"百余金得佐杂，千余金得正印，即道、府亦不过三四千金"。捐官者"家非素丰，人思躁进"，往往预存"以本求利"之想，"其弊何可胜言"！所以王凯泰恳请清政府立即停止例捐。清政府大肆卖官鬻爵，又不得不以官爵奖赏镇压农民起义有功人员，很快导致冗员充斥，京师各部、寺"额外司员，少者数十，多则数百"，"各省候补人员，较京中倍蓰"，王凯泰建议清政府将这些候补官员酌留一小部分，其余的"暂令回籍候咨"。清初官员的俸禄本来较低，后来加上养廉银子，也不算丰裕。清政府为了筹措镇压农民起义的军费，曾将京外官员的廉俸分别减成发放，致使"京员困苦，知县疲累"，王凯泰要求清政府足额发放官员的廉俸，以"砥砺廉隅"。清代"国家养兵，糜帑岁数千百万"，然而，八旗、绿营腐败不堪，镇压各地农民起义"全赖湘、淮各勇"。湘军攻占南京之初，王凯泰即"函商曾国藩，备言江宁（即南京）绿营应稍变通，以现存得胜之勇改充额兵，设营分部，一洗旧习"。后曾国藩在直隶设练军，即系采纳他的意见。在应诏陈言折中，王凯泰建议清政府

---

① 《李文忠公全集》，朋僚函稿卷12，第2、16页。

"敕下各省督抚"，大力裁减绿营兵，即以裁兵之饷摊给未裁之兵，"按湘、楚营制，五百人为一营，择地分扎，随时互调，俾卒伍皆离原籍，不致散处市廛。饷不另增，兵有实用，庶化兵为勇，而武备可恃"①。这些建议，虽然谈不上什么远见卓识，却都是针对时弊的恳切之言，曾在封建统治阶级中引起了一定程度的重视。

费行简《近代名人小传》称王凯泰为"恂恂书生"，平日"喜谈经济"，而且"慷慨敢任事"。然因其生性良善，"亦易为人欺"。据说，他任福建巡抚期间，幕府中有一人甚穷，而略通医术，便请人向王凯泰建言：现在社会上的一些无业游民，往往借行医为生，实则是草菅人命，这种情况在福建尤为常见，官府应该组织行医者考试，以"汰其不及格者"。王凯泰觉得这个办法很好，但表示自己不懂医术，不能做主考。来人便极力推荐那位懂医术的幕客。王凯泰采纳了这项建议，"如法行之"。"幕客则已预伏线索，广通贿赂，所得逾万元，辞馆去"。不知内情者"则诋凯泰贪"。

1874年春，王凯泰循例进京觐见，行至苏州，突发急病，乃上折要求辞职。清政府加以慰留，并给以假期治病。5月，日本政府派陆军中将西乡从道率兵3000余人侵略中国台湾，清政府命福州船政大臣沈葆桢率军赴台，布置防务，同时"优诏敦迫"王凯泰"力疾回任"。李鸿章先派淮军将领唐定奎率所部13营赴台驻防，随即致函告诫王凯泰："尤未可遽允兵费，致辱国体"，密函建议沈葆桢一面"只自扎营操练，壮我声势，而不遽动手"；一面"招抚生番，就我约束，而不致外叛"②。日军很快陷于进退两难的境地。但日本政府通过外交途径，硬是从中国讹诈了50万两白银后，才撤回了侵台日军。

稍后，清政府令各省督抚就海防问题发表自己的意见。李鸿章、王凯

①《清史稿》第40册，第12250～12253页。
②《李文忠公全集》，朋僚函稿卷14，第17页。

泰分别上疏，要求清政府加强东南海防，并不约而同地推荐沈葆桢、丁日昌
"可胜其任"。李鸿章盛赞王凯泰"议复海防大疏，切中机要，朴实缜密，各
疆吏中允推杰作，惜未能悉见施行耳"。接着，王凯泰又上了一道有关"开
源节流"的奏折，李鸿章说他"余勇可贾"，并以颇为赞赏的口吻说："此时
论开源，只有从天地自然之利设法推求，诚为至当不易"；"节流以裁兵额为
长计"，"或可匀出实饷若干，遄指挹注海防之需"，"阁下注意及此，可谓
能见其大"。清政府极为重视台湾在东南海防中的地位，命令福建巡抚半年
驻福州、半年驻台湾。王凯泰欲以病体未痊乞退，李鸿章写信告诉他说：原
打算推荐郭嵩焘接替他的，由于当时发生了"马嘉理案"，郭嵩焘已"奉派
出使英国"，这么一来，"则台防善后非公莫属"，希望他"从容竭蹶图之"。
并进一步为他筹划说：时任闽浙总督的李鹤年思想比较保守，将来诸事掣肘，
"不免龃龉"，军机处、总理衙门诸大臣对此均有所了解，"他日公事若有贻
误，积诚所不能感，口舌所不能争者，似只可据实沥陈。内意视台防事关重
大，当能曲鉴隐微，主持一切。否则，再相机乞退，未为晚也"①。1875 年，
王凯泰首次以福建巡抚身份驻节台湾，在筹备海防的同时，还准备引进机器
开采台湾的煤矿，可惜很快身染瘴疠，病情加剧，内渡福州后，于当年 11
月病逝，终年 54 岁。清政府赏加太子少保衔，赐谥号"文勤"。

二、足智多谋的陈鼐

　　陈鼐，字作梅，亦作竹梅，江苏溧阳人。早年游学京师时即结识了李
鸿章，并一同拜在曾国藩的门下。后一直师事曾国藩，自称"受业门生"。
1847 年与李鸿章、郭嵩焘等同榜考中进士，被选为翰林院庶吉士。曾国藩
对陈鼐极为赏识，将他与李鸿章、郭嵩焘、帅远燡皆目为"伟器"，私下里

①《李文忠公全集》，朋僚函稿卷 15，第 31、8、26 页。

推许他们为"丁未四君子"①，期望他们都能在晚清政坛上有所作为。

1853 年 10 月，湖南新宁人江忠源被清政府任命为安徽巡抚，急需有人辅佐，"求贤孔殷"。曾国藩马上想到了陈鼐，曾专门写信给李鸿章，询问陈鼐的下落，希望他能设法邀请陈鼐加入江忠源幕府。

1858 年 12 月，湘军悍将李续宾部精锐约 6000 人被太平军全歼于安徽庐州府（今合肥市）城南 70 里的三河镇后，驻节于江西建昌府（治所在今南城县）的曾国藩曾函招陈鼐至大营相助，陈鼐因故未至。次年夏，陈鼐由京城返回江苏溧阳故里，郭嵩焘将此情况函告曾国藩，曾氏遂于 9 月初派专人持函前往溧阳相迎，先已于当年春初进入曾国藩幕府的李鸿章也派了一位家丁同往。12 月下旬，陈鼐至安徽宿松进入曾国藩幕府。曾国藩对陈鼐十分信任，视为心腹，大事小事都要征询他的意见。陈鼐一入曾幕，就扮演了高级参谋的角色。李鸿章与陈鼐以同年同参曾国藩幕府，相处日久，相知益深。

湖北巡抚胡林翼主持长江上游军事，幕府中缺少得力的助手，曾国藩遂将陈鼐推荐给他。胡林翼一见倾心，常对人说：陈鼐处事平实明白，极为少见。当时，胡林翼正负责为长江水师督造战船，陈鼐积极为他出谋划策，建议造船场所应选在武汉，因为当地木材较多，价格低廉；由于江苏境内河窄桥多，船上应安装可拆卸的活桅杆。胡林翼一一加以采纳。

1860 年 8 月，曾国藩向朝廷保举李鸿章为两淮盐运使、湘军水师将领黄翼升为淮扬镇总兵。当时，李鸿章之兄李瀚章在江西为湘军总理粮台，奉母居住南昌。曾国藩与李鸿章商定：待朝廷的正式任命下达后，李鸿章先赴南昌省亲，然后即与黄翼升一同募练淮扬水师，经营淮扬地区。在考虑应以何人接替李鸿章在曾国藩府中的位置时，曾国藩又想到了陈鼐。他听说陈鼐正准备到湖南益阳去，当即写信给陈鼐说：因为李鸿章即将有淮扬之行，"敝

---

① 1847 年丁未年，李鸿章等四人皆于是年考中进士。

处无人可与深语"，皖南各军招募了不少本地人，安抚民心、稳定军心，俱须细致入微，非阁下难以胜任。"欲请阁下南渡，筹商大计"，"阁下能不再赴湖南，即来徽、宁为妙"；若一定要前往益阳，亦"请以四十日为期，中秋前决望枉驾"①；若非关系重大，也绝不会如此相强，请千万速来相助。结果，陈蕭果真放弃了湖南之行，于9月初赶到皖南祁门的湘军大营，再次加入曾国藩幕府。

不料，清政府虽然同意任命黄翼升为淮扬镇总兵，却不愿任命李鸿章为两淮盐运使，致使李鸿章不得不推迟淮扬之行，曾国藩经营淮扬地区的计划一度被搁置。

当年，刚被曾国藩保举为徽宁池广太道的李元度领兵驻守徽州府（治所在今歙县），曾国藩令他坚壁固守。当太平天国侍王李侍贤率部来攻时，他却违令出城接战，所部一触即溃，徽州失守。兵败之后，李元度先是徘徊于浙赣边境，后虽回到祁门大营，却又很快不辞而别。曾国藩为严申军纪，决定上疏严加弹劾。但李鸿章、陈蕭等却以李元度相随较久、情谊深厚而力主予以保全。他们不但当面反复劝说，而且陈蕭还专门为此上了一份说帖，李鸿章更是以去就相争。曾国藩认为他们"不明大义，不达事理"，并为此而"抑郁不平"，以至于"不能作一事"②。最后仅仅将折稿删改了几句，还是递了上去。李鸿章一度为此而负气离开了湘军大营。

这段时间，曾国藩多次与陈蕭畅论天下大势和立身处世的原则。曾国藩认为：太平天国农民起义的打击，并未使封建统治阶级从中汲取应有的教训，"天下人心并无悔祸之意，天意难以挽回"，担心难以挽救大清王朝的统治。陈蕭则认为：值此世道浇漓之际，求取富贵功名既没有什么意义，也绝对难以成功。主张封建士大夫"自正其心"，以维护良好的社会风俗。首先要崇

---

① 《曾文正公全集》，书札卷12，第10页。
② 曾国藩：《曾文正公手书日记》，咸丰十年九月十二日。

尚一个"厚"字，以正天下浇薄之风；其次要崇尚一个"实"字，不说大话，不慕虚名，不做好高骛远之事，不谈漫无边际之理，以正天下浮伪之习。陈鼐的这种观点表露了他不求进取的消极处世原则，所以他一辈子对做官一事看得很淡，对于功名利禄皆不太热衷。

稍后，湖北巡抚胡林翼在给曾国藩的信函中，夹带有给陈鼐的密信一封。由于陈鼐当时去了江西，曾国藩遂拆阅了胡林翼给他的信。在信中，胡林翼谈及：在曾国藩的老家湖南，有许多人对曾国荃看法不好，评论极差，大非乱世所宜，让陈鼐抽空在私下里将此事告知曾国藩，以便于其对曾国荃加以告诫。曾国藩感到问题可能比较严重，便找到李鸿章，询问他可曾从陈鼐那儿听说过外间对曾家有何议论。李鸿章直言回答说：陈鼐确实曾与他谈论过曾国荃在家乡口碑极差。曾国藩进一步询问曾家在哪些方面招致了物议。李鸿章告诉他：曾家曾强占同乡洪氏的猫面脑墓地，洪氏家族中许多人很不服气，在外面大造舆论，对曾家极为不利，力劝曾国藩另觅墓地，以消患于无形。再则，曾国荃在家乡盖新房，因讲究排场，规模阔大，构建壮观，已有人私下里议论说很像会馆，又强行砍伐人家坟地上的大树作栋梁，当然会引起别人的愤怒。同时，曾氏子弟中有人染上了荡佚浮靡之风，整日游手好闲，学习吹拉弹唱，给人以极坏的印象。曾国藩听了，大为悚惧，很快谆谆嘱咐家人，一一引以为戒。

1861年冬，上海官绅派钱鼎铭等至安庆乞师，曾国藩很快决定由李鸿章独当一面，募练淮军，经营苏南。但在进军的路线上，由于当时镇江尚在清政府之手，由清军将领冯子材率部驻守，曾国藩、李鸿章等原计划令淮军从陆路由江北绕至镇江，再由镇江进攻苏州、常州，以解上海之危。然而，陈鼐却提出：上海作为一个重要的中外商埠，经济相对发达，饷源充足，应先派一军进驻上海，占据这一筹饷要地，以缓解各军的饷需矛盾，并与驻守镇江、进攻南京的清军对太平军形成夹击之势，局面会更为有利。由于上海官绅已雇好轮船开到安庆来接运淮军，曾国藩、李鸿章等亦觉得陈鼐的意见比他们原先拟订的方案确实技高一筹，遂决定让李鸿章率部乘轮船先到上海。在这个问题上，陈箫真正发挥了军事高参的作用。

陈箫长年在外给人作幕客，妻儿家小都留在他的家乡江苏溧阳。1860年夏，太平军二破江南大营之先占领了溧阳，陈箫的家小逃往长江以北，漂泊于里下河一带，幸亏其长子陈琦尚朴实耐劳，辛勤奔走一家人的衣食，但仍时虞不济。李鸿章由安庆率部东下时，陈箫曾托他就近代为照应家室。李鸿章到上海后，不时地派人送银两接济其家用，后见陈琦"廉朴能治事"，又特意委派他办理宝山厘卡事务。不料，1863年春陈琦忽然感染时疫，"一霎而亡"。陈箫全家十余口流落于苏北的宝应，妻病子幼，无人照料。李鸿章闻讯后，当下一面专门派人送去100两白银以济燃眉之急，一面专函敦促陈箫"即日东下"，以便安顿其家小。却"久不接其来信，未知行踪又在何处"。遂于7月在致曾国藩函中，请他派人探明陈箫的行踪，将给他的信"加封由驿速递"①，或再就便加以商榷，总之要使他及早东下，以慰其家人悬望。陈箫接信后，很快在半个月之内赶到了上海，于1863年8月初旬进入李鸿章幕府。

陈箫到达上海之初，一度仍继续为曾国藩出谋划策。他曾写信给曾国藩，指出：曾国荃部湘军已进扎南京城南的雨花台，对太平天国的首都构成了极大的威胁，太平军必然会集结兵力由南路来援。建议曾国藩奏调江北的多隆阿部清军由南京城北的燕子矶渡江，与曾国荃部南北呼应，对来援的太平军形成两面夹击之势。这样，太平军纵有10万援兵，也大可以不必担心了。并提醒他说：用兵于燕子矶口，必须水陆配合作战，控制了这一军事要隘，清军的炮船可以一直驶入秦淮河，对太平天国的威胁会更大。以前向荣、和春两位钦差大臣督率清军围攻南京，仅仅于陆路扎营于孝陵卫一带，而长江与内河却无一只炮船，南京城内的太平天国政权由水路与各地太平军保持

① 《李文忠公全集》，朋僚函稿卷3，第36页。

联系，畅通无阻，所以江南大营非但不能制太平天国于死命，反而两次被太平军击溃。进而提出：南京城占地面积较大，攻城部队难以合围。而事实上却不必硬攻，只要断其粮道，城内一旦绝粮，太平军必然会自行溃败。又具体分析道：现在淮军已经攻占了苏州以南的吴江县，隔断了江、浙两地太平军之间的联系。据探报，嘉兴、湖州（今浙江吴兴）的太平军正在筹集粮米，准备从陆路由句容之宝堰运往南京，行程约有一百数十里，湘军若能分兵阻断由秣陵关接济南京之路，南京的粮道一绝，攻城就更容易得手了。同时提及自己归省有日，喜极涕零。随后，陈鼐回宝应接来家眷，在嘉定、青浦等地租屋居住。

李鸿章与陈鼐相知既深，倚任尤专，将其引为同志，视为股肱，当作自己的高级参谋，几乎事事都要预先征求他的意见。陈鼐也不负期望，对各项事务，无不尽心尽力，提出了许多极好的意见和建议，对于李鸿章建功立业起到了重要的辅佐作用。

陈鼐刚到上海，李鸿章就曾与他商议"减漕大政"，主张加派公正绅士参与漕政，陈鼐当即表示"甚愿入局襄助，以观厥成"。当时，李鸿章长兄李瀚章已调任广东督粮道，仍然兼任着从广东为湘军筹饷之事，由于广东督抚"欲分留厘饷四成"，加之广东官场风气与内地不同，"意忽忽不乐"，遂写信告诉李鸿章，打算于年底称病引退。李鸿章与陈鼐商量该怎么办，陈鼐提出：李瀚章与时任江西巡抚的沈葆桢比较投缘，沈葆桢在来信中亦颇以他改官广东为憾，建议李鸿章要求曾国藩将他调回江西担任筹饷之事，"或于皖饷少助亦未可知"[①]。李鸿章欲选派有才力者整顿江北的兵事和饷事，陈鼐与郭嵩焘极力推荐湘军水师将领杨岳斌，李鸿章欲请其至扬州治军，因杨岳斌坚决"退让"而未果。淮军攻占苏州、常州等地后，陈鼐建议李鸿章设立难民局以安置游民，设立劝农局以帮助农民恢复生产。当时，苏南有些地方

---

① 《李文忠公全集》，朋僚函稿卷3，第40、42页。

土地连年无人耕种，成片荒芜，逃避战乱归来的小农衣食不周，无力垦荒种植，陈鼐又让李鸿章奏准重新开垦的土地暂缓征收赋税，以苏民困。这些措施促使大批流民尽快地回乡复业，对于稳定社会秩序、恢复社会经济都有积极作用。

1864 年 7 月，曾国荃督率湘军攻陷了太平天国的首都南京。接着，湘淮军很快肃清了江苏省境内的太平军余部。论功行赏之际，李鸿章于 10 月初专片保奏陈鼐，称赞他："学养深邃，讲求经济，于政治之本源、戎机之枢纽、地舆之形势，无不洞悉要领"，是难得的高级参谋人才。早先，李鸿章与其"同在曾国藩幕中，相处最久，深知其人"，曾国藩对其"尤为赏识"；随后，前湖北巡抚胡林翼、前安徽巡抚李续宜相继将其"招致戎幕，均相倚重"，且"久欲荐之朝廷，任以吏事"。只因该员"淡泊性成"，不愿做官，曾国藩等人不便相强，所以直到现在其官衔仅为"蓝翎五品衔候选通判"。自入淮军幕府以来，"凡治军、筹饷诸大端，随事咨商"，该员都能尽其所知"剀切敷陈，持论精卓，赞画之力实多"。现在江苏全省肃清，考虑到该员"从军最久，懋著贤劳"，希望朝廷能够"破格施恩，以道、府记存擢用，并换戴花翎，以示优异"①。

淮军剿捻期间，陈鼐曾以道员身份主持淮军后路粮台，负责为淮军筹备饷需，他更是不辞劳苦，东催西调，始终保证有足够的军饷源源供应前方，对于剿捻军事的进行与淮军的发展都起了至关重要的作用。连曾国藩也称赞他与李鸿章心心相印，能够切实维持淮军北征的饷需。1867 年 6 月底，曾国藩的机要幕僚赵烈文专门拜访了陈鼐，两人谈及淮军的饷需供给情况时，陈鼐如数家珍地告诉赵烈文：目前淮军的正饷、杂支，以及李鸿章的办公经费，俱由其所管的后路粮台支发，"每月约需三十七八万两"；经费的来源，以上海的厘金为大宗，每月达 16 万两，此外还有"沪之中国关四万两，苏

---

① 《李文忠公全集》，奏稿卷 7，第 35 页。

省牙厘二万两,地丁二万两"①,这些确实可靠的进款一共只有24万两;不足部分,原拟由上海海关税包补的,但仍有很大缺额,李鸿章现从淮北票盐预收厘金中提取10万两,又奏准将拨解户部的四成洋税酌留二成,计可得40万两,藉以弥补淮军月饷,才勉强足用。这些款项的催、解、收、存、支、放,当然都要由陈鼐经办。其中的艰难曲折,局外人实在是难以洞悉的,而陈鼐居然处理得井井有条。因此,李鸿章对陈鼐相当满意,认为淮军后路粮台,非陈鼐无人能办。

1867年冬,李鸿章指挥淮军在山东境内击溃赖文光、任化邦部东捻军。当时,张宗禹部西捻军为救东捻军而挥师东进,兵锋直指京、津。李鸿章奉命率部北上迎击,次年春驻师于直隶景州（今河北景县）,陈鼐仍写信为他出谋划策。李鸿章复信称:读来书,"千里如在一室,非公知我之深,不足喻其精微也"。并进而通报军情说:张宗禹"掳马数万,横驱畿南",还汲取了东捻军失败的教训,宣称:"官军能战,应不与战,专以走疲之,则可常活。"不但左宗棠"绝非敌手",其余的清军将领如陈国瑞、刘松山、郭松林等亦"皆中材,不久必告疲乏"。唯淮军将领刘铭传"英姿飒爽","或有法制之"。但他近来"志气颓极,无力感动之",淮军因而"不免减色"。在此状况下,西捻军"纵万骑于平原,犹纵虎狼于山林,或谓可即殄灭,奚翅梦呓!"但愿能在一年内将其剿灭,就是天大的幸事了。甚至谈到自己出道较晚,"幸立微名,忌谤所由易起,立身常作退步想"②。最后嘱托他代为向适遭亲丧的倪文蔚垫付奠仪,并就淮军分粮台是否应移至扬州、淮军魁字营裁撤后应如何安置其统领郑国魁等事征询他的意见。

1868年9月,曾国藩由两江总督调任直隶总督,因身边辅佐乏人,提出要将陈鼐调至直隶（今河北省）任用。但陈鼐"官兴颇淡",多次恳请李

① 《淮军志》,第264页。

② 《李文忠公全集》,朋僚函稿卷8,第5页。

鸿章代为辞谢。不过，曾国藩还是于次年春正式向朝廷提出了这项要求。朝廷同意将陈鼐调往直隶的谕旨明文下达后，陈鼐不便再加推辞，很快交卸了淮军粮台的事务，整顿行装，赶往直隶。当年直隶盗匪盛行，陈鼐建议曾国藩训练数营骑兵，让他协同地方官随时缉捕，颇著成效。直隶定兴县有惯盗横行，久捕不能到案，闾里不得安靖，曾国藩调派骑兵前往，很快将其擒获，绳之以法，赢得一片颂扬声。次年5月，陈鼐曾至武昌看望时任湖广总督的李鸿章，李鸿章"劝以吏事，尚无成见"①。

1870年8月，两江总督马新贻遇刺身亡，清政府调曾国藩回任两江总督，命李鸿章继任直隶总督。李鸿章在赶往天津途中，即致函曾国藩，提出：因直隶布政使卢定勋很快就要调往浙江，可否令现任直隶按察使钱鼎铭接任布政使，以现任清河道道员署理按察使，"腾出清河一缺"，让陈鼐暂时署理，"稍慰其穷老皈依之诚"。并建议曾国藩不必等到他至津办理交接任手续之后，立即就由他们两人会衔上奏，以便于陈鼐早日接任视事。又说：陈鼐似乎愿意留下来襄助我，省城善做官样文章的人太多，"渠尚有呆气，鸿章藉有商榷"②。

陈鼐就任直隶清河道道员后，一面继续不断地为李鸿章献计献策，一面恪尽职守，尽力处理好本人职权范围内的事务。当时直隶境内"连年亢旱，闾阎凋敝"，陈鼐深为民众生活困苦而感到不安，遂一意讲求吏治，力求清除官场积弊，为老百姓多办实事，关心民生，缓解民困。他在保定莲花池设立礼贤馆，延揽贤良士绅参议庶政；亲自询访民间疾苦，体恤民隐；根据大家的意见，裁撤了"东、西两驿道班车"；并采取有效措施，"去州县之侵渔，杜丁书之弊混"，结果大大减轻了民众的徭役负担，"闾阎岁省不赀"。陈鼐平素对《易经》很有研究，尤其"留心地理脉络之学"。看到保定府河水干

---

① 《李文忠公全集》，朋僚函稿卷9，第3、10页。

② 《李文忠公全集》，朋僚函稿卷10，第24、25页。

涸，水路运输困难，百货难以流通。他便亲自到满城县的一亩泉去实地勘察水源，将一亩泉至东、西淀之间的水道择要加以疏浚，增修了一些水闸，以利舟楫往来。公务闲暇之际，他还亲至乡间劝农民种植水稻，结果一亩泉与西淀附近增加了不少水田，居民多有种稻获利者。又征得直隶布政使同意，"改冬令粥厂为米厂，以活府河挽船无业穷民"；会同直隶按察使，"议请于东、西驿道及京东各要路分派勇营及练军驻巡，商民得以绥靖"①。

正当陈鼐从容施展自己的才干，准备在宦途上有一番作为时，家中突然又遭变故，其第三子不幸于 1871 年冬夭逝。老年丧子，悲痛何极！诚如李鸿章所言："无儿之伤"使他"官兴顿沮"。经此严酷打击，陈鼐万念俱灰，从此一蹶不振，很快于次年重阳日奄然病故。

李鸿章与陈鼐交往 20 余年，既欣赏他的足智多谋，又敬重他的为人厚重，两人不仅是幕主与幕客的关系，而且是知心朋友，情谊格外深厚。对于陈鼐的早逝，李鸿章也深为惋惜。他在给郭嵩焘的信中说：陈鼐之死，使他"顿失臂助，四顾怆然"②，伤感之情，溢于言表。

1888 年初，李鸿章专折奏称：据保定府知府朱靖旬上报，保定府绅士张清元等禀称，原任清河道道员陈鼐莅任以后，"汲汲焉以兴利除害为务，舆颂翕然"。要求朝廷准许将其附祀于保定的曾国藩专祠，"由地方官春秋致祭，以顺舆情而资观感"③。这也算是他对老友亡灵的一点告慰吧。

三、清流派干将张佩纶

张佩纶出生于道光二十八年十月二十九日（公元 1848 年 11 月 24 日），字幼樵，又字绳庵，号蒉斋，原籍直隶丰润县。其父张印塘，字雨樵，长期在浙江、安徽两省做官，张佩纶即于其父任职浙江时出生于杭州。张印塘曾

---

① 《李文忠公全集》，奏稿卷 61，第 62 页。

② 《李文忠公全集》，朋僚函稿卷 11，第 28 页；卷 12，第 36 页。

③ 《李文忠公全集》，奏稿卷 61，第 63 页。

官至安徽按察使，与李鸿章相识并成为朋友。太平天国起义爆发后，张印塘参与镇压太平军的活动，于1854年死于军中，当时张佩纶年仅7岁。此后10余年间为躲避战乱，张佩纶与家人四处漂泊，饱尝了颠沛流离之苦。这对于张佩纶来说，当然也是一种磨炼，使他"备诸艰苦而志操特异"，并慨然立下经世之志，在攻习举业的同时，还"常肆力为经世之学"①，从而增长了不少见识和才干。

张佩纶少负奇才，文思特别敏捷，"援笔数千百言立就"。1870年赴京师应顺天府乡试，考中举人。次年连捷于科场，成进士，被选为翰林院庶吉士。三年后散馆，授翰林院编修。1875年，适逢四年一度的翰詹人员大考，张佩纶以二等第三名的好成绩被破格提拔为翰林院侍讲。翌年，又兼任日讲起居注官。

张佩纶少年得志，意气风发，傲视公卿，睥睨一切，慷慨好论天下事，"累疏经国大政"，先后提出"抽调旗丁屯新疆，以固边防、苏旗困"；"图富强必自饬纲纪始"；"于新疆、东三省、台湾诸处严守御、专任使，以杜日、俄窥伺"等建议。张之洞读了他的疏稿，为之击节赞叹，"遂造庐订交焉"。1877年，"晋、豫大饥，畿辅亢旱"，灾民生存维艰，张佩纶奏请朝廷上下振奋，励精图治。恭亲王奕訢辅国，因遭慈禧太后猜忌、打击，变得谨小慎微，无所作为。张佩纶又奏请皇太后、皇上责成奕訢"竭诚负重"，不必畏首畏尾，"上嘉纳之"。自张佩纶"屡上封事，不避嫌怨，人始知讲官有言责，在朝诸臣多畏而忌之者"。时詹事府左春坊左庶子黄体芳上折奏陈灾情，语言戆直，命交吏部议处，张佩纶抗疏力争，奉特诏予以宽免，"言路之气以伸"②。

清政府相继镇压了各地农民起义后，内有奕訢、文祥等主政，外经曾国

---

① 闵尔昌：《碑传集补》卷5，第16页。

② 《大清畿辅先哲传》卷26，第32～33页。

藩、李鸿章、左宗棠等倡导，掀起了以创办近代工业、引进西方先进生产技术为中心的"洋务运动"，时人誉之为"同光新政"。当时掌握着清王朝最高权力的慈禧太后，既希望通过广开言路、博采众议，以振兴朝纲，刷新吏治，整治贪污腐败的官吏，改变中国积弱不振的落后形象；又因为担心奕䜣、李鸿章等权力过重，日久会形成尾大不掉之势，深愿有一批敢言之士不断议论朝政，指陈时弊，抨击不职官员，对他们形成一种牵制。所以一度对言官大加青睐，极力予以扶持，遂导致清流派势盛的局面。有人说：张佩纶"善辩论，好搏击，官翰林日，频上书弹京、省官吏，封章多于台谏。其奏疏深文周纳，恒以诸臣恣纵、蔑视两宫为言，适如孝钦（即慈禧太后）意，故所言无不行，往往劾人不待复按即罪之，旧所鲜有也。言路益发摅"①。

所谓清流派，主要由集中在都察院、翰林院、詹事府的一批言官和文学侍从之臣组成。这些人虽然官职并不太高，尚未掌握朝廷实权，但大多为出身于科举正途、饱读诗书、工于文辞、深负时望的名士。一开始，这些清流名士经常举行诗文聚会，评判甲乙，较论短长，却都是文字切磋、学术论争，很少带有政治观点，"初非植党逞私之倾轧也"②。待后来，清流议政风行，忧国忧民者"以平章国故、摩励群僚为己任"③，投机取巧者也常常以抨击权贵来邀取时誉。结果，"上自朝政之阙，下及官方之邪，微及闾阎之困，无不朝闻事目，夕达封章"④，清流派遂成为能够影响朝政的重要政治力量。其中佼佼者，以张佩纶、宝廷、黄体芳、何金寿号称"四谏"（另一说以张佩纶、宝廷、陈宝琛、邓承修为"四谏"），以张之洞、张佩纶、宝廷、陈宝琛、黄体芳、张观准、吴大澂、刘恩溥、吴可读、邓承修号称"十朋"。当时的军机大臣李鸿藻为了扩大自己的势力，大力网罗言官、词臣，一度被视为清流

---

① 沃丘仲子：《近代名人小传》，张佩纶。

② 刘成禺：《世载堂杂忆》，第 89 页。

③ 陈夔龙：《梦蕉亭杂记》卷 1，第 60 页。

④ 震钧：《天咫偶闻》卷 6，第 36 页。

派的魁首。时人"呼李鸿藻为青牛头，张佩纶、张之洞为青牛角，用以触人，陈宝琛为青牛尾，宝廷为青牛鞭，王懿荣为青牛肚，其余牛皮、牛毛甚多"[1]。尤其是李鸿藻为直隶高阳人，张之洞为直隶南皮人，与张佩纶都是同乡，平日过从甚密，在政治上当然也会互相援引。当时即有人说："二张一李，内外唱和，张则挟李以为重，李则饵张以为用，窥探朝旨，广结党援。"[2]事实上，张佩纶所上的奏折，有些对于整治官场风气起了重要作用，有些对于军国要政提出了极好的建议，从而为他赢得了很高的声誉。

四川省东乡县（今宣汉县）署理知县孙定扬擅自加重农民负担，规定：每征银一两，加收制钱 500 文，引起了抗粮风潮。孙定扬诬民造反，请上宪派兵镇压。四川提督李有恒率部前往，不分青红皂白，残杀寨民 500 余人，制造了一场特大血案。尽管早已有人对李有恒等草菅人命、滥杀无辜提出了弹劾，但是一度护理四川总督的四川布政使文格与继任四川总督丁宝桢包庇属下官员，受命前往查办的陕西巡抚谭钟麟在上奏朝廷时，公然对参奏此案的御史大加指责。时任京官的名士李慈铭读了谭钟麟的奏稿后，亦为"台中受其诟斥，竟无敢反唇相稽者"而打抱不平，"深歉外吏恣睢，朝官阘茸"。张佩纶与张之洞等于 1877 年冬纷纷上折，历数文格、丁宝桢等复奏此案时的种种不实之处，揭露了他们庇护罪犯的事实，并弹劾谭钟麟复奏时"信口诋諆"，措辞过当，要求朝旨加以申饬。朝廷再次派员复查，将孙定扬、李有恒交刑部议罪，定为斩监候，将文格、丁宝桢交吏部严加议处，终于使拖延了五年之久的"东乡抗粮案"得到了平反昭雪。李慈铭对张佩纶的奏折大为赞赏，说："此疏侃侃劲直，可为香茗生色"，赖有此疏"少存朝廷之体"，并"喜而录之"[3]。

晚清官场腐败已极，裙带关系盛行，身居津要者往往互相援引他们的亲

① 《世载堂杂忆》，第 90 页。

② 李慈铭：《越缦堂詹詹录》下册，第 32 页。

③ 李慈铭：《越缦堂日记》，光绪三年十一月十四日。

属，官宦子弟很容易凭借父兄的关系攀缘而上。四川总督丁宝桢曾推荐大学士宝鋆的弟弟宝森以道员送部引见，刑部则将左都御史翁同龢的侄子该部郎中翁曾桂列为京察一等。张佩纶于 1879 年初对他们提出弹劾，并说：大臣子弟"叙资进身"，往往要比平民出身者容易得多，朝廷不加制止，将使"天下奔竞夤缘者"引以为口实而竞相仿效。其言辞之尖锐，连张之洞也认为"太辣"，但"亦颇称其胆"①。翁同龢本人读了这份奏折后，也不能不承认其内容"甚切实"，称赞张佩纶"真讲官也"！②

受太平天国起义影响，新疆各族人民于 19 世纪 60 年代中期纷纷举行反清起义，后被少数民族上层分子利用，形成了一些封建割据政权，中亚浩罕国军事首领阿古柏带兵侵占了新疆大部分领土，沙俄也乘机强占了新疆伊犁地区。清政府任命东阁大学士、陕甘总督左宗棠为钦差大臣，督办新疆军务，率部收复新疆。至 1878 年初，左宗棠平定了新疆大部分地区，唯独伊犁地区沙俄不愿交还，清政府派吏部侍郎崇厚为全权大臣，赴俄国交涉收回伊犁事宜。崇厚准备乘船由海道赴圣彼得堡谈判，张佩纶则主张崇厚应由陆路经新疆前往俄国，以便对新疆进行实地考察，顺道与左宗棠商定谋略，并确定自己的谈判方针。因而他上折提出："使臣议新疆，必先知新疆，自宜身历其地，体察形势，知己知彼，则刚柔操纵，数言可决。今航海而往，不睹边塞之实情，不悉帅臣之成算，胸无定见而遽蹈不测之地，将一味迁就乎？抑模棱持两端乎？"并认为朝廷不应该事先授予崇厚"便宜行事"的全权，担心崇厚"若贸贸从事，一诺之后，便成铁铸，不慎于始，虽悔何追？"③当时，清政府对张佩纶的意见并未予以足够的重视，结果竟被张佩纶不幸而言中，崇厚果然被俄人愚弄，擅自签订了丧权辱国的《里瓦基亚条约》，事实证明张佩纶确有一定的先见之明。

---

① 张佩纶：《涧于日记》，光绪四年十二月十五日。

② 翁同龢：《翁文恭公日记》，光绪四年十二月十三日。

③ 张佩纶：《涧于集》，奏议卷1，第 63、64 页。

1879 年，张佩纶的生母毛氏去世，李鸿章看在与其父的交情上，赠白银千两作为奠仪。张佩纶十分感激，其日记中有"先世交情之耐久如是，孤儿真感恩衔悲"的记载。张佩纶丁母忧去官后，李鸿章"延之佐治军"。张佩纶首次进入李鸿章幕府，"因得周览北洋险要，讨究水陆战守之策"[1]。张佩纶当时在李鸿章幕府中的位置，大致相当于高级参谋。据说：张佩纶"于文忠（李鸿章谥号'文忠'）用人少所可，故左右多甚之，然文忠常曰：'吾任舍子莫可代者'"[2]。就是说，由于张佩纶恃才傲物，看不起别人，所以在李鸿章幕府中很孤立。但是，李鸿章却非常欣赏他的才干，认为他是自己一生事业的最合适的接班人。

崇厚擅签辱国之约，引起举国哗然，清流派纷纷上折弹劾崇厚失职误国，要求朝廷重治其罪，另派大员赴俄改订条约。时任詹事府司经局洗马的张之洞屡上弹章，提出了一些很有见解的主张，朝廷特旨令他参议改订俄约之事。张之洞每遇重大问题，"常就佩纶咨决"。

1880 年春，张佩纶曾写信给李鸿章，与他交换对于伊犁问题的看法，并请李鸿章为其父撰写墓表。李鸿章称赞他"江湖魏阙之念喷溢楮墨"，表示"鄙人与尊公为患难之交，承以表墓相属，奚敢以不文辞"？希望他在安葬了父母之后，"惠临面商一是为幸"。是年秋，张佩纶又写信给李鸿章，就北洋海防问题提出了一些建议。李鸿章复信说："北洋果有铁舰四只，辅以快船、水雷艇十余只，以大连湾、旅顺口为驻扼之所，相机出入拦截，敌船必多狼顾，不敢径入辽海，此上策也。然海口之炮台，台内之陆军仍不可偏废，若不能御之于海，尚可鏖战于内。"并告诉他，天津一带防务的布置"与尊指略同"。当年冬天，他们在通信中讨论了修筑铁路等事宜。李鸿章说：刘铭传奏请修筑铁路，"此乃鄙意所欲言而久未敢言"者，不过目前"庙堂

---

① 《大清畿辅先哲传》卷 26，第 33 页。
② 《碑传集补》卷 5，第 16～17 页。

内外，议论人心皆难画一，无真能主持之权，即断无通力合作之日"，则铁路难以观成。张佩纶担心："南北铁路成，招商局利必大减。"李鸿章认为这一点"似无足虑"，招商局的生意在沿江沿海各口，并不专恃天津一地，铁路经过天津，"江海客货仍多由轮舶达津以就铁轨也"。并谈及："北洋水师提督终当议设，宿将竟无谙习此道之人。"① 张佩纶还"以张家口密迩京畿"，自恰克图（在今俄、蒙边境）、库伦（今蒙古国首都乌兰巴托）至居庸关，"沿边数千里空无屏蔽"，建议李鸿章"调宿将防蒙边"。又提议："口外三厅（即张家口、多伦诺尔、独石口三厅）同知宜汉满并补，移协、镇于多伦，驻练军于经棚（今辽宁省克什克腾旗）。"李鸿章据以上奏，遂为定制。并责成当地官员开垦荒地、清理积讼、搜剿土匪、体恤蒙族，"边人便之"②。

1881 年，张佩纶守制期满，复任翰林院侍讲，仍兼任日讲起居注官。这时，日本已经吞并了琉球，进一步觊觎着朝鲜，法国正在大肆侵略越南，中国边疆危机日亟。张佩纶建议朝廷在沿海地区择要设置四支水师，以加强南北洋海防，裁撤旧式水师所用的艇船，而代之以西式战舰。认为：湖北安襄郧荆道徐延旭"久于粤西，得交人心"，四川建昌道唐炯"号知兵"，举荐他们"可分任边事"，并主张联络刘永福部黑旗军以为用。

1882 年，朝鲜发生"壬午兵变"，冲击了日本侵略势力。日本乘机迫使朝鲜政府签订《仁川条约》，取得了赔款和在朝驻兵权。张佩纶奏请朝廷早日决定东征大计，促使南北洋大练兵勇、广购战舰，与山东、台湾互为犄角，又就朝鲜善后事宜提出了六条办法。清廷将其奏折交李鸿章议复，"鸿章心善之，以朝日甫歃盟，而购置师船又绌于费，遂中止"③。

同时，张佩纶仍然以凌厉无比的气势不断弹劾不称职的权贵大臣，词锋

---

① 《李文忠公全集》，朋僚函稿卷 19，第 8、29、39 页。
②③ 《大清畿辅先哲传》卷 26，第 33 页。

所及，工部尚书贺寿慈、吏部尚书万青藜、户部尚书董恂等相继去职。张佩纶在朝廷中的影响越来越大，但亦"以忼直取忌朝贵"，在朝诸大臣"见者皆侧目"。随即又发生了"云南报销案"，当时军机大臣王文韶以户部左侍郎署理户部尚书，御史洪良品、给事中邓承修交章弹劾他受贿。但王文韶因为深得慈禧太后信任，虽屡挂弹章却岿然不动。张佩纶希望李鸿藻在皇太后召见时当面奏请让王文韶引嫌辞职，而李鸿藻却担心再三渎奏会引起慈禧的不快，"欲两全之"，张佩纶当即"责其瞻徇"①。并乘着发生地震之机，再上参折，曲加附会，终于说动了慈禧太后，于便殿召对之后，罢免了王文韶，越级提拔张佩纶为署理左副都御史。上任伊始，张佩纶"即劾罢台臣不职者数人，上下震悚，卿贰中有望风引去者，君之府怨乃益深矣"②。时，李瀚章在湖广总督任上遭到弹劾，张佩纶在京为之多方斡旋，使之免受重处。李鸿章事后一再表示："家兄事极蒙关照，感不去怀。"1883 年初，李鸿章函告张佩纶：市井流言甚至说"酒肆歇业，街市萧条，皆言路击射太过"所致，一面慨叹"世态浮薄可厌"，一面告诫他"公乃招忌之尤"，说自己与他"叨在心交，不敢不告"③。然而，张佩纶正深受慈禧太后宠信，很快又被选为"会试知贡举"，上折提出：乡、会试开支太大，"徒糜巨金，充有司囊橐"，要求朝廷责成主考官员"严除宿弊"，结果使"场规肃然"。会试毕，张佩纶即被提拔为侍讲学士，旋又充任殿试读卷大臣、朝考阅卷大臣，"人叹为异数"④。

随着法国对越南侵略的不断加深，清流派纷纷上折议论越事，他们大多慷慨激昂，积极主战。张佩纶等指出：法国将以越南为跳板侵略中国，"既非笔争舌战所能止兵，亦非含垢匿瑕所能无事"，"深筹熟计，终非出于一

---

①　《大清畿辅先哲传》卷 26，第 33 页。

②　《碑传集补》卷 5，第 17 页。

③　《李文忠公全集》，朋僚函稿卷 20，第 38、35 页。

④　《大清畿辅先哲传》卷 26，第 34 页。

战，不足以息岛夷之焰，而使中国百年无事"①。并分析中法之间的形势优劣说：法国与普鲁士战败后不久，割地赔款，国力大伤，且跨海远征，由国内调兵至越南须二三十日，劳师费饷，犯了兵家之大忌；而中国调兵入越，"速则三五日，迟则十日耳"②，需饷甚少，又可以逸待劳，再加上有刘永福部黑旗军与越南义民相助，完全能够战胜法国。

由于清朝统治者并无战胜法国的信心和决心，张佩纶"论越事章数十上，朝廷始遣兵越境行边剿土匪以牵敌"。法国驻华公使宝海刚刚与中方达成"分界保护"的协议，法军又攻占了越南北部的南定等地。张佩纶"愤当事一再误启戒心"，要求清政府乘刘永福大败法军之机，派兵保护越南的首都顺化。在此期间，张佩纶曾多次与李鸿章函商越南事务。李鸿章向他指出："法已视越为囊中物，我出而牵制之，总以永不吞灭为要义。"且可以通过谈判、签约的方式达到这一目的。若一意主战，则"我之兵船、陆军皆不能及，庸有济乎？""此事总须参酌时势大局而后定议，未可徒逞气矜之隆"。并明确表示不同意他的主张，说："若如尊论，徒增波折，终无结束"，要说"于国计边筹有裨，万万不敢信也"。1883 年 5 月，因法越事急，清廷令请假回籍葬母的李鸿章马上赴广东督办越南事务。李鸿章致函张佩纶抱怨说："法之蓄志图越已数十年，中朝向置不问，至上年形象大著，始与力争，其何能及？今又仓促而起不才于礼庐，只手空拳，不知所以为计。若以淮部尚有两万，则现驻要防，岂易抽调？若以鄙人素尚知兵，则白头戍边，未免以珠弹雀。枢府调度如此轻率，殊为寒心。"肯定张佩纶的建议中"选边才、储戎备则经久不易之策耳"，且进而指出："目今人才凋瘁，将才、边材只宜节取其长，于爱护之中加以磨砺；求全责备，则无能胜任者矣。"而对于其"滇、桂去而天下不可问"之说，则视为"危言悚听，无当事情，期

---

① 《涧于集》，奏议卷 2，第 18、10 页。

② 中国近代史资料丛刊《中法战争》（五），第 108 页。

期不敢诺也"[①]。尽管他们在战与和的问题上存在着严重的意见分歧，张佩纶亦未屈从李鸿章的意旨，仍坚持主战之说，但二人之间的友谊却未因此而受影响。至于其他人就完全不同了，当时，朝廷诸权臣多希望能侥幸与法国达成和议，觉得张佩纶在朝中碍手碍脚的，故意派他出京查办陕西巡抚冯誉骥被控一案。行前接受皇上、皇太后召见时，张佩纶仍力言，入秋后，法国必有重大举动，要求朝廷加强对北圻的防守。1883 年 8 月，法国果然以大军直逼越南首都，强迫越南政府签订《顺化条约》，取得了对越南的"保护权"。

张佩纶至陕西查办案件，非常认真，对贪官污吏毫不留情，一举弹劾了多人，自称是"往返五千里，咒骂十三家"[②]。但他这种不讲情面、不徇私情的做法，却招致了更多的忌恨，从而决定了他在官场失势后必将遭到来自各方面的打击和报复。

张佩纶自陕西回京复命后，被任命为总理各国事务衙门大臣。当时，法国人扬言将侵犯中国，张佩纶在皇上、皇太后召对时，奏称："越乱未已，黑旗犹存"，法国"万无分兵东来理"，建议朝廷"宜坚持以俟，不宜撤防使敌乘虚要挟，启各国环侮"[③]。并主动要求赴天津与李鸿章面谈，以"鼓舞其气"，得到了批准。慈禧太后随后召见翁同龢等人时，称赞张佩纶"奋勇能办事"，令他们如有所见，"不妨告之，令与李鸿章商酌"[④]。张佩纶不但与李鸿章交换了有关越南局势的看法，而且"议及如将（电报）双线展至都城，尤为简捷"[⑤]。这一次，李鸿章却觉得张佩纶的意见很有道理。主战之议得到李鸿章的首肯后，清廷"庙谟始定"，从云南、广西两省调军队进入越南，

① 《李文忠公全集》，朋僚函稿卷 20，第 35、38、43 页。

② 《梦蕉亭杂记》卷 2，第 8 页。

③ 《大清畿辅先哲传》卷 26，第 34 页。

④ 《翁文恭公日记》，光绪九年十一月二十六日。

⑤ 《李文忠公全集》，译署函稿卷 15，第 36 页。

"发南北洋利械济前敌"，命两广总督张树声负责筹运饷械，"展电线至龙州以速军报"①，准备与法军一战。

张佩纶就任总理衙门大臣后，"即下榻署中"，以全力应付中外交涉之事。在与外国人交涉时，他不畏强暴，据理力争，"于权利事持之尤力"。1883年8月，英籍海关职员在广州无故开枪打死打伤华人；9月，英国轮船上的葡萄牙籍水手将中国搬运工人踢入水中淹死。愤怒的广州民众冲入沙面租界，烧毁房屋14间，伤及外国人一名，是为"沙面事件"。英国驻华公使巴夏礼不准惩办外籍凶手，反而向中国索取赔偿，在总理衙门交涉此案时，甚至拍着桌子咆哮。张佩纶当即也拍着桌子质问他：你已经引起两国间的一次战争，难道还想再来一次吗？并于事后正式向英国政府提出了抗议。法国公使谢满禄至总理衙门交涉教案事，"状骄倨"。张佩纶"面责之"，使之当场"为改容谢罪"。各国使节见张佩纶"不为刚折，益重之，议事多就范围者"。美国驻华公使杨约翰公开宣称："在华所见大臣忠清无习气者，唯佩纶一人而已。"张佩纶还要求朝廷严禁"洋商以海关存票抵税"及"改造土货牟民利"，并"复请大开煤、铁、丝、茶之利"。恭亲王奕䜣"恨相知晚，署中事悉倚办"。总理衙门建立之始，是按建交国家分股办理外交的。张佩纶提出，应增设"商、防、文、教四司，以海防为当务之急"，乃先奏准设立海防股。又"购中外海道图说精本，详绘岛屿、礁沙等类"②，请恭亲王仿照日本于京师设立海军部而未果。

早在1882年4月，李鸿章丁母忧回籍守制，清廷令两广总督张树声署理直隶总督。张树声为淮军宿将，他见张佩纶常为李鸿章出谋划策，二人关系相当密切，也想拉拢张佩纶以为己用。其子张华奎当时在京师专门结交清流派，在征得张佩纶的同意后，即由张树声出面奏调张佩纶至天津帮办北洋

---

① 《大清畿辅先哲传》卷26，第34页。
② 《大清畿辅先哲传》卷26，第34、35页。

军务。是年正值各省乡试之期，张佩纶"遂不与考差以待旨"[①]，不料朝廷却驳回了张树声的请求。另一位清流健将陈宝琛上章弹劾张树声不应该擅自奏调近臣，谕令交部议处，张佩纶亦因张树声做事没有把握令其难堪而感到不快。张树声唯恐张佩纶挟嫌报复，决定先下手为强，让张华奎与他的亲信王仁堪、王仁东兄弟在京设法，伺机对其加以弹劾。1883 年 12 月，法军向越南北部发起大举进攻，清军节节败退，至次年 3 月，越南北部的山西、北宁等地相继失守，清廷将在前线督师的广西巡抚徐延旭、云南巡抚唐炯革职逮问。由于张佩纶曾经保举过徐延旭和唐炯，张华奎等这下可找到机会了，遂由王仁东起草了一份折稿，他们一起找到与张佩纶素有嫌隙的国子监祭酒盛昱，请他出面参劾张佩纶。盛昱本不愿为张树声所利用，但经不住张华奎与王氏兄弟的软缠硬磨，便提出：张佩纶的后台是军机大臣李鸿藻，扳倒了李鸿藻，张佩纶就失去了奥援，所以参张不如参李。其实，他这么做完全是敷衍张树声的，因为弹劾军机大臣，朝廷向来是不加追究的。不料，这一次却参倒了所有的军机大臣。

　　慈禧太后早已存心要罢免恭亲王奕䜣，只是一直苦于没有借口。盛昱上折弹劾军机大臣，也不过是说李鸿藻保举非人，奕䜣、宝鋆等因循敷衍，导致边事败坏，要求将他们交部议处，以促使他们振刷精神，戴罪立功。慈禧太后却乘机罢免了以恭亲王奕䜣为首的全班军机大臣，重新任命礼亲王世铎、户部尚书额勒和布与阎敬铭、刑部尚书张之万、工部左侍郎孙毓汶等组成新的军机处，并命令他们遇有紧要事件，会同光绪皇帝的生父醇亲王奕譞商办。这就是震动一时的"甲申易枢"事件。

　　张佩纶虽然也是奕䜣的红人，却因受到慈禧太后的眷顾而"独不加谴"。奕譞亦"以佩纶有盛名，幸其助己"。但张佩纶却屡屡当众向奕譞进言：恭亲王"勋望系中外，不宜置散地"。又"叹时局日棘，为时所诟，遂以疾请

[①] 《越缦堂日记》，光绪八年四月十五日。

休"。慈禧太后"数遣枢臣就咨国事，趣不时入直。佩纶感泣，始强起视事如常"①。

法国在连续攻占越南北部的太原、兴化后，又抛出了议和的诱饵。清朝统治阶级中立即掀起一片主和的声浪，"枢府咸色喜"，张佩纶独谓"法人屡以和误我"，仍一意主战不移，以至于"廷议会疏不署诺"②，惹恼了当政的权要们，必欲将他挤出京师而后快。结果，慈禧太后于 1884 年 5 月谕令张佩纶以三品卿衔会办福建海疆事务，同时任命陈宝琛会办南洋军务，任命吴大澂会办北洋军务。这些清流健将一贯积极主战，却往往限于纸上谈兵，领兵打仗并非所长，慈禧太后之所以要这样做，主要是因为她在罢免了奕䜣之后，觉得清流派已没有多少利用价值了，把他们留在京城，继续肆无忌惮地议论朝政，反而会限制自己的手脚，于是便把他们派上了前线。目的在于使"书生典戎，以速其败"，尽快瓦解清流派势力。

张佩纶接受任命后，马上开始筹措前线防务，他曾致电李鸿章，说自己打算赴闽后"练亲兵四营，步兵六营，德国炮队两营"，询问他军饷、行馆经费、员弁薪水各需要多少，请他"代酌定，逐款速复，以便奏请"③，并表示将进一步考虑增购兵船、军械等事。6 月，张佩纶乘船抵闽。当时，福建沿海防务空虚，军备松弛，"兵杂将偄，不足一战"。福州将军穆图善、闽浙总督何璟、福建巡抚张兆栋、船政大臣何如璋等当地军政官员既不能敌忾同仇，和衷共济，又个个巧于趋避，不愿承担任何责任。张佩纶深知中法之间"和议难恃"，只好独力担任筹防事宜，"急营台垒，置大炮二尊守之；化散营为整队，以备援应；属绅士联渔团，以绝汉奸；练水雷水勇、增船炮，与炮台相倚"④。部署未定，法国舰队即于 7 月中旬开到闽江口，要求进入福建水

①④ 《大清畿辅先哲传》卷 26，第 35 页。

② 《碑传集补》卷 5，第 18 页。

③ 《李鸿章全集》，电稿一，第 131 页。

师基地马尾军港停泊。张佩纶当即致电李鸿章，希望他能在天津与法方谈判时，阻止法国军舰进泊马尾。李鸿章回电告诉他：法国谈判代表并未来天津，"无从与议"。现在中法之间已有初步协议，"彼当不遽动手"，建议他自行派员与法舰交涉。并称：此事"只可以笔舌争"[①]。在此情形下，张佩纶不敢严峻拒绝，法舰得以开进马尾军港。福州船政局"孤悬无近援，大吏相顾莫肯任马江防者"。张佩纶于仓促之间率陆军三营"驰驻马尾，集兵商各轮杂泊以牵敌船，穷日夜制雷、移炮、囊土、堆沙，设台山口，多张疑兵，设伏以为守"[②]。同时，多次电请南北洋派军舰赴闽增援，并奏称：目前福建驻军装备十分落后，"旧枪多，大炮太少，数军仅行仗炮八尊，水、鱼雷均阙"，希望急予调拨购运。但是，直隶总督兼北洋大臣李鸿章一再电称：北洋现有的军舰"断难在海外敌铁舰"，且各舰已"收泊旅顺口内外，与炮台相依护，断难远拨"，"非不爱公，非分畛域"，希望他能谅解。两江总督兼南洋大臣曾国荃则奏称：南洋"船小而少，适足饵敌"。朝廷也认为曾国荃所奏"系属实情，是以难强必行"，命令张佩纶"就现有水陆兵勇，实力固守"。说什么："张佩纶等胸有权略"，"闽俗剽悍可用，如招营缓不及事，先募健卒，参用昔谋，出奇制胜"，完全是一派空言。张佩纶提出：若乘敌不备，抢先向停泊在马尾军港里的法舰发起突然袭击，或者有可能取胜，"廷议不许"。总理衙门曾明确指示他："两害相形取其轻，事急莫若腾空船厂，撤全军，以顾省城根本重地为第一义。"并解释说："马尾以上水浅，彼船难深入，足与相持，能坚壁清野，断其煤炭接济，当无久踞之势；船厂能预为腾空，彼即暂据，事定后仍归原物。"张佩纶通过实地勘查，发现福州船政局背山面水，根本没有空地掩埋设备，而且那么多机器，分量极为沉重，仓促之间也无法转运到别的地方去，只有仍旧派兵防守。8月18日，清政府电令："现

[①] 《李鸿章全集》，电稿一，第168页。
[②] 《大清畿辅先哲传》卷26，第35页。

在战事已定"，"着张佩纶就现有陆军，实力布置，以专责成"，"法舰在（马尾军港）内者应设法阻其出口，其未进口者，不准再入"，"并先将法人失和缘由遍告各国"。次日，张佩纶电告总理衙门：若遵朝旨阻塞闽江口，"一阻即动手，恐各国有责言。先告后阻，须候复，不能限日"。就马尾军港的形势而言，"我无一援船，以少胜多，较难胜算"①。在马尾军港待命的法国海军舰队司令孤拔接到了发动进攻的命令后，于8月23日上午向张佩纶等发出最后通牒，限福建水师于当天下午撤出马尾。张佩纶接到最后通牒后，连忙派人"趋敌舰觇虚实，未至，而炮声已隆隆起矣"②。福建水师配备的多为木壳兵船，仓促之间，有的兵船还没有来得及起锚即被击沉。尽管部分官兵进行了英勇的抵抗，但已无法挽回败局，很快即告全军覆没。第二天，张佩纶即将败讯电告总理衙门，承认自己"罪无可逭"③，请即奏闻朝廷，将其逮捕治罪。

李鸿章尽管没有派军舰南下增援福建水师，但他对张佩纶一直还是非常关心的。张佩纶遇事也常与他商量。早先，他曾告诫张佩纶："驻马尾非计。"清政府电令张佩纶封销闽江口的前两天，李鸿章也得到了廷议主战的消息，当即电告张佩纶："战衅将成，杞忧何极！"嘱咐他勉力支持，好自为之。张佩纶接到清廷的电令后，曾致电李鸿章，认为朝廷仓促决定与法国开战为"不智"之举，希望他能够"从旁补救"。李鸿章当天复电表示自己也"不以决战为是"，但"廷议则不敢妄参"。告诫他："阻河动手，害及各国，切勿孟浪"，即使准备对法开战，"仍候彼先发"④，甚至寄希望于法国舰队转攻他处，不在马尾发难。这些想法又或多或少地影响了张佩纶，从而限制了他的手脚。

---

① 《李鸿章全集》，电稿一，第 204、172、183、210、227、199、219、238、240 页。

② 《大清畿辅先哲传》卷 26，第 36 页。

③ 《李鸿章全集》，电稿一，第 251 页。

④ 《李鸿章全集》，电稿一，第 172、233、240 页。

法国舰队消灭了福建水师后，又向福州船政局发起进攻，遇到清军的顽强抵抗后，开炮击毁了闽江两岸的炮台，撤出了闽江。驻在福州的闽浙总督何璟等派人至前线了解战事进展情况，受命者"逡巡不敢前，中道归，诡告船厂失"，何璟等据以奏报朝廷，适张佩纶有关船厂未失的奏报亦到，"上切责督臣愦愦"。随后，何璟等欲调驻守福州船政局的清军"回顾省城"，张佩纶"讼言弃门户、守堂奥非计"，何璟等则唆使闽籍士绅弹劾张佩纶"拥兵自卫"。结果，闽浙总督何璟、福建巡抚张兆栋、船政大臣何如璋先后被革职，慈禧太后派军机大臣、东阁大学士左宗棠至福建督师，将漕运总督杨昌浚调任闽浙总督，任命原直隶提督刘铭传为福建巡抚，仍驻守台湾，反命张佩纶兼署船政大臣。张佩纶自己亦以负罪之身反得加官而感到惴惴不安，曾上疏自劾，恳请辞去船政大臣等职。慈禧太后谕令他应遵旨"将船政妥为筹办，不得藉词推诿"。李鸿章在马江战败之际，即曾倡言："船厂可失，张学士不可失"[1]，现在也劝张佩纶"忍辱、耐烦、负重，勿急躁"。并告诉他：驻德使节李凤苞来电称，德国有部分大炮、弹药出售，让他自行与李凤苞联系购运事宜，"以归简捷"。稍后，又让他将原福建水师"各船大副、管轮、管队、炮首等，如有材武无烟癖者，无分闽、粤"，"择尤挑送北洋"[2]，以充实北洋舰队。

由于张佩纶平日树敌太多，这时都要乘机扳倒他。"执政龁君未已，则示意闽籍京僚取君疏锻炼之"[3]。给事中万培因弹劾他徇私滥保非人，讳败捏奏军情，福建士绅两次公呈要求朝廷究治其丧师辱国之罪，甚至将呈文刊登在上海的《申报》上。张佩纶自知难以幸免，再次恳请辞官回京，慈禧太后仍令他遵旨"办理船政事宜，不得藉词诿卸"。李鸿章也认为"内意似尚倚

重"，很可能是要借此对他加以磨炼，嘱咐他"静忍勿躁"①。但没过多久，朝廷即以误保徐延旭、唐炯为借口将张佩纶革职，同时令左宗棠、杨昌浚查办其战败之事。左宗棠在复奏时故意说张佩纶以"不知兵"取败，请交部议处。朝廷斥之为有意袒护，随将张佩纶定为充军之罪，发配到察哈尔的察罕陀罗海与张家口等地。

被贬谪戍边期间，张佩纶"藉文史自娱"，"以《管子》书足以经世"，"爰据善本，绅绎群书，尽取汉、晋、隋、唐诸子百家之及《管子》者，博引繁征，详为诠注，而尤以发明其术业、阐扬其治法为宗旨，于是成《管子学》二十四卷"②。

1888 年，张佩纶遣戍期满，李鸿章为了安置他，煞是费了一番苦心。先是，李鸿章"为之行数万金于海军衙门，乞以道员简放"，张佩纶"欲得四品京堂"③，皆为醇亲王奕譞所拒绝。继而，李鸿章又欲聘其主讲保定莲池书院，遂将原主讲莲池书院的张裕钊推荐给湖北巡抚奎斌，让他至武昌主讲江汉书院，"莲池诸生闻而大哗"，"官僚人士同声怅恨，物议颇为纷然"④，张佩纶亦不敢就聘。最后，李鸿章乃"延之入幕，司文书"⑤，并将爱女许配给他为妻。据时人记载：李鸿章"止一女，继室赵夫人所生，敏丽能诗，甚爱之，今甫逾二十，幼樵年四十余，美须髯，已三娶矣"⑥。由此亦可见李鸿章对张佩纶之器重。

张佩纶初娶大理寺卿朱学勤之女，病亡后，继娶陕西巡抚边宝泉（后官至闽浙总督）之女，又于其戍边期间病死于京师。据说，张佩纶再入李鸿章幕府后，有一天，李鸿章患了感冒，卧于内室，召张佩纶入内议事。张佩纶

---

① 《李鸿章全集》，电稿一，第 334 页。
② 《大清畿辅先哲传》卷 26，第 36、37 页。
③⑥ 《越缦堂日记》，光绪十四年十月初七日。
④ 郭立志编：《桐城吴先生年谱》卷 1，第 48 页。
⑤ 邵镜人：《同光风云录》上篇，第 113 页。

偶尔看到案头有两首咏马江战役的诗稿，其一曰："基隆南望泪潸潸，闻道元戎匹马还。一战岂宜轻大计？四边从此失天关。焚车我自宽房琯，乘障谁教使狄山？宵旰甘泉犹望捷，群公何以慰龙颜？"其二曰："痛哭陈词动圣明，长孺长揖傲公卿。论才宰相笼中物，杀敌书生纸上兵。宣室不妨虚贾席，玉阶何事请终缨？豸冠寂寞丹衢静，功罪千秋付史评。"不仅字体娟秀，而且于张佩纶颇有怨词。一读之下，大为感动，禁不住泪流满面。李鸿章见状，忙问其悲从何来。张佩纶拿着诗稿，问为何人所作？李鸿章笑道：小女初学作诗，君以为写得如何？张佩纶极口称赞：不但词句甚佳，而且见解也很高，可谓是门生的知己也。李鸿章顺便提及：小女已年逾二十，尚未议婚，君当留心为我物色一个女婿。张佩纶有意问道：才学、地位方面有什么要求？李鸿章随口答道：像你一样就可以了。不料，张佩纶马上跪在他面前说：门生已丧偶，与女公子又是文字知己，现在就向您求婚。李鸿章"偶发戏言，不图幼樵竟出此，乃大窘，计无所出，允之耳"。其夫人"闻之大惊骇"，责备李鸿章说：像我们这样的家庭选女婿，什么样的人找不到，"乃下嫁此革职人耶"？夫妇遂因此而发生争执，喋喋不休。其女儿听到后，出来劝她母亲说："父择婿，才学第一，革职何伤？且今之居高位、拥万金者，类多行尸走肉也，女愿从父命"，此事乃定。张佩纶婚后，夫妻二人"妆台画眉，绮阁斗韵，情好日笃。盖文字知己，复经困阻而后成婚，故非寻常伉俪所能比拟者"[1]。

张佩纶以娇客兼幕客，当然更得李鸿章信任，军国要政，莫不与其磋商，遂成为李鸿章的高级参谋，"举凡新政擘画，悉经幼樵手"。但是，张佩纶"故骄亢，专己自用，恃盛气，好面折人，而不喜受人善，以此丛怨"。虽经历了三年流放生涯，其恃才傲物之秉性难改，"据权要之地，内外辐辏，罔

---

[1] 《同光风云录》上篇，第114、115页。

知自韬晦"①。"渐干预督署事，凡章奏、文牍皆径改作，幕中大哄"，"宾客纷纷告退"②。甚至连李鸿章的两个儿子对他也颇有成见。张之洞的门生樊增祥路过天津，与张佩纶"倾谈两日"，感到他"虽居甥馆，迹近幽囚，且郎舅又不相和，不婚犹可望合肥（指李鸿章）援手，今在避亲之列"，李鸿章不便举荐，"绝可怜也"③。

1894 年 6 月，清政府应朝鲜政府之请，派兵入朝代为镇压东学党起义，日本乘机大规模出兵朝鲜，中日之间"战衅将启"时，张佩纶提出：清政府当初出兵朝鲜，是代为平乱的，现乱事已平，应"先班师示弱以骄敌，再大举未晚也"。李鸿章觉得很有道理，但拗不过盈廷主战之议，遂派援军入朝，"为敌所袭，战局以成"。战争爆发后，张佩纶常尾随李鸿章左右，策划用兵方略。李鸿章身边的一些人"率喜事自用"④，或朋比为奸，皆视张佩纶为眼中钉，乃贿买御史端良弹劾张佩纶干预公事，对战事的失败负有一定责任。时军机大臣、兵部尚书孙毓汶正得慈禧太后宠信，朝廷遂于 1894 年 9 月下令将张佩纶驱逐回籍。

张佩纶"生长吴越，爱南中山水"，乃"携眷移南京，买故靖逆侯张勇之邸为宅，易其名曰'训鸥园'"。⑤终日"莳花艺树，闭户却扫，以著书自娱"⑥。但是，他怎能忘情于国家的治乱兴衰，仍时常与李鸿章保持联系并有所建言。1896 年 10 月，李鸿章出使欧美各国归来后，曾电告张佩纶：他于皇太后、皇上分别召见时，曾"沥陈各国强盛，中国贫弱，须亟设法"。皇上令他与恭亲王商办，他"仍自陈衰病，不堪任事"⑦，皇上说他无辞退之理。张佩纶身在草野，心系朝廷，每念及国势衰微，朝纲不振，"往往中夜

①⑥《大清畿辅先哲传》卷 26，第 37 页。
②《越缦堂日记》，光绪十四年十月初七日。
③⑤《同光风云录》上篇，第 115 页。
④《碑传集补》卷 5，第 19 页。
⑦《李鸿章全集》，电稿三，第 676 页。

起立，或被酒泣下，寝以成疾”①。

1900 年夏，列强以镇压义和团运动为借口，组成八国联军，侵略中国。张佩纶“闻外兵犯阙，遽咯血升许，然犹累电趣文忠（李鸿章谥号文忠）勤王，为画和戎之策，日数千言”②。两江总督刘坤一、湖广总督张之洞主持“东南互保”之议，有人指责他们“悖旨通敌”。刘坤一“密遣使商之佩纶，佩纶请坚持，勿淆众议”，认为：“东南再启衅，愈速亡，姑羁縻之，速济师以清内乱可也。”当时，李鸿章任两广总督，清政府于 6 月中旬电召他进京，随后又将其调任直隶总督。7 月，李鸿章由广州乘船抵达上海，张佩纶请刘坤一“联疆臣名列奏，畀以全权，速止兵议和”。8 月清廷任命李鸿章为全权大臣，命其尽快进京与各国议和。张佩纶考虑到与列强议和，帝国主义各国必然会先要求清政府惩办那些怂恿义和团排外的顽固派王公大臣，即所谓的“祸首”，“而昵拳者半亲贵”，乃建议李鸿章：“宜就庆王奕劻、大学士荣禄择一人预其议”；两江总督刘坤一与湖广总督张之洞有“保护”东南之绩，亦应参与议和事宜。李鸿章一一采纳，据以电奏朝廷，并保荐张佩纶“熟于交涉”，可以充任他的随员。清廷命张佩纶“以编修入都”③，随同李鸿章办理议和事宜。张佩纶第三次进入李鸿章幕府，继续为议和出谋划策。

次年 4 月，清政府设立督办政务处，作为推行“新政”的中枢机构，“当事欲畀君参议”，张佩纶因中俄议约事与李鸿章发生意见分歧，“时论变法又不合素旨，遽投劾去”④。《辛丑条约》签订后，慈禧太后以张佩纶襄助有劳，谕令其“以四五品京堂补用”，张佩纶称病固辞，仍回南京寓居，于 1903 年 2 月 4 日病死，终年 56 岁。

张佩纶学问渊博，擅长文字，“不唯工奏议，即小简短文，亦复不苟。

---

① ② ④ 《碑传集补》卷 5，第 19 页。

③ 《碑传集补》卷 5，第 19 页。

字宗山谷，饶有风致，武进恽文简公得其手帖，辄翻印以训子孙，其见重时人如此"[1]。生平著述除《管子学》外，尚有《谷梁起废疾补笺》二卷，奏议、文集、书牍、电稿等编为《涧于集》，另有《涧于日记》存世，所著《庄子古义》《晋书补注》二书均未完稿。

---

[1] 《同光风云录》上篇，第117页。

第五章　文案凌焕、吴汝纶、于式枚

李鸿章率领淮军到达上海后不久，即被清政府任命为江苏巡抚。他一面指挥淮军与太平军作战，一面主持一省政务，除了军书旁午之外，还有许多与战事无关的章奏、公牍、函札等文字工作。升任直隶总督兼北洋大臣后，李鸿章不但要负责一省的军务、政务，而且要兼管洋务、外交，再加上创建北洋海军、筹办北洋海防，事务较以前更加繁忙，每天要处理的文件更多。单靠李鸿章一个人，纵有三头六臂，也绝对忙不过来，必须有一帮"文案"协助他草拟各种文书，这也是幕府的最基本的职能，李鸿章本人在曾国藩幕府中负责的就是文案工作，周馥初入李鸿章幕府时，也是负责文案工作的。

李鸿章在近代晚清政治舞台上活跃了 40 年之久，在此期间，凡是与中国社会发展相关的重大历史事件中，几乎都有他的身影。先后在李鸿章幕府中担任文案工作的人，当不在少数。也有以文案兼任他项事务者。这里仅介绍几位主要从事文案工作，且较受李鸿章赏识，或有一定社会影响的人物。

一、孤傲不羁的凌焕

凌焕出生于道光元年（公元 1821 年），字筱南，亦作晓岚，号损窝，安徽省定远县官桥人。其父凌志召，字循南，举人出身，做过直隶龙门县的知县。凌焕自幼聪颖，十几岁就考中了秀才，在当地颇有才名。1844 年秋，参加恩科顺天府乡试，又考中了举人，与李鸿章以及后来官至军机大臣、协办大学士、吏部尚书的李鸿藻，官至闽浙总督的李鹤年等为同年。但此后参加会试，却屡屡不售，于是改习经世致用之学。1850年秋，凌焕参加学正学录考试，时曾国藩为阅卷官，将其录取为学正。此后，凌焕遂一直师事曾国藩。

太平天国起义爆发后，太平军很快打出广西，经湖南、湖北、江西、安徽，攻下南京，时曾国藩已官居内阁学士、礼部侍郎，兼署刑部侍郎，因丁母忧而闲居于湖南湘乡原籍。1853年春，清政府令他"帮同办理本省团练乡民，搜查土匪诸事务"，曾国藩由此而创建了湘军。在此期间，凌焕曾上书曾国藩，就军事问题提出了12条建议。曾国藩对其意见多表示赞同。次年春，太平天国西征军胡以晃、曾天养部攻克庐州府（今合肥市），凌焕之父凌志适在军中，遂战死，清政府赐令入祀昭忠祠。但是，当时定远县仅有孝子祠，而无昭忠祠。凌焕以为既然有清廷的诏旨为凭，则不妨从权办理，于是擅自改孝子祠为忠孝祠，将其父牌位列祀于其中。结果因此而遭到弹劾，被捕入狱。出狱后，凌焕先加入了在皖北督师剿捻的钦差大臣袁甲三的幕府，后又辗转来到扬州，进入督办清军江北大营军务的钦差大臣都兴阿的幕府。薛福成还曾将其列入曾国藩幕府，认为他应属于"从公治军书、涉危难、遇事赞画者"一类中以"明练"见长者[1]。1861年，凌焕已经获得候补主事官衔，时任江宁将军的都兴阿在击退太平军对扬州进攻的保案中保举他为员外郎，建议清廷予以分部补用。但是，吏部却以新定章程中有"不准保升京员"一条，加以驳回。

李鸿章奉命招募淮军援沪，即将离开曾国藩的大营而独当一面，加官晋爵、封疆兼圻已经指日可待。在联络收编安徽地主团练武装的同时，李鸿章也开始多方延揽人才，组建自己的幕府班子。凌焕与李鸿章既是安徽同乡，又是乡试同年，两人之间的关系自然比较密切，再加上凌焕先后进入过袁甲三、都兴阿等人的幕府，积累了丰富的从事幕府工作的实践经验，当然首先

---

[1]《薛福成选集》，第213页。

成为李鸿章延聘的对象。1862年春，凌焕首批进入李鸿章幕府，4月，随李鸿章到达上海。

凌焕在李鸿章幕府中，曾经办理过淮军的后路粮台，即为淮军筹措粮饷，但他的主要职责是文案。李鸿章到上海一个多月后写给曾国藩的信中谈到：过去林则徐曾经说过，江苏巡抚的日常公务比其他各省巡抚都要繁忙。尽管目前太平军占领了苏南的大部分州县，每天收到的公文摞在一起尚有三四尺高。自署任江苏巡抚以来，因忙于军务，一直还没有抽出时间来批阅，公文积压"已成海矣"。人人都劝我聘请幕友代劳，但我生性向来看不起那些老于世故的幕客，应邀随营相助的一些朋友中，唯凌焕尚可帮忙，其他人对于处理公文皆不甚了了。可见，凌焕当时是李鸿章幕府中的主要文案，而且比较受李鸿章的赏识。

1863年1月，继任常胜军统领白齐文由松江至上海索饷，殴打前任苏松粮道杨坊，夺走洋银四万余元，被李鸿章革职。白齐文随后在英、美公使的支持下，前往北京，向清政府提出复职要求。凌焕代李鸿章起草一函致总理衙门，对白齐文痛加驳斥。该函受到了曾国藩的"奖藉"。

1865年10月，李鸿章专片向朝廷奏称：凌焕"学问素称渊博"，且为人正派，具有远见卓识，"操行耿介，识略宏通"，为近年来所少见，远非一般人所能及。自淮军初建时，即随臣至沪，数年来"久历艰险"，时常协同策划军事部署，使臣"深获其益"。平日对于筹议中外通商事务，尤其能够"思精虑密，力持大体"。尽管他对升官一事看得很淡，不愿钻营，"累年未为保请官阶"。但考虑到他是"臣营最为得力之员"，不应该埋没他的劳绩，还是希望朝廷能够予以奖赏。在此之前，凌焕已获得道员衔，李鸿章请求朝廷"即以道府记存简用"[①]。遂以道员留江苏"遇缺题补"。

李鸿章率领淮军镇压了捻军后，于1869年2月就任湖广总督，凌焕因

---

① 《李文忠公全集》，奏稿卷9，第52页。

为属于江苏省的候补官员，未经奏调，不便相随，仍留在江苏等候任用。好在当时任两江总督的马新贻曾与李鸿章一同于道光二十七年（公元 1847 年）考中进士，有这一层会试同年的关系，他当然会代李鸿章照拂凌焕的，于是很快便命凌焕署理江宁盐巡道。在任期间，凌焕颇有廉能之名，但因其生性耿直，不善趋炎附势，不愿随波逐流，所以李鸿章说他"不谐于俗"。次年 8 月，马新贻遇刺身亡，曾国藩由直隶总督调任两江总督。本来曾国藩与李鸿章关系非同一般，既然李鸿章相当赏识凌焕，那么曾国藩爱屋及乌，理应也对凌焕不错。可是，只因凌焕不肯媚俗，连在当时被目为正人君子的曾国藩也不愿与他亲近，二人之间的关系"若合若离"。

这时，李鸿章已由湖广总督调任直隶总督，旋又兼任三口通商大臣（后改称北洋通商大臣）。他见凌焕在南京郁郁不得志，便写信与曾国藩商量，凌焕一向随其"办理通商事件"，现在"天津洋务关系紧要"，可否将他调往北洋差遣？曾国藩正担心长期冷落凌焕，会于李鸿章的颜面不好看，此刻李鸿章主动提出要将他调走，实在是求之不得的好事。很快于 1871 年春奏称："凌焕学识轶伦，熟悉洋务"，借口"南北洋滨海设防，有会商办理之事"，令其交卸署理江宁盐巡道篆务，"前赴天津禀商防务及办理中外交涉事件"，凌焕得以重归李鸿章幕府。当他乘轮船由海路到达天津时，正好赶上日本遣使来华议订条约，便临时留在北洋大臣衙门里帮忙，负责"稽核成案，推究新旧约章利弊同异"，最后由李鸿章代表清政府与日本全权大臣大藏卿伊达宗城于当年 9 月中旬签订了中国近代史上唯一的平等条约中日《修好条规》。此后数月间，"洋务尚为平顺"，凌焕仍在李鸿章幕府中充当文案，专门负责起草有关通商方面的函牍。转眼间已时届冬令，北方天气寒冷，凌焕感到很不适应。再加上他自甘澹泊，并未存有依附李鸿章以升官发财之想，所以仍想回到南方去。李鸿章看在同乡、同年及凌焕长年相随的分上，于情于理都不能不关照他，却又不便强人所难，硬将其留在北方受冻，经再三考虑，终于想出了一个堪称两全其美的办法，即找个借口让他先回南方过冬，待来年春暖花开以后，再叫他到北洋继续当幕僚。于是，李鸿章于 11 月下旬专片奏称：北洋通商大臣衙门中有关中外通商的文件、档案很不齐全，"南洋衙门册档繁多"，但因长期无专人整理，散乱置放，临时需要查阅，往往"猝无头绪"。是以有人提出："中外通商已久，而条约应行事例，间有随时变通者，迄无成编可考，以故探讨莫以入手。"凌焕平日"留心著述，又于洋务经办十年"，对于整理中外通商档案，可以说是"胸有成竹，易于操觚"。拟令其"即日驶回金陵"，在征得曾国藩的同意后，"将南洋卷档，即以条约为纲，按款采集成案，胪列章程"，大致整理出基本的眉目后，于"明年春夏间赍至天津，再将北洋办过各案择要添入"，汇编为《通商成案》，"似属办理洋务必不可少之书"。编纂之际，"总须芟吏牍之冗繁，就官书之体例"。最终由曾国藩、李鸿章等审核定稿后，分存于南北洋衙门，"庶乎遇事得所依据，将来或修换新约，或议订通商律例，皆可以此编为参考"，从而收到"得失之助"①。

　　凌焕回到南京后，却于次年春写信给李鸿章，表示自己无意于再北上进入其幕府。这年 3 月，曾国藩病逝于两江总督任所，清廷命江苏巡抚何璟署理两江总督。李鸿章致函何璟称：敝人幕府中，专赖凌焕"襄理通商函牍"，自他去年冬天离津南下，迄今已有五个月了，总理衙门的来信积压了数十件，皆未回复。现在他明确表示不愿北上，本人幕府中终不能缺此一席。前不久，刚由江海关道升任湖南按察使的涂宗瀛路过此地，鄙人以此相商，他建议我与你协商，将凌焕留在两江总督幕府中相助，替换出孙文川来天津帮忙。我觉得这个办法还比较妥当，"乞兄以鄙人求助之诚转告两君子，借箸一筹"。何璟虽然与李鸿章也是会试同年，但二人的交情并不太深，李鸿章的上述计划显然未能实现。数月后，他又写信给何璟说：凌焕起草有关洋务的公牍，措辞委婉而又能抓住主题（当时办理洋务动辄引起顽固派的反对，洋务公牍

① 《李文忠公全集》，奏稿卷 18，第 73 页。

话说得婉转些，以免招致非议，可以减少许多不必要的麻烦），对此，总理衙门大臣颇"有知之者"。遗憾的是，他在敝人幕府中襄助十年之久，终未得任实缺官员，现已年老，仍贫穷如故，以至于无处栖身，我又不便强使他来津，徐图安置。可惜他生性孤傲，"与世亦落寞寡合"，江南为人才渊薮，恐怕他会从此沉沦，"念之恻然"①。言下之意，很希望何璟能够看在他的面子上给予照顾，却又不好意思明说。此时，凌焕似乎已经看破红尘，正在一心一意地钻研佛学，对于人情世故不复措意。李鸿章眼看着他穷困潦倒而不闻不问，既觉得内疚，又于心不忍；想帮助他，可他又消极遁世，不愿积极配合。因此，李鸿章对凌焕相当不满意，可是为避市恩之嫌，又不好明说，真是有苦难言。他曾写信给当时免职在籍的前任江苏巡抚丁日昌，劝诫他不要效仿凌焕。结果，还是出身于淮军将领的张树声于当年 8 月就任江苏巡抚后，将凌焕延聘入幕府。但李鸿章仍希望凌焕能够赴直隶为他办理文案，亦便于他在其权限范围予以更好的安排。是年冬，凌焕一度表示同意北上，却终因畏寒而未能成行。

1873 年 2 月，前任山西巡抚李宗羲继任两江总督。李宗羲与李鸿章亦为会试同年，且二人关系较为密切。次年初，李鸿章再次将凌焕托付给他。李鸿章在写给李宗羲的信中，极力推崇凌焕"洋务文字得未曾有"，又说他"艰苦相从，已将十载"，因性情耿介，而未任以官，生活一直比较"枯寂"。因"念其老且贫，区区薪资，不足自赡"，要求李宗羲"择宜加一例差以赡之"②。李宗羲很买李鸿章的面子，打算委任凌焕为苏松太道员，凌焕却不为所动，执意不肯接受，李宗羲只好将他聘入两江总督幕府。凌焕曾代李宗羲草拟"筹议轮船函稿"，李鸿章一看就知是凌焕的手笔，特意在致李宗羲函中提及，认为他对凌焕可以算是仁至义尽了③。李鸿章为了改善凌焕的生活，

---

① 《李文忠公全集》，朋僚函稿卷 12，第 13、18～19 页。

② 《李文忠公全集》，朋僚函稿卷 13，第 27 页。

③ 《李文忠公全集》，朋僚函稿卷 13，第 32 页。

曾赠送他巨额盐引（盐引为运销食盐的票证，凭引可以贩卖食盐牟利，亦可将盐引有价转让），凌焕也坚决予以谢绝。

1874 年冬，凌焕病死，终年 54 岁。一生著有《损庼诗钞》《损庼文钞》《蟭螟巢札记》《醽兰缀语》《鸿雪丛谈》《古今车制考》《篆学指南》《篆碑时坠录》《善篆人小传》等书，多未刊刻行世。

二、桐城派名家吴汝纶

吴汝纶生于道光二十年九月二十日（公元 1840 年 10 月 15 日），字挚甫，安徽桐城南乡高甸刘庄（今属枞阳县）人，因故居附近有玉屏山，尝自号玉屏居士。其父名吴元甲，字育泉，以岁贡生于 1851 年举孝廉方正，"以行义高乡里"[①]。曾国藩嘉许其学问人品，尝聘为塾师，教授曾氏子弟。

吴汝纶兄弟四人，排行第二。自幼天性喜好读书为文，少年时代家境虽然贫寒，仍力学不辍。尝得到一个鸡蛋，舍不得吃，换来松脂，以备夜间读书时照明用。12 岁起随父学"制义之文"，并极力模仿桐城派大师方苞、姚鼐等人的文章，颇得正传，因而"早著文名"[②]。

1862 年初冬，年仅 23 岁的吴汝纶生了一场大病，时常昏迷不醒，"尝以病而狂惑，为呓语"。病愈之后，"因有味于庄子之书，遂自号南华子"，追述其病中幻境曰：由于出身寒门，年已 20 岁尚不为人知，但"颇能为文章"，为了改变贫穷的境遇，不得不"投时好"。这样，文章的格调虽然不甚高，"然竟以此取甲科，登金门，上玉堂，声名通显，得志而归，车徒供帐，震耀乡里。乡里之人以为荣，皆曰大丈夫当如此矣"。自己也以能够平步青云、光宗耀祖而自得。"其后官益尊，势益盛，人之震耀而歆羡者益众"。一日，忽然想到："富贵快一时之欲耳，千秋万世，谁复知吾姓名者？"乃

---

① 《桐城吴先生年谱》卷 1，第 1 页。

② 蔡冠洛：《清代七百名人传》下册，第 1808 页。

发愤为文，"一意以古之立言者自期，以蕲永于后世。举向所为投时好、决科名之文，悉焚弃之。于是，文日有名，天下之人交口推誉"。自己更觉志得意满，乐不可支。"已而病稍瘳，渐觉其身故在床蓐间"，"乃爽然自失"①。其后便大彻大悟，以为"人世得失之遭，显晦迟速之数，岂皆吾病类也"①。从此就将功名利禄看得相当淡薄了。

次年，吴汝纶与其兄吴汝经（字肫甫）一同参加科举考试。县试吴汝纶名列第一，其兄第二；府试其兄第一，吴汝纶第二；院试吴汝纶仍居第一。时，同邑方宗诚由曾国藩幕府归来，闻吴汝纶之名，"招携观游，试使为文"，大为赞赏。于 1864 年夏将他的文章推荐给曾国藩，"以为义理、考据、辞章三者皆可成就"。曾国藩阅后，亦信以为然，认为吴汝纶"不独为桐城后起之英也"②。当年湘军攻陷南京后，举行江南乡试，吴汝纶以第九名考中举人。曾国藩时任两江总督，李鸿章以江苏巡抚任考场监临，吴汝纶由此而终生称曾、李二人为师。发榜后，吴汝纶才首次谒见了曾国藩。

翌年，吴汝纶进京参加会试。"旧例：殿试策字数、行款及抬写颂扬处，皆系预定格式，不能增减"。吴汝纶则直抒己见，不依其例。时任阅卷大臣的文渊阁大学士倭仁一见而奇之，将其"拔置一甲"。但有人提出：前年会试时，张之洞的殿试策也是这样不守旧例，得以一甲第三名探花及第，吴汝纶此卷系"有所效而为之者"，"今再拔此卷，则科场成例不能复维持矣"，遂将其抑置于第八名，榜下即用为内阁中书。吴汝纶随即"告假出京"。当时，曾国藩正驻在徐州督师剿捻。吴汝纶由北京回家乡路过徐州时，再次谒见了曾国藩。曾国藩在当年 12 月 2 日的日记中记载道："吴挚甫来久谈。吴桐城人，本年进士，年仅二十六岁，而古文、经学、时文皆卓然不群，异材也。"并当面劝告吴汝纶"不必遽尔进京当差"，可以先至其幕府中"专心读

---

① 《桐城吴先生年谱》卷 1，第 3～4 页。

② 《桐城吴先生年谱》卷 1，第 4 页。

书，多作古文"。吴汝纶十分感激，遂入曾国藩幕府，然因事亲至孝，"岁晏必归省觐"。后来，吴汝纶在所作方宗诚的祭文中提及："我官中书，贫不自存，相君（曾国藩官至武英殿大学士）爱士，甄录在门，弘我道义，博我艺文，沾以微禄，使荣其亲"①，仍念念不忘曾国藩的知遇之恩。

吴汝纶进入曾国藩幕府之初，随曾国藩辗转于苏北、山东、河南等地镇压捻军。1866 年冬，曾国藩以"打捻无功"，自请开缺。清廷令其回任两江总督，剿捻军事交由李鸿章接办。次年 4 月，吴汝纶随曾国藩回到南京。随后，"以襄助军务出力"，由曾国藩奏请朝廷赏加内阁侍读衔。1868 年9 月，曾国藩调任直隶总督，携吴汝纶等同行。次年奏称：吴汝纶"器识明敏，学问该洽，实有希古拔俗之志。若使莅事临民，必能涤除旧习，造福一方"。尽管吏部章程规定："非军务省份，不得调取人员。"但是，直隶现当"兵燹之余，地方凋敝异常，非多得二三贤员，不足以资补救"，要求朝廷将吴汝纶"以直隶州（清代的州分为直隶州与散州，隶属于省的为直隶州，与府平级，下辖有县；隶属于府的为散州，与县平级，下面不再辖县）同知留于直隶补用，并免缴捐省分发银"，庶使其"得收臂指之助"。清廷乃采取变通办法，"仿照明保成案"，将吴汝纶调取进京引见，"候旨录用"。军机处提出了直隶州同知（一州的副长官，一般为从六品）与知州（一州的最高长官，一般为正五品）两种职务，供慈安、慈禧两宫皇太后考虑。10 月份引见时，奉旨以直隶州知州留直隶补用。吴汝纶认为"此举主为上所倚重之力也"②。

吴汝纶在曾国藩幕府中一直主要以读书著述为事，并时常得到曾国藩的指导、鼓励，因而能够融合桐城、湘乡二派之长，声名鹊起。所作文章意境厚朴，气势雄浑，文字凝练典雅，不但对于桐城派的中兴具有重要作用，而

---

① 《桐城吴先生年谱》卷 1，第 4～5 页。
② 《桐城吴先生年谱》卷 1，第 10 页。

且能够在曾门中自树一帜，与武昌的张裕钊、遵义的黎庶昌、无锡的薛福成一时并称"曾门四弟子"。曾国藩对吴汝纶也推许有加，曾说："吾门人可期有成者，唯张（裕钊）、吴（汝纶）两生"①，甚至将他比作击鼓骂曹的东汉名士祢衡。

1870 年 7 月，吴汝纶随同曾国藩办理天津教案。当时，封建官僚、士大夫仇外心理甚为强烈。天津教案中，法国领事馆、商行、育婴堂与法、英、美等国教堂被焚毁，法国领事丰大业及外国传教士、商民被打死 20 人。不严惩地方官员和肇事者，列强绝不肯善罢甘休；若惩办稍严，则定为国内舆论所不容。曾国藩深知这是一件费力而不讨好的事，受命后一直"踌躇不决"，经"熟筹不得良策"②，只好前往。因而，他私下里对吴汝纶说：我身为清朝大臣，不能不力任国事，而无法计较个人的毁誉得失；你年纪轻，刚刚成名，何不稍加引避呢？吴汝纶笑而不答。处理天津教案期间，他不但积极为曾国藩出谋划策，而且亲自审讯了已被革职的天津知府张光藻、天津知县刘杰，并由他起草奏稿、咨文，将他们的供词上报朝廷和有关衙门。为此，还引起了当时奉命会办天津教案的工部尚书毛昶熙、江苏巡抚丁日昌二人的不满。

8 月，曾国藩奉命再次回任两江总督，本拟奏调吴汝纶随往南京的，继任直隶总督的李鸿章早已知道吴汝纶为难得的人才，也想留他在直隶相助，便对曾国藩说：您去年奏保吴汝纶时，"专为畿辅吏治立言"，直隶的吏治不可能这么快即彻底改观，因而此时尚不便将其调往别处。曾国藩见他说得有理，只好作罢，吴汝纶遂成为李鸿章的幕僚。但吴汝纶一开始听说可能要随曾国藩南下，当即写信告诉父母，今年一定可以回家过年，现在被留在了直隶，殊觉难慰父母之悬望。李鸿章便特意给他找了一项差使，令他送曾国藩

① 《清史稿》第 44 册，第 13442 页。
② 《桐城吴先生年谱》卷 1，第 10 页。

到南京，顺便回家过年。

次年，因曾国藩的推荐，吴汝纶被任命为直隶深州（今深县）知州，偕同父母及眷属 20 余口赴任。当年，直隶大雨成灾，深州几成泽国。吴汝纶写信给曾国藩说：当地"民风淳朴，胥吏无甚黠猾者，绅士无出入请托者"。尽管到任之初，"词讼稍繁，然民不刁健，判断尚易"。唯灾情较重，贫民极多，难于安置。曾国藩复书称赞他"文学渊雅，识解迈伦"，希望他"能力矫视事太易之弊"，对于任何事情都要多观察多思考，"目已察而犹恐未精，心已明而犹恐自是，不泄于迩，不忽于小"，这样才能使"绅富之气易通，贫民之情易达"。办理赈灾事宜"则宜多用贤绅"，务使"得一钱一票，必有实惠及民"。日常生活要力求节俭，哪怕是"米盐薄物"，亦须"事事减损"。并谆谆告诫他："治公有暇，仍当从事书史，幸无废学为要。"关切之深、期望之殷，可谓溢于言表。次年 3 月，曾国藩病死。吴汝纶在写给李鸿章的信中说："某以草茅后进，承曾相招之门下，扶植而裁成之，至六七年之久，私恩亦云至矣。甫别一年，遽成永诀，痛何可言！"考虑到"当今已无作史之才，虽间世伟人，一入庸手作传，便至黯黮无光，以不能得其人精神气象也"，唯李鸿章具此才能，且又与曾国藩相知最深，特恳求他"速办一疏，俾宣付史馆，以为百世实录"①。

吴汝纶在深州知州任上，虽然没有什么显赫的政绩，却能够实心任事，一切从实际出发，既不逢迎上司，又不做表面文章，倒也赢得了当地民众的称颂。

针对直隶的水患，吴汝纶指出："治水之法，必先自下游兴工"，近年来在谈论如何治理滹沱河时，常有人主张由上游挽河南归故道，这些人错在既不识水性，又不了解地形。"若使河流顺轨，在北何异在南？若令四出横流，故道何殊新道？"他建议李鸿章，由其身边的"异域材伎之士"中，选派

————————

① 《桐城吴先生年谱》卷 1，第 13、14、15 ～ 16 页。

"通习算法、熟于测量者"，至各河下游查勘，先筹河水的去路，再周历全河，逐段测量，"就现在河身，用西洋治河之法，随宜疏浚"①，这样或可根除水患。

当时，直隶境内盗窃、抢劫案件较多，省里制定了"联捕章程"，要求各州县一有盗案发生，立即分报四邻州县，遍传全省，以便相互协助查拿。吴汝纶向李鸿章提出：照此办理，"一处遇劫，通省惊扰，驿马邮夫，昼夜不停，疲敝难支"，却"于事实无济"。因为报案与拿贼完全是两回事，"联捕章程"虽好，而对于遇案而不分报邻近州县与接到邻近州县报案而不实力协助拿贼者，皆无从考察，则"联捕"又从何谈起呢？他认为："拿贼之法，全凭购线"，而不在于是否向邻近州县报案。而直隶盗案多发之因，在于定例对于未能如期破案的官员处分过严，致使许多州县官员为了逃避处分而"讳盗不报"，事后即使抓住了盗贼，亦因先前没有报案而无法依律治罪，往往从轻发落，结果使盗风弥炽。今后只要对破案的期限稍加宽展，使各州县官员能够根治境内之盗，"内盗既除，外盗自不能入，似不必多立条教也"②。吴汝纶虽然没有考虑到对于玩忽职守者应该加以有效的督责，但他对于"联捕章程"弊端的分析还是相当中肯的。

清代乾隆年间，直隶境内广建义仓，储粮备荒，有"畿辅义仓图"传世，后渐颓坏。时钱鼎铭任直隶布政使，欲恢复义仓之制。各州县希承上司旨意，趋之若鹜，吴汝纶则独曰不可。他分析道：乾隆年间，国势昌盛，"上下交足，名器贵重"，民间多富庶之户，官阶衔名尚比较稀罕，给以七品以下的官衔，即有人争着纳粮换取，以此即可充实义仓。自太平天国起义之后，捐纳屡兴，稍为富足之家，无不捐有四五品官衔，绝不会有人为此而再向义仓纳粮，势必要强行向民间摊派，是百姓未得其利而先受其害。加之守仓需人、

①② 《桐城吴先生年谱》卷1，第17页。

仓储损耗、所储之粮散发之后又须敛聚，民间将不堪其扰。

尤为值得一提的是吴汝纶在整顿地方教育方面所做的贡献。乾隆、嘉庆年间，深州陆续建立了 245 所义学，共有学田 5440 余亩，以所收田租供养师生。"从前规制极善，近则百弊丛生。有豪民侵占学租，移作他用者；有劣师识字有限，每岁把持者；有移丘换亩，匿多为少者；有捏造师生，指无为有者。"前任知州多有注意及此者，"屡变其法而弊不除"，以至于"名为村村有学，实乃连数村无识字之民"。吴汝纶决意加以彻底清理，其学田较多、足以自赡者，仍保留之；学田较少者，则数处并归一处，务使田租足供师生之用；学舍废坏、难以恢复者，则查明所属学田，拨归附近的书院。共查出学田 1400 余亩归入书院，为书院追回了积压 20 年的欠款共白银 5000 两，并为义学聘请"书院考取之寒士为之师"。他还曾将深州及所辖安平、饶阳、武强三县的高才生集中起来，亲自为他们讲课。以至于当地百姓忘其为官，咸"推为大师"。平日"生徒问业，四面而至"[1]，遂使深州的文化教育为之气象一新。

1873 年 4 月，吴汝纶因父亲病逝而丁忧去官，扶丧侍母南归故乡。行前致李鸿章一函，除为任深州知州两年无所建树而表示歉意外，特地声明："所可告慰者，未肯朘削灾黎，以饱囊橐。全家数十口，绝无负郭之田；服官以后，未尝增置一金之产。此次南旋资斧，现尚一筹莫展，迢迢数千里，无计谋归。"[2] 吴汝纶一人要负担 20 余口的衣食，家累固然很重。担任直隶州知州两年，居然凑不足回乡的盘缠，其清廉亦可概见。

吴汝纶遭父丧后，原拟在籍守孝三年，不再为衣食而奔走。谁知返乡后，已"不名一钱"，老母年高体衰，无以奉养，"朝夕饘粥无以自给，不能不思长计"。是年秋，江苏巡抚张树声一连三封信邀他入幕。吴汝纶为生活所迫，

---

① 《桐城吴先生年谱》卷 1，第 16、19、20 页。

② 《桐城吴先生年谱》卷 1，第 22 页。

答应于父丧周年后应招前往。随后，时已升任河南巡抚的钱鼎铭与李鸿章也托人代邀或亲自函邀吴汝纶入幕，吴汝纶复李鸿章函称："侍教门下，既以稍酬知遇，亦可藉秉钧诲，于仕于学，均望进阶，私计可谓至便。"唯先父葬地未卜，"不敢弃丧远行"，拟于来年春天"竭力营求"，若能早些将父亲安葬，即坚辞张树声之邀，"趋谒马前，敬效奔走"，"渠亦不得以成约在前，便相鄙薄"；若一时找不到理想的墓地，则只好先入张树声幕府，以便于就近往来，继续寻求墓地，"庶亲棺不至久停"，待安葬了父亲以后再北上，"此后功名学识，一奉函丈为依归"[①]。

1874 年 7 月，吴汝纶至苏州，进入张树声幕府。次年 8 月又遭母丧，回籍守孝 10 个月后，于 1876 年 6 月动身赴天津，入李鸿章幕府。当时，清廷要政多由李鸿章经手，吴汝纶在李鸿章幕府中常得参与机密，李鸿章这一时期的奏折和重要函札多出自吴汝纶之手。1879 年秋，吴汝纶守制期满后，一度短期署理天津知府。次年冬，淮军宿将刘铭传应召入京陛见，吴汝纶代他起草了《筹造铁路以图自强策》，倡言：当今之计，必须力图自强，一再错失良机，"后虽欲图，恐无及矣"；认为"自强之道，练兵、造器固宜次第举行，然其机括，则在于急造铁路"[②]；逐一列举了铁路对于漕运、赈灾、商务、采矿、厘捐、行旅、军事等方面的重要作用，力主借洋债先修筑由北京至清江的南北干道。虽然得到了李鸿章等人的赞同，却遭到顽固派的同声反对，因而未被清廷采纳。

1881 年 4 月，吴汝纶被任命为直隶冀州（今河北省冀县）知州，因李鸿章幕府事务需人接手，直至 9 月初才到任视事。稍后，他写信给李鸿章说：冀州"地瘠民贫，盗贼出没，枭盐遍野"，前任知州李秉衡"颂声载涂，尤以治盗威名为最"，自己继任其后，唯恐因"吏材寡薄"而有玷师门，表示

---

① 《桐城吴先生年谱》卷 1，第 23 页。
② 《洋务运动》（六），第 138 页。

要"竭尽思虑，振刷精神"[①]，处理好各项政务，以期不负委任。

上任伊始，吴汝纶首先考虑的是发展教育。当时，冀州书院"经费缺少，苦无明师"，学风不正。吴汝纶决心由整顿书院入手，大力培养士人，以"化其朴陋之习"。为了筹措书院经费，他想尽了一切办法。首先由冀州所属衡水、武邑、枣强、南宫、新河五县每年的捐款中"酌提十年，可得千六百金"；冀州所属各县所捐江南赈灾款，"为数止二百余金，既无益于恤邻，又无当于报德，亦拟归入书院"；冀州刑名案件一般都不会处以罚款，唯当地赌风甚炽，"拿获赌犯，则于枷责之外，辄以罚惩科断，冀稍补益书院"；各寺庙庵观的和尚、尼姑等，若"不守清规，庙产亦查归书院"。吴汝纶在向李鸿章汇报此事时说：实在是因为百姓过于疾苦，"不能不为此牵萝补屋之计"[②]。经七拼八凑，总算为书院增加了万余两经费。在为书院聘请教师的问题上，吴汝纶更是伤透了脑筋。区区一个直隶州的书院，又当贫穷落后之区，才高名重者自然不愿屈就，不学无术者又会误人子弟。吴汝纶凭着自己的名望及在文人墨客中的关系，硬是先后请到了王树楠、范当世、贺涛来冀州执教，"三人者，文学皆天下选也"。起初，李鸿章聘请贵州名士黄彭年主持修撰《畿辅通志》，王树楠亦应聘参与其事。吴汝纶请人去做王树楠的工作，表示：其束脩可由知州衙门凑足白银400两；他所承担的那部分撰写《畿辅通志》的工作，可以带来冀州完成。黄彭年得知此事后，表示"坚不放行"，写给吴汝纶的信"颇含怒意"。吴汝纶一面表示歉意，一面再做黄的工作，甚至直接写信给李鸿章说明情况，终得如愿以偿。又遴选"少年俊才"，入书院学习，暇时亲为诸生答疑解惑，遂使当地"士风稍振"[③]。

吴汝纶每莅任地方，必锐意兴学，"深、冀二州，文教斐然冠畿辅"[④]，"而

① 《桐城吴先生年谱》卷1，第29页。

② 《桐城吴先生年谱》卷1，第29、35、30页。

③ 《桐城吴先生年谱》卷1，第30、38页。

④ 《清代七百名人传》下册，第1808页。

两州之士，自此彬彬向文学"。在深州任上，他培养出了贺涛、贺沅兄弟与阎志廉，三人同为进士出身，贺涛榜下即用为刑部主事，贺沅、阎志廉皆入选翰林；署理天津知府仅半年，即拔识了后来官至学部侍郎的严修；在冀州任上又培养出了南宫进士李刚巳、武邑进士吴镗及举人赵衡等，"学行皆天下选"。李刚巳有赠吴镗诗曰："吾土荒凉故蜀同，初开榛莽自文翁。廿年文学成通里，三辅英豪尽下风。顾我真成貂尾续，见君遂使马群空。闭门尚草凌云赋，未信诗书可救穷。"①

可见他们对于吴汝纶发展教育、培育人才的功绩是推崇备至的。

冀州城东北至衡水县城间，地势低洼，为古代葛荣陂故址，原有渠道与滏阳河相通，在衡水县境临近滏阳河处建有石闸，可以随时开启，宣泄积水，不致成灾。居民繁衍日久，"庐舍田墓，灿若列星"。后来渠道淤塞，石闸坍废，闸口一带筑成堤埝，致使"内水全无出路"，常年积涝，形成了大片的盐碱地，方圆40余里内，寸草不生。吴汝纶浩叹："斗大之州，乃有方四十里不毛之地，安得而不穷困！"当地百姓往往掘卤土制成私盐贩卖，"于是东北私盐为一州最多之处"。1883年秋，直隶大水，衡水石闸处堤埝溃决，滏阳河水倒灌，方圆40余里之洼地尽成泽国。冀州西境，亦因新河县堤埝溃决，大水"弥漫四野，被灾百余村"。吴汝纶决定重建水闸，疏通渠道，排除积潦。同时可以引河水灌溉耕地，变盐碱地为良田，遂使制卖私盐者因无卤土而不禁自绝。当时，清廷财政拮据，库藏如洗，指望政府拨款无异于缘木求鱼，吴汝纶只好自己设法筹款。他一面请人说动长芦盐运使垫支部分款项先行开工，然后由盐商按盐引摊捐归还；一面到处写信求援。他与朋友谈及此事时，说自己是"百计哀求，情同无赖"。终于筹得白银10万两，他抑制不住内心的高兴，又写信告诉朋友："吾于事百无一能，至于筹款，可谓有作金之术矣。"于是，征集民工于次年春兴工，吴汝纶亲自到工

① 《桐城吴先生年谱》卷1，第20页。

地督促，"缩盈汰冗，人毋刻休，材不寸弃"，节省了大量的人力物力。至初冬工竣，造成一座二丈六尺高的水闸，请机器制造局依洋式制作了闸门，开浚渠道长达 60 里，此后两年又将渠道加深加宽。整个工程用银仅 10 万两，"既讫工，有久治河者见之，叹曰：此役属他人者，非三十万金不能卒事也"。为了防止渠道淤塞，乃呈请长芦盐运使每年拨银 2000 两作为疏浚之费。后"又置银万两，取息助工"。此举"变沮洳斥卤之田为膏腴者且十万亩"，"而夏秋水盛，舟楫往来，商旅称便，州境遂富于初"。"工之初兴，人苦烦扰，或妨其私，怨讟并作。至是，皆歌颂之"①。

冀州"民穷多盗"，"最号难治"。前任知州李秉衡又以捕盗为能，吴汝纶不愿"贻笑同僚"，在此方面也花了不少气力。1884 年春，冀州州判官署被盗，吴汝纶引以为耻，痛责自己"临民不威，至不能震慑一城，有此大失"。鉴于山东武城、曹州，直隶故城、南宫等府县官署连年被抢，皆未破案，吴汝纶担心"贼胆愈炽，必将不可收拾矣"，乃"立志誓获正盗，以雪此耻"。朋友向他推荐的著名捕役刘永胜、任国安等，皆因"迁地弗良"而一时未能奏效。当时，冀州有侠盗名雷三群，"官吏横暴者尤痛嫉之，孤穷寡弱颇赖其助"，"夺富益贫"，"威行数千里"，李秉衡任冀州知州时"屡捕不获"。吴汝纶闻其名，壮其行，使人招致之，"抚慰备至"，为其更名曰雷中正。又招抚了巨盗李振邦等，不但破获了积案，而且使冀州"一时盗贼为之敛迹"。对于一般案件，吴汝纶总是尽力及时审理，每月结案达四五十起，庶使冀州"穷民少清讼累，不为胥役所鱼肉"。数年之后，冀州监狱已空无一人，"殆数十年来未见之事"②。

冀州差徭本不甚重，但因摊派不均，"民间殊以为苦"。吴汝纶经"细加考究"，"定为按亩摊差"之法，每亩土地摊派制钱八文，"邻境士民皆谓至

①《桐城吴先生年谱》卷 1，第 33、34 ～ 35、41 页。
②《桐城吴先生年谱》卷 1，第 35、37、38、46 页。

轻至平"，本州百姓亦不再有异言。1884 年春，当大水之后，冀州及所属各县境内"蝗蝻迭起"，当地百姓担心捕蝗会践踏地里的庄稼，"不顾虫灾，专以讳匿为计，虽严惩不改"。吴汝纶亲自"日日逐村督捕"，"以此疲于奔命，真有日不暇给之势"，终将一场蝗灾扑灭于萌发之际。范当世赠吴汝纶诗专咏此事曰："前日惊呼走出门，田间蝗子大如螺。君归休，但安坐，此邦亦不谓君惰。面颜昔枯还未腴，何苦风尘日摧挫。"[①] 可谓是当时情景的真实写照。

吴汝纶主持地方政务时，还能够注意征询民间的意见。他多方罗致"士之贤有文者"10 余人，加以礼遇，每月在书院聚会一次，"议所施为兴革于民便不便，率不依常格"[②]。这在中国封建专制政体下，尚属破天荒的举措，体现了吴汝纶思想中的民主倾向。

这一时期，吴汝纶还对时局发表了一些精辟的见解。1882 年 4 月，李鸿章因母丧而丁忧回籍，直隶总督由张树声署理。吴汝纶至天津谒见昔日旧幕主、今日新上司时，张树声"召之密坐"，征询其对中外大局的看法。对于法国侵略越南一事，吴汝纶认为：清政府早先不能预为绸缪，"事至而后为谋"，当然会感到处处被动，力不从心，难免有鞭长不及马腹之虞。中国当时"铁路未开，电线未设，征兵调饷，动辄濡需，而侈口言防，无谋人之心而为人所备，此至拙之计"。所以应该力保和局，赢得时机，发展本国的实力。至于应该怎样求得发展，吴汝纶指出："中国目前之患，不在弱而在贫。自古及今，未有富而不强者。今求自强而不知致富，是恶湿居下之类也。"主张借洋债，聘请洋技师，开采矿产。"矿产既出，即于开矿近处设立局厂，专学洋人炼冶之法，计亦不过数年，可以尽羿之道"。只要铜、铁等原料充足，"制器练兵，绰有余地，转弱为强，易如反掌"。同期，他在给张謇的信中还

---

① 《桐城吴先生年谱》卷 1，第 35、39 页。

② 《清代七百名人传》下册，第 1808 页。

说："口舌之功，终当在行阵之右。"就是说，中国要消弭外患，单靠外交是不行的，一定要有强大的军事力量。中法战争期间，清廷朝野一片主战声，李鸿章曾以主和而备受舆论攻击。吴汝纶独不谓然，他在写给戴宗骞的信中为李鸿章辩护道："李傅相规模宏远，虽限于时势，不能御侮折冲，要其明于利钝，老成持重，窃谓自曾文正（曾国藩谥号文正）以外，罕见其匹。而新进小生，群起而挤排之，虽出其门者，亦皆入室操戈，以自附于清流。悠悠者不足言，盖张振帅（张树声，字振轩，时任两广总督）、潘琴帅（潘鼎新，字琴轩，时任广西巡抚）尚不免于此，甚矣其惑也。"随后，他又在写给宝鋆的信中说："顾瞻百僚，乃绝无通晓时势之选，钓名射利，附托清流，但望位望之飞腾，不顾典型之颠覆"；"其余年少书生，以口舌得官者，更不足论。此辈布满中外，安望抚绥四夷、控驭得理哉！"[①]矛头直指主战派，其实仍在为李鸿章抱不平。

吴汝纶为人十分正派，尽管他曾说过："以吾自揣才力，视今之州县之有名者，未肯遽让，即视今督抚司道，吾亦无甚愧矣。"却绝不肯攀附权贵，谋求升迁。宝鋆是他会试时的座师，官至军机大臣、武英殿大学士，他们常有书信往来。但宝鋆在位期间，吴汝纶"恐涉望援干泽之私"，闭口不提自己的处境。李鸿章对吴汝纶相当器重，二人的政见也大体相同，吴汝纶不但从未要求他予以提拔，甚而故意与他保持一定的距离，以杜他人之口。中法战争前夕，李鸿章尝当面提出要他加入其幕府，吴汝纶当即敬谢不敏。李鸿章又要程曦之转告他，准备调他入幕，他又以"年衰智浅，不堪幕职"谢之。他分析说：愿意在李鸿章幕府中鞍马相随者，"约有两端：一则志在利达，以幕僚为借径；一则自负材智，将欲有为于时"。而他自己则"性迂才拙，不适世用"，"少年奋发有为之妄见，消磨略尽"，正好借知州一职以藏拙也。他还说自己："生长山野，不喜与贵人往来，平生游好，官至道员以上，便

<hr>

① 《桐城吴先生年谱》卷1，第32、33、39、40页。

绝迹不通问讯，于朝贵要人，尤多所不可"，加之"性情狷介，无逢时之术，倘仕进得志，必且不免祸殃"。所以他对于做官，历来"不求善地，不羡美仕，等贵贱于一量，委升沉于度外。其所以贪恋微禄者，徒以眷累众多，衣食无以自给耳"。并自以为"为贫而仕，分应辞尊居卑"①。

吴汝纶不但自己洁身自好、清廉自奉，而且能够以此严格要求家人。1887年秋，其三弟吴汝绳（字诒甫）被任命为山东省汶上县知县，吴汝纶立即写信勉励他"此后益当努力学治，勉为贤吏"；要求他读一读《皇朝经世文编》与牧令书，"略师前哲之遗法"；告诫他："得意之时，慎勿以矜喜之色对人"，以免被人"讥为器小易盈"。并建议由他兄弟二人各出白银500两，寄回家乡救济生活贫困的"近亲乡里"，以"稍体先人敬宗睦邻之意"。其弟果然不负厚望，上任才一年，即"贤声滂达四驰"，"京城、天津及南方来者，无不具述颂誉"。吴汝纶当然十分高兴，但其弟主张置买田产，他却表示强烈反对。他写信给吴汝绳说："吾兄弟平日全无不合意见，唯吾两弟时时欲买田宅，乃与兄大刺缪。"并进而解释道：我们这一辈当不至于饥寒而死，是不需要田产了；要说是留给后人的，则子孙有贤者，完全可以自立，并不需要祖上的遗产；若皆不肖，留下的田产再多，他们也守不住。他视置买田产为"抽有限之钱，置不急之业，以求不洁之名，买无穷之累也"。批评其弟"得官未久，他务未遑，而惟置田之为急，志气亦殊不高，传之乡里，又非美名"。他认为："如兄弟并为州县，而能不增产业，归时仍系饥寒，则世间可贵之事莫大于此。"②

吴汝纶无意于通过仕宦之途显名于世，对于官场沉浮看得很淡。早先，天津道吴毓兰为其保加知府衔，吴汝纶面加辞谢，吴毓兰说公文已经上报到直隶总督衙门去了，吴汝纶亲自跑到总督衙门找出那件公文，删去了自己的

---

① 《桐城吴先生年谱》卷1，第49、35、36页。

② 《桐城吴先生年谱》卷1，第44、45、48、47页。

名字。吴汝纶在冀州知州任上，因劝赈有成绩，继任天津道胡燏棻亦欲加以保举，吴汝纶"度不可辞，乃怒激之日：君岂欲收我为门生邪？胡公乃已"①。不久，他又蒙上司以政绩卓异加以保荐，吏部令其进京引见，但他"不望升官，决意不入都"，于是"花二十金止之"。后来，吏部又以任职期满催促其进京引见，他认为自己"无上交之才，无左右游扬之人，无冒耻干进之术，虽引见亦无升官之望，徒多此一举耳"，仍拒未前往。此时他已"时萌归志，无意进取"，尝坦称："士各有志，若令我早归田，稍理文字，将来或冀有闻于后，岂非计之最得者哉。"②但因担心辞官回籍后生活没有着落，而一直未敢贸然行事。

1888年冬，主讲保定莲池书院的张裕钊南下武昌主讲江汉书院，"莲池讲席无人主持"。吴汝纶至天津为张裕钊送行，主动提出辞去冀州知州官职，至保定主讲莲池书院，当即"具禀称病乞休"，李鸿章大喜过望。吴汝纶居然辞官不做，去屈就一书院讲席，一时"上下惊叹，以为奇事，倾倒一城"。吴汝纶却"自觉此事十分合理"。当时，李鸿章曾问他为什么辞官不做，他回答说自己"无仕宦才"。李鸿章笑日："才则有余，性刚不能与俗偕耳"，吴汝纶但笑而不答。事后，他写信向吴汝绳解释道："今人升官发财之术，吾尽知之，吾若欲得意，非弃吾所学而学焉，万万不可。吾老矣，安能改节事人哉！"并颇为自豪地说："平生不俯首，正坐此处把持得定耳。"至于家境贫寒，生活困难，吴汝纶以为：主讲莲池书院每年可得脩金1600两，"吾家有一实任官，辅以千六百金之馆，何至十分竭蹶哉"③。他到保定后，仍然极口称道"此间书院园亭之乐全省所无"，自己以知州换得书院讲席，"真乃舍鼠穴而归康庄也"④。

---

① 《吴汝纶尺牍》，黄山书社1990年2月版，第43页。
② 《桐城吴先生年谱》卷1，第46、47、45页。
③ 《桐城吴先生年谱》卷1，第49、50页。
④ 《桐城吴先生年谱》卷2，第1页。

1889 年 3 月，吴汝纶交卸了冀州知州官职，至保定主持莲池书院事务。两个多月后，他写信给李鸿章，提出：莲池书院经费太少，尚不及冀州书院，不足以培养造就人才，希望每年能增拨 1000 两白银。

清代的书院，大多数已成为儒生讲求经艺、研习章句帖括，以求通过科举考试博取功名利禄的地方。吴汝纶身为一代硕儒，思想却并不僵化。他早已看到："时局日棘，后来之变未知所底，帖括之学殆不足以应之，将欲振人才，弘济多难，自非通知古今，涵茹学识，未易领此。"[①] 因而于经义八股之外，更注重经世致用之学。他曾写信勉励他的四女婿王光鸾说："豪杰之士，安于时命，不忧贫贱，但一志力学。"并指出，"学有三要：学为立身，学为世用，学为文词，三者不能兼养，则非通才。非奉教贤哲、刻苦求进，不易成也"[②]。吴汝纶不但对中国传统文化研究有素，而且十分仰慕西方的新学，认为：西方国家之所以强，必有其长；中国之所以弱，必有其短；若不用心取彼之长补己之短，势必强者越强，而弱者越弱，"则将来之趋势，亦唯有听其侵削凌辱而已"。所以他非常注意搜集西方的译著，"擎穷诵讲，不胜其勤；与东西国名流、学子抵掌论交，倾怀输写"。通过各种渠道"遍察各国大势，并取其政治、经济、学术以与吾国古经诸子之说相印证，乃以为不师人长，不足以救弊图新，于是振聋发聩，力倡采用泰西之学"，且视之为"国家兴亡关键之所在"[③]。1897 年春，严复请其审阅《天演论》译稿。吴汝纶读后，大加赞赏，自称比刘备得荆州时心情还要激动，说："天演之学，在中国为初凿鸿蒙"，"自中土翻译西书以来，无此弘制"；严复此举，乃"伤吾土之不竞，惧火黄数千年之种族将遂无以自存"，"忠愤所发，特借赫胥黎之书，用为主文谲谏之资而已"。欣然为之作序，并"手录副本，秘之枕中"。1899 年，吴汝纶在保定先后开办了西文学堂和东文学堂（实际上相

---

① 《桐城吴先生年谱》卷 2，第 4 页。

② 《吴汝纶尺牍》，第 73 页。

③ 《桐城吴先生年谱》序、跋。

当于莲池书院的两个外文班），分别聘请英国人贝格辒、日本人中岛裁之为教习，分教英文与日文，由莲池书院诸生中选拔学生，"约以五年为期，五年之内，不许告退"。吴汝纶把自己的儿子也送进了西文学堂。当时，报纸曾登载消息说：李鸿章已聘请西洋人为家庭教师，教其子孙学习英文。吴汝纶写信给李鸿章的小儿子李经迈说：请洋人做家庭教师的，"自去年八月（慈禧发动戊戌政变）以后，大约京城中止师相（指李鸿章）一家；书院中兼习西文，亦恐止莲池一处也"[1]。严复曾由衷地赞叹道："吾国人中旧学淹贯而不鄙夷新知者，湘阴郭侍郎（指郭嵩焘）以后，吴京卿（指吴汝纶）一人而已！"[2]

在吴汝纶的主持下，莲池书院人才辈出，造就了一批著名学者和政坛要人，吴汝纶也由此而成为蜚声海内外的著名教育家。吴汝纶以道德文章著称于世，视发展教育为救时要策，将培育人才当作自己的职责。无论是居官、入幕、为师，所到之处，随时均有人向他请教学业。他也诲人不倦，乐此不疲。清末民初列籍于其门下的著名人物有：官至学部侍郎的严修，先后任度支部侍郎、内务府大臣的绍英，直隶咨议局议长阎凤阁，状元出身、官至河北省教育厅长的刘春霖，大总统府秘书长吴士绅，财政总长周学熙，教育总长傅增湘，农商总长谷钟秀，勋三位虔威将军韩德铭，内务部科长尚秉和，教育部司长高步瀛，直隶省省长刘若曾，江苏省省长王瑚，云南省财政厅长籍忠寅，河北省实业厅长梁建章，桐城派末期代表人物、曾任京师大学堂教习清史馆总纂的马其昶，燕京大学教授、安徽大学校长姚永朴，北京大学文科学长、清史馆协修姚永概，安徽都督府秘书长、安徽第一师范校长李光炯，新中国建立后曾任安徽省政协副主席的房秩五，以及日本人中岛裁之、野口多内、早川新次等。另外，著名学者王树楠、范当世、严复、林纾等亦曾

---

① 《吴汝纶尺牍》，第98～99、175页。

② 严璩：《侯官严先生年谱》，1903年。

"执贽请业，愿居门下"，吴汝纶极力逊谢，是"所谓不列弟子籍，同时服膺者也"①。

甲午战争后，随着民族危机的急剧加深，吴汝纶更加鲜明地表达了自己的政见。他认为：清廷败于日本，军事上的原因主要在于清军素质太差，装备落后，"陆师仍中国剿办内匪之兵，全未讲求西法；其水师船少炮旧，不能御敌"。并指出："近来欧洲各国，不但枪炮日益新奇，其将帅之才出自学堂，用兵方略各有师授。以西国兵法考之，吾国自秦始皇以来，历代用兵都是浪掷人命，全无纪律，全无学问。"我国虽然也设有武备学堂，所学军事知识不过是皮毛，"未能研究深处"。若要改变这种状况，"必得有雄才大略之士，资之多金，使遍阅五洲军政，得其本源，究其变化，而后归而授以兵符，纵不能折冲雪耻，但令自立于不败，使敌心知我国之有将才，则一将之任，贤于十万之师"。或者"广求外国武备学堂中精深微妙之书，聘我国之能文有古法者，与外国之通习汉语能明武备者对译之，使主兵者从而授读"，以冀"得其精华，弃其糟粕"，进而发扬光大之，庶可望"我军壁垒焕然一新"②。他尝致函在天津小站练兵的袁世凯曰："此最目前要务,若果练成劲旅,即远邻窥伺之渐可以潜戢,此国家缓急足恃之长策也。"并勉励他说：只要"诸将能一变中国自是之旧习，肯低心学西法，便是中国转弱为强之兆"。直隶提督聂士成在来信中以明朝抗倭名将戚继光自比，吴汝纶复信称："戚公所为，乃中国之旧法，执事所当之敌，则前古所无，自行军、用兵之道，下至一俊一能、一器一械，若稍牵于往古迂论，即颠蹶翘足可期。愿明公时以外国名将为师，不惟戚公不足挂怀，即韩、白复生，亦不足为吾国轻重也。"当时，四川总督李秉衡、甘肃提督董福祥以号称"敢战"而备受清朝顽固派推崇，吴汝纶直斥之曰："近年时局不能复战，三尺之童皆知之，而李鉴帅

① 《桐城吴先生年谱》卷4，第37页。

② 《桐城吴先生年谱》卷2，第11、16、22页。

（李秉衡字鉴堂）乃以敢战为号，此违道干誉，以求媚于清流，不顾事之是非，直一妄人而已。"董福祥至今军中尚操练白蜡杆子"，简直是儿戏，"政府倚此人为大树，孟浪已极"。从政治方面看，"中国积弱不能振，专以虚憍之气应敌"，甲午战前，西方人士早已看出日本自明治维新以来国势蒸蒸日上，"日进无疆"，而中国却一如既往，"因循坐误"，"吾国士大夫闭目而不一睹也"。既然中国的实力比不上日本，"自应审量彼己，不得轻于一发"。但朝廷内外"以和为耻，不度德量力，攘臂言战"，导致了决策上的失误。结果是"一败再败，至于遣使行成、割地殚财，而始得厝火片刻之安"。满朝文武"则又洗手无事，上下相与优游暇豫，以奉行故事为务"，竟仍然不思振作。吴汝纶得出结论说："由此观之，人才不兴，政令不改，习俗不变，殆未有可以转危为安者也。"①

1895 年 4 月，沙俄联合法、德两国以武力胁迫日本将刚刚通过签订《马关条约》割占的辽东半岛归还中国，是为"三国干涉还辽"事件，当时在封建统治阶级内部引起了一片"联俄"的呼声。吴汝纶对沙俄此举所包藏的祸心已有所察觉，当时即指出："和约未定之先"，列强"皆束手旁观，决不肯代出一言"，此时"俄人代争辽东，此自别有深意，岂吾国之福"？并大声疾呼："中国不变法，士大夫自守其虚憍之论，以为清议，虽才力十倍李相（指李鸿章），未必能转弱为强。"②

1897 年 11 月，德国强占了胶州湾。12 月，俄国强占了旅顺口和大连湾。吴汝纶感到了时局的危急，"深恐稍失机宜，瓜分之势立见"。浩叹："吾中国士农工贾，从此皆无生存之机，真切肤之痛也。"认为："俄志在得地，诸国亦且各分一脔"，清廷"若恃俄为援，必至四分八裂"，应"一变前议，改结英、日之援"。同时，因"意恐黄种将绝，颇思振兴民权"。并提出：民

① 《吴汝纶尺牍》，第 77、158、114、127、78 页。

② 《吴汝纶尺牍》，第 71 页。

权之兴，"必自富民遍立公司始"。他设想："公司遍立，而后推其中贤者以为公司之董事，又推各公司董事之贤者以为群公司之长，又推群公司之长之贤者以为公议之首，久之庶有可以为民主者出其间乎！"他还进一步分析道："近来士大夫百务皆可徇情，独居官之账房、居家之笔租人则必真知灼见，用不当其才者，乃绝无而仅有焉。以此推之，公司董事之必能得人也。一公司如此，推之十公司、百公司无不如此"，"则民权之振兴有望，而吾民族之利害，可以推行无滞"①。自幼饱受儒家文化熏陶的吴汝纶，能有这种识见，可谓是相当难能可贵的了。

戊戌维新期间，吴汝纶对维新派和新政都有所议论，但他对变法还是持赞同态度的，比如：他说康有为"悉扫两汉大师，而专主一何休，历诋诸经，称之为伪，而专尊一公羊"，"其论学偏驳如此，倘异日得志于时，必以执拗误事无疑也"。却仍承认康为"时贤中俊杰"，对光绪皇帝"有启沃之功"。他说有关各省学堂的新政诏令，"不筹经费，不得教习，但下片纸，便谓事已兴办，岂非孟浪？"确实是看出了新政中存在的问题，恨其不能成功。对于改革科举制度、废除八股文之举，吴汝纶也持有异议。他说自己"十余年来，实为时文所苦"，素来主张废除时文，但对于"废时文而用策论，则私心又不谓然"。他认为："策论之不足得人，仍恐不如时文。"理由是：策论"茫无畔崖，人竞抄袭"，"今朝臣寡学，彼既不能知时文之佳恶，又焉能以策论取人？"因而，他主张："直应废去科举，不复以文学取士，举世大兴西学，专用西人为师，即由学校考取高才，举而用之"；"西学未兴之前，中国文学亦由学校选取，似较用无识考官，决得失于顷俄为稍愈"。显然，他是嫌此项改革不够彻底，不足以尽去其弊。慈禧太后发动政变，百日维新以失败而告终，新政尽被取缔，吴汝纶曾忧心忡忡地对人说："朝局一还旧贯，时文复用，窃谓于取士无甚损益，于长育人才，实有妨碍。缘后生朝夕揣摩

---

① 《桐城吴先生年谱》卷2，第17、18页。

此业，即无余暇可以兼习他学，不惟西人艺术不获窥寻，即中国文史，亦复不遑探讨，无以造就人才。"仍倡言："时文寿命不长"，"且时局多变，后生为学，若不问津西国，终难成有用之才"。当时安徽消息闭塞，风气较他省更加落后，吴汝纶对此尤为揪心，尝心情沉痛地对同乡好友说："转恨故乡至今尚无闻见，子弟斤斤于小讲半篇，欲求一游泮水，一朝时局改变，无处求食，即恐黄种难存，此最伤心事也。"①

1898 年冬，清廷命李鸿章巡视黄河，筹划治理水患的办法。吴汝纶当即提出："宜师法西国治河新策，乃为有济。"有人担心："用西法须数千万，无款可筹。"吴汝纶分析道："西法之数千万，谅非一岁办成，似必分年筹备"；"即中法计亦不下数百万"，且"数年之后，又复横决。则堤决之费与民间漂没耗失之费、赈灾之费，合计数者，所损当亦不下西法之工资也"。因而，他力劝李鸿章："举事立议，要使外国闻而敬服，不在迁就时贤咫尺之见"，所拟治河办法，应"专主西法"，"虽未一劳永逸，要当胜于安常守旧万万也"。治河方案提出后，"若限于财力，不能举行，此非勘工者之过也"②。

吴汝纶自己视功名利禄如粪土，但在思想认识上，却已突破了传统的义利观。他的大女儿嫁给了薛福成的儿子薛翼运（字南溟）。薛翼运虽然出生在官宦家庭，自己却做了丝商。吴汝纶对他毫无歧视之见，尝写信勉励他说："他人谓仕宦家不应行商，乃妄说"，你虽身为商人，但"具有大志，我所佩爱，不足为墨守旧法者言也"。并提醒他："行商之术，亦应用能手、讲新法，不应守旧耳。"1896 年，薛翼运的生意亏了本，吴汝纶"至为悬悬"，进而为他分析失败原因说：第一，"西人商学精深，中国全无商学，欲与争胜，譬犹以弓矢与外国机器、火器、炮弹开仗，决不能敌"；第二，"西商买丝必

① 《桐城吴先生年谱》卷 2，第 19、20、21、22 页。
② 《吴汝纶尺牍》，第 148、156 页。

取精美",日本、印度、新加坡等地都很讲究缫丝工艺,所产之丝质量不断提高,而"中国丝业日坏","华丝为所吐弃";第三,中国商人"好掺杂巧伪","无锡买茧之弊"被揭诸报端,影响甚坏,"不能改除积习,丝业决无起色";第四,"所用华人,用钱浮滥无节,坐蚀成本,于商业并不精通"。断言:薛翼运生意亏本的原因,"四者必处其一"。劝慰他:"此乃中国通患,非一人一家之失计。"鉴于"外国国家保护商业,中国官场全不体察、全不顾惜",华商"欲求国家保护既不可得",只好另想办法。吴汝纶向薛翼运提出了两条建议:一是"与西商合立公司,彼有成本在内,乃不至群起相挤,即挤,亦有术以御之";二是"延精于商学之西商为之经理,务必工艺精好,丝业成色过乎他国,乃望畅销"。并向他推荐宁波税务司康发达,说此人"颇具深心,欲兴中国丝业",曾向总理衙门上条陈,希望清廷筹集数万金,用于整顿丝业,而当道诸公置之不理。若薛翼运能将其"罗致局中,必得大益,虽一年拆阅,必可使后来大获"①。这些见解比那些动辄以"君子言义不言利"自相标榜的腐儒不知要高明多少倍。

清代,保定为直隶的省会,是直隶总督衙门所在地。直隶总督自1870年例兼北洋大臣后,每年虽有半年驻节于天津,但剩下的时间仍驻在保定。吴汝纶入主莲池书院后,与李鸿章之间交往更加频繁,联系也更加密切了。

吴汝纶离开冀州时,即将主讲冀州书院的范当世推荐给李鸿章,做他小儿子李经迈的家庭教师。吴汝纶此举是别具深意的,他在写给范当世的信中说:"吾为执事作合,乃自揣文学不足以阐扬傅相志业,将以千秋公议,付之雄笔记载,以正后来秽史,不区区为目前计也。"②希望范当世能够为李鸿章树碑立传,对其一生事功作出公正的评价。

---

① 《吴汝纶尺牍》,第109页。

② 《吴汝纶尺牍》,第35页。

此后数年间，吴汝纶与范当世一直保持着正常的通信关系，而范当世每次收到吴汝纶的来信，都要呈送李鸿章过目，实际上就是吴汝纶通过范当世与李鸿章建立了正常的书信往来。甲午战争后，范当世离开了李鸿章幕府，吴汝纶又通过李经迈与李鸿章进行信函交往。

甲午战争爆发后，吴汝纶已看出"朝中不信李相，颇有意摧折之"。一时间，"诏旨诘责，言路纠弹"，李鸿章蒙受着巨大的心理压力。吴汝纶多次写信劝慰他："豪杰当事任，惟有不顾是非福祸利害，专力于吾所能为而已。"希望他"忍辱负重，支此危局"。1894年9月底，当黄海海战之后李鸿章情绪极为低落之际，吴汝纶念及自己"与之情谊素深，虽不在位，亦不宜恝然漠视"，乃专程赶往天津安慰他，"并在彼小住数日，以示绸缪之意"[①]。次年8月，李鸿章马关议和归来，闲置京师，心情郁闷，吴汝纶"念其党徒散尽"，又专门进京安慰他。

当时，朝廷内外权贵人物皆以诋毁李鸿章为能事，李鸿章的僚属、亲信皆唯唯诺诺，不敢置一词，唯有吴汝纶敢于抗颜为其辩争。1895年7月初，时任直隶布政使的陈宝箴至莲池书院看望吴汝纶，"谈说近事"。陈宝箴因对李鸿章缺乏深入了解，听信道路传言，所持见解与清流派略同，加之性情刚烈，"忠愤勃郁，痛恨国耻，积不能平"，当二人的谈话涉及李鸿章时，因意见相左而发生争执，陈宝箴斥责吴汝纶"以浊流自处"，自甘做李鸿章的孝子贤孙，"声色俱厉，傍观错愕"，竟至于拂袖而去。吴汝纶当晚草就一函，给陈宝箴送去，一则曰："近来世议，以骂洋务为清流，以办洋务为浊流。某一老布衣，清、浊二流皆摈弃不载，顷故以未入流解嘲也。"二则曰：自己虽与李鸿章同时籍隶安徽，却"未受李相荐举"，再说自己已辞官不做，既"无心富贵，岂复作权门之孝子顺孙耳"。仍坚持认为："李相措注，无甚刺谬，若国势积弱不振，殆非一人之咎。"声称："某自少孤立，无先达相知攀联于

<hr>

① 《桐城吴先生年谱》卷2，第7、8页。

时，生平知遇，前惟曾文正（曾国藩谥号文正），后惟李相，今虽外议籍籍，某诚不能随众波靡，为吹毛之讥讪。"并表示可以辞去莲池书院讲席。次日，陈宝箴复函反复解释，让吴汝纶安心在书院任事，但对李鸿章仍多有指责。吴汝纶当即又写一信，一方面对他的豁达大度表示钦佩，另一方面继续为李鸿章辩护说：据范当世亲眼所见，"平壤之败，李相痛哭流涕，彻夜不寐"，"及旅顺失守，愤不欲生"，市井谣传"谓淮军之败，并无戚容，似非其实"；"倭事初起，廷议欲决一战，李相一意主和，中外判若水火之不相入"，及至战败而后言和，"直乞降耳！乃欲以口舌争胜，岂可得哉！"马关签约的责任不能全由李鸿章来负；"李相之欲变法自强，持之数十年，大声疾呼，无人应和，历年奏牍可覆按也。今断国者持书生之见，采小生妄议，必欲与之为难，使国事败坏至此，反委过于外，不闻有一人议其非者，乃群集矢于李相，而隐托正论以自附于政府，其意殆别有所为"。李鸿章很快听说了此事，曾当面向吴汝纶问起："闻与陈方伯（布政使俗称方伯）争和议是非，至欲辞馆，有之乎？"吴汝纶仅淡淡地回答说："此皆书生结习，以争为戏耳，未至失欢也。"并力言："方伯正人也。"李鸿章也称赞陈宝箴为"矫矫不群者"[1]，言下甚有敬意。

　　1896年3月，李鸿章奉命出访俄、德、荷、比、法、英、美、加（拿大）等国。归国前夕，曾由李经迈致函吴汝纶表示："复命之日，即抗疏乞休。"吴汝纶回信加以劝阻说：以李鸿章现在所处的地位，"凡一身毁誉是非皆可置之度外，但视于国家轻重何如耳"。此次奉命访问欧美，主要是为了联络邦交，"若政府能识大体，则复命之后，必应重任师相，乃于邦交有益；若归国即投闲散，则是我国以废退不用之人出聘诸国，尚何邦交之可联乎？"所以，一回国即求退，"恐于事势不甚切当"。"万一还朝之后，内意仍信先入之谗，弃之散地，届时再徐图引疾，故自不迟"。李鸿章回国后，朝廷既

[1]《吴汝纶尺牍》，第70、71、72、73页。

未加以重用，亦未投置闲散，而是将其任命为总理衙门大臣。吴汝纶又劝慰道："内用总署，无从展布"，固然不太如意。但考虑到朝廷即使重用，也不过是让他回任直隶总督，"今时人财两空，亦难指麾如意"，在此情形下，"则迴翔总署，未为失计"。令人担心的是，李鸿章"素日言论风采，咄咄逼人"，时间久了，恐怕与京城权贵"不能相安"，此时"宜少从韬晦"，希望李经迈"随机进言，劝以虚与委蛇"①，以待时机。

同时，吴汝纶认为：甲午战争后，李鸿章"为中国士夫所唾骂，此由政府扬其焰，而后进之士闻声和之"，即便自己有心为其辩护，也辩不胜辩。好在李鸿章"经营远略三十年"，留下了大量的档案文献，若将这些文献汇编成书，刊印分发，则李鸿章"历年支持危局、力求富强之苦心，具在简册，亦止谤之一道也"②。并积极筹划，准备尽快着手此项工作。

吴汝纶与李鸿章的关系如此密切，却从未利用李鸿章的权势为自己谋取任何私利。为了保持人格上的独立，他甚至多次谢绝了李鸿章让他再次正式加入幕府的邀请。1892 年冬，李鸿章一面要张小船致书吴汝纶，邀其入幕；一面让翰林院侍读孟庆荣出面，联络直隶当道诸公，准备为吴汝纶请加京衔。吴汝纶不但辞却了入幕之邀，而且力止加衔之议。他伴装不知内情，通过范当世告诉李鸿章：有人说为其请加京衔之议发自李鸿章，"吾窃料其不然，吾事师相数十年，师相待我向不如是之浅"。自己做官时，尚不欲加衔，岂有辞官之后"反须加衔之理"？如诸公嫌其官衔低下，不足以主持莲池书院讲席，则他可以马上辞退。若此议不止，"则吾惟有弃馆而逃之一法"。鉴于他的态度如此坚决，李鸿章等只好作罢。甲午战争期间，李鸿章的声誉名望一落千丈，吴汝纶的好友劝他及早回家乡，"自谋皖中讲席"。吴汝纶表示：李鸿章对他"知待已深"，"自坚辞李相幕府，当时已有始终相周旋之说"，只

---

① 《吴汝纶尺牍》，第 81～82、91 页。

② 《桐城吴先生年谱》卷 2，第 13 页。

要李鸿章"无谢客之意"，自己就不便主动请辞，此时李鸿章处境艰难，自己更"未宜掉臂径去"，"此区区师友之爱，非眷恋此鸡肋也"。1895 年夏，李鸿章曾面邀吴汝纶入幕，吴汝纶见李鸿章心情压抑、郁郁寡欢，且幕府中人多已离去，是以"未敢固辞"。不久，李鸿章奉命留在内阁办事（李鸿章1868 年即被任命为协办大学士，1872 年升任武英殿大学士，1874 年改文华殿大学士，但先后留任湖广总督、直隶总督，至是始正式入阁），京官一般不用幕府，吴汝纶入幕之议遂不了了之。李鸿章出访欧美归来前夕，道路传言他回国后将重任直隶总督，他又通过李经迈函邀吴汝纶入幕，吴汝纶自称离开官场已久，"兼素性迂拙，今复衰朽，无复问世之志"，"于幕府不能称职"。但又表示：今后将"不复守出位妄言之戒"。并解释说：甲午战争爆发之初，他已"筹之甚熟，独以小疾淹留，不肯妄有论献"，后来听说李鸿章左右之人"无能出一策以相资助"，"心甚愤之"。"后当改辙，不复自守局外"，"师相有召，即随时往侍，或旬余，或数日，均无不可；国家有大事，弟有所见，必当竭智代谋，沥陈管见"。"此亦所以报师相也，何必羁之幕下始为相得哉？"[①]1898 年，安徽巡抚邓华熙通过李鸿章与协办大学士、吏部尚书孙家鼐邀请吴汝纶回皖主讲敬敷书院，吴汝纶因父母兄弟俱已先后谢世，家中无人主持，"决计南返"，但因直隶京官与莲池书院诸生执意挽留而未能成行。

义和团运动期间，直隶按察使廷雍等顽固派官僚，因吴汝纶常与外国人交往并在莲池书院开办了东、西文学堂，遂怂恿义和团捣毁了莲池书院。吴汝纶经唐县、祁州（今安国县）、安平，逃至深州，顽固派官僚唆使义和团跟踪追杀，至唐县而返。李鸿章奉命北上议和，曾电询吴汝纶踪迹，要他进京相助。当时，吴汝纶心里很矛盾，一方面，他过去多次力辞李鸿章入幕之邀，"今老矣，国又颠危，岂敢更入瓮耶？"另一方面，在此关键时刻，若

① 《桐城吴先生年谱》卷2，第5、7、12 页。

仍不相助，又感到"私情不容已"。由于深州士绅再三挽阻，甚至于"不论情理，一意苛留，所至前后围绕，不令他适，又选纠约往州署，恳州官勿为雇车"①。吴汝纶直迁延至1901年1月底才回到保定，2月至京谒见李鸿章，即以朋友身份协助筹划议和事宜。是年春，得《老残游记》的作者刘鹗捐款千元相助，吴汝纶与廉泉、中岛裁之等在京创办了东文学社。李鸿章积极予以支持，令长芦盐运使杨宗濂每月拨银百两作为经费，学生最多时达200余人。同时，又集股14000余元准备在京城开设报馆。

这段时间，李鸿章经常半开玩笑、半试探性地说要举荐吴汝纶，吴汝纶"亦以戏言却之"。一天，李经迈正式向吴汝纶提出："人有欲荐君为内廷师傅者，于君如何？"吴汝纶仍以开玩笑的方式回答道："大阿哥（清代，皇太子俗称大阿哥，清廷曾于1900年1月宣布立溥儁为大阿哥，次年11月底将其废黜）恐终不得立，何用求师为？"李经迈曰："为今上求讲读之师耳。"吴汝纶应道："此又康有为之续也。"并说："天子从师，当取之宰相卿贰，非草茅所得与"；"吾以太平时辞官，若以危乱时起复，何颠悖若是？师相爱我，使我处一讲席，或南或北，当令诸生略识时务，万一为国家收用，不致愚谬误国"②。

议和诸事基本就绪，吴汝纶回到保定，莲池书院诸生"流亡未复"，仅不时有一些礼节性的"官场应酬"。李鸿章病逝之次日，吴汝纶即乘火车赶到了京城，连日起草了李鸿章的祭文，胪陈李鸿章生平事迹的奏折，京师、山东、江苏、福建等地请求为李鸿章建立专祠的节略等文稿。并应李经迈兄弟邀请，准备辞去莲池书院讲席，随他们南下，专门搜集、整理李鸿章遗集。署理直隶总督袁世凯亲自登门加以挽留，河南巡抚锡良亦请人代邀吴汝纶作书院主讲，吴汝纶皆一一谢绝。

---

① 《桐城吴先生年谱》卷2，第24、26页。
② 《桐城吴先生年谱》卷2，第28页。

时，吏部尚书张百熙兼任管学大臣，负责管理京师大学堂，曾两次登门面邀吴汝纶为京师大学堂总教习，甚至"拜跪以请"。吴汝纶大为感动，慨叹："公卿不下士久矣，尚书之折节下交，近古未尝有也！"但因南归之意已决，仍坚执不肯答应。1902年2月，张百熙径自专折奏称："大学堂之设，所以造就人才；而人才之出，尤以总教习得人为第一要义，必得德望具备、品学兼优之人，方足以膺此选。"吴汝纶"学问纯粹，时事洞明，淹贯古今，详悉中外"，"允为海内大师"，"足当大学堂总教习之任"。同时，又请刑部右侍郎胡燏棻，曾国藩之孙曾广铨、曾履初兄弟与中岛裁之等代为劝驾。张百熙声称：他之所以举荐吴汝纶，"不惟弟佩教有素，且为学堂计，为士流计，为中国开化计，筹之烂熟，乃上闻于朝"。甚至说：此事现已奏经朝廷批准，吴汝纶"若再固辞，是不翅劾弟于廷也。即归志万决，亦乞暂留一年"。直隶绅士魏钟瀚等"纠集北方人士不列弟子籍者一千二百人上书乞留"，曰："先生之来畿下，垂二十年矣。畿下人士所以知讲学者，实自先生知深冀、主莲池播其种焉。""方今朝廷行新政、广学校，京师大学堂实为一国之枢，主之之人，通国所系也。"北方人士听说延聘吴汝纶为京师大学堂总教习，"靡不奔走相庆，以为天哀中国之失学，而欲使先生教人之术大其施也。岁之荒也，赈以救之；今之人荒于学矣，而救荒之粟储于先生，顾忍置而去之，听其不活邪？"在此情形下，吴汝纶只好勉强表示"暂不言辞"，待"学堂章程议定，当视章程中总教习职事如何，内度材力能堪与否，再议辞受"①。

吴汝纶尝致函曾氏兄弟，列举了他不愿就任京师大学堂总教习之职的10条理由：一、京师大学堂为天下观瞻所系，"必得中西兼通之儒"，才能服众望，"某万不敢当"；二、"开创伊始，造端宏大"，"某精气销亡"，恐难"综理缜密"；三、"赋性朴拙，不能阿曲事人"，尤与京师风尚背戾；四、

---

① 《桐城吴先生年谱》卷2，第30、33、31、34、32页。

大学堂学生多英俊少年与贵族子弟，"某来自草野"，难以检束；五、"京城大政出自枢府"，张百熙"犹有不自主者"，"其欲参末议，岂能骤望推行"；六、"某无实而窃浮名"，若"临事迂塞"，"徒累尚书知人之明，使下走蒙纯盗虚声之诮"；七、大学堂收效当"在十年以后"，若急于求成，"或且废于中涂，世必咎张尚书用人之不当"；八、"欲开倡西学，必应遍采欧美善法"，"某于中国文字稍有窥寻，至于西学，则一无所知，何能胜总教习之任"；九、"退闲已久，忽辱卿衔"，"出处草草"；十、某以"衰老思南归"，辞莲池书院讲席，袁世凯曾再三挽救，今应大学堂之聘，仍留北方，"何以谢袁公"？[①]这些理由都是表面上的，且多属自谦之词，难免有推托之嫌。他在给自己儿子的信中才敞露了真实想法。吴汝纶因兄弟、发妻皆需择地安葬，"此事责无旁贷"；加之家族发生纠纷，希望他回乡主持，"欲归久矣"。只因担心回乡后生活没有着落，才一直拖了下来。这次李氏兄弟邀他代为编纂李鸿章遗集，"许以照莲池束脩"，机会难得，所以他才下决心辞馆南下的。尽管有这一层原因，京师大学堂教习之职亦非绝不可就，他之所以要极力推辞，主要是因为他通过连日的交往，发现张百熙这个人并不可靠。首先，张百熙"办事尚少阅历"。吴汝纶自称年老体衰，精力不足，张百熙即表示要为他请帮办。吴汝纶说："世言督抚同城、教官同印、妻妾同夫皆成仇敌"，"帮办不由我请，张自用人，岂能帮我？"许多人同办一事，必须由一人为主，才可望有成，今大学堂"满学皆张公自用之人，而我以一老翁周旋其间，安能有所作为？"其次，张百熙不能虚心听取别人的意见。吴汝纶提出：科举若不废除，学堂即难以振兴。他竟然说："今时虽孔孟复生，亦不能废科举。"并声称："科举用策论，与学堂固一条鞭也。"所以，吴汝纶认为："张不惜倾身下士，亦但为名耳"，其思想不够开明，且是固执己见"而不能虚心者也"。再次，张百熙要受荣禄的操纵。荣禄是慈禧太后的亲信，时任文华殿大学士、

---

① 《吴汝纶尺牍》，第264页。

军机大臣，权倾一时，炙手可热。张百熙"出荣相之门"，对其唯命是从。与张百熙为湖南同乡的李希圣，"妙才也"，张本欲用之，只因荣禄将其"指为康党"，遂不敢用。张百熙曾当面对吴汝纶说，要为他"奏加三品卿衔"，"闻荣相谓：初来不必过优"，遂改为五品卿衔。吴汝纶根本不在乎什么三品、五品，正所谓："在官不求荐达，岂罢官之后，仍以区区加衔为荣？""然足见其人唯荣相之指麾也"。鉴于以上几个方面的原因，吴汝纶认定："此举必以能脱为贵，若不能脱，非幸事也。"其好友中有知道内情者，亦以其"不应学堂之命为有卓见"①。

　　吴汝纶一时不能脱身，既不愿也不便过多地插手京师大学堂事务，留在京师终日显得无所事事。经再三考虑，终于想出一条既可以为京师大学堂做点实事，又可以摆脱目前尴尬处境的妙计，即主动要求前往日本考察学制。张百熙力荐吴汝纶，不过是借助他的声望，并未打算将京师大学堂交由吴一手操办，吴汝纶以京师大学堂总教习的身份至日本考察学制，既保全了他的面子，又使他在处理京师大学堂事务时无须因顾忌吴汝纶的存在而感到碍手碍脚，这对他来说当然是求之不得的好事，于是便很爽快地答应了吴汝纶的要求，并很快为其操办好了一切。

　　1902年6月9日，吴汝纶携带其门生杜显阁、李光炯、中岛裁之与京师大学堂提调绍英、荣勋等一道由塘沽乘轮船前往日本，先后访问了长崎、神户、大阪、京都、东京、横滨、马关等地。在日期间，吴汝纶受到了日本朝野人士的热情接待，明治天皇特别予以接见，以示尊敬，各界人士频频举行欢迎会、招待会，一些社会名流、文人雅士不断与其诗歌酬唱，常有学者请吴汝纶为他们的著述作序。吴汝纶时已年逾花甲，不顾自己年迈体弱，冒着酷暑奔波于各地，日行数十里，会见数十人，从凌晨直至深夜，几无片刻之暇。他系统地参观了普通大学校、中学校、小学校、幼稚园与女子

---

① 《桐城吴先生年谱》卷2，第32、33、35页。

学校、师范学校、工业学校、农业学校、商业学校、军事学校、外语学校、音乐学校、美术学校、医学院校、职业学校、贵族学校、贫民学校、盲喑学校共 40 余所，访问了学校卫生局，观摩了大学毕业生颁发文凭仪式，对于各级各类学校的校舍布局、学制安排、课程设置、教材种类、师资结构、教学设备、组织管理等情况——作了详细的考察。并请日本文部省安排了专门介绍日本教育状况的讲座，由松村茂助主讲教育理论，三岛通良主讲学校卫生，野田义夫主讲学堂管理法，视学官野尻精一介绍各类学校的有关情况。自 9 月 10 日至 10 月 7 日，吴汝纶坚持每天到文部省听讲座，亲自作笔录。吴汝纶逐一访问了辻新次、嘉纳治五郎、伊泽修二、山川健次郎、井上哲次郎、加藤弘之等日本著名教育家与京都大学校总长木下广次等教育界人士，虚心地向他们征询关于中国教育改革的意见。日本天皇宫中顾问官田中不二麿尝赴西方各国考察学制，"日本教育多其手定"，因住所较远，吴汝纶偕同细田谦藏乘人力车专程前往拜访，中途路滑，车子翻倒，吴汝纶跌伤，鼻孔血流如注，一度昏迷不醒，经细田谦藏将其扶至附近医院简单治疗后，仍坚持赶到田中不二麿家中，且"与谈辨详甚"。吴汝纶在日期间还参观了造船厂、造币局、邮船公司、制造所、银行、印刷局、电话交换局、电报邮电局、麦酒株式会社、纺织局等企事业单位，议院、警视厅、控诉院、大审院、地方裁判所、警察署、监狱等政府机关与司法机构，图书馆、博物馆、动物园、植物园、展览会、俱乐部、养育院、慈善医院等社会公益部门，东邦协会、华族会馆、教育会、学制研究会、体育会、妇女协会、新闻记者协会、研经会、武德会、地质调查所、雅乐稽古所等社团组织与研究机构，以及大阪朝日新闻报社、东京时事新闻报社、近卫师团第四联队，对日本社会进行全面的了解。同时，抽空拜访了日本前首相伊藤博文和大隈重信、前文部大臣森有礼和滨尾新、前外部大臣副岛种臣，现任陆军大臣寺内正毅、司法大臣清浦奎吾、文部大臣菊池大麓、外部大臣小村寿太郎、枢密顾问官大鸟圭介、警视监大浦兼武、京都知事大森钟一，以及近卫笃麿公爵、黑田侯爵、长川子爵、长冈子爵、青木少将、参谋本部总长、参谋本部次长等军政界要人，以听取他们对世界政局和中国社会发展前景的看法。

10月13日夜，吴汝纶写信向张百熙汇报考察的收获，提出，中国教育的发展可分为两条途径：其一是速成教育。由京师大学堂与各地师范学校选取中学已有根底的高才生，专门教以西学，"数年之间，便可得用"。尽管"此乃一时权宜之策"，但在全国急需人才之际，却不失为一种救急办法。其宗旨"以造就办事人才为要"，具体科目的设置，"政治、法律之外，则矿山、铁道、税关、邮政数事为最急，海陆军法、炮工船厂次之"。其二是普通教育。吴汝纶清醒地认识到，"欲令后起之士与外国人才竞美，则必由中小学校循序而进，乃无欲速不达之患"。实行这种循序渐进的规范的教育体制，又分为两个步骤：第一步是小学阶段的义务教育，"小学校不惟养成大中学基本，乃是普国人而尽教之"。西方国家都很重视普及教育，"不入学者有罚，各国所以能强者，全赖有此。今日本车马夫役、旅舍佣婢人人能读书阅报，是其证也"。第二步是中学以上的提高教育，目的是进一步造就人才。吴汝纶主张在全国普及义务教育，实际上承认了全体国民都享有受教育的权利，从根本上否定了中国封建统治阶级推行了数千年之久的"民可使由之，不可使知之"的愚民政策。吴汝纶在信中再次强调："其尤要者，教育与政治有密切关系，非请停科举，则学校难成"，新式学堂学生"学成之后，必应予以进用之路，非举人、进士等空衔可以鼓励"，希望张百熙能够"鼎力主持"。同时建言："中国书文渊懿，幼童不能通晓"，"似宜为求捷速途径"。最近，由籍隶天津的翰林院编修严修家里传出了一种"省笔字书"（其实为中国较早出现的一种拼音字母），字母"皆损笔写之"，与日本的假名差不多，"妇孺学之兼旬，即能自拼字画，彼此通书"。且其用的"尽是京城声口，尤可使天下语音一律"。"今教育名家率谓，一国之民，不可使言语参差不通，此为国民团体最要之义"。若在中国普及义务教育，"则省笔字不可不仿办矣"①。就是说,当时吴汝纶已经产生了简化汉字和推广普通话的想法。为了使张百熙对日本的教育能有大致的了解,吴汝纶又将自己在文部省听讲时所作的笔记和考察各学校所作的日记抄录一份寄给他。吴汝纶代京师大学堂从日本聘请了服部宇之吉、岩谷孙藏两位教习,"此邦上下皆贺我得人,皆望能尽其用"②。由于二人皆不通汉语,讲课"必应有人通译",恰好后来曾数任民国教育总长的湖南籍留日学生范源濂有事回国,吴汝纶又向张百熙推荐他为京师大学堂翻译。

　　吴汝纶此次访日,也遇到了一些不愉快的事。时任清廷驻日本公使的蔡钧"素无行,以阿附权要得位,夙为日人所轻"。吴汝纶抵日,"东邦朝野欢迎礼待者辄数千人,备至敬仰",已使蔡钧感到十分难堪,而日本报纸又载文宣称,蔡钧"渎职不义","当谢遣归国",挽留吴汝纶充任驻日公使。蔡钧怀疑吴汝纶"将夺其位","益大患"。适值留日学生吴敬恒、孙揆均因入学事与蔡钧发生冲突,蔡钧竟唆使日本警察于公使署内逮捕二人,递解回国。吴汝纶"目见此变,一筹莫展,愤憾无极"③,尝致书友人曰:虽然"此间礼待甚优",但日本政府将吴、孙驱逐回国,"侵夺吾国权,侮辱吾志士,皆令见者不能复堪,某不胜愤怨,屡欲拂衣还国"④,并当面指责蔡钧之举有辱国格。蔡钧私函时任清政府外务部总理大臣的庆亲王奕劻,诬告吴汝纶"率留学生倡革命",奕劻即信以为真。荣禄亦以吴汝纶在京期间未曾登门拜谒而有所不满,从旁"扬其波而助之"。京师大学堂提调荣勋、绍英皆满族人,清政府让他们随吴汝纶访日,"虽曰扈从,亦寓防维之意"。荣勋自恃为荣禄的亲信,满以为吴汝纶会对其另眼相看,谁知吴汝纶却不买他的账,竟"遇之无加礼",他一到日本,就住进了公使馆,不再与吴汝纶相见,"而与蔡钧

① 《吴汝纶尺牍》,第 297、298、299 页。
② 《桐城吴先生年谱》卷 2,第 42 页。
③ 《桐城吴先生年谱》卷 2,第 39 页。
④ 《吴汝纶尺牍》,第 280 页。

相结，从而为之证焉"。奕劻、荣禄都表示：吴汝纶回国后，要从重加以惩处。幸亏绍英十分钦佩吴汝纶的学问人品，访日期间"日侍左右"，还经常致函奕劻等政府要人，为其"剖释甚力"，吴汝纶之所以能够从日本"安然还国，无意外之虞者"①，皆绍英之力也。

由于上述原因，吴汝纶在日仅四个多月，文部省的讲座尚未全部讲完，便草草结束了访日之行。吴汝纶将此次考察所搜集的资料整理成《东游丛录》一书，分为《文部听讲》《摘抄日记》《学校图表》《函札笔谈》四卷，共约12万字，交由日本三省堂书店印行。

10月16日，吴汝纶从东京首途回国，20日由长崎离开日本，22日抵上海。然后，偕同他为安徽聘请的日本教习早川新次径赴安庆，为筹办桐城学堂而多方奔走，并抽空撰写了李鸿章的墓志铭和神道碑铭。在此期间，袁世凯亦因上年挽留吴汝纶未遂而挟嫌报复，到处散布舆论说京师大学堂不应聘请吴汝纶为总教习，诬称京师大学堂副总办赵从蕃"主张革命"，另一副总办沈兆祉为"票匪"，使二人不安于位，不得不离京；又奏参京师大学堂学生"皆革命人"。甚至有人攻击吴汝纶主张"民权革命"。吴汝纶愤懑地说：袁世凯既然敢于背叛光绪皇帝，背叛李鸿章，"何论老夫"！不由得慨叹："近年人心巇险"，"乱世真不易处"②。打算来年春天北上，"止委蛇数月，徐谋奉身而退"③，搬取书籍、眷属还乡。同时，与李经方、李经迈兄弟商量，欲在芜湖"设立绅捐学堂"，作为自己谋生之所。

吴汝纶素重亲情，因长年在外奔波，"二十余年未归度岁"，一直引以为憾。现在滞留安庆，离其桐城南乡故居不过百余华里，有此绝好机会，他当然不会轻易放过。当年夏历腊月二十八日（1903年1月26日），风雪

---

① 《桐城吴先生年谱》卷2，第39页。
② 《桐城吴先生年谱》卷2，第49页。
③ 《吴汝纶尺牍》，第323页。

交加，吴汝纶由安庆乘小轮至枞阳镇（今枞阳县），次日又冒着风雪由枞阳乘竹轿赶回家中，为风寒所侵，于正月初一日下午发病。初八日病剧，吴汝纶不信中医，便派人到安庆报信，由早川新次陪同一位美国医生于初十日连夜赶到吴宅。谁知这位美国医生乃"传教兼通医术之人，内科非所长"[①]，所施种种治疗均无效验，吴汝纶遂于十二日（公历2月9日）晨病逝，终年64岁。

吴汝纶一生治学不辍，著述等身。其中，《易说》《尚书故》《夏小正私笺》，文集、诗集、尺牍、日记等编为《桐城吴先生全书》36卷，另撰有《深州风土纪》22卷、《东游丛录》4卷、《写定尚书》1卷、《韵学》1卷，点校经、史、子、集等书共102种，编有《李文忠公全集》165卷、《通商约章类纂》35卷、《学古堂文集》2卷、《冀州公事章程》1卷等。日本学者早川新次称颂他为"方今中国儒林中最有开化之思想者"。清史本传论曰：吴汝纶"远绍旁搜，好学不倦，实总古今百代之学而集其大成，俾真理日出，新学、旧学得以转相发明，引而益上，由是措之政治、施之教化，皆能有益于人类，以臻郅治之极轨"，"斯盖千古学术废兴绝续之枢机，非独一代人文之所系已也"[②]。

三、广西才子于式枚

于式枚出生于咸丰三年（公元1853年），字晦若，广西贺县人。原籍四川荣昌，因其父长期在广西做官而迁居贺县。于式枚自幼即"卓荦有大志"，曾就读于学海堂，"为辞章之学"。"性敏慧，博闻强记"，尤其擅长于写文章。年稍长，"文誉隆起"。有人说他"俪体文宗初唐四杰，诗法杜牧，散体文亦约洁近古，时称才子"。但因系客居，不得在广西参加科举考试。

---

① 《桐城吴先生年谱》卷2，第49、50页。
② 《桐城吴先生年谱》卷2，第51、53页。

其父与当地绅耆协商，欲改籍广西，有人故意加以刁难，"欲索重金，始允著籍"。于式枚闻知此事后，对他父亲说：孩儿年纪尚小，改籍之事可从缓议，再说读书也不是专门为了科名，不必花这笔冤枉钱。其父深为儿子胸有大志而感到自豪。他的同学、朋友也极力劝他尽快在广西应试，于式枚回答道："吾将入金马玉堂"，不过是借科举为敲门砖耳，"岂需此一领青衿作酸秀才耶？"若此地士绅"终不见容"，我可以回四川参加科举考试，也可以捐个监生至京城参加顺天府乡试。你可以告诉他们，如不让我在此地就试，"恐贵郡无翰林也"①。可见其少年时代之心高气傲。

随着年龄的增长与阅历的增加，于式枚旋自悔其失言，"自是检束身心，益肆力于学"。经过他父亲的再三努力，改籍之事终于落实，于式枚很快接连考中秀才、举人，又于1880年考中进士，被选为翰林院庶吉士。三年后，庶吉士散馆考试，于式枚"赋盈四纸，较他人倍长。以诗有陈宫制曲名句"②，被列于二等之末，未能留任于翰林院，而被任用为兵部主事。晚清名士李慈铭喜欢随意评点当时的人物，且持论十分苛刻。他也认为于式枚有文学才华，以其未能继续留在翰林院任职为可惜。直隶总督李鸿章爱慕其才，奏调至北洋差遣，遂入李鸿章幕府，"司笺启"，"历十余年，奏牍多出其手"③。

于式枚既以"才子"名世，其性格自然难免有孤傲的一面。虽然他因境遇不顺而时时注意约束自己，但偶尔还是会暴露出其恃才傲物的天性。李慈铭初遇于式枚时，觉得他尽管"颇有才名"，为人却比较谦和，"恂恂自下"，因而对他印象甚好。三年后再见面时，却感到他言行不羁，"状似风狂"，甚至"举座笑之，亦不知也"。所以一改以前的印象，认为他"性识善变，

① 《同光风云录》下篇，第179页。

② 《越缦堂日记》，光绪九年四月十九日。

③ 《同光风云录》，第179页。

遂尔披猖"①。

　　于式枚为李鸿章后期幕府中的主要文案，李鸿章的奏折、函牍大部分交由他起草。由于李鸿章经办的事件多系军国要政，于式枚在按照李鸿章的意图起草这些文稿时，自然也就比较全面地了解了事件的原委与李鸿章的处理方式。久而久之，于式枚逐步由此而增长了见识，历练了才干。1890 年 3 月，于式枚曾谒见翁同龢，经过交谈，翁同龢认为他对朝鲜问题的看法非常实在，从而断定："此人他日必大用。"②但是，于式枚本人不愿出任地方官员，而作为李鸿章的幕府人员，虽然积有劳绩，却格于常例，不准保升京官，所以于式枚的官衔十余年没有变动。

　　甲午战争后，于式枚一度离开李鸿章幕府。1895 年夏，李鸿章马关议和归来，曾当面直接邀请吴汝纶加入其幕府。吴汝纶因见于式枚不在李鸿章身边，文案一席无合适人选，感到不好意思坚辞不允。次年春，李鸿章以钦差头等出使大臣赴俄国参加沙皇尼古拉二世加冕典礼，并访问德、荷、比、法、英、美等国，于式枚以兵部候补主事身份充任随员。于式枚此行对于各国政府体制颇为留心，经过认真考察，认为：德国"议院虽设而主权甚专，政府所行与民情不悖，颇有合于尊主庇民之义"③，因而比较适合中国的国情。李鸿章回国前夕，以为自己会重任直隶总督，又间接地函约吴汝纶入幕。这一次，因为有于式枚在李鸿章身旁，吴汝纶当即明确地加以回绝道：此次出访，于式枚等"相从数万里，自必重入幕府，毋庸更呼下走"④。

　　李鸿章回国后被任命为总理衙门大臣，于式枚被实授为礼部主事，旋迁礼部员外郎。1898 年冬，于式枚曾随李鸿章赴山东查勘黄河工程。随后，

---

① 《越缦堂日记》，光绪十年二月初五日。

② 《翁文恭公日记》，光绪十六年二月十八日。

③ 《清末筹备立宪档案史料》上册，第 307 页。

④ 《吴汝纶尺牍》，第 79 页。

又连续升任监察御史、给事中，以"论事謇谔，颇有声公卿间"①。八国联军攻占北京后，李鸿章奉命进京议和，于式枚又随同参赞议和事宜。《辛丑条约》签订后，于式枚被赏加五品京堂衔，充任政务处帮提调，兼任京师大学堂总办、译学馆监督。

1905 年夏，于式枚以鸿胪寺少卿出任广东学政，旋改称提学使。清朝统治者对于各省督学官员的选拔历来比较慎重，像于式枚这样未曾担任翰林院编修或检讨，"即被命督学者，乾隆后所未有也"②。当时，署理两广总督的岑春煊与于式枚为广西同乡，且十分赏识他的才干。于式枚在岑春煊的大力支持下，积极发展近代教育，先后开办了两广优级师范学堂、广东法政学堂、两广方言学堂、两广高等工业学堂以及测绘学堂。次年 9 月初，清政府宣布实行预备立宪，先从改革官制入手，以清除官场积弊，明确各级官员的职责。岑春煊奏称：于式枚"器识闳远，学问渊洽，于古今中外政治源流、职官沿革，能融会贯通"③，极力举荐他进京参与筹备立宪、改订官制等事宜。1907 年 5 月，岑春煊得到军机大臣、协办大学士、外务部会办大臣兼尚书瞿鸿禨的援引，被调入京师就任邮传部大臣，于式枚被提拔为邮传部右侍郎。当月，岑春煊即被奕劻、袁世凯等排挤出京，先改授两广总督，两个多月后被免职。于式枚受到牵连，被改任为出使德国考察宪政大臣，"无异宋人之远谪"。

于式枚并未因遭受此挫折而灰心丧气，奉命后即积极着手为出国考察做准备。他全面检阅京外条陈、报章论文及新翻译的各国书籍，博采中西论说，并与宪政馆诸臣详细讨论，拟定了考察的门类。临行之际，他专门上折陈述了自己对于立宪问题的看法，认为："宪政必以本国为根据，采取他国以辅益之，在求其实，不徒震其名"，希望"朝廷本一定之指归，齐万众之心志，

① 《清史稿》第 41 册，第 12447 页。
② 《近代名人小传》，于式枚。
③ 《清末筹备立宪档案史料》上册，第 403 页。

循序渐进。先设京师议院以定从违，举办地方自治以植根本，尤要在广兴教育，储备人才。凡与宪政相辅而行者，均当先事绸缪者也"。切不可操之过急，"不可因群言淆乱，遂有急就之思"①。庆亲王奕劻读了这份奏折，"称赏至再"。

于式枚在德国考察了一年多时间，"于其立国之本原，民政之纯驳，政令、习俗之沿革，考察甚详，研讨亦精"②，先后翻译了普鲁士宪法全文、行政制度与官员名称等级、议院新旧选举法等文献，有疑问之处，则就自己所知加以注释，并对照中国历代律令、参酌诸儒著述，附为论说，以供朝廷参考。

于式枚归国时，尝"以疾乞假"，但因受到奕劻的赏识，加上张之洞在遗折中力荐他才堪大用，于是被任命为礼部左侍郎，又先后转任吏部右侍郎、吏部左侍郎。当时，全国各地纷纷成立立宪团体，报章腾议，函电交集，各省代表汇聚京师，立宪请愿运动如火如荼。于式枚对于立宪"纯以保守渐进主义为宗旨"，奏称：前在柏林呈递国书时，德皇尝言，"宪政纷繁，虑未必合中国用，选举法犹未易行"。认为："变法而求治太急，时机未熟，欲速而反不达。今徒骛其名而贸然为之，他日将益滋纷议。"指责立宪派"煽动浮言，几同乱党"，要求朝廷"慎择有风力、知大体者"出任东南各省疆吏以"震慑之"③。并依据普鲁士地方议会制度，对各省咨议局章程逐条加以驳斥，从而引起了立宪派的强烈不满。《东方杂志》载文称："最奇者则为考察宪政大臣吏部侍郎于式枚，一再阻挠、痛诋各党立宪，并有'宪法当求之中国'等话，国民丑之，争欲讼言其辜恩溺职、安危利灾状。"④政闻社社员、法部主事陈景仁电请朝廷定于三年内召开国会，革于式枚之职以谢天下。清廷反而下令将陈景仁即行革职，并查禁政闻社。1911 年，

①②③ 《清朝续文献通考》卷 392，宪政一。

④ 孟森：《宪政篇》，《东方杂志》，第 5 卷第 7 号。

于式枚改任学部右侍郎，兼任礼学馆总裁、修订法律大臣、国史馆副总裁等职。

辛亥革命推翻清王朝后，于式枚寓居于青岛，闭门读书，谢绝人事，"常夜倚枕坐如枯僧，偶或吟咏，以抒幽怀"。袁世凯窃取民国大总统职位后，欲任之为"记室"，他复书拒绝，"签面称大总统，内函则称四兄"，信中说："封面是官样文章，不敢独异；内函系私人交谊，不敢忘十余年布衣昆季之雅。"袁世凯又聘其为参政院参政，亦不就。宋教仁遇刺身亡后，他尝"撷拾俚语，缀为小词云：顿足捶胸哭钝初，装腔作势骂施愚，可怜跑坏阮忠枢，包管杀人洪述祖，闭门立宪李家驹，于今总统是区区"①，淋漓尽致地揭露了袁世凯的丑恶面目。

于式枚"生而隐宫，精力过人"，后半生已尽除少年时的狂傲之气，为人"内介而外和易"。晚年"和谨笃厚，一谢时趣"，常"冠草衣布，策蹇寻吟"，"人无知为卿贰者"。1915 年 6 月因染上霍乱而病逝于江苏昆山，终年 63 岁，"海内耆旧，咸悼惜不已"②。

---

① 《同光风云录》下篇，第 182 ～ 183 页。

② 《同光风云录》下篇，第 183 页。

第六章 军需官钱鼎铭、王大经、郭柏荫、刘含芳、张士珩

淮军与湘军一样，都是由地主团练武装发展而来的，与清王朝的正规部队八旗兵和绿营兵具有很多不同。除了编制、兵源、装备等方面的差异之外，兵为将选、饷由自筹可以说是比较重要的两条。

淮军大部分是由李鸿章或其部将自行招募成军的。招募之初，大帅选统领，统领选营官，营官选伍卒，上下级之间具有很强的私人隶属关系，所以有人说李鸿章和曾国藩是中国近代军阀的鼻祖。淮军的饷、械基本上是由李鸿章自筹的。尽管清政府有时也将某些省份的某项收入指拨为淮军的饷项，但是，如果这些省份的财政大权不是掌握在淮系官员手中，这些款项往往不能足额拨解。即使这些款项一一拨解到位，也远远满足不了淮军的饷械所需。所以，李鸿章始终把筹饷作为关系到淮军生存和发展的头等大事。再者，淮军与李鸿章后来筹建的北洋海军和北洋海防体系，装备了大量的洋枪洋炮，这些洋枪洋炮大部分购自外国，其选购与转运也是一项重要的任务。淮军建立有庞大的后勤系统，李鸿章幕府中始终有专人负责军需供应事务。

一、赴安庆乞师的钱鼎铭

钱鼎铭出生于道光四年（公元 1824 年），字新之，号调甫，江苏太仓人。其父钱宝琛曾连任湖南、江西、湖北等省巡抚。钱鼎铭少年时代即勤奋好学，虽然出生于封建官僚家庭，却相当朴实，未曾沾染纨绔习气。

1846 年，钱鼎铭考中举人，后被选为景山官学教习。太平天国起义爆发后，钱鼎铭随同其父（钱宝琛于 1841 年 10 月在湖北巡抚任上被免职）

在家乡办理团练,以防御太平军。1853 年秋,刘丽川领导小刀会起义,占领上海、青浦、嘉定等地。钱鼎铭与嘉定举人吴林率领乡勇随同清军攻占嘉定。次年,被任命为江苏赣榆县训导。隔年,捐任户部主事。1859 年钱宝琛去世,钱鼎铭回籍守制。

翌年夏,太平军第二次击溃清军江南大营,然后乘胜东征,连克江苏的丹阳、常州、无锡、苏州、江阴、昆山、太仓、嘉定、青浦、松江与浙江的嘉兴等地,兵锋直指上海。苏南各地的官僚、士绅、地主、商人纷纷逃往上海,钱鼎铭亦举家避居沪上。当时,江苏巡抚徐有壬战死,两江总督何桂清被免职,清政府任命曾国藩为两江总督,原江苏布政使薛焕为江苏巡抚。而曾国藩尚在皖南的祁门,所部湘军主力正在围攻安庆,无暇东顾。逃至上海的薛焕虽然调集了一部分清军,却根本就不堪一击。他通过候补道杨坊雇用美国人华尔,组成中外混合武装洋枪队,后改名常胜军,并得到英、法军队的相助,总算是击退了太平军,暂时保住了上海。

至 1861 年冬,上海以东的川沙、奉贤、南汇与浙江的余杭、严州、绍兴、上虞、余姚、宁波、镇海、杭州等地相继失守,上海已真正成为孤岛。薛焕等人积极策划向洋人"借师助剿",但是封建统治阶级中许多人对洋人心存疑虑,意见很不统一。上海的洋商虽然与当地绅商共同组成了"中外会防公所",英、法等国对于"助剿"却有所挟持。而上游方面,曾国藩部湘军已于当年 9 月攻陷了安庆,于是湖北盐法道顾文彬由鄂到沪,最先提出了至安庆乞师之议,很快得到了上海官绅的赞同,遂由团练大臣庞钟璐、詹事府詹事殷兆镛、在籍郎中潘曾玮与顾文彬、杨庆麟、潘馥等六人联名出具公呈,请求曾国藩立发"奇兵万人,以一勇将领之"①,间道援救上海。

当时,上海与安庆之间不仅相距千里之遥,而且几乎都是太平天国占领区,正所谓"道路梗阻",艰险备陈,派谁前往,才能不辱使命?上海官绅

---

① 冯桂芬:《显志堂稿》卷 5,第 5 页。

大多属意于钱鼎铭。钱鼎铭亦"慷慨勃发","奋然请行"①，乃偕同候补知县厉学潮，搭乘外商轮船溯江而上，于 1861 年 11 月 18 日抵达安庆。

钱鼎铭向曾国藩反复陈说上海形势之危急，官绅盼望援军之心切，"情词哀迫"，每继以痛哭流涕。并力言上海为中外通商要埠，店铺林立，百货云集，关税收入极为丰裕，实为重要的饷源基地，失此不图，一旦落入太平军之手，将使之如虎傅翼，实力大增。曾国藩终被说动，准备派曾国荃率兵援沪。他在写给曾国荃的信中说：钱鼎铭此次来安庆请兵，"久住不去，每次涕泣哀求，大约不得大兵同行，即不还乡，可感可敬"。"上海为苏、杭及外国财货所聚，每月可得厘捐六十万金，实为天下膏腴"，"吾家一门，受国厚恩，不能不力保上海重地"②。希望正在湖南募勇的曾国荃尽快完成招募任务，赶回安庆筹划一切。但是，曾国荃志在攻占南京，抢夺镇压太平天国的头功，因而不愿东行，曾国藩乃决定让李鸿章招募淮军增援上海。

其时，薛焕曾派副将滕嗣林到湖南募勇，计划共募 12000 人，数日间即募得首批 4000 人。湖南巡抚毛鸿宾与曾国藩关系很好，对薛焕擅自派人到湖南募勇甚为不满，当即奏请朝廷加以制止。曾国藩亦以滕嗣林仓促间所募之勇皆各营裁汰者，徒耗粮饷而难资得力，遂令钱鼎铭至汉口拦截，"未募者即行停止，已募者妥为遣散"③。钱鼎铭从中挑选出 1000 名精壮者加入淮军，其余的全部加以遣散，没有一个闹事的。从而显示了自己的办事能力，使曾国藩、李鸿章都对他刮目相看。

曾国藩原拟让李鸿章率领淮军沿长江北岸由陆路东下，取道巢县、和州（今和县）、含山，经天长、六合而进扎于镇江，以为将来湘军攻打南京之外援。但是，上海士绅急于赴安庆乞师，自然要首先确保上海的安全，他们对于李鸿章驻军镇江当然不会感到满意。经过多方筹划，钱鼎铭等以 18

---

① 《清史稿》第 40 册，第 12231 页。
② 《曾文正公全集》，家书卷 7，第 53 页。
③ 《曾文正公全集》，书札卷 28，第 10 页。

万两白银的运价，于 1862 年 3 月雇用外商轮船赶到安庆，将淮军直接运往上海。

1862 年 4 月，李鸿章抵沪后，即将钱鼎铭等调至军营差委，钱鼎铭自此正式加入李鸿章幕府。鉴于他与上海官绅关系相当密切，对上海周边的地理形势比较熟悉，李鸿章遂令他负责筹措粮饷军械，并参议军事，协调军队与地方士绅的关系。钱鼎铭竭其所能，既保证了淮军各部的后勤供给，又对军务多所赞画。随着淮军节节获胜，官衔也不断提升。当年秋，即升为直隶州知州，赏戴花翎。次年淮军攻克嘉定、金山、南汇、奉贤、川沙等地，李鸿章保举钱鼎铭以知府分省补用。淮军攻占无锡后，钱鼎铭被保举为道员，尽先补用。1864 年淮军攻下嘉兴、常州等地，钱鼎铭被赏加按察使衔。

1865 年，清政府任命曾国藩为钦差大臣，统帅淮军赴山东镇压捻军，任命李鸿章署理两江总督，负责淮军的后勤供给。李鸿章令钱鼎铭具体负责为出境剿捻各军转运粮饷军火事务。次年 10 月，李鸿章举荐人才时奏称：钱鼎铭"操行贞笃，条理精密"。"同治初年苏省沦陷，上海危急，该员来皖乞师，首定援沪之策"；进入淮军幕府后，"随臣攻剿，筹备军需，始终无误"；为剿捻各军转运饷械，能"统筹全局，缓急得宜，调和军民，舆情翕服；实属久历艰苦、最为得力之员"。要求朝廷予以"破格擢用"[1]。清政府又赏加布政使衔。是年冬，曾国藩以"打捻无功"回任两江总督，由李鸿章代替他督师剿捻，钱鼎铭仍负责为前敌各军转运粮械。

1867 年 7 月，李鸿章函告钱鼎铭：现已根据潘鼎新的建议，令崔迺甓解运部分粮械至青州（今山东益都），令刘含芳押运粮械由台庄挪往沂州（今山东临沂），令叶清臣、吴炳辉至胶州（今山东胶县）设立转运分局，要他代为"妥筹一切"；济宁转运局"各项存储太少，一旦诸军云集，肆应不遑，

---

① 《李文忠公全集》，奏稿卷 10，第 42 页。

万不敷用"，要求他将浦口支应所"现存米粮子药酌量分起匀解，多多益善"；苏州、南京、上海等支应所"近多疲玩"，要他"随时严催之"；并令他尽快由浦口移驻清江浦（今江苏省清江市）。8 月，李鸿章又写信给钱鼎铭说：现正督饬各军沿胶莱河布防，以围困进入胶东半岛的东捻军，此后前敌所需粮械"必以胶州海运为根本"，准备在苏北的盐城增设转运局，要他尽快查明由盐城至胶州的运输路线，保证每月向盐城"运米五千石，宁多毋短"，"各统领有托运炮械子药赴胶者，望极力照料"，并通知各转运局、支应所，此后"宜专力经营海运"①。钱鼎铭与李鸿章配合默契，基本保障了前敌各军的粮械供应，在剿捻战争中发挥了至关重要的作用。李鸿章与漕运总督张之万曾多次上奏保荐他。

1868 年秋，曾国藩调任直隶总督，随即上疏称赞钱鼎铭"才大心细，堪以重任"，请求将其调往直隶任用。次年夏，钱鼎铭被实授为直隶大顺广道。到任之初，适逢旱灾，乃"创办旱赈"。他请求上司由练饷中拨给大钱 10 万串，充作赈款，为了防止富人冒领，故意声称此项赈款"春借秋还，寓赈于贷，民间无敢滥领者"。待赈款分发完毕后，即请上司"颁示，概免缴还，穷民顿沾实惠"。随后，见洺河淤塞，年久失修，又"倡捐巨款，创议疏通"，遂使"上游民田咸资灌溉，即滏河舟航亦由此直达天津"②。旋升任直隶按察使。

1870 年 6 月，天津教案发生后，朝廷令曾国藩赴津查办。钱鼎铭曾写信向李鸿章通报有关情况，并征询他的意见。李鸿章当即回信指出："教堂迷拐幼孩，则必无之事"，希望他告诫天津府、县，"切勿锻炼附会，自成疑狱，转激彼怒"。认为：办理此案应该"满篇认错，终归于拿犯、赔银，将就了结"。提醒他："此案必非旦夕可结，夷情狡强，变态殊多，须有忍耐"③，

---

① 《李文忠公全集》，朋僚函稿卷 7，第 14、18、19 页。

② 《李文忠公全集》，奏稿卷 61，第 62 页。

③ 《李文忠公全集》，朋僚函稿卷 10，第 13～14 页。

并请他将自己的看法转告曾国藩。

8月，崇厚奏称：外人扬言要诉诸武力，曾国藩病情严重，"事势危迫"。清廷急令正赶赴西北镇压回民起义的李鸿章"即带所部驰赴近畿"。当月，两江总督马新贻遇刺身亡，朝廷将曾国藩调任两江总督，令李鸿章继任直隶总督，接办天津教案。9月，李鸿章行至保定，即写信给曾国藩说：直隶布政使卢定勋即将调往浙江，最好能让钱鼎铭先行接任布政使，"或即挈敝衔附奏，无等交篆后矣"①。

钱鼎铭就任直隶布政使后，直隶又闹起了水灾，永定河水泛滥，大片民田被冲毁，庄稼颗粒无收，"灾民嗷嗷待哺"。钱鼎铭亲自赶到天津，与李鸿章商订了"赈抚章程十余条，颁行各属"。奏拨库银20万两用以赈济灾民，督同府、县官"核实办理，毫无虚糜，全活无算"。又在保定"创建丰备仓廒四座，共二十余间，筹款生息，采购米石，以广积储而备缓急"②。于保定城四关分别设立粥厂，每五日向灾民施粥一次。并有条不紊地对藩库存款加以清理。

1871年12月，钱鼎铭升任河南巡抚。李鸿章在写给王凯泰的信中说：由于自己长期驻节于天津，直隶布政使"政务极繁"，以前全赖钱鼎铭力予整理，现在钱鼎铭"遽擢豫抚以去"，新任直隶布政使孙某虽系"多年至好"，但"其精力于繁赜何如"，恐不及钱鼎铭"精勤"也。已奏令钱鼎铭"将经手各事料理清楚，方可交卸"③。次年，河南固始境内有捻军余部复起，钱鼎铭令总兵崔廷桂率部剿平之。在任期间，钱鼎铭除大力整顿吏治外，又仿照直隶选编练军办法，奏请裁减绿营兵，由河南现有的三镇绿营兵中，挑选精壮者，编成步兵、骑兵各三营，厚给粮饷，令其驻扎冲要之地，加紧训练，以一年为期，俾成劲旅。鉴于连年遭战争破坏，河南水利失修，乃奏请

---

① 《李文忠公全集》，朋僚函稿卷10，第18、24页。

② 《李文忠公全集》，奏稿卷61，第62页。

③ 《李文忠公全集》，朋僚函稿卷11，第31页。

修复贾鲁河故道，"南自周家口，北至朱仙镇，又西北至郑州京水寨，疏积沙，补残堤，俾上游无水涝，下游通舟楫"。复疏浚勺金河、丈八沟、余济河、永丰渠，以资灌溉。劝令农民改种水稻，以提高粮食产量。趁丰年积谷以备灾，令各州、县官员动员农民按田亩缴余粮，按乡设立仓库，"择公正绅耆董其事，毋假手胥吏"[①]。数年间，河南一省积谷达 90 余万石。提督张曜率部出关，协同左宗棠镇压西北回民起义，其军饷全部由钱鼎铭在河南筹给，未尝或缺。钱鼎铭还在河南建立了游梁书院。1875 年春，黄河于山东菏泽、东明等地决口，钱鼎铭急邻省所急，及时地运去了大批材料，使堵口工程得以顺利完成。

钱鼎铭出任河南巡抚后，表面上已经脱离了李鸿章的麾下，而实际上他们仍然保持着密切的联系，不但经常相互沟通消息，而且在一些重大事务上遥相呼应，互为声援。1872 年，清政府令曹克忠率部前往甘肃，协同左宗棠镇压回民起义军。曹克忠以练兵为名，驻扎于乾州（今陕西乾县），提出要李鸿章为其"添解运费，乃可入甘"。李鸿章则以淮军"出入款项历有定额，奚从增筹巨款"，加以拒绝。钱鼎铭"在京时曾为当轴言之"，并使他们同意：曹克忠部"以暂行留陕协防为是"[②]。次年 6 月，李鸿章写信给钱鼎铭，对修复贾鲁河工程大加赞扬说："贾鲁河工堤岸改作坦坡，出土在堤外二三十丈，均极得法。两岸再筑短垣，随时修补，或可经久。"整个工程用款仅 10 万余串，"殊为核实"，工程具体负责人实为"众中矫矫"者，深为钱鼎铭"左右得人"表示庆贺。并告诉他：前不久进京时，军机大臣沈桂芬曾极口称赞他到河南后"百度维新"。是年，李鸿章曾建议将漕粮改由海运，废除河运。户部尚书董恂"著有《江北运程》一书，自诩博洽，坚持河运必不可废"。"而论者不揣事势，佥以海运不可常恃"。9 月初，李鸿章写信给

---

① 《清史稿》第 40 册，第 12232 页。

② 《李文忠公全集》，朋僚函稿卷 12，第 11 页。

钱鼎铭说：目前河运漕粮"穷其力之所至，不过仅运江北十万石，于事奚裨？且通塞迟速全听之天，国家经久大政何得任其苟且侥幸耶！"而1860年英法联军打到了北京，"是年海运亦能到仓"，"其省费省事，更属判若天渊"。可惜"书生不知，而当轴亦不记忆"，"中国明有大江大海之水可以设法济运，乃必糜数千万财力与浊河争，前人智力短绌，后人乃乐于沿讹袭谬，不思今昔时势之殊，不亦惧乎？"眼下外患日深，"江海各防，毫未料理"，乃汲汲于恢复河运，岂不是轻重倒置？并明确要求钱鼎铭上折"复纵论及之"①。

1874年5月，日本政府派陆军中将西乡从道率兵3000余人侵犯台湾，引起了人们对东南海防的关注，封建统治阶级内部展开了海防与塞防之争。李鸿章、丁日昌等主张裁撤西北塞防以加强东南海防；左宗棠等主张至少应该塞防与海防并重。钱鼎铭当然是站在李鸿章一边的，他打算以"中原腹地空虚"为借口，将在西北的宋庆部毅军"调回豫境，作大枝活兵，以备四路援应"，曾就此事写信征求李鸿章的意见。李鸿章于次年2月复函，极力称赞撤回毅军的打算为"闲中著子，意至善也"。进而分析道："宋军徘徊陇上，久成赘疣"；"且豫库竭蹶如此，岂能分供两军（指张曜部与宋庆部）之远役？"毅军撤回后，将来时局安定了，还可加以裁撤，因而十分赞同他"审度局势，抗疏直陈"。并鼓励他说：朝廷"无论准行与否，而事理所在，疆吏当断断持之"②。

1875年夏，钱鼎铭积劳成疾，暴病而亡，终年54岁，清政府赐谥号"敏肃"。其奏稿编为《钱敏肃公奏疏》。1888年1月，李鸿章专折奏称："钱鼎铭初以江苏绅士乞师皖省，为曾国藩所器重。逮服官畿辅，诚恳恻怛，勤求民瘼，凡所措施，均于地方实有裨益"，"无愧循良之选"，"臣夙与共

---

① 《李文忠公全集》，朋僚函稿卷13，第6、17～18页。

② 《李文忠公全集》，朋僚函稿卷15，第2页。

事，知之较深"，请求清政府准许将其附祀于保定的曾国藩专祠，"由地方官春秋致祭"[①]。

二、掌管厘捐的王大经

王大经出生于嘉庆十六年（公元 1811 年），字晓莲，亦作筱莲，浙江平湖人。举人出身，1853 年以知县拣发安徽，在皖北参与镇压捻军、太平军的活动，积功保升至候补道，并结识了协同工部右侍郎吕贤基在皖北办理团练的李鸿章，两人私交甚厚。

1862 年春，李鸿章率淮军赴上海前夕，已深知"江苏吏治多趋浮伪巧滑一路，自王有龄（由捐纳而登仕途，官至浙江巡抚，曾任江苏布政使）用事，专尚才能，不讲操守，上下朋比，风气益敝，流染至今"[②]，遂不可问。便与曾国藩协商，选调了一批朴实能干的官员带往上海，以便随时委用，王大经当时正在丁忧期间，被李鸿章首批选中，由此进入李鸿章幕府。当年 6 月又经李鸿章正式奏准。

王大经随同淮军到沪之初，曾受命与淮扬水师统领黄翼升一道，"前赴松江一带察看水道"，并了解驻扎当地的前任淮扬镇总兵曾秉忠部水师的情况。

曾国藩之所以同意派兵援沪，一个重要的原因是他看中了上海有充足的饷源。李鸿章到沪后，也亟亟于掌握上海的饷源，因为他深知这不但直接关系到淮军的生存与发展，而且还将决定他是否能够按照曾国藩的意愿，及时地为湘军提供部分军饷。但是，当时的上海道吴煦同时署理江苏布政使，控制着当地的财政大权。他挟洋人以自重，根本不把江苏巡抚薛焕放在眼里，一方面利用洋人的关系，包揽了上海的海关收入；另一方面又任用私人闵钊、

---

① 《李文忠公全集》，奏稿卷 61，第 63 页。

② 《李文忠公全集》，奏稿卷 1，第 23 页。

俞斌、金鸿保等把持着厘金等税收。且吴煦"系钱谷猾幕出身，会计最精，弥缝最巧"，经常将"血诚为公，决不稍从撙节"作为口头禅挂在嘴边，大肆借用洋款，"在挪借名下高下其手，令人捉摸不测"。李鸿章继任江苏巡抚之初，曾三令五申要吴煦汇报财政收支情况，可他"总不肯报出细账"，令李鸿章觉得"关税开销一时实难清厘"①。每次询问"关税、厘捐月收几何"，吴煦总是回答说"均不过十余万"。恰好此时有人上折参奏闵钊、俞斌、金鸿保等，朝廷了解到"沪上税务、厘捐均为劣员侵吞入己"，遂谕令李鸿章"严密查办"，并"派委廉洁之员妥为经理"。进而指示他："如上海无可派之员，即咨曾国藩调派妥员赴沪差委，力除积习，以清弊端。"②这道圣旨正合李鸿章的心意。他一面奏请由安徽、江西、浙江等省调来一批官员，以充实自己的幕府班底；一面着手夺取财政大权。

李鸿章经过明察暗访，很快掌握了大量的第一手材料。遂于1862年7月决定，暂与吴煦"划分界线"：海关税由洋税务司征收，一般"无甚弊混"，仍由吴煦经管，负责发放华尔部常胜军饷银每月六万余两、驻扎镇江的冯子材部清军饷银每月三万两、中外会防公所经费每月三万两以及江苏各官廉俸等项；厘捐由于关卡分散，通过的货物多少不定，很容易滋生弊端，则改由李鸿章亲自管理，"专供松沪水陆各军月饷"以及协拨曾国藩大营之需。并宣布吴煦以后"再有亏垫架空，不能归咎于军饷"，李鸿章概不认账。李鸿章不得已而采取的这一措施，对于防止吴煦等贪污中饱、侵吞公款，应该说是行之有效的。可他却不能不对晚清官场之腐败有所感触，慨叹："司道职分须与盗贼同防，为之上者不亦难乎！"③

李鸿章将厘捐大权收入自己手中后，立即撤除了闵钊、俞斌等人，委派王大经与常州府知府薛书常具体负责"管理厘捐总局"，责成他们"详定章

① 《李文忠公全集》，朋僚函稿卷1，第49、37页。
② 《李文忠公全集》，奏稿卷2，第41页；卷1，第23页。
③ 《李文忠公全集》，朋僚函稿卷1，第48、49页。

程，严剔弊端，使之滴滴归公"。"其总局、分局节目条款"，由李鸿章亲自"督同各员往复裁决"。同时，考虑到尽管王大经与薛书常"操守极好，但于沪局情形稍生"，而整顿厘务却"不得不暂资熟手"；原先办理厘捐的同知衔候补知县金鸿保虽是吴煦私人，却"才力精敏"，"于沪中捐厘各局情形极熟，利弊周知"，被参之后，有悔过表现，"甚欲刻厉自新"，李鸿章乃继续加以留用，令其协同王大经等"随时擘画"厘捐诸务，并分管货捐局。经过一番整顿，厘捐事务条理井然，"行之数月，渐有成效"①，每月入款达 20 万两左右。当时，常州府知府薛书常虽然因太平军占领着常州而无从视事，却具有现职官员的身份，只有王大经才是代表李鸿章掌管厘捐的幕府人员。由于淮军的粮饷全部仰给于上海的厘捐，因而可以说王大经当时是李鸿章幕府中的军需总管。此后，王大经还担任过忠义局总办。

1863 年冬，李鸿章在"克复太仓等城出力案内"，奏请朝廷给王大经赏加盐运使衔。吏部"以该员系安徽道员，查照定章，军务省份人员，如有经别省因劳绩保奏者，一律议驳"，撤销了李鸿章对王大经的保举。次年 4 月，李鸿章又"以安徽无外补道缺"，援案奏请将王大经"改发邻近军务省份"。朝廷同意将他"改发江苏，归原班补用"。1865 年，李鸿章署理两江总督，旋令王大经署理江苏按察使。次年 2 月初，李鸿章再以王大经"办事实心，劳绩久著"，奏请朝廷"仍准赏加盐运使衔，以示鼓励"。当年李鸿章即以"操守廉介"为由，实授予王大经江安粮道之职②。后来，王大经还担任过湖北按察使、署理湖北布政使等官职。

三、坐控饷源的郭柏荫

郭柏荫出生于嘉庆十一年（公元 1806 年），字远堂，福建侯官（今闽

---

① 《李文忠公全集》，奏稿卷 2，第 41～42 页。
② 《李文忠公全集》，奏稿卷 9，第 74 页；卷 10，第 42 页。

侯）人。1832 年考中进士，选为翰林院庶吉士，三年散馆授编修，曾任浙江、山西、京畿道监察御史。1840 年清政府考察在京城任职的官员时，被列为一等，军机处记名以道府用，并升任刑科给事中，负责稽查户部库银。累次上书言事，建议清政府加强对台湾的统治，禁止福建海口走私鸦片，不准内地栽种罂粟。后被外放为甘肃省甘凉道道员。1843 年，户部银库亏缺事被揭露出来，清政府以郭柏荫负责稽查银库期间未曾检举，将其革职，并责令其分赔。郭柏荫缴足其所承担的赔款份额后，被降级调任为主事。经此打击，郭柏荫一度对仕宦前途丧失信心。

太平天国起义后，郭柏荫在原籍会办福建全省团练。先因攻克厦门之功绩，朝廷赏给四品顶戴，命其以员外郎选用。后以防守延平有功，升为郎中。至 1859 年，团练事告一段落，又被赏加三品衔、赏戴花翎。

1862 年，郭柏荫奉命晋京，慈禧太后召见之后，将其派往安庆军营，交钦差大臣曾国藩委用。李鸿章带兵援沪、接任江苏巡抚，又将他调至上海，委派他襄办江苏牙厘，替淮军筹措军饷。次年任江苏省苏松常镇太粮储道，不久又升任江苏按察使。1863 年 12 月，淮军占领苏州，郭柏荫主持善后事宜，安置难民，清理街道，整顿社会秩序，平复战争创伤，处理得井井有条。李鸿章甚为满意，称赞他"老成雅望，于苏州善后懋著勋勤"，为他奏请二品顶戴。已"奉准在先"，吏部议复时"以未请特旨见斥"。李鸿章写信给以江苏布政使署理江苏巡抚的刘郇膏，表示："此鄙人之咎，自应再行附恳"，要他转告郭柏荫"顶戴未便遽换，俟奏定当再转行知照"。同时请他安慰郭柏荫，劝他"勿以介意"①。

1865 年 6 月，江苏籍京官内阁学士殷兆镛、给事中王宪成因李鸿章"未送川费，未寄炭金"，挟嫌攻击，先后上折奏称：李鸿章"抗违朝命而不

---

① 《李文忠公全集》，朋僚函稿卷 6，第 26 ～ 27 页。

顾，恃功朘民"①，在江苏各地遍设局卡，抽捐收厘，"茶棚桌子、赌场桌子、点心、剃头担、粪担日捐数千文至数十文，并有妓女捐名色"，"岁可收银四千万两"，"官亲、幕友、游客、劣绅争充委员"②，擅作威福，实在是"罪不容诛"。李鸿章见折后，气得大骂"吴人昧良至此"，"甫脱寇难，而我军几遍天下，巨绅乃倡为诬谤，尚有人心哉！"③刘郇膏、郭柏荫等人人自危，在给李鸿章的信中甚至有"官斯土者何以自白于天下"之叹。曾国藩也颇为感慨地说："惟末世气象，丑正恶直，波澜撞激，仍有寻隙报复之虑。"又劝慰李鸿章说：李氏"兄弟荣戟，功业烜赫，高明之家，鬼神亦忌"，当然会惹人羡慕，遭人妒恨，很容易招致物议。"苟非极有关系，如粪桶捐、四千万之类，断不能不动色相争。此外少有违言，即可置之不问"，"总宜处处多留余地，以延无穷之祜"④。李鸿章到底按捺不住，在复奏时，怒斥殷兆镛"以苏属巨绅为贵近之臣，不以国家大局为念，乃倡为浮议，肆口诋诬，上以眩惑朝廷之听，下以鼓动愚民之气，远近传播，使有藉口，以遂其背公蔑法之私。臣固不能不寒心，以后官斯土者更无所措手矣"。并进一步指出："中国虚弱至此，士大夫习为章句帖括，辄嚣嚣然以经术自鸣，攻讦相尚，于尊主庇民一切实政漠不深究，误訾理财之道为朘利，妄拟治兵之人皆怙势，颠倒是非，混淆名实，论事则务从苛刻，任事则竞趋巧伪，一有警变，张皇失措，俗儒之流弊，人才之败坏因之，此最可忧。"要求皇上"于用人、听言二端推求实济，坚持定见，务为远大之谋，深维富强之术"⑤，以消除内患、杜绝外萌。同时，李鸿章还安慰刘郇膏、郭柏荫等说：殷兆镛等人的奏折"捏造名目，殊为可恶。至厘卡之密，东南数省略同。少见多怪，不识时务，奚足与

---

① 《李文忠公全集》，朋僚函稿卷6，第34页。
② 《李文忠公全集》，奏稿卷9，第3、4、1页。
③ 《李文忠公全集》，朋僚函稿卷6，第34、27页。
④ 《曾文正公全集》，书札卷24，第43页。
⑤ 《李文忠公全集》，奏稿卷9，第5、6页。

较！"声称："其咎与怨，皆鸿章一人任之，诸公尽可以自白。"且他们"以半省之兵供天下各省之用，又以半省之厘供分防本境及援剿各省之饷，又何不可自白、不可共白耶！"并颇为坚定地表示："做一日官，带一日兵，即办一日厘捐。"哪怕朝廷命其至前敌督剿，亦"必请责成后来者为办厘饷，否则必另拨有著之饷。否则，撤军弃官可耳"①。清廷也很快颁下谕旨说：殷兆镛等"徒以离奇荒唐之词率行奏陈，冀图耸听，假公济私，要誉乡党，本应治以妄言之罪，惟当此言路宏开，若遽予严谴，恐抒陈谠论者转因而有畏阻之心"②。虽未对殷兆镛等加以惩处，却明确肯定"厘卡断不可裁"。李鸿章在抗争获胜后，又进一步宽慰刘郁膏、郭柏荫等人说：他在向朝廷复奏时，折内即有"不累及司道"等语，此事无论将产生什么样的后果，都由他独力承担，"怨固独任，谤亦独受"，只希望他们"随时确查弊端，就近整顿，以匡弟所不逮"③。

1866年5月，郭柏荫升任江苏布政使，并护理江苏巡抚。江苏与浙江交界地区，民间常有人备制小船携火枪在太湖水域打水鸟，一般称之为枪船。当时，有操枪船为业的卜小二父子聚众横行，郭柏荫会同浙江巡抚马新贻派兵剿办，擒获40余人，杀了卜小二父子，下令禁止使用枪船名目，并查验所有船只，一一编号烙印，以便约束。

次年2月，李鸿章调任湖广总督，但他当时正在前线督师剿捻，一时无法到任。为了牢牢控制湖广与两江这两大粮饷基地，他设法让朝廷将其兄李瀚章由湖南巡抚调任江苏巡抚，暂时留在湖北署理湖广总督。郭柏荫于当年4月升任广西巡抚，11月调任湖北巡抚，却一直被留在江苏署理江苏巡抚。直到1868年1月李鸿章的亲信丁日昌由江苏布政使升任江苏巡抚后，才腾出郭柏荫，让他至武昌就任湖北巡抚，时已改任浙江巡抚的李瀚章也才

① 《李文忠公全集》，朋僚函稿卷6，第27页。
② 《大清穆宗毅皇帝实录》卷144，第36～37页。
③ 《李文忠公全集》，朋僚函稿卷6，第32页。

得以赴任。

郭柏荫一到武昌，立即以湖北巡抚兼署湖广总督，利用职权积极为淮军筹措粮饷。当时，因太平天国已被镇压，各省大量裁撤兵勇。会党首领萧朝贵派人分布于湖北黄梅、武穴、龙坪等地，招集散勇入会。郭柏荫派兵前往镇压，萧朝贵被其部属所杀。为了防患于未然，郭柏荫进而奏称：汉口为"华洋杂处"之地，常有会党厕身其间，每遇裁撤兵勇，则"散布谣言，勾结入会"，拟于武汉、襄樊分设"遗勇局"，凡是在湖北境内的散勇，"均令赴局报名，雇船押送回籍"，"庶无业之徒可归乡里，不致流而为匪"。同时，郭柏荫还派兵捕杀各地"教匪"，"京山吴世英、蕲水冯和义、沔阳刘维义次第擒诛"。另外，湖北原先主要食淮南所产之盐，太平天国占领南京后，因"运道梗阻"而"改用淮北票私暂济民食"，淮南盐"销路遂滞"，时长江航路已通，郭柏荫又奏准恢复淮南盐销路，"禁淮北票私，停北盐抽课"。襄阳、郧阳、德安三府兼销山西潞盐"亦一律禁止"①。

1868 年秋，剿捻军事结束。10 月，李鸿章进京觐见皇太后与皇上，然后经南京赴湖北就任湖广总督。途中曾于次年 1 月致函护理湖北巡抚何璟说：淮军大部将调往湖北，"须俟鄂军腾出饷额，仍食鄂饷为是"，要求他与郭柏荫将湖北现有军队大加裁撤。并说自己准备"在皖度岁，开正即奉母西上"，"幕中如有折奏、刑、钱熟手，品学可靠者"，希望能商同郭柏荫"代为敦请"②。

李鸿章到任后，郭柏荫即于当年夏天进京觐见。李鸿章曾写信给在军机处任职的朱学勤，代为了解慈禧太后与朝中权要们对他的评价。郭柏荫中途专门探望了时任直隶总督的曾国藩，回鄂后曾与李鸿章谈起曾国藩的长孙"病痢未愈"。当年湖北发生水灾，郭柏荫派员赈济灾民，以纾民困。

---

① 《清史稿》第 40 册，第 12252、12253 页。
② 《李文忠公全集》，朋僚函稿卷 8，第 56～57 页。

1870 年 8 月，李鸿章调任直隶总督，李瀚章由浙江巡抚升任湖广总督，旋于 12 月进京觐见，郭柏荫再度署理湖广总督。次年，湖南会党起事，攻克益阳、龙阳等地，郭柏荫曾派兵前往，协同镇压。

郭柏荫年长于李鸿章 17 岁，又是前科翰林，李鸿章尊称之为"前辈"。但郭柏荫却心甘情愿地做李鸿章的助手。自进入李鸿章幕府，至出任封疆大吏，无论是留苏，还是赴鄂，郭柏荫都尽心尽力地为淮军筹措饷需，为淮军的发展做出了重要的贡献。相交日久，郭柏荫对李鸿章的生活习惯也相当了解。他知道李鸿章喜欢在夜间办公，曾多次写信劝其"夜分须眠"，把公务挪至白天处理。1873 年 6 月，李鸿章给郭柏荫回信说：来信"细字行书，圆劲秀润，益征老福之无量"。而自己与其相别才四年，已"髭鬓皆霜，目光顿花，看书作字非镜不可"。自叹"蒲柳之质能无对松乔而增恧耶！"并说，早蒙诫以早眠，"来示更拳拳及此，弥感爱我之厚"。自从听了他的劝告，"年来已定约子初就枕"，但因"少壮迟眠，积习已惯，往往伏枕至丑后始可熟睡。然闭目静息，精神较旺，其得力于箴规者多矣"。①

1874 年 1 月底，郭柏荫以生病为由，辞去官职，回福建原籍养老，后于 1884 年春病死，终年 79 岁。

四、军火专家刘含芳

刘含芳出生于道光二十年（公元 1840 年），字芗林，安徽贵池人。自幼父母双亡，由其从兄刘瑞芬教其读书。

1860 年 7 月到 1861 年 6 月曾国藩驻扎于安徽祁门期间，刘含芳赶到祁门湘军大营谒见曾国藩，详细地陈述了自己对当时的战争局势的看法，受到曾国藩的赏识，应邀加入曾国藩幕府。

1862 年 4 月，李鸿章率淮军增援上海，刘含芳与其兄刘瑞芬一同随李

---

① 《李文忠公全集》，朋僚函稿卷 13，第 10 页。

鸿章东下，自此加入李鸿章幕府。尽管当时刘含芳仅有从九品的职衔，但因他聪明伶俐，与李鸿章又有同乡之谊，遂受委派负责为淮军转运军械与粮饷。淮军在苏南镇压太平军期间，曾先后于太仓、无锡等地设立转运局，都由刘含芳具体经办。由于他恪尽职守，始终保障了淮军的后勤供给，被李鸿章累次保举为知县以知府升用。

1866 年李鸿章代替曾国藩督师剿捻，刘含芳仍随李鸿章为淮军转运饷械。起先设转运局于清江，次年夏李鸿章令他移往台庄，准备至沂州（今临沂）设局。随后，又令他由青口转运军械至胶州湾，旋因发现"青口不通内河"，改"由盐河板浦至海州西门乘潮出口径达胶口"①。后来，还曾在蒋坝、张秋、济南等地设立军械所。1868 年春，东捻军覆没，刘含芳被保举为知府，加道员衔。是年秋，西捻军败亡，刘含芳又被列入保案，奉旨以道员用，并赏加三品衔。

1870 年，李鸿章调任直隶总督，随即兼任北洋大臣。刘含芳亦随之来到天津，仍负责北洋驻军的军械供应。当时，"泰西诸国以强武相尚，械器日新无穷"。李鸿章靠使用洋枪洋炮镇压了太平天国和捻军起义，在筹办北洋海防的过程中，自然要大力引进西方的新式武器了。"自是言兵事者，尤以购器、练技为急"。刘含芳在这方面具有得天独厚的条件，他"识性明达，又主军械久"，对洋枪洋炮已经有了比较深入的了解，因而很容易比较优劣，选购一些质量较好的军械。在此期间，每当西方国家生产出新式武器，刘含芳都要设法觅购，从而了解其性能，考察其利弊，以备购用。久而久之，他竟凭自己的摸索，成为北洋首屈一指的军火专家。同时，刘含芳还建议李鸿章在天津西沽购地建造了大大小小 200 余栋库房，专门用以存储枪炮，一般称之为武库。随时由淮军各部选拔将弁，学习演放新式枪炮。并协助李鸿章挑选弁勇赴德国学习军事。考虑到中国的武器弹药若全部依赖外国，遇有战

① 《李文忠公全集》，朋僚函稿卷 7，第 19 页。

事发生，很可能会缓不济急，甚至会被洋人无端要挟，以致贻误战局，刘含芳又建议大力扩充机器局与制造厂，仿制各种弹药，以求"不假外购"即能满足各军需要①。李鸿章还令刘含芳在大沽创建了电气水雷学堂，进而以该学堂培养的学员为骨干，编立水雷营，以加强北洋海防。

1881年，清政府命各省督抚保荐人才，李鸿章即向朝廷举荐了刘含芳，奉旨交军机处记存。稍后，李鸿章又将刘含芳列入请奖案，得赏加二品衔。次年，李鸿章再次以援护朝鲜有功保举刘含芳，被交部优叙。

中法战争后，清政府总结战争的经验教训，以为："陆路各军屡获大胜，尚能张我国威；如果水师得力，互相应援，何至处处牵制？"因而提出："当此事定之时，惩前毖后，自以大治水师为主。"②遂于1885年10月成立海军衙门，任命醇亲王奕谟为总理海军事务大臣，庆郡王奕劻与李鸿章为会办大臣，实权掌握在李鸿章手中。李鸿章乘机大力发展北洋海军，营建北洋海防。

渤海为京、津海上之门户，辽东半岛与山东半岛犹如两只有力的臂膀环抱着渤海。辽东半岛前端的旅顺、大连，山东半岛前端的威海卫，不但形势极为险要，而且隔海相对，成为控扼着渤海入口的天然屏障。刘含芳建议在这些地方设置重兵，以收拱卫京畿之效。李鸿章决定在旅顺营建大型船坞，专供维修海军舰艇之用，把大连建成海军军港，在威海卫设立北洋海军提督衙门，建立海军基地。先后委派刘含芳为鱼雷营总办、旅顺船坞工程局会办。刘含芳亲履实地勘查，估工备料，制订施工方案，督率中外匠役，跋涉风涛，寒暑无间，辛勤劳作，不但按期完成了船坞工程，而且修建了机器厂、弹药库，构筑了炮台、营房，开办了海军医院、水师学堂等配套设施。当时，"鱼雷为海上战守利器，理法精微"，技术要求较高。刘含芳随英、德教

① 《皖志列传稿》卷7，第38～39页。
② 《洋务运动》（二），第560页。

习探讨多年，渐悉其中奥窍，乃"创设鱼雷学堂、艇坞，布置井井有条，俾弁兵操演，日臻精进"，终于"练成鱼雷艇十余号，可备辅翼铁舰之用，为各省所未有"①。1889年4月，刘含芳曾陪同德籍军官汉纳根前往营口勘查，决定在营口增建炮台一座，安设德国制造的克虏伯钢炮10尊。同时还安排北洋军事学堂的学生商德全、段启瑞随同德籍教官瑞乃尔赴德国考察。有人说：李鸿章"既兴立海军，筑炮垒、设船坞、备铁舰、通电线、置鱼雷、开医学、起学堂造士，多由含芳本谋。于是，威海、旅顺、大连湾三口屹然为北海雄镇，工役浩穰，一领于含芳"②。李鸿章也称赞他"熟谙西法，心精力果，于外洋制造、器械及建置工程，均能深研得失"。同时，刘含芳还兼领北洋沿海水陆前敌营务处，"调护诸将，绥辑华夷，专一趋公，不顾徇流俗俯仰。人初或不便，久乃大服"③。还参与创办天津武备学堂，架设天津至保定、上海的电线。全天翮所撰《皖志列传稿》称："终鸿章之在直隶，事倚含芳办，若左右手，留天津十四年，屯旅十一年。"刘含芳曾于1888年一度署理天津海关道。刘含芳一直负责为北洋水陆各军筹办军械，先后于北洋各要地"分建水陆师需用枪炮、器械、药雷、子弹各库"，以备实战需用。

1891年，清政府任命刘含芳为甘肃安肃道。李鸿章立即专片奏称："刘含芳历随征剿粤、捻军营，自北洋办理海防，即经臣派赴山东之威海卫相度台垒。旋调驻奉天旅顺口筹办防务、督办船坞及鱼雷营，兼司水陆军械。""旅顺绾毂渤海之口，系北洋门户第一要冲。近年举办海军，尤为根本归重之地，台、坞、厂、库各工，无一不关重要。该道在事最久，实属海防最为得力之员"。"现在旅顺船坞，威海卫、大连湾炮台各工虽已报竣，惟规模甫具，善后一切，头绪纷繁，该道经手事件甚多，骤难更易。"要求朝

①③《李文忠公全集》，奏稿卷70，第35页。

②《皖志列传稿》卷7，第39页。

廷允准"将刘含芳暂留旅顺，俟经手各事清理完竣，再行饬赴本任，以重要防"。随后，李鸿章又上折保举刘含芳道：自办理北洋海防以来，刘含芳被派驻威海卫、旅顺口"先后已阅十年，置炮台、船坞，创设鱼雷、水雷各营，联络将士、讲求操练，海滨苦守，劳瘁不辞，始终弗懈，坚忍卓绝，条理精详，在事最久，情形最熟，功绩最多，实属海防尤为得力、臣军必不可少之人，军事、吏事均深历练，在文员中洵为难得"，请求朝廷予以"优加奖擢"①。

次年，清廷命刘含芳改任山东登莱青道，监督东海关。由于刘含芳经办的事情太多，李鸿章当即"遴派妥员接管"。刘含芳一一交代完毕，直至 1893 年才得赴烟台就任。是年 9 月，李鸿章又奏称：刘含芳原先长期驻扎旅顺"综理水陆营务"，于经办各项事务"均能认真督筹，条理精密"，"艰难缔造，历年最久"。"现值筹办烟台、胶州防务，添筑炮台，与旅顺、大连湾、威海卫南北声势联络"，刘含芳虽然常驻烟台，但烟台与旅顺隔海相望，"兵轮驶赴各口均尚便捷，应仍饬该道兼管营务，于地方公事之暇，随时就近周历各口处，会商各将领，整顿工操，实于海防全局有裨"②。

刘含芳在登莱青道任上致力于整顿吏治，强化保甲制度，协调中外关系，实行恤商政策，稽核税则，清厘税课，以及进行修整街道、疏浚沟渠、兴办医院等社会公益事业，颇受中外人士的好评。

烟台本来即属于北洋大臣的管辖范围，刘含芳又一直兼管着北洋水陆前敌营务处，仍属于李鸿章麾下的重要幕僚，依然一直肩负着为北洋水陆各军筹措军械的重要使命。1894 年，中日甲午战争爆发。7 月 25 日，日本军舰在牙山口外的丰岛海面袭击北洋海军"济远"等舰，击沉运兵船"高升"号。

---

① 《李文忠公全集》，奏稿卷 70，第 35 页；卷 73，第 3 页。
② 《李文忠公全集》，奏稿卷 77，第 15 页。

事后，刘含芳请其他国家的军舰至朝鲜仁川港，救护受伤弁勇三四百人回华。其中有林国祥等18人仍愿"留营效力"，李鸿章令刘含芳将他们送交北洋海军提督丁汝昌"分别安置"。李鸿章还电告刘含芳说：牙山以南也有清军弁兵四五十人，令他查明确实地点，"雇渔船往接"①。9月，李鸿章又令刘含芳与德国商人联系订购鱼雷猎艇四艘。

稍后，赫德向总理衙门报告说，接上海海关密电：日本已派出三支军队，每支三万人，一支开往黄海，另两支不知所向，"日内南北洋恐有战事"。总理衙门当即令李鸿章"分饬各口严防"。刘含芳接令后，马上调所部东海营至烟台加强防守。并亲至阵地巡查，严申号令，稽查奸细。山东巡抚李秉衡募勇五营作为游击之师，令刘含芳觅购德制毛瑟枪、英制来复枪2000支。刘含芳遍询上海洋商，俱无存货，只好电请李鸿章由天津军械局匀拨。

10下旬，一支日军由辽东半岛花园口登陆，从后路包抄大连、旅顺。李鸿章调夏辛酉率领所部嵩武军四营由山东渡海增援旅顺、大连，令刘含芳为他们"预备粮饷、子药"，并要他通知北洋海军提督丁汝昌"派舰迎护"。继又调章高元部八营由登州（今山东蓬莱县）乘轮船至营口登陆，进援旅顺。11月7日，日军占领大连湾。18日，开始进攻旅顺。在此前一日，李鸿章又令刘含芳与盛宣怀"觅雇民船"运米至旅顺。同时，刘含芳还不断派人打探前敌军情，及时向李鸿章报告。

旅顺失守后，李鸿章又开始筹划加强威海卫防务，派"镇海"号轮船运送饷械至威海卫。事先即通知刘含芳：该轮驶抵烟台后，"若前途有阻，即交汝起卸，设法由新开路运威交收"。12月中旬，李鸿章的美籍幕僚毕德格向他推荐另外两名美国人威理得与好为，说他们"能造新式水雷"，可以驾驶雷艇出海，保证能"在洋面轰毁敌船二三只"，现在两人已到烟

---

① 《李鸿章全集》，电稿二，第952、953页。

台。李鸿章令刘含芳"即派妥人伴送至威（海）"①，由丁汝昌与他们具体商办。

　　1895 年 1 月 20 日，日军在山东荣成龙须岛成山头登陆，30 日占领威海卫南、北两岸炮台。同时日本舰队封锁了威海卫军港东、西两出口，海陆军配合，共同围攻港内的北洋舰队。隔日，刘含芳致电李鸿章称：威海卫"事在危急，烟（台）吉凶亦未定，芳夫妇当与地共存亡"。并慨叹："随侍三十四年，未有此次之难也。"2 月 7 日，李鸿章要刘含芳设法向丁汝昌转达他的命令："带船乘黑夜冲出，向南往吴淞，但可保铁舰，余船或损或沉，不至赍盗"即可②。当天，北洋海军的鱼雷艇由威海卫逃出，日舰追至烟台附近的芝罘岛以西，朝着通伸岗方向开炮。刘含芳令炮台发炮还击，日舰将鱼雷艇击毁后，旋即退去。

　　日军击垮北洋海军后，进而占据宁海州（今山东省牟平县）城，前锋抵达竹林寺，"距烟台道署十三里"，炮声已隆隆可闻。当时，山东巡抚李秉衡亦驻节于烟台，"西国诸领事以巡抚在则敌攻之急，于租地不便"，李秉衡遂退往莱州（今山东省掖县）。外国领事亦劝刘含芳退避，刘含芳大义凛然地回答说：巡抚统辖全省军务，不该居险地，自应退走。而我职在守土，"去何之？今死此矣！"③旋又有外籍海关税务司劝告刘含芳曰：若日军进犯烟台，切不可与之开战。否则，不但"于事无益"，还"恐误租界事及伤百姓"。刘含芳义正词严地拒绝道："中国臣子之义与外国不同，能尽其力则尽力，否则继之以死，方为报国。芳去此一步，非死所，当与烟地为存亡。"乃置毒酒两盅于案前，与夫人郝氏每天穿着公服坐在大堂上，"意气坚定，民恃以无恐"。2 月 20 日，刘含芳获悉负责驻守威海卫南岸炮台的清军总兵刘超佩坐民船逃至烟台崮岱山下，当即向李鸿章作了报告。李

---

① 《李鸿章全集》，电稿三，第 1、116、126、178、211、267 页。

② 《李鸿章全集》，电稿三，第 400、417 页。

③ 《皖志列传稿》卷 7，第 39 页。

鸿章回电说：他早已屡次告诫刘超佩"督军严守，溃退即正军法"，但刘超佩仍"弃台逃遁，致刘公岛水陆大受其害"。令刘含芳将其"拿获正法具报"①。时有溃勇数千人由威海卫逃至烟台，手持兵器，鼓噪求食，刘含芳单骑前往收容，安排他们住在腾空的营房里，每日发给薪米，从中挑选携有枪支、仍愿继续当兵者编为四营，其余的补发欠饷予以遣散。"初，西人闻溃兵，甚戒严，俄而散遣，殊出不意，咸称道之。"②李秉衡也大为赞赏。

刘含芳在甲午战争期间虽未立有战功，但他临危不惧，恪尽职守，能将经办的各项事务处理得井井有条，赢得了中外人士的好评。"西国民商相谓曰：使中国主兵皆为邓世昌、守土皆如刘含芳，若者，即何忧日本。"③

中日《马关条约》签订时，本有割让辽东半岛给日本的条款。后因俄、法、德三国别有用心地出面干涉，日本向中国勒索了 3000 万两"赎辽费"后，答应将辽东半岛退还给中国。1895 年 11 月中日签订《交收辽南条约》后，清政府令刘含芳渡海接收日本交还的土地。刘含芳眼见自己劳心瘁力、垦榛辟莽、艰苦经营了 10 余年才建成的拱卫京畿门户的北洋要塞，于今一旦尽被夷为废墟，禁不住悲愤难抑、涕泪横流。

此时，李鸿章早已被革去直隶总督兼北洋大臣职务，专任文华殿大学士，赋闲于京师，毫无职权可言，刘含芳也称病辞职，旋于 1898 年 6 月病死，终年 58 岁。清政府追赠以内阁学士衔。

刘含芳一生追随李鸿章，为淮军的发展和北洋海防的营建奉献了毕生的精力。有人评论说："鸿章谋国，诚宏远有大略，其所尝拔而跻之显列者，亦诚多才士，然如含芳者，人谓真能不负鸿章之知遇云。"④

---

① 《李鸿章全集》，电稿三，第 438、448 页。

② 《清史稿》第 41 册，第 12562 页。

③④ 《皖志列传稿》卷 7，第 39 页。

五、总办北洋军械的张士珩

张士珩约出生于咸丰八年（公元 1858 年），字楚宝，号韬楼，一号竹居，又号冶衲，晚年自号因觉生，安徽合肥人，是李鸿章的外甥。其祖父名张纯，举人出身，与李鸿章之父李文安为嫡亲的姑表兄弟（李文安的姑母嫁至张家，为张纯生母）。后来，两家又亲上做亲，将李鸿章的大妹妹嫁给张纯之子张绍棠为妻，生下张士珩兄弟。

早先，张家比较富有，而李鸿章兄弟六人，求学谋官，开销较大，家藏屡空，以至于经常"奔走称贷"。张纯因为李鸿章之妹十分贤惠，又认为李鸿章兄弟将来肯定会有出息，往往"不待求请，辄资给之"。李氏兄弟"婚宦之需，张氏之饮居多"。①

太平天国起义爆发后，张绍棠曾在家乡办理团练，以对抗太平军。1862 年李鸿章招募淮军时，张绍棠投入亲兵营任职，以军功获得鼓勇巴图鲁称号，官至记名提督。李鸿章督师镇压捻军期间，张绍棠曾与降清的太平天国北王韦昌辉之弟韦志俊联络，共同策划招降遵王赖文光。李鸿章接到他的报告后，复信称：我也赞同对捻军采取"剿抚兼施"的政策，但是，听说赖文光相当狡猾，上年湖广总督官文已令韦志俊招降他，一直没有结果，而今愿意向我投诚是否可靠？"必彼真悔罪，我可贷其一死，解散余党，若其志愿太奢，亦难过于俯就"②。事实上，张绍棠的招降活动也未取得实质性进展。

张士珩的母亲比李鸿章小五岁，自幼即受到良好的家庭教育，嫁到张家后，相夫教子，恪守妇德，对长辈恭敬有加，与姊妹关系融洽，全家上下都十分喜欢她，却不幸于 1867 年中年病亡。张士珩有两个哥哥，大哥张席珍于淮军在苏南镇压太平军期间进入李鸿章幕府，主要负责管理军械，官至候

---

① 《李文忠公遗集》卷 4，第 31 页。

② 《淮系人物列传》，李鸿章家族成员·武职，第 60 页。

补道。二哥张士瑜稍后加入淮军将领刘铭传幕府，刘铭传任台湾巡抚后，于1888 年任命他为清政府台湾煤务局总办。

张士珩自幼即不慕奢华，性格沉静，喜爱读书。10 岁遭丧母之变，"悲哽逾节"。20 岁左右至南京寓居，拜著名学者汪士铎为师，"遂通舆地、辞章，尤习兵家言"。后来不但考中了举人，而且养成了虚心好学的好习惯，平素为人沉稳，遇事有主见，不喜欢高谈阔论。1888 年进京参加会试，未考中进士，便进入了李鸿章幕府。凭着李鸿章这层关系，很快由"军功"被保举为花翎二品衔分省补用道。

是时，李鸿章正在大力发展北洋海军、营建北洋海防，"造端宏大，军械局尤机要"。负责采购、储存、发放北洋各种武器装备的北洋军械局，不仅直接关系到北洋各军实力的强弱与北洋海防的稳固与否，而且经常有大量的银钱经手，李鸿章当然是不会将这一重要差事随意授人的。起先，担任北洋军械局总办的是刘含芳。后来，李鸿章派他到旅顺去主持建造船坞的工程，北洋军械局总办一职交由张席珍接任。不料，几个月后张席珍病死，李鸿章遂命张士珩继任北洋军械局总办，兼管武备学堂。

张士珩深知当时中国的枪炮器械大都购自外国，不但需要大量银钱，而且要经过长途转运，耗费时日，因得来不易而倍显珍贵。每当购得新式武器，"必考辨其形质、度数"，反复研究其性能与使用方法，直至"穷幽洞微"而后止 [①]，于是，很快成为与刘含芳齐名的军火专家。

1891 年 11 月，热河东部的朝阳（今属辽宁）一带民间秘密结社金丹道与在理教发动武装起义，焚烧教堂，戕官毁衙，开狱释囚，"旬日之间，各股响应，聚众数万人，扰害四州县，并敢僭称伪号，盘踞巢穴"。李鸿章奏派直隶提督叶志超督率马步各军数十营前往镇压，"先后大小数十仗"，仅用了一个多月时间，"竟将首从各犯次第殄擒，各股逆匪一律荡

---

① 《皖志列传稿》卷 7，第 39 页。

平"。李鸿章事后向朝廷吹嘘说："向来用兵，未有如此之神速者。"并说：他派候补知府叶御璜募人至各战场共掩埋了二万余具尸体，"则当日鏖战之猛、斩馘之众，可为明证"。借此机会，李鸿章于次年4月专片保举张士珩说：该道员"在北洋当差有年"，平日即"留心时务"，自任北洋军械局总办后，"于西洋各国新式枪炮、子药、器械，均能认真考究，辨别良楛"。历年来，"海防水陆各营及内地分防练军需用外洋新式军械，均由该局筹拨"。该道员经办各项事务，一向"综核精详，有条不紊"。"上年冬间热河教匪作乱，调派淮、练各营同时出口，事机紧急，需用军装刻不容缓"，张士珩"力任其难"，"昼夜赶办"，"凡军中一切利器及紧要物件，无不妥速筹备，立刻应付。各军虽仓猝成行，而器械精良，军火充足，得以迅赴戎机，不至迟延贻误，关系军情大局殊非浅显"。奉调各军开拔之后，张士珩"又复督率员弁，兼程冒险转运，源源解济，俾前敌各营逐日转战，无虞缺乏。故能迅歼巨寇，早奏朕功"。并故意提及，在前敌督师的叶志超也向他汇报说："热河贼匪皆系亡命犷悍，若非枪炮快利、子药应手，断不能以少击众，克日剿灭。而筹虑周详，解运神速，实赖该员一人之力。核其劳绩，与前敌立功诸将无异"，要求予以"破格优奖"。考虑到张士珩当时已拥有"花翎二品衔"，虚衔"已无可再加"，李鸿章很希望朝廷能授以实缺，因而特别强调："张士珩经济阔通，才猷远大，军事、吏事历练颇深，实为文武兼资之选，堪备朝廷任使。此次办理热河军务，功绩尤著，若仅加级加衔，似不足以示鼓励"，要求朝廷"特恩"予以"简擢"①。可见，李鸿章不但非常喜欢他的这个外甥，而且对其仕宦前程也是寄予厚望的。

1894年，中日甲午战争爆发，起初由李鸿章担任清军主帅，张士珩与李经方、张佩纶等以嫡系亲属的身份参与机密，时常与李鸿章策划于密室，

---

① 《李文忠公全集》，奏稿卷74，第14、16页。

商讨战和大局，分析前线军情，研究应对方略。但是，随着淮军于前敌节节战败，李鸿章渐为千夫所指，一般言官普遍认为："此次军务之坏，罪由李鸿章，天下之人无不唾骂。"人们在抨击李鸿章的同时，自然会波及他身边的亲信。于是，张佩纶被驱逐回籍，李经方被诬为日本人的女婿，张士珩当然也在劫难逃。1894 年 12 月，江南道监察御史张仲炘上折弹劾盛宣怀与胡燏棻，折中提到：盛宣怀"去冬串同张士珩，将津局值二百余万之前膛枪炮卖与日本郎某，得价八十万，以些少归公，余皆分用"。光绪皇帝令兵部左侍郎王文锦"确切查明，据实具奏，毋稍徇隐"①。据说，张士珩"独知其隐，辄阴伺之而不肯言"②。当时报章报道说：李鸿章获悉此事后，气得暴跳如雷，亲自动手打了张士珩的耳光。王文锦复奏称：听说张士珩主持北洋军械局期间所卖军械，多被日本人买去。其时，张士珩已逃离天津，不知去向。清政府令署理两江总督张之洞、安徽巡抚福润设法密速查拿。张士珩被迫主动投案，经张之洞等提审后，以玩忽职守的罪名将其革职。张士珩乃"归卧冶山下，扩向所营宅，筑韬楼其中，用诗酒自晦"③。

1902 年，李鸿章的亲信幕僚周馥由直隶布政使升任山东巡抚，看在同乡与同僚的情分上，奏经朝廷批准，将张士珩调至山东主持学务处与参谋处，同时负责筹办武备学堂，并设法为他恢复了二品衔分省补用道的官衔。后来，张士珩因创办武备学堂著有劳绩，受到保举，奉旨交军机处存记。

1904 年，周馥升任两江总督，同样出身于淮系集团的袁世凯时任直隶总督兼练兵处会办大臣，两人会衔奏调张士珩主持江南制造局。张士珩主持江南制造局前后共六年，该局生产的枪械、弹药逐年增加，又增设了矿锈局，能自制锈酸，清廷特旨赏加四品卿衔。旋因筹助巨款，清廷又赏给

① 中国近代史资料丛刊续编《中日战争》第二册，第 22、24 页。

② 《异辞录》卷 3，第 10 页。

③ 《皖志列传稿》卷 7，第 40 页。

头品顶戴。

辛亥革命爆发后，张士珩避居青岛，以研究道教和佛教自娱。

袁世凯就任民国大总统后，周馥的儿子周学熙两任财政总长，曾于1915年3月任命张士珩为造币总厂监督。几个月后，张士珩即因病去职。"又趣其入都，谢不往"[①]。于1918年病死，终年约62岁。著有《弢楼文集》，编有《刘葆真太史文集》。

① 《皖志列传稿》卷7，第40页。

第七章　洋务干将丁日昌、盛宣怀

李鸿章是晚清著名的洋务派官僚。自他登上中国近代社会政治舞台后不久，即大力倡导了学习西方的洋务运动，并为此而倾注了大量的心血。李鸿章主持创办了一批军事工业、民用企业、近代陆海军、西式学堂，并向西方国家派遣了留学生，组织人力翻译西方书籍，全面地推动了中国社会的近代化。为了兴办洋务事业的需要，李鸿章幕府中网罗了一批具有近代意识的洋务人才，从方方面面推动着历史车轮的前进。其中，对中国近代社会问题认识比较透彻、最具有实干精神、对中国社会近代化贡献较大、因而最受李鸿章赏识的要数丁日昌与盛宣怀。

一、志同道合的丁日昌

丁日昌出生于道光三年（公元 1823 年），字禹生，一作雨生，广东省丰顺县人。早年曾考中秀才，选为贡生，纳捐获得儒学教官职衔。1847 年在丰顺县汤坑圩建立蓝田书院。1854 年，在家乡办理团练，数次击退潮州（治所在今广东省潮安县）"土寇"。三年后被任命为琼州府（今海南省）儒学训导。1859 年，因功升任江西省万安县知县。丁日昌对清代律例素有研究，特别善于审断案件，到任仅数月，即将该县历年积压的案件清理完毕，初次显示了在吏治方面的才干。广东巡抚以其比较能干，曾将其奏调到广东办理涉外事务。旋又回江西署理庐陵县（今吉安市）知县。1861 年，太平军攻克吉安府（今吉安市），丁日昌与知府曾咏同时以失守城池罪被革职。两江总督曾国藩很快将其奏调至湘军大营，委派他办理厘卡，先为他恢复了原来的官衔，旋又为其请加同知衔。丁日昌在曾国藩幕府期间，曾上书谈论江西吏治与丁漕利弊情形，拟订了丁漕减收章程数十条。

李鸿章在曾国藩幕府中即了解了丁日昌的才干，受命募练淮军、救援上海之先，曾商调丁日昌随行而未能如愿。稍后，在前线督率湘军与太平军作战的曾国荃也想调用丁日昌，曾国藩写信给他说："丁雨生笔下条畅，少荃（李鸿章字少荃）求之幕府相助，雨生不甚愿去，恐亦不能至弟处，碍难对少荃也。"①

1862 年，曾国藩奏派丁日昌赴广东办理厘金。恰值广东高州"军情吃紧"，署理两广总督晏端书奏请将丁日昌暂时留在广东提督昆寿的军营中"筹度攻剿，督办火器"。次年春，李鸿章行文广东地方当局，咨调丁日昌至上海"专办制造事宜"。晏端书复文以"暂留二三月，再令赴沪"，加以拖延。李鸿章"又节次咨札交催"。丁日昌见李鸿章如此推重，当然也希望能得到他的重用和提拔，随即向他禀报："在粤先后铸造大小硼炮三十六尊、大小硼炮子二千余颗，均已将螺丝、引药配好，足敷应用，各弁兵逐日练习，施放得法，可期制胜。"当年 10 月初，李鸿章遂据以奏称："丁日昌学识深醇，留心西人秘巧"，前被广东大吏"委办粤省火器，业经竣事"。而李鸿章部淮军正在进攻江苏省城，"所需军火，刻不容缓"。现虽已雇用洋匠仿制洋枪洋炮，"恐制造未甚如法，宜集众思，以收兼长"，要求朝廷"饬下广东督抚臣，速令丁日昌起程来沪"②。

这年春夏间，李鸿章已令投效淮军的英国人马格里在上海附近设立了一所西洋炮局。丁日昌一到上海，李鸿章立即令他与韩殿甲又在上海分别设立了两个洋炮局。

李鸿章既然要重用丁日昌，当然首先要大力加以提拔。1863 年 12 月，淮军攻占无锡，刚到上海的丁日昌即被列入保案，获得直隶州知州衔，并赏

① 《曾文正公全集》，家书卷 7，第 59～60 页。
② 《李文忠公全集》，奏稿卷 4，第 44 页。

戴花翎。次年 5 月，淮军攻克常州府，李鸿章又将丁日昌保举为知府。7 月，湘军攻陷南京，李鸿章再次举荐丁日昌为道员，留江苏遇缺即补，并当即令其署理苏松太道。时，总理衙门以李鸿章设局制造火器"已有成效"，奏准由京师火器营内选派"曾经学制军火"的护军参领萨勒哈春等弁兵 48 人，前往上海"一体学习"。李鸿章令丁日昌"妥为照料"，将他们分别安插在丁日昌、韩殿甲、马格里主持的三所洋炮局内，"随同匠作，劳身苦思，究其精微"①。

当年，丁日昌向李鸿章呈递了一份"密禀"，首先分析中国所面临的问题说："古今中外互市，彼实窥我有事之秋，多方挟制。"最近湘军攻下了南京，消灭了太平天国政权，"大难克平而元气未复，不得不虚与委蛇，而亦不可不熟思所以自强之策"。进而指出：必须正视西方国家"船坚炮利"这一事实，"外国之长技在此，其挟制我中国亦在此"。中国的国门已被西方殖民者的重炮轰开，闭关自守的时代已经一去不复返了。"既不能拒之使不来，即当穷其所独往。门外有虎狼，当思所以驱虎狼之方，固不能以闭门不出为长久计也"。因而建议李鸿章"建设制造夹板火轮船厂"，"以裕财源而资调遣"。李鸿章对丁日昌的意见十分重视，称赞他"识议闳远"，当即将他的"密禀"抄呈总理衙门，并进一步加以发挥道："各国洋人不但辏集海口，更且深入长江，其藐视中国，非可以口舌争，稍有衅端，动辄挟制。中国无一足恃，未可轻言抵御，则须以求洋法、习洋器为自立张本。"表示将着手筹建"外国船厂"，计划"以广购机器为第一义，精求洋匠为第二义"。希望当时主持朝政的管理总理衙门大臣、恭亲王奕䜣能够予以支持。总理衙门复函称：丁日昌的密禀"实能宣本衙门未宣之隐"；李鸿章有关设立船厂的打算"尤为切中机宜"，其"函内'求洋法、习洋器，为自立张本'之语，深心已露端倪，仍希随时悉心筹酌，其一切章程及如何筹划经费之处，统由阁下通盘

---

① 《李文忠公全集》，奏稿卷 7，第 17、18 页。

核计入告"①。

李鸿章经与丁日昌商量，觉得若制造轮船、枪炮、弹药的机器全部从外洋购买，耗资费时，不如就近在上海访购现成的机器厂较为简捷。随由丁日昌出面以六万两白银的价格买下了设于虹口的美商旗记铁厂，并入丁日昌、韩殿甲主持的两所洋炮局，于 1865 年夏秋之间正式创立了江南制造总局。李鸿章委派丁日昌负责督办该局一切事务。

1865 年 5 月，捻军在山东曹州（今菏泽县）高楼寨击毙清军统帅蒙古科尔沁（今属内蒙古）亲王僧格林沁。清政府急令李鸿章派兵携带"落地开花炮"北上，同时提出："丁日昌能否令其北上？如该员不能离沪，即另派妥员带领熟谙制造火器之匠役数人赶紧前来。"后来又令李鸿章在筹办江南制造总局时，"宜就厂中机器仿造一分，以备运津，俾京营员弁就近学习，以固根本"。计划由时任三口通商大臣的崇厚具体负责，建立由满洲贵族直接控制的军事工业，以避免汉族官僚垄断新式军火的生产，加深外重内轻的局面。李鸿章从内心里看不起满洲贵族，认为："崇公及总理衙门庸鄙无远识"，根本不足以承担创办新式军事工业的任务。因而，他先是奏称：已派"常镇道潘鼎新统领所部淮勇十营，内有开花炮队一营，由沪航海赴津"，"潘鼎新此行约携带大小开花炮子一万余颗，苏、沪各局存储尚多，仍可随后运济，北路纵有大战事，足供施放"②。言外之意是清政府根本不必于北方另行设立新式军事工业。同时指示潘鼎新："天津设局制造，奏中姑宕一笔，俟弟到直，如再有旨催，容与雨生商办"，崇厚等"如太外行，或多批斥，即作罢论"③。后来又奏称：朝廷令其准备运送天津的机器，"现拟督饬匠目随时仿制，一面由外购求添补。但器物繁重，外穷年累月不能成就，尚

---

①《海防档》丙，机器局（一），第 4、5、3、6 页。

②《李文忠公全集》，奏稿卷 8，第 52 页；卷 9，第 33 页；卷 8，第 53 页。

③ 年子敏编注：《李鸿章致潘鼎新书札》，中华书局 1960 年 3 月版，第 23 页。

须宽以时日，庶免潦草塞责”①。又函询潘鼎新："天津设局制造一事，崇公如何商议？"表示："彼太外行，或不甚究心，便可从缓。"②其实仍想一拖了之。至于丁日昌，李鸿章已视为心腹，倚为干城，是决不会轻易让他调走的。所以，他在奏折中极为肯定地说："丁日昌到沪年余，情形愈熟，声望日乎。刻值臣军四出援剿，各路粮饷、子药转运接济，根本多在沪上，以及雇备潘鼎新赴津轮船、筹补凤凰山教练勇额、购办外洋军火，在在关系紧要，全赖丁日昌督率筹办，方无贻误，万不能离沪北上。"只是委婉地表示：已饬令潘鼎新到达直隶、山东后，"察酌情形，禀商崇厚等，如应设局制造，即妥议章程，再由臣饬商丁日昌，酌派该局熟练之员，带领匠役器具，由轮船赴津，开局铸造炸弹，以资应用"③。后经朝廷再三催促，他与丁日昌商量后，仍令潘鼎新探询崇厚的意见，"如必须在津设制造炮弹局，诸无掣肘"，他准备商调丁日昌的侄子丁惠安带匠役数人前去开办；"如可不必，即作缓议"④。

　　丁日昌就任苏松太道后，力图刷新吏治，兴利除弊。首先着手整顿海关税收，"将官与吏、吏与商交涉、应酬、供张之费一概裁汰"，令"向例官吏中所获盈余"，"按月一报，以充军饷"。当时，商人运货进出上海海关，"除完税外，在关通事、扦手另有需索款目，名曰包件费"，"若商人稍不如意，则多方留难，以致各商有力者任其诛求，无力者怨声载道"。丁日昌获悉后，立即"传谕严切禁止"。不料，海关"通事唐国华并扦手张灿、秦吉等，于中秋节时，仍向各行栈私收包件规费，实属目无法纪"⑤。丁日昌即令上海县知县将他们逮捕讯办，后经海关总税务司赫德一再说情，乃令唐国华报效白

① 《李文忠公全集》，奏稿卷9，第33页。

② 《李鸿章致潘鼎新书札》，第24页。

③ 《李文忠公全集》，奏稿卷8，第53、54页。

④ 《李鸿章致潘鼎新书札》，第25、26页。

⑤ 丁日昌：《丁禹生政书》上册，海宝全电脑排版植字有限公司1987年8月版，第199、179页。

银 25000 两，张灿、秦吉各报效 7500 两，用于购买美商旗记铁厂。同时，丁日昌又筹集款项，兴修浏河水利工程；免除沙船捐费，以保障海运；禁约州、县书差，不准肆虐扰民；惩办不法官吏，为民除害；禁止赌博，禁止装神弄鬼，提倡节省、俭朴，以移风易俗；禁止在豫园开设茶馆、摆设地摊，谕令在城隍庙后园多栽树木，以美化环境，等等。

丁日昌还不得不把更多的精力花费在与洋人打交道方面。据时人记载："苏松太道者，辖苏州、松江、太仓二府一州者也，然于三属公事，画诺而已，实专驻松江所属之上海县，而为东西各邦交涉之枢纽，故世俗相呼，辄曰上海道。上海道得人则天下治，不得人则天下不治。"① 就是说，办理地方涉外事务是苏松太道的主要职责。当时，各国驻上海领事共有 10 多人，"而交涉辚辚之事以英国为最多，尤以英领事巴夏礼为最难谐际"。丁日昌不畏强暴，据理力争，捍卫了国家的主权，维护了民族的尊严。洋商欲在上海架设电线，丁日昌力予驳阻，洋商不听，仍"擅在浦东插木杆数十里"，丁日昌"密令乡民乘夜拔尽，其事遂寝"。李鸿章赞扬此举为"以柔克刚之妙用"②。英船莫古利号在宁波洋面开炮伤人、抢掠民船，并至不通商口岸代凶犯索取保护费，丁日昌下令将其没收。美国旗昌洋行轮船在草鞋峡撞沉中国盐船，淹死女眷三人，丁日昌照会美国领事，要求立即将肇事轮船"扣留解关，查封备抵"。上海著名土豪陆胜祥"置备洋枪剑戟，私养外国流氓"，"把持乡曲，窝盗分赃，掳人勒赎"，无恶不作，丁日昌令水师营官周志鸿将其秘密缉拿归案，于当夜三更就地正法。同时，丁日昌还要求各国领事将在沪的本国流氓遣送回国，不准洋人在上海城内购买土地，驳回了巴夏礼有关增收码头费的意见，禁止洋商到江苏采购铜斤。此外，"洋泾浜窝藏匪党，业已肃清；（上海）城内洋酋所占宫庙、城门，业已交还；洋泾浜赌场洋商收费以巨

---

① 俞樾：《春在堂杂文》，补遗卷 3，第 14～15 页。
② 《李文忠公全集》，译署函稿卷 13，第 59 页。

万计，业已禁绝；吴淞口俄、英各国所买炮台地基，业已清复；（外商）小轮船进内地，逃捐漏税，业已禁止；高昌庙洋枪队口粮不资，业已改复楚军营制；其余电线、铁路、海关抽厘、会审凤山马路各事，亦皆一一婉行阻止"。"虽无一事遂其所欲，而大致尚不决裂"①。可谓是有理有节，处理得恰到好处。

丁日昌在呈送李鸿章的禀文中称："日昌受事以来，无一事不荷裁成，无一时不蒙训诲，所以屡遇洋务棘手之事，皆得上禀指南，致免倾踬。"②

说明他在办理涉外事务时，完全是按照李鸿章的意旨行事的。李鸿章对办理的结果也相当满意，因而对他愈加信任。有人说：丁日昌任苏松太道时，"鸿章倚以办外交，事有钩棘，徐起应付，率皆就范"③，可谓是切中肯綮了。

当然，对于李鸿章来说，他之所以要重用丁日昌，更主要的还是为了维系淮军的实力。1864 年 10 月，太平天国侍王李侍贤率领太平军余部攻占福建漳州。次年春，李鸿章遵旨奏派福建陆路提督郭松林、遇缺题奏提督杨鼎勋率淮军 16 营援闽，命丁日昌"妥速筹措"军装口粮，并"商雇火轮、夹板等船"，将他们"分起装载前往"；又要他在上海设局负责为援闽淮军筹解军械、粮饷。同时密令其商请英国驻上海领事巴夏礼致书让厦门英领事"约束洋人"，勿与太平军来往。是年 6 月，李鸿章派潘鼎新率部北上时，亦令丁日昌负责"雇备轮船及将来接济军火各事宜"④。淮军攻克漳州时，李鸿章以丁日昌供应饷械及时到位，称赞他"才力过人"，"不避劳怨"，奏请朝廷赏加三品顶戴并三代封典。丁日昌不遗余力地为淮军筹措军火钱粮，保障了淮军的后勤供应，对于淮军的发展也是功不可没的。

---

① 《丁禹生政书》上册，第 183、266、171 页。

② 《丁禹生政书》上册，第 170 页。

③ 《清史稿》第 41 册，第 12513 页。

④ 《李文忠公全集》，奏稿卷 8，第 4、14、46 页。

随后，李鸿章又保举丁日昌为两淮盐运使。丁日昌自到江苏投靠李鸿章，连年加官晋爵，连曾国藩也觉得他升迁过速，曾上折表示反对云："丁日昌以江西知县，因案革职。三年之内，开复原官，洊保府道，擢任两淮运司。虽称熟习夷务，而资格太浅，物望未孚。洋人变诈多端，非勋名素著之大臣，不足以戢其诡谋而慑其骄气，该员实难胜此重任。"[①]

1865 年 11 月，丁日昌就任两淮盐运使。时"值兵燹之余，运道淤塞"，各盐场"半就废荒"，积弊丛生，亟待整顿。丁日昌为了掌握第一手资料，"竭数十昼夜之力，与属吏、商人讲求讨论，始得端倪。凡口之所言，笔之所商，以及委员、绅士之查访，场丁、灶户之供词，凡有关兴利除弊者，无不摘而存之"。并分别轻重缓急，次第施行。首先制定盐务分司功过章程，以便随时考核。规定：凡盐务人员记过 10 次或大过 3 次者，一律"撤委停差"[②]。当时，两淮盐务人员多达 200 余人，丁日昌决定：以考试的方式，于一年之内分四次加以甄别，成绩优秀者优先委用，并增发薪金。同时制定"淮北盐务章程"，俾盐商遵守，勒石永禁盐务人员与地方痞棍需索各项陋规、黑费，禁止盐场官员多带随从任意骚扰灶户，不准盐场虚报产盐数量，严禁贩卖私盐，派员稽查瓜洲船只以疏通河道，禀请上司裁撤炮船捐、减收五河与正阳两卡厘捐以降低盐商的成本。这些措施针对性强，收效快，使两淮食盐产量、销量急剧上升，政府的盐课收入也随之而大大增加。

1866 年春，清政府调令丁日昌赴广东潮州，协助署理两广总督瑞麟处理中外交涉事件。丁日昌上条陈分析了潮州民众与洋人之间形成冲突的原因，提出办理此事时，地方官临民以威宜留有余地、劝谕民众宜曲谅民情、任用绅士宜德才兼顾三条意见。李鸿章当即代为转奏朝廷，并称赞他"识虑甚

① 《曾文正公全集》，奏稿卷 23，第 17～18 页。
② 《丁禹生政书》下册，第 405、373 页。

远"，所拟意见"似尚曲中窾要"①。当年，扬州清龙潭下游堤坝溃决，清廷令丁日昌负责督工堵塞，堤坝合龙后，赏加布政使衔。

次年春，丁日昌被提拔为江苏布政使。上任伊始，即大力兴革，通令属下官员"三节两寿免用红禀祝贺"，不准互相馈送酒席；限令各州县清理词讼，严禁书差乘机勒索；不准佐贰杂职衙门擅受民词，借端要挟；要求各州县公布征收钱粮的"斗则"，革除一切陋规、私费；惩办加收杂捐借以肥己的署理丹阳县知县金鸿保，通令各属限期赶办垦荒事宜，出示劝谕民间停止械斗，下令疏浚省城河道、清理街道、拆除草棚。在任不到一年，成效大著，藩库存银达 20 万两，"此数年未有之事"。丁日昌在处理地方政务的同时，仍将为淮军筹措饷械作为一项重要任务。1867 年 7 月，在山东督师剿捻的李鸿章写信给丁日昌，称赞他"莅任三月，兴利除弊，游刃有余，固见才力精到"；"严惩蠹书，下逮卡员司事、州县书役，综核之密可知"；"自到苏后，只闻誉声，未闻谤毁，是公论尚在人矣"。询问：两江总督曾国藩令丁日昌与厘局为淮军筹解的 10 万两军饷，是否已经拨出？是年"岁收当可中稔，地丁增至二十万之说，必操左券，能尽济饷否？"谈到捻军前不久冲破了清军的运河防线，抱怨"廷旨不深责东抚（当时的山东巡抚为丁宝桢）之疏失，而屡斥鄙人之纵贼，所谓拥虚名而受实祸者"。准备下一步"反守运河，进扼胶、莱，蹙贼登、莱海隅"。要他"在沪购米，将来由海船运胶州口，以济军食"②。

1868 年 1 月，丁日昌升任江苏巡抚，随即奏称："苏省各府城虽经克复数载，而蹂躏已深，元气未能骤复。"为了尽快恢复江苏社会经济，他准备亲自巡视各地，"察看各州、县词讼有无积压，钱粮有无浮收，未垦田亩如何议招徕，失修水利如何议开浚，必使民隐可以上达，然后民困可以渐苏"，

① 《李文忠公全集》，奏稿卷 10，第 15 页。

② 《李文忠公全集》，朋僚函稿卷 7，第 10 页。

并"沿途察访"厘捐征收情形,"严杜中饱","庶上可裕饷,下不累民"。同时,下令清理因太平天国起义而受阻隔的江北地区的积压案件;疏浚了常熟与昭文(与常熟同城而治,后并入常熟)二县境内的白茆河,清河(今淮阴县)与安东二县境内的包家河、民便河、张家河,修整了华亭县(今上海市松江县)境内的海塘工程;再次要求各州、县征收钱漕时制定"科则","将告示遍贴城乡,使愚夫愚妇一目了然,书差不能高下其手";下令豁免淮安府属各县民欠钱粮正杂各款,奏请减免遭受水灾的江、淮各属应征之钱漕;设立书局,刊刻牧令各书,"以端吏治而正人心"[①];奏请续修《江苏通志》。曾上书请求朝廷力戒因循积习,励精图治,并提出了亟求贤才、裁减冗员、增加廉俸、整顿书吏等项建议。

在洋务新政方面,丁日昌曾多次到江南制造总局视察,督饬该局抓紧制造轮船、枪炮;又因总理衙门函催,令江南制造总局代购并配齐"车床、刨床、直锯及卷锅炉铁板机器共八座",运送天津机器局;尝倡议广招华商,购买轮船,经营近代航运业,同时兼运漕粮,"并于入觐时面陈枢廷"。军机处令他与当时同在京师的江西巡抚刘坤一"面议推行,嗣乃因循未就"[②]。又向两江总督曾国藩呈递《内外洋水师章程》,主张"专用大兵轮及招募驾驶之人",建立近代海军。曾国藩上奏朝廷时,称赞他"素有捍御外洋之志"[③]。

当然,丁日昌在江苏巡抚任内仍肩负着为淮军筹措饷械的任务。他尝向朝廷表白:自己"一闻捻匪北窜之信,即迅筹粮饷、军火,陆路由清江转运,水路由天津转运",源源不断地解送前敌。"李鸿章剿平东捻任、赖一股,所有军火、赏恤、转运各款,尤为繁重。盖缘道路愈远,征战愈

①《丁禹生政书》下册,第 411、435、408 页。

②《李文忠公全集》,朋僚函稿卷 12,第 28 页。

③《丁禹生政书》下册,第 459、559 页。

苦，则费用愈繁。"①此时，李鸿章不但将丁日昌倚为淮军的后勤总管，而且引为洋务同调，对他的仕宦前程愈加关切。1868年春夏之交，丁日昌进京觐见，李鸿章迫不及待地向在军机处任职的朱学勤打听朝廷对他的评价如何。

1870年6月天津教案发生，清政府先令时任直隶总督的曾国藩查办，旋因"该督旧症复发，呕吐大作，卧床不起"，又于8月初令"洋务情形向来熟悉"的丁日昌迅速乘轮船由海道赶往天津，"帮同曾国藩办理"。丁日昌当即奏称："论目前之事势，则宜以羁縻为万全；论事后之经营，则宜以自强为根本"；希望朝廷"内则卧薪尝胆，外则虚与委蛇"。进而指出："即一意主抚，亦必先能守，而后能抚。是则暗中防维一端，实为目前切要之举。"并分析道：万一中外决裂，则洋人用兵"定以上海为后路"。力荐"李鸿章频年平捻、平发（太平军不剃头扎辫，封建统治阶级诬称为'发匪''长毛'），而又熟悉洋务，素为洋人所畏服"。建议朝廷或"调李鸿章统兵由江东下，以示彼若无理要挟，则由上海捣其后路"；或"调李鸿章先行移札近畿，以资护卫"②。同时将他的意见函告了李鸿章。李鸿章复信赞扬他"崇论闳议，洞中窾要"。说自己向曾国藩和总理衙门所提的建议，"与遵旨略同"。认为："此案敷衍过去，果为自强之策"，则丁日昌所提出的"大沽海口南北炮台及北塘等处应驻重兵，长江以炮台为经，轮船为纬"等意见应为最善之策。因为"但保津畿与长江，自固根本，彼必不敢轻视，动辄强压"。并慷慨激昂地提出："今当及早变法，勿令后人笑我拙耳。第此等大计世无知而信之者，朝廷无人，谁做主张？及吾之生不能为，不敢为，一旦死矣，与为终古已矣！"声称"微足下无以发吾之狂言"，嘱咐他"幸勿示人"③。由此可见李鸿章的自负以及他对丁日昌的信任之深、推崇之高、期望之殷。

---

① 《丁禹生政书》下册，第431页。

② 《丁禹生政书》下册，第557～558、560页。

③ 《李文忠公全集》，朋僚函稿卷10，第21、22～23页。

丁日昌到达天津后，曾"穷搜力索"，认真捕拿人犯。但法国驻华公使罗淑亚尚要求以天津知府张光藻、天津知县刘杰为遇难的洋人偿命。丁日昌向朝廷建言："理所能允之事，先为认真妥办；然后理所不允之事，方可与之力持。若议抵、议赔之后，而彼族犹要求无厌，似可邀齐各国公使与之评理"，且可"钦派大员出使各有约之国，宣布其无理，邀众国而共责之"。并分析天津教案形成的原因说：天主教在华势力"以莠民为羽翼"，"凌虐乡里，欺压平民。官吏志在敷衍，但求无事，而不求了事，又不敢将百姓受屈之处与领事官力争"，遂使"百姓怨毒积中"。此次天津民众"目击官长被洋人放枪，因而聚众奋殴者，则事出有因，不能不谓之出于公愤"。强调：对于外国来华的传教士，"固不能不照章随时保护，然亦不能任听作奸犯科"。要求朝廷"饬知中外通商衙门"，"于今年续修条约时议明，教主不准滥收莠民，干预词讼"①。这些意见体现了一定的主权意识，对于抑制西方教会势力、缓解民教冲突，都是很有价值的。可惜，清政府并未予以足够的重视。

清政府担心西方国家会以天津教案为借口，挑起新的侵华战争，当即令前往陕西镇压回民起义的李鸿章立即率领淮军赶回京畿一带驻扎。8月下旬，两江总督马新贻遇刺身亡，清廷令曾国藩回任两江总督，让李鸿章接任直隶总督。9月，清廷又令李鸿章前往天津，会同曾国藩、丁日昌等办理天津教案。李鸿章当即致函曾国藩称："雨生似须全案了结，再取进止。"当年12月，丁日昌丁母忧去职，曾国藩当时曾与李鸿章商量，准备奏留丁日昌"督办铁厂、襄办洋务"，以为己助。李鸿章回信说："雨生之事，早在意中，失此右臂，诚为寡助。"前些天在天津时，"曾以私意商及"，他表示"似可暗助，而不可明帮"。现在他正准备"扶榇回粤"，若贸然奏留，"即蒙廷旨允行，雨生必不肯就"。应待其回乡安葬了母亲之后，再与之相商，"能诏令寄

---

① 《丁禹生政书》下册，第561、562、564页。

居金陵（即南京）"，即可代为出谋划策。丁日昌走后，李鸿章曾在写给福建巡抚王凯泰的信中谈及："雨生奉讳回粤，侯相（指曾国藩）欲留办洋务，毅然辞决，弟未能劝驾。当代深悉外情、留心此事者更少矣！"①言下有不尽的惋惜之意。

丁日昌身体一直不太好，奉旨兼程北上，中途"复患旧日吐血之症"，一时未能复原，加之母亲年老体弱，也使他放心不下。李鸿章与其在天津相见时，即感到他因"思亲迫切而神气急躁，毫无春容自得之度，更逊曩昔"，且"由于体弱多病，不耐烦忧"。母亲去世后，"哀怆过情，内伤愈甚"，以至于"诸疾繁兴"②。另外，丁日昌"慷慨敢任事，操守耿公，嫉恶若仇"③。在江苏做官期间，全面革除弊政，惩贪官，纠墨吏，"除豪猾"，雷厉风行，不讲情面，得罪了一批官绅；此次办理天津教案，又被指责为软弱媚外，遭到弹劾。一时颇觉心灰意冷，不愿马上涉足官场。李鸿章说他"肥遁不出"，但对他的不幸遭遇却十分同情。1871 年 6 月在写给福建巡抚王凯泰的信中问及："雨生在揭阳，尚常有信否？"慨叹："其才力过人，而不蒙时誉，可惜也！"丁日昌获悉后，立即写信给他说：自己近来"目障渐开，足肿渐愈"，病情已有好转，目前每天都在研读经史古文，准备刊刻《枪炮图说》《地球图说》等书。李鸿章复信称："经史古文日课精严，不独可养身病，兼以涵养心气"；"读书养气，视服药当更征验耳"。《枪炮图说》板六箱谨已拜登，珍同珙璧，序言、凡例尊处如已脱稿，便中驰寄，兄少暇当另作小序弁之一并付雕，奚敢掠人之美！《地球图说》理大物博，望仍悉心校勘发刻"。同时寄去了珍贵的药品，信中说明："辽参近为俄人占购，佳品殊为难得，检箧中尚存若干，分寄四两，差可服用；关茸二枝，内有尤佳者，敬祈察收；如服之有效，当再觅寄，此间力足致之。"提醒他："破泻药

① 《李文忠公全集》，朋僚函稿卷 10，第 24、27、36 页。

② 《李文忠公全集》，朋僚函稿卷 11，第 8 页。

③ 《近代名人小传》，丁日昌。

不可多服，致伤元气。"复对其劝勉道：前此弹劾他的奏章，"中外传为笑柄，虽快一时谗慝之口，自有千秋直道之公。吾弟才识、心力十倍庸众，岂终为山中人哉！此等毁誉，不过缘非科目、翰林而起，今世乏才，岂乏翰林、科目耶"！又告诉他：日本即将遣使来华议约，谣传法国尚"有发兵重理前事之说"。提出："粤海于彼中消息较近，仍祈随时查探确情，如有紧要事件，专足附轮舟转递，似甚迅速。"并声称：他们俩是"江湖廊庙，共此殷忧"①。

次年10月，李鸿章又写信询问王凯泰："雨生起复有期，闻无意出山，确否？"两天后，他即收到了丁日昌的来信，说："天下大局日难一日，人才风尚日坏一日"，还是不做官比较清静，打算于丁忧期满时"函请当道代陈病状"，就此脱离官场。李鸿章复信说他"实已勘破机关"，"执事当官时，常郁郁不自得"，自被弹劾后，"意绪更灰"，"用行舍藏，就执事所处地步，不得不尔"。十分感慨地说自己"名位忝居众人之上，苟且枝梧，随俗浮湛，势亦无所建白，乃知湘乡（指曾国藩）晚年常存去之若浼之思，非得已也"。认为："文（指大学士、军机大臣文祥）、沈（指军机大臣、兵部尚书沈桂芬）今之秉钧，既深知阁下吏治、洋务冠绝流辈，当破群议而起之；不然，则口誉而腹诽。他人言之，有似佞妄也。"同时指出："电线由海至沪，似将盛行中土，若竟改驿递为电信、土车为铁路"，大致还可以与西方国家相持。可惜当时很少有人能懂得这一点，"闻此议者，甚少不咋舌。吾谓百数十年后，舍是莫由，公其深思之"。又说自己前不久上疏讨论轮船事务时，曾建议"裁沿海师船，试开煤铁矿，总署（即总理衙门）已不敢置议，梦梦可知"。坚信：中国"但自开煤铁矿与火车路，则万国蹜伏，三军必皆踊跃，否则，日蹙之势也"。并针对当时的人才状况评论道：淮系集团中，王凯泰、钱鼎铭、张树声、刘秉璋等"联翩而起，不可谓非才，仅比于乡党自

---

① 《李文忠公全集》，朋僚函稿卷11，第6、8、9页。

好之流，孰是忧国如家、视远若近者？其余更不可知"①。就是说，他认为这些人的识见、才干，都远远比不上丁日昌。次年，李鸿章在写给潘鼎新的信中又提及："雨生来年亦当循例出山，此才究胜时辈，乃憎多口，岂有真是非耶！"②

1874年5月，日本派兵侵略台湾，引起了清朝统治者的警觉。11月，总理衙门提出了一些加强海防的办法。丁忧在籍的丁日昌也请广东巡抚张兆栋代为奏陈了所拟的《海洋水师章程》，主张筹建北洋、东洋、南洋三支海军，每支海军配备大兵船6艘、炮船10艘，各设提督一人，北洋海军提督驻天津，东洋海军提督驻吴淞，南洋海军提督驻南澳，分段负责沿海防务，每半年会操一次，以期"三洋联为一气"。清廷令各省将军、督抚发表意见，引起了一场有关海防与塞防的大讨论。李鸿章复奏时积极支持丁日昌的主张，声称：三洋海军共配备大小兵船48号，"自属不可再少"，另外每支海军尚"须各有铁甲大船二号"；同时采纳丁日昌的意见，令沿海各省"将旧置及新添红单、拖罟、艇船、舢板等项分别裁并，专养轮船，以免虚糜而资实用"。"若因创设铁甲兵船等项，须责成大员督筹经理"，他极力推荐丁日昌与前任江西巡抚沈葆桢"皆究心此事，熟悉洋情，似堪胜任"③。并力主裁撤西北塞防以加强东南海防。

稍后，丁日昌又草拟了《海防条议》，请李鸿章代为上奏。李鸿章"披读再四"，称赞他所议"逐条皆有切实办法，大意似与拙作一鼻孔出气，而筹饷条内推及陆路电报、公司、银行、新疆铁路，用人条内推及农商受害须停止实职捐输，此皆鸿章意中所欲言，而未敢尽情吐露者，今得淋漓大笔发挥尽致"，"虽令俗士咋舌，稍知洋务者能毋击节叹赏耶"！当时，朝廷已宣召丁日昌进京。李鸿章提及：前在京城会晤军机大臣文祥、李鸿藻时，二人

① 《李文忠公全集》，朋僚函稿卷12，第25、26页。

② 《李鸿章致潘鼎新书札》，第88页。

③ 《李文忠公全集》，奏稿卷24，第17～18、23页。

"皆询执事何时北上"。劝他"际此时艰，亟应投袂而起，毋再濡滞观望，致滋疑议。至于用行舍藏，其权仍操之自我，如到京后所议不合，或用违其才，尚可从容辞退也"①。

　　1875 年春，丁日昌进京觐见，一度闲置京师，得以结识时任刑部右侍郎的翁同龢，两人换帖结拜为兄弟，丁日昌年长，"以兄自居"。6 月底，朝廷令其赴天津与李鸿章"商办事务"。李鸿章旋即以其"熟悉洋务，操纵悉合机宜"，"素为洋人所敬服"，推荐他担任与秘鲁换约大臣，并让他于换约时照会秘鲁使臣，"令将以前虐待华人各情弊严为禁革"②。换约事毕，丁日昌因朝廷并未任以官职，遂称病"乞假回籍"，与李鸿章约定"明岁北来"。李鸿章颇为无奈地说：朝廷"用之既不能尽其才"，丁日昌"亦遂不为世用"。丁日昌尚未及成行，朝廷又令他会同李鸿章商办马嘉理案。9 月，李鸿章推荐丁日昌出任福州船政大臣。丁日昌本不愿屈就，经李鸿章"再三劝驾"，"感知己推毂之雅，亦觉谊不容辞"。不料吐血之症复发，"寝食大减"，乃准备先"吁请回籍就医"。适朝廷命下，他与李鸿章"相对踌躇"了好一阵子，还是勉强赴福州上任去了。李鸿章曾致函福建巡抚王凯泰，要他商请丁日昌代为筹办机器采煤与架设福州至厦门间电线等事。丁日昌到任不久，即写信告诉李鸿章："闽中同僚水火过深，万不可以久居"，表示"明春决意辞退"。谁知王凯泰因在台湾感染了瘴疠，竟于当年 12 月病死，朝廷遂命丁日昌接任福建巡抚。李鸿章获悉后，颇为担心地说：丁日昌"乃真除是席，义无可辞，事更难处，转代悬虑"③。关切之情，溢于言表。

　　丁日昌当即上奏"力辞闽抚"，朝廷当然不准。他写信给李鸿章，表示"尚欲为再三之渎"。李鸿章反复劝阻，建议他"另请船政替人，而以巡台自任"。丁日昌乃保举吴赞诚出任福州船政大臣，并请朝廷另派大员办理台湾

---

① 《李文忠公全集》，朋僚函稿卷 15，第 6～7 页。

② 《李文忠公全集》，奏稿卷 25，第 27 页。

③ 《李文忠公全集》，朋僚函稿卷 15，第 23、29、31、33 页。

事务。李鸿章认为其后一条意见朝廷不可能批准，但肯定他"所论台政急要数端，洞中肯綮"，称赞他"拟将省务、饷务整理就绪，再行渡台久驻察办，极是稳著"①。

丁日昌"接篆后，首参粤人之任粮道者，请彭纪南赴台查裁营勇，赌场自闭，劣员先逃，风声所树，立懦廉顽"②，福建士民无不以其未能早任闽抚为憾。同时，鉴于"闽省吏治日偷，牧令缺多瘠苦，但求以免祸为了事，于民生之疾苦，漠然不关于心，由是词讼之积压日多，牢狱之犯人几满，佐杂则擅受频闻，书差则惟利是视，官吏以百姓为鱼肉，百姓以官吏为寇仇"。丁日昌认为：在此情形之下，"欲求正本清源之计，必先清理词讼"。于是在福建巡抚衙门内设立清理词讼局，"派选要员"，清理全省的民刑事案件，并严饬各府、州、县积极配合。后来，丁日昌一次摘除了 10 名因循观望的州县官员的顶戴，才使这项工作得以顺利开展。1876 年夏，福建境内连降暴雨，福州城被淹，城内水深逾丈，"被难居民或攀树登墙，或爬蹲屋上，号呼之声，不绝于耳"③。丁日昌率领司道以下文武官员亲自登城指挥抢救灾民，散发赈粮，衣不解带者六昼夜。又命福州船政局派船至厦门采购粮食，令海关暂停征收米税，以平抑福州米价。"全济灾民数十万，众感泣，佥曰：'活我者，丁中丞也。'"④

丁日昌还促成了选派福州船政学堂学生赴英、法留学之事。早在 1873 年底，沈葆桢任福州船政大臣时即提出了这项建议，并曾拟订过初步的计划，旋因发生日本侵台事件而搁置。丁日昌就任福州船政大臣后，在与李鸿章通信时，"屡拟派员带学生出洋"。李鸿章对此大力支持，曾向时任两江总督的

① 《李文忠公全集》，朋僚函稿卷 16，第 1、7 页。

② 《李文忠公全集》，朋僚函稿卷 16，第 7 页。

③ 《丁禹生政书》下册，第 571 ～ 572、576 页。

④ 《清史稿》第 41 册，第 12514 页。

沈葆桢表示："公与鄙人身当其任，固责无旁贷矣。"[1]1877 年春，丁日昌等议定了《选派船政生徒出洋肄业章程》，由李鸿章领衔奏准。3 月底，首批船政学生 28 人在李凤苞等带领下踏上了留学之路。

　　自日本出兵侵略台湾后，朝野上下纷纷吁请强化对台湾的统治，清廷命福建巡抚夏、秋二季驻扎福州，冬、春二季驻扎台湾。1876 年冬丁日昌赴台湾之际，曾向朝廷提出加强台湾防务、推动台湾近代化建设的建议。李鸿章认为：丁日昌"所拟购铁甲船，练水雷军、枪炮队，造炮台，开铁路，立电线，开矿，招垦各务，均系切实应办之事"；所称"台事须专派重臣督办数年，方可徐议督抚分驻，亦有远识"。但他提出的各项事务"非有的饷三四百万，不能兼营并举"。而在海防与塞防同时告急、人才十分匮乏的当时，"焉得威望素著、知兵之重臣可以分身驻台？又焉得数百万现成巨款可供重臣之指挥？"其结果必然是"愿望难副，事势难行"[2]。丁日昌只好在其力所能及的范围内，以武力降服了凤山县（今高雄市）境内悉芒、狮头、龟纹等社的少数民族，并制定善后章程加以约束；台湾中部水埔六社居民"不谙树艺"，丁日昌令"雇汉民代耕"；命地方政府按人口向土著发放银米，"教之耕作"；又在少数民族聚居地区"广设义学，教之识字"[3]；还罢免了台湾境内的渔户税。对于台湾防务，丁日昌也尽可能地作了布置。李鸿章说："台防为闽厦屏蔽，雨生力疾经营，诸废并举。"[4]丁日昌在台湾期间，曾写信给翁同龢，"洋洋千言，有八奇之说"，使翁"如读炎荒记也"[5]。并再次奏请开发台湾的硫磺、樟脑、茶叶等土产，以所获之利助军饷之不足。

---

① 《李文忠公全集》，朋僚函稿卷 16，第 3 页。

② 《李文忠公全集》，朋僚函稿卷 16，第 34～35 页。

③ 《清史稿》第 41 册，第 12514 页。

④ 《李文忠公全集》，朋僚函稿卷 17，第 4 页。

⑤ 《翁文恭公日记》，光绪三年二月十九日。

但是，丁日昌就任闽抚不到一年，即于 1876 年秋"力请开缺"，且"退志颇坚"。李鸿章对丁日昌一直十分关心，丁日昌刚到台湾，他就写信给福州船政大臣吴赞诚，询问："雨生只身赴台，劳苦险阻，深堪系念，日来台报若何？"这时，他从一旁看出"朝命似不遽释手"，曾要吴赞诚转告丁日昌："欲退不能，莫如力疾任事。"随即又亲自函告丁日昌：丁忧期满的何璟已被任命为闽浙总督，"莅任计在岁杪"，"两贤相得益彰，可为预庆"；何璟本人也表示"闽中诸事生疏"，愿与丁日昌"同舟共济"，并要求李鸿章"剀切致书，为海疆留此要人，并劝耐心与之共事，必推诚相处"①。丁日昌赴台后，有人奏请将福建巡抚改为台湾巡抚，"凡与雨生龃龉者，皆附和之"。何璟到闽后不久，即"深怨雨生只知有己，不知有人"。加之当时福建十分贫瘠，"督抚两席均须赔钱当差"，丁日昌宦囊羞涩，早已"赔累不起"，所以"去志益决"②。李鸿章认为：丁日昌与何璟二人"意见参差，皆为公事"，尚有调停的余地，遂函告丁日昌：改闽抚为台抚之议已被朝廷驳回，"具见中朝倚畀甚殷，台端无可求退之理，似仍如鄙论鞠躬尽瘁为是"；听说闽省"司道公禀"，吁请丁日昌"回省会商一切"。李鸿章认为这是消除他与何璟之间隔阂的好办法，何璟"局量虽似褊急，而心地极厚，性情率真"，又与丁"本系同乡，一经面晤，无不能通商者"；目前，"俄与土耳其衅端已开，欧洲战争方始，日本萨山司马之乱尚无了期"，国际形势对中国十分有利，"乘此东西洋多事、无暇旁顾，中土厉兵练甲，事有可为，全赖阁下提纲挈领，振此颓风"。李鸿章在写给吴赞诚的信中袒露了自己的想法：丁日昌与何璟"性情谅难十分融洽，然雨帅建议宏远，任事精果，实一时杰出之才，闽台皆不可少此人，但略存恕道，分定界画，或亦可以久处"③。

1877 年 8 月，丁日昌请假三个月回籍养病，竟得朝廷批准。李鸿章对

---

① 《李文忠公全集》，朋僚函稿卷 16，第 29、37、32 页。
② 《李文忠公全集》，朋僚函稿卷 17，第 1、2 页；卷 16，第 32 页；卷 18，第 16 页。
③ 《李文忠公全集》，朋僚函稿卷 17，第 4、9 页。

此深表惋惜，认为："雨生藉以养疴，私计良得，惟台防无主持之人，未免后顾多艰。"他写信给吴赞诚说：丁日昌久欲"荐贤自代"，现朝廷"既许放还"，而又未令吴赞诚署理福建巡抚，"真不解用意之所在矣！""雨生既决意投劾，一去不返"，何璟"才力断难兼顾，台防狼藉一片，竟无收束，大局可虞"。在致何璟函中说："雨生办事认真、见机敏决，是其长处，近来多病，烦躁更甚。上年驻津，共处数月，见其性情无常，神明躁扰，断难与人共事，每加规谏，不欲听纳。而当轴咸知其才，又不肯竟用，设早调闽督，免致阁下为难，而彼或可以久居也，今则无能挽回。闽事、台事皆将属望于执事之一身，遗大投艰，盘根错节，幸勉力为之，勿稍退阻为盼。"① 时曾谣传丁日昌已病死于香港，翁同龢在日记中记道："雨生卞急其天性，而意气激昂，才不可及，又遇余独厚"②，为之感叹不已。三个月假满后，丁日昌奏请辞职，曾函告翁同龢，清廷又准其续假三个月。1878 年春，山西、河南等省发生"奇灾"，以至于人相食，朝廷拨出巨款赈济灾民。李鸿章以丁日昌"素以救民为心，又熟悉南中绅富，呼应最灵，谆请力疾就地劝捐助济"。丁日昌"接信后，义形于色，召集潮州、香港一带绅董，竭诚劝募"③，并派人至中国台湾、泰国、越南、新加坡、菲律宾等地募捐，共得捐款 100 余万银圆，遂奏准刊刻关防，印发实收票据。是年 3 月，李鸿章致函吴赞诚谓："雨生假期将满，前函似尚游移，倘竟不出，台事殊无收束之法，可胜焦虑！"其时，何璟已不安于位，有求去之想，李鸿章安慰他："雨帅再来，公亦毋庸预存退志，况时势艰难，雨生方力辞不允，公岂能从容息肩？"至期，丁日昌仍借口"足疾未愈"，坚请辞职。5 月，朝廷同意其请求，令吴赞诚署理福建巡抚。李鸿章在致何璟函中说，丁日昌"功则归己，素性至老不改，而性气之褊戾，往往一语不合，辄相苛责，有令人难受者。惟台端江

① 《李文忠公全集》，朋僚函稿卷 17，第 17、19、23 页。

② 《翁文恭公日记》，光绪三年七月二十日。

③ 《李文忠公全集》，奏稿卷 31，第 30 页。

海之量，兼容并包。兹渠既知难而退，后来者当易共事。倘内意仍必令其再出，似旌节量移为期亦不远矣"①。指责丁日昌脾气不好，难以与人相处确系实情；至于恭维何璟有"江海之量"，显然就言不由衷了。或许是他怕以前过于偏袒丁日昌，会伤了何璟的感情，才故意说几句好听的话，让他感到心理上平衡一些吧。6月，李鸿章以丁日昌劝捐卓有成效，"诚恐各捐户闻知该抚臣业经开缺，缴款不免迟延"，请求朝廷"准令该前抚臣于赈捐未竣之前，仍专折奏事。俟捐务告竣，再将前刻关防销毁"②。稍后，李鸿章在与何璟谈及台湾事务时，又说："雨帅前此议论太多，并无一件办到，时人颇相刺讥，但开矿、抚番二事，实经久致远之谋，似未便因噎废食。"③仍希望他能继承丁日昌的未竟之业，大力开发台湾。

当年秋，丁日昌病情稍有好转，清廷又令他赴福州办理乌石山教案。早在道光年间，英国传教士即在福州城内的乌石山建立教堂，招纳教民。地方督抚不敢与洋人争较，遂在奏报朝廷时谎称乌石山在福州城外，以图蒙混了事。后来教会势力不断侵占周边的土地，引起民愤，差点酿成重大事变。丁日昌任福建巡抚期间，据理与英人力争，责令其将教堂迁往城外电报局附近的空地上去，未及实行，即因病离职，英国教会势力仍然占据着乌石山。当地民众积忿难忍，聚众烧毁了教堂，英国驻华公使向清政府提出交涉。清政府因丁日昌以前曾接触过这件事，便将此案交由他处理。李鸿章也认为："闽案得雨生复出，系铃解铃，当易就绪。"丁日昌在惩办肇事人犯、赔偿教堂损失的同时，详细地查阅了旧存的文牍，找了教会势力侵占土地的证据，与英国驻福州领事反复交涉，终于迫使教会将教堂迁到了城外。李鸿章宣称：此案"办理甚为妥速，若非雨生亲临，断不能如此应手转圜也"④。

---

① 《李文忠公全集》，朋僚函稿卷18，第10、8、12页。

② 《李文忠公全集》，奏稿卷31，第30页。

③ 《李文忠公全集》，朋僚函稿卷18，第19页。

④ 《李文忠公全集》，朋僚函稿卷18，第21、29页。

1879 年 5 月，丁日昌被清廷赏加总督衔，受命会办南洋海防，当地水师"统归节度"，"复命充兼理各国事务大臣"。他仍以"足疾未瘳，坚请收回成命"。此后，丁日昌曾两次上奏，条陈海防事宜。李鸿章曾肯定他的意见，"洞悉中外情势，多阅历有得之言，与空谈无实者不同"①。

1882 年 4 月，李鸿章丁母忧去职，准备奏请朝廷任命丁日昌为直隶总督，后获悉丁日昌已于当年 2 月辞世，终年 60 岁。据其胞侄丁志德所言，丁日昌"因赈捐事为人侵冒，请地方官勒追，因此不协于乡里，由是发怒吐血，遂卒"。翁同龢为他撰写的挽联曰："政绩张乖崖，学术陈龙川，在吾辈自有公论；文字百一廛，武功七二社，问何人具此奇才！"②

丁日昌好藏书，"殁之日，藏书万卷，家无余资"③。其中多宋、元珍本，曾自编有《持静斋书目》五卷。时人认为丁氏藏书堪与范氏天一阁、黄氏百宋一廛并称。

二、长袖善舞的盛宣怀

盛宣怀出生于道光二十四年（公元 1844 年），字杏荪，又作杏生，一字幼勖，号次沂，又号补楼，别号愚斋，晚年自署止叟，另外还用过思惠斋、东海、孤山居士、须磨布衲、紫杏等称号，江苏常州府武进县（今常州市）人。祖父盛隆，举人出身，官至浙江海宁州知州。父亲盛康，进士出身，曾任知府、道员，加盐运使、布政使等衔，平素留心时务，曾编辑《皇朝经世文续编》，属于经世致用派。

1860 年夏，太平军二破江南大营后，进军苏、常。盛宣怀随其祖父母先于是年春逃往江阴县长泾镇，接着又逃至盐城。当时，其父盛康任湖北粮道，派人将他们接到湖北。隔年，为盛宣怀完婚，娶署理江西粮道同邑董蓉

---

① 《李文忠公全集》，奏稿卷 35，第 47 页。

② 《翁文恭公日记》，光绪八年三月十四日。

③ 《近代名人小传》，丁日昌。

初之女。盛康任湖北盐法道期间，曾为川盐与淮盐互争引地而大伤脑筋。盛宣怀献议，让川、淮并行，使问题得到了解决。盛康见他头脑很灵活，益勉励他注意有用的知识。

1866 年，盛宣怀与其二弟隽怀一道回原籍应试，双双考中秀才。次年，盛隆病死，盛康丁忧回籍。盛康居乡守制期间，曾偕同其胞弟同知衔前任署理湖南沅江县知县盛赓、胞侄分发湖南补用知县兼袭云骑尉世职盛宇怀等"建设庄祠一所，计屋三十余楹"，置义田 1134 亩零"归入庄内"，"岁收田租除完赋、祭扫、修葺祠屋外，余为族中贫寒读书、应试及婚、丧一切之用"①，并呈请当地官府立案。盛宣怀亦参与了其事。在此期间，盛宣怀因参加乡试未考中举人，便花钱捐了一个主事官衔。

李鸿章镇压了捻军起义、就任湖广总督之际，深感幕府中人手不足，曾写信给护理湖北巡抚的布政使何璟说："幕中如有折奏刑钱熟手、品学可靠者，乞商同远翁（郭柏荫，字远堂，时任湖北巡抚兼署湖广总督）代为敦请。"②1870 年春，李鸿章奉命率淮军赴西北镇压回民起义前夕，已在李鸿章幕府的无锡人杨宗濂写信给盛宣怀，引荐他进入李鸿章幕府。李鸿章与盛康本来就是好朋友，一见盛宣怀，即颇为赏识。初令其办理文案，每天随侍于自己左右，负责起草一些比较重要的文件，很快即正式奏调他会办陕甘后路粮台。盛宣怀经常与淮军将领郭松林、周盛传等探讨军事机宜，历练日久，资望渐深，李鸿章又令其会办淮军后路营务处。

当年夏，天津教案发生，西方列强借端要挟，大有以兵戎相见之势，清廷令李鸿章率淮军回防京畿，旋又令其接办天津教案，改任直隶总督，盛宣怀也随同李鸿章来到直隶。翌年，京畿一带大水成灾，盛康带头"捐办棉衣二万件"。李鸿章派盛宣怀至两淮募捐，购买粮食，由上海经海路运往天津，

---

① 《丁禹生政书》下册，第 439 页。
② 《李文忠公全集》，朋僚函稿卷 8，第 57 页。

赈济灾民。

1872 年，内阁学士宋晋以"靡费"为由，奏请朝廷饬令福州船政局和江南制造总局停止造船。清廷令李鸿章、左宗棠、沈葆桢等"通盘筹划"，"悉心酌议"。李鸿章复奏称："国家诸费皆可省，惟养兵、设防、练习枪炮、制造兵轮船之费万不可省。""该局至今已成不可弃置之势，苟或停止，则前功尽弃，后效难图，而所费之项，转成虚縻，不独贻笑外人，亦且浸长寇志。"如果经费不足，"亦可间造商船，以资华商领雇"。同时提出：当时中国"各口岸轮船生意已被洋商占尽，华商领官船别树一帜，洋人势必挟重赀以倾夺，则须华商自立公司、自建行栈、自筹保险"①。盛宣怀对于制造商船、筹建轮船公司极感兴趣，曾建议李鸿章尽快举办。李鸿章遂令他会同浙江海运委员、候补知府朱其昂等筹划轮船招商局事宜，拟订了招商章程。次年 9 月，李鸿章正式委派盛宣怀为轮船招商局会办，具体负责招集商股、运输漕米等事宜。盛宣怀又推荐熟悉洋人、精于贸易的唐廷枢、徐润同为轮船招商局会办。此时，盛宣怀已被先后保举为候选直隶州知州、知府、道员，加二品顶戴，赏戴花翎。次年又以办理直隶水灾赈济事务的劳绩，被清廷赏加布政使衔。

1875 年，李鸿章与其兄湖广总督李瀚章、两江总督刘坤一共同委派盛宣怀赴长江中游地区查勘煤铁矿藏。盛宣怀聘用英籍矿业工程师，采用西方勘探方法，对湖北、江西二省境内的矿产进行比较全面的勘查，确定了湖北大冶、当阳、广济，江西兴国等地的煤铁矿较有开采价值。次年，湖北成立开采煤铁总局，盛宣怀被任为督办。李鸿章曾致函告诫他："开挖煤铁之举，既荷廷旨允行，一切自无阻挠。惟系开创利源，易招谤忌，务望实心实力，廉正为本，精核为用，先自立于不败之地，始终不移，庶几可大可久。"并鼓励他："执事为中土开此风气，志愿宏斯，勋名愈远矣！"同时又就存在

---

① 《李文忠公全集》，奏稿卷 9，第 44、45、49 页。

的弊端指出：所开煤矿"半年仅出煤不及二十吨，是用土法不如洋法远甚"，非采用西方先进技术"不足以获利也"；"议者以贵局杂费过多，将来恐难讨好"，"大才素精会计，谅必有胜筹妙算，不奢不刻，握定利权，使四方皆闻风取法，实所企盼"①。是年7月，清政府命李鸿章赴烟台，与英国驻华公使威妥玛议结马嘉理案。盛宣怀作为随员一同前往，协助李鸿章议订了《烟台条约》。英美商人擅自筑成吴淞铁路，两江总督沈葆桢、苏松太道冯焌光责令其拆除，英方坚决不同意。威妥玛欲将吴淞铁路案并入马嘉理案一同处理，李鸿章则以吴淞铁路属南洋大臣（时由两江总督例兼）管辖范围，自己不便越俎代庖为理由，加以拒绝。烟台谈判期间，威妥玛再次胁迫李鸿章过问吴淞铁路事，李鸿章只好派盛宣怀与道员朱其诏赴沪，会同冯焌光与英方代表梅辉立议定：吴淞铁路折价白银28万两，由清政府买断后拆毁。

美商旗昌轮船公司因营业利润下降，有意将该公司产业转让他人。福建巡抚丁日昌首倡由轮船招商局兼并旗昌轮船公司之议，盛宣怀等极力赞同。但他们向李鸿章请示时，李鸿章因担心"巨款难筹"而未置可否。盛宣怀等又跑到南京谒见两江总督沈葆桢，反复陈说其中的利弊关系。沈葆桢欣然表示同意，"毅然以筹款自任"，并奏报朝廷批准。后由盛宣怀与旗昌洋行签订正式合同，以222万两白银买下旗昌轮船公司的全部产业。

1877年春，盛宣怀禀请赴部引见，李鸿章奏称："盛宣怀心地忠实，才识宏通，于中外交涉机宜能见其大。其所经办各事，皆国家富强要政，心精力果，措置裕如，加以历练，必能干济时艰"②，成为国家的栋梁。是时，河南、山西、河北等省连年发生旱灾，赤地千里，哀鸿遍野，河间府灾情尤为严重。李鸿章派人四出募捐，购买粮食，运往受灾省份，救济灾民。曾派盛宣怀与吴大澂、李金镛等分赴灾区，办理赈务。

---

① 《李文忠公全集》，朋僚函稿卷16，第1页。
② 《李文忠公全集》，奏稿卷29，第9页。

1879年，李鸿章令盛宣怀署理天津河间兵备道。盛宣怀莅任后，以赈灾作为首要政务，募集捐款数十万两，分发灾区。同时革除天津县书差供应等项积弊；兴建广仁堂，以收养无人赡养的鳏寡孤独者；设立戒烟局，先后戒除烟瘾者达万余人。李鸿章欲引进西方的先进科学技术以富国强兵，盛宣怀提出必须兴办铁路与电报，而铁路耗资过多，工程太大，只好从缓；电报则投资有限，收效较快，且有利于商务、防务，应该尽快兴办。李鸿章深以为然，于1880年9月奏称："由各国以至上海，莫不设立电报，瞬息之间，可以互相问答。独中国文书尚恃驿道，虽日行六百里加紧，亦已迟速悬殊。"要求朝廷准许架设津沪电线，"先于军饷内酌筹垫办，俟办成后，仿照轮船招商章程，择公正商董招股集赀，俾令分年缴还本银。嗣后即由官督商办，自取信资以充经费"。同时设立电报学堂，"雇用洋人教习中国学生自行经理，庶几权自我操，持久不敝"①。清廷即命李鸿章统筹办理。李鸿章于当年10月在天津设立电报总局，任命盛宣怀为总办，负责架设津沪电线。盛宣怀与丹麦大北公司达成协议：津沪电线由该公司代为雇用技师、采购原料，并与该公司敷设的海路电线接通。英、美、德等国驻华公使至总理衙门横加干涉，李鸿章义正词严地指出："泰西各国公法，如铁路、电报等事，皆由各国自主，或由本国创办，或准公司承办，未闻有他国从旁阻挠者。""英、美各使内怀嫉妒，外存恫喝，似可置之不理。"②次年12月，津沪电线架通。

1880年冬，国子监祭酒王先谦弹劾轮船招商局经办诸人，说盛宣怀在收买旗昌轮船公司时，用公款私购旗昌股票抵数"扣帑入己"，并私分了大量的回扣。朝廷令李鸿章与两江总督刘坤一查核。次年2月，刘坤一复奏称：盛宣怀收买旗昌轮船公司时，每两收取回扣五厘，并以七折套购旗昌股

① 《李文忠公全集》，奏稿卷38，第16～17页。
② 《李文忠公全集》，译署函稿卷12，第14页。

票，按足额兑换现银，中饱私囊，"于揽载、借款无不躬亲，而又滥竽仕途"，"工于钻营，巧于趋避，所谓狡兔三窟者。此等劣员，有同市侩"，王先谦所参各节"未为无因"①。建议朝廷将其革职，不准干涉招商局事务。3月，李鸿章复奏则极力为盛宣怀辩护，声称：收买旗昌轮船公司一事虽由盛宣怀等主持，但"盛宣怀于画押之日已赴湖北矿局，并未在场"，"臣叠次访察，亦未闻有盛宣怀等沾染丝毫中金（即回扣）之事"；至于旗昌股票，"盛宣怀久在仕途，未必有此，即有股票，不难径向旗昌取银，何必划扣付款？"现在"盛宣怀早经到直候补，局务已不与闻"，更不会有"侵帑害公"、把持局务之类的事情了②。清廷根据李鸿章的意见，对盛宣怀免予处分。4月，刘坤一再次上奏，坚称其前奏有关盛宣怀被参各节，俱系"采诸物议，核诸卷宗"而来，绝非出于个人成见③；按照所参各节，即使查抄盛宣怀的家产，亦不为过，而他仅建议予以革职处分，已是格外从宽了。这使盛宣怀之父盛康也为其子捏了一把汗，当即亲自进京活动，曾晋见时任工部尚书的翁同龢，"以其子杏生被劾事及李相（即李鸿章，时兼任文华殿大学士）复奏稿见示"，希望他能够代为做做工作。可翁同龢认为："此中事变，未易悉也"④，显然是没有帮什么忙。慈禧太后见李鸿章与刘坤一争执不下，亦觉左右为难，便交给总理衙门处理。负责管理总理衙门的恭亲王奕䜣令盛宣怀离开轮船招商局，"不准再干预局务"，要李鸿章"严加考察，据实具奏，毋稍回护"。盛宣怀请假回籍，以避嫌疑。1882年春，李鸿章再次复奏，仍坚持为盛宣怀辩解，并称赞他："勤明干练，讲求吏治，熟悉洋情"，"洵属有用之才"⑤。

---

① 刘坤一：《刘忠诚公遗集》，奏疏卷17，第12、19页。

② 《李文忠公全集》，奏稿卷40，第24、21、25页。

③ 《刘忠诚公遗集》，奏疏卷17，第48页。

④ 《翁文恭公日记》，光绪七年三月二十六日。

⑤ 《李文忠公全集》，奏稿卷51，第42页。

　　是年 4 月，李鸿章因母丧而丁忧回籍。7 月，朝鲜发生"壬午兵变"。8 月，清廷命李鸿章署理北洋大臣，急赴天津，主持平定朝鲜内乱，李鸿章函召盛宣怀销假回津。10 月，英、法、美、德等国要求在上海设立万国电报公司，敷设由上海至香港、广州、汕头、福州、温州、宁波等地的海路电线。李鸿章认为："现当整顿海防之际，南北信息尤要灵通"；南方各口设立电线，"不独中外商情利便，亦于军国要政筹备缓急有裨"，但不能让洋人操纵把持。主张由华商与丹麦大北公司合办，"则名正言顺，各国闻知，必不再来搅扰，即有饶舌，断不能喧宾夺主矣"，并令盛宣怀等具体筹办。英国方面又以总理衙门曾于 1870 年答应过该国敷设上海以南各通商口岸之间海底电线的要求，欲强行兴办。盛宣怀很快提出：由"华商独造旱线，方为上策"。并分析道："若准华商添设由沪至粤沿海陆线，成本较轻，修理较易，报费较省，则海线必衰，英人将闻之夺气，即大北亦无所挟持。"李鸿章觉得这确实是"釜底抽薪、息争止沸"之妙计，当即一面函告总理衙门："查各国公法，各处电线，无论内地及沿海上岸之所，皆系自主。"如英国方面仍申前说，我方只要坚持"线端不准牵引上岸""地方官不任保护"两条，彼或知难而退。一面密令盛宣怀等"招致华商集股接办沿海陆线，以遏英商之谋，而收中国自有之权利"。次年，盛宣怀又将丹麦大北公司原先架设的淞沪陆路电线购回自办，重申：各国通往中国各口岸的电线一律不准上岸。"如此则华洋水陆界限分清，藉收中国自主之权利"[①]。此后，盛宣怀积极地把电线架往全国各地。至 1897 年，全国通电报的已达 22 个省、区。李鸿章曾专折奏称："沿江沿海边远各省次第接设电线，绵亘至一万数千里，中外一切要政，朝发夕至，消息灵通"[②]，要求朝廷予以奖赏。

---

① 《李文忠公全集》，译署函稿卷 13，第 42、48～49、52 页；卷 14，第 8 页。
② 《李文忠公全集》，奏稿卷 74，第 9 页。

1883 年 3 月，李鸿章回合肥葬母。5 月初，因中法关系紧张，清廷令李鸿章"迅往广东，督办越南事宜，所有两广、云南防军，均归节制"。李鸿章奏称："若遵命驰往广东，必檄调远省大军"，反而会给敌人以可乘之机，"彼分兵扰我海口，全局震动，再回畿辅，将进退失据"。主张"暂驻上海，酌察军情，以定进止"①，得旨允准。李鸿章驻沪期间，盛宣怀朝夕相随，参与机密。6 月，李鸿章奉命回天津署理直隶总督兼北洋大臣，盛宣怀也随同至津。两广总督张树声奏调盛宣怀赴广东处理沙面案件。闽浙总督何璟与福建巡抚张兆栋奏调盛宣怀至福建任用。李鸿章专片奏留，称赞他"精明稳练，智虑周详"，熟悉洋务，精于吏治，体恤民生，于中外交涉重大事件，尤能洞悉症结；是以经办诸事，刚柔适中，措置咸宜，不屈不挠，历著成效；举荐他"堪胜关道，兼备使才"，如"试以通商繁剧之地，历练数年，当能宏济艰难，缓急可恃"②。次年夏，即奏准以盛宣怀署理天津海关道，旋又令其兼任轮船招商局督办。时中法战争已经爆发，海防告急，为了便于指挥前线军事，盛宣怀挪用金州矿款，架设苏、浙、闽、粤等省电线。朝廷将其交部议处，以办理含混，准备予以降级调用处分。刚被任命为军机大臣的左宗棠极力保举盛宣怀才堪大用，要求朝廷查明事情真相，重新议定处理意见。李鸿章与两江总督曾国荃亦多方为之辩解，遂改为降二级留任。

1885 年夏，李鸿章再次以盛宣怀总办电报事宜，成效卓著，奏请朝廷将其"以海关道记名简放"。翌年夏，盛宣怀以随同醇亲王奕譞巡阅北洋海陆军，奉旨从优议叙。遂于 7 月被任命为山东登莱青兵备道兼东海关监督，驻烟台。在任期间，曾设立拯济局，专门抢救在海上遭风遇难的商船和渔舟。1887 年，黄河于郑州境内溃决，河南、山东两省部分府、县被淹，盛宣怀协助山东巡抚张曜疏导洪水，集资开挖小清河，并捐款赈济灾民。次

---

① 窦宗一编：《李鸿章年（日）谱》，1883 年 5 月 7 日。

② 《李文忠公全集》，奏稿卷 49，第 45 页。

年，盛宣怀与法国驻天津领事林椿就越南北部与云南、广东等省分界事宜举行谈判，订立条约，由李鸿章奏报朝廷批准。1891 年，盛宣怀因带头捐款赈灾，被清廷赏加头品顶戴。有人说：盛宣怀"有智略，尤善治赈"，自同治年间畿辅一带遭受水灾，"嗣是而晋边，而淮徐海，而浙，而鄂，而江皖，皆起募款筹赈抚"，并多方探讨成灾的原因，"益究心水利，其治小清河，利尤溥"①。

1892 年 6 月，天津海关道刘汝翼丁忧去职。李鸿章马上向朝廷提出："天津为各国通商总汇，近年洋务日繁，必须关道得人，相助为理，上下承接，庶无隔阂"；天津海关道同时还"兼充北洋海防翼长，并须与各统将随时商筹布置，责任綦重，不得不加意遴选"。盛宣怀"志切匡时，坚忍任事，才识敏瞻，堪资大用"，"历办海防、洋务，均能洞中窾要"。倡办轮船招商局，"历年与洋商颉颃，挽回中国权利，关系通商大局，该道力任艰巨，为人所不能为"；架设电线，推广电报，"心精力果，擘画周详"；前曾署理天津海关道，诸事亦能"措置裕如"②，实为天津海关道的最佳人选。清廷即将盛宣怀调任天津海关道兼津海关监督。也有记载说：盛宣怀此次调任成功，还得到了太监李莲英的帮助。"时李莲英势犹未盛，宣怀独以津商王某为介，纳赞称弟子，莲英喜过望，屡于后（指慈禧太后）前称其忠，乃移津海关道"。据说：当时任军机大臣、刑部尚书的孙毓汶曾因盛宣怀得了这么一个肥缺，却未对军机大臣们有所表示，扬言将设法刁难他。盛宣怀"闻而惧，又以巨金投毓汶门下，事乃解"。此后，盛宣怀积极奔走于京朝权贵之间，"其妻恒至京，出入诸邸，人亦有微言"。甚至有人认为：盛宣怀还曾通过太监向慈禧太后提出借兴建海军为名以修复圆明园之议，因受到户部尚书阎敬铭的坚决抵制而被搁置，"然颐和园之筑，实发轫宣怀议，世不知也"③。

---

① 《清代七百名人传》下册，第 1524 页。
② 《李文忠公全集》，奏稿卷 74，第 30 页。
③ 《近代名人小传》，盛宣怀。

1893 年 10 月，刚刚建成投产不久的上海机器织布局不慎失火，厂房与设备大部分被焚毁。12 月，李鸿章奏称："洋货进口以洋布、洋纱为大宗"，上年"洋布进口值银三千一百余万两，洋棉纱进口值银二千一百余万两，中国出口丝、茶价值不能相抵。布缕为民间日用所必需，其机器所纺织者轻软匀净，价值尤廉，故远近争购。岂知多销一分洋货，即少用一分土产，是以因势利导，不得不用机器仿造，必使所纺之纱与洋纱同，所织之布与洋布同，庶几华棉有销路，华工有生机，华商亦沾余利，此事断难中止，亦难缓图"①，决定派盛宣怀赴上海对该织布局加以清理整顿。次年 2 月，盛宣怀电告李鸿章："规复织局，筹本百万，已有就绪"，但该厂股东担心"他日办好，恐为官夺，拟改为总厂"，"一律商办"。李鸿章当即表示同意，并建议"总厂应名曰华盛"。3 月，盛宣怀致电李鸿章称："现纱厂推广棉籽造棉油，是大利，总局拟购机自办"，但"洋商美查已将棉花籽造油机器进口，擅自设厂开工"；同时英商怡和洋行亦提出要进口纺纱机器，势必要影响到华商自办的纺织厂；要求他设法禁止。经李鸿章出面后，总理衙门复电称：洋商进口机器改造中国土货，"通商以来向不准行"，已照会英国驻华公使，强硬地表示："此种机器实碍华民生计，万难迁就。"② 5 月，李鸿章上奏朝廷说：上海机器织布局余款及地基与尚存设备等折价，"按照各商股总计分摊，不过二成。其余被焚无着各款，悉归以后商办各厂按每出纱一包提捐银一两陆续归缴，以恤商艰"。现由盛宣怀"招徕新股"，就原址设立华盛机器纺织总厂，计划安置纱锭 7 万枚、布机 1500 台，并准备另于上海、宁波、镇江等地设立 10 家分厂，现已有华新、大纯、裕源等厂正在筹建，计划连总厂共置纱锭 32 万枚、布机 4000 台。要求朝廷准许这些厂家所产布匹、棉纱仅"于出口新关完一正税，概免内地沿途税厘，俾轻成本而广招徕"。同时

---

① 《李文忠公全集》，奏稿卷 77，第 38 页。

② 《李鸿章全集》，电稿二，第 640、652、654 页。

宣布以上述厂家与张之洞在湖北开办的纺织局所定纱锭总数 40 万枚、布机总数 5000 台为额，"十年之内，不准续添，俾免壅滞"①。并严禁洋商购运轧花、纺纱、织布及棉籽榨油等机器来华设厂制造。

　　1894 年中日甲午战争爆发之前，盛宣怀建议李鸿章奏请清廷主动解除与朝鲜之间的宗藩关系，仿瑞士之例，由各国共同"保护"朝鲜；牙山之战后，又要求朝廷起用刘铭传督办军务；大连、旅顺相继失守后，再次提出雇募德籍军官训练新军、购买快舰补充海军等建议，均未被采纳。但是，盛宣怀以天津海关道兼充北洋海防翼长，同时督办轮船招商局、总办电报总局，并曾受委派为东征诸军办理饷械转运事宜，大约军队调运、饷械供应、朝廷命令与前敌军情的传递都离不开他。是年 11 月，鉴于征调各军强索民间车船，民不堪扰，纷纷逃避，"兵行愈滞"，盛宣怀奏请朝廷电令两江、山东、直隶、湖北、河南等省"沿途设局，派员代雇车辆"，"既速行军，亦免扰民"②。李鸿章令盛宣怀安排人由新民为锦州转运局代购大车。同时，盛宣怀还曾代李鸿章向英国方面联系借款。次年 1 月 20 日，准备由后路包抄威海卫的日军刚刚在山东荣成龙须岛成山头登陆，盛宣怀马上得到了消息，立即电奏朝廷，并明确指出："恐倭船由荣成攻取威海"，希望朝廷及早采取应对措施。4 月 12 日，盛宣怀电告在马关议和的李鸿章："泰西数国以倭妄索辽东，现会商，意在有益中国"，希望他"不可遽允让地"③。同时又将此事电奏朝廷，建议由总理衙门催促各国驻华公使，"速电各国，即日出代争论"④。李鸿章签订《马关条约》后，声望、权势一落千丈，盛宣怀也受到了影响，曾以宿疾频作、未老先衰为由，屡次请求辞职，未得清廷批准。李鸿章曾勉励

---

① 《李文忠公全集》，奏稿卷 78，第 10、11 页。

② 续编《中日战争》第一册，第 556 页。

③ 《李鸿章全集》，电稿三，第 222、224、492 页。

④ 续编《中日战争》第三册，第 47 页。

他："电、轮、布三局，弟无论进退，犹当力任。"①

　　甲午战争期间，盛宣怀还多次遭到言官的弹劾。起先，有人指责他"承办转运、采买兵米，浮冒多至数十万"。甚至怀疑轮船招商局设于天津的栈房"突被火焚，兵米付之一炬，难保无侵蚀后希图掩饰之弊"。朝廷令李鸿章"确切严查，据实复奏"。李鸿章在复奏时极力为他开脱道："前敌各营兵米，饬由臬司周馥、道员袁世凯就近在奉省（今辽宁）采买，前经电奏有案；畿防各军兵米，向由各统将自行设法购备，现因军食不敷，复蒙恩准截留南漕，俾资接济；盛宣怀但司转运，并未经手采买，无从浮冒。"至于被焚毁的栈房，早已租给了金宝源商号，栈内所存货物，"均系客商寄顿之件，并无官米存储在内"②。随后，掌江南道监察御史张仲炘弹劾盛宣怀："始以拜认李鸿章之妻赵氏为义子，作进身之阶，赵氏托以资金，在扬州开典，被窃纵火，赵氏赚委之署津海关道，赔银十数万，李鸿章夫妇以为忠，凡采办军火可获大利之事，一切任之，招商、电报各局，听其自为，既补登莱青道，复调津海关。去冬串同张士珩，将津局值二百余万之前膛枪炮，卖与日本郎某，得价八十万，以些少归公，余皆分用。十余年来，侵吞公项，剥取商民，拥家资数百万，其可知者，招商、电报、织布三局各数十万，与李经方在日本伙开洋行又百余万，田庐不计，岁入之资无算，而以其涓滴灌溉京中大僚，遂至颂不绝口。"又说他在甲午战争后期，"因朝旨屡责李鸿章，惧祸及己，藉同乡世交结翁同龢为奥援，时时上书力诋李鸿章之非，翁同龢受其愚，尝曰：人虽不正，其才可用也"。要求朝廷"将盛宣怀革职治罪，籍其家私，以充军实"③。清廷曾令在天津办理团练事宜的兵部左侍郎王文锦查复。甲午战争失败后，"言官争弹宣怀"，朝旨令署理直隶总督王文韶与署理两江总督张之洞严查，祸将不测。据说，盛宣怀很快以贿赂买通了王文韶，而张之洞却不

---

① 《李鸿章全集》，电稿三，第 625 页。

② 《李文忠公全集》，奏稿卷 79，第 26 页。

③ 续编《中日战争》第二册，第 22～23 页。

为所动。盛宣怀了解到张之洞创办的汉阳铁厂因亏空严重，已无法维持，便表示愿意出资接办该厂，替他弥补亏空。"之洞喜，遂复称其才大心细，堪备缓急"①。

1896 年初，张之洞回任湖广总督，盛宣怀随后赶往湖北，着手接办汉阳铁厂，并向张之洞提出要成立铁路公司，承办芦汉等铁路，以确保汉阳铁厂所产钢轨等产品的销路。张之洞与王文韶向朝廷交章举荐盛宣怀。尽管得到了张之洞、王文韶这样的大官僚支持，但盛宣怀深知：在当时的条件下，要想用政府拨款或民间集股筑成中国的铁路干线，几乎是不可能的，兴办大的铁路工程，非举借外债不可。所以，他很快即开始联系借洋债了。8 月，他电告李鸿章："芦汉拟立公司，先收华股二成，余八成由公司借洋债三千万，以路押，卅年分还，国家批准，如公司不还，路归国家，代还债。"② 10 月，盛宣怀奉旨进京陛见，他向光绪皇帝力陈修筑铁路可以与练兵、理财、育才相互为用，实为自强要策，并请求同时开办银行。光绪皇帝批准了盛宣怀提出的设立铁路总公司的计划，并令其以四品京堂候补，负责督办铁路总公司，旋即任命他为太常寺少卿。又令军机大臣、户部尚书翁同龢询问盛宣怀"借洋债、集股票有把握否"。翁同龢约见盛宣怀后，对他的才干大为赞赏，认为："此人综核精能，若在农部（即户部），百事举矣。"③

次年初，盛宣怀在上海设立铁路总公司。5 月，中国通商银行在上海成立，盛宣怀任督办，是为中国自办的第一家银行。同时与比利时商人签订芦汉铁路借款草合同，借款额 450 万英镑，四厘息，九扣，由比方负责承筑该路，购买材料另给五厘佣金，以芦汉铁路为担保。7 月签订正式合同，删除购料五厘佣金，利息增至四厘四毫。后因比甲方反悔，经再三磋磨，又将利

---

① 《近代名人小传》，盛宣怀。
② 《李鸿章全集》，电稿三，第 673 页。
③ 《翁文恭公日记》，光绪二十二年九月二十九日。

息增至五厘。次年 4 月，盛宣怀委托驻美公使伍廷芳与美国合兴公司签订粤汉铁路借款合同，借款 400 万英镑，五厘息，九扣，由合兴公司负责筑路。后又将借款额增为 4000 万美元。盛宣怀还与英国商人签订了沪宁、苏杭甬、浦信等铁路借款合同以及合办广九、泽道铁路的合同，从而掌握了中国的铁路大权。

早在甲午战争后，盛宣怀即曾于天津创办中西学堂（后来改称北洋大学堂），1898 年夏又于上海设立南洋公学（即交通大学前身），附设有译书院，推动了近代教育的发展。百日维新期间，盛宣怀两次受到光绪皇帝的召见，呈递《练兵说帖》。后见维新派求变心切，步骤失调，新旧势力已势同水火，料见朝局不久将变，乃匆忙离京南下。

义和团运动兴起后，盛宣怀于 1900 年 6 月初电奏朝廷，要求责成直隶提督聂士成镇压义和团，"肃清畿辅"。并鼓动时任两广总督的李鸿章与两江总督刘坤一、湖广总督张之洞分别向朝廷"切实敷陈"。认为当时同任军机大臣的文渊阁大学士荣禄与协办大学士王文韶"甚明白"，但很可能受制于朝中的顽固派，"须借疆吏多持正论，以破迂谈，九重乃可定见"。而李鸿章则认为既然朝廷决策错误，"似非外臣所能匡救"。稍后，李鸿章接到英籍海关总税务司赫德的电报称："京城局势危险已极，各使馆甚虞被击，均以为中国政府若非仇视外人，即系无力保护，倘稍有不测，或局面无速转机，各国必定并力大举，中国危亡，即在旦夕"，感到"事关紧急"，才将赫德的原电奏报朝廷。可他仍向盛宣怀表示："国事太乱，政出多门，鄙人何能为力？"只是希望盛一旦有什么消息，继续及时地向他通报，态度很不积极。是月中旬，清廷令李鸿章"迅速来京"。盛宣怀也催促他早日进京，挽回大局。李鸿章准备先到上海，"候信取进止"，吩咐盛宣怀"代借斜桥蔡宅暂住"。旋又以"粤人呼吁攀留，拟稍缓启程，以待后命"。21 日，清廷颁布了所谓向各国"宣战"的上谕，同时令各省督抚招集义和团以御外侮。盛宣怀一面令各电报局严密封锁"宣战"的消息，一面向李鸿章、刘坤一、张之洞建议，应尽快与各国驻上海领事达成东南互保协议，以避免列强在长江流域采取军事行动。尽管这么做有"抗旨"之嫌，是杀头的罪名，但盛宣怀倡言："北事不久必大坏，留东南三大帅以救社稷苍生，似非从权不可，若一拘泥，不仅东南同毁，挽回全局即难。"李鸿章当即明确表示："廿五矫诏（指夏历五月二十五日即公历6月21日颁布的'宣战'上谕），粤断不奉，所谓乱命也。"刘坤一、张之洞亦表示赞同。26日，盛宣怀等代表刘坤一、张之洞与各国驻上海领事议定"东南互保章程"，规定："上海租界归各国公同保护，长江及苏杭内地均归各督抚保护，两不相扰，以保全中外商民人命、产业为主。"①各省督抚纷纷表示赞同，相继加入互保行列，从而稳定了东南大局。

　　帝国主义列强组成八国联军，以镇压义和团、保护各国驻华公使为名，攻占了天津、北京等地。慈禧太后带着光绪皇帝逃往西安，任命李鸿章为全权大臣，令其进京偕同庆亲王奕劻与各国议和。李鸿章约盛宣怀一同进京，奕劻也专电奏调盛宣怀襄办议和事宜，刘坤一、张之洞则极力挽留，不让他北上。盛宣怀一时拿不定主意，便征求其父的意见。盛康主张在时局动荡不定之际，宜退不宜进，盛宣怀乃决意留在上海，旋被清廷任命为会办商务大臣，又补授宗人府府丞。据说，慈禧太后曾对其亲信荣禄说："今日看来，盛宣怀是不可少之人"②，意欲任用他管理财政。荣禄提出：盛宣怀在理财、外交方面皆颇具长才，目前外交事务比较紧要，让他留在上海办事，有诸多方便，内用不妨暂缓。于是，清政府任命盛宣怀为办理商税事务大臣，在上海负责与各国交涉加税免厘、改订海关税则等事宜。随后，工部侍郎缺出，光绪皇帝主张由盛补任，慈禧太后又说：盛宣怀长于理财，应等户部缺出再任命他。就这样一再拖了下来。

---

① 《李鸿章全集》，电稿三，第 924、926、937、949、955、959 页。

② 盛宣怀：《愚斋存稿》附录，"行述"，第 36 页。

1901 年 11 月 7 日，李鸿章病死于北京。盛宣怀悲伤不已，引发痰疾，曾请假调养。慈禧太后以其保护东南、赞襄和议有功，赏加太子太保衔。也有人说他"庚子（即 1900 年）贡拉后、馈荣禄、莲英费逾百万，遂晋宫衔。然扼于袁世凯，屡进不得柄用"[①]。次年春，盛宣怀被任命为工部左侍郎，奏准设立了勘矿总公司。是年秋，盛康病死，盛宣怀以丁忧去职，继任直隶总督袁世凯乘机将电报局由商办改为官办，又派其亲信杨士琦主持轮船招商局，大大削弱了盛宣怀手中的事权。

1904 年夏，粤、湘、鄂三省绅商掀起收回粤汉路权运动，要求废除与美国合兴公司所订借款合同，将该路收归自办。次年，江浙绅商也提出要废除沪宁、苏杭甬铁路借款合同。盛宣怀暗中阻挠收回路权运动，招致舆论不满。清政府"诏禁宣怀干预"路事，任命袁世凯的另一亲信外务部侍郎唐绍仪兼任督办铁路大臣。盛宣怀奏请裁撤铁路总公司，托病乞休。是年，盛宣怀与上海绅商创办红十字会，并加入瑞士总会，中国自此享有红十字会主权。

1907 年冬，苏杭甬铁路风潮愈烈，"上终以宣怀谙路政，复召见问筹策"。盛宣怀提出："既借款，不应令商造；既商造，不应再借款；民情可用，不顺用之恐激变"[②]，得到皇上嘉许。次年春被任命为邮传部右侍郎。浙江商办铁路公司总理汤寿潜要求朝廷不准盛宣怀过问路事，受到严厉谴责，盛宣怀亦被派往上海会办商约。时，盛宣怀已奏准将汉阳铁厂、大冶铁矿、萍乡煤矿合并为"汉冶萍煤铁厂矿股份有限公司"，自任总理。该公司亏空严重，资金匮乏，已难以为继。盛宣怀以治病为名，东渡日本，寻求外资援助。11月，光绪皇帝与慈禧太后先后病死，盛宣怀匆忙回国。

溥仪继位后，其父载沣（光绪皇帝胞弟）以摄政王监国，当即罢免了军

---

① 《近代名人小传》，盛宣怀。

② 《清代七百名人传》下册，第 1523 页。

机大臣、外务部尚书袁世凯，盛宣怀乘机多方活动，逐渐得到重用。1909
年夏，盛宣怀将轮船招商局改组为股份有限公司，成立董事会，自任董事长。
是年秋，进一步履任邮传部右侍郎，协助度支部筹划币制改革。次年1月，
取代唐绍仪出任邮传部尚书，旋又被任命为中国红十字会会长。有人说他
"愿供载泽邸中私用，又结岑春煊为外援，复收名流郑孝胥等为幕客，遂代唐
绍仪为邮部尚书"。1911年5月，皇族内阁成立，盛宣怀改称邮传部大臣。
他建议清廷采取铁路干线国有政策，借洋债修筑粤汉、川汉铁路，激起了粤、
湘、鄂、川四省人民的保路运动。有人分析其中的内幕说：盛宣怀"数订京
汉诸路借款，回扣逾千万，自是更以利诱载泽等收铁路为国有，以行其大假
款之志，而清社竟坐此墟矣"①。是年10月，盛宣怀被清廷革职，不久即逃往
日本。

中华民国南京临时政府成立后，财政上捉襟见肘，曾令盛宣怀代为筹款，
盛宣怀欲以中日合办汉冶萍公司的方式谋取日本的贷款，因遭到社会舆论的
强烈反对而未果。1912年10月，盛宣怀由日本回到上海。次年，再度当
选为汉冶萍公司董事长、轮船招商局董事会副会长。

1915年，日本提出旨在灭亡中国的"二十一条"，其中重要内容之一
就是要攫夺汉冶萍公司及其所属各矿财产和资源。谈判期间，日方以重利诱
骗盛宣怀予以配合，盛宣怀未敢答应。

1916年4月，盛宣怀病死于上海，终年73岁，部分遗稿编为《愚斋
存稿》刊行于世。

---

① 《近代名人小传》，盛宣怀。

第八章　军工首脑韩殿甲、冯焌光、
沈保靖、郑藻如

　　李鸿章的洋务活动是从创办军事工业开始的。早在安庆的湘军大营做幕僚时，李鸿章就开始接触了洋人和西方的坚船利炮。1862 年率淮军抵上海，亲眼看到洋兵打仗后，不禁惊叹："其落地开花炸弹真神技也！"并"深以中国军器远逊外洋为耻，日戒谕将士虚心忍辱，学得西人一二秘法，期有增益而能战之"，同时产生了自制洋枪洋炮的想法。到沪不到五个月，即通过常胜军统领华尔代"请外国铁匠制炸弹"。两个多月后，又请近代著名数学家李善兰"制成开花炮二尊"①。随后设立小规模的洋炮局，1865 年创办了近代军事工业江南制造总局和金陵机器局。1870 年调任直隶总督后，又接管了天津机器局。这些军事工业直接关系到淮军装备近代化的进程，关系到淮系集团势力的消长，从而影响着李鸿章在大清王朝中的地位，李鸿章当然要千方百计把它们牢牢地控制在自己的手中。为了实现这一目的，李鸿章总是指派自己的幕府人员去主持这些军事工业。

一、最先从事军火制造的韩殿甲

　　韩殿甲，字赓飏，安徽寿州（今寿县）人，生年不详。其父韩映奎以武生参加清军，第一次鸦片战争期间，曾奉调到定海、上海等地抵抗英军，以军功升为把总。后来又以捉拿土匪有功，升为千总。1852 年 6 月，太平军由广西进入湖南，安徽巡抚蒋文庆令韩映奎管带庐州营兵，经湖北开往岳州

---

① 《李文忠公全集》，朋僚函稿卷 1，第 20 页；卷 2，第 47 页；卷 1，第 54 页；卷 2，第 39 页。

（今湖南省岳阳市），会同各省调派的军队共同拦击太平军。韩映奎曾带兵在岳州镇压响应太平军的当地农民，随即被湖北巡抚常大淳调至武昌协助守城。次年1月，太平军挖地道、埋火药，炸塌城墙20余丈，攻入武昌城内。韩映奎率部与太平军展开巷战，被打死。清政府为了旌扬其勇敢作战精神，赐以云骑尉世职。

　　韩殿甲原系书生，为报父仇而投笔从戎，起先在皖北镇压捻军和太平军，积功升为都司。1860年随钦差大臣袁甲三攻打凤阳，因功升为参将，赏刚勇巴图鲁勇号。次年，反复无常的淮北团练首领苗沛霖再次叛清，攻破堰口集等地，安徽巡抚翁同书派韩殿甲等率部堵截。旋因苗沛霖督部加紧围攻寿州，安徽布政使贾臻又派韩殿甲率部前往增援，归袁甲三指挥。当时，刘铭传亦率团练来援，韩殿甲由此与他结成莫逆之交。1862年春，苗沛霖又一次降清。这时韩殿甲仍在皖北，曾向袁甲三报告说，驻扎在寿州、颍州（今安徽省阜阳市）一带的苗沛霖部仍经常与庐州（今安徽省合肥市）的太平军联系，并向太平军提供制造火药的白硝。此后，韩殿甲很快即到上海加入了淮军。

　　李鸿章率淮军到达上海后，很快产生了自行仿制洋枪洋炮的想法，曾多次向总理衙门进言，得到当时主持朝政的恭亲王奕䜣的支持。1862年11月，清廷要李鸿章等"饬令中国员弁学习洋人制造各项火器之法，务须得其密传，能利攻剿，以为自强之计"。次年春夏间，李鸿章即在上海附近设立西洋炮局，"雇募英、法弁兵通习军器者仿照制办"，由英国人马格里主持，委派参将韩殿甲、知州刘佐禹协同负责，"并令参将韩殿甲督率中国工匠尽心学习"。是年10月初，李鸿章奏称：马格里、韩殿甲等主办的洋炮局"现制开花炮弹、自来火等件，粗具规模"，但若要"精益求精，必添派好学深思之文员会同讲求，以期得其密传，推广尽利"。因而催调时在广东的同知衔江西候补知县丁日昌"来沪专办制造事宜"①。丁日昌奉命赶到上海后，李鸿章又在上海设立了两个洋炮局，令韩殿甲与他分别主持。1864 年 5 月，李鸿章在写给曾国藩的信中提及："敝处设炸弹三局，聊可应用。惟需费视寻常炮局多至十数倍，鄙见欲开此风气，宁缺正饷而为之。"②

　　韩殿甲等主持的三所洋炮局当时主要制造炸炮和炸弹，以供淮军各部使用。恭亲王奕䜣对此甚为关怀，曾由总理衙门专门致函李鸿章，询问他"学制各种火器，成效何如"？李鸿章汇报说："短炸炮与各种炸弹均能制造；其长炸炮及洋火药，非得外国全副机器，不能如法试造，现亦设法购求，以期一体学制。"③总理衙门当即予以肯定说："阁下莅沪以来，设立军火局，广觅巧匠，讲求制器以及制器之器，击锐摧坚，业已卓有成效。"④并请朝廷由火器营选派护军参领萨勒哈春等官兵 48 名到上海的洋炮局学习制造。事实上，已经设立的三所洋炮局中，韩殿甲、丁日昌主持的两所并未采用机器，完全是手工生产；马格里与刘佐禹主持的一所虽然部分地采用了机器生产，"其机器仅值万余金，不全之器甚多"。李鸿章当然不能满足于这种现状，他想创办的是大型军事工业。

　　但是，在封建专制政体下，封建君主为了维护自己的中央集权统治，总是要千方百计地防止地方形成割据势力。清王朝以少数民族入主中原，对此更是防范甚严。是以曾国藩在镇压了太平天国之后，为免功高震主之嫌，立即对湘军大加裁撤。淮军虽因镇压捻军等需要而未能裁撤，却早已引起了朝廷内外的关注。现在，李鸿章又要创办军事工业，生产枪炮弹药，进一步加强淮军的实力，当然就更容易引起朝廷的猜忌了。因此，他必须小心从事。

　　1864 年 10 月，李鸿章写信给敢于直言的四川道监察御史陈廷经说：

① 《李文忠公全集》，奏稿卷 4，第 44 页。

② 《李文忠公全集》，朋僚函稿卷 5，第 13 页。

③ 《李文忠公全集》，奏稿卷 9，第 31 页。

④ 《海防档》丙，机器局（一），第 6 页。

各地农民起义已成强弩之末，不足为患，"唯鸿章所深虑者，外国利器强兵百倍中国，内则狎处辇毂之下，外则布满江海之间，实能持我短长，无以扼其气焰。盱衡当时兵将，靖内患或有余，御外侮则不足，若不及早自强，变易兵制，讲求军实，仍循数百年绿营相沿旧规，厝火积薪，可危实甚！"目前的当务之急是"仿立外国船厂，购求西人机器，先制夹板、火轮，次及巨炮、兵船，然后水路可恃"。对于仿制西方枪炮、轮船，"鸿章略知底蕴"，却不知朝廷能否支持，"亦恐部议有阻之者，时论有惑之者，各省疆吏有拘泥苟且而不敢信从者"。并极口称赞他"知爱素深，究心机要"①，言外之意是希望他能就此向朝廷建言。陈廷经果然不负所望，很快按照李鸿章的意图奏称："夷情叵测，恃有战舰、机器之精利，逞其贪纵。然彼机巧之器，非不可以购求学习，以成中国之长技，请于广东等处海口设局，行取西洋工匠置造船炮，以期有备无患。"清廷谕令"曾国藩、李鸿章会同商酌，奏明办理"②。

有了这道上谕，筹办近代军事工业成了朝廷交派的任务，李鸿章当然就可以放心大胆地干了。考虑到近代军事工业所需机器设备"若托洋商回国代购，路远价重"，且有风险，李鸿章认为，"不若于就近海口访有洋人出售铁厂机器，确实查验，议价定买，可以立时兴造，进退之权既得自操，尺寸之功均获实济"。随后由当时已升任江海关道的丁日昌访得，"上海虹口地方，有洋人机器铁厂一座，能修造大小轮船及开花炮、洋枪各件，实为洋泾浜外国厂中机器之最大者"，即美商旗记铁厂，准备出售，开价在10万银圆以上，经协商减至6万两。其中，厂房与机器设备开价4万两，由因为"私收陋规"而被斥革的海关翻译唐国华捐纳赎罪银25000两、同案的海关扦手张灿与秦吉各捐纳赎罪银7500两支付；厂内积存的"铜铁木料"等原料折价2万两白银，由丁日昌"筹借款项给发"。将原有的韩殿甲、丁日昌两所

① 《李文忠公全集》，朋僚函稿卷5，第34页。
② 《李文忠公全集》，奏稿卷9，第32页。

洋炮局并入，改称"江南制造总局"，"正名辨物，以绝洋人觊觎"。这时，韩殿甲已升为总兵。李鸿章令将江南制造总局"一切事宜责成该关道丁日昌督察筹划，会同总兵韩殿甲暨素习算造之分发补用同知冯焌光、候选知县王德均、熟悉洋军火之候选直隶州知州沈保靖一同到局总理"。后又将曾国藩派容闳赴美国购回的机器并入。设局之初，李鸿章曾提出："上海虹口地方设局，于久远之计殊不相宜，稍缓当筹款另建房屋，移至金陵（今南京）沿江偏僻处所，以便就近督察。"[1]但后来仅于 1867 年夏将厂址迁到了上海城南的高昌庙。

1868 年初东捻军败亡后，刘铭传一度称病回籍。但西捻军很快由陕西东渡黄河，经山西而进入直隶（今河北省），兵锋直指京畿，前军已抵达北京近郊的卢沟桥。清政府责成李鸿章督师兜剿，李鸿章"两致手书"，急召刘铭传返回前线。又请时任两江总督的曾国藩派"专弁强要之"，并"筹解万金以资其行"。因刘铭传迟迟不愿动身，李鸿章曾派与其关系十分密切的韩殿甲等亲自到其家，"往邀出山"[2]。

1874 年，李鸿章的另一幕僚涂宗瀛升任湖南布政使，将韩殿甲调至长沙充任抚标中军，后借补长沙协副将。韩殿甲死于 1878 年，经直隶总督李鸿章奏请，清政府准将其入祀苏州、无锡与安徽本籍的昭忠祠。

二、总办江南制造总局的冯焌光

冯焌光出生于道光十年（公元 1830 年），字竹儒，亦写作竹如、卓儒、卓如、竹渔等，广东南海人。其父冯玉衡官至候选知州，1851 年曾随大学士、钦差大臣赛尚阿赴广西镇压太平天国起义。次年，赛尚阿以督师无功被清廷革职拿问，冯玉衡旋亦回京，后因"其仆讦其通贼"[3]，被清政府捕拿入

① 《李文忠公全集》，奏稿卷 9，第 31～32、33、34 页。

② 《李文忠公全集》，朋僚函稿卷 8，第 19 页。

③ 《越缦堂日记》，光绪八年八月十一日。

狱，经审讯，于 1858 年被流放到新疆伊犁地区。

冯焌光自幼学习四书五经，致力于科举之途，性情良善，"温雅恂恂"。1853 年，冯焌光考中举人。次年参加会试，不售。留寓京师期间，其父被捕入狱，"君日诣刑部，号哭呼冤，不得直"。冯玉衡被押解新疆时，冯焌光沿途伴送，一直跟随到乌鲁木齐，因其父责令其再次参加会试，才返回京师，结果仍未考中，"乃发愤为干济之学，详究中外地理、算学、制船、制炮之法，性情一变为沉毅豪壮"①。有人称赞他"负志节，毅坚敢为"②。

1859 年，冯焌光经丁日昌推荐，赶至安徽宿松的湘军大营，投入曾国藩幕府，"为治文书"。次年，他与曾国藩谈论中外事物，认为：西洋炸炮施放最有准头；与洋人作战，决不可以死守营盘。1861 年湘军攻占安庆，冯焌光负责综理善后事务。后又奉派回广东采购洋枪洋炮与望远镜等器械，由于当地官员百般刁难，而难以运解湘军大营，曾国藩一气之下，决定改由上海采购外国军械。是年，冯焌光纳捐取得内阁中书官衔，旋即被保奏为分发补用同知。

1862 年，冯玉衡病死于伊犁。冯焌光在安庆湘军大营闻讯后，当即"号哭奔丧，而寇贼半天下，不能行。乃南出虎门泛海，北至天津，西出归化城（今内蒙古呼和浩特市），绕草地，历外蒙古，至古城子，值回部之乱，不得前，痛哭而返"。此后十余年间，冯焌光总是以未能将其父尸骨运回家乡安葬而耿耿于怀，每思及此，"恒饮泣"③。

冯焌光"奔丧不得达而返"，随至上海，加入李鸿章幕府。1865 年，李鸿章在上海创办江南制造总局，因冯焌光"素习算造"，而令他与丁日昌、韩殿甲、沈保靖等一同总理局务。旋即将其保举为知府，赏戴花翎。

次年，曾国藩回任两江总督，因系冯焌光的旧幕主，两人关系较为亲密。

① 《碑传集补》卷 18，第 14 页。

② 《近代名人小传》，冯焌光。

③ 《碑传集补》卷 18，第 14 页。

冯焌光曾向曾国藩表示：自己愿意一辈子待在江南制造总局，研究制造枪炮、轮船等技术，不精深透彻，绝不罢休。曾国藩大为嘉许，赞扬他意向坚定，议论笃实，有愚公移山之志，表示爱而敬之，倚为江南制造总局的柱石。但是，丁日昌却多次在曾国藩面前指责冯焌光不办报销，不造兵船，不愿多用中国人；江南制造总局的外籍雇员也向曾国藩揭露冯焌光有贪污行为；同任江南制造总局总办的沈保靖更是经常与曾国藩说及冯焌光的缺点。当时曾国藩并未在意，仍对冯焌光相当信任。1868 年，江南制造总局造成第一艘轮船"恬吉"号，曾国藩又奏保冯焌光为道员，分发江苏补用。冯焌光尝声称：打算"乘所造轮船绕地球一周，以览各国形势、风俗"。有人对此表示钦佩无比，赞叹"其志气雄迈如此"！ ①

是年 9 月，曾国藩调任直隶总督，原闽浙总督马新贻接任两江总督，冯焌光仍留在上海总办江南制造总局。这时，丁日昌已升任江苏巡抚，担任苏松太道的应宝时对机器制造事务不甚熟悉，冯焌光的职权有所扩大，事实上成为江南制造总局的主持者，却又很快与同为该局总办的沈保靖等发生矛盾。

1869 年春，时任湖广总督的李鸿章奏请让冯焌光、沈保靖代为采购洋铜，却很快收到沈保靖的禀文，坚决要求辞去江南制造总局的差事。随后，沈保靖又亲自到鄂面请李鸿章允准。李鸿章曾为此而多次与马新贻通信交换意见。他认为：近来"上海机器局用款日多"，生产规模逐渐扩充，可见冯焌光"才气开展"。但他"议论多而裁制少"，且生性"夸张多疑"，与别人"势难久处"。而江南制造总局事务又必须有沈保靖相助，才"较可放心"。准备等冯焌光"带兵船来鄂"后，再与他当面商定办法。后来，还是按照马新贻的意见，强行留下沈保靖，并特地要求冯焌光，以后江南制造总局的各项事务必须"与之和衷商办"。可是，冯焌光很不服气，一度称病请辞。其

---

① 《碑传集补》卷 18，第 15 页。

时，恰好应宝时升任江苏按察使，苏松太道由涂宗瀛接任，李鸿章遂以涂宗瀛对机器制造事务颇感兴趣，一定可以帮助冯焌光处理好各种关系，对其加以劝阻。李鸿章在写给何慎修的信中说："竹如先生闻有痹疾，前劝其勿回诸城"，涂宗瀛现已升任沪道，"或可为营菟裘"①。但沈保靖坚决不愿回沪，李鸿章只好让马新贻加派冯焌光的同乡至好、选用知府郑藻如为江南制造总局会办。

1870 年 8 月，曾国藩再度回任两江总督，李鸿章调任直隶总督，同时接管了天津机器局，当即将沈保靖调任天津机器局总办。次年，又有人向曾国藩说起：江南制造总局生产的枪炮、轮船"皆迟缓而不中用"，"以御洋氛，断不可恃"。曾国藩听了，颇为"悚动"。1872 年初，沈保靖生了重病，建议李鸿章调郑藻如总办天津机器局，李鸿章正与曾国藩商量此事，冯焌光获悉后，立即致函李鸿章挽留郑藻如，言辞"极为恳切"。李鸿章在写给曾国藩的信中说：冯焌光对于机器制造事宜"探讨已久，惟务外而不甚精于内，局务主持七年"，尚一天都离不开郑藻如，"其情可知"。并向曾国藩提出"徐寿外才虽欠，深入精通，高出流辈"，堪应江南制造总局会办之选，不知冯焌光"肯表而出之否"？认为冯焌光在江南制造总局比较专横，"盖局员无不畏其疑逼也"②。

是年夏，李鸿章令候补知府朱其昂筹办轮船招商局。旋因其所拟章程"未尽著实"，让他赴上海与苏松太道沈秉成、冯焌光等"会商"。朱其昂到上海后，冯焌光曾"共与参订"轮船招商局章程。谁知冯焌光对此并无定见，他之所以"素肯建议招商者，不过随众画诺"。稍后，他又与沈秉成等联名具禀呈送两江总督何璟，提出：轮船招商局"窒碍多端，请暂缓办"。李鸿章得知此事后，认为冯焌光"初甚怂恿"，嗣又会禀反对，出尔反尔，殊为

① 《李文忠公全集》，朋僚函稿卷 9，第 8、14、13、9、22 页。
② 《李文忠公全集》，朋僚函稿卷 12，第 3 页。

可笑。于当年 11 月至函何璟，要他严词告诫沈秉成等"随事和衷妥办，勿胶成见，致此美举又复中止"。否则，中国"百年后永无振兴之机矣"。半个月后，何璟因丁忧去职，李鸿章又于 12 月致函以江苏巡抚署理两江总督的张树声，颇为豪迈地声称："兹欲倡办华商轮船，为目前海运（漕粮者）尚小，为中国数千百年国体、商情、财源、兵势开拓地步。我辈若不破群议而为之，并世而生、后我而起者，岂复有此识力？"并十分坚定地表示：轮船招商局为"鄙人毅然必行之事"，决不会因"阻于浮议"而中止①。

翌年夏，新任两江总督李宗羲致函李鸿章，指责江南制造总局"事太多，则难精"。李鸿章深有同感，认为冯焌光"尤有贪多嚼不烂之病"，并十分具体地指出："铁甲船需费最巨，不知何时能成？即成，能否比照西洋之小者、粗者？大炮则熟铁来福炮尚未多造，遑论钢炮，前以轮船用自造铜炮太坏，饬令多购布国（即普鲁士）克虏卜后门钢炮以应急需，非得已也"；"（克虏卜）炮虽购，而其合用之子药尚不能仿制"；"水雷系江河防险秘器，其必需之磺强水、电线亦不能造"；仅此数端，以江南制造总局现有的人力、物力，"一时断不易成、不易精也"。该局现能生产的产品中，"可用者兵枪、林明敦后门枪、小铜炮三事，制中土则有余，御外侮则不足。兼致力于铁甲船、熟铁炮、水雷，穷年积岁，取精用宏，庶有豸乎！"②

1874 年，日本派兵侵略台湾，冯焌光等曾上"销兵刍言"，提出了一些处理此事的意见，李鸿章认为所拟办法"亦不能无后患"③，而未予采纳。

尽管李鸿章对冯焌光有诸多不满意之处，但从总体上仍认为他"于洋务、机器已有心得"，是总办江南制造总局的比较合适的人选。冯焌光完全是因为有李鸿章这个幕主作靠山，才得以长期担任江南制造总局总办，并不断加

① 《李文忠公全集》，朋僚函稿卷 12，第 29、28、30、31 页。

② 《李文忠公全集》，朋僚函稿卷 13，第 11 页。

③ 《李文忠公全集》，朋僚函稿卷 14，第 29 页。

官晋爵的。而李鸿章也正是通过冯焌光等，才能够实现对江南制造总局的间接控制。

1875 年 1 月，冯焌光被清政府任命为苏松太道道员，成为实任地方官员。恰值总理衙门"以将遣使外国，命各关道议其事"，冯焌光遂应命上书总理衙门，提出："使臣必有品望，乃不为外国所轻"；"中国择交，当以德国为先"；"使臣当觇知外国虚实，消患于未萌"；"华人多在外国，当设理事官以镇抚之，又必有兵船以为保护"；"当选诸军将士沉毅笃实者，与使臣偕行，习知各国兵法"；"华人在外国者，亦必有人才，当收之以备用"，以及"中外交涉之事，惟传教、通商两端，通商之害尤甚，外国通商夺我利权，若中国轮船能往外洋，则彼不能夺我利"等意见。后来又议及台湾采煤、开矿与外国在华租地、停止捐纳等事，"皆谋虑精审"。同时，冯焌光还"在上海设书院，分六堂教士，曰经学，曰史学，曰算学，曰舆地之学，曰掌故之学，曰辞章之学。又刊译外国之书数十种"[1]。

冯焌光就任苏松太道道员后，当即于上海设立洋务局，委任候选同知唐廷枢为会办。1875 年 2 月，英国驻华使馆翻译马嘉理带领以英籍上校军官柏朗为首的武装"探路队"由缅甸闯入云南境内，被当地人民打死，是为"马嘉理案"。同时发生英国奥顺轮船雾大行驶，与中国水师船只相撞，"误伤委员二十二人之命"一案。4 月，冯焌光向李鸿章报告说，沪上报纸载文，有将马嘉理被戕一案归咎于缅甸之说，并听说英国已派铁甲舰北上，欲诉诸武力。李鸿章复函称："马嘉理案归罪缅甸，似系藉词吞并"，铁甲舰北上之说则纯属无稽谣言，仍要他"嗣后探报若何情形，望随时详细飞示"。同时告诉他：李鸿章本人在与英方交涉时，曾提出以奥顺轮船误伤之人命与马嘉理相抵，已被英方拒绝。根据不平等条约的规定，当时英国在华享有领事裁判权，奥顺轮船案归英方在华设立的司法机构与中方官员会同审理，初审已

---

① 《碑传集补》卷 18，第 15 页。

判定奥顺轮船没有过失。李鸿章提醒冯焌光注意："目前若再会讯，仍以查问奥顺有错无错为要"，只有确定了奥顺轮船的过错，才能要求英方赔偿。若英方司法机构"意仍偏袒"，冯焌光"应切催"英国驻上海领事麦华陀参与会审，不妨"至再至三，著细与之理论，不可放松"。唐廷枢等曾将中方在审判中的"供词"加以刊布，李鸿章称赞此举"极为精核"，要其将英方司法机构"讯判各语"一并"续刊备案"。唐廷枢提出：若英方在华的司法机构一味偏袒奥顺轮船，中国可派人赴英国上诉。李鸿章对此建议加以肯定说："无论有益与否，藉以挟制彼族，其气焰或可少减，亦与照约会审并行不悖也。"并谆谆告诫冯焌光说："此中外交涉第一重大之案，务逼令认错认赔而后已。"此外，还提及"磁州开矿虽难克期举办，而机器精奥、煤铁矿法必须预为探讨明确，以便择地试行"[①]。

次年，中英双方又发生了吴淞铁路交涉案。早在 1872 年，美国驻上海副领事布拉特福即组织吴淞公司，准备在上海私建铁路。后来，他又联络英商怡和洋行，组成英美合资的"吴淞道路公司"，经由英国驻上海领事麦华陀出面，以建筑"一条寻常马路"为由，骗取上海地方当局同意，租下了上海至吴淞间的地皮，并从海外运来铁路器材，于 1874 年上半年动工筑路，至 1876 年 1 月铺好路基，2 月开通运送材料的车辆，6 月底筑成上海至江湾段，7 月初正式通车营运。1876 年初，新任两江总督沈葆桢责令苏松太道冯焌光与麦华陀交涉，要求外商停止非法筑路工程。麦华陀拒不接受中方意见，筑路工程继续进行，双方陷入僵局。

是年 4 月，英国驻华公使威妥玛派汉文正使梅辉立赴上海处理此事。梅辉立路过天津时，专门拜会了李鸿章，与他商讨处理吴淞铁路的办法。梅辉立先以武力恫吓曰：吴淞铁路之事本应由英国驻上海领事与苏松太道商办，但是麦华陀向威妥玛汇报说，冯焌光"龃龉过甚，无可商办"，威妥玛"不

---

① 《李文忠公全集》，朋僚函稿卷 15，第 14、11、12 页。

得已乃请水师提督往办。恐提督情形不熟，或生事端，致败和局"①。继以利益相诱道：铁路"大有利益"于中国，总理衙门与南洋大臣（当时例由两江总督兼任）、上海道（即苏松太道）必欲洋商停工，"殊不思洋商租地费许多资本自行建造，如何即能停办？若令停办，必闹大事"。"若以在中国境内，应有自主之权，或请由国家（指清政府）准令怡和等商垫款办理，照各国通行规矩，所收轮车税利分给中国几成，以十年为期，由中国政府酌偿原值，收回自办，所有装运捐税章程，均可商定"。李鸿章严正地指出："英商此举，本太欺藐中国，尔辈岂可一味偏袒强霸？"梅辉立所提办法，若于"铁路未开以前豫为妥商，未尝不可允许，今先诓准租路，忽兴此举，由欺伪勉强而成，未便仍令洋商承办，致碍国体而滋物议，且使他处或再仿照谋办，更不成事（体）"。进而表示：可以考虑"令英商将现造车路之铁木器具，查开原购实价，由中国承买，另招华商股份接充其价，分年分起归还洋商"，"如此办理，洋商资本不致无着，而中国自主之权亦无所损，似是两全之法"。唯洋商必须"公平交易，不可丝毫抬价居奇"②。梅辉立要求李鸿章写一封信给他带交冯焌光，"为之先容"。李鸿章在由梅辉立带交的信中，充分肯定了冯焌光历次"与英领事辩论情形均甚切当"，其致英、美领事的照会"无义不搜，以矛刺盾，事理至为透彻"。并故意声明："中华自主之国，若创兴此举，须待自办，断不能由人强勉。"同时又另寄一函给冯焌光，指出：就目前情形而言，"千方百计逼令停工，断做不到，则不若就此转圜"，希望他能按照自己所拟的办法，"及时相机妥议"③。

梅辉立在与冯焌光会谈时提出：吴淞铁路若归"中国自办，委之素不熟悉之洋人，必致废坏"，"转非洋人劝望中华取法兴利之本意"；现投资吴淞铁路之各国商人"既推怡和为首领，今买回后雇令他国洋人承办，怡和太觉

① 《李文忠公全集》，朋僚函稿卷16，第11页。
② 《李文忠公全集》，译署函稿卷4，第50、51页。
③ 《李文忠公全集》，朋僚函稿卷16，第10、11页。

无颜"；因而坚持要求中国买回后，"仍交怡和承办数年"。并声称："怡和是体面守法之富商，若令代中国承办，听华官号令，事必有成，可无掣肘"。这种意见冯焌光当然不能接受，他坚定地表示：如果英商再不停工停车，他将亲自卧轨，宁愿让火车轧死，也不愿让火车继续开行。威妥玛、梅辉立后来都在李鸿章面前骂他是疯子。结果，双方不欢而散。梅辉立回京时，又至天津会见李鸿章，呈递了他拟订的办法。李鸿章当即指出：梅辉立所拟办法，"处处以英官挟制中国，多不合理"，正欲加以修改，忽接冯焌光函称："既允收买而仍令承办，是虚受自主之名，实受不能自办之害，且恐扰乱关章，不如听其擅行，而坚守关章，不准起下货物，其诎在彼，纵屈于势，而理自伸。"李鸿章认为如此办法"洵为直截了当"，遂对梅辉立说："此事本由南洋主政，我是局外旁观，因见两边骑虎不下，故为买回自办之说，调停解和。贵使乃欲买回后仍归怡和承办，意存要挟，不但关道不能允行，即沈帅（指沈葆桢）与总署（即总理衙门）亦难照准，我只有置之不论。"稍后，沈葆桢来函表示"收回后不允其照样成造"，李鸿章认为这种意见"则离题更远"。他还告诉冯焌光：威妥玛为马嘉理案"在京大肆咆哮，颇有兴风作浪之势，似欲将通商各事议妥乃肯结案，一时难就范围"，认为吴淞铁路事"殊堪焦愤"[1]。

　　冯焌光等见威妥玛、梅辉立等坚持不肯让步，曾雇请英籍律师担文赴英呈控，要求英国政府出面，责令怡和洋行停工。接着，吴淞铁路发生火车轧死人命案件。8月下旬，梅辉立再次谒见李鸿章，说：据麦华陀报告，冯焌光"欲调兵阻止铁路，洋泾浜纷纷谣言，有兵勇改装伺探，拟将滋事，烧毁洋行，并在铁道左右扎营"，威妥玛"虑有不测"，已派兵舰两艘"由大连湾星夜赴沪，是兵端将开，此间和议（指马嘉理案）亦不能成"。并说李鸿章前已奉有"便宜行事、会商一切之谕旨"，理应对吴淞铁路交涉案负责。李

① 《李文忠公全集》，朋僚函稿卷 16，第 13 页。

鸿章解释说：谕旨所谓"便宜行事，会商一切"，"系专指滇案前后各节，并非各省洋务皆可主裁"。又谓：外商擅筑铁路，"本属唐突，兹更酿成命案，官民必不甘服，但须从长商议妥策，谅无调兵阻止之理"。希望他转告威妥玛、麦华陀等"不可听信谣传，积疑生衅"，并从侧面"询其已否接有本国来文，令停铁路"。梅辉立当即回答道：这是英国驻华公使职权范围内之事，"本国绝不与闻"。李鸿章随即函告冯焌光："担文往控，似无甚裨益。"谆切叮嘱他：一定要"从容镇定，徐与理论，切勿唆怂军民，造谣惑众，固于此事无益，且与大局有损"。同时还说：英方欲将吴淞铁路事列入为马嘉理案而即将签订的条约，他"力称系题外之文，未便越俎"，已加以拒绝，但英方显然不会就此罢休。"万一议及，究应如何归宿"，希望冯焌光尽快商请沈葆桢"裁示通融之法"①。

但是，沈葆桢与冯焌光始终坚信担文能在英国打赢这场官司。李鸿章一针见血地指出："担文与怡和极熟，以英人而控其长官、富商，又事不干己，奚能有济？"沈葆桢、冯焌光等日盼英国政府责令英商中止筑路之举，"何其愚也"！表示对此很不理解。后来，威妥玛在烟台与李鸿章议约期间，忽然提出李鸿章既然奉旨"会商一切事务"，就应该兼管吴淞铁路之事，若李鸿章不过问铁路事，则他将不负责确定马嘉理案的赔款数额，"将来必托名本国多索"，且将影响签约结案的时间。李鸿章不得不答应"派员往沪会商"，慨叹"甚哉！彼族用心之狡也"。随即写信通知冯焌光：已奏派道员朱其诏、盛宣怀"驰赴上海"，与他一同"详酌机宜，设法操纵"，希望他"勿执成见，早图归宿为要"②。

是年10月，中英双方议订《收买吴淞铁路条款》，规定：由清政府以28.5万两白银买断吴淞铁路，款项于一年内付清，在此期间，铁路暂由洋

---

① 《李文忠公全集》，朋僚函稿卷16，第18～19页。
② 《李文忠公全集》，朋僚函稿卷16，第21页。

商公司经理。一年期满铁路收回后，两江总督沈葆桢当即下令加以拆除，将拆下的铁轨等材料运往台湾，废置多年。李鸿章对此很不满意，曾在写给驻英公使郭嵩焘的信中批评沈葆桢说："幼丹（沈葆桢字幼丹）识见不广，又甚偏愎，吴淞铁路拆送台湾，已成废物。不受谏阻，徒邀取时俗称誉，究竟官场亦置之不论不议之列，时誉并未邀到也。"①

吴淞铁路交涉事定后，冯焌光听说左宗棠已率部收复了新疆北部的大部分地区，遂提出要辞官前往伊犁寻访父亲的遗骨。沈葆桢上疏力称其孝，建议朝廷给予假期，以成其志。"奉旨：赏假一年，毋庸开缺。"时人叹为"异数"，"传为美谈"。

当时，伊犁地区尚为俄军占领，新疆南部仍由阿古柏政权统治，"惟商贾得往来其间"。冯焌光的叔父冯祖澍"慷慨能任事"，扮作商人先往，冯焌光随后接应。冯祖澍于伊犁广东义园寻得冯玉衡的灵柩，"护以东行"，在玉门关外与冯焌光相遇。1878 年春，冯焌光东归途中于陕西境内接到上谕，令其赴部引见，"盖将大用也"，便兼程往回赶。由于旅途劳顿，加之冯焌光"沿途哭泣"，悲哀过甚，以致成疾。"至江苏龙江关，疾甚。趋上海，甫到而卒。"② 时年 49 岁。

冯焌光中年病殁，"未发其蕴，君子惜之"③。时人称赞他"二十年中凡三出塞，极人生之哀苦劳险，以报其亲，而损其天年，岂非至孝哉！"④

三、总理天津机器局的沈保靖

沈保靖，字仲维，号品莲，江苏江阴人，生年不详。其父沈耀鋆曾官至湖北省宜昌府通判，与李鸿章之父李文安为好友。1852 年冬，太平军由湖

---

① 《李文忠公全集》，朋僚函稿卷 18，第 6 页。
② 《碑传集补》卷 18，第 14 页。
③ 《近代名人小传》，冯焌光。
④ 《碑传集补》卷 18，第 14 页。

南进入湖北，沈耀鋆被调至武昌为守城的清军管理粮饷。次年 1 月，太平军攻克武昌，沈耀鋆被杀，因遭人参奏，被清政府追夺官衔。

早先，沈耀鋆曾令沈保靖至京师投靠李文安。李文安让他与刘秉璋、潘鼎新等一起寓居于东单牌楼附近的观音寺。沈保靖遂与刘秉璋、潘鼎新同时师事李文安、李鸿章父子。其父死后复遭严谴，沈保靖引为奇耻大辱，认定其中必有冤情，便亲身潜入太平军占领的武昌城中寻找其父遗骸，打听其父被杀的情形。经过三年时间的查访，掌握了一些第一手资料，证明其父系"骂贼被害"的①。事情上报到朝廷，清政府又开复了沈耀鋆原来的官职，下令赐恤，并准许为其建立专祠。遭遇此番变故后，沈保靖的性格变得比较孤僻，加上他为人耿直，不善交际，给人以落落寡合之感。

1858 年，沈保靖进京参加顺天府乡试，考中了举人。李鸿章率淮军到达上海后，急需有人相助，同时念及故旧，遂将沈保靖召入幕府。起初负责为淮军采办军械，并被保举为候选直隶州知州。1865 年，李鸿章创办江南制造总局时，因沈保靖"熟谙洋军火"，令他与丁日昌、韩殿甲、冯焌光等"一同到局总理"。实际上，江南制造总局的各项具体事务，基本上都由沈保靖负责操办。后来，李鸿章曾向朝廷奏称："沈保靖前经臣委令督办上海机器局，事事皆赖其创制。如：雇用洋匠进退由我，不令领事、税务司各洋官经手，以免把持；定购外国机器、货料，自择各洋商评订，收货、发银务取该国发货洋文单为凭；委员各有专司，其冗食、不究心者汰去之；工匠、学徒按日点工给价，无稍冒混；立法最称精善。"所以江南制造总局开办数年间，即已造成轮船四艘，其余洋枪、大小开花炮、洋火箭等拨给各军应用者均不下数千件，不但出货较多，而且用款并不甚费。"以视闽局（即福州船政局）专任税务司法人日意格、津局（即天津机器局）专任领事官英人密妥士，将

---

① 《清史稿》第 41 册，第 12576 页。

成尾大不掉之势，似稍胜之。"① 对沈保靖在江南制造总局工作所取得的成绩作了充分的肯定。沈保靖亦因此而很快升为候选知府。

后来，沈保靖与同时担任江南制造总局总办的冯焌光发生矛盾，自1867 年起即多次写信给李鸿章，要求辞去江南制造总局的差事。李鸿章深知他"有难言之隐"，但认为冯焌光虽然较有才气，却生性疏阔，而沈保靖则处事严谨，能够"综核精密"，恰可弥补其不足，因而总是再三劝解，极力加以"慰留"②。

1869 年春，李鸿章镇压了捻军起义后，至武昌就任湖广总督，曾要沈保靖与冯焌光代为采购洋铜，不料却再次收到了沈保靖要求辞职的禀文。接着，沈保靖又亲自赶到武昌，当面向李鸿章陈诉其中的内情，"再四固辞"，"其意若不可一朝居者"，并推荐冯焌光的广东同乡郑藻如出任江南制造总局会办。李鸿章被其"苦缠"不过，遂写信给两江总督马新贻说：尽管他仍以沈保靖留任江南制造总局为是，但沈保靖"去志甚坚"，"其人廉介而偏激"，与"夸张多疑"的冯焌光"势难久处"，亦属实情，到底应该怎么办，则应由马新贻加以决断。马新贻还是主张挽留沈保靖。李鸿章又复信称：冯焌光"议论多而裁制少"，沈保靖"核实而近偏激"，两人"各有短长"，可以"相资为用"。现已按照他的意见批复了沈保靖的禀文，并嘱咐冯焌光遇事"与之和衷商办"③。可是，冯焌光也以生病为借口，请求辞退，加之沈保靖执意要留在李鸿章身边，于是便由马新贻委派郑藻如为江南制造局会办，协助冯焌光主持该局事务。

"剿捻"军事结束之际，李鸿章曾于"皖、鄂等省剿捻出力汇案"中保举沈保靖，旋经朝廷批准："沈保靖着免选本班，以道员留于湖北，归候补班遇缺前先补用。"待沈保靖辞去江南制造总局差事，留在湖北后，李鸿章才得

① 《李文忠公全集》，奏稿卷 9，第 33 页；卷 17，第 17 页。

② 《李文忠公全集》，朋僚函稿卷 9，第 8 ～ 9 页。

③ 《李文忠公全集》，朋僚函稿卷 9，第 9、13、14 ～ 15 页。

知他"系于丁忧期内调营差遣"的，当即据实奏报了朝廷。吏部遂以"原保折内并未声叙，亦未先行奏调，按照定章将前保奖案撤销"。李鸿章当然不愿就此罢休，随即又奏称："沈保靖从军多年，艰苦刚明，最为得力，计功请奖，实无冒滥。"而自己未曾先行奏调，是因为当时正在"督师追贼，奔驰倥偬"，无暇查阅定章。朝廷可以追究自己的"疏忽之咎"，将其"交部察议"，但若撤销对沈保靖的奖赏，"非特该员向隅，且无以鼓励人才"①，硬是为沈保靖争回了补用道官衔。

　　1870 年秋，李鸿章调任直隶总督，旋兼任北洋通商大臣。清廷随即谕令："天津机器局应如何斟酌填制、开拓之处，着李鸿章妥为筹划，奏明办理。该督于此事讲求有素，务当督饬津局委员，事事悉心研究，将此中机巧竟委穷源，庶可有裨实用。"天津机器局由前任三口通商大臣崇厚于 1867 年建立，一直由曾先后担任丹麦与美国驻天津领事的英国人密妥士具体负责。清廷的这道谕旨使李鸿章得以名正言顺地插手该局事务。当然，李鸿章深知，要完全控制天津机器局，还必须安插自己的亲信去主持局务。他当即密嘱随他一同由湖北来直隶的沈保靖"留心察度，拟即遴委该员总司其事"。其时，李鸿章已向朝廷提出要增设天津海关道一缺，他很想让沈保靖署理天津海关道兼管大津机器局。于是，他一面奏称：天津海关"现值裁并更张之始，所有新旧海关税务及与洋人交接体制，并创立章程一切事宜，必须筹划妥善，方期经久无弊，非熟悉洋务、通达治体之员不能胜任"。沈保靖"廉正精细，博物多闻，向在苏、沪从事，日与洋人交涉，外和内劲，通达大体，其才器尽堪造就"，将其与时任总理衙门总办章京的四品衔记名海关道、刑部郎中陈钦一同推荐为天津海关道的人选。一面又强调："西洋军火日新月异，不惜工费而精利独绝，故能横行于数万里之外，中国若不认真取法，终无由以自强"，"士大夫留心经世者皆当以此为身心性命之学，庶几学者众而

---

① 《李文忠公全集》，奏稿卷 17，第 5 页。

有一二杰出，足以强国而赡军"。天津机器局"足补南局所未备，且隐喻防患固本之意，极为远虑深谋"；目前虽然"规模粗具"，但"垣屋尚须加修，机器尚须填制，火药亦尚未开造，自应就此基绪逐渐扩充"；而该局"系已成之局，牵涉洋人，窒碍殊多，更张不易"，"非廉正熟悉而有条理之员不足与谋"。"沈保靖与臣交近三十年，坚明耐苦，丝毫不欺苟，实所深信"，前督办江南制造总局，"久任劳怨"，成绩显著，后"因臣平捻后军器可减"，"力辞局务随营差遣"，请求朝廷"饬令该员总理天津机器局事务，以资熟手"。并申明：前此该员已"再三固辞"，究其原委，"大抵关涉洋务，自好者已不愿为；洋务而又兼出纳银钱，更多望而却步"；这是因为"随俗则恐无实济，认真则必丛怨尤"。但是，"惟其不愿为者，乃可与有为"，表示："臣当督同该员监管中外各员匠，逐细讲求，悉心研究，务期有裨军用。"① 最后，清廷批准由陈钦署理天津海关道道员，以沈保靖总理天津机器局事务。

稍后，李鸿章又奏称：天津机器局"机器尚少，日碾洋火药仅三四百磅，亟须添购碾器，增建厂屋，局界周围六七里亦拟加筑长墙，以期缜密，另于大清河、北运河之间择地兴造药库一所，以便收发"。处此开拓阶段，用款肯定较多。沈保靖到局后，"逐项清厘，讲求工作，严剔弊窦，并在上海铁厂调来熟练可靠员匠帮同照料。所有该局经费，务使涓滴归公，不准丝毫浮冒"。但因该局事务多与外国相关，需要经常与洋人打交道，沈保靖为湖北补用道，"系隔省人员"，办理各事，唯恐指臂不灵，要求加派"津海关道陈钦会同办理"②。

沈保靖接办天津机器局后，密妥士的权力被大大削弱，很不服气，便处处掣肘，事事刁难，气焰十分嚣张，使沈保靖很难正常开展工作。1871年夏秋之际，直隶境内连降暴雨，河水猛涨，旋即泛滥成灾。天津机器局厂址

<hr />

① 《李文忠公全集》，奏稿卷17，第16～17、14页。
② 《李文忠公全集》，奏稿卷17，第36页。

地势低洼，很快成为一片泽国，不但新建工程被迫停顿，已建成的各项工程连同买来的原料、设备俱被水淹。沈保靖督率员工与洪水搏斗，保护厂房、机器，抢救、转移原料，忙得焦头烂额。入冬后，李鸿章借口"密妥士于机器未甚精核"且又"生病"，将其撤职。沈保靖亦以"技艺未精"为由，辞退了一批洋匠，从而巩固了自己的地位①。水势稍退，沈保靖立即指挥工匠修复水淹各厂，培高地基，赶建新厂，"局务乃渐就绪"。

由于沈保靖办事十分认真，不辞劳苦，又顶着很大的精神压力，很快即"心力交瘁"，积劳成疾。他曾多次请求李鸿章调郑藻如来津暂时替换自己，李鸿章一直未予以足够的重视。1871年底，沈保靖感到自己实在支持不下去了，便写信给李鸿章，"告以羸弱忧郁之情"，如再无人接替，"明春势将不起"。李鸿章这才慌了手脚，起先，他准备以道员孙士达接替沈保靖，但陈钦认为孙士达"于机器素未深究，未敢承允"②。李鸿章只好一面致函两江总督曾国藩，商调郑藻如进津；一面请丁忧在籍的前任江苏巡抚丁日昌代为物色堪任机器局事务的人才。次年春，沈保靖经过一段时间的休息后，病体稍有恢复，才又强起视事。随后，丁日昌向李鸿章推荐曾署理广东惠潮嘉道的吴赞诚，说他"清正有为，不惮烦苦，又精于算学，堪备督理制造之选"。李鸿章遂将吴赞诚奏调至天津"随办洋务制造事宜"③。

1872年秋，李鸿章在奏请报销天津机器局经费时，赞扬沈保靖接办该局以来，"加意研求，配制洋火药、铜帽，添造机器、炮弹、炮架等件，均属精利适用；增建厂房，添购碾器，兴造药库，加筑围墙，亦经次第规划；驾驭中外匠役，实心实力，处置裕如，整顿一切，具有条理，可冀渐收成效"。在经营管理方面也"深费苦心。且能破除情面，严束员匠，撙节经费，毫无

---

① 《李文忠公全集》，奏稿卷20，第12页。

② 《李文忠公全集》，朋僚函稿卷11，第31页。

③ 《李文忠公全集》，奏稿卷19，第51页。

虚糜"①。在李鸿章的"叠疏密荐"之下，清政府即于是年任命沈保靖为江西九江海关道，天津机器局交由吴赞诚接办。

1875 年，马嘉理案发生后，英国驻华公使威妥玛在谈判中提出要将江西湖口列为外国轮船停泊并装卸货物的港口。湖口为长江中游的军事重镇，一旦允许外轮停泊，则险要尽失，对长江防务极为不利，沈保靖遂以"有碍九江关税务"为由，表示坚决反对。总理衙门据以驳回了英方的此项要求。沈保靖随即升任江西按察使，署理江西布政使，1881 年调任福建布政使。

中法战争期间，法国舰队不断骚扰东南沿海地区，福州一日三警，一度关闭城门，禁止出入，钱铺、米店纷纷歇业，居民生活受到严重影响，一时人心浮动。沈保靖当机立断，下令"发库款三十万以济市面，人心始定"②。

稍后，由于福建水师在马江之战中全军覆没，闽浙总督何璟、福建巡抚张兆栋、福州船政大臣何如璋、会办福建海疆事务大臣张佩纶统统遭到言官的弹劾，被清廷革职。沈保靖也在劫难逃，被人点名参劾。奉旨查办此案的大学士左宗棠、新任闽浙总督杨昌浚复奏时，称赞沈保靖"秉性刚直，实事求是，精明强干，不避嫌怨"，并将其被参各款"逐条辨析分明，惟以闻警之际，该员之弟携眷回籍，形迹疑是之间，未能阻止，请交部议处，以示薄惩"。吏部已经议定，从轻予以罚俸处分，鸿胪寺卿邓承修又上奏对沈保靖"禀复之词"加以驳斥，要求予以重处，吏部旋改定为降级调用处分③。沈保靖失去原来的官职，回到原籍。

1886 年，李鸿章又以沈保靖"军事、洋务历练亦久"，实为可用之才，将其奏调至北洋差遣，仍负责办理天津机器局。1889 年慈禧太后宣布"撤

---

① 《李文忠公全集》，奏稿卷 20，第 12、13 页。

② 《清史稿》第 41 册，第 12577 页。

③ 《李文忠公全集》，奏稿卷 71，第 38 页。

帘归政"后，光绪皇帝为网罗人才，曾谕令：已经革职的官员中，"若有事系冤枉被革，果有才力堪用者"，准许各省督抚查明奏报。1891年5月，李鸿章据此奏称：沈保靖"自同治元年（1862年）即随臣上海军营，憔悴专一，久历艰苦"，"相从最久，知之最深。其为人廉正坚实，治事精核，能任劳怨，历官江（指江西）、闽两省，卓著政声"。中法战争时官居福建布政使，其弟"赴闽省视，本与公务无涉，挈眷回籍，亦情理之常。旁人不辨为谁，但据道路讹传之言以为定论，似近苛刻"。该员"立身行己，具有本末，临难苟免之事，臣敢保其必无"。而他竟以此受到"降调"处分，实属冤枉。现在各省官场"风气日趋圆靡"，像沈保靖这样"特立独行而才力又足任事者，实为救时之选"，一省之中难得有一二人。"目今时事多艰，人才难得"，沈保靖"乃以人言去官，久置闲散"，"深为可惜"[①]，希望朝廷能够重新加以录用。清政府随即恢复了他的官衔，沈保靖却再也没有就任任何官职。后老死于原籍。著有《读孟集说》《韩非子录要》《戊子集》《怡云堂内外编》等书。

四、究心于机器制造的郑藻如

郑藻如出生于道光七年（公元1827年），字玉轩，又字志翔，广东省香山县（今中山市）人。其父郑乃康系商人，曾出资办理地方团练。郑藻如于1846年成为秀才，1851年考中举人，后因组织团练武装镇压天地会起义有功，清政府奖以内阁中书衔。

同治初年，郑藻如进入两江总督曾国藩幕府。1865年李鸿章在上海创办江南制造总局，郑藻如被曾国藩推荐至该局任帮办，具体负责"收支册报"等事务，由此转入李鸿章幕府。因军务出力及制造轮船、机器著有劳绩，累经保举为花翎遇缺尽先补用知府，清政府又准许他"俟选缺后以道员

---

① 《李文忠公全集》，奏稿卷58，第5页；卷71，第38、39页。

尽先补用"①。

　　受李鸿章委派一同总理江南制造总局事务的沈保靖与冯焌光在工作中产生了尖锐的矛盾，沈保靖多次向李鸿章提出辞职要求，并于 1869 年春夏之交极力推荐郑藻如"廉干精明"，足以胜任江南制造总局会办之职。并说他与冯焌光不但是广东同乡，而且系"多年至好"，由他担任沪局会办，"或能救弊补偏，相与有成"②。李鸿章采纳了沈保靖的意见，商请两江总督马新贻将郑藻如委派为江南制造总局会办。

　　沈保靖于 1870 年秋接办天津机器局后，很快积劳成疾，曾多次要求李鸿章调郑藻如来津替换他。这时，马新贻已遇刺身亡，担任两江总督的是李鸿章的老师曾国藩。李鸿章考虑到江南制造总局也缺少得力的管理人员，同时也不好意思挖他老师的墙脚，所以"未敢遽允"。次年底，沈保靖致函李鸿章，说自己病体难支，"势将不起"，再次请求他调郑藻如来津。李鸿章这才写信给曾国藩，恳求他务必饬令郑藻如于明年开春后"附轮舟至津"。并解释说：自己这么做"实出于万不得已"，听说李兴锐已被派入江南制造总局任事，郑藻如"或能抽暇北行"；他与沈保靖系"金石至交，肺腑相关，闻其病棘，无不愿暂代之理；而津局制器、用人、变通、尽利之处，郑守必能胜任，不致废坏"；李鸿章本人亦可"藉与商讨沪、津两局善后规模"；如果沈保靖经过一段时间静养后，身体能够复原，还可"仍令郑守回沪"。又向曾国藩建言："徐寿父子于机器深入精通，能自出手，望将徐寿酌加薪水，稍假事权，当能辅卓如（冯焌光字卓如）所不逮也。"③同时，还直接行文给郑藻如，与他本人协商。

　　曾国藩回信说：郑藻如"精细廉干，条理秩然"，江南制造总局"局务

---

① 《李文忠公全集》，奏稿卷 33，第 19 页。

② 《李文忠公全集》，朋僚函稿卷 9，第 9 页。

③ 《李文忠公全集》，朋僚函稿卷 11，第 31 页。

大半赖其经理"，实在难以离开①。冯焌光也致函李鸿章，表示不能让郑藻如北上，语气"极为恳切"。李鸿章也深知江南制造总局绝对离不开郑藻如，遂向曾国藩表示：郑藻如愿否来津，"姑听其便"，唯对冯焌光主持江南制造总局长达七年时间，"尚一日离郑不得"感到不满。郑藻如成为双方矛盾的焦点，感到自己去留两难，便于 1872 年春借口"亲老久未省视"，请假回广东老家去了。临行之际并未说明何时返回，大有一去不复返之势。

　　是年 3 月。曾国藩病死，江苏巡抚何璟署理两江总督。这一人事变动为李鸿章加强对江南制造总局的控制，提供了极好的契机。6 月，李鸿章奏称："沪、津机器各局仿制轮船、枪炮、军火，事体繁重，理大物博，非有精心果力、志趣深远者，实难相与有成。"郑藻如"才大心细，洞悉机要，有裨军国"，前在江南制造总局"筹办一切，苦心经营，数载于兹；驾驭中外员匠，操纵咸宜；综核工料、巨款，丝毫不苟；监制船械，日起有功"。现已请假回籍，遥无归期，请求朝廷令广东督抚"饬催迅速回沪"②。郑藻如才又回到江南制造总局任事。李鸿章既已深知郑藻如为有用之才，当然要极力加以笼络，希望能通过他对江南制造总局实行遥控。出于这种考虑，李鸿章在郑藻如回到江南制造总局后不久，即"念其资劳渐深"，密疏向朝廷推荐他"堪备关道之选"。同时在写给何璟的信中称赞他为人"精细笃实"，"于洋务、机器已有心得"，尤属无可替换之人才。后来，李鸿章在筹办北洋海防时，原拟在兵船上装配自制的铜炮，因见其性能太差，而改用普鲁士制造的"克虏卜后门钢炮"。大炮买来后，又发现"其合用之子药尚不能仿制"，李鸿章马上嘱令郑藻如赶紧研制，以应需求③。郑藻如在沪期间，还曾奉命督造吴淞炮台。他负责建造的炮台，坚固而适用，连外国人看了，也表示钦佩，称之为沿海诸炮台之冠。

---

① 《曾文正公全集》，书札卷 33，第 45 页。

② 《李文忠公全集》，奏稿卷 19，第 51 页。

③ 《李文忠公全集》，朋僚函稿卷 12，第 19 页；卷 13，第 11 页。

　　1875年11月，李鸿章在奏请报销江南制造总局经费时称："自同治初年，臣鸿章孤军入沪，进规苏浙，辄以湘淮纪律，参用西洋火器，利赖颇多。念购器甚难，得其用而昧其体，终属挟持无具"，因而创办了江南制造总局。上海"为各国官商荟萃之场，其人皆有炫奇斗巧之智，一名一艺，奔凑争先，孰楛孰良，见闻较捷，取彼之长，益我之短，自强之基，莫大于是"。长期以来，负责该局事务的郑藻如等"类能苦心探索，引申触类，拓取法之门径，守核实之常经"[1]。再次对其在江南制造总局工作的成绩作了肯定。

　　1878年春，郑藻如奉旨"送部引见"。慈安、慈禧两宫皇太后召见后，令其"仍回江苏当差"。李鸿章马上向朝廷提出：郑藻如"笃实廉干，德器深厚，识略宏通，于洋务涉历已久，臣所素知"。该员原在上海总理江南制造总局事务，现在两江总督沈葆桢已派员接替了他的职务，"其于苏省并无另有经手事件"。而天津"为通商总汇要口，洋务、海防在在需人助理"，要求朝廷"将该道留津差遣，以资指臂"。郑藻如遂留在天津，协助李鸿章办理洋务、海防及营务处、支应局等项事务。三个多月后，李鸿章又奏称："近来洋务日繁，臣统辖北洋，需才佐理，必期关道得人，遇事相机筹助，上下承接，中外不致隔阂，非熟悉洋情、通达政体之员，难以胜任。"直隶府、道各员中"虽不乏贤能之员"，唯向来多未经办过洋务，"实恐缓急难恃"。只有郑藻如"前在上海综理机器局十余年，与洋人交涉已久，深明机要，熟习情形"[2]，足以胜任天津海关道一职，要求朝廷准其补授该缺。

　　是年，英籍中国海关总税务司赫德令德籍天津海关税务司德璀琳在北京、天津、烟台、牛庄、上海五处试办邮政局，准备进一步推向全国。西班牙驻华公使向总理衙门提出：此举"于各国有碍"；中国既已设有信局，"则各国不能另设"；德璀琳试办的邮政局邮资太贵，"迟误太多"。山东巡抚文格"为

---

① 《李文忠公全集》，奏稿卷26，第13页。
② 《李文忠公全集》，奏稿卷32，第3页；卷33，第19～20页。

群下所蛊惑，大放厥词，行文饬禁"。郑藻如也写信给李鸿章表示反对，并担心"日后内地消息，洋人得信最先"。总理衙门令李鸿章查明实际情况，及时汇报。李鸿章致函总理衙门说明：1876 年夏中英双方围绕马嘉理案谈判期间，赫德乘机向总理衙门提出了铸洋钱、办邮政两项要求，总理衙门让他与李鸿章商谈，李鸿章考虑到铸洋钱与国计民生关系较大，未敢轻许，而邮政似乎"无甚流弊"，曾面允其"可以筹办"。现德璀琳开办邮政局，"自未便拒阻"，且其"信资实照民间信局减省过半"。西班牙公使所说各条"均非确论，似是忌嫉挑唆之语"。建议以后由总理衙门"主裁，仿照现办章程，再交地方官及委员接办"，或商令赫德交"由南北洋大臣就近督办"①。同时，李鸿章还写信指责郑藻如"于此事本末毫未推求，于各国邮政办法素无咨访，仍执一哄之见"，与文格等"一般识议"，明明是无知的表现，却偏偏"自以为是"。认为：只要能够做到邮政局雇用人员"查有滋事实据，由地方官照例拿办，必可杜绝一切流弊"。至于所谓担心洋人最先得到内地消息，"此等迂论，最易动听"，其实即使不设立邮政局，"洋人得信亦不在后"②。

1880 年 7 月，巴西遣使来华议约，清廷委派李鸿章为全权大臣，负责与其谈判、签约。李鸿章以郑藻如"熟悉洋情，办事精核"，令其随同与议。"其关系中国利权者，皆与辩论"，最后签订的条约中规定："彼此须将互相酬报之专条或互订之专章一体遵守，方准同沾优待他国之利益"，力图以双方互惠的条款取代列强在华攫取的片面最惠国待遇。双方还以照会的形式宣布：巴西使臣将就禁止该国商人向中国贩运鸦片一事请示该国政府。10 月，朝鲜派赍奏官卞元圭来华，要求准许该国"派匠工前来天津学造器械"，李鸿章"饬郑藻如与该使臣酌议章程四条，于通融中略示限制"③。12 月，国子

---

① 《李文忠公全集》，译署函稿卷 8，第 18 页。
② 《李文忠公全集》，朋僚函稿卷 18，第 25、26 页。
③ 《李文忠公全集》，奏稿卷 38，第 1、2、37、44 页。

监察酒王先谦等对轮船招商局各员提出弹劾，朝廷令李鸿章查办，李鸿章委派郑藻如与江海关道刘瑞芬将所参各节，一一查明回复。

郑藻如就任天津海关道后，同时负责督办天津机器局，与经办该局的吴毓兰、许其光等"妥慎筹商，力图兼顾，一以恪守成规，一以殚求新制西洋机器之用，日出不穷"①。郑藻如还积极为筹办北洋海防献计献策，曾建议借外债购买铁甲舰，以备抵御日本的武装侵略之用。李鸿章对此深表嘉许。当山西、河南等省发生严重灾荒时，郑藻如又筹集巨款，赈济灾民，被清政府赏加二品衔。

在李鸿章的大力举荐之下，郑藻如于 1881 年被清政府任命为驻美国、日斯巴尼亚（即西班牙）、秘鲁三国公使。任公使四年间，其官职累升为内阁侍读学士、鸿胪寺卿、通政司副使、光禄寺卿。在此期间，郑藻如一直与李鸿章保持着联系，积极协助他开展洋务、外交活动。

1882 年 4 月，李鸿章回安徽原籍探视母病，旋遭母丧，直至 9 月初才回天津署理北洋大臣。郑藻如由美国致电李鸿章称："闻钧节返津，中外共仰。"10 月，郑藻如电告李鸿章：美国新订章程规定，"凡中国贸易、学习、游历人等来美，须中国官给以华、洋文护照"。"现金山众华商禀求催办"，希望李鸿章转告总理衙门与署理两广总督裕宽"择地举办"。11 月，又向李鸿章通报："檀香山遣使驻日"，声称"要赴津投文，未知何事"。并提出："若求弛华工由粤赴檀之禁，乞阻之"。次年 1 月，郑藻如电告李鸿章："朝美和约，美议院已议准。"李鸿章要郑藻如向美国讨还"美应还华赔款六十万"②。1884 年初，李鸿章根据美国驻华使馆参赞何天爵的推荐，函告郑藻如：可以聘用美国"前来中华定约之公使笛锐克"，"代为设法索回广州赔费"。并称："外国延请律师办理案件，本有随事酬谢之费，不必按月给予

---

① 《李文忠公全集》，奏稿卷 39，第 12 页。
② 《李鸿章全集》，电稿一，第 11、12、14、15 页。

修金。事成，则如约犒劳；事不成，则不给笔费。"① 稍后，李鸿章又因所聘美籍水雷教习满宜士"三年期满"，准备再留用一两年，要郑藻如通知美国外交部或海军部。

1885 年 7 月，郑藻如任职期满，且因病导致半身不遂，被解除驻外公使与光禄寺卿职务，清政府命三品卿衔直隶大顺广道张荫桓继任驻美国、西班牙、秘鲁三国公使。因此，郑藻如为等待张荫桓到任办理交接手续，又在美国滞留了一段时间。当时，恰值美国前总统格兰德去世，郑藻如主动代总理衙门、李鸿章致电悼唁。后来李鸿章听说美国官民"醵资为格兰德立碑"，又令郑藻如代为垫付 300 银元。朝美和约经双方批准生效后，美国照例应派遣驻朝使节，李鸿章希望美国能仿照英国的办法，令驻华公使兼任驻朝公使，"则朝事诸易商量"，又于是年 10 月电令郑藻如与美国外交部交涉。翌年 2 月，李鸿章电告郑藻如：听说美国"司地路有憎恶华尼之人滋扰为害；望设法防备"。郑藻如复电称：近来美国十数处发生排华事件，"皆先事设法"，与美国外交部交涉，要求美国政府"调兵弹压"并出示禁止。此类事件现仍时有发生，"终恐受巨祸"②。

当年，郑藻如回到国内，至广东原籍定居。后曾出资购买优良的棉、桑、茶品种，至民间广为散发，同时教以先进的种植与养蚕技术，促进了当地社会经济的发展。十多年后郑藻如病死，享年 72 岁。

---

① 《李文忠公全集》，译署函稿卷 15，第 18 页。
② 《李鸿章全集》，电稿一，第 560、592、624、626 页。

第九章　实业家朱其昂、唐廷枢、徐润、杨宗濂、杨宗瀚

洋务运动期间，李鸿章主持创办了一批民用企业。这些企业大多数都是中国人首次创办的。为了办好这些企业，李鸿章特意招揽了一些商人、买办出身的人才进入自己的幕府，专门负责经营管理这些企业。李鸿章主持创办的民用企业基本上采取官督商办方式，企业的资金主要以招股的方式由民间筹集，经营管理企业的李鸿章幕府人员往往又是企业的大股东。此外，李鸿章幕府中也有少数人运用自己积累的财富，创办了一些纯粹商办的近代企业。

无论是受李鸿章指派经营管理官督商办的洋务企业，还是自行创办私营商办企业，他们积极投资近代资本主义企业，都客观地推动了中国社会近代化的进程，并因而成为中国第一代近代实业家。

一、筹建轮船招商局的朱其昂

朱其昂，字云甫，江苏宝山（今属上海市）人，生年不详。祖上累世经营沙船业，堪称沙船业世家。

清政府定都北京，我国北方产粮有限，难以保障皇室、贵族、大小官员以及军队食粮的需要，每年由山东、河南、江苏、安徽、江西、浙江、湖北、湖南八省征调大批粮食，由水路运往京师，号称漕粮。原先，漕粮是由漕船沿运河北运的，1852 年因河道梗阻，遂改由沙船海运北上。漕粮海运，进一步促进了沙船业的繁荣。鼎盛时期，停泊于上海浏河一带的沙船多达3000 余艘。

　　朱其昂继承祖业后，除经营南北各口货运外，还长期承办海运漕粮业务，在北京、天津、上海、广东等地开设有华裕丰汇银票号，并捐资为通判，逐渐成为淞沪商界的头面人物之一。他与李振玉、胡光墉、陈竹坪等关系都相当密切。李振玉自1860年起与美商花马太合伙在山东烟台开办清美洋行，以63000两白银购置"天龙号"轮船，航行于上海、烟台、天津等口经营贸易。胡光墉是长驻上海替陕甘总督左宗棠部老湘军筹集粮饷、采购军火的杭州巨商。陈竹坪系美商旗昌轮船公司的总买办。据说，旗昌轮船公司一度与该公司驻天津的买办刘森记发生纠葛，陈竹坪就是挽请朱其昂出面调解的。由此也可见朱其昂在商界的地位。

　　1862年，李鸿章率淮军至上海镇压太平军。当淮军进攻南汇时，驻守城内的太平军表示愿意投降，要求清方派一位代表进城谈判，一时无人敢往，朱其昂主动要求承担此项任务，冒险进城与太平军达成协议，使淮军不战而得南汇，自己也因功升任候补知府。李鸿章见朱其昂身为商人而具有这种胆识，颇奇其才，以至于后来选中他来筹建轮船招商局。

　　轮船招商局是李鸿章为了挽回被洋商占据的我国沿海与内河航运权益而创办的。第二次鸦片战争期间，英、法等国通过《天津条约》取得了长江航运权后（诸如中英《天津条约》第十款规定，"长江一带各口英国商船俱可通商"），各国商船蜂拥而来。首批涉足于长江航运业的宝顺洋行，从香港买来"总督号"旧轮船往返于上海至汉口之间，来回一趟所收的运费即足以再买一艘同样的轮船。在如此丰厚的利润的诱使下，许多原先并不经营航运业的洋行也争先恐后地购置轮船，航行于各口岸之间。1862年，美商旗昌洋行集资100万两白银，成立旗昌轮船公司，专门经营长江沿岸与中国沿海的客货运输。此后，英商省港澳轮船公司、公正轮船公司、北清轮船公司以及怡和洋行的华海轮船公司、太古洋行的中国航业公司相继成立，中国沿江、沿海的航运业大部分落入洋商之手。在洋商的巨额资金和新式轮船的猛烈冲击下，中国的旧式航运业迅速瓦解，至70年代初，沙船已由3000余艘锐减至 400 余艘，呈现出一派衰败景象。沙船业的凋零还直接影响到了清政府的漕粮运输。清代的漕粮历来有"天庾正供"之称，"俸米旗饷，计口待食，为一代之大政"①，既要保证及时运送到位，又不便交由外商轮船公司代运，中国的新式航运业取代旧式沙船业已是大势所趋。

其实，中国商人当时从事新式航运业者已大有人在，他们因担心遭受封建势力的无端摧残，不得不托庇于洋人，或投资于洋商轮船公司，或与洋人合伙开办公司、购置轮船，或直接购买或租赁轮船交由洋商轮船公司代为经营，有人甚至成为洋商轮船公司的董事或高级职员。封建统治阶级中已经有人注意到了这种现象，主张采取积极的措施以改变这种状况。1867 年，户部鉴于"内地号商近年来多自购洋船"，建议每年将漕粮划拨数成"招商承运"。两江总督曾国藩主张清政府授权各海关明确宣布："华商造买洋船，或租或雇，无论火轮夹板，装运出进江海各口，悉听自便"，各级政府"既不绳以章程，亦不强令济运"。总理各国事务衙门也认为："与其任听私买，将来必为洋人所挟持，自不如显为告谕，任从买卖，则其权尚可归华商自主。"封建统治阶级态度的松动，立即得到了来自商人的积极回应。当年，最先毕业于耶鲁大学的中国留美学生、曾受曾国藩委派赴美国为筹建江南制造局选购机器的候补同知容闳，会同部分上海商人草拟了一份"联设新轮船公司章程"，呈送曾国藩与总理衙门审批。尽管该章程强调新轮船公司"俱用中国人合股而成"②，但因所规定的筹集股本、公司管理、股东权益、利润分配等项办法基本上都是仿效西方企业的，致使总理衙门与曾国藩怀疑可能有洋人或买办在幕后操纵，因而未予批准。同时，道员许道身也向曾国藩呈递了"招商集赀购买轮船"，"以春夏承运海漕，秋冬揽载客货"的说帖③。次年，先有沙船商人赵立诚具禀上呈曾国藩，要求办理轮船运输事务。接着又有广

---

① 《清朝续文献通考》卷 75，国用考十三。

② 《海防档》甲，购买船炮（三），第 861、866、864～865、873 页。

③ 《曾文正公全集》，批牍卷 6，第 75、76 页。

东商人吴南皋等呈请"集赀购办轮船试行漕运",计划购买四艘轮船"以补沙船之不足,其水脚一切悉照海运定章,无须增加"①。但是,曾国藩担心用轮船运送漕粮,会使剩余的沙船全部被淘汰,沙船业主与水手失去生计必然成为社会不安定因素,从而动摇东南诸省刚刚恢复不久的封建统治秩序,借口"恐各省筹划不细或致亏折"而加以拒绝。中国的新式轮船航运业再一次胎死腹中。

1872 年初,内阁学士宋晋上折指责福州船政局与江南制造总局"靡费太重",所造轮船质量太差,要求清政府饬令两局停止造船,以节省开支,从而在封建统治阶级内部引起了一场较为激烈的争论。部分洋务派官僚在考虑如何维持我国新生的造船事业时,想到了让福州船政局和江南制造总局兼造商船,租、卖给商人,以收回部分成本,减少政府支出的办法。主持总理衙门的恭亲王奕䜣与军机大臣、吏部尚书文祥等很快致函曾国藩、李鸿章等,提出"官轮招商雇、买,以资周转"的主张②,征求他们的意见。曾国藩随即复函表示赞同,并建议商人租雇轮船时,要价不能太高;经办者必须选择"熟悉商情、公廉明干之员,不必处以官位、绳以官法,但令与华商交接,有言必信,有利必让,使商人晓然知官场之不骗我也"③。时已调任直隶总督、北洋通商大臣的李鸿章更是认定:"租赁轮船一节,自是经久推广至计",并马上付诸行动,授意天津海关委员林士志与依附于洋人名下投资近代轮船航运业的天津粤籍商人洽商,拟订了九条办法,核心内容是:"公凑本银三十万,公举总商承揽,由官稽查;或请发公款若干,照股均摊生息"④。李鸿章于 3 月初一面函告曾国藩,一面令他们与上海各帮商人、上海道沈秉成等进一步筹商。

---

① 丁日昌:《抚吴公牍》卷 13,第 1 页。

② 《李文忠公全集》,朋僚函稿卷 12,第 2 页。

③ 《海防档》乙,福州船厂(二),第 326 页。

④ 《李文忠公全集》,朋僚函稿卷 12,第 4 页。

孰料仅时隔数日，曾国藩竟一病不起，李鸿章顿生孤掌难鸣之感，他在写给福建巡抚王凯泰的信中忧心忡忡地说：官局所造轮船"租、卖华商一节，自是变通经久良方"，"此事应由上海办起，南洋无熟悉情形、肯任大事之人，则筑室道谋，顾虑必多"。是以尽管"津郡粤商久经禀求"，李鸿章了解到他们"赀力不厚"，一直"未敢妄允"①。6月，李鸿章就宋晋停止造船之议复奏朝廷时，虽然肯定"闽厂似亦可间造商船，以资华商领雇"，却又说自己此前与曾国藩筹议此事时认为："中国殷商每不愿与官交涉，且各口岸轮船生意已被洋商占尽，华商领官船别树一帜，洋人势必挟重赀以倾夺，则须华商自立公司、自建行栈、自筹保险，本巨用繁，初办恐无利可图。若行之绵久，添造与租领稍多，乃有利益。然非有熟悉商情、公廉明干、为众商所深信之员为之领袖担当，则商人必多顾虑。"同时，凡愿意租雇官局轮船的华商都提出"必准其兼运漕粮，方有专门生意，不至为洋商排挤"。一方面，考虑到"运漕事体繁重"，朝廷另设有专职官员，并非他一人所能随意操纵；另一方面，闽、沪两局所造之船"皆不合用"，"现又无船可雇"，所以他主张此事"自应从缓酌议"，建议待"将来各厂商船造有成数，再请敕下总理衙门商饬各省妥为筹办"②。

但是，清政府并未采纳李鸿章的意见，总理衙门很快致函李鸿章说：如果按照他的意见，"俟官船造有成数，再行筹议"，不但要耽搁很长时间，"且恐造者之心思与用者之利钝未能一意相承，依然无裨实用"；要是利用闽、沪二局制造商船的这段时间，悉心拟议出一份商人租用官局轮船的章程，一旦商船工竣，"成规具在，承租者争先恐后，船不赋闲，费不虚耗，而我即以验其良窳，加意讲求，遇有事时，亦可驾轻就熟"。并要求李鸿章选派"有心时事之员，妥实筹维，独抒己见，勿以纸上空谈，一禀了事"③。

---

① 《李文忠公全集》，朋僚函稿卷12，第9、36页。

② 《李文忠公全集》，奏稿卷19，第49页。

③ 《李文忠公全集》，译署函稿卷1，第38页。

　　当年夏，时任浙江漕运局总办、海运委员的朱其昂运送漕粮到达天津，李鸿章于验收漕粮时与之相遇，认为他"承办海运已十余年，于商情极为熟悉，人亦明干"，又勇于任事，很有魄力，是联络众商承租官局轮船的较好人选。经多次"反复议论"，朱其昂"辄敢引为己任"，当即拟订了轮船招商条程20条，打算将官局所造轮船按造价折合为股份，每股合银100两，由商局招商缴银认股；若商股不敷船价，差额部分即作为官股，商局轮船海运漕粮仍归商人办理，"水脚、耗米均照江浙沙宁船章程"。并要求清政府"行知各口局、卡，凡遇招商轮船所向贸易，除报关纳税外，其筹防、落地等捐概行免缴"。李鸿章认为："其大意在于官商合办，以广招徕，期于此事之必成，而示众商以可信"，基本上是可行的。遂一面呈报总理衙门审核，一面令朱其昂回沪后与上海道沈秉成、江南制造总局总办冯焌光等进一步会商。沈秉成、冯焌光等"以官厂现无商船可领，迟疑不决"，朱其昂"尤虑将来官局所造商船未能合式"。他与李振玉、胡光墉等商量后，决定仍按照容闳、许道身等以前所提出的办法，先成立轮船招商局，以招徕那些投资于洋行或租、购轮船交由洋商代为经营的中国商人。他们遂向李鸿章禀称："各省在沪股商或置轮船或挟资本向各口装载贸易，向俱依附洋商名下"，"如旗昌、金利源等行，华人股分居其大半"。这些华商往往"暗受洋人盘折之亏，官司不能过问"，"若由官设立商局招徕，则各商所有轮船、股本必渐归并官局，似足顺商情而张国体。拟请先行试办招商，为官商浃洽地步，俟机器局商船造成，即可随时添入，推广通行"[①]。李鸿章认为：此举一可以为将来商人领用官船张本，二可以解决海运漕粮的困难，三可以"使华商不至皆变为洋商，实足尊国体而弭隐患，尤为计之得者"。尤其是他眼见得"中国长江、外海生意全被洋人轮船、夹板占尽"，更担心"若不及此时试行，恐以后更无必

　　① 《李文忠公全集》，奏稿卷20，第33、32页。

行之日"①。出于这种紧迫感，他毅然批准了朱其昂的请求，决定让他立即着手筹建轮船招商局。于是朱其昂与李振玉等邀请冯焌光"共与参订"，又重新草拟了一份节略，在征得沈秉成的同意后，于10月初返回天津当面向李鸿章作了汇报。李鸿章令他与天津海关道陈钦、天津道丁寿昌就一些细节问题再进行商讨。陈钦、丁寿昌极力表示赞同，并主动提出"照苏商借领练钱章程拨借二十万串，以示信于众商"。朱其昂也慷慨激昂地表示"自愿以身家作抵，倡此远谋"②。

朱其昂回沪后，立即积极开展各项筹备工作，旬日间，即向李鸿章禀报：经与李振玉、胡光墉等"公同筹商，意见相同，各股商人纷纷入股，现已购集坚捷轮船三只，所有津、沪应需栈房、码头及保险股份事宜、海运米数等项，均办有头绪"。要求李鸿章咨商江浙督抚"饬拨明年海运漕米二十万石，由招商轮船运津"③。

不料，就在这关键时刻，沈秉成、冯焌光与综理江南轮船操练事宜的道员吴大廷等联名具禀新任署理两江总督何璟称，轮船招商局"窒碍多端，请暂缓办"。何璟连续给李鸿章写了两封信加以劝阻。李鸿章在回信中指名道姓地斥责吴大廷"暗于事情"，冯焌光原先参与轮船招商之议不过是"随众画诺"，沈秉成"实恐华商轮船畅行"会使"老关税项大减"，完全是出于"私计"。义正词严地宣称："我既不能禁华商之勿搭洋船，又何必禁华商之自购轮船！"明确要求何璟严嘱沈秉成等"随事和衷妥筹，勿胶成见，致此美举又复中止，百年后永无振兴之机矣"。同时，他也实事求是地表示：朱其昂"办事过于勇往，诚有独力难支之虞"，"若试办实有未妥，不妨徐议更张"。他在给别人的信中说：何璟偏听沈秉成之言，"始尚阻谏，亦由

---

① 《李文忠公全集》，译署函稿卷1，第38、39页。

② 《李文忠公全集》，朋僚函稿卷12，第29页。

③ 《李文忠公全集》，奏稿卷20，第33页。

学识太浅"①。

11月，何璟丁忧去职，淮军将领出身的张树声署理两江总督，也致函李鸿章对轮船招商局提出了一些不同的看法，并对朱其昂的个人品行表示怀疑。李鸿章在复函中颇为自豪地宣称："兹欲倡办华商轮船，为目前海运尚小，为中国数千百年国体、商情、财源、兵势开拓地步，我辈若不破群议而为之，并世而生、后我而起者岂复有此识力？"可见他对兴办中国近代轮船航运业重大意义的认识是相当充分的。至于朱其昂"虽非贞固正大之选，此系生意场中，果有贞固正大者，谁肯出手以为取雉之媒、笼兽之囿焉？又何訾乎朱守？"这种因才施用而不求全责备的用人态度也是十分明智的。他还以不容置疑的口吻正告张树声："与阁下从事近二十年，几见鄙人毅然必行之事毫无把握？又几见毅然必行之事阻于浮议者乎？"②

表达了一定要办好轮船招商局的坚定信心和决心。

在李鸿章的大力坚持下，何璟、张树声皆不再有异言，沈秉成也不敢固执己见，开始积极配合朱其昂"和衷竭力筹办"。12月，朱其昂等再次拟订《轮船招商条规》28条，规定：轮船招商局在上海设立总局，于各口设立分局；总办由直隶总督李鸿章委派，并禀请刊刻关防，"所有公牍事件，悉归总办主裁"；招商局轮船装货、报关等一切事宜，均照洋商章程办理。为了招揽自己购有轮船者，轮船招商局对他们采取了相当灵活的政策，该条规规定："情愿以轮船入股者"，既可以将轮船折价全部作为股本，也可以将轮船折价的一部分入股；剩余的部分既可以仍作为船主的私产，营运"盈余悉归船主"，也可以折为股份"卖于本局"③。李鸿章认为该条规"大致似尚公允"，当即批准施行，并任命朱其昂为轮船招商局首任总办，同时一面呈报总理衙门，一面上奏朝廷。中国人自办的第一家近代轮船航运公司正式

---

① 《李文忠公全集》，朋僚函稿卷12，第28、29～30、34页。

② 《李文忠公全集》，朋僚函稿卷12，第30～31页。

③ 《海防档》甲，购买船炮（三），第923、922页。

宣告成立。

李鸿章在致总理衙门函中进一步说明："目下既无官造商船在内，自毋庸官商合办，应仍官督商办，由官总其大纲，察其利病，而听该商董等自立条规，悦服众商，冀为中土开此风气，渐收利权。"同时提出："将来若有洋人嫉忌，设法出头阻挠，应由中外合力维持辩论，以为华商保护，伏祈加意主持，使美举不至中辍为幸。"[①] 在给朝廷的奏折中，李鸿章再次强调创办轮船招商局的意义说：该局成立后，"目前海运固不致竭蹶，若从此中国轮船畅行，闽、沪各厂造成商船亦得随时租领，庶使我内江外海之利不致为洋人占尽，其关系于国计民生者实非浅鲜"。

轮船招商局采取官督商办形式，其资本的主要来源应该是私人投资。该局创办之初，虽然经李鸿章批准由直隶练饷局借用制钱20万串，但是这笔官款纯属借款性质，每年须付7厘官利。借出之初，即"预缴息钱助赈"，实际领到的仅18.8万串，约合白银12.3万两。同时规定：轮船招商局"所有盈亏，全归商认，与官无涉"[②]。就是说，无论招商局营业是赚是赔，这笔借款的利息都必须按时照交。

轮船招商局成立初期，招股工作开展得很不顺利。起先与朱其昂一同参与发起工作的李振玉早在10月份朱其昂由津回沪后，即"以众论不洽，又经辞退"；胡光墉也写信向李鸿章表示"畏洋商嫉忌，不肯入局"。那些投资于洋行或租、购轮船交由洋商代为经营的华商多持观望态度。李鸿章致函福州船政大臣沈葆桢说："敝处试办招商，彼族尚无异词，华人偏增多口，大都殷富诡寄洋行，几疑中国之不能自立"[③]，因而他们也不愿贸然入股。朱其昂出身于沙船世家，其亲友多为沙船业主，他们一开始就对筹办轮船航运业表示不满，经朱其昂多方开导，表示轮船与沙船可以"两不相妨"，他们

① 《李文忠公全集》，译署函稿卷1，第39～40页。

② 《李文忠公全集》，奏稿卷20，第33页。

③ 《李文忠公全集》，朋僚函稿卷12，第36页；卷13，第2页。

才未加阻挠。后来，朱其昂使人到处劝说沙船商人将"旧时沙卫各船"拆卖，投资于轮船招商局，但引起了强烈的反对。沙船商人"群起诧异，互相阻挠"，以至于"势同水火"①。结果，除有人说李鸿章本人投资五万两外，朱其昂招集的股本，仅沙船商人郁熙绳投资一万两，上海商人未缴现银而先认股十余万两，即使加上朱其昂本人的投资，轮船招商局的资金仍然严重不足。

同时，朱其昂对于沙船业和漕运等情况虽然比较熟悉，但对经营新式轮船航运业却不太在行。由他经手购买的四艘轮船中，"伊敦"号"船大而旧"，"耗煤多而装货少"；"福星"号"舱通而小"，不便载货；另外两艘质量也不够好，而耗资共达 267700 两（"伊敦"号价银 55700 两，"福星"号价银 74000 两，"永清"号价银 10 万两，"利运"号价银 38000 两），"购买价值反较洋行新造之头等好船尤贵"②。而轮船招商局开辟航线、购置栈房、建筑码头、雇用人手、装卸货物，在在需款，不得不负债经营。再加上洋商轮船公司为了挤垮中国新生的轮船航运业，又凭借其"船多资厚"等优越条件，多方展开残酷的竞争。他们的轮船在各口岸装货时，"往往减跌把持，挤令亏本"③，致使轮船招商局开办仅半年左右，亏损竟高达 42000 两。朱其昂自知难以胜任，主动提出要辞去轮船招商局总办职务。

李鸿章一直密切关注着轮船招商局。他尝与人谈及，任用朱其昂创办轮船招商局系"专为运漕顺手起见"，并称赞该局轮船"搭运正漕，干洁异常，颇著成效"。当他了解到轮船招商局所处的困境后，尤其为该局"股份过少，恐致决裂"而担心，决定进一步物色合适的人选，以充实轮船招商局的力量。但他坚信"沪商内行尚多，谅不败坏"，并大声疾呼："以中国内洋任人横行，独不令华商展足耶！日本尚自有轮船六七十只，我独无之，成何

---

① 张国辉著：《洋务运动与中国近代企业》，中国社会科学出版社 1979 年 12 月版，第 146 页。

② 《洋务运动》(六)，第 38 页。

③ 《李文忠公全集》，译署函稿卷 2，第 17 页。

局面？"这时，恰好有人向他提出"闽、粤人财雄力厚"，若能动员他们投资于轮船招商局，"或能效其所长，角逐争胜"。李鸿章觉得这一建议很有道理，同时他还考虑到中国商人一直以地域结成帮派，"广帮与浙、苏等帮向各争胜，难遽合同"，籍隶江苏的朱其昂是很难招引闽、粤商人入股于轮船招商局的，增补入该局的最好是福建人或广东人。于是，他立即让江苏布政使应宝时去说服时任上海县知县的广东人叶廷眷加入招商局，认为"叶令廷眷如能入局会办，当可招致粤商"①。但是，当时叶廷眷对于经营轮船航运业并无兴趣。后来，盛宣怀向他推荐了时任怡和洋行买办的唐廷枢和曾任宝顺洋行买办的徐润等。1873 年 6 月，李鸿章任命唐廷枢为轮船招商局总办，朱其昂改任会办，主要负责办理漕运事务。未几，朱其昂的官衔被提升为道员。

1875 年 4 月，李鸿章专折为轮船招商局请奖，盛赞朱其昂"酌拟轮船招商章程，设局招徕，俾华商原附洋商股本归并官局，购造轮船，运粮揽货，以济公家之用，略分洋商之利"。尽管"事体极为繁重，筹办极为艰难"，但朱其昂等"苦心经营，力任艰巨，竟底于成"，"不无微劳足录"②。

1877 年春，轮船招商局收购了美商旗昌轮船公司，朱其昂曾亲赴江苏、浙江、广东等地筹款，力赞其成。

是年，直隶、山西等省大旱，赤地千里，"粒食维艰"，哀鸿遍野。李鸿章先令朱其昂等"节次筹款"，由奉天（今辽宁）采办米粮 18000 石运往山西，赈济灾民。随即又令其"筹借资本，赴南省赶紧购买大米"，首批务必于河水封冻前运至天津，然后于通州设立转运局，陆续转运进京。并于京城择地分设平粜局，"查照市价，酌量减值平粜"，俾"官弁兵民自行赴局籴买"，使"奸商、囤户不得居奇"。次年开春河水解冻后，"仍源源接运，以

---

① 《李文忠公全集》，朋僚函稿卷 13，第 13 页；卷 12，第 34、36 页。
② 《李文忠公全集》，奏稿卷 25，第 4～5 页。

固根本"，直至秋收后"察看情形，再议截止"①。

在此期间，御史董儁翰上折弹劾轮船招商局，事情牵连到朱其昂。后来，两江总督刘坤一也指责朱其昂"既于外洋情况不熟，又于贸易未谙，买船贵而运货少，用人滥而靡费多"②。李鸿章奉旨筹议变通办法，在复奏中对朱其昂极力加以回护。如"用人太滥"一事，李鸿章在致沈葆桢函中说：招商局本属"生意行档"，用人"由其自择，本非官场所能过问。至漕务各员荐人，该局不敢坚拒，自有苦衷"③。董儁翰所言原非空穴来风，但在复奏朝廷时，李鸿章却委婉地声称：自己与各海关道员"向无荐人之事，每遇载运漕粮时，各省容有转荐员绅，臣屡饬朱其昂等不可碍于情面，滥行收录。现在各口岸总、分各局共二十七处，需人必多，在事皆各有职守，并无隔省官员挂名应差、支领薪水之事"④。这么一来，朝廷当然也就不便再加追究了。

1878 年春，朱其昂由国外购买磨面机器，在天津紫竹林招商分局附近创办中国第一家机器面粉厂，命名为贻来牟机器磨坊，资金全系商股，为纯粹的资本主义近代企业。5 月，李鸿章委派朱其昂署理天津海关道。时朱其昂已因办理赈务劳累过度而致疾，到任才三天，即不幸病死于任所。当月，李鸿章专折奏称："二品衔遇缺题奏道朱其昂，经臣于同治十一年奏委创办轮船招商局，为中外通商以来未有之事。其时，中国江海利权已为洋商占尽，闻有此举，百计阻挠。即华商亦狃于积习，相率疑惧。该道以此事为洋务一大关键，力排众议，独任其难，先在沪、津设局，竭诚招股集资购船，一意创办。"经"该道悉心经画，联络官商，力为撑拄"，轮船航运业"利权逐渐内移，办理已著成效"。轮船招商局"协运漕粮，系该道专司其事，叠经辘

① 《李文忠公全集》，奏稿卷 30，第 11～12 页。

② 《洋务运动》(六)，第 42 页。

③ 《李文忠公全集》，朋僚函稿卷 17，第 27 页。

④ 《李文忠公全集》，奏稿卷 30，第 30 页。

轳转输，毫无贻误，并经办江西、湖广等省漕粮承购、承运，核实妥速"。近来，"直省连年水旱，该道节次捐赈、办粜，藉济民食。又以晋省大灾，叠办赈、粜各粮，源源运济，复捐巨款助赈，并购办豫省赈米。事务愈繁，焦劳愈甚，虽当冰雪严寒，不少休息。近因京城平粜，往来跋涉，心力交疲，四月间感受风寒，倍常委顿，尚以责无旁贷，力疾支持。不期积劳已深，病势日重，竟于五月初一日（公历6月1日）殁于天津差次。弥留之际，犹谆谆以局务、赈务为念，续筹银两捐济晋赈。其公而忘私之概，至死不移"。鉴于朱其昂"才识过人，勇于任事，其历年筹办各务，皆有裨于国计民生，轮船招商尤关中外通商大计，直、晋、豫粜、赈，全活饥民甚多"，功不可没，要求朝廷"从优议恤，以慰荩魂，而示激励"①。李鸿章此折对于朱其昂的劳绩未免有夸大之嫌，但由此亦可见二人关系之深。清政府依照李鸿章的请求，下诏予以优恤，并追赠光禄寺卿。

二、中国第一位近代企业家唐廷枢

唐廷枢出生于道光十二年（公元1832年），字景星，亦作镜心，广东省香山县（今中山市）人。其父曾在香港美籍医生布朗家中做听差。1842年，唐廷枢进入香港马礼逊教育会学堂学习，与容闳为同学。布朗医生在该校担任了七年校长后返回美国，并把容闳等三人带往美国留学。此后，唐廷枢曾转入另一所英国教会学堂学习，1848年毕业后，曾经当过香港一家拍卖行的低级职员。

由于唐廷枢早年"曾经受过彻底的英华教育"，不但"英文写得非常漂亮"，而且"说起英语来就像一个英国人"②，同时还"精通天文、地理、格致、算数"，这就为他谋取更好的职位创造了便利条件。1851年，唐廷枢开始

① 《李文忠公全集》，奏稿卷31，第38～39页。
② 汪敬虞著：《唐廷枢研究》，中国社会科学出版社1983年7月版，第157、158页。

在香港殖民政府中担任翻译，与后来曾任中国海关总税务司的英国人李泰国为同事。两年后，唐廷枢升任香港巡理厅正翻译，1856 年代理香港大审院华人正翻译。同时，他还涉足商海，先后在香港开设了两家当铺，每年的营业利润高达 25%～45%。而李泰国自 1855 年起已在上海任江海关税务习。1858 年，唐廷枢由香港来到上海，通过李泰国的关系进入江海关，担任"副大写"。次年升任"正大写"并兼任总翻译。

自 19 世纪 40 年代东南五口开放以后，上海很快取代了广州在中外贸易中的重心地位，西方资本主义势力蜂拥而来，各国商人纷纷在这里设立洋行，经营包括鸦片走私在内的各种中外贸易。这些洋行无论是向中国推销商品，还是从中国收购原料，都需要有一些能讲外语、熟悉商务的中国人从中帮忙。于是，在西方资产阶级与中国的普通消费者或原料生产者之间，逐渐形成了一个起中介作用的买办阶层。唐廷枢到上海不久，就投身于外国洋行，加入了买办队伍。1861 年，唐廷枢离开了海关，通过英商怡和洋行买办林钦的推荐，开始"代理该行长江一带生意"，为怡和洋行收购生丝、茶叶，并推销洋货。由于唐廷枢早年受过正规的西方教育，英语水平较高，有与洋人打交道者，经常来向他讨教，唐廷枢不胜其扰，便于 1862 年编成《英译集全》一书，交由广州纬经堂印行，"以作闭门避烦之计"。该书以广东方言写成，其中的第 6 卷标题即为"买办问答"，"主要适应广东人和外国人来往、打交道的需要"[①]，很快成为广东籍买办手中必备的工具书。这本书的编印，进一步扩大了唐廷枢在商界的影响，基本上奠定了他在广东籍买办中的首脑地位。时值美国南北战争爆发，棉花种植面积大幅度减少，棉花出口量急剧下降，英国商人转而到中国大量收购棉花，致使上海的棉花价格短期内由每担白银九两八钱上涨到二十五六两。唐廷枢适时地在上海开设了修华号棉花行，当棉花价格在每担十六七两时，为怡和洋行订购了两三万

---

① 《唐廷枢研究》，第 159 页。

包，合同签订后不久，棉花价格即涨到了每担 20 两以上。怡和洋行方面极为赏识唐廷枢的才干，当然希望能够全面地加以利用。1863 年 9 月，唐廷枢正式担任了怡和洋行的买办。随后，又接替林钦负责保管怡和洋行的库存现金。

此后十年间，唐廷枢作为怡和洋行的买办积极地开展各项贸易活动，不止一次向洋行方面提供诸如房地产价格、鸦片市场行情之类的商业信息，并运用自己的商业知识经常提出一些开拓洋行业务的建议，极大地拓宽了怡和洋行的经营范围，给洋行带来了滚滚利源。

在一般性的商业活动中，唐廷枢除了为怡和洋行推销西方的工业品和采购丝、茶等土产品外，还曾拿着怡和投资的 40000 两白银在镇江至汉口之间贩卖食盐，与怡和合伙从镇江收购大米 10000 石运至香港出售，可见他经手的业务是相当广泛的。1871 年春，唐廷枢动用怡和洋行的现金结余，并将怡和交他收存的 8 万两未到期的庄票拿去贴现后，投资于泰和、泰兴、精益三家钱庄，让它们大量放款到内地收购茶叶。仅此一个茶季，唐廷枢通过上述三家钱庄的代理人以及原先与他有合作关系的谨慎安茶栈，在内地设立了七家茶栈，每家茶栈至少为怡和收购了 1200 箱茶叶，由此亦可见他经手的业务规模之大。

同时，唐廷枢还不断地利用一切机会插足于其他行业。比如：在典当业方面，1866 年，唐廷枢曾建议怡和洋行接办该行买办杨坊开设的一家当铺，他估计：这家当铺每年的营业额大约为 30 万两，由于典当物有进有出，资本只需要 20 万两就足以应付了，除去营业开支和保险费用，每年的净收入将不少于 8 万两，投资利润高达 40%。他希望怡和方面投资 10 万两，他和林钦各投资 5 万两，共同经营这家当铺。怡和洋行方面通过认真考察，认为唐廷枢"作出的结论是完全可以信赖的"，便采纳了他的意见。在唐廷枢的亲自监督、照料下，这家当铺果然获得了 36% 的高额利润。稍后，怡和洋行决定利用现金结余投资于中国的钱庄，经营庄票贴现生意。因为这种庄票在 3 ～ 7 天内即能兑现，利息可达 12% ～ 15%，非常有利可图。并且，只要"对任何一家钱庄庄票的贴现都不超过一万两或一万五千两"，也相当安全可靠。这项业务的经办人当然要首推"机灵可靠"，且又恰好负责保管怡和现金结余的唐廷枢了。在保险业方面，1867 年，怡和洋行鉴于唐廷枢"为了开展中国的生意出了大力"，决定把洋行所属的谏当保险行的股份分配一份给他。唐廷枢成为谏当保险行的股东后不久，该行的生意一度陷于困境，唐廷枢马上"尽他最大的努力，来拉拢中国的生意"。怡和洋行方面也意识到：谏当保险行"只有在小的航运公司和中国的商号当中采取比较广泛的股份分配，才是唯一有效的解决办法"；"若不加紧笼络我们这里的雇主们，恐怕我们在这里就站不住脚"。为此，他们商讨，要把唐廷枢为谏当保险行赚来的利润，"分一部分给他以及其他有影响的华商"。后来，唐廷枢还要求谏当保险行匀出部分股票分配给厦门的中国商号，以便于发展当地的业务。1868 年怡和洋行所属的香港火烛保险公司成立时，曾专门留出一部分股份供华人认购，但唐廷枢却提出"希望推销全部股份五十份中的三十份"[1]。他甚至联络一帮朋友，买下了镇江境内一座铅矿的部分产权，准备与洋商合伙加以开采。

当然，唐廷枢投资最多、花费气力最人的还是近代轮船航运业。1867年，英商轧拉佛洋行组建公正轮船公司时，唐廷枢即曾购有股份。次年，专走上海至天津航线的北清轮船公司成立，它的股票"有三分之一为唐景星所能施加影响的中国人所有"。有人称唐廷枢是公正、北清两轮船公司中"一群广东籍股东的领袖和代言人"。唐廷枢也曾直言不讳地说："只要我能腾出几分钟时间，我总是帮助我的本地朋友工作，他们全都要我代表他们和外国洋行做生意。为了照顾他们的利益，我已经被他们推举为公正和北清两轮船公司的董事。"随后，唐廷枢又附股于美商琼记洋行的苏晏拿打号轮

---

[1] 《唐廷枢研究》，第 163、164 页。

船。一开始，苏晏拿打号在沿海一带经营运输业务的外国商船中，"要算是首屈一指的了"，唐廷枢等"当初认为这条轮船会获大利，几年来结果完全相反"①。

唐廷枢之所以投资于近代轮船航运业，主要是由于轮船航运业的优厚利润使他对这一行业产生了浓厚的兴趣。为了在这方面谋取更大的发展，他当然会更加关注轮船航运业的情况，全面地了解并掌握经营管理轮船的业务。怡和洋行早先已购有轮船，行驶于沿海与长江航线上。1867 年，美商旗昌洋行与怡和、宝顺等洋行达成协议：怡和、宝顺两洋行 10 年内不在长江航线上行驶轮船或经营轮船代理业务；旗昌则同意除沪甬航线外，10 年内不在上海以南各口岸行驶轮船。1869 年，唐廷枢建议怡和洋行开辟上海至福州航线，声称当时正是开辟这条航线"最好的机会"，"一定能够赚钱"。次年春，怡和洋行在唐廷枢的买办事务所内设立了一个船舶代理部，交由唐廷枢代管，并很快取得了显著的成效。怡和洋行经理认为：该行在天津的代理业务"管理效率之提高，在很大的程度上得力于唐景星的事务所"。唐廷枢在主持怡和洋行船舶代理业务期间，很快建议洋行开辟了由广州至天津以及由上海经福州前往南洋的马尼拉等地的航线，还先后将清美洋行的飞龙号轮船、包括唐本人在内的北清轮船公司部分中国股东集资三万两连同股金买下的南浔号轮船、原先即为华商所拥有的罗拿号轮船介绍给怡和洋行代为经营，基本条件是怡和洋行"用不着垫款"，即可以从营业总收入中提取 5% 的佣金②。

为了打破旗昌轮船公司垄断长江航运业的局面，唐廷枢于 1871 年初附股于马立司洋行的汉洋号轮船。该船专跑上海至汉口航线，"所取水脚（即运费）虽廉"，"所获之利仍不薄"。所以，半年后马立司洋行又添购了沙富

---

① 《唐廷枢研究》，第 164 ～ 165、173 页。

② 《唐廷枢研究》，第 167、168 页。

白里号轮船，以扩大营业额。与此同时，唐廷枢还联络了华商唐顺发、常顺利等与旗昌洋行股东席契、旗昌轮船公司的航海工程师史柏丁共同集资，先后购买了永宁号、洞庭号、满洲号三艘轮船，交由"比较有冒险精神的美国船主史柏丁"负责，"在长江和沿海建立起来同旗昌竞争的事业"。唐廷枢此举不但是在为怡和洋行恢复长江航运业积极地创造条件，而且也可以暂时满足怡和洋行转运进出口货物的需要。因此，一直为"旗昌洋行正在从我们手中夺走所有的货运"而担忧的怡和洋行，曾予以积极的支持，当唐廷枢提出要委派一位本地的掮客长驻在汉口的怡和洋行办公处所，以帮忙安排怡和的货运时，他们立即表示同意，并积极加以配合。而旗昌洋行方面认识到"在取得情报和兜揽中国人的生意方面"，唐廷枢"都能把我们打得一败涂地"①，眼睁睁地看着他插足于长江航运业，却无可奈何。1872 年 10 月，怡和洋行组成专业的华海轮船公司。该公司在筹集股本时，一开始就给唐廷枢预留了 400 股，唐廷枢又在华商中召集了 300 股，从而使自己所控制的股份在该公司首期股本 1650 股中占 40% 以上，并因此被推举为公司的董事兼襄理。

唐廷枢本人起先并不富有，1866 年他建议怡和洋行接办杨坊的当铺时，所附 5 万两股份还是以 10% ～ 12% 的年息向怡和转借的。但是，作为买办，他在为洋行经办各项贸易时，一般都可以得到相当于贸易额 5% 左右的佣金或回扣作为酬报，有时还能分到数量可观的"花红"（即奖金），加上他本人投资于典当业和轮船航运业大都获得了丰厚的利润，仅数年间他便跻身于上海富商的行列了。相应地，他还积极参加一些社会公益活动和慈善事业，在商人团体中担任职务。早在 60 年代中后期，他即担任了上海丝业公所、茶叶公所和洋药局的董事，随后又参与创办了上海的第一家医院——位于山东路的仁济医院和慈善机构普育堂，同时还被推为辅元堂、清节堂、仁

---

① 《唐廷枢研究》，第 173 ～ 174、176 页。

济堂、元济堂和格致书院的董事。1870 年，曾以普育堂绅董的身份，"于丝捐内提银"，与吴炽昌等一同施粥赈济饥民。不久又与叶廷眷、徐润等共同捐银，筹建了广肇公所。为了提高自己的身份，唐廷枢还花钱为自己捐了个候选同知的官衔。到了 70 年代初，唐廷枢已经基本上可以算是上海的社会名流了，尤其是对于怡和洋行来说，"唐景星简直成了它能获得华商支持的保证"。

怡和洋行在任用唐廷枢保管库存现金之初，曾多方设法加以限制，最先"立了一个现金簿"，交由唐廷枢于每天早晨将现金往来登录完毕，同时抄一份上报洋行的经理以备检查，并规定没有得到经理的拟准，不得动用结余的现金。随后又投资 10 万两白银，与两位华商合股开办了怡和钱庄，然后把大部分库存现金存入钱庄，每月收取 0.8% 的利息。怡和的经理洋洋自得地认为："这是一个很好的安排，它使我们享受到好处和利润，而在此以前，当我们库款充足之时，这些好处都为买办所得。"并宣称：像这样使唐廷枢"照管的现金尽可能的少一些"，"是非常可取的"。再后来，怡和洋行在丽如银行"开了一个往来户头"，存入 10 万两现银，让银行为其"代收所有的运费和保险金等等款项"，而在唐廷枢手里，"只保留少量存款，以应付零星收支"。怡和的洋商对于唐廷枢显然有一种基于不信任的防范意识，这种意识甚至是相当强烈的。可是，1871 年 5 月，当怡和洋行经理查看账目时，发现唐廷枢不但未经他同意即挪用了自己手中的库存现金，而且擅自将其所保管的 8 万两未到期的庄票拿去贴现，虽然"感到惊讶和不满"，却未加以任何惩罚，相反，"在他的私人信件中谈到唐景星的买办工作"时，还"总是替他说好话"①。这显然是因为唐廷枢的利用价值要远远大于其舞弊行为可能对怡和造成的危害。唐廷枢个人的才干及其在商界的影响，我们从怡和洋商的这种前倨后恭的态度中亦可略窥一斑。

---

① 《唐廷枢研究》，第 161、162、7 页。

　　唐廷枢投身于洋行做买办，主要是为了替自己谋求在商业方面发展的机会。一方面，他必须取得工作业绩以证实自己的才干，通过商场逐利以求出人头地，而这样做无疑是有利于西方资本主义对华经济侵略的；另一方面，作为一个中国人，他对于西方列强侵略、掠夺中国的种种事实不能毫无感触，又不情愿死心塌地地充当洋人的走狗。据唐廷枢本人说：有一次，他由上海乘轮船返回香港，遇到飓风被困于中途，轮船避风期间，外籍船主限量发给每位中国乘客一磅淡水，"日中解渴、洗面均在内"。而船上载有百余头羊，则放着满桶的淡水任其饮用。唐廷枢痛感洋人鄙视华人，"待人不如羊，殊为可恨"。于是，便在香港筹集股银 10 万元，"先租两船，往来港、沪"①。就是说，唐廷枢最先投资于轮船航运业，完全是出于一种不甘心受辱的民族义愤。正是基于这种尚未泯灭的民族感情，唐廷枢才有可能在关键时刻舍弃他在洋行的稳固地位和优厚待遇，毅然加入轮船招商局，承担起开拓民族轮船航运业的重任。

　　轮船招商局成立后，由于入股者不甚踊跃，很快即因资金周转不灵而陷入困境，盛宣怀适时地向李鸿章推荐了唐廷枢、徐润等人，李鸿章马上派籍隶广东的候补同知林月槎前往上海，与朱其昂一同邀请唐廷枢、徐润接手轮船招商局事务。对于唐廷枢来说，能够攀附上李鸿章这样权势煊赫的大官僚，在他的支持下兴办中国的轮船航运业，实在是可遇而不可求的好事。他当即于 1873 年 5 月辞去怡和洋行买办职务，进入轮船招商局任事。旋于 6 月被李鸿章任命为招商局总办，按照新的分工，除运送漕粮仍归朱其昂经办外，"其余劝股、添船、造械、揽载、开拓船路、设立各处码头"等项事务，俱由唐廷枢"一手经理"②。

　　唐廷枢入主轮船招商局后，重新制订了《轮船招商局局规》和《轮船招

---

① 郑观应：《盛世危言后编》卷 10，第 35 页。

② 《洋务运动》(八)，第 107 页。

商局章程》。其中，局规共 14 条，主要规定：该局股本初步预定为 100 万
两，先收 50 万两，分作 1000 股，每股 500 两；每百股股东可以推举一名
商董，然后由众商董中推举一位商总；招商局事务分别由商总和各商董主持，
不胜任者可以更换；招商局须将"各董职衔、姓名、年岁、籍贯开单"上报
海关道转呈李鸿章处备查，更换商总、商董均须禀请李鸿章批准。一方面确
立了股东对局务的经营管理权，另一方面又承认了封建官僚对该局的监督、
干预权，从而更加明确地体现了官督商办的原则。局规同时规定：招商局发
给股东的股票与取息手折均须编列号码，填写股东的姓名和籍贯，并由该局
另立股份登记册详加注明，"以杜洋人借名"套购该局股票；股东如欲转让
股份，必须到局注册，"不准让与洋人"。这就确定了轮船招商局的主权一直
掌握在中国人手中，从而保证了企业的民族资本性质。章程共 8 条，主要规
定：由唐廷枢担任总局商总，徐润、朱其莼、宋缙、刘绍宗、陈树棠、范世
尧等分别担任上海、天津、汉口、香港、汕头各分局商董；该局各项业务悉
"照买卖常规"办理；"拟于轮船运粮、揽载水脚之内，每百两提出五两"，
专供"局内商总、董事人等年中辛工、饭食以及纸张、杂用"等项开支；每
年的运费收入，除提取 5% 作为局用外，每百两股本发给股息 10 两，"如有
盈余，以八成摊归各股作为溢利，以二成分与商总、董事人等作为花红，以
示鼓励"[1]。同时，唐廷枢等还草拟了一份"预算节略"，认为：轮船招商局
的各项费用均较洋商撙节，仅运输漕粮的收入即足以应付全年的开支，有中
国官、商各界的支持，根本不必担心洋商轮船公司的竞争；即以当时招商局
仅有的四艘轮船而言，计划每年用三个月运输漕粮，一个月维修船只，八个
月揽载客、货，大致可以获利七八万两，利润是相当可观的。因而，轮船招
商局的当务之急在于"多集二三百万资本，广购轮船，往来各口"。为了得
到华商的广泛支持，他大声疾呼："各帮联络，共襄大局，使各口转运之利

---

[1] 《交通史航政篇》第 1 册，第 145 ～ 146 页。

尽归中土！"①

　　唐廷枢一开始就把轮船招商局的工作重心放在招集商股上。由于唐廷枢已经在商界，尤其是在粤籍商人中建立了较高的威信，同时又在任怡和洋行买办期间积累了经营近代轮船航运业的丰富经验，都为他的招股工作带来了极大的便利。当时即有人预计：唐廷枢"久历怡和洋行，船务亦深熟悉，自后招商局必多获利也"。甚至连外国人也不得不承认：只要人们"知道这个公司是由唐景星在妥善地加以经理"，轮船招商局就"不难找到为数众多的股东"。唐廷枢进入轮船招商局时，便"随带资本并'南浔'轮船入局营运"，随即又"因友及友，辗转邀集"，招商局的招股工作很快便大有起色。唐廷枢尚未就任该局商总之前，即曾向李鸿章禀报："刻下赶紧招徕股商入股，计应需之数，已得其半。"②当年7月底，李鸿章在写给沈葆桢的信中喜不自禁地说：近"又招致精习船务生意之粤人唐丞廷枢为坐局商总，两月间入股近百万，此局似可恢张"③。当时《申报》也刊载消息说：轮船招商局"近殊盛旺，大异初创之时，上海银主多欲附入股份者"④。结果，招商局第一年共招得952股，实收银47.6万两，连同朱其昂已认股而尚未交银的60股（合银3万两），已经完成了首期50万两的招股计划。于是决定接着续招新股，每股100两，以凑足100万两资本。同时，唐廷枢还将他与其他商人合资购买的永宁号、洞庭号、满洲号三艘轮船转交轮船招商局代为经营，轮船招商局的水上运输业务也很快有了较大的改观。唐廷枢还大胆地开辟了由上海至日本长崎、神户等地的航线，派招商局汉口分局商董刘绍宗前往日本筹办货运业务。

　　轮船招商之议的初衷是想让商人集资租、买福州船政局与江南制造总局

---

①　张国辉著：《洋务运动与中国近代企业》，第150页。

②　《唐廷枢研究》，第178页。

③　《李文忠公全集》，朋僚函稿卷13，第13页。

④　《申报》，同治十二年闰六月初六日。

所造的商船，使之能够收回部分造船成本，以减轻清政府的财政压力。清政府采纳此议的同时，还批准了福州船政局提出的"每年递造二船，令商局随时租领"的"力求自强兼省养船费用"的善后办法。所以，福州船政局当时就开始改造商船了。轮船招商局创立不久，福州船政大臣沈葆桢即向李鸿章提出了让其租领闽局所造商船的要求。李鸿章深知官局所造轮船成本极高，且不适用，若让招商局按造价承租，吃亏太大。但他不便公然反对朝廷的决议，只好冠冕堂皇地向沈葆桢表示：闽局改造商船"发商租领一节，实为官厂远大之图"，"尊处新制四号，尽可商令陆续承领"。为了维护招商局的利益，又委婉地向他说明：该局向洋商所购轮船，每艘价银仅七八万两，而"闽、沪各厂工料过昂，每船减算成本，似须十数万，商人惟利是图，精于计较，岂肯受意外之亏累？"从事航运业的轮船"例须保险，作价少则保资亦较少，庶易招徕"。进而建议"如可减轻作价，似须奏咨立案，以免局外及日后谤议"，并令唐廷枢赴闽面议有关事宜。唐廷枢一时难以脱身，一直拖到1874年1月中旬才搭乘轮船南下。李鸿章闻报后，马上致函总理衙门，明确提出："若欲商局多租闽船，必先推广海运以扩轮船之用，减让船价以轻商人之本，自然踊跃争趋。"① 同时写信给沈葆桢，再次提出租费、保险等问题，并建议："商局愿领，似可兼用闽局人驾驶，较为省费、顺手，景星谅已商及。敝处亦曾怂恿，恐伊等疑虑多端，请公切实开导之。"后来，沈葆桢干脆表示"毋庸租价、保险"。轮船招商局在李鸿章的直接干预下，以最优惠的条件，先后从福州船政局承领了八艘轮船。同时，李鸿章还写信给江苏巡抚张树声说："轮船之兴，关系国计民生久远"，招商局要求将该省漕粮分拨二成交由该局轮船承运，"似亦正办"；江苏布政使应宝时"有筹拨关局闲款发招商局生息之说，此事于公有益，于众商有裨，鸿章若在江南，必早行之"，希望他尽快作出决断，及早付诸实施。又致函江西布政使刘秉璋

---

① 《李文忠公全集》，译署函稿卷2，第17页。

称：轮船招商局"创办之始，即藉运漕为词，各国无不詟服，谓中国第一好事。现仅分运苏、浙漕米岁二十万石，沾润较少"，"若运米渐增，添船渐多，国计民生均大有裨"[1]，希望他将该省漕粮交由招商局代为采购、运送。在李鸿章的大力扶持下，"招商局转运日广，船舶日多"，一度发展较为顺利。

1874 年，唐廷枢"会集各绅商，纠集巨款"，在上海虹口设立同茂铁厂，"以备修葺船舶之用"。该厂"以机器补人力之未逮，以火力速机器之运行，工速值廉，事易功倍，且厂内全用华人"，两年后，"已经可以自己生产轮船锅炉、汽艇蒸汽锅炉以及螺旋桨推进器"[2]。1875 年冬，唐廷枢等又发起成立仁和水险公司，计划集股 15 万两，实收股本 25 万两，由唐廷枢、徐润"总理其事"，"试办一年，获利颇厚"[3]，继又添招股本 25 万两。

李鸿章对轮船招商局初步取得的成效极为满意，曾颇为自豪地宣称："招商轮船实为开办洋务四十年来最得手文字"[4]。并于 1875 年 4 月专折奏称：轮船招商局之设，"无事时可运官粮、客货，有事时装载援兵、军火，藉纾商民之困，而作自强之气"。该局经"频年叠加开拓"，现已开始"渐收利权"。所置轮船"分往南北洋各海口及外洋日本、吕宋、新加坡等处贸易，叠次装运江、浙漕粮，上年秋间承载铭军赴台湾，转运粮饷，源源接济，均能妥速无误。从此中国轮船可期畅行，实为海防、洋务一大关键，所裨于国计民生，殊非浅鲜"[5]。要求朝廷对唐廷枢等人加以奖赏。唐廷枢旋即被提升为候选道员。

经营轮船招商局初见成效，使唐廷枢赢得了洋务派官僚更多的青睐，社会活动的范围也随之进一步扩大。1874 年 6 月，留学美国归来的容闳集股

---

① 《李文忠公全集》，朋僚函稿卷 13，第 13、28、33、23、24 页。

② 《唐廷枢研究》，第 179、180 页。

③ 《洋务运动》（八），第 107 页。

④ 《李文忠公全集》，朋僚函稿卷 13，第 24 页。

⑤ 《李文忠公全集》，奏稿卷 25，第 4～5 页。

一万两，在上海创办《汇报》，"以期改良社会之习惯，周悉外人之风尚，考较商业之良窳，增进国民之智慧"，唐廷枢"实助成之"。同时，唐廷枢还参与创办了旨在"俾华人得以博览、翻译西书西报、议论新事"的格致书院，被推为该书院的"首创董事"；出资赞助过为"适应商界子弟需要"而教授英语的上海英华书馆，与人合股在上海开设了崇德钱庄。1875 年春，苏松太道道员冯焌光在上海设立洋务局，以唐廷枢"办事认真，不辞劳苦，洋务最为历练，悉协机宜"①，委派为该局会办。随后，福建巡抚丁日昌又饬令他"前往香港英国学堂挑选学业可造之学生四十名"，进入福州船政局附设的船政学堂"学习天文、算学、驾驶诸法"②。当唐廷枢领着选取的学生于 1875 年 2 月由香港回到福州时，丁日昌又令他与丹麦大北电报公司交涉福州至厦门电线事宜，经"往复辩论十数次"，终于按照清政府的意图将该路电线收回自办。福州将军文煜盛赞其"才识练达，器宇宏深，于各国情形以及洋文洋语罔不周知"，"帮办电线等事，措施悉合机宜，深资其力"③。在闽期间，唐廷枢还计划集资 30 万两，设立宏远贸易公司，"营业中心在伦敦，总号则设在上海，在香港和福州设分号"，并打算"日后在美国之纽约亦设分行"。"除去经营一般商业及代理生意以外，这家公司还充当中国政府在海外的代理人，因而政府需要的武器、舰只和机器，都可由他们代买。"同时，考虑到宏远公司专门经营中外贸易，"如无银行以济其后，则华商于客地或有所需，将何以设措耶？至若外国银行，既非熟识，自难予取予求"，唐廷枢又提出要集资 200 万银元，开设一家大银行，"并在东洋各埠及英京伦敦亦设分行"。丁日昌对上述计划十分欣赏，于 1876 年 6 月与文煜会衔奏请将唐廷枢正式调至福建襄办洋务，准备待他赴上海交卸轮船招商局事务返闽后，即任用为实缺道员兼洋务局委员。但是，李鸿章对于这样难得的洋务人才当

① 《唐廷枢研究》，第 181 ~ 182、180 页。

② 《丁禹生政书》下册，第 571 页。

③ 《海防档》乙，福州船厂（二），第 686 页。

然不会轻易放手。唐廷枢回沪时，正值李鸿章受命前往烟台与英国驻华公使威妥玛交涉马嘉理案，便随行担任了中英谈判的翻译。据说，唐廷枢曾将李鸿章的致辞译成英文"当众宣读"①。中英《烟台条约》签订后，唐廷枢又被派往开平勘查煤铁矿。是年冬，他还曾代表李鸿章与洋商洽谈订购水雷之事。因此，创办宏远公司与银行的计划也就无疾而终了。

轮船招商局成立伊始，便遭到外商轮船公司的全力倾轧。它们一再降低运费，与轮船招商局展开竞争，必欲挤垮之而后快。轮船招商局在李鸿章等洋务派官僚的多方支持下，尚可勉强维持，倒是以旧式木质轮船为主的美商旗昌轮船公司渐觉不支，便于1876年春提出要将公司资产盘让给招商局。唐廷枢向丁日昌谈起此事，丁日昌力表赞成。是年8月，唐廷枢在烟台期间曾就此事请示李鸿章。当时轮船招商局所招新旧股本连同借用的官款总共只有73万余两，而购买轮船与设立码头、栈房等项用款已达128万两之多，一直处于负债经营状况，已由钱庄借款60余万两，到期的利息即达9万余两。在此情形之下，李鸿章认为招商局自身尚且难保，哪有余力兼并旗昌，遂以款巨难筹而"踌躇未许"，并连忙"督同各司、道、台、局赶紧筹拨官款五十万"以济招商局之急，以免其遭受钱庄的重利盘剥，遂使"该局气力为之一舒"。是年冬，旗昌轮船公司"力争一年，暗亏已巨"，又见招商局"局本已充，争挤无益"②，再次主动提出盘让之议。唐廷枢与徐润、盛宣怀等商议后，觉得兼并旗昌不但可以大大增强轮船招商局的实力，而且可以减少一大竞争对手，殊为合算。遂先由唐廷枢出面，与旗昌达成了以222万两白银收购其全部产业的初步协议；再由盛宣怀等赴南京，说动两江总督沈葆桢筹拨官款100万两，借给招商局；最后于1877年1月3日交付第一期价银20万两，正式买下了旗昌轮船公司。"其事前之关说，事后之付价，实皆

① 《唐廷枢研究》，第189、187、188页。
② 《李文忠公全集》，朋僚函稿卷7，第21～22、27页。

唐廷枢等主之也。"[1] 李鸿章曾专门为此而致函唐廷枢、徐润说："旗昌轮船已定议归并，从此经理得宜，屏除私见，涓滴归公，官商可共信服，利权可渐收回，大局转移，在此一举。"[2]

兼并旗昌使轮船招商局的轮船由 12 艘一下子增加为 30 艘，不但运输能力大大提高，而且可以自办保险，既节省了原先缴于洋商的巨额保险费，又为自己开辟了新的财源。同时，接收自旗昌的码头、栈房均居于较好的地理位置，便于揽载、装卸客货，对于轮船招商局开拓运输业务也有很大的好处。兼并的成功还进一步扩大了轮船招商局的社会影响，成为中国近代轮船航运业初步发展的一个客观标志。但是，兼并旗昌也给轮船招商局带来了一些不利的因素。当时，就有外国人评论道：由于旗昌轮船公司的"船队中包括一批陈旧过时的船只，其中有四到五只已完全报废"，"招商局至少多付了五十万两"[3]。收购旗昌之后，轮船招商局置产总值已达 420 余万两，其股本当时仅有 68.51 万两，负债率高达 80% 以上，除借官款 190.8 万两、欠旗昌 122 万两以外，还得临时向钱庄挪借 40 余万两，才能营运起来。其中，仅借官款、欠旗昌款两项，即使按最低标准照 8 厘计息，每年亦须付息 20余万两。英商太古、怡和轮船公司乘机展开了更为激烈的竞争，"将长江及各口装载水脚分外减低"，"盖欲多方困我，使我不能持久，然后彼得垄断独登，专攘中国之利"。轮船招商局"徒以船大费巨，水脚过减，多行一船则多赔巨款"[4]。唐廷枢等原拟在兼并旗昌之后，立即增招新股 120 万两，以归还旗昌欠款，不料招商局很快出现亏损局面，令股商富绅闻风裹足，以至于面值100 两的招商局股票，在市场上仅卖四五十两。1877 年 7 月，李鸿章致函

——————

① 《洋务运动》（六），第 59 页。

② 《李文忠公全集》，朋僚函稿卷 16，第 37 页。

③ 《唐廷枢研究》，第 186 页。

④ 《李文忠公全集》，译署函稿卷 7，第 22 页。

驻英公使郭嵩焘，慨叹："迄今半载，华商无一入股，可见民心之难齐。"① 轮船招商局再度陷于严重的困境。

是年春，唐廷枢再次应丁日昌之邀，赴闽与西班牙驻厦门领事交涉该国轮船案件。随后，又受丁日昌委派，聘请了两名美国人赴台湾后垅勘探石油，准备购买机器加以开采。李鸿章先写信给沈葆桢说："景星已由闽赴港、台，约定夏间回沪，招商局责任甚重，未可久离。"接着又直接写信给丁日昌称："景星经手招商轮船，关系重大，未可久离。今赴闽将日（指日斯巴尼亚，即西班牙）事办妥，殊于大局有裨，望催其速回为要。"并曾向沈葆桢抱怨：轮船招商局负责诸人中，"景星初尚专一，自雨生（丁日昌字雨生）诏令入闽后，渐涉纷骛"。丁日昌建议他重新物色主持招商局的人选，他在复信中满腹牢骚地说："招商局兼并旗昌，其议发自阁下而成于幼丹（沈葆桢字幼丹），鄙见初不谓然，亦以人才缺乏之故。现太古、怡和竭力倾挤，船多停歇，岌岌难支，幼师早置身事外，尊论另派妥员，大为整顿，不知天下尚有何员最妥？请酌择见示。"②

当年 10 月，山西道监察御史董儁翰弹劾轮船招商局"置船过多"，"用人太滥"，"每月竟须赔银至五六万两之多"③。清廷令李鸿章、沈葆桢"通盘筹划"，"认真整顿"。总理衙门亦以"此局关系商务，不可半途而废，致为外人耻笑，并堕其得专中国利权之计"④，函询李鸿章"如何设法维持"。李鸿章一面"分饬津海关道黎兆棠、署江海关道刘瑞芬密为查访，妥筹整顿之策"⑤；一面召集唐廷枢、徐润、朱其昂至天津面议救急办法。唐廷枢等提出了三项要求：一、官款暂缓缴息，"拟请宽予三五年之限，舒其元气，然后

---

① 《李文忠公全集》，朋僚函稿卷 17，第 13 页。

② 《李文忠公全集》，朋僚函稿卷 17，第 10、12、41、24 页。

③ 《洋务运动》(六)，第 19 页。

④ 《李文忠公全集》，译署函稿卷 7，第 22 页。

⑤ 《李文忠公全集》，奏稿卷 30，第 29 页。

由局先将官本分数年提还"，历年累积的利息或存局作为官股，或由局分年归还；二、"沿江沿海各处，均准局船揽载，不必限定通商口岸"；三、"加拨各省漕粮"。李鸿章立即将他们的意见函告总理衙门，并逐条加以具体化：其一，"官款缓缴五年利息，嫌其过久"，定为"三年后分年还本"；其二，明确指出，根据西方国家的通例，"河之全流若在一国境内，实系一国之产"，愿不愿与他国利益均沾，"听其自便"，就是说，除长江沿岸已允开放各通商口岸外，"若中国轮船遍行内河，则他船可否通行，仍由中国自主"；其三，自次年起，"苏、浙海运漕米必须照四五成一律加拨，不准再有短少"，江西、湖北"岁拨采办漕粮"也"多多益善"①。黎兆棠、刘瑞芬经认真调查后，也提出了两条整顿办法：一是"令该局逐加挑剔，将旗昌轮船年久朽敝者，或拆料存储以备配修他船，或量为变价归还局本，藉省停船看守之费"；二是令各局员处处撙节用款，并将出入各款无论巨细"全登公账，记载分明，不准遗漏、含混"，"其账目除局员、商总随时互相查核外，并饬江海、津海两关道于每年结账时就近分赴沪、津各局认真清查，如有隐冒，据实禀请参赔"②。此前，唐廷枢、徐润一直将他们自己与别人合股购买的轮船交招商局代为经营，盛宣怀在李鸿章面前"屡以为唐、徐咎"，这时又要求沈葆桢"严查商局附船一节"。李鸿章当面向唐、徐严加责问，他们表示：附局之船"近甚亏本，愿归局股收买作为公船"。是年底，李鸿章将整顿、扶持招商局的各项措施正式奏报朝廷，同时驳斥了招商局"用人过滥，靡费过多"之说，并进而提出了"嗣后沿江沿海各省遇有海运官物，应需轮船装运者，统归局船照章承运"的要求。仅招商局轮船至不通商口岸揽载一条，因总理衙门"疑虑多端"，沈葆桢"亦不甚谓然"③，李鸿章只是在附片中委婉地声称：招商局轮船承运各省官物时，"若须在不通商地方起卸，由局移请海关缮给专照，

① 《李文忠公全集》，译署函稿卷7，第28、24、23页。

② 《李文忠公全集》，奏稿卷30，第29、30、31页。

③ 《李文忠公全集》，朋僚函稿卷17，第32、41页。

以便关卡查验，而免洋商影射"①。后来，国子监祭酒王先谦弹劾轮船招商局，说唐廷枢与盛宣怀"营谋交通，挟诈渔利"，挪用李鸿章筹拨的官款 50 万两，乘着旗昌股票跌价一半之机，私自大量收购。招商局兼并旗昌时，"将所领官帑银百万两作为先付半价，实即划归伊等前收股票，抵作十成之银扣算入己"②。李鸿章在复奏时极力为之辩护说："臣处拨给官款，系添购丰顺、保大、江宽、江永四船之用，唐廷枢等并无挪移私买股票"；收买旗昌时"拨给官款一百万两，分期交付旗昌洋商，取有收据，且系徐润经手，唐廷枢、盛宣怀更无扣帑入己之事"；唐廷枢等"即有股票，不难径向旗昌取银，何必划扣付款？且旗昌亦断不肯将应收价银任唐廷枢等划扣入己"③。

　　在李鸿章、沈葆桢等人的大力扶持下，轮船招商局很快稳住了阵脚。太古洋行"亦以抢装跌价，亏折太多"，且深知招商局"有各省大宪保护，争衡无益，必得终归和好，两有所裨"，遂于 1877 年底与唐廷枢签订齐价合同，约定：自 1878 年 1 月 1 日起，双方实施统一的运费价格，"无论商局船之多寡，其水脚总以商局得五五之数，太古得四五之数"④，约期为三年。

　　尽管太古方面并未完全信守合同，此后洋商轮船公司又多次展开激烈的竞争，但轮船招商局在渡过难关之后，还是不断地有所发展的。1878 年，唐廷枢、徐润等又集股 50 万两，创办了济和水火险公司，后与原先设立的仁和水险公司合并，更名为仁济和保险有限公司。在此前后，招商局曾派员至泰国、檀香山、旧金山等地向华侨招股。隔年，因候选知县温宗彦在泰国华侨中招得商股 65200 两，遂在曼谷设立分局，委派陈善继为商董。同时，招商局试图开辟远洋航线，先派船至新加坡、吕宋、日本等地揽载货

---

① 《李文忠公全集》，奏稿卷 30，第 33 页。

② 《洋务运动》(六)，第 38 页。

③ 《李文忠公全集》，奏稿卷 40，第 20、21 页。

④ 《唐廷枢研究》，第 195 页。

物，因无法与英、法、日本轮船公司相抗，而未获成功。继又派船至檀香山、旧金山，因遭美国地方政府无理扣留、加征重税，以致亏本。再派船装载茶叶首航伦敦，亦"因洋商颇存妒心，遂至无利"。轮船招商局开辟远洋航线的尝试虽然未获成功，但在国内航线上却获得了颇为丰厚的利润，截至1880年夏，不但还清了旗昌的欠款，而且提取了轮船折旧银80余万两。次年3月，李鸿章奏称：招商局设立"九年以来，华商运货水脚少入洋人之手者，约二三千万两，虽为薪工、修理、局用所耗，而其利固散之于中华，所关于国体、商务者甚大"①。是年，招商局不仅招足了100万两股本，续请入股者仍络绎不绝，该局股票成为市场上的抢手货，面值100两的股票售价高达200余两。鉴于这种情况，招商局同仁决定增募股本100万两，亦很快募足。这说明轮船招商局以其营业的成功，已经在绅商界获得了广泛的信任。

1883年，唐廷枢奉李鸿章委派，"亲往欧洲游历，遍访商情"，"眼界为之一宽，所见外人商业、船务、铁路，一意经营，不遗余力，殊深钦佩"。其间，唐廷枢曾代李鸿章与英国洽谈购买海军舰艇事宜。又因巴西驻华公使先前屡次要求招商局"放船到彼国通商"，甚至"自愿津贴巨款"，希望以此"鼓舞华工前往彼国"，而专程前往该国考察商务，历时两个月，经"明察暗访"，终因该国对待华人"不甚周妥"而加以拒绝②。

是年，因中法关系剑拔弩张，战争一触即发，法国扬言将派军舰进攻江南制造总局，从而引发了一场严重的金融风潮。轮船招商局资金周转不灵，已欠钱庄银175万两，现金空缺仍达三四十万两，不得不电催唐廷枢回国，设法挽救危局。李鸿章闻讯后，当即改派盛宣怀"到局维持一切"。唐廷枢回国后，马上从天祥、怡和、宝顺等洋行为招商局借款74.3万余两，又与

①《洋务运动》（六），第60页。

②《唐廷枢研究》，第207、197页。

太古、怡和轮船公司再次签订了为期六年的齐价合同，规定：长江沿岸生意，招商局占 38%，太古占 35%，怡和占 27%；天津等口岸生意，招商局占 44%，太古、怡和各占 28%；"所得水脚银两，以船之吨位多少，里数迟速统算均分，同心合力，不得有跌价争揽情事"①。招商局的危难因之而缓解。唐廷枢于"清理旧账后"，"即行北上，专办开平局务"②。

开平矿务局是唐廷枢受李鸿章委派而主持创办的又一个重要的洋务企业。早在 1872 年 6 月，李鸿章即向清廷建言："船炮、机器之用，非铁不成，非煤不济"，"闽、沪各厂日需外洋煤铁极伙，中土所产多不合用"，若能招商集股购买机器自行开采本国的煤铁，将使"洋煤不阻自绝，船、厂亦应用不穷"③。后曾派人筹办直隶磁州煤铁矿和湖北兴国煤铁矿，皆未见成效。1876 年秋，又令唐廷枢负责勘察开平煤铁矿。11 月，唐廷枢亲自陪同英籍矿师马立师前往开平一带进行实地勘察后，向李鸿章禀称：仿照西法在开平采煤，并筑铁路将煤运至海口，再由轮船运往上海，每吨"只需成本银四两，不独可拒洋煤，尚属有利五钱"④。再则，以往招商局轮船运送漕粮北上，往往空载南还，此后若以开平煤作为回头货，还可以增加招商局的运费收入。预计购置开采煤铁机器等项需银 40 万两，筑铁路需银 40 万两，可以分年筹措。同时，将采集的煤块和铁矿石标本分寄京师同文馆与英国著名化学家化验，以确定其成色。是月底，李鸿章在写给福州船政大臣吴赞诚的信中说："唐景星欲挖开平煤铁，但该处矿石分数多少尚未考校，煤质仅与台湾相埒，未知有无成局。"⑤

经化验，开平煤铁品质优良，且"其铁既无磷酸，其煤又无硫磺"，甚

---

① 《盛世危言后编》卷 10，第 14 页。

② 《唐廷枢研究》，第 213 页。

③ 《李文忠公全集》，奏稿卷 19，第 49 页。

④ 孙毓棠：《中国近代工业史资料》，第一辑下册，第 620 页。

⑤ 《李文忠公全集》，朋僚函稿卷 16，第 34 页。

有开采价值。唐廷枢于次年9月再次向李鸿章禀称："天下各矿盛衰，先问煤铁石质之高低，次审出数之多寡，三审工料是否便利，四计转运是否艰辛"，开平煤铁在前三个方面都不成问题，但须修筑"用马拖车小铁路一条"，以解决运输问题，"方可大见利益"。李鸿章批示道：开平煤铁既适宜开采，"自宜赶紧设法筹办，以开利源而应军国要需"；唐廷枢"熟精洋务，于开采机宜、商情、市价详稽博考，胸有成竹，当能妥慎经营，力襄厥成"；增派前任天津道丁寿昌、天津海关道黎兆棠"会同督办"，以便于"与地方交涉"，并要他们议订"官督商办"的章程。唐廷枢等当即拟定了"直隶开平矿务局章程"12条，主要规定：先招股80万两，分作8000股，每股津平银100两，以后若需增开煤井时，再招新股20万两；"此局虽系官督商办，究竟煤铁仍由商人销售，似宜仍照买卖常规，俾易遵守"；"请免添派委员，并除去文案、书差名目，以节糜费"；"所有各厂司事，必须于商股之中选充"，"股份一万两者，准派一人到局司事"；"每年结账一次，刊刻分送有股之人"，"每年所得利息，先提官利一分，后提办事者花红二成，其余八成仍按股均分"。李鸿章认为该章程"大致均尚妥协"，并强调："此事应以订矿师为第一义"，"果能矿师得人，则订购机器、开厂兴办诸事，皆可从容就理"，"其煤铁厂规条，须俟矿师到后，察看情形，审时度势，并须详考西国各厂章程办法，悉心查核，参酌定议，会详核夺，以期经久无弊"[①]。

唐廷枢立即着手招募商股、订购机器、聘请外籍工程师。1878年7月，唐廷枢携同洋矿师赶往开平，正式挂牌成立"开平矿务总局"。旋即选定煤质"与英国上等之煤相埒"的唐山南麓乔家屯附近，于10月初开机钻探。翌年开始挖掘煤井、安装机器、营建房舍。李鸿章闻报后十分高兴，曾致函四川总督丁宝桢曰："唐景星纯用洋法攻开平，据云明岁冬间得煤必多而美。

---

① 《中国近代工业史资料》，第一辑下册，第623、624、625、628、629～630、631页。

鄙愿他省若同时并举，为利乃溥。"①

1880 年 10 月，鉴于开平煤矿投产在即，唐廷枢又向李鸿章提出："此时不得不预筹运道，以备明春出煤之路。"拟"由芦台向东北直抵丰润属之胥各庄"开挖一条长约 70 里的"煤河"，再由胥各庄"筑快车路一条，直抵煤厂"，长约 15 里，约共需银 14 万余两。而矿局当时只召集了 30 万两股本，用款已超出了 40 万两，希望他"于机器、海防支应两局酌拨银五万两暂资工需急用"。李鸿章自然不会反对。该项工程于次年春启动，夏间完成，所需经费"统归矿局自筹，未领公款分文"②。唐廷枢所说的"快车路"，李鸿章在奏报朝廷时称之为"马路"，实际上是中国历史上自行铺设的第一条铁路，最初以骡马拖拉煤车在轨道上行驶，随即由英籍工程师金达利用废旧锅炉制成一辆机车，取名"中国火箭"号，后来才从英国购来机车。

1881 年开平煤矿正式投产后，唐廷枢马上禀报了李鸿章，进而说明："中国初定约时，为外人所蒙，转使外洋进口之货税轻，内地出口之货税重，不啻抑华商而护洋商，此通商后数十年之流弊，隐受厥累而不觉者也。即以煤斤而论，洋煤每吨税银五分，土煤每担税银四分，合之一吨实有六钱七分二厘，若加复进口半税，已合每吨银一两有奇，盈绌悬殊至二十倍之多。"开平煤矿各项费用已达 70 余万两，"成本既重，煤价亦因之而昂，若再加现定之税额，即难敌外洋之煤，其势必不能畅销"。希望能按照此前朝廷批准台湾等地采煤的成例，每吨煤仅纳税银一钱。李鸿章一面奏请朝廷为开平减税，"以恤华商而敌洋煤，庶风气日开，利源日旺；一面满怀信心地宣布："从此中国兵商轮船及机器制造各局用煤，不致远购于外洋，一旦有事，庶不为敌人所把持，亦可免利源之外泄，富强之基，此为嚆矢"③。当年开平产煤仅 1600 余吨，次年即增至 38000 余吨，此后连年递增，1885 年已

---

① 《李文忠公全集》，朋僚函稿卷 19，第 8 页。

② 《中国近代工业史资料》，第一辑下册，第 640～641、643 页。

③ 《李文忠公全集》，奏稿卷 40，第 45、42 页。

达 187000 余吨。开平煤矿的顺利投产，极大地刺激了人们的投资热情。1882 年初开平即募足了 100 万两股本，面值为 100 两的开平股票在上海市场的价格一度飙升至二百四五十两。开平所产之煤还以优良的品质和低廉的价格迅速占领了天津的市场，1881 年天津进口洋煤 17000 余吨，次年即减至 5400 余吨，1886 年更减为 301 吨。至 80 年代末，天津已不再有洋煤进口，从而实现了收回部分民族权益的目的。

由于"煤河"春秋两季水源不足，冬季又会上冻，利用率极低，尚须每年清淤，耗资费力，唐廷枢于 1886 年夏禀请李鸿章批准，成立开平铁路公司，集股 25 万两，续修由胥各庄至芦台附近之阎庄长约 65 里的铁路，次年 5 月完工。稍后，经总理海军事务衙门奏准，将该路延长至大沽。不久，再续修至天津。运输条件的改善，进一步提高了开平煤矿的生产能力，1887 年产煤量增至 224000 吨。1888 年 5 月，开平矿务局邀请股东代表赴唐山审查经费开支账目。7 月在天津召集股东大会，决定首次向股东分发 6% 的股息。据说，此后开平矿务局每年都要发一次股息，一般均按 10% 或 12% 发放。1889 年，唐廷枢又至上海募股 50 万两，在距原矿址约 20 里的林西开凿新矿井，将铁路由开平筑至林西，并自购轮船四艘，先后在天津、烟台、大连、牛庄、上海、香港、广州等地建立码头和栈房，以提高开平煤炭的外运能力。这些举措的实施，使开平煤矿的年产量在 90 年代初即突破了 25 万吨，至 90 年代末更高达 778000 余吨。

唐廷枢筹办开平矿务之初，原拟煤铁矿一起开采。但是，直至开平矿务局成立时，他仅募得股本 20 余万两，只好先从煤矿办起，拟"俟见煤得利，或股本充足，再购铁炉为鼓冶之计"[①]。李鸿章在奏报朝廷时说得更为明确："查初定章程，拟招商股银八十万两开采煤铁，并建生熟铁炉、机厂，就近熔化，继因招股骤难足额，熔铁炉厂成本过巨，非精于铁工者不能位置合

---

① 《中国近代工业史资料》，第一辑下册，第 638 页。

宜,遂先专力煤矿,采煤既有成效,则炼铁必可续筹也。"①1881 年开平煤矿投产见效后,唐廷枢曾亲赴迁安县境内的清凉山与滦州境内的马子沟、陈家岭、凤山等地勘察,拣取铁矿石样品 100 担,运往英国试炼,并且订购了机器,打算翌年动工开采、冶炼。不料,封建顽固派大臣奏称:迁安等处与清室皇陵毗连,开矿有碍地脉。于是很快即有报道说:"铁矿的开采已奉上谕停止。"②此后一直再也没有提起过。

1886 年,唐廷枢还集资在开平煤矿附近创办了唐山细棉土厂(即水泥厂),后改名唐山洋灰公司。经过数年努力,已经"制成了品质很好的水泥"。到 1892 年又花费四万余两白银,增建了灰窑与仓库,"人们曾对它抱着很大希望"。唐廷枢死后,"唐山落到一帮贪污分子的手里"③。他们为了捞取钱财,把水泥厂的开支虚报至 40 万两,结果该厂只好宣布关闭。

此外,唐廷枢还曾投资安徽池州煤铁矿。开平铁矿被迫停办后,他曾派洋矿师前往池州勘查,选定了矿址,准备将其从外国买来的机器运往该地使用。1881 年,又集资 13 万两创办了天津沽塘耕植畜牧公司。后来,曾先后投资天津煤气公司,打算与人伙开热河承平三山银矿,亲自勘查热河平泉铜矿和烟筒山银矿,接办香山天华银矿,创办辽宁建平金矿,但大多未能取得显著的成效。

1892 年 10 月 7 日,唐廷枢病逝于天津开平矿务局,终年 61 岁。轮船招商局赠与抚恤款 15000 两,在公积金项下支付。

轮船招商局与开平矿务局是李鸿章主持创办的两个主要的民用企业,也是洋务运动中成效最为突出的两个规模较大的企业。它们的成功都是在唐廷枢的苦心经营下取得的,事实证明:唐廷枢是中国第一代具有近代经营管理才干的实业家,他对于中国资本主义的发生、发展,对于中国社会的近代化

---

① 《李文忠公全集》,奏稿卷 40,第 41 页。

② 《中国近代工业史资料》,第一辑下册,第 654 页。

③ 《唐廷枢研究》,第 215～216 页。

都是功不可没的。

三、两任轮船招商局会办的徐润

徐润出生于道光十八年（公元 1838 年），初名以璋，字润立，后改名润，号雨之，晚年别号愚斋，广东省香山县（今中山市）北岭乡人。其伯父徐钰亭早在鸦片战争前即至澳门经商，在生意上"富有成就"。后因与英商宝顺洋行老板必理交往密切，被聘为上海宝顺洋行的第一任买办。其四叔父徐瑞珩先在上海开设荣记丝号，后也进入宝顺洋行担任买办，同时经营亦昌丝茶号。

徐润幼年时，曾由家中延师课读，因而粗通文墨。1852 年春，年仅 15 岁的徐润只身由澳门赴香港，找到他的四叔父，随其乘船来到上海，寓居于亦昌丝茶号内。时在该号管事的杨镜泉、纪眉峰号称精通星象学，推算徐润将来有中进士、点翰林之望，"不宜落市井"。徐瑞珩遂将他送往苏州，跟随杨子芳先生读书。由于广东与苏州两地口音相差甚远，徐润听不懂苏州话，根本就无法读书，只好又回到上海。徐钰亭即令他进入宝顺洋行当学徒，师事买办曾寄圃，学做丝、茶生意，曾先后与郑观应、容闳等同事。

徐润每天"黎明即起，习字数百"，还抽空学习记账、打算盘。洋商韦伯见他勤奋好学，"许为志不可量，深相契重"。三年后，除丝、茶生意外，徐润开始帮办货栈与账房事务。1857 年秋韦伯接管了宝顺洋行后，徐润逐步得到了重用。他曾积极帮助洋行开拓对日贸易，获得了相当可观的利润。宝顺洋行的买办房，以徐钰亭为总办，曾寄圃副之。1861 年曾寄圃病死，韦伯即令徐润接替了他的职务，由于徐钰亭经常不在上海，徐润实际上已成为宝顺洋行中"华人的头目"。当时，容闳与龚自珍的儿子龚孝拱都在买办房中，韦伯让徐润自行决定他们二人的去留。这段时间，宝顺洋行每年向中国贩运鸦片上万箱、各种洋货数十万吨，从泰国、新加坡、日本等地运来檀香、苏木、沙藤、树皮、胡椒以及各种海货，在中国大量采购红绿茶、湖丝、棉花运往西方，并在上海、香港、福州、烟台、天津、营口与长江沿岸之间进行转口贸易，同时还经营轮船航运业，贸易额"并计总在数千万，实一时之盛，洋行中可屈首一指者也"。60 年代中期以后，由于外商来华设立洋行者不断增加，竞争日益激烈，宝顺洋行的生意越来越清淡，"更值该行股东拆股，到处收束"，徐润"遂蓄意离行"①。

徐润在担任宝顺洋行买办期间，渐渐地积累了一些资本，开始经营起自己的生意。1859 年，他与曾寄圃等合伙开办了绍祥字号，"包办各洋行丝、茶、棉花生意"，同时还与人合股开设了敦茂钱庄。次年在温州白林开设润立生茶号，因茶叶涨价而"大得其利"，"后遂合股续开福德泉、永茂、合祥记等于河口、宁州各处，又与汪乾记合办茶务"。1862 年，在上海二马路开设宝源丝茶土号，在法租界开设顺兴、川、汉各货号，经营的货物"以烟叶、皮油、白蜡、黄白麻、各种桐油为大宗"。隔年，又出资 6000 两与人伙开协记钱庄，并分别向元昌绸庄、成号布庄各投资 2500 两。尤其是韦伯于 1863 年任满回国前夕，曾特别提醒徐润说：上海的商业今后将会更加发达，市面亦将随之而不断扩大，土地价格必定会成倍上涨，"汝于地产上颇有大志"，"尽可有一文置一文"，从而坚定了徐润投资房地产业的信心。他曾与叶廷眷等合资，以 31000 两的价格买下上海二摆渡的吴氏住宅一所，地基约 10 亩。后来以原价让出，供同乡创办广肇公所。为此，徐润对韦伯佩服得五体投地，声称自己"历验所言，果有效果，足征先见之明"②。

随着生意范围的扩大，徐润不仅腰包鼓了起来，而且腰杆子也挺了起来。为了谋取名誉和地位，他积极从事各种社会公益活动，曾参与创办上海仁济医院、格致书院，担任董事；经常与盛宣怀、胡光墉、陈竹坪、李金镛等一同举办慈善事业。1864 年，受广东籍商人委托，接管了广肇两府山庄账目，

---

① 《洋务运动》(八)，第 88、95、96、100 页。

② 《洋务运动》(八)，第 91、92、96、98 页。

并先后被推举为上海丝业公所、洋药局、辅元堂、清节堂、仁济堂、元济堂董事。徐润终于在上海商界为自己挣得了一席之地。

为了谋求进一步的发展，徐润还注意到必须提高自己的政治地位，以便于与官场打交道。1862 年，他"由监生报捐光禄寺署正"，为自己买来了第一顶官帽子。次年，又"在江南粮台报销局加捐员外郎，并报捐花翎"。1865 年，再次捐资"以员外郎分发兵部学习行走"。李鸿章率淮军到达上海后，徐润与上海绅商一同积极为淮军筹措饷械，从而结识了不少淮军将领及李鸿章幕府人员，与郭松林、张树屏、杨云阶、周达武、龚照瑗等"交谊日深"，曾挽留刘铭传、周盛波、徐道奎等在他家住了 39 天。1866 年，当时任署理两江总督的李鸿章在保举为淮军转运饷械出力人员一案内，将徐润"奏保加四品衔"①。这件事为徐润与李鸿章发生关系之始，不过当时李鸿章还不认识他。数年后，徐润又捐升为郎中。

1868 年，徐润离开宝顺洋行，自行开设了宝源祥茶栈，并于河口设立天馨分号，于澧溪设立怡兰分号，于漫江设立福葆分号，于长寿街设立祥记分号，于崇阳设立夺标分号，于羊楼洞设立宝源分号，于湘潭设立魁魁、拔萃两分号。"是年茶务甚好"，各分号通力合作，"成本轻，获利重"，徐润大赚了一笔。当年上海茶叶公所成立，徐润又被推为董事。翌年，徐润投资5000 两，与徐瑞珩、容闳等合股开办通源杂粮土号，"甫及两年，全军覆没，误在贪多嚼不烂之故"②，徐润因经手银钱往来，多亏了 8000 余两。

1871 年冬，徐润受两江总督曾国藩委派，办理挑选幼童出国留学事宜。次年，选出第一批幼童 30 名，交由陈兰彬、容闳带往美国留学。

1873 年 8 月，经盛宣怀推荐，李鸿章委派徐润为轮船招商局会办，协助唐廷枢办理招股与揽载等事务，并称赞他"熟悉生意，殷实明干"。徐

---

① 《洋务运动》(八)，第 96、97、125、100 页。

② 《洋务运动》(八)，第 101、102 页。

润与唐廷枢为广东香山的小同乡，又同属买办出身，在上海商界已交往多年，关系相当密切，尤其是徐润对唐廷枢的人品和才干都极为钦佩，所以二人对许多问题都很容易达成共识，行动上也能够配合默契。他们共同厘定章程、广招商股、多方开拓运输业务，很快便扭转了轮船招商局所处的被动局面。

轮船招商局的经营成功，确实有徐润的一份功劳。唐廷枢与徐润进入招商局之初，首先面临着资金短缺的严重困难，他们立即设法招集商股。该局第一期招股 100 万两，徐润及其家族即认购了 24 万两；第二期续招 100 万两，徐氏又占 24 万两；"此外设法招徕各亲友之入股者，亦不下五六十万两"①。就是说，徐润一人经手招集的股份已占该局股本总数的一半以上。1876 年，徐润倡议集股 25 万两创办仁和水险公司，承办江海轮船保险业务，"获利颇厚"，随即添招股本 25 万两。隔年，又集股 50 万两创办济和水火险公司，后来合并为仁济和保险有限公司，徐润一人即占有股份 15 万两。至 1884 年，轮船招商局积存的保险公积金达 45 万余两。

徐润被委任为轮船招商局会办时，该局的总、会办共有五人之多。但是，朱其昂、朱其诏兄弟专门负责运输漕粮；盛宣怀"先在湖北开矿，继赴直隶候补"，李鸿章亦"向未责以专司招商局务"②；唐廷枢多次被邀往福建、台湾办理洋务，后又奉命筹办开平煤矿；徐润实际上成为该局的具体负责人，长驻上海经营揽载客货及与其相关的各项业务。连李鸿章也曾说过："两年以来，局事最为纷拏，徐雨之独力搘撑，艰苦万状"，尽管他"性慠不受谏诤，同事多与龃龉，然无雨之，则已倾覆"③。对他为维持招商局的局面而付出的努力作了充分的肯定。

1876 年冬，美商旗昌轮船公司在竞争中出现亏损，决定变卖所有的产

---

① 《洋务运动》（八），第 176 页。

② 《洋务运动》（六），第 58 页。

③ 《李文忠公全集》，朋僚函稿卷 17，第 41 页。

业，抽出资本投资于国内，遂通过瑞生洋行经理卜加士达向招商局表示"全盘出让约银二百五六十万两，数日之内必须定见"。当时，唐廷枢、盛宣怀都不在上海，徐润经过再三考虑，认为"旗昌全盘何止仅值二百五六十万"？尤其是它在各口所置码头、栈房"均系扼要之区"，对于轮船运输业务今后的发展至关重要，毅然"定议商买"，旋还价至 222 万两[①]。双方基本达成协议后，徐润一面派专人至福州促唐廷枢返沪，一面亲自赴湖北武穴就商于盛宣怀。尔后由盛宣怀等说动沈葆桢奏请朝廷批准并筹拨官款相助。李鸿章曾为此而致函唐廷枢、徐润，声称自此"两兄之肩负更巨，责成更重"，希望他们"和衷协力"，"无惜勤劳，秉公筹划"，务使轮船招商局"声名日起，生意日盛，公道日彰，利市日稳"[②]。

在徐润的苦心经营下，轮船招商局的发展总的来说还是比较顺利的。徐润接手之初，该局仅有海轮 4 艘，天津紫竹林与上海浦东码头、栈房两处。截至 1884 年，该局海轮已增至 18 艘，另置有江轮 8 艘，并相继在国内的牛庄、烟台、福州、厦门、广州、香港、汕头、宁波、镇江、九江、汉口，日本的长崎、横滨、神户以及新加坡、槟榔屿、越南、吕宋等地增设了 19 处码头、栈房，形成了一个水上运输的网络，轮船招商局的运输业务亦随之而不断扩充。旗昌轮船公司在上海法租界修建的金利源码头原先仅能停泊两艘轮船，招商局兼并旗昌后，徐润以该码头"其觉狭小"，遂将其扩建至可停泊六七艘轮船，使招商局的轮船不至于因等待泊位而耽搁时间。同时，鉴于堆存货物的栈房"离河稍远，未为近便"，又在黄浦江边靠近码头处购地 34 亩零，"填土起造三层楼栈房"，"起卸客货每年省挑力银十余万两"[③]，还可以腾出原有的码头、栈房租与他人。

洋务派官僚对徐润青睐有加，也时常另有委任。1875 年，上海道冯焌

①　《洋务运动》(八)，第 107 页。

②　《李文忠公全集》，朋僚函稿卷 16，第 38 页。

③　《洋务运动》(八)，第 178 页。

光委派他"会办上海洋务交涉事件"。1881 年李鸿章任命他为开平矿务局会办，次年又令其"会办贵池煤铁矿"。为了使自己的身份与之相应，徐润于 1876 年即加捐为道员。

在此期间，徐润于负责处理轮船招商局等事务之余，仍在经营着自己的生意。除原先开设的茶栈、茶庄一直照常营业外，他又于 1875 年与人合股开办了崇德钱庄，先后投资于安徽池州煤矿与天津沽塘耕植畜牧公司，并于 1882 年投资创办同文书局，购买机器影印了《资治通鉴》《佩文韵府》《骈字类编》等珍本书籍"不下数十万本，各种法帖、大小题文府等十数万部，莫不惟妙惟肖、精美绝伦，咸推为石印之冠"①，后来还承办了清政府交印的《图书集成》100 部。事实上，徐润投资最多、成就最大的还是房地产业。至 1883 年，他已经购买的土地未建筑者 2900 余亩，已建筑者 320 余亩，共造成住宅 2 所、当房 3 所、洋房 51 所又 222 间、中式房屋 1890 余间，投资总额 2236940 两，每年可收租金 122980 余两。加上他手中实有各种股票 426912 两，投资典当业 348571.3 两，别人以股票作抵押向他借款397000 两，置产总额已达 3409423.3 两，俨然已成为沪上的一大富豪。徐润 15 岁进入洋行当学徒时，可以说是身无分文。31 岁离开洋行后，又在沪上经商五年，虽然积累了一些资本，但尚不至于有偌大家产。他的产业大部分应该是在他担任轮船招商局会办的 10 年间利用官商结合之便挣下的，他当然为此而耗费了大量的时间和精力，李鸿章曾批评他经营招商局"精神不能贯注"，致使该局"用费浮滥"，并令唐廷枢、盛宣怀至上海帮助他"通盘筹划，妥定章程"②。

上海开埠以后，市面日益繁荣，地价、房租不断上涨。徐润在上海购买地皮，或待其涨价后转手出售，或用于建房出租，都是净赚不赔的生意，本

---

① 《洋务运动》（八），第 121 页。

② 《李文忠公全集》，朋僚函稿卷 18，第 25 页。

来是没有什么风险的。但他却失之太贪，以至于栽了个大跟头。徐润在经营房地产屡屡得手后，计划集股 400 万两成立一家房地产公司，先收股本 200 万两，在上海大干一番。适有和记洋行英国人顾林向他表示：愿意回伦敦为其筹集贷款 200 万两，"四五厘息，二十年期"。徐润大喜过望，顾林回国时"赠以程仪万两"，随即添购了价值 60 余万两的地皮。"讵料顾林回国后，初闻患脑病，继闻成癫痫，竟至去同黄鹤"。恰值中法关系紧张，法国军舰驶抵吴淞，盘查出口商船，扬言要进攻江南制造总局，沪上人心惶惶。外资银行抢先收回贷款，引起挤兑风潮，致使市面银根紧缺，"举市所存现银不到百万"，商铺纷纷歇业，钱庄相继倒闭，"恐慌不堪言状"。是时，徐润已由 22 家钱庄共借款 1052500 两，以股票抵押贷款 419920 两，以房产抵押贷款 720118 两，钱庄另有各户存款 329709 两，负债总额达 2522247 两。债权人推举代表议定：将徐润所有的 340 余万两资产全盘推出，以抵偿 250 余万两债款。转眼之间，徐润的数百万家产即化为乌有了。同时，徐润挪用轮船招商局资金 162256 两零之事也暴露了出来。他当即归还了现金 6872 两零，又以镇江与上海乍浦路等处房地产抵银 67154 两，下欠的 88230 两零，经局方同意，以当时市价每股仅值 50 余两的招商局股票，按面值 100 两作价抵偿，徐润向亲友借得 883 股"归局抵消清楚"。李鸿章以徐润"驻局总理银钱，未能慎重调度，以致挪欠过多"，改派盛宣怀赴局"提纲挈领，调度银钱大事"①。

　　徐润与唐廷枢本来都是由盛宣怀举荐进入轮船招商局的，后来他们之间产生了矛盾，盛宣怀又多次在李鸿章面前打唐、徐的小报告，李鸿章曾说："局中如唐、徐、朱近均和衷，惟杏荪（盛宣怀字杏荪）多龃龉。"由于盛宣怀长期不在上海，其招商局会办一职不过是挂名而已，所以李鸿章又说

---

① 《洋务运动》（八），第 128、118 页。

他"亦久不与闻局务矣"[1]。轮船招商局屡次遭到弹劾，盛宣怀都被列为主要攻击对象，于是他以"屡次代人受过，坚辞会办一差"，李鸿章于 1880 年秋"准其不复列衔"[2]。但是，盛宣怀深知轮船招商局为大利所在，一直怀有觊觎之心。徐润挪用局款事发，他乘机落井下石，"个人具禀南北洋大臣，以该局本根不固，弊窦滋生，几难收拾"。徐润遂以"素无奥秘之援，致奉参革"[3]。

徐润离开轮船招商局后，先是在广百宋斋印了一批书籍，至上海、南京等地销售，开始"颇得利息"，旋因遭受火灾，"全肆俱付一炬"，损失了 2 万余两。随又听从友人相劝，筹款 3 万余两，由钱庄借款 20 余万，经营茶叶贸易，"不料是年天气太干，出货粗劣，色味不佳"，卖不上价，反而倒赔了一万五六千两[4]。可谓是祸不单行。

1887 年，徐润应邀北上，与唐廷枢一同勘查热河平泉铜矿、烟筒山银矿和迁安铁矿。翌年，台湾巡抚刘铭传调派徐润办理基隆煤矿。徐润至台仅待了一个月，即因"水土不服，抱病而回"。1889 年，徐润与唐廷枢接办香山县天华银矿，并被两广总督李瀚章委任为该矿会办，不久又因股本不足而停办。1891 年，李鸿章委派徐润为开平矿务局会办，主要负责管理林西煤矿，兼理承平三山银矿，唐廷枢将开平矿务局购置的四艘轮船亦交由徐润经营。是年冬，热河东部金丹道和在理教发动武装起义，被清政府派重兵剿灭。事平之后，李鸿章"以口外建（昌）、平（泉）、朝（阳）、赤（峰）各州县惨遭兵燹，又以连年歉收"，民不聊生，哀鸿遍野，遂委派徐润会办建平金矿，"设局采金，以工代赈"。数年间，"总分各局约有四千余人藉此养生"。徐润之所以能够重新得到李鸿章的任用，在很大程度上是出于唐廷枢

① 《李文忠公全集》，朋僚函稿卷 17，第 32 页。

② 《洋务运动》（六），第 61 页。

③ 《洋务运动》（八），第 131 页。

④ 《洋务运动》（八），第 132 页。

的援引。诚如他本人所言：这一阶段所办各事"皆唐景翁主持，所有一切布置早已预筹"，自己"不过相助为理"，承认自己"于各矿毫无建白，亦惟坐享其成，厕名于内，实深抱愧"，并表示要"勉力从公，无负上委"，颇有感恩戴德之意。1892 年唐廷枢病死，甲午战争后李鸿章失势，徐润失去了靠山。起先，继任直隶总督、北洋大臣王文韶还曾委派他办理永平府属双山子、五道沟等处金矿，待荣禄于 1898 年接任直隶总督、北洋大臣后，立即撤了他的差事，61 岁的徐润又因官场人事变动而"铩羽南归"[①]。

这一时期，徐润依然不失时机地从事各种私人投资活动。1890 年前后，徐润预计天津"地产业大可发达"，毅然决定"将自己衣服佩带、古董玩器、字画书籍"变卖，"约得价一万五六千金"，又将其先母杨氏与亡妻吴氏遗留的金珠首饰变卖得银六七万两，先在塘沽购地 75 亩、建房 500 余间，以收房租；又在天津法租界先农坛、马家口与南门外、小营门、英租界以及滦州等处购地一千八九百亩，每亩价银 5 两至 200 两不等，并与人联手成立广益房产合股公司。徐润购置的土地，一部分于涨价后转手卖出，一部分于《辛丑条约》签订后被列强划为租界，幸亏曾被李鸿章聘为家庭教师的美国驻天津副领事丁家立亦购有广益房产公司的股份，列强同意出资购买，徐润"虽不得大价，然获益仍有二三十万"。1891 年，徐润出关勘查建平金矿，路过锦州之大凌河牧场，发现该地"旷渺无垠，土脉膏沃，水陆相通，且地上积有历年牛、马、鸟粪数尺，就地耕种，可省肥料，获繁孳而得大利"[②]，遂邀同严信厚、周金箴等集资 60 万两，创办天一垦务公司，徐润本人投资 5000 两。经过 10 余年的苦心经营，至 1895 年春徐润已经陆续偿还了90% 的债务。

徐润受命办理关外金矿后，几乎每年都要亲往矿区勘查，"热河后府围

① 《洋务运动》(八)，第 133、170、168、189 页。

② 《洋务运动》(八)，第 138、139 页。

场、蒙古暨承德、永平两府所属十四州县足迹殆遍，凡其地势、物产有关于商务者，随时访查"，了解到该地盛产土丝、棉花、高粱、小麦、皮毛、桑皮、烟叶、花生、香木等廉价的原料，且劳动力价格极为低廉，若购置各种机器，就近使用开平的煤炭作燃料，开办缫丝、轧花、酿酒、磨面、织呢毡、造纸、卷烟、榨油、磨制香木粉等机器加工业，"其利不可胜言"①。遂于1897年拟订了一份节略，计划集资60万两，利用他在滦州车站滦河站边购置的400亩地皮，创办"滦州汴凉汀商务公司"。因未能得到官方的支持而流产。1898年后徐润曾向香山同益榄园种植公司投资1000元。

　　后来，徐润还与杭州吴氏合资在上海虹口创办了景纶纺织厂。该厂原名云章袜衫厂，由徐润的儿女亲家吴季英独力创办于1896年，此后"连年亏耗，力不能支"。吴季英于1902年春去世，其侄吴子常要求徐润予以支持，徐润念及"私义则谊关姻娅，公义则事关实业"，不便推托。双方议定：以厂基、机器折价三万两，作为吴氏股本，徐润投资三万两现银，两家合办，自是年10月底起改名景纶纺织厂。"不料云章厂基早经前股东质于洋商"，徐润"不得已垫款取赎"；继又以万余两高价购进"老式无用"之袜机，"日出袜仅五六打，而货复不佳"。1904年夏秋间，吴子常伙同经理汪少云挪用该厂资金经营自己的生意，"垫款四五万无从追还"，并以该厂名义向钱庄借款。事败之后，汪少云竟一走了之。抵制美货运动期间，该厂生产的衣衫"销路稍通"，但仍不能抵偿以前的亏折。1908年吴子常死后，其弟吴子猷（即徐润的女婿）见徐润的垫款已达17万余两，遂将该厂让予徐润所有。此后，该厂产品质量日渐提高，"足与洋货颉颃"，一度销往南洋各埠。1910年春，徐润禀请商部将该厂注册，希望能够挽回"已失之资"，进而获得"无穷之利"②。

---

① 《洋务运动》（八），第180、183页。
② 《洋务运动》（八），第191、192页。

1901 年 11 月李鸿章死后，袁世凯继任直隶总督、北洋大臣，一直蓄意要夺取由盛宣怀控制的轮船招商局等企业。次年，盛宣怀丁父忧电请开缺守制，袁世凯乘机委派杨士琦为轮船招商局督办。1903 年 6 月，袁世凯为加强对轮船招商局的控制，再加派徐润为该局会办。为了扩大轮船招商局的运输业务，徐润在此后三年间添购了四艘轮船、一艘小轮、三艘驳船，共用银 1396136 两零。商部成立后，徐润又于 1904 年春被委任为上海商务总会协理，董理商学会、立宪公会事务，同时兼任尚贤堂、青年会、育才书院、广肇学堂董事，并于是年秋奉命前往江西考察萍乡煤矿。翌年春，袁世凯再次派令徐润在沪开办公债会。

1906 年 11 月，徐润肺病发作，请假赴香港就医，旋至澳门调养。恰值杨士琦被清廷任命为农工商部右侍郎，袁世凯遂于次年 2 月令徐润代理轮船招商局总办。20 天后，盛宣怀于上海愚园召集招商局江浙股东大会，以"大清商律"规定所有企业均须报请农工商部注册为由，煽动与会股东通过决议：该局应由商人自行禀请农工商部立案承办，意欲一举夺回轮船招商局。徐润闻讯后，立即抱病赶往香港，约集伍廷芳、张振勋等在杏花楼开会，斥责盛宣怀于主持招商局期间，擅自挪用局款接济汉阳铁厂、萍乡煤矿、通商银行与华盛纺织总厂，"毁本三十余万"，"以致局空如洗"；揭露了盛宣怀欲借江浙股东名义攫夺招商局权力的居心；疾呼：若照沪上股东会议决议办理，"则商局仍归盛手，必蹈先前覆辙，我港、粤商股若不坚持到底，恐负北洋历年调护之本意，与夫唐景星观察创办之心血矣！"于是会议议定：轮船招商局"须众股东联合发公函，请现任总、会办照公司律报商部注册"[①]。会后一面电告江浙股东，一面登诸各报，从而挫败了盛宣怀的进攻。而徐润由于忧劳过度，病情加剧，数日之间连续昏厥两次。幸亏西洋医生救治及时，加之天气转暖，才得转危为安。

---

① 《洋务运动》(八)，第 223 ～ 224 页。

5月初，徐润病情一经好转，马上赶往上海主持轮船招商局事务。这时，太古与怡和两家轮船公司又提出要添置江轮，由于三家公司签订"齐价合同"时，规定轮船运费收入是按照每家公司营运船只的总吨位来分配的，招商局不愿坐失这部分权益，只好再添造一艘江轮，预计造价需40余万两。同时，招商局在上海购置的中、北两处栈房得地利之便，"外洋公司船货驳载多就该两栈上落屯储"，租金收入颇为可观，但因房屋面积狭小，"已形朽旧"，远不能适应轮船航运业发展的需要，决定翻造三层楼的新货栈，工料银亦需40万两。招商局除出售杨泰记市房得银21万余两外，尚缺60万两。此外，招商局为了维持正常的运输业务，在此之前已向钱庄借银40万两，利息高达"每月九厘或一分一二厘"，该局"吃亏不鲜"。而当时在上海借洋款，利息"约在六七厘之间"，徐润与招商局同仁商定，"暂以局产作抵"，"在沪向教会洋人、保险洋商集借规银一百万两"，用于添置江轮、翻盖栈房及归还钱庄债款。其时已临近端午节，徐润草草拟订了一份"节略"，就忙着进津谒见袁世凯了。谁知他于节前一日递上"节略"后，一直未获召见，不得不在惴惴不安中耐心等待着，8天后却等到了一纸被撤职的批文。由于徐润所拟"节略"遗漏了归还钱庄债款之事，袁世凯在批文中说他拟筹借100万两债款，"溢出之四十万，虚耗六七厘之借息，于股商亏损甚巨。办理财政、商务，全在用心精细，该道如此疏忽，殊出意外，谅系病后心神不宁，致筹划各事失算良多，无以对股东之付托"，决定"给假三个月以资调养，假满后另候差委"。徐润认为：即使自己所拟借款与用项"数目不符，不妨札饬声复，并可传见责问"，而袁世凯竟将其撤职，不过是"借此以发其端"，其中一定另有隐情，"默为揣度，当必有以蜚语中伤者"①。然至此已经挽回无术、徒唤奈何了。

杨士骧继任直隶总督后，于1908年委派徐润"稽查省港商局事务"，

---

① 《洋务运动》(八)，第220、223、222页。

也只是给他一点精神上的安慰，其实已经谈不上有多少权力了。此后数年间，诚如其妹婿蔡绍基劝慰他的那样，徐润基本上是"优游杖履，颐养太和"了[①]。

据不完全记载，徐润一生中创办或投资过的企业还有广百宋斋铅版书局，南票、台吉等矿，粤东开平码头公司，香港利远糖榨公司、玻璃公司，烟台缫丝局，虹口伦章造纸公司，上海立顺兴杂货号、元吉绸庄、业广房产公司、先农房产公司，粤东自来水公司、循环日报、电车公司、种福台垦务公司，上海地丰公司、华兴保险公司、华安保险公司等，"皆所以振实业而挽回利权者也"。社会公益方面，"在上海如捕盗、会捕、洋务、赈务等局，皆厕身其间"；所到之处，"凡各局各会之有关公益者"，"无役不董其事，或因或创，必视其力之所能及，共襄厥成"；"在乡里则修风水，浚沟渠，栽树木，围垣墙，筑神社，建乡约，改文塔，设赒会，兴义学，倡平粜，无不经营创办，以堵闾阎；在族则修谱、建祠，虽值艰窘，次第举办不惜也"，"是以中外巨商莫不尊亲而钦重焉"[②]。

徐润原拟于 1911 年 4 月间召集亲族举行"到沪六十年纪念会"的，讵料未及举行，已先于是年 3 月辞世，终年 74 岁，著有《徐愚斋自叙年谱》。

四、创办业勤纱厂的杨宗濂、杨宗瀚兄弟

杨宗濂，字艺芳，生于道光十二年（公元 1832 年）；杨宗瀚，字藕芳，生于道光二十二年。二人为亲兄弟，宗濂为长兄，宗瀚排行第三，江苏金匮（今属无锡市）鸿山人。其父杨延俊，字菊仙，1844 年考中举人，参加会试时与李鸿章被编在同一号舍，因而颇有交谊。杨宗濂为监生出身，据说早年

①《洋务运动》(八)，第 225 页。
②《洋务运动》(八)，第 85～87 页。

曾师事李鸿章。

杨延俊生前历任山东肥城、章丘、恩县、冠县知县，1859 年病死于任所，杨宗濂、杨宗瀚兄弟"扶榇归里"，刚刚安葬完毕，恰值太平军东征苏、常，于 1860 年 5 月底攻克无锡。当时，杨宗濂官居户部陕西司额外行走员外郎，为捍卫清王朝的封建统治，他领着几个弟弟在家乡办理团练以对抗太平军。杨宗濂在无锡与江阴交界处的河塘桥镇设立团练局，所招乡勇以白布裹头，称白头局。已被清廷革职的前任江西永新县知县华翼纶，也在无锡与苏州交界处的荡口镇组织了一个白头局，这是当地实力最强的两支团练武装。杨宗濂曾率领所部团练在张泾桥、鸭城桥、祝塘镇等处阻击太平军，给太平军造成了重大的伤亡。后来，杨宗濂又在陡山设立了一个团练局。太平军占领常熟后，苏南各地的团练武装为了保存实力，纷纷表示"归顺"太平天国，华翼纶被太平天国任命为军帅。杨宗濂不愿向太平天国投降，所部团练武装在甘露镇被华翼纶部围歼，他本人则携带家眷逃往上海。

曾国藩部湘军攻占安庆后，避居于上海的江浙绅商推举钱鼎铭赴安庆乞师，有记载说杨宗濂曾随其一同前往。李鸿章率领淮军开到上海后，杨宗濂、杨宗瀚兄弟都投入了他的麾下。杨宗濂收集团练旧部，编为濂字营，加入淮军序列。杨宗瀚则进入李鸿章幕府，主要为其"司章奏"。由于杨宗濂所部乡勇多是本地人，对于苏南河湖港汊纵横交错的地理形势比较熟悉，起初濂字营主要是为淮军各部当向导。后来该营实力逐步增强后，基本上随刘铭传转战各地。

"江阴县属之杨库汛城（即杨舍，今沙洲），在苏、常之交，去江阴、常熟各五六十里，为沿江著名险要之地"，太平天国派钿天燕李天得、锭天豫刘泰生等率精锐之师 2000 余人驻守，"江阴、无锡各城皆恃为屏蔽"①。1863 年 6 月初，刘铭传会同杨宗濂等部激战三昼夜，攻占杨库。9 月，刘

---

① 《李文忠公全集》，奏稿卷 3，第 46、47 页。

铭传等部淮军主力进攻江阴，杨宗濂率濂字营留守杨厍，太平军分兵来犯，濂字营实力不足以抗，杨宗濂了解到沿江一带的团练武装沙团"以技勇名，贼皆畏之"，乃借用沙团的力量击退了太平军。11 月，淮军各部围攻无锡，太平天国潮王黄子隆父子率部六七万人"矢志死守"，杨宗濂率濂字营配合周盛波部盛字营攻北门，"任前锋"，乘夜夺门而入，城遂陷。次年 5 月，淮军攻克常州之役，杨宗濂率部攻西门，士卒在运河上架浮桥，杨宗濂策马先登，不料坐骑受惊狂逸，将其掀落河中，"跃起，易骑再进，挥兵肉搏"[①]，与淮军将领王东华、张桂芳等爬城而入，太平天国守将护王陈坤书、佐王黄和锦及所部六七万人被俘。这段时间，杨宗瀚"虽未亲历行间，躬冒矢石"，但杨宗濂"筹战守，赞戎机"，"实多赖焉"[②]。

其后，李鸿章北上督师剿捻，改派杨宗濂总理营务处。杨宗濂遂由淮军部将而变为李鸿章的幕僚。此前，清军所到之处，往往向民间强索车辆，地方官府与民众皆不堪其扰。为改变这一状况，杨宗濂率先在淮军中"创立车营"，军中所需各种物资，咸预为储备，随军转运各处，临时取用，不虞匮乏。"诸军仿其制，皆称便。"太平天国、捻军起义相继失败后，杨宗濂、杨宗瀚兄弟均以积功而被累次保升为道员。

此后，杨宗濂以道员分发湖北省补用。李瀚章任湖广总督期间，先于 1872 年委派他署理湖北荆宜施道，后一直令其"监榷湖北新关"。海关因主管进出口贸易，每年有大量的关税收入，在当时已是世人公认的肥缺，杨宗濂经管多年，饶有积蓄，先后购置了 280 余亩土地，20 余间市房，并投资 15000 串制钱与人合股开设了杨济通当铺。同时，在李瀚章的关照下，已获得布政使衔，赏戴花翎。

1881 年，给事中邓承修上章弹劾李瀚章在湖广总督任内聚敛钱财，贪

---

① 《清史稿》第 41 册，第 12574 页。

② 汪敬虞：《中国近代工业史资料》，第二辑下册，第 930 页。

黩无厌，任用私人。同时有人运动商人"以浮收苛索等词"控告杨宗濂。清政府命大学士、两江总督左宗棠查办。左宗棠与李鸿章兄弟本有嫌隙，为了乘机打击淮系势力，奉旨之初，即将杨宗濂革职。李鸿章闻讯后，在写给两广总督张树声的信中说：杨宗濂"并无实在劣迹"，左宗棠这么做的用意在于"藉以立威"，李瀚章尚能"处之坦然"，不过经此打击，已经是"官兴冰冷"，即使不被撤职，"亦将求去也"。经过调查后，左宗棠向朝廷建议：已革道员杨宗濂素日声名平常，经营新关税务，致招物议，应发往军台效力赎罪；李瀚章被参一案，查无实据，唯对于杨宗濂的所作所为漫无觉察，有乖职守，应交部严加议处。事发之后，杨宗瀚为其兄"日夕忧虑"，为求减轻朝廷的处罚，"乃奔走呼号于名公巨卿之门"。李鸿章也通过署理都察院左副都御史张佩纶等运动当朝权要，为其兄说情。清廷最终以杨宗濂老亲年逾八旬，需要有人奉养，而免予流放，李瀚章也从轻改为交部议处。事后，李鸿章致函张佩纶称："家兄笃老，已无宦情，惟平生孝友忠爱，远近尚无闲言"，此次左宗棠为"报复微嫌，必欲深文周纳，若非圣明俯鉴、枢府斡旋，何能稍留体面？殊令感激涕零，不知所报"。并再次特别申明：杨宗濂"人极忠厚，亦无实在证状"[1]，言下之意杨宗濂无端遭受革职处分是冤枉的。

　　1885年台湾建省，刘铭传被任命为首任台湾巡抚。鉴于当地"草昧初开，百废待举"，急需有人相助。刘铭传一再函邀杨宗瀚赴台，起先委派他"总办商务、洋务，兼开埠事宜"，随后又令其"督办全省水陆营务处，兼办台南北铁路"[2]。

　　是年，李鸿章在天津"仿照西法"创设武备学堂，聘用德籍军官充当教师，由淮军各部挑选"精健聪颖、略通文义之弁目"进入学堂学习，以为

---

① 《李文忠公全集》，朋僚函稿卷20，第24、35页。
② 《中国近代工业史资料》，第二辑下册，第931页。

"培植将才根基"。李鸿章认为：一则，"当此经费支绌，事事力求节省，一切用款，非综核得人无以杜虚糜之弊"；二则，堂中学生选自各营弁目，"勇敢性成"，往往好逞血气之勇；三则，所募德籍教师"性情不一，勤惰各殊"，"必须威信素孚之员督率驾驭，方可收驯习之效"。"杨宗濂心细才长，器识深稳"；镇压太平军、捻军之役，"久在前敌总理营务，劳勚卓著，深得兵心；历年随办交涉，操纵有方；以之总理学堂事宜，弁兵心悦诚服"，"自能日起有功，即西洋教习各弁，亦能谨受约束"①。随于次年1月专片奏准，任命杨宗濂总理武备学堂。是年5月，醇亲王奕𫍯巡阅北洋水陆各军，李鸿章陪同他视察了天津武备学堂，引起了他的浓厚兴趣。奕𫍯回京后奏称：天津武备学堂"规制整肃，各生徒于陆路枪炮台垒之法童而习之，长令入营带队，必得实用，将才自日出不穷"。并正式奏准将杨宗濂留在直隶，交李鸿章差遣任用。1887年12月，李鸿章以天津武备学堂办理卓有成效，学生"于西洋武备各学，俱通门径"，所习"各项操法，一律娴熟"，"炮台工程做法及测绘算化，无不洞悉要领；于行军制胜之道颇有裨助"②，要求清廷对优等学生与教习、翻译等予以奖励。清政府因杨宗濂主持武备学堂有功，恢复了他的花翎布政使衔湖北简用道官衔。

　　1886年冬，杨宗濂与汇丰银行职员吴懋鼎、德国人穆麟德凑集资本银万余两，合伙创办了天津自来火公司（即火柴厂）。杨宗濂请准备到天津武备学堂担任教习的德国人李曼代为购置机器。后李曼嫌武备学堂所给薪水太低，不愿就职，对于办理自来火公司之事亦不甚出力，以致与杨宗濂发生争执。该公司雇用的洋匠师徒二人，"因杨宗濂接待不公，亦成嫌除"。翌年夏，李曼等三人至德国驻天津领事馆指控杨宗濂，德国领事将该案移交天津海关道处理，后经荷兰驻华公使从中调处，由自来火公司付给李曼白银500

① 《李文忠公全集》，奏稿卷53，第42、43页；卷55，第48页。
② 《李文忠公全集》，奏稿卷60，第48页。

两，付给两位洋匠各数百两，此事才告了结。旋因穆麟德抽走了股本，杨宗濂、吴懋鼎又约请淮军将领周盛波合股，凑成资本 18000 两。御史屠仁守专门为此而上章弹劾杨宗濂，至谓："杨宗濂本一声名恶劣之革员，蒙天恩曲宥，膺此重任，乃更胆大势张，惟利是图，官府其身而市侩其行，见轻外国，取侮匠师，迭起讼端，输银受罚，则其总理武备学堂，无以服众，不问可知。"其偏见是十分明显的。经过几年的艰苦经营，天津自来火公司刚刚能够生产出品质优良的火柴，就不幸于 1891 年 5 月失火焚毁。吴懋鼎等又公开集股 45000 两，分为 4500 股，"准备交纳五千两以获得十五年之制造专利权，另付五千两以继承招牌"①，聘请英国人司达赛等帮同稽查出入账目、购办机器等事，雇用英国工匠米石艾负责"监工造货"。德国驻天津领事司艮德以该公司辞退德国人，改用英国人，致函李鸿章横加干涉。李鸿章认为"此系中国自主之政，非他人所能过问也"，乃"付之不理"。司艮德又怂恿德国驻华公使巴兰德出面向总理各国事务衙门纠缠。总理衙门要求李鸿章查明情况，并考虑应如何与德国公使辩驳。李鸿章复函称："火柴即自来火，近来英、德、美各国载运来华，行销内地日广，日本仿造运入通商各口尤多"，上年输华总值达 134 万余两，"几乎日增月盛，亦华银出洋一漏卮也"。理应"劝谕华商集资、购器、设局，自行制造，以敌洋产而保利源。是以津商吴崇仁（即吴懋鼎）等创设公司，禀请开办，鸿章职任通商，自应批准，并照西国通例，准其限年造运，俾得稍沾利益"。天津自来火公司"原系独由华商经理，并无洋人股本在内"；设厂于贺家口，"离紫竹林（天津租界区）口外六里余"，"与租界无干"，外国根本无权干涉。建议总理衙门答复巴兰德时，"直告以并非华洋合伙，其他请不必干预"②。天津自来火公司投产后，产品"多运销于河南诸郡"。

① 《中国近代工业史资料》，第一辑下册，第 989、990 页。
② 《李文忠公全集》，译署函稿卷 20，第 21、22 页。

上海机器织布局筹办久无成效，李鸿章于 1888 年冬派杨宗濂兄弟与曾任该局"官总"的龚寿图"妥商整顿"，并电告江海关道龚照瑗：杨宗濂等"须即至沪"，龚照瑗"务与会商一切"；该局由国外购买的机器即将运到上海，"望勿饬扣留"；至于龚照瑗原为该局"垫款二万，将来或作股份，或由龚、杨筹还"。由于上海机器织布局当时基本上控制在龚寿图之弟郎中龚彝图手中，杨宗濂兄弟一时无法插手。后来龚氏兄弟办理亦无起色，渐渐失去了李鸿章的信任。1890 年 5 月，杨宗濂函告李鸿章说：上海机器织布局因资金短缺，以至于连在国外订购的纺纱机器都无法运回，要求借用洋款以应急。李鸿章回电让他设法尽快运回纱机，进而提出：由泰来洋行垫款代运，"行用（指佣金、回扣）、险（即保险费）、脚（即运费）太贵"，可否商请汇丰银行"代运来沪"？织布局款项支绌，可由轮船招商局在汇丰银行存款项下垫支，"令布局照缴利息"。并希望他"耐心驻局，力为其难，勿自退阻为要"①。不久李鸿章又派时任轮船招商局会办的马建忠总办上海机器织布局。

是年，杨宗濂被任命为直隶通永道道员。适值京畿一带发生严重水灾，杨宗濂负责主持赈务，积极筹款购运粮食救济灾民。灾情过后，又大力兴修水利，使直隶境内的潮白河、青龙河、蓟运河、北运河、通惠河、永清河逐一得到了治理，同时疏浚渠道，加强护理，开辟了良田数万顷。当地士民感其功德，曾刻碑记载其政绩。

1891 年夏上海机器织布局投产后，再度因资金匮乏而周转不灵，马建忠致电李鸿章，表示担心"万一蹉跌"，杨宗濂不在上海，未经办具体事务，"可置身事外"，而他自己则将"百喙莫辨矣"。李鸿章回电说："杨未到工，想系未便插手"；并说自己打算在天津为上海机器织布局筹措借款，"但人皆不信汝，颇信杨尚把稳，拟酌借二十万，令杨挈汝衔名成交"，已责令杨回

①《李鸿章全集》，电稿二，第 11、249 页。

沪"驻局妥细经理，切实整顿"①。由于杨宗濂在北方经办的事务没有了手，抽不开身，遂由杨宗瀚赴沪代为主持上海机器织布局。杨宗瀚"既受事，知母财不充，先措垫银数万两，并亲赴北洋谒文忠（李鸿章谥号文忠），拨借绥巩局银十余万两"②，使织布局的生产逐步走上了正轨。1893 年 5 月，杨宗瀚私下里曾对人说：上海机器织布局"每日日用五百两，获利约五百两，每月可得一万二千利"③，可见其利润是相当优厚的。这时，杨宗瀚又向李鸿章提出："织布机层累曲折，工繁费重，不如纺纱，工简利近"，计划另招股本银 30 万两，"就布局中间余地，附建纱厂一座，日夜工作，机不停顿，约可出纱三十余包"。后李鸿章批准其将股本增至 60 万两，成立"同孚吉机器纺纱厂"。并电请驻英、法、意、比四国使臣薛福成代为"购办新样细纱机一百张，每日夜须出十四五号纱五十包，每包重四百磅，配搭轧花、清花、梳花、棉条、粗纱、摇纱、打包各机件俱全"，同时代雇洋总工程师一名。并叮嘱他："其大机器锅炉须足敷纱机五百张之用，又要能省煤，备将来扩充"；这是"为国家商务兴大利"，必须"妥细考核"④。是年 10 月，上海机器织布局不慎失火，杨宗瀚先派人"至租界内请西人往救，而西人以局在租界之外，无权发令救援"；杨宗瀚又通过英租界会审员蔡某请求巡捕房通知英、法、美消防队援救，"均以局在租界外，厄于成例，不得前行"；杨宗瀚再要求各洋商保险公司"请为保护，又皆以火势甚大，莫可挽回，曲为谢却"。眼看着自己数载经营的成果一旦化为灰烬，杨宗瀚"望火而号"，痛不欲生，"欲跃入火中者三次，均经人劝阻救回"⑤。事后，李鸿章虽曾致电安慰杨宗瀚，但杨氏兄弟却不得不从此离开上海机器织布局。李鸿章还曾致电

① 《李鸿章全集》，电稿二，第 373、374 页。
② 《中国近代工业史资料》，第二辑下册，第 931 页。
③ 《翁文恭公日记》，光绪十九年三月十五日。
④ 《李鸿章全集》，电稿二，第 580 页。
⑤ 《中国近代工业史资料》，第一辑下册，第 1071 页。

江海关道员聂缉椝说："织局被焚，洋龙（指消防水龙）不肯赴救，洋报公论均不谓然，我等似不可嘿无一言"，要求他备函责问各国驻上海领事，"谓如此坐视不理，此后彼此遇有意外变故，未便责中国相助保护"[①]。由此可见其愤慨之情。

1894 年 11 月张之洞署理两江总督后，曾电邀杨宗瀚至南京"商榷要政"。次年《马关条约》签订后，苏州被辟为通商口岸，张之洞"创议改造土货为抵制洋货计"，并再次电请杨宗瀚赴宁相商。杨宗瀚乘机"请于无锡创设机器纱厂，以开风气"，张之洞当即表示赞许。经与杨宗濂筹商后，杨氏兄弟决定自行投资 8 万两，请其表兄弟刘鹤笙、刘叔培出资 4 万两，另行招股 12 万两，订购纺纱机器，于无锡东门外购地建立业勤纱厂。次年秋，厂房落成，杨氏兄弟又"先后向苏省借领积谷公款十万两，筹招存款四万两，并自措行本二万元，厂事始克成立"。该厂投产后，"业务极兴旺"，"产品供销常州、江阴、镇江及本县其他市镇"，以"四海升平"为商标的 14 支粗纱一度成为供不应求的抢手货。当时有报纸报道说："该厂虽然昼夜开工，对于常州府和苏州府的各个乡镇对该厂的需要尚无法全部供应"；"在上海的无锡人说，这个纱厂的盛况是少有的，在富有效率的经营之下，该厂股息最少将为 25%"[②]。据说，至 1906 年该厂盈利已达 50 余万两。

杨宗濂一度以丁忧回籍，守制期满后，改任山西河东道道员，相继署理过山西布政使、按察使，后又调任长芦盐运使。1900 年八国联军侵略中国，杨宗濂督率芦勇登城守卫天津，被流弹击中左腿胫骨，血流不止，经简单包扎后，仍继续指挥战斗。侵略军攻进城内后，杨宗濂督部展开巷战，又被打伤右股。旋奉命驻扎保定，为清军办理粮台。后又随李鸿章进京，参

---

① 《李鸿章全集》，电稿二，第 618 页。

② 《中国近代工业史资料》，第二辑下册，第 1021、931、688～689 页。

与议和,《辛丑条约》签订后,清政府赏以三品京堂。不久,即因病辞官回籍。

杨氏兄弟还积极投资于社会公益事业,先后在太湖之滨建成了鼋头渚、涵虚亭、杨氏俟实植果试验场、"陶朱阁"、广勤路、广勤路公共体育场、广勤路公园、管社山庄、惠山贯华阁和大公图书馆,极大地丰富了无锡的园林建筑,促进了无锡的市政建设,推动了无锡文化教育事业的发展,同时还为无锡增加了不少旅游景点,其中如鼋头渚、涵虚亭等处至今仍游人不衰。

杨宗濂于 1906 年死于原籍,享年 75 岁。杨宗瀚于 1910 年死于原籍,终年 69 岁。

第十章　外交助理应宝时、刘瑞芬、李凤苞、伍廷芳

　　李鸿章自 1870 年就任直隶总督兼北洋大臣后，在中国近代外交舞台上活跃了 30 年之久，先后代表清政府与各国签订了一系列条约。诚然，李鸿章签订的大多数是带有丧权辱国性质的不平等条约，不过，客观地讲李鸿章在与外国谈判、签约的过程中都是尽了力的。平心而论，在晚清国力衰弱的大背景下，尤其是当清政府对外战败之后，列强都把中国视为它们餐桌上的一道美味佳肴，要想在谈判桌上挽回部分民族权益是何等的艰难！

　　为了能够折冲于樽俎之间，必须有一批了解世界大势、具有近代外交常识或懂得外语的人为之出谋划策、奔走效力。李鸿章一再被清政府委以外交使命，因而一直比较注意网罗和培养这方面的人才，李鸿章的幕府中也确有一些具有近代知识的外交人才。同时，为了适应近代外交的需要，清政府于 19 世纪 70 年代中期以后陆续向一些签约国家派驻了外交使节，其中也有不少人出自李鸿章幕府。这些人在协助李鸿章处理外交事务方面发挥过相当重要的作用。

一、助签中日《修好条规》的应宝时

　　应宝时出生于道光元年（公元 1821 年），字敏斋，浙江永康人。1844年考中恩科举人。1853 年考取国子监学正、学录。旋改就本班，以直隶州州同分发到江苏，起初曾办理海运等事务。1860 年 5 月，太平军第二次攻破清军江南大营，随后攻占苏州、常州等城，进逼上海，上海县知县刘郇膏令各乡组织地主团练武装，以对抗太平军。江南团练大臣庞钟璐移驻上海后，

委派应宝时会同办理团练事宜。是年 7 月，应宝时与苏州知府吴云乘太平军集中兵力进攻上海、松江防务空虚之际，雇用美国人华尔刚刚组成的洋枪队为先锋，一举攻陷了松江。江苏巡抚薛焕接到应宝时的禀报后，对他大加赞赏。

太平军东征苏、常之初，两江总督何桂清、江苏巡抚徐有壬、浙江巡抚王有龄等即伪称洋人自愿"助顺"，提出了借助于英、法洋兵镇压太平军的主张，并令吴云与苏松太道吴煦一同负责办理此事。由于英、法公使愿意派兵守卫上海，却不愿派兵前往苏州，吴云与吴煦"往复与商，百般开譬"，一直"尚无眉目"。1861 年冬，太平军相继攻占了浙江的富阳、余杭、绍兴、嵊县、奉化、上虞、余姚、慈溪、镇海、宁波、杭州与上海东南的川沙、南汇、奉贤等地，上海陷于四面被围的境地，中外丝茶贸易受到严重影响。在沪洋商组织了一个以韦伯、金能亨等为首的委员会，策划防守上海、夺回宁波等事务。随即由英国参赞巴夏礼约见了吴云与时已升任候补知府的应宝时，表示愿意帮助清政府镇压太平军。他认为：太平军势力已大，"欲就扫灭，断非一年半载即能了事"；担心："中国人做事每每有头无尾，将来开衅之后，万一撩在我外国人身上，如何处置？"提出："今欲帮同剿贼，必须预筹一线到底之法，请大府先行入奏"，洋人方面"亦禀明驻京公使，听候示下办理"[1]。应宝时等先请团练大臣庞钟璐出面主持此事，遭到委婉的拒绝。乃与江苏巡抚薛焕商定，由沪绅温葆深、殷兆镛等 10 余人递上公呈，薛焕即据以奏请清廷批准。未及等到清政府的批文下达，中外会防公所已于 1862 年 1 月 13 日在上海成立，由薛焕委派应宝时、吴云、在籍郎中潘曾玮、湖北盐法道顾文彬四人共同主持，"与英法提督、领事各官筹商防剿之策，开筑壕墙，建造炮台"，同时"添练炮勇，随同西兵四出攻击"，

---

① 吴云：《两罍轩尺牍》卷 1，第 6 页；卷 12，第 31 页。

并负责"支应夫船、粮草、食物，以利军行"①。

顾文彬原本是奉命由湖北来上海协助庞钟璐办理团练的，抵沪后，却力倡派人赴安庆向曾国藩请兵之说。曾国藩决定派李鸿章招募淮军援沪后，初拟令曾国荃率湘军向被太平军占领的巢县、和州、含山三城发起进攻，同时李鸿章即率淮军由江北绕过三城，经天长、六合抵达扬州、镇江。上海绅士认为淮军由陆路进军速度太慢，更不愿让援沪之师仅止于镇江，决定租用洋人的轮船，由水路接运淮军。鉴于应宝时等因主持中外会防公所，"与夷官朝夕见"，此事即交由应宝时等具体筹办。开始，英国领事麦华陀断然加以拒绝，应宝时通过翻译阿查里直接征得了英军提督何伯的同意，最终以18万两白银的高价雇定轮船，自1862年4月起，分批将淮军运至上海。

当时，上海及其周边地区的各项事务都控制在出身"钱谷猾吏"、以苏松太道署理江苏布政使的吴煦手中。他与"以通事奸商起家"的苏松粮储道杨坊沆瀣一气，"挟夷自重"，把持着上海的人事、财政和外交大权，连江苏巡抚薛焕也无从插手。李鸿章一到上海，就感觉到"吴中吏治败坏已极，奸贪巧猾之徒布满南北两岸"。吴煦系浙江钱塘（今杭州市）人，杨坊系浙江鄞县人，他们大肆援引浙籍同乡，形成一张庞大的关系网。李鸿章深知整顿吏治已是刻不容缓之事，却又不能不慨叹："沪吏十有七八系浙人勾结把持，直是无从下手。"尽管李鸿章抵沪仅半个月，就取代薛焕而署理江苏巡抚，两个月后，又署理了南洋通商大臣，但他以曾国藩的幕僚而骤膺封疆大吏之任，夹袋中不可能早已储备好各方面的人才，"何能另起炉灶，自以截取而惩劝之为是"②。一方面，李鸿章积极地多方网罗人才，并奏称："苏省吏治凋敝，监司大员必须有文武干济之才、廉正敦恳之品为之表率，庶可渐挽颓风"，以

---

① 《李文忠公全集》，奏稿卷9，第71页。
② 《李文忠公全集》，朋僚函稿卷1，第9、11页。

取吴煦、杨坊而代之；另一方面，他通过各种渠道对沪上原有各级官吏分别加以考察甄别，以便择优留用。应宝时久为吴煦属吏，又与其有同乡关系，李鸿章虽然将他招入了幕府，开始对他却并不十分信任。是年 11 月，李鸿章任用素不相识却听说有鸦片烟瘾的黄芳署理苏松太道。其时，应宝时屡经保荐已升为江苏补用道，并赏戴花翎，李鸿章明知他"在沪年久，自办理会防以来，更历事变，熟悉洋人情伪"①，本来是苏松太道的极好人选，却仅将其奏派为"通商随员"，实际上也就是协助李鸿章与洋人打交道的。黄芳就职后不久，肝病发作，每日"午后即不甚清爽"。1863 年冬李鸿章移驻苏州后，"洋务专赖关道（苏松太道又称江海关道）周旋，颇以为忧"。未几，黄芳又"猝婴痰疾"，已难以处理日常事务，李鸿章不得不于次年春让应宝时代理苏松太道，并曾称赞他"近与洋人交接，尚能曲折精微"，不像吴煦那样一意阿徇矣。但是，没过多久，李鸿章即撤下了应宝时，改派丁日昌署理苏松太道。1865 年夏，李鸿章保举丁日昌升任两淮盐运使后，再次让应宝时署理苏松太道。他在写给浙江巡抚马新贻的信中还表示担心说："敏斋素颇怯弱，不及丁雨生之强干。今雨生授运司，敏斋署海道，洋务恐多淘气耳。"是以李鸿章专门致函应宝时，谆谆叮嘱他："雨生在沪经手各事，望大才逐件经理，悉心接办，勿任承办各员稍有弊混颟顸；洋军火及捐厘尤为敝军命脉所系，洋务为地方大局所关，循其脉络而研究之，头头是道；以阁下之才思精力，当自绰然有余，惟勿操切以见好，亦勿圆媚以徇人，张弛刚柔之间，必有以自处矣。"并特别提及：尽管丁日昌已升任新职，"嗣后盐务稍暇，仍可随时赴沪帮同商夺也"②。实际上是要求他，遇有重大涉外案件，仍应征询丁日昌的意见。

　　李鸿章率淮军抵沪后，中外会防公所之设已失去了意义，当时即有人呈

---

① 《李文忠公全集》，奏稿卷 1，第 7 页；卷 9，第 73 页。
② 《李文忠公全集》，朋僚函稿卷 4，第 27 页；卷 5，第 5 页；卷 6，第 43、41～42 页。

请将其裁撤，李鸿章"以战事方亟，上海系后路根本，西兵屯驻城内外，索应月粮、房租、夫价，需费甚巨，既相习为固然，未便遽翻前说，致生他衅"，便让其保留了下来。至1864年5月，淮军攻占了苏南各地后，李鸿章即"将洋泾浜会防公所停撤，仍留分局数处，并归苏松太道衙门兼办，以备支应"。当年7月湘军攻克南京后，"英法驻沪之兵以次撤退"。9月起，丁日昌、应宝时等向英法提督、领事"再四商催，始将历年占住上海学宫、城隍庙园及大境青莲庵诸处陆续让还"。是年底，又将各会防分局"全行裁撤"。对此，李鸿章十分高兴地说："从此沪城风气一清，界限分明"，可谓是善始善终了。同时，应宝时还在上海设立龙门书院，倡导讲实学，鼓励办实事，"俾士知向学"；筹建普育善堂以"收养穷黎"①。

应宝时任劳任怨，不斤斤计较个人名利得失的精神终于赢得了李鸿章的信任。1866年2月，李鸿章专片奏称：应宝时"勤干廉明，遇事持平得体"，先后两次被"委令代理苏松太道篆务"。尽管"洋人多方谲诈，有非可以情理范围者"，但他在李鸿章的具体指导下，尚能够"刚柔相济"，"调剂得宜，不致贻误"。尤其是最近"数月以来，筹办洋务及税饷、地方一切事宜，均臻妥洽"，总的来说"尚堪胜任"②，要求朝廷将其实授为苏松太道。

1866年10月，李鸿章奉命北上督师剿捻，"于重九日（公历10月17日）就道"。应宝时以苏松太道留驻上海，为剿捻诸军筹措军械、粮饷。是年12月初，应宝时向李鸿章提出，增收鸦片捐可以得到大宗款项作为军饷，认为"与其加捐他物，不如加捐此物"。李鸿章复函谓："尊议切实，绝非影响之谈"，只是在目前情形下，总理各国事务衙门不一定愿意向列强提出此项要求；即使提出，列强也未必肯同意，"只可留待换约之年，冀申此

① 《李文忠公全集》，奏稿卷9，第71～72页；卷71，第50页。

② 《李文忠公全集》，奏稿卷9，第73页。

说"。稍后，李鸿章又致函应宝时称："协饷十万，极赖荩筹，以济燃眉"，对其积极为淮军筹饷表示感谢，并希望他能设法添购一批"六响、双响手枪及子药卷"①。次年 7 月，李鸿章曾函催应宝时由上海采购米粮运往前敌，同时"筹解洋药（指火药）、铅丸、铜帽、皮纸、洋庄大小炮位及合膛铁子，雇海船径运胶州，备胶东堵剿之用"。并准备调郑海鳌等部至烟台驻防，要应宝时转告他们"预为准备，放胆任事为要"。随后又称赞他"筹运胶州米石、军火，分批速解"，"深知缓急"；通知他刘铭传将派员至上海兑换铜钱 5000 串，购置"账房三百架、炮位百余尊、火药若干"，希望他能够予以帮助。11 月，东捻军首领任化邦（即任柱）在江苏赣榆之战中被叛徒刺杀于阵前，应宝时为此向李鸿章致贺。李鸿章复函称："任柱称雄十年，拥骑万匹，东三省及蒙古马兵俱为战尽，实今日第一等骑将好汉"，连淮军悍将刘铭传、湘军悍将鲍超"皆畏其锋"，此次被杀，"贼胆已寒"。原先曾国藩与陈鼐等"皆忧明岁饷不能济"，现在看来，"或者年内可望扫除"。并表示："若捻即灭，明春须借洋行银遣撤"清军，以免"再累吴民一年"②。结果，李鸿章的如意算盘并未能够实现，东捻军失败后，西捻军由西北回师华北，于次年 2 月兵锋直达北京近郊的卢沟桥，清朝统治者一片惊慌。李鸿章曾于五六月间通过应宝时由福建借调"华福"号轮船北上，协助防守海河沿线。

　　这段时间，应宝时身为苏松太道，办理当地的涉外事务依然是他的主要职责。他也经常就一些具体事务征询李鸿章的意见。美商旗昌轮船公司的轮船撞坏了中国的"威林密"号轮船，应宝时秉承李鸿章的意旨向美方索赔。李鸿章在剿捻前线仍关切地询问："威林秘事，旗昌已认赔失物及抚恤人命，日内曾定议否？"并要他将该船修好，用于"解运军饷"。1860 年签订的

① 江世荣编：《捻军史料丛刊》第二集，商务印书馆 1957 年 12 月版，第 1、17、25 页。
② 《李文忠公全集》，朋僚函稿卷 7，第 13、17、29 页。

中法《北京条约》，作出了清政府"归还"康熙、雍正、乾隆年间没收的传教士房地产的规定。此后，各国传教士"索教堂者纷至沓来"，往往任意指民业为教产，意图强占，应宝时疲于应付。李鸿章点拨他说：在交涉中"转索彼处的凭，略可撑拄"①。总之，必须设法阻止传教士借机霸占中国人的产业。列强为了加快其经济势力向中国内地的渗透，极力要开辟中国的内河航道，一再向清朝地方官府提出要派小轮船至内地查勘河道。李鸿章曾告诫应宝时："小轮船必须固争，渠以派人查勘河道，即为外间转圜地步，岂知一查便不得了，仍坚阻之为幸。"1867 年，江南制造总局厂址由上海虹口移往高昌庙，但"经费所短尚巨"，李鸿章指示应宝时：如果实在"无可筹措"，可以请时任两江总督的曾国藩"酌提裁留二成洋税以补其乏，似亦题中应有之义"。是年，清政府因来年将届与列强修改条约之期，令各海关道员就与各国已订条约中应改、应删、应添各条提出意见，供总理衙门采择。应宝时鉴于中国每次修约都要丧失更多的权益，起初主张拒绝修约。李鸿章则认为："约固不能不换，但求勿添条教。"待应宝时按照清政府的要求草拟出一份"换约章程"后，李鸿章极力称赞该章程内容"极为细密，似多可行"②。随后，应宝时根据他多年来办理涉外事务的经验，对现有的条约逐条提出了修改意见，并呈递禀文详尽地阐发了主张拒绝修约的理由，从而充分地展示了自己的外交才干。李鸿章一见，不禁大为赏识，当即致函应宝时，盛赞其所拟"换约条款四册，正如水银泻地，无孔不入，具见精心默运"；"禀中所议不换约一层，尤为透彻，但恐未能如愿也"。同时，在致凌焕函中也说："明年换约事宜，其应改、应删、应添各条，敏斋细为签出，详加披阅，颇能鞭辟入里"，希望他也能就"请觐（指各国驻华公使要求清朝皇帝接见）、遣使、铜线（指电报）、铁路、内河轮船、内地行栈、贩盐、挖煤、开拓传

---

① 《捻军史料丛刊》第二集，第 17、25 页。
② 《李文忠公全集》，朋僚函稿卷 7，第 12、18 页。

教诸大端"，加以"通盘筹划，以备临时抵制"洋人的无端需索①。此后，李鸿章将应宝时视为知音，多次与他就修约问题交换意见。在当年 12 月写给应宝时的一封信中，李鸿章还提及："换约大议，尊拟各条甚切，遣使已见明文。"认为：在交涉中，清政府方面应"以不换发端，高一层入题"，尽管最终还是要同意修约，只要中方代表"持以镇定"，以坚韧不拔的态度待之，也"无甚衅端"。只是当局者很难做到这一点，"愈张皇，愈召侮，今日政事大都如此，可慨也！"次年，应宝时升任江苏按察使，署理江苏布政使，李鸿章喜不自禁，认为"恰如意所欲出"②。应宝时在署理江苏布政使任内，下令各州县建立常平仓，"劝输银谷，存公生息，通计所积，数逾百万，至今缓急赖之"；又"筹款二十万，设法开浚"吴淞江，"以利宣泄"，"闾阎爱戴，沦浃弥深"③。

　　早在 1865 年应宝时第二次署理苏松太道期间，日本即表达了欲与中国订约、建交的愿望。应宝时曾征询李鸿章对此事的看法，李鸿章认为："日本来中国通商，乃意中事，中国已开关纳客，无论远近强弱之客，均要接待，无例可以拒阻，然未始不为西洋多树一敌。"④既道出了中国被迫开放的无奈，又体现出一种在外交上积极进取的意识。1870 年秋，日本政府派外务权大丞柳原前光一行来华，向负责接待的直隶总督李鸿章、署理三口通商大臣成林递交了事先拟订的"日本国、清国条约草稿"16 条，正式提出了中日缔约的要求。总理衙门认为："准其通商，以示怀柔之意；不允立约，可无要挟之强"⑤，拒绝了日方的缔约要求。但是，李鸿章考虑到：日本"距中国近而西国远，笼络之或为我用，拒绝之则必为我仇"⑥，因而主张

---

① 《捻军史料丛刊》第二集，第 62、66 页。

② 《李文忠公全集》，朋僚函稿卷 7，第 30 页；卷 9，第 19 页。

③ 《李文忠公全集》，奏稿卷 71，第 50 页。

④ 《李文忠公全集》，朋僚函稿卷 6，第 42 页。

⑤ 《筹办夷务始末》，同治朝卷 77，第 36 页。

⑥ 《李文忠公全集》，奏稿卷 17，第 54 页。

"联络东洋以牵制西洋"，极力说服总理衙门"准其立约，以示羁縻"。进而提出："其条约尤须妥议另定，不可比照英、法、俄一例办理"①，就是要签订一份平等的条约。同时，李鸿章鉴于"日本距苏、浙最近，士商往来已久"，"南省声息易通，官场情形较熟，将来如果立约通商，一切税务、交涉，尤以上海为总汇"，曾当面向柳原前光等建议：日本遣使来华议约，必先经过上海，"可即就近转商南洋通商大臣曾国藩代奏，请旨派员在沪会议"。日方代表却"坚称必须赴津"②。总理衙门便将这件事一股脑儿推给了李鸿章。

柳原前光等回国后，李鸿章即将其带来的条约草稿交由天津海关道陈钦"逐款详核"。稍后，总理衙门也向李鸿章提出"条约底本必须先行核议"。这时，李鸿章想起了已成为曾国藩僚属的应宝时在两年前筹议修约事务时显示出的外交才干。于是，他一面向总理衙门建言：据其询问柳原前光，日本将来派往中国议约的全权大臣"不过正从四位之流"，"似此则中国届时只需奏派三四品官为全权大臣，庶于体制相称。鄙意如江苏臬司应宝时、津海关道陈钦皆堪委任"③。一面致函曾国藩称："日本已允通商立约"，"敏斋在沪久悉该国情形，若能派令议约，可资商榷"④。当陈钦在删除日方所拟约稿中"一体均沾"等对中国不利的条款、增加互相尊重"两国所属邦土"等内容的基础上，另拟出一份"会商条规备稿"后，李鸿章马上请曾国藩将其转交应宝时等"悉心酌核"。应宝时督同江海关道涂宗瀛"参以上海从前办过案据、近日各国通商条款"，对陈钦所拟"备稿"逐条提出意见，并另行列出其欠妥和疏漏之处共 12 条，同时建议："通商税则必须

① 《李文忠公全集》，译署函稿卷 1，第 4 页。
② 《李文忠公全集》，奏稿卷 18，第 12 页。
③ 《李文忠公全集》，译署函稿卷 1，第 12 页。
④ 《李文忠公全集》，朋僚函稿卷 10，第 30 页。

另订，其条规未尽事宜亦须另立章程。"①李鸿章对应宝时的意见感到相当满意，复函称：陈钦"于外间情形本不甚熟，前拟备稿大致已具，仍不免疏漏之处"，现经应宝时等"旁搜博采，斟酌损益，足为临时辩论之资"；"税务章程另立条目，自更周妥"，"望督同沪上诸友，细意参稽，务于防弊之中仍寓两便之道，斯不至大费唇舌"。并要他"设法招致""熟悉情形兼通语言之人"②。

1871 年 4 月，李鸿章再次向总理衙门提出："东洋与中土最近，既议通商，稍有不慎，易滋后患，自应集思广益。应臬司以浙人久任沪道，熟谙洋务，洞悉机宜，此事似堪委任。""拟即奏调应臬司先期预备，俟日本使臣过沪，即兼程来津商办一切。"③数日后，又专折奏称：中日议约在即，"应宝时办理上海洋务十余年，熟悉情形，明达大体，堪以委任"，要求将其调至天津，"筹商办理"议约事宜。在李鸿章的再三催促下，应宝时于 7 月初赶到天津，当即与陈钦商定，将中日条约一分为二，一曰《修好条规》，是为正约；一曰《通商章程》，是为附约，皆不带"条约"字样，以示与中国前此同西方各国所订条约有别。由于日本委派的钦差全权大臣为大藏卿伊达宗城，"系属从二位之职"，清政府遂将李鸿章派为全权大臣，并令应宝时、陈钦"随同帮办"④。

7 月下旬，日本议约使团经上海抵天津，谈判旋即开始。日方代表又拿出一份重拟的《日本国、清国条约书草稿》，并借口应宝时等所拟的约稿与中国已经签订的不平等条约内容悬殊较大，容易引起列强的猜忌，坚持要以他们的约稿作为谈判的底本。应宝时等在李鸿章的授意下，向日方代表递交了一份"词意略峻厉"的复函，强硬地表示：如果他们固执己见，"只好转

---

① 《李文忠公全集》，奏稿卷 18，第 11 页。
② 《李文忠公全集》，朋僚函稿卷 11，第 3 页。
③ 《李文忠公全集》，译署函稿卷 1，第 13 页。
④ 《李文忠公全集》，奏稿卷 18，第 12、28、36 页。

请中堂（指李鸿章）将贵国遽改前约、不欲守信之处据情具奏，或仍照总理衙门去岁初议：照旧通商和好，毋庸立约"[1]。迫使日方同意采用中方的约稿。谈判中，双方就片面最惠国待遇、中国内地通商等问题展开了异常激烈的争辩。李鸿章、应宝时等勇于抗争、毫不退让，经过艰辛的努力，终于成功地挫败了日本仿效西方列强与中国签订不平等条约、攫取在华特权的侵略意图，于9月13日正式签订了中日《修好条规》。这份条约完全剔除了"一体均沾"等字样，它所规定的中日两国享有的各种权力与承担的各种义务都是互相平等的，是为晚清政府签订的唯一的平等条约。这一外交成功范例的取得，固然首先应当归功于李鸿章主持、操纵之力，而应宝时事先周密筹划、临时折冲樽俎，同样是功不可没的。

条约签订后，日本使团又提出要进京呈递国书。总理衙门原先指定要应宝时"伴送前往"，但因应宝时"系实缺人员，刑名职守攸关"，江苏巡抚张之万先是奏请朝廷催促其回任，继又函促李鸿章待"约事一竣"，即令应宝时回苏[2]，李鸿章乃改派江苏记名海关道孙士达陪同伊达宗城等进京。

是年10月，张之万升任闽浙总督，山西巡抚何璟调任江苏巡抚。李鸿章在向他介绍江苏的吏治与人才状况时，提及："应敏斋于政事本末、人才贤否最为熟悉，近颇有归志，然苏事尚赖之。"轮船招商局成立之初，一度因资金不足而陷于困境，应宝时也曾设法予以支持。1873年底，李鸿章在写给江苏巡抚张树声的信中说："闻敏斋有筹拨关局闲款发招商局生息之说，此事于公有益，于众商有裨，鸿章若在江南，必早行之，阁下何不决断？"[3]后来应宝时果然辞官乞养回了原籍。

1890年，应宝时病死于杭州，终年70岁。次年5月，李鸿章专门奏

---

① 《李文忠公全集》，奏稿卷18，第46页。

② 《李文忠公全集》，译署函稿卷1，第23页。

③ 《李文忠公全集》，朋僚函稿卷11，第29页；卷13，第23页。

称：应宝时在苏松太道、署理江苏布政使任内"卓著政绩"；早年在上海"设立会防局，兼筹兵饷，联络中外"，"危苦坚守，以待援师，其功实不可没"；雇用洋商轮船将淮军由安庆安全运抵上海，"则应宝时一人之功"；不但他自己在江苏巡抚、两江总督任内"亲与共事，知之最深"，而且前任两江总督曾国藩、江苏巡抚丁日昌等"皆盛称之"，"具见功德在人，遗爱未泯"。要求朝廷准许在上海为应宝时建立专祠，"由地方官春秋致祭"①。清政府批准了这一请求，并赠与内阁学士衔。

二、以旧式官僚出使西方的刘瑞芬

刘瑞芬出生于道光七年（公元 1827 年），字芝田，号召我，安徽贵池（今池州）人。早年考中了秀才，1852 年参加乡试落选。"时，天下将乱，瑞芬落落有大志，创青山诗社，发为诗歌，以写愤郁。"②太平天国定都天京后，湘军应运而生，曾国藩逐步成为清军镇压太平天国的主帅，安徽成为清军与太平军往返征战的主要战场，安庆成为双方争夺最为激烈的战略要地。与安庆仅一江之隔的贵池战事频仍，硝烟弥漫。刘瑞芬默默地关注着时局的变化，潜心思索着济世之策，期望能有机会在乱世中建功立业，出人头地。1861 年 5 月，曾国藩的湘军大营由安徽祁门移驻东流（今属东至县），刘瑞芬怀揣着他精心草拟的"时务策"前往东流谒见曾国藩，受到了曾国藩的称许，被留在曾国藩幕府中。

次年，李鸿章奉命招募淮军救援上海，"曾国藩以瑞芬才可用，命随军东下"，刘瑞芬自此进入李鸿章幕府，李鸿章令其总理水陆各营军械购运事宜。此后，随着淮军的不断扩充，对洋枪洋炮的需求日益增加。刘瑞芬认真地考究各种西洋武器的质量、性能和价格，很快成为中国最先具备近代军械

---

① 《李文忠公全集》，奏稿卷 71，第 51 页。

② 《皖志列传稿》卷 6，第 32 页。

知识的专门人才。"时，水陆百数十营，所需军械、火药，皆取办瑞芬，罔有不给。"① 镇压太平天国一役，刘瑞芬积功累次被保举为道员，分发江苏省任用。李鸿章后来总结他这一时期的功绩说："同治元年，臣督师东下，檄令总理水陆军械。其时，初用西式枪炮，皆购自外洋，稍未讲求，辄以重价得苦窳之器。刘瑞芬考验独为精审，前敌百数十营攻战所需，应时解济，并皆精利，所向无前。淮军以能用西洋利器著名，其后将吏皆知讲求，而刘瑞芬实开其先，为一时所推服。"②

1865 年 5 月，清政府令时任两江总督的曾国藩北上督师剿捻，令江苏巡抚李鸿章署理两江总督，负责为剿捻各军筹措粮饷军械。两淮盐运使丁日昌建议李鸿章购买一批法国来福炮，以进一步改进淮军的装备。李鸿章写信给苏松太道应宝时说：如果法国来福炮"磅数尚轻，陆路可用，即酌买"。并建议他将此事交由刘瑞芬具体经办，说："芝田于此事经手日久，属其格外细心推敲，亦算仕学者一副本领。"③

李鸿章替代曾国藩督师剿捻后，仍命刘瑞芬留驻上海，负责为前敌各军采购军火。1867 年 7 月，李鸿章派员赴胶州设立军需转运局，函令应宝时从上海采购米粮，并督促刘瑞芬等于沪上采购军火，"由海道运入胶口，以备胶莱防军及东三府游击之用"④。

李鸿章针对捻军流动作战的特点，采用"划河圈地"的战略，沿河道构筑长墙以围困捻军。是年 8 月，他写信给应宝时说，"守长墙以炮火为要"，在此之前曾令由"苏局解运防炮百尊，迄今尚未运到"，上海军械局固然没有存储的洋炮，苏州军械局即有存储，也不会多，希望他转告刘瑞芬"赶筹多运，炮须架具齐全"，以便于使用。次年 7 月，剿捻军事已近尾声，

---

① 《皖志列传稿》卷 6，第 32 页。

② 《李文忠公全集》，奏稿卷 74，第 41 页。

③ 《李文忠公全集》，朋僚函稿卷 6，第 42 页。

④ 《李文忠公全集》，朋僚函稿卷 7，第 14 页。

李鸿章函告天津转运分局的张铭坚曰：各军所需军火，"近来陆续拨运，颇可敷用"，无须再催促刘瑞芬向前敌解运了，"沪上如续解到，存储候拨可耳"①。镇压捻军之役结束，刘瑞芬被清廷赏加布政使衔。

1870 年李鸿章就任直隶总督兼北洋大臣后，"以南北洋辅车相倚，淮军之饷，取给东南，南中岁入莫如厘（即厘金），厘所入，松沪为甲，仍檄瑞芬驻上海，主松沪厘局"②。1871 年底，李鸿章在向新任江苏巡抚何璟介绍"江左政要人才"时，称以刘瑞芬总理松沪厘捐总局"可谓得人"③。

当时，上海为中国最大的通商口岸，中外商贾云集，土洋百货荟萃。第二次鸦片战争期间，清政府与英、法、美等国签订的《通商章程善后条约》规定：外国商人向中国内地推销洋货或从中国内地采购土货，在缴纳海关税后，只要再一次性缴纳相当于货物价值 2.5% 的子口税，即可免缴一切内地税。一些中国商人在经营国内贸易时，也假冒洋商名义，以逃避内地税和厘金。各关卡的官吏、职员暗中串通一气，徇情枉法，借端勒索商贩，敲诈行旅，种种弊端，不一而足。刘瑞芬大力加以整顿，摘奸除弊，使各关卡税厘征收标准"颟若画一，无苛征逋课，商贾不疲，厘课饶足"。李鸿章称赞他于督办松沪厘局期间"综核严密，尽除宿弊，收数日增，淮军及各省饷源深资接济"④。

1876 年秋，刘瑞芬署理两淮盐运使。适值淮北发生大灾荒，"饥民十余万，牵引而南"。江苏巡抚吴元炳下令阻止灾民渡江，"于是麇集扬州"。刘瑞芬设法筹集了一笔款项，制定了详细的赈抚章程，于扬州城外"筑圩十数，编列字号，按籍授之居，计日予之钱"，对病者及时施医发药，死者立即择地埋葬。由于担心灾民"恃众为暴"，曾于一月之中六次向他们"宣讲大义"；

<hr />

① 《捻军史料丛刊》第二集，第 137 页。
② 《皖志列传稿》卷 6，第 32 页。
③ 《李文忠公全集》，朋僚函稿卷 11，第 28、29 页。
④ 《李文忠公全集》，奏稿卷 74，第 41 页。

为了防止奸宄之徒乘机掠卖灾民子女，"卫之以兵，昼夜巡徼之"。至次年春暖后，再按人头发给路费，将他们遣送回原籍。此举不但使这批灾民不至于流离失所，因冻饿而客死异乡，而且稳定了当地的社会秩序，使扬州一带的士农工商得以"安其廛亩，不闻骚扰"①。

1878 年，刘瑞芬晋京陛见。当慈禧太后问及中外交往的利害关系时，他回答道："洋人以传教引诱我愚民，其患小；以通商竭我中国之财，其患大"②，殷切希望发展民族经济，以抵制列强的经济侵略。同时还陈述了建立近代海军与发展造船工业的必要性。清政府随即任命他为苏松太道。上海海关"为长江各口首冲，洋务之繁，甲于东南"，刘瑞芬在任期间，不畏强暴，大胆抵制洋人的侵略行径，维护民族利益。由于他长期在上海任职，对于中外交往情形较为了解，遇事又能"执理持平"，因而"为洋人所慑服"。

上海被辟为通商口岸之初，即约定以黄浦江以北为洋商的码头区，以黄浦江以南为华商的码头区。但洋商贪得无厌，总是想往黄浦江以南发展。刘瑞芬"丈量南北，中分为界"③，并在东门外设立水利局，选派干练的属员长驻于局中，专门负责稽查中外商船停泊事宜，遂使洋人"觊觎之情不得逞"。外国轮船载运货物至上海，照例应当入口报关纳税，一些洋商为了便于其偷漏关税，暗中将货物销往内地，借口海口水道迂曲、船舶拥挤，提出要在吴淞口上下货物。刘瑞芬识破了他们的阴谋，坚决予以拒绝，避免了关税的损失。时任中国海关总税务司的英国人赫德向总理衙门提议：中国内地自产的鸦片越来越多，若提高税率，可大大增加清政府的财政收入。总理衙门就此事征求各海关道的意见，刘瑞芬一针见血地指出：赫德此议从表面上看是为清政府考虑的，而实质上却是为西方殖民主义者张目

---

① 《皖志列传稿》卷 6，第 32 页。

② 刘瑞芬：《养云山庄文钞》，墓志铭，第 2 页。

③ 《清史稿》第 41 册，第 12487 页。

的。因为中国自产的鸦片加税后，价格大幅度上涨，就会有利于外国鸦片贩子从国外向中国贩运鸦片。结果赫德的意见没有被采纳。上海洋商在城外的租界区安装了自来水、煤气灯后，还想进一步将其推广到城内，以牟取暴利。刘瑞芬以城内无洋人居住，华人生活俭朴，不尚奢华，无须这些近代化的设施为理由，极力加以阻止。李鸿章曾赞扬刘瑞芬在处理这些事件时，"皆审度事势，或折之于初发，或争之于将成，人皆以为难，而临机筹应，悉中窍要"①。刘瑞芬对洋人的要求一概采取深闭固拒的态度，从总体上说都是为了维护中华民族利益，但也反映了他对西方先进事物的认识带有很大的局限性。不准洋人在上海城内设置自来水、煤气灯，固然可以减少华洋纠纷，同时却大大阻碍了上海市政建设的近代化进程，真可谓是得不偿失。

早先，沙皇俄国乘我国新疆发生变乱之机，出兵强占了伊犁地区。清政府于镇压了陕甘回民起义之后，任命陕甘总督左宗棠为钦差大臣，督师收复了新疆。随后又派三口通商大臣崇厚出使俄国，交涉收回伊犁事宜。崇厚在俄方的胁迫、愚弄下，擅自签订了严重丧权辱国的《里瓦基亚条约》，引起了一片谴责声。清政府毅然宣布崇厚所签条约无效，命驻英、法使臣曾纪泽兼任驻俄使节，赴俄重新谈判。沙俄一面不断向清政府施加外交压力，一面向中俄边境集结军队，调派军舰"游弋海口"，进行军事讹诈。上海商民人心惶惶，市面随之而波动。刘瑞芬"密请于小南门外增设新营，名为汰老弱，实募精锐，一月成师，沪人安枕"②，市场行情亦趋于稳定。

1882 年，刘瑞芬被清政府提拔为江西按察使，次年即升任江西布政使，后来又护理江西巡抚。这段时间，他多方体察民情，加强地方治安，以稳定社会秩序。中法战争爆发，"海氛骤紧"，朝旨令其筹办江防。刘瑞芬

---

① 《李文忠公全集》，奏稿卷 74，第 42 页。

② 《皖志列传稿》卷 6，第 33 页。

深知法国侵略军不可能一下子打到江西，只是担心时值冬令，"宵小出没靡常"，一旦前方战事失利，会在后方造成社会动荡不安。因而，他布置江防时，仍着眼于保障内地治安，突出重点，要而不繁，"以期饷不虚糜，兵归实用"①。

1885 年 7 月，刘瑞芬被清政府任命为出使英、俄两国大臣。11 月，解除江西布政使之职，改以三品京堂候补，赏加二品衔。次年 3 月，刘瑞芬由国内起程，经法国马赛，赴英国伦敦接任，途中被实授为太常寺卿。10 月改大理寺卿。1887 年 5 月，改任驻英、法、意、比四国大臣。

担任驻外使节期间，代表清政府与各驻在国交涉成为刘瑞芬的主要职责。他一直与李鸿章保持着密切的联系，经常就一些重要问题征询李鸿章的意见。在大多数场合下，都能够站在清政府的立场上，为维护民族利益而与列强抗争。

英国早在 1824 年就发动了侵略缅甸的战争，后来又分别于 1852 年、1885 年两次发动侵缅战争，把缅甸变为其殖民地。清政府以缅甸是其藩国，要求仍保持正常的朝贡关系。"瑞芬执故事，与英执政往复辩，始稍羁縻，以贡献归于我。"②葡萄牙殖民者长期占据澳门，一直企图将澳门正式攫为己有。中法战争后，中英双方派员议订查禁由香港向中国内地走私的办法，港英当局以澳门也存在同样问题，表示："澳门若不肯照办，则香港亦不肯应允。"③代表中方谈判的英籍海关总税务司赫德遂派时任中国海关驻伦敦办事处税务司的英国人金登干赴葡萄牙首都里斯本，代表清政府签署了一项同意"葡国永驻、管理澳门以及属澳之地"的协议，并于随后在北京签订的中葡条约中得到了承认。刘瑞芬曾明确表示反对在澳门问题上向葡萄牙让步，不赞同清政府与葡萄牙立约建交，认为中葡签约流弊难防，后患无穷，指责赫德只考

---

① 刘瑞芬：《刘中丞奏稿》卷 1，第 61、62 页。

② 《皖志列传稿》卷 6，第 32 页。

③ 《清季外交史料》卷 67，第 22 页。

虑眼前的关税利益，而忽略了中国的长远大局，显然是不识大体，不禁为清
政府轻易放弃澳门的主权而扼腕叹息。

1886 年 5 月，清政府"拟派总兵王荣和、知府余瓗前往南洋各岛访查
华民商务"，令刘瑞芬商请各驻在国政府通知其在南洋的殖民机构，庶使"到
时不致阻梗"。刘瑞芬马上提醒清政府说：王荣和等"若只访查各岛华民商
务，不令出捐"，则可以告知各国政府；"若访查以后，仍令华民捐资"，则
不宜告知各国，"告知反有阻碍，且恐另生枝节"。总理衙门复电称："访查
岛民，为设领事计，目前未可宣露"①；他只要将派员访查一事通知各国就可
以了。并说：这件事是由两广总督张之洞与出使美国、西班牙、秘鲁三国大
臣张荫桓奏准的，以后有什么问题，可以直接与张荫桓商量。我国黑龙江的
漠河地区盛产黄金，沙俄垂涎已久，意欲租地开采而未果。刘瑞芬驻俄期间
察觉了俄国人的这一图谋，立即致电总理衙门，建议设法自行开采，以防俄
人侵占。同时电请李鸿章说服总理衙门尽快举办，以免坐失利权。李鸿章遂
举荐候补道员李金镛担任漠河金矿总办，拟订章程，筹集股本，聘用外籍技
师，购用外国设备，于 1889 年春正式投产，并取得了很好的效益，既为清
政府开辟了财源，又有效地遏制了沙俄的觊觎之心。

朝鲜一直是中国的藩国，且与清王朝的"龙兴"之地东北地区接壤，靠
近其故都盛京（今沈阳市），地理位置十分重要。沙皇俄国久已将其划入自
己向南扩张的势力范围，日本则视之为自己向北扩张的必经之地。中法战争
后，"日本图朝鲜日急，俄甚日，英复甚俄"。1885 年，英国以抵制沙俄
为借口，强占了朝鲜南部的巨文岛；俄国马上强硬地向清政府表示："若中
国政府承认英国占领巨文岛，则俄国认为有占领其他岛屿或朝鲜王国一部之
必要。"②次年 8 月，英国驻汉城总领事捏造出"朝鲜请求俄国保护"的谎言

---

① 《李鸿章全集》，电稿一，第 664，667 页。
② 王芸生：《六十年来中国与日本》卷 1，第 276 页。

以混淆视听，清廷驻朝鲜总理交涉通商事宜大臣袁世凯信以为真，立即报告了李鸿章。李鸿章马上电告刘瑞芬："朝政府求俄保护，已送密函请韦贝（时任俄国驻朝鲜代办）转达，俄廷允派兵船来助。朝为华数千年属邦，天下皆知，俄华素好，望密探商俄，勿受此文，朝无事尤勿派兵为要。"刘瑞芬很快约见俄国外交大臣倭良嘎里，郑重地提出："朝送韦贝印文系朝奸党假造，俄廷切不可受此伪信，免损中俄交谊。"倭良嘎里一再声明"未闻朝有求保护之事"，刘瑞芬仍不敢相信，再三强调"如有此事，华必不让"。待袁世凯向朝鲜方面询问此事时，其国王与政府各员皆不知情，只好推托说，密函可能是"小人假造"的。李鸿章再次电告刘瑞芬：上述密函"朝已认假造，倭亦云无，即使暗中勾通，谅难露面。晤倭时应请约明：如有此事，即作废纸。能得一函为据更妙"。刘瑞芬遵示向倭良嘎里提出"韦贝倘有朝鲜伪文函来，请作为废纸"，倭当场应允。刘瑞芬又按照李鸿章的要求，将他与倭良嘎里的谈话过程记录下来，寄回国内以备查证。总理衙门经与李鸿章商量后，曾照会英国政府，要求其尽快退出巨文岛。英国驻华公使华尔于1886年11月底答复清政府：该国已同意撤出巨文岛。李鸿章又让刘瑞芬就近探听虚实。刘瑞芬复电称：英国"允还巨文岛是实"，这是因为俄国先作出了"不取韩地"的承诺[①]，如果能让日本也作出同样的承诺就更好了。鉴于朝鲜所处的危险局面，刘瑞芬上书李鸿章，提出："朝鲜密迩陪京（即盛京），军事所必争"，现今国势日益衰落，难于自立，清政府应乘日本"未臻强大"之际，"收其版图，改建数行省，此上策也；如以二百年不侵不叛，职贡罔缺，不忍利其土地，则纠同英、美、法、俄立公约，使永久局外中立，亦足防未然患"[②]。李鸿章认为他说得很有道理，便将其意见上报总理衙门。总理衙门以此事关系太大，不敢随便发表意见，遂寝其议。由于沙俄多

---

① 《李鸿章全集》，电稿一，第 697、703、705、709、749、751 页。

② 《皖志列传稿》卷 7，第 2～3 页。

次提出要与清政府订立有关共同保护朝鲜的条约，总理衙门一直没有答应，后来曾令刘瑞芬于闲谈时设法探询"英人于此事议论如何"。刘瑞芬向英外部进行试探后复电称："英极不愿俄得志东方，并望华自保韩，不可令俄干预。"①

　　英国早已开始觊觎我国西藏地区，蓄意由印度入侵西藏。1886 年 5 月，英国驻天津领事璧利南通知李鸿章：英属印度政府已派马科雷"不日由印度入藏游历"。李鸿章要求他转告马科雷"切勿多带人"，以免引起藏民"惶惑"。英属印度政府借口"由印至藏多山，僻无人烟，须带账房行李，以备沿途食宿"，已派出"押送账房、食物夫役五十八人，护送英弁兵十六名"，要求清政府通知当地官员，"勿任兵民拦阻生事"②。马科雷一行由哲孟雄（即锡金）入藏后，在干坝为藏民所阻。清政府令刘瑞芬与英方交涉，刘瑞芬"力争于英外部，追还印度入藏之师"③。随后，在中英双方就缅甸问题达成的协议中，英方表示同意"停止入藏之图"。藏族军民出于爱国义愤，在隆吐山设立卡伦，派兵驻守，以抵御外来的侵略。隆吐山本在西藏境内，因该地一片荒凉，当地喇嘛于数十年前将其交给原为清朝藩部的哲孟雄管理。事实上，英属印度政府早已控制了哲孟雄，并曾在隆吐山等地修路，为开辟印藏贸易做准备。1887 年秋，英国政府以藏兵"越境"驻扎为由，要求清政府饬令西藏官员撤回隆吐山驻军，否则将由印度总督派兵强行驱逐，决不容许藏兵在该地过冬。清政府即令四川总督刘秉璋转告驻藏办事大臣文硕执行。刘秉璋复电称：由四川至西藏"公牍往返至速也需两月"，再加上开导藏族军民亦需时间，"似难克期"办到。总理衙门遂令刘瑞芬与英方交涉，希望英国政府"电劝印督，切勿孟浪，以全睦谊"。经刘瑞芬尽力争取，印度总督同意将撤兵期限延至次年 3 月 15 日。这时，文硕提出：隆吐山在西藏境

① 《李鸿章全集》，电稿一，第 1012、1020 页。

② 《李鸿章全集》，电稿一，第 673 页。

③ 《李文忠公全集》，奏稿卷 74，第 42 页。

内，藏兵完全有理由在该地驻防。李鸿章再令刘瑞芬据此与英方交涉。但是，清政府却认为："向来哲孟雄自为部落，在后藏界外，不入舆图，且久已暗附于英，今设卡既在哲境之隆吐山，即不得谓之西藏界内"；藏兵装备极差，几无战斗力可言，"徒手寡弱之众，万难捍御强敌，彼兵深入之后，势更无所收束"。因而仍严令尽快撤回驻守隆吐山的藏兵，进而强调即使"印兵已到，卡众亦应善退，勿与交锋"。并解释说："彼此未经接仗，无论此界属藏属哲，将来尚可徐徐辩明；若彼争战所得，此后断不再让，且恐所失更多。"同时下令撤回文硕，命伊犁副都统长庚接任驻藏办事大臣。长庚一时来不及赶往西藏，清廷催令时在四川的驻藏帮办大臣升泰迅速入藏办理此事，又令刘瑞芬再向英国外务部提出："此事中国极愿照行，实因路远期迫，难于赶办，必须展迟数月，方能办妥。"尽管刘瑞芬再三与英方"婉商"，英属印度政府还是断然拒绝了清政府再次延期撤兵的要求。当时西藏与四川之间交通极为不便，清政府由四川了解西藏的情形远不及刘瑞芬在伦敦来得快。刘瑞芬时刻关注着西藏事态的进展，一有新的情况，马上向清政府报告。1888 年 3 月 20 日，英属印度政府派兵攻占隆吐山，拆毁卡伦。刘瑞芬于一个星期后得到消息，立即电告了总理衙门。清政府气急败坏地声称："藏番昏愚已极，违旨背约"，是"辱由自取"。令升泰"迅谕藏官，勿再执迷不悟，为出界复仇之举，或俟英兵退后又复前往设卡，以致引敌深入，求如现在情形而不可得，则噬脐无及矣"。并自作聪明地说："以藏番之愚蠢，岂知西国体例？倘受其愚弄，非藏地吃亏，即中国失体，后患何可不防及？"宣布此事"由中朝与英国从容商办"，西藏地方官员不得擅作主张。5 月 16 日，藏族军民约 3000 人进攻印兵营卡，反被击退。刘瑞芬又于一星期后电告清廷。稍后，刘瑞芬再次向清政府报告：英兵已于 6 月 20 日退回大脊岭，"留印兵八百并炮队在纳东筑营驻守"；"藏兵在热勒巴拉岭外修筑石垒，约长一里，为堵御计"。8 月 13 日，刘瑞芬得到消息说西藏军民又在边境集结了万余人，"英亦增兵二千，并调炮队往战"，便一面电告清廷，一面商请英国外务部"迅告印督，切勿侵犯藏境"。9月16日，藏兵再次发动反攻，又告失败。是月25日，刘瑞芬向总理衙门报告："印兵在热勒巴拉山近处与藏兵攻战，藏兵伤亡数百，印兵追入征毕山岔。"同时"照会英外部，速禁印兵再入藏境"。旋得英外部答复：印兵"已遵印度政府之谕，不可占据西藏之地，故追入征毕后，立即退回"①。清政府又派赫德的弟弟赫政（时任中国海关税务司）协助升泰与英方谈判，先后签订了《藏印条约》与《藏印续约》，承认了英国对哲孟雄的保护权，划定了西藏与哲孟雄的边界，并开放西藏境内的亚东为通商口岸。

1888年5月，刘瑞芬获悉："近有阿富汗轮船由香港载华工多名至澳大利亚，该处禁阻华工登岸，令载回香港"，认为澳方的做法违背了约章。因为澳大利亚当时是英国的殖民地，便照会英外部，要求"速饬该处迅除此禁"，同时将这一情况电告总理衙门与李鸿章。稍后，澳大利亚新金山（即墨尔本）华侨也因当地实行排华政策，"禁止华人来澳"，致使他们备受欺辱，禀请李鸿章会同总理衙门为他们作主，"不使海外子民受其苛虐"。总理衙门经与李鸿章商量后，令刘瑞芬向英方提出：在"优待保护"澳大利亚现有华侨、"听其居住往来"并永远免除其人身税等前提下，可以在五年之内从人数上对"新赴澳者"略加限制②。

当时，英商提出了在宜昌至重庆间试行轮船的要求，四川总督刘秉璋以此举极易引起中外纠纷为由而多方表示反对，总理衙门曾令刘瑞芬与英方交涉。刘瑞芬首先向英外部提出：川江航道迂曲，"石险水急"，船只极易相撞，四川总督现拟令中国民船每月停驶两天，让英商轮船行驶。对方当即表示："轮船由宜昌到重庆，非二日可到，每月仅让二日，轮船守候日久，恐难照办。"刘瑞芬又向英商公司总办好威理提出："川江路曲石险，易于碰船，

---

① 《李鸿章全集》，电稿一，第893、898、903、928～929、925、940、956、965、987、1009、1019页。
② 《李鸿章全集》，电稿一，第957、965、993页。

有拂民情，不如停止。""该公司以船早造成，守候时久，耗费不少，未肯中止。"刘秉璋要求李鸿章密电刘瑞芬：只要英商答应十年之内不在川江行船，他情愿以高价买下该公司的轮船，"姑免目前之衅"。而刘瑞芬认识到该公司"不能干预他船行驶，买亦无益"。于是，强硬地向英外部与好威理等宣布："如强欲行轮，则碰损民船全要赔偿。"①英方当然不会同意，谈判因此而陷于僵局。

李鸿章得子较晚，早先曾将其六弟李昭庆的长子李经方过继至膝下。为了把李经方培养成为适应近代化需要的人才，李鸿章曾请人教他英文。1886年夏，李经方被清廷任命为驻英使馆参赞。刘瑞芬至伦敦履任一个多月后，李鸿章便电告他李经方即将挈眷赴英。是年9月李经方抵任后，刘瑞芬及时地电告了李鸿章。当时，国人多视出洋为畏途，李鸿章能让自己的儿子到驻外使馆任职，可见其识见之高；能将出洋的儿子托付给刘瑞芬，亦足以说明他们的关系不同于一般。

刘瑞芬担任驻外使节期间，正值清政府在中法战争后成立海军衙门、大力发展北洋海军之际。李鸿章以海军衙门会办身份主持北洋海军，从国外订购船舰、枪炮，聘请军事教官等事务常交由刘瑞芬经办。先前，北洋海军英籍总教习琅威理已托英国海军军官德勒塞代聘鱼雷教习三人、操炮教习六人，月薪各130两。刘瑞芬一到伦敦，李鸿章马上令他与德勒塞联系，并访查精于鱼雷技术的罗觉司，添雇驾驶教习倪尔顺。"所募教习，应候英政府允行"，李鸿章又令刘瑞芬与英国外务部、海军部交涉。英国政府起初坚决不让罗觉司来华，经刘瑞芬反复协商，才勉强同意。其月薪琅威理初拟为350两，前任驻英、法、俄使臣曾纪泽以其官职较高，建议增加至500两，李鸿章本已表示同意，但刘瑞芬仍以月薪350两与其订立了聘用三年的合同。李鸿章在英国阿模士庄造船厂订造的致远、靖远等军舰，价银都是分批汇由刘

---

① 《李鸿章全集》，电稿二，第88、109、111页。

瑞芬交付的。舰上的装备，经刘瑞芬购置的就有陆哲斯新式锚每船五副、六磅哈乞开司炮四尊、六响力拂手枪六百支、汤孙罗盘炮、马克绥姆炮以及用于发射炮弹、可收"诸炮齐放"之妙的新式电机等件。李鸿章在英国百济造船厂订造的鱼雷艇长仅百尺，英国海军部担心其难渡重洋，刘瑞芬遂与造船厂商定，将其长度增至 125 尺，且不加价。又为之配备了电灯、发电机、哈乞开司炮二尊、新式格林炮四尊、鱼雷发射筒三副、鱼雷四枚。军舰造成后，李鸿章与刘瑞芬商定，派琅威理率领北洋海军部分弁兵驾驶回华，这既节省了大笔经费，又锻炼了海军官兵。鱼雷艇亦由军舰"拖带来华，省费又保护机器"[①]。

　　1887 年初，李鸿章电告刘瑞芬：准备雇用轮船招商局"图南"号轮船运送琅威理等赴英接收订造的军舰，"尊处如有代订各省军械"，可以"交该船载回"，"除保险、驳力外"，每吨约收 10 两运费，比交洋船载运要便宜许多。后由刘瑞芬将李鸿章从怡和洋行订购的铁路钢轨拨出 900 吨交"图南"号运回。当时，李鸿章在英国三摩答造船厂订造的一艘挖泥船，价银也是汇给刘瑞芬转付的。是年 2 月，李鸿章电令刘瑞芬在英国代购铸钱机器，刘瑞芬复电称："铸铜钱机器，日造五十万个，需价英金一万五千七百五十镑，运费、保险在外"，且"无现成之器，须一年造成"。7 月，天津铁路公司向英商怡和洋行借款 15 万英镑，"议明不于欧洲市面买票，但在伦敦私卖小票"，要求由中国驻英使臣"签字钤印于票上"，李鸿章电令刘瑞芬照办。后英方提出"私卖小票难成"，要求"改用官票招股"[②]。经刘瑞芬将有关章程抄寄审阅后，李鸿章以改官票与铁路公司合同不符为由加以拒绝，怡和洋行只好按原议发行小票。10 月，李鸿章提出要从天津水师学堂选拔一批优等生，派往在华的英国军舰上实习，亦由刘瑞芬征得英国海军部同意。次年夏，

① 《李鸿章全集》，电稿一，第 717、798 页。

② 《李鸿章全集》，电稿一，第 759、799、833、892 页。

盛宣怀打算于烟台设立矿业学堂，经李鸿章电请刘瑞芬"选延五金、煤铁矿师各一，须有头等考单，可充教习兼能勘办者"①。天津机器局拟自制新式长炮弹，需要雇请洋匠，刘瑞芬已与英匠娄克赖谈好了除川资外每月薪金50英镑的条件。后因该局打算同时购进炼钢炉、轧钢机，自铸钢弹壳，而娄克赖不懂铸钢技术而未果。1889年6月，李鸿章电请刘瑞芬在英国代购威布烈六响镀银手枪2000支。9月，又让他与英国海军部协商，增募在英国海军鱼雷教练舰上服役的技师威廉来华。刘瑞芳也为其他洋务派官僚办理过涉外事务。是年11月，他通过李鸿章电告总理衙门："粤督张（即两广总督张之洞，时已调任湖广总督）在英购办织布、炼铁两项机器，皆已订立合同"②，并预付了定金。

后来，李鸿章曾说：刘瑞芬"在外洋四年，与北洋关涉事件，书牍往返，筹划周密。如接带快船、订购雷艇、添配炮械、雇募洋匠、位置学生，并得该大臣之力"。不但比较全面地概括了刘瑞芬为洋务事业所做的贡献，而且专门列举事实以证明其办事效果曰："刘瑞芬于外洋新式器械究心已久，所购皆适用，而价不加增。洋员之有材艺者，其海部多秘惜不以应募，或故靳之以索高价；而自近年英人增设兵船添练学生，限制外来附学者每国不得过三人，时中国学生十六人业已出洋，力拒不受。刘瑞芬多方曲喻，卒得洋将之上选者应募，并允将各学生分派海口练习。"遂使"中国海军得教练之益，而无挟制之患；出洋学生得肄业之所，而无往返之烦"③。由于李鸿章当时在清朝统治者中处于一种比较特殊的地位，刘瑞芬虽然是清廷派出的驻外使节，而实际上兼有李鸿章在国外的私人代表身份，从而成为他办理外务的最得力的助手之一。

1889年2月，刘瑞芬出使任期已满，清廷任命他为广东巡抚。因等候

① 《李鸿章全集》，电稿一，第952页。
② 《李鸿章全集》，电稿二，第156页。
③ 《李文忠公全集》，奏稿卷74，第42页。

继任者办理交接手续及路途耽搁，直至次年冬刘瑞芬始抵广州接印视事。任内勤于政事，严于治安，关心民生，重视教育，于"地方一切事务，认真整顿，公正和平，官民畏服"①。刘瑞芬居官廉洁，办事敏速，态度温和，性情恬淡，"所至绝苞苴，不矜崖岸；门无留宾，案无留牍；公余燕坐，惟以图籍自娱"②。他不但对公务能够恪尽职守，而且对待亲族乡里也相当注重情义，尤其是勇于倡办公益事业以造福于他人。《皖志列传稿》称颂他"孝友笃旧，勇于为义，建宗祠，修族谱，创立仁安义庄；自本县文庙，以至忠烈节孝祠，及府城水口、庙宇、桥梁、道路，与凡名贤遗迹，毁于兵者，咸复之。直、豫、晋、苏、皖、浙灾，捐巨资赈助；倡立华洋义赈，集海外金钱至三十余万，义赈至今弗替"。

刘瑞芬于 1888 春赴意大利呈递国书时，曾因水土不服而身体不适。后在法国感染时疫，引起肝病，险些丧命。病情好转后即忙于奔走于数国之间，未及根治、调养，留下了病根。抵粤苤任后一直忙于处理政务，从冬到春未尝稍息，积劳既久，身体虚弱，以至于旧病复发，虽尝向朝廷请假治疗、调理，终因沉疴难挽，而于 1892 年 4 月病逝于任所，终年 66 岁。两广总督李瀚章奏报朝廷，奉旨赐予进士出身、翰林院编修衔，并以光绪皇帝的名义赐以祭文。当年 7 月，李鸿章专折奏请将其一生事迹"宣付国史馆立传并附祀淮军昭忠祠"③。生平著述编为《养云山庄全集》12 卷。

三、订购铁甲舰的李凤苞

李凤苞，字丹厓，亦作丹崖，江苏崇明（今属上海市）人，生于道光十四年（公元 1834 年）。自幼聪颖，领悟力强。早年曾考中秀才，参与编修崇明县志。上海在鸦片战争后即被辟为通商口岸，李凤苞较早地受到

---

① 《刘中丞奏稿》卷 4，第 51 页。

② 《皖志列传稿》卷 6，第 33 页。

③ 《李文忠公全集》，奏稿卷 74，第 42 页。

了欧风美雨的影响，对近代科学技术产生了兴趣，乃"究心历算之学，精测绘"[①]。后被招入江苏舆地局，协同承担绘制江苏省地图工作，因具备近代地理知识和测绘技巧，比较准确地绘制出了崇明等地的地图，从而受到了社会的关注。江苏巡抚丁日昌视之为有用之才，将其调入李鸿章主持创办的江南制造总局，负责"测绘西洋各国舆图"。历时数载，终于以先进的经纬线法绘制成了高水平的地球全图。李凤苞一度被调往吴淞炮台工程局任职，但较长一段时间是在江南制造总局附设的译书馆里度过的，比较广泛地接触到了一些有关西方近代科学技术的书籍，先后与外国人合作翻译了《行海要术》《克虏伯炮说》《克虏伯炮操法》《营垒图说》《各国交涉公法》等书。

　　1875 年，丁日昌携李凤苞一同晋京陛见，途经天津专门拜访了直隶总督李鸿章。李凤苞与李鸿章等一起纵论天下大事，建言：旅顺为京东要隘，宜早为备[②]。当时，李鸿章正拟着手筹办北洋海防，对李凤苞的才干大为赏识，认为他的意见极有道理，旋即委派他前往旅顺口勘查，准备以后辟为海军基地。是年 12 月，丁日昌被清政府任命为福建巡抚兼福州船政大臣，又将李凤苞带往福州，调任马尾船政局总监工。

　　早在 1873 年冬，时任福州船政大臣的丁宝桢即向朝廷提出，要从马尾船政局附设的船政学堂中挑选"天资颖异，学有根底"的学生，分别派往英、法两国，学习造船、驾驶技术"及其练兵制胜之理"[③]。旋因发生日本侵略台湾事件而被搁置。丁日昌受命伊始，即写信给李鸿章说：从洋厂"订购新式康邦机器一百五十匹马力轮船，不过十余万金"；而马尾船政局与江南制造总局"所造旧式机器百五十匹马力之船，连工本、员弁薪水合算约三十万"。要想发展中国的造船业，这种状况必须从根本上改变，"宜先派精通制造、结

---

① 《清史稿》第 41 册，第 12484 页。

② 民国《崇明县志》卷 11，第 47 页。

③ 《洋务运动》(五)，第 140 页。

实可靠之员，携带工匠赴英、德著名各厂学习造、驶，然后寄图回华仿造"。
李鸿章马上与已升任两江总督兼南洋通商大臣的沈葆桢等"往返函商"，加
以具体落实，并提议由原马尾船政局监督法国人日意格担任该局留学生的洋
监督。丁日昌推荐李凤苞任留学生华籍监督，并建议奏请清廷"给以星使体
制"。当时，李鸿章正在联系从国外购买铁甲舰，以筹建中国近代海军。丁
日昌进而提出：购买铁甲舰一事，亦可待李凤苞"至彼国驻扎数月，与之考
究优劣，然后下手定办"。这样，"较之数万里外贸贸然徒听外人指挥者，必
更核实、节省"。李鸿章大为赞同，于次年春致函丁日昌称："选派学生出洋
之举，诚为急务；李丹崖踊跃远行，莫名钦佩。"[1] 同时向总理衙门打招呼说：
迭接沈葆桢、丁日昌来函，"商选艺童数十名，赴英国铁甲船厂学习诸法，极
是要务，容筹定管带之员，再行会核奏咨"[2]。

李凤苞适因母丧丁忧在籍，便很快草拟了一份选派学生出洋留学章程
寄呈李鸿章审阅，踌躇满志地表示，出国后，还可以代购铁甲舰，兼办外
交，并特别提出要通过外交途径阻止俄国蚕食我边疆的侵略行为，希望清政
府能授以驻外公使职衔。但李鸿章考虑到，李凤苞当时的官衔仅为郎中，担
心朝廷不会同意给他以驻外使节的名分。随于当年5月复函，称赞李凤苞
所拟章程"详明切要"，同时指出：由于"内廷办事拘泥，少见多怪"，目
前已派有驻英公使，且前此所派陈兰彬、容闳带领幼童赴美国留学，也未
授予公使职衔；此次李凤苞率留学生出洋后，"购铁甲、枪炮尚可兼办"，
至于兼办外交、抵制俄人蚕食，"志愿太宏，似办不到"。所拟章程"应将
此两条删去"。然后由丁日昌会列李鸿章衔名，先呈送总理衙门审核，"如
以为可，再行会奏"。并邀请他与日意格"附轮舟北来，会议一切，匡我
不逮"[3]。

---

① 《李文忠公全集》，朋僚函稿卷15，第33页；卷16，第3、8页。

② 《李文忠公全集》，译署函稿卷4，第40页。

③ 《李文忠公全集》，朋僚函稿卷16，第14页。

　　8月，李凤苞与日意格赶到天津谒见李鸿章。恰值李鸿章奉命赴烟台议结马嘉理案，遂携带二人一同前往，协助谈判，并修改选派学生出洋章程。由于李凤苞曾当面向李鸿章表示，不愿与日意格"同带学生出洋"，李鸿章一度打算仅选派十余人交李凤苞带往英国；至于日意格，"将来或善言遣令回闽"。但日意格以沈葆桢初创选派船政学堂学生出洋留学之议时，即"已议定令其管带"，一再请求李鸿章仍派其前往。李鸿章认为："兹始开办，须与原议相符"，不便严词拒绝，但令其"将原拟章程核减人数、薪费，以归节省"。随即将修改后的章程抄寄沈葆桢、丁日昌核复并上报总理衙门，并将李凤苞保举为候选道，加三品衔。李鸿章初拟令李凤苞"回籍葬母后，即赴厂料理行装"，旋又让他先进京参见驻英公使郭嵩焘，同时写信给郭嵩焘说："丹崖本系总署去秋奏保使才"，希望他在会晤总理衙门大臣时，"道达鄙意，准其进谒，俯询崖略"①。总理衙门很快复函催促李鸿章"趁此举行，日后办理海防较有把握"②。

　　1877年初，李鸿章会同福州将军文煜、闽浙总督何璟，专折奏称：已由福州船政学堂挑选了30名学生分赴英、法两国留学，"三品衔候选道李凤苞学识阔通，志量远大，于西洋舆图、算术及各国兴衰源流，均能默讨潜搜，中外交涉要务，尤为练达，实属不可多得之才，以之派充华监督，必能胜任"③。同时要求总理衙门"分别照会英、法驻京公使，属其转咨本国，妥为照料"。并令李凤苞"于到英、法后，按三个月一次，前往德国"，对其已经派赴德国学习的"武弁卞长胜等七名"，加以"认真查察考验"④。

　　是年3月底，李凤苞、日意格带领学生启程赴欧洲，先抵法国，再至英国伦敦，将学生安置妥当后，即于8月赶赴德国考察卞长胜等武弁，并

---

① 《李文忠公全集》，朋僚函稿卷16，第22、25、28页。

② 《李文忠公全集》，译署函稿卷6，第37～38页。

③ 《李文忠公全集》，奏稿卷28，第21页。

④ 《李文忠公全集》，译署函稿卷6，第38页。

顺便"访查各国铁甲船、蚊子船、浅水快船、水雷、矿师、枪炮各事，均甚精详"①。

清政府在任命郭嵩焘为首任驻英公使时，曾配置有副使。后来随郭嵩焘出洋的驻英副使刘锡鸿"于洋务素未究心，而矜张夸诈"，是个卑鄙无耻的小人。他一到英国，即制造种种借口，对郭嵩焘大肆攻讦，"种种舛戾，殊出意外"，闹得不可开交。清政府于1877年4月裁去驻英副使一缺，将刘锡鸿调任驻德公使。郭嵩焘认为他根本不能胜任驻外使节，遂于是年秋举荐李凤苞以代之。清廷曾就李凤苞是否能够胜任、何时服丧期满等事询问李鸿章。李鸿章也认为：若令刘锡鸿久任驻德公使，"诚恐偾事贻羞"，李凤苞较之"必更称职"，不应以守孝小节而影响国家大事。他写信告诉郭嵩焘，李凤苞"博闻强识，具有深心，再加历练，可备缓急之用"，他在向总理衙门推荐其担任留学生监督时，即有"藉储他日使才"之说，现在朝廷询问这些问题，"似欲令接署德使"，他当然会力赞其成。进而提出：李凤苞接替刘锡鸿后，"原调参赞、翻译各员，想须酌量更置，一切乞密为指授"。并解释说："丹崖局面略小，资望亦浅，但作事尚谨慎细密。既为公推荐，自必感激图报，谨受教令。"同时还要福州船政大臣吴赞诚尽快函告李凤苞，"勿得推诿为幸"。次年3月，李鸿章在写给协办大学士、军机大臣、总理衙门大臣、兵部尚书沈桂芬的信中，又力荐"李丹崖用心微密，加以历练，定为一国专对之选"②。可见他对李凤苞援引之力、安排之周、关切之深。

不料，刘锡鸿亦上折举荐李凤苞为驻德使馆参赞，并已由总理衙门议准。李凤苞原已内定为取代刘锡鸿的人选，现在突然成了他的下属，当然要极力推辞。李鸿章又致函总理衙门称："钧署选派公使、参赞等职，惟各得其宜，斯能各尽其用"，李凤苞"管带学生在英、法学习，兼查驻德武弁，公务本

---

① 《李文忠公全集》，译署函稿卷7，第31页。

② 《李文忠公全集》，朋僚函稿卷17，第28～29、33、30页；卷18，第9页。

烦，若与星使针芥素投，尚可分身，乐为效命"；而刘锡鸿"性情诡变，难与
共事"，现在德国"可谓独立无助，则其人之德器名望概可知矣"，李凤苞
不愿在他手下做参赞，"碍难相强"。倘若总理衙门不便撤销其参赞之职，"鸿
章等势不能强迫"其长驻德国，"致误学生功课"。万一将来刘锡鸿弹劾他不
赴参赞之任，"尚祈大力保全之，以彰公道，而惜人才"①。在李鸿章大力抗辩
下，清政府才于1878年8月召回刘锡鸿，赏给李凤苞二品顶戴，令其署理
驻德公使。恰好李鸿章亦于当月"奏派李凤苞就近在外洋采办军火"，称赞
他"练达勤能，才大心细，不致误事"②。总理衙门遂函询李鸿章：李凤苞在
署理驻德公使后，是否仍然能"兼顾出洋学生及采购军火各事"？李鸿章一
面复函总理衙门称：他曾就此征询吴赞诚的意见，吴赞诚"亦谓丹崖照料学
生勤恳熟悉，实无堪以替代之人，只可仍令兼管"。好在"德与英、法来往
甚便，电报、轮车声息易通"，但须由李凤苞"酌派帮办分投料理，随事禀
知英、法公使就近主裁，或二三月亲往查察一次，庶无贻误"。至于采办军
火一事，"丹崖探讨已久，胸有成竹，随时信知各国工厂送样议价，更于使
事无妨"。一面与两江总督沈葆桢、闽浙总督何璟、署理福建巡抚吴赞诚会
衔奏称：李凤苞"出洋两年以来，周历英、法、德三国，逐事留意考究，叠
次函报经办学生习艺诸务，甚有条理"，"目下布置就绪，学艺亦有进益，实
难遽易生手"；驻外使臣本应兼管采购外洋军火之事，"李凤苞曾在各处实力
探讨，颇知奥妙，德国军器甚精，臣等近年购用不少，自无难就近察访，即
英、法各工厂，声息易通，亦可随时考较，妥善办理"。次年2月，李鸿章
又致函总理衙门说："丹崖心气和平，诚笃耐劳，往来德国已久，熟人较多，
物望允洽，近又勤习洋语洋文，办事颇能细意熨帖，不激不随，论其才具，
实可胜公使之任。惟其官阶稍卑，或虑未厌众论，然阶资显过丹崖者，专对

① 《李文忠公全集》，译署函稿卷8，第9～10页。
② 《李文忠公全集》，奏稿卷32，第24页。

之才又多不及，似未便迁就贻误。"① 要求予以记名海关道一职，正式奏派为驻德公使。5月，清政府循李鸿章之请，赏给李凤苞三品卿衔，以海关道记名，实授为驻德公使。1881年4月，李凤苞又以驻德公使兼任驻意大利、荷兰、奥斯马加（即奥地利）三国公使，"往来数千里，周旋各国间，联络邦交"②。

清政府未遣使出洋之前，主要是通过洋商或受雇于中国的洋人购买洋枪洋炮和新式船舰的，经常会受到他们的蒙骗，以高昂的价格买来一些质量低劣的东西。李鸿章等早已想要改变这种状态，对驻外使节寄予了很大的希望。李凤苞出国之初，李鸿章即令他代购亨利马梯尼枪10000支，计划拨给福建3000支，北洋留用7000支。李凤苞署理驻德公使时，又为北洋代购制造子弹的原料油漆、纸蜡、铜片等，并亲赴留瀛船厂视察订造的水雷艇。

李凤苞费力最多、对李鸿章帮助最大的是订购铁甲舰。日本侵台事件发生后，李鸿章、沈葆桢、丁日昌等即提出了购买铁甲舰的主张，李凤苞出国伊始，就肩负着选购铁甲舰的任务，后来由于经费难于筹措、缺乏驾驶人才等原因而一度中辍。当时，连李鸿章也认为："中国于兵船一道，造诣尚早，须俟出洋生徒学有心得，乃可放手为之，尤须经费凑集，目前尚非其时。"随着日本侵华野心的日益暴露，1879年夏，购买铁甲舰很快又被提上议事日程，并得到了清政府的批准。是年7月，李鸿章致函李凤苞称："日本恃有新购铁甲，肆意妄为，先向琉球阻贡，旋即吞灭其国，改为冲绳县"，"议者恐其恃强坐大，渐有窥伺台湾、高丽（即朝鲜与韩国）之意，中国须亟购铁甲数船，伐谋制敌"。要他尽快就中国应该购买什么样的铁甲舰、价格多少、如何汇付、建造船坞须银若干、何人可以监造等问题，"一一探讨明确，

① 《李文忠公全集》，译署函稿卷8，第16、17、25页。
② 《清史稿》第41册，第12484页。

详晰飞示"。时任中国海关总税务司的英国人赫德力倡"以师丹炮船制铁甲船"之议，建议清廷仿海关总税务司之例聘任他为总海防司，主持筹建中国海军，"总署颇为所惑"①。李鸿章与沈葆桢"极力辩争"，挫败了赫德控制中国海防的野心，并举荐著名科学家徐寿之子徐建寅为驻德使馆二等参赞，出国协助李凤苞采购铁甲舰。李鸿章大声疾呼："中国购办铁甲之举，自同治十三年（公元 1874 年）中外倡议，忽忽已阅七年，迄无成局，幼丹（沈葆桢字幼丹）以死谏，雨生（丁日昌字雨生）以病争，鸿章亦不敢不任其责"；目今"正值海防吃紧之际，倘仍议而未成，历年空言，竟成画饼，不特为外人所窃笑，且机会一失，中国永无购铁甲之日，即永无自强之日"。由于听说新造铁甲舰"须三年方能完工下水"②，他与总理衙门议定，先由英国转购土耳其订造的两艘八角台式铁甲舰，以应急需。在奏报朝廷时声称："值此多事之秋，得两船先后来华，稍张声势"，"日本闻我有利器，当亦稍戢狡谋"③。并谆谆函嘱李凤苞："今执事倡办此件大事，责任非轻，尚乞聚精会神，竭力筹谋，务求妥密，俾外国知我有人为幸。如有必须亲往料理，即速分身前去，幸勿大意。"④李凤苞已经与英方议定了具体价格与付款、交货办法，李鸿章好不容易凑足了款项，不料，英方却突然因海军部换人而不愿出售了。李鸿章当即令李凤苞着手订造新舰，要求舰上一律配备"精坚及远"的德制克虏伯后膛炮。他向总理衙门坚定地表示："处此列国争强之势，当为久远自立之图。"⑤奏报朝廷时倡言："今欲整备海防，力图自强，非有铁甲船数只，认真练习，不足以控制重洋，建威销萌，断无惜费中止之理。"⑥经李凤苞、徐建寅至各国船厂反复考察、比较，最后在德国伏尔铿造船厂订造了定远、镇

① 《李文忠公全集》，朋僚函稿卷 17，第 20 页；卷 18，第 31 页；卷 19，第 1 页。
② 《李文忠公全集》，译署函稿卷 10，第 25 页。
③ 《李文忠公全集》，奏稿卷 36，第 4 页。
④ 《李文忠公全集》，朋僚函稿卷 19，第 11 页。
⑤ 《李文忠公全集》，译署函稿卷 11，第 13 页。
⑥ 《李文忠公全集》，奏稿卷 37，第 32 页。

远两艘大型铁甲舰。李鸿章不厌其烦地叮嘱李凤苞要派人驻厂监造，"厂中料物须防偷减，工程须防草率"[①]。1882 年 10 月，李鸿章"拟添购快船二只"，李凤苞否定了赫德提出的按已购英制快船式样加长、加大的方案，代为从德国订造了济远号穹甲快船和一只夹板练船。

与此同时，李凤苞还不断地为李鸿章经办其他的涉外事件。1879 年夏，德国丕里约夹板船在烟台附近触礁损坏，当地乡民哄抢船上物品，烟台海关道已代为追回 500 余件，德国驻华公使巴兰德蛮横地向中方索赔 5700 余银元，该道以条约无此规定加以拒绝。李鸿章派员前往调停，答应减半赔偿，巴兰德仍不让步。李鸿章便让李凤苞与德国外务部交涉。次年，李鸿章先后令李凤苞代购了 20000 支新式后膛枪、1100 万发子弹、50 吨棉花火药、"改用庬登飞一寸钢子"之新式击雷艇小炮、制造子弹的机器，以及鱼雷艇、鱼雷、装子弹的皮带盒、验药器、德制伏雷、电灯等军需物品，并令其选派"聪颖艺徒往德厂习鱼雷造、用之法"[②]。此后，又多次令其代为订造各种规格的鱼雷艇、鱼雷发射筒、鱼雷和用于修造鱼雷艇的"艇坞"，代购各种型号的新式洋炮和炮弹、新式地雷、制造鱼雷的机器、新式恩得生电灯和发电机、修建威海卫军港用的水泥，代雇德国上等鱼雷教练和水电教习，等等。当时，鱼雷为刚刚开发的新式海战武器，西方各国竞相研制，生产技术秘而不宣。中国虽已派人学习制作鱼雷，却始终无法接触比较关键的炼制燐铜的方法。李凤苞曾以一次订造 56 枚鱼雷为条件，与德国厂家谈妥，准许他一人学习此项技术。李鸿章闻讯后十分兴奋地嘱咐他："凡配料、下炉、看火、锤炼等法，望费心习学，务得其秘，以铜质不爽为度。中国既有学生、匠首在厂习制各件，再得炼铜之法，即可制全雷"，将来无需外购，亦能"用之不穷"[③]，可望大大增强海防实力。

---

① 《李文忠公全集》，朋僚函稿卷 20，第 10 页。

② 《李文忠公全集》，朋僚函稿卷 19，第 36 页。

③ 《李文忠公全集》，朋僚函稿卷 20，第 32 页。

1880 年春，李凤苞针对当时"俄、英、德、法诸邦环伺寻衅，边防、海防岌岌可虑"的险恶国际形势，上书激劝清廷发奋图强，并具体提出了"延西员以精练陆兵，复练船以培养水军，整学馆以提倡实学，增船械以储备战具"，以及"整饬吏治，固结民心，选拔真才，裁节冗费，酌改科目，沙汰额兵，畅通商运，筹划生计"等项办法。李鸿章马上代为转呈总理衙门，盛赞其"畅论中外形势及欧洲各国隐情，非亲历其境、目击其事者，不能言之切实如此"，所陈各事"均系切要之图"①。

1882 年 3 月，李鸿章以福州船政学堂选派的留学生学艺有成，李凤苞督率有功，奏请朝廷准予"赏戴花翎"。本已奏旨允准，吏部却以"出使外洋不准保奖翎枝"予以驳回。李鸿章再次奏称："李凤苞监督生徒，派往英、法两国铁甲船及官民各厂学习驾驶、制造之法，周历督查，实心实力，俾诸生学业日进，凡兵船操防、布阵、迎御之机以及电气水雷、枪炮、矿学、艺学，靡不研求理法，确有心得于以开风气而振武备。论其劳绩，非仅一时打仗出力者可比，而较之寻常驻洋各员，责任更自不同。值此讲求船学、力图自强之日，非稍示优异不足以鼓励人才"②，坚持要求仍赏给花翎。

是年春，李凤苞出使期满，李鸿章以其订造的铁甲船尚未完工为由，致函总理衙门称："铁甲舰理大物博，条绪精详，非考求有素，不能深悉窾要"。"丹崖系原订之人，应请尊处于使期报满后奏令在洋一手经理"，"以昭妥慎③。清廷遂令其再留任一年。李鸿章告诫李凤苞："暂留一年，专为督造铁舰，望勉力图成，以副众望。"④ 次年 2 月，李凤苞任期又将届满。李鸿章再次以铁甲舰仍未竣工，要求总理衙门"届时再请展限暂留，以资熟手，而专

---

① 《李文忠公全集》，译署函稿卷 11，第 5 页。
② 《李文忠公全集》，奏稿卷 41，第 22 页。
③ 《李文忠公全集》，译署函稿卷 13，第 23 页。
④ 《李文忠公全集》，朋僚函稿卷 20，第 25 页。

责成"①。同时很有把握地电告李凤苞："已商总署，请再留任"，好让他安心任事。

　　按照协定，先造的定远号铁甲舰应于 1882 年夏交货。是年 3 月，李鸿章即迫不及待地电告李凤苞，拟"派刘步蟾等十一员弁赴德，协驾铁舰，以便练习"。尽管李凤苞认为该舰应由德方负责送往中国，没有必要派员协助驾驶，李鸿章还是于 6 月底将刘步蟾等派往德国。后因厂方所用材料不合要求，重新加以更换，延至次年春才勉强竣工。适值中法关系紧张，李凤苞担心一旦战争爆发，法国舰队会于中途拦截，而未敢令该舰启程回国。6 月，李鸿章再次催令将该舰驶回，李凤苞打算请伏尔铿造船厂代送，已经雇好了驾驶人员，买足了归途所需的煤。驻英、法、俄公使曾纪泽认为太危险，极力加以劝阻，德国亦不愿承担保护之责，李鸿章只好命待镇远舰竣工后一同驶回。1884 年初，李鸿章电告李凤苞："朝议颇责阁下不能将铁舰驶回"，要他商请德国同意让定远舰悬挂德国旗帜驶回。德方称：让定远悬挂德国军旗有违公法，不能答应；只能让该舰悬挂德国商旗，但难保不被法舰截留。数日后，李鸿章接到总理衙门来函说：有人参奏李凤苞"藉铁舰延宕，嗜利玩公，为再行留任地步"。要他严令李凤苞"设法将经手各船陆续驶回"。李鸿章一面电令李凤苞于各船造成后"交卸使事"，留德等待"押船回津"②。一面复函总理衙门称：李凤苞"先后所购三舰约值银四百数十万两，成本不为不重"，由于中法战事一直如箭在弦，如果贸然驶回，"海洋数万里，彼众我寡，彼熟我生，法必觊觎截夺，情形不为不险"，"非丹崖有意藉词延宕也"。"丹崖经手订购新式船械枪炮，较赫德及各洋商经办者尤为精坚得用，价亦略廉，并无嗜利确证。目今防务孔急，正当广求利器，吸引人才，各省文员如丹崖之能讲求戒备、条理精密者，实不易得，尚求保护而维持之，勿为浮

---

① 《李文忠公全集》，译署函稿卷 14，第 1 页。
② 《李鸿章全集》，电稿一，第 9、47、99 页。

言所惑。"目前已届其再次任满之期，"恳于复奏折内陈明展缓数月"，待所购各舰完工后，"再请旨派员往替"①。这时，又有人弹劾李凤苞原"系负贩小夫，略通西语，钻营保荐出使以来，不遵定制，私带武弁，并有挟妓出游、恣情佻达情事"。清廷令李鸿章"访查明确，据实具奏"。李鸿章旋即奏称：李凤苞早年"以诸生襄办局务，留心经世之学"；"才堪出使"系由郭嵩焘等"秉公保荐"；平时"谨守礼法，德国外部、兵部、海部皆引重之"；所带武弁均为公派出洋留学者。"驻德四年以来，书问时通，于泰西各邦船炮、机器、军政新法探讨入微，心精力果，一时罕有其匹。即于各国交涉事宜亦能不激不随，洞中肯綮，实无贻误之处。""原参各节"均系讹传②，不应加以追究。

当法国扩大侵越战争之际，李鸿章曾于1883年6月电嘱李凤苞以开放越南境内的红河航运权与在云南境内"择地通商"为条件，说动德国出面"居间调停"。德国宰相俾斯麦以"德国出头，有损无益"加以拒绝。8月，法国驻德公使向李凤苞提出"中法各派提督公同巡缉全越"等建议，李鸿章电令李凤苞婉却之。次年2月，李凤苞向李鸿章报告："法人万余将围北宁"，并将"添船截后路"。4月，清政府令李凤苞兼署驻法公使以代替曾纪泽。李鸿章要他马上赴法国，协助中法和议事宜。6月，驻扎越南北部的清军在谅山击退了前来强行接防的法军，法国政府以此为借口提出要清政府公开宣布马上从北越撤军并赔款2.5亿法郎，扬言：如果得不到满意的答复，将直接采取军事行动以取得赔款的担保。李凤苞受命在巴黎与法国总理茹费理交涉，双方连日展开了激烈的辩争。谈判中，李凤苞严正地宣布：谅山之战"咎不在我，历已剖明"，"万无曲直不分，先认偿之理！"李鸿章称赞他"驳兵费不应给，极有劲"，要他转告茹费理："中国非惧动兵"，只是不

① 《李文忠公全集》，译署函稿卷15，第22页。
② 《李文忠公全集》，奏稿卷46，第1～2页。

愿影响"各国商务大局"。并建议将赴上海与法国公使巴德诺谈判的两江总督曾国荃:"宜预筹舌战因应之方,似照丹崖辩驳语意为近情理。"鉴于法方的蛮横态度,李凤苞电告李鸿章:清政府不愿赔款,恐难了结,应及早做好战争的准备。同时电告总理衙门:法国人认为只要一动兵,中国就会同意赔款,"应请动兵后撤使馆,勿再和"。8月20日,总理衙门让李鸿章通知李凤苞:中法谈判已经破裂,要他立即离开法国。次日李凤苞即撤销驻法使馆,回到了柏林。稍后,他向总理衙门建言:由于法国舰队已在马尾军港摧毁了福建水师和马尾船政局,中方"万不肯和,应急攻越南,以法先开兵布告各国。倘能大挫法人",法国"议院不敢终战"。又电告李鸿章:"各国咸笑我束手受缚,谓:法既毁我台厂,我即各处驱逐领事及教人,力毁法船,全毁越南各城;法既毁我民居,我即全毁其商船、商产、雇船,全毁各处信船,并禁领港人勿引法船。""如能大挫之,议员即不敢添兵。若仅探调兵数,以和为退步,祸不可言。""调停之说不必理",亦不必上报朝廷,"恐碍大局"。有人建议由总署"请旨严责沿海并云、粤全力进攻,令中外人杀一法兵赏百两,毁一法船赏万两,则议员惧。必待法求和,乃可允,否则索费更巨,难为国"。并提醒李鸿章:"倘我攻北圻(即越南北部),则法不克分兵赴台。但旅顺口不易守,须慎之。"[①]表达了积极抵抗外来侵略、维护民族权益的真挚情感和不畏强暴、勇于战胜敌人的民族自信心。战争期间,他还一次次成批地购买各种武器、弹药设法运往国内,以实际行动支援爱国军民的抗法斗争。

1884年10月,继任驻德、法、意、奥、荷五国公使许景澄到达柏林,李鸿章指示李凤苞:"似应奏报交卸使事,仍暂留清理经办船械各务。"[②]次年3月,李凤苞奉旨回国,途经澳门时,察觉到葡萄牙人有强据澳门为己有的

---

① 《李鸿章全集》,电稿一,第38、45、60、104、177、200、195、192、255～256、261、250页。
② 《李鸿章全集》,电稿一,第308页。

意图，当下便"寓书部臣，乞请旨与葡人定约，免后患。部臣惧生事，寝其议。后一年，葡人遂据其地，论者惜之"①。回京述职后，清政府以其屡遭弹劾而未予任用，一时郁郁不得志。10月，李鸿章奏称：定远、镇远、济远三舰由德回国，即将驶抵大沽口，"唯此三舰皆由前出使大臣李凤苞与德海部、商厂采取西洋兵船新式绘图监造，器用理法，纤悉周知，该员朴诚耐劳，深明西法，其于各国船舰之利钝、炮台之坚脆、军械之良窳，阅历探讨八年之久，实能穷究精微。现当筹备海防善后之际，需才孔急"，希望朝廷能令其"前赴北洋襄筹一切，俾资指臂之助"②。清廷旋将李凤苞发往直隶"差遣委用"，并令李鸿章"仍随时察看，如不得力，即行奏撤"③。不久，朝中对李凤苞攻讦又起，有人根据传闻弹劾他在德国订购军舰时接受巨额贿赂，"未几，以在德造舰报销不实，被议革职"④。

李凤苞回到家乡崇明，埋头整理生平著述，有《四裔编年表》《西国政闻汇编》《文藻斋诗文集》《使德日记》《陆战新义》《海战新义》《布国兵船操练》《铁甲船程式》等书刊行。李凤苞对音韵、地理、数学都有研究，惜未有论著传世。后来，清廷曾拟重新起用李凤苞，但他已因积劳成疾，于1887年8月辞世，终年54岁。

四、曾任香港大律师的伍廷芳

伍廷芳，字文爵，号秩庸，广东新会人。其父伍荣彰因家世贫寒，赴南洋经商。道光二十二年（公元1842年）伍廷芳出生于新加坡，4岁时随父回国，定居于广州芳村。早年曾从塾师习四书五经。但他受西方文化影响，"已不屑为帖括之学"。1855年赴香港，就读于圣保罗书院，主修法律。因

---

① 《清史稿》第41册，第12484页。
② 《李文忠公全集》，奏稿卷55，第4页。
③ 《大清德宗景皇帝实录》卷215，第7页。
④ 《清史稿》第41册，第12484页。

时局动荡不安，颇为关心时事。读书期间，即于 1858 年倡议创办了《中外新报》，是为中国人主办的第一份近代化的中文报纸。1861 年毕业于圣保罗书院，供职于香港高等审判厅。"然非其志也，节衣缩食，积俸余，为他日留学之资。"[①]

1874 年，已过而立之年的伍廷芳自费赴英国留学，入伦敦林肯法律学院学习法律。三年后毕业，并通过了英国的律师考试，获得大律师资格，适因父丧而归国。其时，清政府已开始派遣驻外使节。由于中国人当时多不通外语，很少涉猎西学，昧于世界大势，出使人才奇缺，伍廷芳在当时可以说是这方面的最佳人选了。他曾晤见驻英公使郭嵩焘，畅论学习外语、法律及创办报纸、储备人才的重要意义，使得一向究心于洋务的郭嵩焘为之倾倒，大有相见恨晚之感，一心要保举他充任驻英使馆参赞；驻美国、秘鲁、西班牙三国公使陈兰彬也要请他到美国出任领事，二人"争罗致之"。李鸿章获悉此事后，尝致函郭嵩焘说："闻粤人伍秩庸学习英律甚为精熟，陈荔秋（陈兰彬字荔秋）欲派充秘鲁国总领事，设法招致；而执事左右竟乏此才，殊为可惜。"[②]伍廷芳愿意为国效力，但对于担任参赞、领事却不感兴趣。1877年 10 月，伍廷芳由其广东同乡、天津海关道黎兆棠介绍，到天津谒见了李鸿章。在此之前，李鸿章已"久闻其人熟悉西洋律例，曾在英国学馆考取上等"。这次相见后，李鸿章故意提出许多问题，借以考察他的学识。伍廷芳当场一一作答，"俱能指陈窾要"。尤为难得的是，他"虽住香港及外洋多年，尚恂恂然有儒士风，绝无外洋习气"。李鸿章感到他确实是不可多得的人才，心想：怪不得郭嵩焘与陈兰彬争着要留用他呢！并决定把他留在自己的幕府里，作为自己办理外交的顾问。于是，便写信给总理衙门说："近来各口交涉事件日繁一日"，却一直没有一个规范性的文件可供遵循，"前拟会

① 孙中山：《伍廷芳墓表》，刘绍唐主编：《民国人物小传》第一册，（台北）传记文学出版社 1981年 9 月版，第 39 页。

② 《李文忠公全集》，朋僚函稿卷 17，第 25、7 页。

订通商律例，迄未议办。泰西各国欺我不谙西律，遇事狡赖，无理取闹。折之以中国律例，则彼诿为不知，悍然不顾。思有以折服之，非得一熟谙西律之人不可"。但是，这样的人实在难找，"物色数年，未得其人"，最近黎兆棠引荐伍廷芳来见，才总算是找到了懂得西方法律的人才。"此等熟谙西律之人，南北洋须酌用一二人，遇有疑难案件，俾与洋人辩论。凡折以中国律例而不服者，即以西律折之，所谓以彼之矛，刺彼之盾也。"听说伍廷芳若在香港当大律师，每年收入高达万余金，"若欲留之，亦必厚其薪水"。前曾让黎兆棠从侧面加以探询，据说年薪非六千金不可，"为数似觉太多"。不过，"留之俾为我用，钧署及各口有事，均可令其前往襄办；无事则令在津学说官话（指北京话），与通晓汉文者翻译西例。若能辩证一事，有裨大局，所值当不止数千金"。据本人所知，日本外务省已雇用前任天津领事之美籍律师施博，"岁费万金"，想来就是出于这样考虑的。"伍廷芳究系中国人"，当然要比雇用西人可靠得多，"且毋庸订明年分、写立合同，进退绰有余裕"。由于中国在此之前尚无通晓西方法律之人，无从翻译西方的法学书籍，虽然已派学生出洋留学，也是远水不解近渴。如今伍廷芳"将西律译出，则通晓政体、见解敏捷之人一览自能了然。从此西律人人能通，而西人亦无从欺蔽，于办理交涉案件，不无裨益。即将来拟订中外通商律例，亦藉有援据参考矣"[1]。总理衙门欣然表示同意。李鸿章又致函两江总督兼南洋大臣沈葆桢称："粤人伍廷芳精习英国律例及公法"，"昨来晤，恂恂有儒士风雅"，"因缄商总署，请留南北洋差遣，遇有疑难案件，俾与洋酋辩论"，"南北各口有事，皆可前往襄助"，"兼令翻译西例、公法，于交涉要件有裨"，"总署复缄深为许可"。现已议定"岁须薪俸六千两"，"请津、沪两关岁各筹给三千金"，已令津海关道黎兆棠与江海关道刘瑞芬具体商办，"祈卓裁核示为荷"。同时函告郭嵩焘："伍廷芳月前来津，据称不愿当二三等参赞"，

---

① 《李文忠公全集》，译署函稿卷 7，第 20～21 页。

"惟于公法、英律煞有探讨，其人亦尚稳静"。公前曾奏请要"酌定通商则例"，愚以为"须先翻译各国律例，始可斟酌采辑"。因而已与总理衙门商定，将伍廷芳"暂留南北洋差遣，岁给俸金，专令翻译英例、辩论交涉要件。非敢夺公所好，缘渠不欲远行，只有量才器使，勿任久居香港，为外人牢笼耳"①。这一次，伍廷芳终究还是回香港当了律师。由于他为人正直、办事干练，先后被港英当局聘任为法官和立法局议员。"论者谓国人得为外国律师者，公为第一人；香港侨民得为议员，以公为嚆矢；任法官者，公一人而已。"②

伍廷芳辞谢李鸿章的聘用，反而使其声誉大增。他不但以通晓万国公法、西方刑律以及通商、外交律例而受到洋务派官僚的普遍重视，甚至连光绪皇帝的师傅、时任工部尚书的翁同龢在日记中亦曾提及："粤人伍秩庸者，熟洋人律例，有志气，非征召不至，不应诸侯之聘也。"③任职于香港期间，他曾先后应闽浙总督何璟之邀，赴福州处理洋人私抽鱼捐事件；承粤海关监督俊启之请，至广州商办子口税；受两江总督沈葆桢之托，经办美商同孚洋行招工一案。他利用自己的身份、地位和知识、才干，积极地维护国家主权和民众利益。

1882年，伍廷芳最终放弃了在香港的各种职位和优厚待遇，正式加入李鸿章幕府，成为李鸿章办理外交的高级参谋和重要助手。

次年5月，中法关系日益紧张，清政府谕令回原籍合肥葬母的李鸿章速赴广东督办越南事宜，节制两广、云南各军。李鸿章大为不满，他在写给署理都察院左副都御史张佩纶的信中满腹牢骚地说：朝廷"仓促而起不才于礼庐，只手空拳，不知所以为计。若以淮部尚有两万，则现驻要防，岂易抽调？若以鄙人素尚知兵，则白头戍边，未免以珠弹雀。枢府调度如此轻率，

---

① 《李文忠公全集》，朋僚函稿卷17，第25、29页。

② 《民国人物小传》第一册，第40页。

③ 《翁文恭公日记》，光绪六年七月初一日。

殊为寒心"①。当即奏称："若遵命驰往广东，必檄调远省大军，彼分兵扰我海口，全局震动，再回畿辅，将进退失据。"要求"暂住上海，酌察军情，以定进止"，得到了朝廷的批准。法国政府适派驻日公使脱利古为特使，来华商谈越南问题。李鸿章立即电请署理直隶总督张树声速令伍廷芳、马建忠等"均搭轮船来沪候差遣"，以应谈判之需。半个月后，李鸿章又调罗丰禄南下，本拟让伍廷芳回天津加以替换，旋又觉得在上海与脱利古谈判还是离不开他，乃电告张树声："伍秩庸不欲遽回津，尊处事简"，"伍稍缓再去"②。

中法战争期间，伍廷芳不但多次随李鸿章参与外交谈判，而且能够协助他筹饷备械、策划军务。曾因对台湾军务运筹有功，得到福建巡抚刘铭传的保举，奉旨以道员选用。战争结束后又参与了订立中越边界通商章程的谈判。

1886 年夏，中国艺新号轮船搭载弁兵在香港拿获福建兴化（今莆田县）盗魁张之经，港英当局不让带回，福建地方官府派员"带律师两次由闽提原告人证赴港指质明确"，张之经也聘请律师为自己辩护，一时难以结案。闽浙总督杨昌浚以"此盗不除，实海上巨患"，电请李鸿章商同总理衙门，请英国驻华公使出面，让港英当局将张之经交福建官员押回。李鸿章亦觉此案较为棘手，便向伍廷芳咨询应如何处理，并根据他的意见电复杨昌浚曰："港例犯人准延律师驳辩，必须原告人证口供的确，如实系盗犯，方可照约交出。请令原告等切实供证相符为要"③。

是年 8 月，北洋水师提督丁汝昌率部驾驶定远、镇远等舰赴日本长崎，进船坞修理。中国水兵与日本警察发生纠纷，各有一人受伤。隔日，日本警察纠众寻衅，将上街购物的中国水兵砍死 5 人、重伤 6 人、轻伤 38 人（后又有 3 人不治身亡，6 人因伤致残），另有 5 人失踪。日方死 2 人，伤 27

---

① 《李文忠公全集》，朋僚函稿卷 20，第 43 页。

② 《李鸿章全集》，电稿一，第 22、32 页。

③ 《李鸿章全集》，电稿一，第 678、679 页。

人。李鸿章立即电令驻日使臣徐承祖与日本外务部交涉，提出了惩办肇事凶手、抚恤伤亡弁兵等要求。日本政府令长崎地方法院开庭审理此案，另由中日双方各派委员参与会审。审讯中，日本警方多方狡赖，不愿承担肇事责任；法庭明显偏袒己方，并一再提出要补充证据，以拖延时间。李鸿章再次咨询伍廷芳。伍廷芳将此案处理办法与应当采取的程序逐条列出，概略地说，约有以下几点：1．"此案起事之由，既无日官主使实据"，只能作为一般刑事案件处理。2．此案发生在日本境内，中国水兵伤亡惨重，日本政府应首先照会我方表示歉意，现无此照会，"似于交涉和谊未免失当"。3．此案现由中日两国派员在长崎会审，"日本委员以蓄谋在先，不无袒护，其论固不足凭；我国委员蒿目伤怀，言之亦或恐过激"；双方意见不一，应由清廷驻日使臣与日本政府会商；抑可由总理衙门或李鸿章与日本驻华公使会商。4．若双方意见始终大相径庭，"似应请友邦公正大员调处"；两国所请调处之员仍各执一词，"再由该二员公请一评理之人评断"。5．"日廷如强词夺理，复不允请公正大员，或既请公正大员而不依其评断，我国则不能不视为重事，即使不遽用武，似宜撤回驻该国大臣、理事等官，以绝友谊"[1]。李鸿章认为所拟办法"颇有条理"，一面上报总理衙门，一面抄寄徐承祖，并附函告诉他："日来预筹此案结局之法，适有委员伍廷芳精习西律，久在香港英刑司处谳案，令其条例以对，深合机宜"，如果日方仍一味狡辩，即可照所拟办法，向日本外务省提出，"照西法通例，公请友邦公正大员评断调处，谅彼无可推辞"[2]。日方自知理屈，当然不愿让其他国家插手，却又"毫不认错"，甚至以"将来恐致失和"加以恫吓。徐承祖担心若让日方得逞，"恐愈长日骄"，反复辩论又毫无进展，乃一再向清政府声称："事已如此，非绝交无别法。"打算先在报纸上公布此案证据，再备文责其"屡次背约欺藐"，宣布"决意绝

---

① 《李文忠公全集》，译署函稿卷 18，第 49～51 页。

② 《李文忠公全集》，朋僚函稿卷 20，第 65 页。

交"，然后下旗回国。总理衙门一筹莫展，电询李鸿章："刻下案既难结，伍廷芳之论是否可行"？抑或还有什么别的办法？李鸿章经"与伍廷芳再四讨论"，认为："西例谳案以证为主"，明知日方为拖延时间而提出要补充证据，亦不便拒绝，"应限定至多一月审竣"。如徐承祖实在已无能为力，可"将已审两造证供全案抄送来京"，再为核办。清廷当即谕令将此案交由李鸿章承办。李鸿章采取"急脉缓受之法"，将该案搁置了一段时间。日方不知中国方面究竟要采取什么办法，"不无疑惧"，多次向徐承祖探询。后经德国驻日本公使调停，仍由徐承祖与日方议定：日本政府按人数付给中国死亡与伤残弁兵抚恤款 52500 元，清政府按人数付给日本死亡与伤残者 15500 元。双方涉案人员"应否查讯惩办"，由本国政府"自行审酌办理，各不干预"。清政府虽然因日本多付了一些抚恤款而感到"尚不失体，事属可行"①，却终究未能达到使日方认错并惩办肇事凶手之目的。

这一年，李鸿章以伍廷芳等随同办理通商洋务"认真出力"，奏请朝廷给以奖励。旋经吏部以该部章程规定："各关洋税等项事务，均属应办之件，一概不准保奖"，加以驳回。李鸿章再次奏称："天津为各口总汇，洋务本多棘手，近来各国交涉日繁，非他关之仅办税务者可比。该员等遇事勤筹，任劳任怨，历时既久，著有勤劳，若寻常照章奖叙靳而不予，与仅办税务者无所区别，殊不足以示鼓舞而昭平允"，坚持要求朝廷仍按原奏予以奖励。未过多久，伍廷芳又因协同李鸿章办理移迁北京蚕池口教堂一案，"出谋发虑，动合机宜"②，由李鸿章奏请朝廷赏给二品衔。同年，李鸿章为将唐山至胥各庄铁路展筑至卢台，筹组成立开平铁路公司，伍廷芳被委派为该公司总理。1892 年，伍廷芳一度受命主持北洋官、商两个铁路局。

甲午战争爆发后，伍廷芳起先参与了筹措饷需、购运军械等项工作。

---

① 《李鸿章全集》，电稿一，第 721、741、746、743、744、747、762、780、774 页。
② 《李文忠公全集》，奏稿卷 58，第 3、47 页。

1894 年 12 月，清政府命户部侍郎张荫桓、湖南巡抚邵友濂为全权大臣赴日本求和。李鸿章向张荫桓推荐："伍廷芳愿随往，应奏带。"次日，张荫桓即奏调伍廷芳为随员，一同赴日本协助谈判事宜。次年 2 月，张荫桓、邵友濂等到达日本广岛后，日方以张、邵二人"全权不足"为借口，拒绝与他们谈判并将他们逐往长崎。亲自担任谈判代表的日本首相伊藤博文对伍廷芳却相当客气，单独与他举行非正式的会晤，表示：日方希望清政府能派遣恭亲王奕䜣或李鸿章赴日谈判。张荫桓在给李鸿章的电报中提及："广岛檄议后，伊藤留伍廷芳，问起居甚切。越日，廷芳往见，又留谈甚久，莫非推爱？"清政府立即谕令时已受到革职留任等处分的李鸿章"作为头等全权大臣，与日本商定和约"。李鸿章随即通知已回到上海的张荫桓，让他携同伍廷芳一道北上。伍廷芳又随李鸿章再次赴日，参与签订《马关条约》的谈判。李鸿章在马关谈判期间，遭日本浪人小山丰太郎行刺，弹中左颊。凶手被捕后，李鸿章"令伍廷芳前往看审，促令重办"①，后判以无期徒刑。

《马关条约》签订后不到一个星期，俄、法、德三国强行要求日本退还辽东半岛。李鸿章闻讯后，即令伍廷芳与日本驻天津代表接洽，希望通过中日直接交涉，以中日同盟与出让筑路权为条件，换取日本无偿归还辽东，但日本却不愿向中国让步。清政府旋派伍廷芳与三品衔升用道联芳赴烟台，与日方代表伊东美久治互换了《马关条约》批准书。

李鸿章由日本回到天津后，即称病不出，20 余天后，又上折奏请续假。伍廷芳由京城密禀李鸿章："续假折到后，众口诋毁，谓为偃蹇不即赴都复命，政府亦归咎于我。"②伍廷芳回天津后不久，又于 8 月随李鸿章一同进京，与日本公使商订中日通商条约。当月，李鸿章以文华殿大学士奉旨入阁办事，云贵总督王文韶调任直隶总督。王文韶随即奏准在天津设立北洋头等中西学

---

① 《李鸿章全集》，电稿三，第 319、440、437、469 页。

② 《李鸿章全集》，电稿三，第 552 页。

堂，委派伍廷芳为总办。

次年 11 月，经李鸿章推荐，清政府赏给伍廷芳四品卿衔，任命为驻美国、秘鲁、西班牙三国公使。前任驻美、秘、西公使杨儒调任驻俄、奥、荷三国公使。原驻俄、德、奥、荷公使许景澄急于受代回国，尝电请李鸿章催促伍廷芳早日赴任，以便替出杨儒及早到任视事。出使期间，伍廷芳在全面考察美国政治、经济、文化、教育、风俗的基础上，对西方的资产阶级民主有了更深刻的体验，曾与墨西哥驻美国大使签订《中墨通商条约》。19 世纪末列强掀起瓜分中国的狂潮，伍廷芳深切地感受到了民族危机之深重，却束手无策。因而，他对美国国务卿海约翰提出的"门户开放"政策表示十分赞赏，并积极予以支持。但对美国政府实行排华政策曾表示强烈不满，多次予以抨击。

甲午战争后，清政府为了于三年内还清对日本的赔款而大举借用外债。1897 年 11 月，李鸿章要伍廷芳探询"美商何人愿借巨款"。稍后，又催促他"美商借款应限十日定议，否则另借"[①]，结果因美商观望而未有成议。次年春，督办卢汉铁路大臣盛宣怀又托伍廷芳代为向美商洽谈粤汉铁路贷款。伍廷芳很快与合兴公司的华士宾达成了初步的协议，并建议盛宣怀废除与比利时商家签订的卢汉铁路借款合同，将该路一并交由美国商人承办。是年 4 月，伍廷芳与美国合兴公司签订《粤汉铁路借款合同》，规定由该公司借款 400 万英镑，并负责于三年内筑成全路。两年后，伍廷芳又与该公司签订续约，将贷款数额增至美金 4000 万元，筑路期限延长为五年。

1899 年 12 月，清政府令李鸿章出任两广总督，要他设法缉捕戊戌政变时逃往国外的康有为和梁启超。次年初，李鸿章到任后，即电告伍廷芳：康、梁"皆有往美意"，"朝廷索该二犯甚急"，若能"设法购致，乃不世之功"。旋获悉康有为已乘日本"美洲丸"号轮船前往檀香山、旧金山等地，

---

① 《李鸿章全集》，电稿三，第 793、797 页。

又要伍廷芳"务速密查，设法擒获，勿失机会，致贻后悔"。伍廷芳复电称：已商请美国政府禁止康有为入境，美方认为这样做"不合公法"；"洋界无权拿人，已密饬各领事悬重赏线购，并严诫华民接济"①。

八国联军侵华战争期间，伍廷芳于 1900 年 6 月商请美国政府答允，如无紧急需要，将不派军舰进入长江。同时电促李鸿章北上，以解危局。并力劝清政府勿让各国公使离京，疾呼："使归则战事成，北都危则东南乱。"美国重申"门户开放"政策后，他立即电告李鸿章："美首倡保全中国疆土，照会各国"，"仍允保我自主之权"。7 月底，伍廷芳又向李鸿章提出：由于清政府令义和团与清军围攻各国驻华使馆已一月有余，无论他们怎样解释，"各国仍不信各使尚存"，"须准各使函电往来，始易商办"。数日后，他又倡言："如兵临城下，公使戕，祸更巨"，力请李鸿章抗疏以争。8 月 16 日，伍廷芳收到来自北京的电报，说清军仍在围攻使馆，当即致电李鸿章谓："若然，则兵不能止，务请速禁。"其实，八国联军早在两天前就已攻破北京城了。未几，他又电告李鸿章："美廷仍愿会商停战，惟须北京各处平静，显明政府确有自能停战之权"，美方才会派员会同各国"与中国实在任事秉权之政府所派大员"和商。此时，美商益生洋行的贝克兄弟"愿自备资斧回国"，"力请美廷主持和局，与各国筹商和平办法"②。李鸿章令他们回国后遇事与伍廷芳会商。但是，所有这一切都已无法改变清政府将被迫签订更加丧权辱国的《辛丑条约》这一严酷的事实了。

1902 年，伍廷芳任满回国，又被清政府任命为商约大臣，赴上海与英、美、日等国修订通商航海条约。次年 9 月，清政府新设商部，伍廷芳任商部左侍郎。旋改任外务部右侍郎，署理刑部右侍郎，与著名法学家沈家本同任修订法律大臣，奏请废除凌迟、枭首、戮尸等酷刑，拟订了《刑事诉讼法》

① 《李鸿章全集》，电稿三，第 877、878、879 页。

② 《李鸿章全集》，电稿三，第 967、1033、1046、1045、1061、1092、1108、1103 页。

等法律草案，随即称病辞职。

1907 年，伍廷芳再度出任驻美国、秘鲁、墨西哥、古巴四国公使。尝与美国签约规定：中美两国遇有争端，应提交海牙国际法庭裁决；与秘鲁签约维护该国华工权益。并提醒清政府注意防范革命党人从美国购运武器回国策动武装起义。两年后卸任回国，辞去官职，寓居上海，从事社会公益活动。

辛亥武昌起义爆发，各省纷纷响应。伍廷芳毅然投入革命阵营，"倡议请清帝退位，一时，所谓缙绅士大夫皆惊异之"[1]。旋被推为南方光复各省外交总代表，与袁世凯的代表唐绍仪举行南北和谈。南京临时政府成立，经孙中山提名，出任司法总长。袁世凯篡夺辛亥革命果实后，闲居上海达五年之久，曾发表演说反对袁世凯称帝。1916 年 6 月，袁世凯病死，黎元洪继任总统，伍廷芳应邀就任外交总长。次年 5 月，国务总理段祺瑞企图以武力胁迫国会通过对德参战案时，伍廷芳愤而辞职，未被允准。当黎元洪决定免去段祺瑞总理职务，苦于这道命令因无内阁总理副署而难于生效时，伍廷芳毫无畏惧地同意代理总理，副署了这道解职令。当张勋率"辫子军"进京，逼迫黎元洪解散国会时，身为代总理的伍廷芳却坚决拒绝副署解散国会令。

段祺瑞通过讨伐张勋而重掌北京政权后，拒绝恢复《临时约法》和国会，孙中山于 1917 年 7 月发起护法运动，伍廷芳很快加入护法阵营。是年 9 月，护法军政府在广州成立，孙中山任大元帅，伍廷芳任外交部部长。次年 5 月，在西南军阀操纵下，护法军政府由大元帅制改为总裁合议制，伍廷芳被选为七总裁之一，并兼任财政部部长。孙中山因受排挤愤而辞职，军政府渐被桂系军阀控制。1920 年 4 月，伍廷芳脱离军政府，转而追随孙中山。10 月，粤军攻占广州，孙中山由沪返粤，重组军政府，伍廷芳仍任外交部部长。翌

---

[1]《民国人物小传》第一册，第 40 页。

年 5 月，孙中山就任非常大总统，伍廷芳又兼任财政部部长。12 月，孙中山赴桂林组建北伐大本营，由伍廷芳代理非常大总统。1922 年 4 月，广东省省长陈炯明阻挠北伐，孙中山将其免职，又令伍廷芳兼任广东省省长。6 月，陈炯明发动叛乱，伍廷芳忧劳成疾，病逝于广州医院，终年 81 岁。生平著述有《共和关键录》《伍（秩庸）先生公牍》《中华民国图治刍议》《美国视察记》等。

孙中山曾亲笔撰写《伍秩庸博士墓表》，颂扬他"能于危疑震撼之际，泰然不易其所守，自以与于缔造民国之役，不忍见为武人、政客所败坏，故以耄耋之年，当国事，犯危难，无所恤，卒以身殉"[1]，对其一生作了高度的评价。

---

① 《民国人物小传》第一册，第 42 页。

第十一章 维新思想家冯桂芬、薛福成、 郑观应、马建忠

李鸿章于 19 世纪 60 年代倡导洋务运动，开启了中国社会近代化的先河。李鸿章所办洋务事业局面开阔，摊子铺得很大。中国封建传统文化根深蒂固，顽固保守势力盘根错节，动不动就对洋务运动横加指责，多方进行干扰破坏。李鸿章本人在思想上也有一个如何走向近代化的问题。为了能够大胆采用西方文化作为思想武器，随时反击顽固派的进攻，李鸿章幕府中还网罗了一批思想敏锐、因为受到西学影响而具备近代意识的先进知识分子。这些人在协助李鸿章办理洋务的过程中，不断地完善着洋务理论，并最终提出了变法维新的要求，成为新兴资产阶级的政治代言人。

一、首倡"中体西用"的冯桂芬

冯桂芬出生于嘉庆十四年（公元 1809 年），字林一，又字梦奈，号景亭，亦作景庭、敬亭，尝自称邓尉山人，江苏吴县人。其父冯智懋尝官居翰林院编修。冯氏世居于吴县城外山塘北冯家浜，为当地的名门望族。但因两次遭受火灾，家产被焚烧殆尽，曾陷于贫困境地。待冯桂芬出生时，家业始又日渐兴盛。

冯桂芬天资聪慧，自幼年起即知刻苦向学，"性颖异，读书目数行下"[1]，"弱冠治周官礼及管子书,皆有笺释"[2]。1832 年考中举人。时任江苏巡抚的

---

[1] 《清代七百名人传》下册，第 1731 页。

[2] 《近代名人小传》，冯桂芬。

林则徐十分欣赏他的才识，誉之为"国士"，"尝招入署，校北直水利书"①，两人之间的交往一度相当密切。在林则徐的影响下，冯桂芬开始萌发"经世致用"思想。1840 年，冯桂芬以一甲第二名考中进士，俗称榜眼，循例授职为翰林院编修。1843 年，被选派为顺天府（今北京市）乡试同考官。次年，又任广西省乡试正考官。试毕返京，任翰林院庶常馆教习，旋丁母忧回原籍守制。"自通籍后，博考中外利病，历朝掌故"②，至是，始得潜心研究"经世"之学，"讲求经济"，与姚莹、张穆等互相切磋，曾被聘为南京惜阴书院山长。当时，上海已经开放为通商口岸，冯桂芬开始受到欧风美雨的影响。服丧期满后，于 1848 年底进京。李鸿章刚于前一年考中进士，被选为翰林院庶吉士，两人遂得相识，李鸿章对其"学问精深"甚为佩服。咸丰皇帝继位后，诏令中外大臣举荐贤才，时已休致回江苏吴县原籍的原武英殿大学士、军机大臣潘世恩将冯桂芬与林则徐、姚莹、邵懿辰一起推荐给朝廷。未几，冯桂芬又因父丧而复归乡里。尝应两江总督陆建瀛之邀，与魏源、吴云等一同协助其办理淮南盐务，撰修《两淮盐法志》。

1853 年 3 月，太平天国奠都南京，改名天京，举国震动，清政府诏令各地在籍官绅举办团练以对抗太平军。冯桂芬亦"奉特旨，与程廷桂、韩崇、胡清绶同办团练、劝捐事"。是时，江苏省会在苏州，江苏巡抚许乃钊随清军江南大营驻扎于南京城外的雨花台附近，甚为苏松一带防务空虚而担忧，曾派员与冯桂芬协商，希望他能组建一支武装力量，"为留守策应之师"。冯桂芬与程廷桂很快招募了一支团练武装，交由许乃钊幕府中以"知兵"著称的刘存厚统带，号称"抚勇"。适值小刀会起义爆发，占领了上海、青浦、嘉定、宝山、南汇、川沙等地。刘存厚率抚勇"驰剿青浦，一鼓下之，乘胜复诸城"，协同清军和英、法军队平定了小刀会起义。冯桂芬亦得以"叙劳，

---

① 　冯桂芬：《显志堂稿》卷 12，第 25 页。

② 　《近代名人小传》，冯桂芬。

赏五品顶戴"①。

　　冯桂芬自幼生长于民间，深知民众之疾苦，其外祖父家即"为催科所破"，母亲常教导他要体恤民艰，居官要留心减轻民众负担，尝谓："汝他日有言责，此第一事也。"冯桂芬时时牢记母亲的嘱咐，并为此而一直"留心漕务，民间苦累，纤悉周知"②，希望自己有朝一日能在这一方面为民众做点事情。1856 年，冯桂芬被清政府任命为詹事府右春坊右中允，俗称"开坊"，地位较前有了较大的提高。他进京就职后，极力鼓动江苏巡抚在该省实行大小户均赋法，因此得罪了当地的豪绅。他们通过家族中在京城做大官的人，诬蔑、诽谤冯桂芬，一时谣言四起。经此打击，冯桂芬抑郁成疾，乃于 1859 年称病请假回籍，赁居于苏州城外，气愤地宣称：从此不再踏入仕途，亦"不与公事"。旋又被江苏巡抚徐有壬"延请入幕，并襄办盐务及协济筹饷诸局"③。

　　太平军二破江南大营后，乘胜东征，接连占领常州、苏州等苏南重镇，江浙一带的豪绅地主纷纷逃往上海，冯桂芬亦于 1860 年冬举家迁居沪上。其时，徐有壬已在太平军攻破苏州时自杀，留驻上海的原江苏布政使薛焕升任巡抚。起先，江苏巡抚所统清军不足 4000 人，薛焕利用上海商贾辐辏、税厘丰富、饷源充裕的有利条件，大肆招兵买马，很快将所部扩充至 55000 人，"然皆市井无赖，或窃盗，或通贼"④，缺乏最基本的训练，根本没有什么战斗力可言。苏松粮储道杨坊雇用美国人华尔招募的"洋枪队"尚有一定的作战能力，但起初也仅有千余人，只足以守松江而已。群集于上海的封建官绅大都希望能够借助英、法军队防守上海，可是谁也不敢做主，"无一人正言宜许之，亦无一人正言宜拒之"。1861 年冬，太平军再次大规模进逼上海

---

① 《清代七百名人传》下册，第 1731 页。

② 《清代七百名人传》下册，第 1731 页。

③ 《李文忠公全集》，奏稿卷 9，第 24 页。

④ 《显志堂稿》卷 4，第 15 页。

时，候补知府应宝时就此征求冯桂芬的意见，冯桂芬出于维护封建统治者利益的需要，当即回答道："此两言决耳。我有可守法，则勿许；我无可守法，则许之。"当时，驻沪清军不足与太平军抗衡，"一不许，即无上海"，实在是不能再犹豫了。况且，洋人已经主动表示了助守上海的意图，"彼以好来，不许，是怒之矣"；"许之，勿疑也"①。遂坚定了沪上官绅"借师助剿"的信心。当部分士绅联名呈请薛焕奏报朝廷批准，而薛焕以为署名者人数太少，不足以影响朝廷时，冯桂芬又积极鼓动原宗人府宗丞温葆深、詹事府詹事殷兆镛出面领衔具呈。清廷即让薛焕"与英、法两国迅速筹商，克日办理"，并宣布朝廷"必不为遥制"②。于是，中外会防公所于次年初宣告成立，上海的封建统治者借助于外国军队击退了太平军的进攻。

当丁忧回籍的湖北盐法道顾文彬首倡"乞师安庆"之议时，冯桂芬最先表示赞同。他还考虑到：对于薛焕和以上海道署理江苏布政使的吴煦等实权人物来说，曾国藩分兵援沪，不但要由上海提供军饷，将影响到他们的财源；而且还将插手地方政务，以至于喧宾夺主，危及他们的权力和地位。所以，他们本能的反应就是要极力加以拒绝。因而，他建议由与薛焕关系甚为密切的原苏州知府吴云前去做薛焕的工作。薛焕深知自己手下的清军实在是不堪一击，依赖外国人也决非长久之计，不能不同意"乞师"之议。本来，薛焕等人认为起草一封"乞师"的书信，寄给曾国藩就可以了。冯桂芬对他们如此草率表示坚决反对，力言：这样做"是轻其事矣，必不可"！主张：这次"乞师"一定要成功，必须效申包胥秦庭之哭，应首重持信请兵者的人选。先推曾在江西任知县的华翼纶前往，未能通过；再荐户部主事钱鼎铭，方被许可。江苏团练大臣庞钟璐还把起草"乞师"书信的任务交给了冯桂芬，尽管冯桂芬因曾公开表示"不与公事"而未在信上署名，但他还是代为草拟了

① 《显志堂稿》卷4，第19页。
② 《筹办夷务始末》，同治朝卷4，第3页。

洋洋数千言的《公启曾协揆》书（曾国藩于 1861 年 1 月 30 日以两江总督授协办大学士）。在信中，冯桂芬声称：此次苏南"焚烧夷戮之惨，远接宋建炎四年（公元 1130 年）金阿术之祸，为吾吴七百有三十年未有之大劫"。将当时江浙一带的局势概括为"有可乘之机而不能持久者三，有仅完之地而不能持久者三"。前者是指太平天国统治区域内的各地乡团届时起而响应、出入于河湖港汊间的枪船可以充任向导、太平军中的内奸适时倒戈都将为东援之师提供"可乘之机"；后者是指"有兵无饷"之镇江、"兵单饷乏"之杭湖两郡、"有饷无兵"之上海当时都还控制在封建统治者手中，而这些比较有利的因素都绝对不可能保持很长时间，一旦失去这些有利条件，江浙大局将更加不堪闻问，进军江浙也势必更为困难。并断言：如果曾国藩能够马上派"奇兵万人，以一勇将领之，间道而来，旬日之间，苏、常唾手可得。大军一至，则朽株枯木亦助声威；大军不至，则铁郭金城将沦灰烬。及今不图，后悔必矣！"[①] 终于促使曾国藩很快作出了令李鸿章招募淮军援沪的决定。曾国藩对冯桂芬的"乞师"信极为欣赏，事后曾对他说："厥后东南事，不出君一书。"[②] 李鸿章也曾赞扬他"定入皖乞援之策，手草函稿数千言，沥陈危急情形与用兵先后机宜"[③]。从某种意义上讲，冯桂芬的这封信，成为淮军应运而生的催化剂；沪绅的"乞师"之举，促成了李鸿章一世的功名。

李鸿章率淮军抵上海后不久，即被清廷任命为江苏巡抚。他深知自己要想成就一番事业，非得有各方面的人才辅佐不可，于是便多方网罗人才，极力扩大自己的幕府班子。冯桂芬久负才名，又精通"经世致用"之学，熟悉当地情形，自然成为他延揽人才时的首选。于是，冯桂芬很快加入李鸿章幕府，"襄办军务两年，其一切抚剿事宜，多所赞决"。

当时，上海地方官府中负责与洋人打交道的主要是吴煦和杨坊等人，李

① 《显志堂稿》卷 5，第 3～6 页。

② 《显志堂稿》卷 4，第 18 页。

③ 《李文忠公全集》，奏稿卷 24，第 29 页。

鸿章一到上海，就察觉到他们的"外交之术过趋卑诏"，致使"沪城内外各事，实皆洋人主持，为所欲为"。李鸿章决定尽快改变这种状况，但首先必须有适合的人选来取代吴煦、杨坊等人。他一度属意于冯桂芬，却很快了解到"冯敬亭亦知详情而胆不足，又不愿远行"，曾为此而慨叹："沪中深识外情而又不过软媚者，难得其选！"① 适值清廷以"沪上税务、厘捐均为劣员侵吞入己"，令其"派委廉洁之员妥为经理"，"力除积习，以清弊端"，李鸿章遂乘机奏称："冯桂芬精思卓识，讲求经济"，要求将他与王凯泰等一同正式调入军营，"以资赞助"②。隔日，他在写给曾国藩的信中说："冯敬翁屡为言沪上捐税须加整饬，其情形甚熟，又肯俯就，故首举以收士望。"稍后，同在李鸿章幕府的候选道周腾虎因故砸了王永义丝行，殷兆镛因与王永义有姻亲关系，便寻找事端上章弹劾周腾虎。冯桂芬收到京城来信，说殷兆镛"挟嫌之意多于为公"，曾如实转告李鸿章。殷兆镛是江苏吴江人，不但与冯桂芬有同乡之谊，而且是他在詹事府做官时的顶头上司，冯桂芬居然不帮殷说话，可见这时他与李鸿章宾主相得，关系已相当密切了。1863年春，户部尚书罗惇衍向李鸿章问及冯桂芬，有意要荐引之，李鸿章复函称："冯敬翁博通经济，足备咨访，惟其精力渐颓，似无出山之志。"③ 这固然是真实情况，同时也表明李鸿章是不愿让冯桂芬这样的有识之士离开其幕府的。

冯桂芬一直念念不忘要减轻苏南农民的负担。1860 年曾国藩被任命为两江总督后，他就曾托钱鼎铭将自己草拟的"减赋节略"转呈给曾国藩，得到了曾国藩的首肯。由于太平军很快占领了苏南，减赋之说当然也就搁置了下来。进入李鸿章幕府后，冯桂芬又再三提出减赋问题。李鸿章深知江南赋税之重为全国之最，清政府每年在全国征收 400 余万石漕粮，有一半来自

① 《李文忠公全集》，朋僚函稿卷 1，第 10、46、20 页。

② 《李文忠公全集》，奏稿卷 1，第 23 页。

③ 《李文忠公全集》，朋僚函稿卷 1，第 31、37 页；卷 3，第 12 页。

东南，尤其是苏南各地百姓，久已不堪重赋之累，已经到了民穷财尽的地步，而淮军的粮饷也主要取给于苏南，竭泽而渔的赋税政策势必要影响到淮军的生存和发展，所以他对减赋欣然表示赞同，并请冯桂芬代为起草奏稿。1863年5月，李鸿章将几经修改后的奏稿寄给曾国藩审阅时声称："苏省减漕之议，师（指曾国藩）意曾允力行，冯敬亭前辈创稿已久，顷在幕中日催赶办"，前拟让郭嵩焘将奏稿抄寄曾国藩，请他主持定稿，"敬翁云其中委折甚多，似须由此间妥筹"，待奏稿改定后，再请曾国藩领衔会奏。并解释说："署理江苏布政使刘郇膏与苏松太道黄芳"以州县浮收难于尽裁，其要在减额，而敬翁则欲并举。鸿章以为先恳圣恩裁汰浮额，俟得请，再行设局筹议如何删汰浮收章程。希望他尽快表示意见，"此大政，不宜过迟也"①。在征得曾国藩同意后，李鸿章于当月即将奏折封递朝廷，正式提出了裁减苏州、松江、太仓境内"粮赋浮额"的要求，希望将上述三处连同"旧额本轻、毋庸议减之常（州）、镇（江）二属通融核计"，每年上缴漕米"一百万石以下、九十万石以上，著为定额"，"永远遵行"。旋因户部提出：按照李鸿章的办法，"苏、松、太三属实征米五十万石，按之原额，止存十分之四，以常、镇二府额征米较之，未免不得其平"，清廷遂令"将苏、松、太三属漕粮统按原额减去三分之一，常、镇二属照原额酌减十分之一"②。但是，冯桂芬意犹未尽，随即又草拟了一份"减赋续稿"，可江苏布政使刘郇膏阅后却"大不谓然"。这件事本属布政使的职权范围，而冯桂芬偏又不肯让步，李鸿章"屡欲陈疏而不果行"。1864年3月，他曾函告庞钟璐："浮粮再请减成，景亭前辈亦力持此议，方伯（即布政使）断断争执，难与水乳。此事经画甚长，关系极重，固须司（指布政使司）署承办，尤要官绅和衷，鄙人势处两难，已缄商撝帅（指曾国藩，时以两江总督兼协办大学士）折中定论。总须军务

① 《李文忠公全集》，朋僚函稿卷3，第27页。
② 《李文忠公全集》，奏稿卷3，第62页；卷8，第60页。

肃清、流亡日集，方可举行，或俟能者善其后耳。"直至湘军攻下南京后，此事才逐渐议出了一点眉目。是年 10 月，李鸿章在写给曾国藩的信中提及："减漕一事，缘此间官绅意见龃龉，敝处未便偏听武断"，顷与刘郇膏、冯桂芬等"再四筹商"，认为"苏、松、太科则（即征收赋税的标准）轻重悬殊，以按则核减为是"。但是，"常、镇既不再减钱粮，苏、松似难立异"①。待将所有问题基本商定后，再当面向他汇报。经反复协商定议后，已署理两江总督的李鸿章又于次年 6 月奏请"将苏、松、常、镇、太五属额征地漕钱粮一体减免十分之二"。这对于苏南农民来说，当然是一项了不起的德政。多年后，李鸿章仍称赞冯桂芬"留心漕赋三十余年，条议说帖哀然成帙"，应邀参议苏南减赋章程时，力主"除绝浮费，务使实惠及民"②。

寓居上海期间，冯桂芬还撰写了《校邠庐抗议》一书。该书由 40 篇政论文章与 2 篇附录构成，其内容"关系民生国命而旁及西人格致之学"，集中反映了冯桂芬的社会政治主张。

在书中，冯桂芬大胆地揭露了晚清封建统治之腐败，提出了全面改革的要求。针对当时的太平天国起义，他十分尖锐地指出："今天下之乱谁为之？亦官与吏尔，而吏视官为甚。"并进而分析道，"今天下有三大敝：吏也，例也，利也。任吏挟例以牟利，而天下大乱！"即认为：是政治腐败引起了人民的反抗，太平天国起义的爆发是"官逼民反"的结果。所以，他主张精简机构、裁汰冗员、高薪养廉、澄清吏治、删简则例、慎选吏胥、兴修水利、开垦荒地、推广农桑、平均赋税、撙节国用、杜绝亏空、变更军制、停止武试、缩减兵额、整顿军队，通过全面的改革来维护清王朝的统治。

同时，冯桂芬还清楚地认识到了中国落后于西方的严酷事实，主张学习西方以求自强。他亲身经历了清廷在两次鸦片战争中的惨败，视之为奇耻大

① 《李文忠公全集》，朋僚函稿卷 5，第 1、8、36 页。
② 《李文忠公全集》，奏稿卷 8，第 63 页；卷 24，第 29 页。

辱，"天地开辟以来未有之奇愤，凡有心知血气，莫不冲冠发上指"。愤激之余，他清醒地发出了"如耻之，莫如自强"的呼声。通过对西方的广泛了解，他明确地指出：当时的中国"人无弃才不如夷，地无遗利不如夷，君民不隔不如夷，名实不符不如夷"，进而旗帜鲜明地表示："法苟不善，虽古先吾斥之；法苟善，虽蛮貊吾师之"，大力提倡引进西方的机器生产，发展对外贸易，通过"博采西学"，使西洋利器成为我之利器，"复本有之强"，"雪从前之耻"。

在怎样学习西方方面，冯桂芬主张"以中国之伦常名教为原本，辅以诸国富强之术"。即：一方面，认为在中国延续了上千年的传统文化，尤其是以儒学为核心的封建文化正统是不可改变的；另一方面，又积极倡导采用西方的近代科学技术和先进生产方式，以实现富国强兵之目的。实际上首次提出了"中学为体，西学为用"这一洋务运动的指导思想。冯桂芬也因此而成为那个时代的思想先驱。

在如何处理中外关系方面，冯桂芬主张采取以"和"为主的外交策略。出于中国"落后挨打"的现实，冯桂芬尝大声疾呼："自强之道，诚不可须臾缓矣！"但他深知：力求自强，势必要有一个过程；发展国力，首先需要有和平安定的社会环境。所以，他认为，欲改变中国的落后面貌，当务之急是要熟悉外国情形，讲求"驭夷"之道；在中外实力悬殊的情形下，清政府的外交政策"宜一于和，坦然以至诚待之"；同时抓住时机，力图自强。当然，对外主"和"也不是要一味无原则地妥协退让。例如，他主张"借师助剿"，同时又强调必须"操纵进退我为之"。"和"是在为自强创造条件，对待西方列强的正确态度应该是"始则师而法之，继则比而齐之，终则驾而上之"。

《校邠庐抗议》一书开启了一代中国人讲求洋务、学习西方之风气，不但对于洋务运动具有重要的指导意义，而且对后来的戊戌维新运动也产生过积极的促进作用。冯桂芬生前，该书已"传抄日广，京师及长沙均有友人写去副本"①。1876 年，其子按照其生前意愿，删去一些内容过激的篇目，将该书首次刊行。1883 年，天津广仁堂将该书再次付刻。此后，该书一再付梓，版本多达十余种，流传极为广泛。光绪皇帝的师傅孙家鼐侍值南书房期间，曾把《校邠庐抗议》推荐给光绪阅读。1889 年底，光绪皇帝的另一位师傅，时任户部尚书的翁同龢在日记中记载：由于他曾向皇上介绍说，《校邠庐抗议》一书"最切时事，今日上（即光绪）挑六篇，题签交看，足征留意讲求，可喜"②。百日维新期间，根据孙家鼐的奏请，光绪皇帝令直隶总督荣禄将该书印刷 1000 部交军机处转发"部院卿寺堂司各官"学习参考。以至于有人以十分羡慕的口吻说：想不到冯桂芬竟以此而于"身后受特达之知"③。

身为冯桂芬的幕主，李鸿章在学习西方问题上受其影响更大，也更早。1863 年春，李鸿章接受冯桂芬的建议，奏请于上海设立"外国语言文字学馆"（后改称"上海广方言馆"），"选近郡年十四岁以下、资禀颖悟、根器端净之文童，聘西人教习"，学习外语，以培养翻译人才。并声称："彼西人所擅长者，测算之学，格物之理，制器尚象之法，无不专精务实，泐有成书，经译者十才一二。必能尽阅其未译之书，方可探赜索隐，由粗显而入精微。我中华智巧聪明岂出西人之下？果有精熟西文，转相传习，一切轮船、火器等巧技，当可由渐通晓，于中国自强之道似有裨助。"④也就是说，他很希望能够通过该馆培养的人才，大量地引进西学，寻求自强的途径。是年 3 月，上海广方言馆正式开学，先招收学生 40 名，学习期限为 4 年，冯桂芬为之拟订了办学章程 12 则，该馆陆续造就了一批懂得西方科技文化的近代化人才。李鸿章事后追思冯桂芬的倡导之功说："谋设上海广方言馆，务求博通

① 《淮系人物列传》，文职·北洋海军·洋员，第 58 页。

② 《翁文恭公日记》，光绪十五年十二月初四日。

③ 叶昌炽：《缘督庐日记》，光绪二十四年六月初二日。

④ 《李文忠公全集》，奏稿卷 3，第 12 页。

西学，卓识闳议，足裨军国而垂久远。"①

当然，冯桂芬对李鸿章的影响决不仅止于此，稍微留心，即不难看出，李鸿章后来在学习西方、对外主"和"等方面的基本主张，都是与冯桂芬一脉相承的。有人评价冯桂芬："峻整清严，疾恶如仇，敬隐逸，薄显官。吴人仕京朝者素柔和，桂芬独激昂慷慨，有幽、并间气，当世不多觏也。"② 这么一位傲岸不驯的人物，却以年长 14 岁、早两科翰林前辈的资历自甘屈居于李鸿章幕府，两个人政见相合、志趣相投、在学习西方问题上一拍即合，应该说是一个极为重要的原因。

冯桂芬"少工骈体文，中年后乃肆力古文辞，于书无所不窥，尤留意天文、地舆、兵、刑、盐、铁、河、漕诸政"③。渊博的学识，丰富的阅历，使之成为李鸿章的得力助手。李鸿章驻沪期间，他"调和中外，襄筹防剿，动中机宜"。淮军占领苏州后，他积极承办善后事宜，曾倡议并主持兴建苏州试院，参与复建紫阳书院，改建正谊书院，"至若兴水利、端士习、掩埋栖流、积谷恤婺诸务"，"皆赖经营"。对于江苏全省政务，也能"精心擘画，次第举行"，"凡民间利病，知无不言，心力交瘁"。1866 年，李鸿章替换曾国藩北上督师剿捻时，冯桂芬"未随至前敌"，自此脱离了李鸿章幕府，但他仍常参议剿捻方略，与李鸿章"函牍往返，咨度军事，多所匡救"④。此后，他们仍一直保持着联系，经常就时局交换一些看法。

先是，清政府于 1864 年下诏求贤，安徽巡抚乔松年尝举荐冯桂芬，"以病不果行"。次年 8 月，清廷特意询问李鸿章："冯桂芬才识若何，品行有无可取？"李鸿章据实奏复："该员好学深思，博通今古，喜为经世之学，综其所长，于盐政、漕务尤为洞悉源流"，"洋务机要研究亦深"；"惟持论务求刻

---

① 《李文忠公全集》，奏稿卷 16，第 24 页。

② 《近代名人小传》，冯桂芬。

③ 《清史稿》第 44 册，第 13438 页。

④ 《李文忠公全集》，奏稿卷 16，第 24 页；卷 24，第 29 页。

核，不无偏倚"，且"以本籍绅士与闻公事，未免易招物议"。然"究其品行，实为醇正，而识略宏通，学有本原，在江苏绅士固不多得，即近时词臣似亦罕有"。此后"叠经保荐"，且"屡蒙诏旨垂询"，俱"以年老多病不克赴京"。1867 年，清廷以冯桂芬襄办军务与著书兴学之劳，赏加四品卿衔。1870 年 4 月，李鸿章在湖广总督任上，以"冯桂芬平居讲学著书，岿然为东南耆宿"，"追念前劳，允翕众望"①，奏请朝廷赏加三品卿衔，却被吏部驳回。当年李鸿章调任直隶总督后再次奏请，始蒙允准。次年 2 月，李鸿章写信给冯桂芬说：自率淮军援沪以来，"荐牍累万，难免滥竽，惟执事丰才硕德，冠冕东南，区区头衔，尚不足以荣"，而竟遭驳回，是以胸中"积不能平"，亦觉"耿歉于中"，不能不据理力争。幸蒙旨准，可见"江湖遗老简在帝心，天下知东南耆宿之非虚"。在此之前，翰林院编修吴大澂由原籍江苏吴县回京路过天津，李鸿章曾向他询问冯桂芬的近况，所以信中道及"询悉道履康健，著书不辍，名山事业惜未能及时展布，想望风采，怒如輖饥"，并叮嘱他："郡志、通志目前必应纂修，务祈与当事妥商卒业"，表示自己希望能"先睹为快"②。据其门生叶昌炽记载，冯桂芬当时负责主持编纂《苏州府志》，"命余任分纂，又命下乡采访"③。后来发现旧府志所载"星纪图"岁差、度数都有差误，曾亲自加以校正。

1873 年春，漕运总督文彬、山东巡抚丁宝桢等奏请挽黄河复故道（1855 年黄河于河南境内的铜瓦厢溃决，北穿运河，夺大清河入海），以恢复漕粮河运，清廷就此征求李鸿章的意见。冯桂芬获悉此事后，立即将自己的有关论述寄给李鸿章以供参考，同时还提出了在北京种植水稻的建议。李鸿章在写给吴大澂的信中说："自元、明迄今殆七百年，河务、漕务救病不遑，浸成漏卮，迂儒动称法古复旧"，"名曰振作，实同苟且，近人惟敬亭

① 《李文忠公全集》，奏稿卷 9，第 24 页；卷 16，第 24 页。

② 《李文忠公全集》，朋僚函稿卷 10，第 33 页。

③ 《缘督庐日记》，同治九年闰十月十三日。

先生与鄙议差同耳"。是年 7 月，李鸿章按照冯桂芬的见解奏称：一则，黄河铜瓦厢决口处落差达三丈以上，旧河床高出决口以下水面二丈至三丈开外，如挽黄复故，"必挑深引河三丈余，方能吸溜东趋"，不知要耗费多少人力物力；二则，过去黄河决口仅三四百丈宽，往往屡堵屡溃，数年不能合龙，现铜瓦厢决口宽约十华里，实在难以堵塞；三则，黄河故道高出平地三四丈，"若挽地中三丈之水，跨行于地上三丈之河"，随时都有停淤溃决的危险；四则，近年避水之民不断移居于黄河故道中，村落渐多，禾苗一望无际，再让他们迁走，损失太大；五则，旧河堤年久干裂，即使重加修整，也不能尽除隐患，"万一上游放溜，下游旋决，收拾更难"；六则，清初"借清刷黄，颇蒙其利，厥后河、淮不能合流，天时、地利、人事三者皆穷，今即能复故道，亦不能骤复河运"①。所以，挽黄复故有百害而无一利，根本无法实现。

过不多久，李鸿章又复函赞扬冯桂芬有关河务的见解"发前人之所未尽发，言众人之所不能言"，体现了一片"忧国救民之诚"。不但他本人"得所就正，昭若发蒙"，且"将使千百世后疑案复明，浮议全息。先生之功，当不在禹下矣"。自己在奏稿中仅采用了其部分观点，就已经使"海内知交咸相推服"了，表示"鸿章必归美于先生，不敢掠为己有也"。并指责欲复河运者，"实则欲复其弊，上下可交征利也！"至于北方种稻，"必先筹巨款，移南民而为之"，担心以"农事而涉手官吏，亦终无成"，打算先"督防军试办一二"。同时还在信中写道：听说近来"旧疴频发，气体清癯，而著述探讨之勤，穷年不辍，尚宜节宣慎护，以娱颓龄"②，表达了深厚的关切之情。

冯桂芬生性清正耿直，一生注重风骨，讲究操守，不贪利禄，洁身自好，

---

① 《李文忠公全集》，奏稿卷 22，第 9～10 页。

② 《李文忠公全集》，朋僚函稿卷 13，第 22 页。

居家"俭约廉静，旁无姬侍"，为学"无所不通"，晚清著名学者俞樾推崇他对理性之学、经世之学、经籍之学、载记之学、历算之学、辞章之学，均能"一以贯之"①。李鸿章称赞他"品端学邃，体用兼赅"，"平日著书精博，待人接物一出至诚，乡里人士知与不知，皆呼为冯先生"。晚年喜好游览山水，尝访得元代人徐良夫的耕渔轩遗址，"湖光山色绝胜，于其地筑屋数椽供凭眺"②。后于1874年5月病逝于家中，终年66岁。著有《校邠庐抗议》《说文解字段注考证》《弧矢学术细草图解》《西算新法图解》等书，其著述编为《显志堂稿》。

1874年12月，李鸿章以其"力学砥行，洞贯古今，清介自持，尤究心经世之学"，生平"有功于地方"，"吴民至今称道不衰"③，奏请于吴县本籍建立专祠，旋获清政府批准。

二、向往"君民共主"的薛福成

薛福成，字叔耘，号庸庵，江苏无锡人，道光十八年（公元1838年）出生于一个书香世宦之家。其父薛湘早年因家境清贫，不得不"授徒养亲"。后于1845年考中进士，曾先后任镇江府学教授、湖南安福县知县、广西浔州府（今桂平县）知府等官，与曾国藩为朋友。其母顾氏"主持家政，自婚嫁宾祭以至延师课子，区处井然有程度"，平日对薛福成兄弟"教诫不少倦。每归自塾中，必亲理其余课，寒暑风雨之夕，一灯荧然，诵声至夜分乃罢"。由于其母教子有方，经常列举正反两方面的事例加以对比，以激励他们，"故督责非甚严，而所学或倍常程"④。

太平天国起义爆发，使薛福成在思想上受到了强烈的震动，促使他下决

---

① 《显志堂稿》附"墓志铭"；"俞樾序"。

② 《清代七百名人传》下册，第1732页。

③ 《李文忠公全集》，奏稿卷24，第29页。

④ 薛福成：《庸庵文编》卷3，第25、26页。

心抛弃八股试帖之学，转而致力于经世实学，"以备国家一日之用"①。当时，其弟薛福保仍"好攻古文辞，潭思不辍"，薛福成尝责问他："时变方殷，士无论遇不遇，当蕲以有用之学表见于时，胡为矻矻于文艺之末？"②1858年，薛福成参加科举考试，因不擅长于八股文，本已落选，后被独具慧眼的学政李联琇从遗卷中挑出，才得以考中秀才。是年，薛福成随兄探望在湖南做官的父亲，恰值薛湘去世，为清理其父遗留事务，在湖南待了一年多。待他们返回家乡时，因太平军攻占了苏州、常州等地，薛氏已举家迁往他乡。几经周折，才在苏北宝应东乡找到了家人。避难于宝应的五年间，薛福成"兄弟数人，益以读书求志相砥镞。聚居斗室中，昼则纵观经史，质问疑义；夜则一灯围坐，互论圣贤立教微旨、古今理乱得失之要最"。"怡怡愉愉，乐道娱亲，几不知饥寒之将迫、寇警之环逼也"③，学问遂得以大进。

1865年夏，清廷命两江总督曾国藩为钦差大臣，前往山东一带督师镇压捻军。曾国藩北上途中，曾于各郡县张贴招贤榜，以延揽人才。薛福成闻讯后，立即撰写了长达万余言的《上曾侯相书》，并在曾国藩乘船路过宝应时呈递了上去。薛福成就"养人才""广垦田""兴屯政""治捻寇""澄吏治""厚民生""筹海防""挽时变"等八个问题一一展开了深入的论述，尤为愤恨地指出："洋烟不禁，渐染日广；传教通行，许其保护；此中国之大损也。"主张："宜筹专款，广设巨厂，多购西洋制器之器，聘西人为教习，遴募巧匠，精习制造枪炮之法；特选劲队，勤演施放枪炮之法"；"招后生之敏慧者，俾适各国，习其语言文字，考其学问机器"；"倘一国有衅"，则利用列强之间的矛盾，"以各国牵制一国"；"既夺其所长，又乘其所短"，务达自强御侮之目的。曾国藩阅毕不禁击节赞叹，喜形于色地对其幕客李榕说："吾此行得一学人，他日当有造就。"当即邀请其加入幕府，并谆谆嘱咐他：你

---

① 薛福成：《庸庵文外编》卷3，第2页。

② 《薛福成选集》，第181页。

③ 薛福成：《庸庵文续编》卷3，第7页。

的文章"长于论事，年少加功，可冀成一家言"①。

薛福成谨遵曾国藩的教诲，在曾幕中刻苦攻读，多所历练，"以扩见闻，充器识"，对于曾国藩时常提及的"兵事、饷事、吏事、文事四端"尤为上心②，各方面的才干较以前显著提高。同时以参与剿捻军事等劳绩，被曾国藩先后保举为选用同知、直隶州知州并赏加知府衔。

1872年3月曾国藩病死后，薛福成一度任职于苏州书局。三年后，进京赴吏部引见，行至山东境内，获悉光绪皇帝继位后，两宫皇太后颁诏向天下求言，薛福成乃发挥其特长，迅速拟就上朝廷的万言书《应诏陈言疏》，请山东巡抚丁宝桢代呈。内容分为"治平六策"与"海防密议十条"两大部分，前者又分为"养贤才，肃吏治，恤民隐，筹漕运，练军实，裕财用"等条目，旨在用于整顿内政；后者则曰"择交宜审""储才宜豫""制器宜精""造船宜讲""商情宜恤""茶政宜理""开矿宜筹""水师宜练""铁甲船宜购""条约诸书宜颁发州县"，目的是要效法西法以求自强。朝廷令军机大臣将其发交各衙门讨论，其后半部分复经总理衙门"汇入各行省大吏议复海防各折核议"。由此"始定遣使往驻西洋各国之议"，"又议准将条约诸书由总理衙门刊印，颁发各关道、各行省，分行州县"，其余各条亦多被采行。"当此疏初上时，京师颇多传诵者，议论一播，鼓动中外，建言者往往响应而起"。时人盛赞其"洋洋洒洒，浩浩落落，有千岩万壑之观，有清庙明堂之概"。作者于历代"因革损益、成败得失了了胸中，而本朝掌故、近今利弊尤谙悉无遗，故能折中立言以至成文"；不但"能言人之所不敢言"，而且于"直言无讳中，复能处处婉曲，笔笔斡旋，读者但觉其忠爱恳挚，不见其激烈迫切"；"尤妙在事事从浅处、显处著笔，使人易晓，而世易行"，难怪乎能够"传播一时也"③！薛福成亦由此而名动公

---

① 《庸庵文外编》卷3，第1～28页。

② 《薛福成选集》，第215页。

③ 《庸庵文编》卷1，第1～29页。

卿，成为举世公认的洋务通才，丁宝桢、郭嵩焘等纷纷保荐他堪膺驻外使节之任。

　　先是，李鸿章因剿捻军事结束，于 1868 年冬进京陛见后，回南京与曾国藩筹商裁军事宜，薛福成前往谒见，闻其"谈及洋人事，英气伟辩"，自己亦觉深受感染。是年，四川酉阳、贵州遵义等地相继发生教案。翌年，清廷令协办大学士、湖广总督李鸿章负责查办。薛福成听说"洋人以未得所欲，啧有烦言，复驶兵船溯江西上，冀遂其虚声恫喝之谋"，便草拟了一份《上李伯相论西人传教书》，指出："彼洋人敛中国之财，唉中国之民，即率中国之民，启中国之变"；"英、法诸国之远辟疆圉，蚕食西土，大率用此术耳"。倡言："尼洋人之传教，则变速而祸小；徇之畏之，则变迟而祸大；与其坐而待莫大之变，何如先事而制其小变？"并坚信："诚令预讲战守，广储人才，察诸国之可与者，厚约结之，以携其交而披其党；一旦有事，则闭关绝市，扼其牟利之源，然后确持定谋，据险逆击，未睹洋人之必得志也！"[①] 李鸿章随即建议清廷："嗣后遇有教民涉讼，必须查照约章，由地方官持平核办，毫无偏纵，不准教士干预把持。"至于法国公使罗淑亚扬言要率军舰沿江上驶，完全是"虚声恫喝，以相挟制"[②]，根本不必担心。

　　曾国藩去世之初，李鸿章自居掌门大弟子，官位又最高，理应将其"平生功业、志行、精神、气象"，外人所不能尽知者，胪列上奏朝廷，俾"助史官耳目不逮"。可是，"构思数日，竟至不敢下笔"，自以为"文笔弱劣，不能自达其所欲言"，乃函请一直在曾幕的吏部员外郎钱应溥与薛福成为其代拟一折，并特意提出：如果钱应溥实在没有时间，薛福成"手笔极好"，"务恳及时代撰"[③]。薛福成将疏稿拟出后，辗转拖延，竟耽搁了两个多月。这时，李鸿章之兄湖广总督李瀚章、署理两江总督何璟、安徽巡抚英翰已先后

① 《庸庵文编》卷 2，第 45～52 页。
② 《李文忠公全集》，奏稿卷 15，第 56、57 页。
③ 《李文忠公全集》，朋僚函稿卷 12，第 8～9 页。

出奏，李鸿章以"若再陈奏，近于烦渎，因寝不上"，却称道"此等大文，其光气终自不磨灭也"①。

1875 年夏，薛福成应邀正式加入李鸿章幕府，具体负责办理文案。是年，薛福成在为李鸿章代拟的书信中提出："泰西诸国航海东来，实为数千年未有之创局，其势断不能深闭固拒"；"中国能自强，虽斥塞通商，而弥见怀柔之盛；中国未能自强，虽闭关独治，而益多杌陧之虞"。只要"中外上下戮力同心，破除积习，发奋有为，士大夫戒虚务实，戒无用而求有用，风气即辟，贤才日兴，期不难操鞭笞八荒之具"②。表达了其对外开放的基本主张和敢与列强争胜的民族自信心。次年，在为李鸿章代拟的另一封书信中宣称："设令炎帝、轩辕复生乎今世，其不能不从事于舟车、枪炮、机器者，自然之势也。"李鸿章阅后，誉之为"精凿不磨之作"③。

时，英国公使威妥玛以该国翻译官马嘉理带领武装探险队由缅甸进入云南时被当地民众打死，大肆进行外交讹诈，一再扬言要下旗绝交，调兵来华，气焰十分嚣张。清廷令李鸿章负责处理此案。薛福成上书李鸿章分析道："洋人之性，以强弱为是非"，威妥玛意在借端需索，"不过见可而进，知难而退"，"是故敌兵之来不来，不在所许之厚不厚"，若予取予求，示以怯懦，"兵至转速，必复大索于所许之外"，所以"威使如有要挟，宜折之以理，勿稍迁就，则议和或易为功"。同时，鉴于"自古两国相持，备愈严则和愈速"，应该迅速调集劲旅，筹足饷项，令各省举办团练，严加防备，示以志在必战，庶可借设防以定和局。即使战争爆发，亦可有备无患。各省兵力不足，"准令官民迁避，让以空城"，洋人"耗兵费以守空城，犹获石田"，"久必废然退矣"。至于议和的具体条目，"洋人所重者莫如利，商务一节，乃其全神所注"，因其"与滇案毫无关涉，究属节外生枝"，才故意提出觐见皇上、将

① 《庸庵文编》卷 1，第 38 页。
② 《薛福成选集》，第 88 页。
③ 《庸庵文编》卷 2，第 69、70 页。

滇案提京审讯等项要求，"盖料我所不能行"，意在借宾定主。"我视之愈重，彼索之愈急，就令许之，中国尚无大害，洋人亦无大利，是许之而转足以止之。"倒是通商方面的无理要求务宜全力抵拒，以保中国利权。并建议将滇案办理情况，特别是威妥玛的种种无理行径，遍告各国驻华公使，登诸各国报纸，以争取各国舆论的支持；尽快向俄、德两国派遣使臣，以联络邦交；尽管"明知泰西诸国种类虽殊，而交涉中华则仍联为一气，牢不可破"，与俄、德建交"收外助则不足，布疑阵则有余"。李鸿章认为他的意见极有参考价值，随即令其同往烟台协助议和事宜。谈判中，"一切相机措注大略，与此书吻合者十之七八"。丁宝桢当时看到了这份上书，盛赞薛福成"识微鉴远，洞中机宜，其体国之忱、匡时之略、应机之敏、料敌之明，超越寻常万万"，断言："当事者已采择施行，决有成效可观。"①《烟台条约》签订后，李鸿章以薛福成襄助有力，奏请令其以知府留直隶补用。

1877 年 3 月，薛福成因母丧丁忧回籍。次年，驻德公使刘锡鸿奏调其为三等参赞，并函请李鸿章催促他尽快赴德。时刘锡鸿因肆意诬陷郭嵩焘，名声已经很臭，薛福成当然不愿与其为伍，便借口"丁忧人员，例应终制"，请李鸿章代为上奏推辞②。随作《创开中国铁路议》一文，主张修筑铁路"以便商旅，以利转运，以裕税课"③。

1879 年 5 月，薛福成守制期满前十余日，李鸿章即奏称："近值各国交涉事务渐繁，亟须得人襄助。查薛福成志力闳毅，操行笃实，平日究心洋务，研究事理，于轻重缓急机宜，确有体会，为不可多得之才"，要求朝廷转告江苏巡抚，"即令该员赶早北来，以资差遣"④。薛福成重返李鸿章幕府后，正值清廷拟任命赫德为总海防司，主持筹建海军、营构海防等事务。李鸿章虽

---

① 《庸庵文外编》卷 3，第 36～45 页。

② 《李文忠公全集》，奏稿卷 31，第 18 页。

③ 《庸庵文编》卷 2，第 24 页。

④ 《李文忠公全集》，奏稿卷 34，第 10 页。

觉此事甚为不妥，却因总理衙门已表示同意而不便反对。薛福成以为此事关系太大，若不及时制止，此后便难以挽回，当即上书李鸿章，指出："赫德之为人，阴鸷而专利，怙势而自尊，虽食厚禄、受高职，其意仍内西人而外中国。"其任总税务司，"已有尾大不掉之势，若复授为总海防司，则中国兵权、饷权，皆入赫德一人之手"。尽管目前交其统领者不过十余号炮船，"彼得是为嚆矢，渐拓规模，中外魁柄，潜移于不觉，此履霜坚冰之渐，不可不慎也"。同时，赫德虽"长于理财，本不以知兵名，中国初振武备，所倚惟一赫德，恐为东西洋各国所窃笑"。即使要"延揽洋将以供任使"，也应该由驻各国使臣"访求专门名家"，"酌量订募"，且须令其接受南北洋大臣调遣，"庶免太阿倒持之患，其获效亦必胜用赫德远甚"。"若谓总理衙门已与定议，不能中止，宜告赫德以兵事非可遥制"，如果出任总海防司，"须令亲赴海滨，专司练兵；其总税务司一职，则别举人代之。赫德贪恋利权，必不肯舍此而就彼也，则其议不罢而罢矣"。李鸿章"既得是书，踌躇旬日，始撮举书中要语，函达总理衙门"。总理衙门这才看到了此事的严重性，乃依其意回复赫德，"赫德果不愿行，遂罢此议"①。

是时，日本吞并琉球，俄罗斯强踞伊犁，德国借修约而要挟多端，有识之士咸以国势微弱、外患日逼为忧，薛福成为挽救时局而撰写了《筹洋刍议》一书。

首先，薛福成分析了变法的紧迫性和必要性。他大声疾呼："今天下之变亟矣！""泰西诸国以其器数之学勃兴海外，履垓埏若户庭，御风霆如指臂，环大地九万里，罔不通使互市，虽以尧、舜当之，终不能闭关独治"，"于是，华夷隔绝之天下，一变为中外连属之天下"。处此剧变之世，亟须变法以应之，"世变小，则治世法因之小变；世变大，则治世法因之大变"，"苟不知变，则粉饰多而实政少，拘挛甚而百务弛矣"。

---

① 《庸庵文编》卷2，第53～55页。

其次，提出了变法的基本原则。他宣称："今诚取西人器数之学，以卫吾尧、舜、禹、汤、文、武、周、孔之道，俾西人不敢蔑视中华"，"是乃所谓用夏变夷者也"。并解释说：不变者"道"也，"宜变今以复古"，即："我国家集百王之成法，其行而无弊者，虽万世不变，可也"；迭变者"法"也，"宜变古以就今"，即："假造化之灵，利生民之用，中外所同也，彼西人偶得风气之先耳，安得以天地将泄之秘而谓西人独擅之乎？又安知百数十年后中国不凌驾其上乎？"

再次，主张大力兴办近代工商业。他以为："论西人致富之术，非工不足以开商之源"，是则工为其基而商为其用。鉴于英国"工商之务，蒸蒸日上，其富强甲于地球诸国"，所以要积极引进机器生产，大兴"制造之利"。进而指出："商务不盛，利输于外，犹水之渐泄而人不知也"；"矿政未修，货弃于地，犹水之渐涸而人不知也"。只要引进了机器生产，"中国多出一分之货，则外洋少获一分之利，而吾民得自食一分之力。夺外利以润吾民，无逾于此者矣"。由此，中国即可渐臻于富，"中国富而后诸务可次第修举，如是而犹受制于邻敌者，未之有也"。

复次，建议采取独立自主的外交方针。他指出：根据国际公法，一国有事，各国可以从中调停，"而今日之中国，断不能得之于西人"。这是因为列强的态度完全是视中国的实力强弱为转移的，"中国能自强，即邻邦启衅，各国出而调停，未尝无小益；中国未能自强，而狡寇争雄，各国因之玩侮，必致有大损"。有人主张以民族权益换取列强的支持，"今中国让之以利，彼且谓恫喝而得之也，必有得步进步之心，是让之仍无益也"。因而，中国的外交必须建立在自身实力的基础上。当时对中国威胁最大的是沙俄和日本，"俄之边境包中国东、西、北三面，横亘二万里"，其于向西扩张受挫之后，"将务于东，此必至之势也"；"日本人性桀黠，蔑视中国，彼将以远交近攻之术施之邻邦"，"渐且南犯台湾，北攻朝鲜，浸寻达于内地，殆必至之势矣"。"为今日计，御俄人之道利用柔，非柔也，化其争竞之气也；御日本之道利用刚，非刚也，示以振作之机也"。只要在外交上"略细故而昭大信，使之无隙可乘，中国乃得以其暇讲求一切富强之具，事固大可为也，时亦大可乘也"。

最后，期望能够挽回部分民族权益。他指出，"中国立约之初，有视若寻常而贻患无穷者，大要有二：一则日一国获利各国均沾也"，"一则日洋人居中国不归中国官管理也"。对于前者，可以拟订一份各国通行的条约稿本，"凡有外国订约者，即按通行之约以授之"，所谓片面最惠国待遇就没有实际价值了；对于后者，"既不能强西人而就中法，且莫如用洋法以治洋人"，如果在各通商口岸成立专门的审判机构，"参用中西律例"或依据西方法律，专门审判涉外案件，"以洋法治洋人，所以使洋人难逃法外也"，所谓领事裁判权也就可以逐步收回了。他认为："修约之举，期于两国有益无损；损一国以益一国，不行也"；"其万不能允者，始终坚执一辞，而彼固无如我何也"①。主张在修约谈判中与洋人据理力争，以维护未失之利权，换回已失之利权。

《筹洋刍议》一书比较全面地反映了薛福成的洋务思想，在维护民族权益方面具有爱国性，在发展近代工商业方面具有进步性，在学习西方方面具有开放性，代表了洋务派当时所能达到的最高思想水平。

该书写成后，薛福成将其送给李鸿章审阅，李鸿章极为赞同书中所提的各项建议和主张，认为该书对于办理洋务和外交具有一定的指导意义，遂将其上呈总理衙门，"备采择"。驻英、法、俄三国公使曾纪泽和驻日公使黎庶昌皆曾携带该书，以供参考。"而二三友朋，时来借抄不辍。"经常有人劝请将其刊印，薛福成起先以该书不过是"一时私论"，对于自己的洋务思想"大端所宜发挥者，十未得一二"②，还需要进行大量的增补，因

---

① 《薛福成选集》，第 526 ～ 557 页。
② 《薛福成选集》，第 526 页。

而不愿草率行事，后来一直没有时间从事此项工作，才于1885年底将该书付刻。随着这本书的广泛传播，薛福成也成为世人公认的著名洋务理论家。

薛福成重返李鸿章幕府的起初两年，连续代李鸿章起草了好几份奏折，乘机向朝廷反复陈述了自己对时局的看法，并提出了应该采取的应对之策。他以十分紧迫的口吻指出："迩来各国环伺，外侮交加，未雨绸缪，正在今日"，甚至连日本这么一个"蕞尔弹丸"之国，"近亦思学步西人，陵侮中国"。所以，"中国自强之图，诚难一日稍缓矣"！这是因为"洋人之要挟与否，视我国势之强弱，我苟能自强，而使民物殷阜，洋人愈不敢肆其要求；我不能自强，则虽民物萧条，洋人亦必至隐图狡逞"。即使是维持中外和局，也必须以国家的实力为后盾，"从来御外之道，必能战而后能守，能守而后能和。无论用刚用柔，要当预修武备，确有可以自立之基，然后以战则胜，以守则固，以和则久"。中国首先必须尽快建立并大力发展近代海军。为此，轮船"制造之法，宜渐扩充。果使所造行驶之速、锋棱之利，不逊于洋厂，虽需费稍多，亦可免洋人之居奇，开华匠之风气"。并特别强调："日本狡焉思逞，更甚于西洋诸国。今日所以谋创水师，不遗余力者，大半为制驭日本起见。"只要能够注意及此，大力投入，"数年之后，船械齐集，水师练成，声威既壮，纵不必跨海远征，而未始无其具，日本嚣张之气，当为之稍平，即各国轻侮之端，或亦可渐弭"。若从长远观点看，"此项水师，果能全力经营，将来可渐拓远岛为藩篱，化门户为堂奥"①。

鉴于创建海军、扩充军备都需要有一定的经济实力为基础，他在奏折中大谈"欲自强，必先裕饷；欲浚饷源，莫如振兴商务"的道理，希望能够积极引进机器生产，全面发展近代工矿业和中外贸易，中国"商船能往外洋，俾外洋损一分之利，即中国益一分之利"。对于顽固派的阻挠攻击，他据理

---

① 《薛福成选集》，第123、144、141、145、147、133、148页。

批驳道："欲自强必先理财，而议者辄指为言利；欲自强必图振作，而议者辄斥为喜事；至稍涉洋务，则更有鄙夷不屑之见横亘胸中。不知外患如此其多，时艰如此其棘，断非空谈所能有济。我朝处数千年未有之奇局，自应建数千年未有之奇业；若事事必拘守成法，恐日即于危弱，而终无以自强。"并强烈地要求朝廷："坚持定见，激励人才，勿为浮议所摇，勿为常例所格，内外臣工，同心戮力，以图自治自强之要，则敌国外患，未必非中国振兴之资，是在一转移间而已。"①

同时，他还向朝廷揭示不平等条约的危害说："从前中国与英、法两国立约，皆先兵戎而后玉帛，被其迫胁，兼受蒙蔽，所定条款，受亏过巨，往往有出地球公法之外者。"特别是有关片面最惠国待遇的规定，"一国所得，诸国安坐而享之；一国所求，诸国群起而助之。遂使协以谋我，有固结不解之势"。李鸿章于 1871 年与日本签订的中日《修好条规》，本已删去了这一条款，现在日本欲借修约之机再将其加入条约内。薛福成在奏折中提出："修约须彼此互商，断无一国能独行其志者。日本必欲得均沾之益，倘彼亦有大益于中国者以相抵，未尝不可允行；若有施无报，一意贪求，此又当内外合力坚持勿允者也。"他主张：在与日本或俄国的关系上，"与其多让于倭，而倭不能助我以拒俄，则我既失之于倭，而又将失之于俄；何如稍让于俄，而我因得借俄以慑倭，则我虽失之于俄，而尚可取偿于倭"②。最先提出了"联俄制日"的外交策略。

尤其是议复刘铭传奏请修筑铁路一疏，声称："泰西诸国，研精器数，创造火轮舟车，环地球九万里，无阻不通。"列强早已觊觎中国路权，"今我先自兴其利，且将要路占造，庶足关其口而夺之气，使之废然而返矣"。全面分析了修筑铁路有九大利益，又特别强调，路成之后，沿途民众"一旦睹

---

① 《薛福成选集》，第 146、142、124 页。

② 《薛福成选集》，第 130～131、134、133 页。

运销之便，则自耕织以外，必更于艺植之利、工作之利，一一讲求"，可以大大促进各地商品经济的发展。进而提出了要在中国修筑由清江经山东达北京、由汉口经河南达北京及"由京师东通奉天（今沈阳）、西通甘肃"四条干路的初步规划。考虑到国库空虚、民生艰窘的社会现实，表示赞同刘铭传提出的借洋债筑路的主张，理由是"借债以兴大利，与借债以济军饷不同。盖铁路既开，则本息有所取偿，而国家所获之利，又在久远也"。但又指出，"借债之法有不可不慎者三端"，必须坚持"一切招工、购料与经理铁路事宜，由我自主，借债之人毋得过问"；"不准洋人附股，设立铁路公司以后，可由华商承办，而政令须官为督理"；"议明借款与各海关无涉，但由国家指定日后所收铁路之利，陆续分还"三项基本原则。甚而建议"中国既造铁路，必须自开煤铁，庶免厚费漏于外洋"①。这在当时可以说是最有思想深度的了。

　　这些奏折在得到李鸿章的首肯后，便以李鸿章的名义奏报了朝廷。于是，奏折中的见解也就成了李鸿章的观点。诚然，李鸿章在学习西方、兴办洋务方面是有主见的，其思想水平也确实要高出于当时的其他洋务派官僚。可事实证明，其洋务思想，尤其是有关一些具体问题的看法，很大一部分是来源于薛福成的。

　　1880 年春，李鸿章向清廷举荐薛福成"堪备关道之选"，私下里还说："他日出洋需才，亦未始不可借重。"次年，薛福成一度受命署理直隶宣化府知府，"任内于均徭恤狱诸事，均能实力整理"。是年夏，张佩纶来到天津，与薛福成谈起创办北洋海军之事，薛福成便草拟了一份"酌议北洋海防水师章程"，提出了建立近代海军、加强北洋海防的整套方案。后来，北洋海军成立，所订章程与其多相吻合。10 月，李鸿章写信告诉时任四川总督的丁宝桢："叔耘才堪专对，但内意尚未共信，容当设法位置，以

---

① 《薛福成选集》，第 135、138、142、139、140 页。

培其资望。"①

1882 年 7 月，朝鲜发生"壬午兵变"，日本因使馆被焚，被杀 12 人，伤 6 人，举国舆论大哗，决定派兵入朝，待机采取行动。清朝驻日公使黎庶昌"侦得确音，急递密电"，向国内告变。时李鸿章已丁母忧回籍，署理直隶总督张树声"接阅电信，谋之幕僚，欲函请总理衙门奏明请旨发兵往援"。这时，薛福成提出：似此"辗转筹商，往反之间已五六日，若倭兵先到朝鲜，彼且虏其王而踞其都"，朝鲜就有可能像琉球一样被其吞并了。因而力主"中国宜于此时飙驰电发，为朝鲜速定内变，内变定而日本无能为矣"②。张树声当机立断，马上派提督丁汝昌、道员马建忠率威远、扬威、超勇三舰先期赶赴朝鲜，随又奏派提督吴长庆率淮军六营继往，以迅雷不及掩耳之势平定了朝鲜的变乱，消除了日本干预的借口，从而稳定了朝鲜的局势。事后，已被清廷强行调回天津的李鸿章和张树声奏请朝廷奖赏薛福成的筹策之功，奉旨以道员留直隶尽先补用。明年，清廷以其胞兄薛福辰调补直隶通永道，薛福成"循例呈请回避"，经吏部抽签，将其改派至河南候补。"张树声饬令将经手事件交代清楚，再行给咨前往。"恰值李鸿章请假回籍葬母后归来，即专片奏称："薛福成器识沈毅，才猷练达，学术湛深"，"尤究心中外大局"，先后在曾国藩、李鸿章幕府"随办军务、洋务多年"，"赞画机宜，均有裨助。现值越南多事，筹布海防，办理交涉，需才方亟"，要求朝廷准许，将其"暂留北洋差遣，以资得力"③。

1884 年夏，薛福成被清政府任命为浙江宁绍台道。待他抵宁波接任时，中法战争已经爆发。宁波位于浙东沿海，是清政府重点设防的区域之一。当时，浙江提督欧阳利见驻守于镇海之金鸡山，记名提督杨岐珍驻守于招宝山，记名总兵钱玉兴督部分守各要隘，以备策应，守备吴杰统领威远、靖远、镇

---

① 《李文忠公全集》，朋僚函稿卷 19，第 7 页；卷 20，第 15 页。

② 《庸庵文编》卷 2，第 61、60、56 页。

③ 《李文忠公全集》，奏稿卷 46，第 36 页。

远三炮台炮兵，皆受浙江巡抚刘秉璋节制。由于刘秉璋不可能一直驻扎在前敌亲自指挥，"将吏不甚相统摄"，乃委派薛福成综理海防营务处，策划战守机宜，调处诸将关系，并对他"始终言听计从，毫无掣肘"。薛福成督饬各军积极筹备沿海防务，"沿海两岸，修筑长墙，绵亘殆二三十里；冲要之口，埋伏地雷；每于山冈显露之处，设立疑营"；"凡炮台皆换石为土，取以柔制钢之妙；换明为暗，务使虚实相间"，使敌不知我兵所在；"海口百余丈之宽，钉桩沉船，周密无间"，"他若造宁、镇电线以捷军报，预以厚糈雇养善领港之洋人以绝法船之向导，密耸英领事扬言保护定海以杜法人之窥伺"等亦一一筹及，"尤以联上下、化异同为职"。一时"百务环集，寝馈为废，飞檄发电，笔不停挥，手腕欲脱"。从而，大大加强了浙东沿海的防守能力。"镇海一口，本非敌所必犯"，次年3月初，法国舰队因追击南洋大臣所派增援台湾的兵船来到这里，"又因浙防声势弱，有轻我心"，遂率尔发起进攻，结果反被击伤两舰。自此"与我相持四五十日，欲蹈暇伺间以图一逞，卒不可得"。事后，薛福成颇为自豪地说："浙防无督办大臣，亦未拨巨饷"，由他负责"筹划一切"，"位望最轻，用饷最省，而气势完固，有胜无败，非特中法开战后所仅见，实与洋人交涉后初次增光之事也"[①]。李鸿章也曾赞扬他在浙东的"固守之功，一时称最"。

1888年初，薛福成被清廷提拔为湖南按察使，未及赴任，即于翌年春进京陛见时改为以三品京堂候补，赏加二品顶戴，出任驻英、法、意、比四国公使。后在苏州患疟疾、吐血、两脚肿痛、体虚畏寒等症，一再请假医治。至1890年春，病情有了好转后，"以使事紧要，扶疾遄行"。

使欧期间，薛福成依据国际公法，与英国政府反复交涉，使其同意将新加坡领事升格为总领事，在槟榔屿、马六甲等六处增设副领事，在缅甸之仰光、印度之加尔各答设置领事，要求删除加拿大苛待华侨的有关规定，以保

---

① 《薛福成选集》，第246、236～237、235、247页。

护当地华侨的利益，并奏请清廷废除了不准华侨归国的禁令。又密疏奏请与英国举行滇缅界务、商务谈判，经过据理力争，签订了《续议滇缅界务、商务条款》，收回了汉龙、天马、铁壁、虎踞四座关隘与野人山内之昔马、潞江以东之科干、车里和孟连两土司辖境等处土地。云贵总督王文韶称赞他"深心毅力，独为其难"。李鸿章认为此举足以"隐杜英、法窥伺滇边之萌，有裨于边防者尤大"①。薛福成也由此而赢得了极大的声誉，被人们视为不可多得的外交人才。

更为重要的是，薛福成通过游历欧洲各国，深入考察其人情风俗、社会经济和政治制度，进一步开阔了视野，思想上有了更大的进步。

薛福成了解到"泰西风俗，以工商立国，大较恃工为体，恃商为用，则工实尚居商之先"，西方各国"按年预计国用之大者"，制订财政预算，"量出以为入"，且"取之于民，而仍用之于民"。工商诸务，"国家皆设官以经理之，又立法以鼓舞之"。"平时谋国精神，专在藏富于商，其爱之也，若子；其汲之也，若水"，"其绸缪商政，所以体恤而扶植之者，无微不至"。凡有创造"国家给予凭单，俾独享其利，则千万之巨富可立至焉"，且"朝野上下敬之慕之，扶之翼之"，所以才能收到工业发达、经济繁荣、国家昌盛之效果。鉴于西人"恃商为创国、造家、开物、成务之命脉，迭著神奇之效"，他倡言："是握四民之纲者，商也！"中国"欲劝百工，必先破去千年以来科举之学之畦畛，朝野上下皆渐化其贱工贵士之心"②。

薛福成盛赞："西洋诸国开物成务，往往有萃千万人之力而尚虞其薄且弱者，则合通国之力以为之，于是有纠集公司之一法。官绅商民各随贫富为买股多寡，利害相共，故人无异心；上下相维，故举无败事。由是纠众智以为智、众能以为能、众财以为财，其端始于工商，其究可赞造化。尽其能事，

---

① 《李文忠公全集》，奏稿卷78，第39、38页。
② 《薛福成选集》，第482、416、367、417、578、483页。

移山可也，填海可也，驱驾风电、制御水火亦可也。"相比较之下，晚清洋务派所创办的企业虽也"颇仿西洋纠股之法"，但规模不及西方大公司千百分之一，是以"气不厚，势不雄，力不坚，末由转移全局"；而商办公司往往"应手立败，甚且干没人财为饮博声技之资"，遂"使天下之有余财者，相率以公司为畏途"。他认为："中国公司所以无一举者，众志漓、章程舛、禁约弛、筹划疏也"，造成这种状况的原因则是由于风气不开化。西洋各国视公司"为立国命脉，有鼓舞之权，有推行之术，有整顿之方"，清政府应该加以采择，以转移风气。否则，"风气不变，则公司不举；公司不举，则工商之业无一能振；工商之业不振，则中国终不可以富，不可以强"①。

薛福成指出：西方"各国于振兴商务之道，无不精心研究，其纠合公司之法，意在使人人各遂其私求；人人之私利既获，而通国之公利寓焉"。可是，"中国地博物阜，本为地球精华所萃，徒以怵于言利之戒，在上者不肯保护商务，在下者不肯研索商情，一二饶才智、识大体者相率缄口而不敢言，偶有攘臂抵掌而谈之者，则果皆忘义徇利之小人也"。其实，"中国圣贤之训，以言利为戒"，"皆指聚敛之徒专其利于一身一家者言之也；《大学·平天下》一章半言财用"，"可见利之溥者，圣人正不讳言利"。"后世儒者不明此义，凡一言及利，不问其为公为私，概斥之为言利小人，于是利国利民之术废而不讲久矣。"②因而，所谓"君子喻以义，小人喻以利"的传统观念，必须彻底改变。

薛福成看到："西洋大国图治之原，颇有条理"；"西洋各国经理学堂、医院、监狱、街道，无不法良意美"；在政治制度方面亦有其优越之处。他进而分析道，"地球万国内治之法不外三端：有君主之国，有民主之国，有君民共主之国"。君主之国，政权操之于君主，"其弊在上重下轻"，"役民

---

① 薛福成：《庸庵海外文编》卷 3，第 38～39 页。

② 薛福成：《出使日记续刻》，光绪十八年六月三十日。

如牛马，俾无安乐自得之趣"，且"舆情不通，公论不伸"；民主之国，"政权全在议院"，"其用人行政，可以集思广益，曲顺舆情，为君者不能以一人肆于民上"，将相大臣亦"不敢有恃势陵人之意"，"然其弊在朋党角立，相互争胜，甚且各挟私见而不问国事之损益"；君民共主之国，"政权亦在议院，大约民权十之七八，君权十之二三"，"无君主、民主偏重之弊，最为斟酌得中"①。

薛福成还介绍说："泰西诸大国，自俄罗斯而外，无不有议院。""议院者，所以通君民之情也，凡议政事，以协民心为本。大约下议院之权，与上议院相维制；上、下议院之权，与君权、相君相维制。"英国实行的是两党制，法国则党派较多。"西洋各国议院员绅由民推选，大抵皆取器识明练、才辩锋生者，而尤以家道殷实为第一要义。""议员俸金初不甚丰"，"盖视此为扬名成业之具，而非为养身肥家计也。议员中资深望重者，可举为宰相（即内阁首相）及各部尚书（即大臣或部长），或为伯理玺天德（即总统）"。"凡宰相所行之政，议院中是之者少，非之者多，则宰相必自告退；宰相退，而其所举之各部大臣莫不告退；由伯理玺天德另举一人为宰相。其被举者，必先自审其党友之中可为各部尚书者若干人，若尚阙而不备，则必力辞不敢居位，而伯理玺天德又别举焉。"②

薛福成主张采用机器生产、组织股份公司来发展社会经济，要求提高工商业者的社会地位，希望国家政权能够制定切实的政策以维护工商业者的利益，说明他已经成为新兴资产阶级的代言人。薛福成敢于抛弃传统的义利观，推崇西方的议会制度，主张实行"君民共主"的君主立宪制度，标志着他已经基本完成了由洋务理论家向早期维新思想家的转化。

出任驻外使节以后，薛福成随即于1890年被任命为光禄寺卿。次年，

---

① 《薛福成选集》，第500、583、586、605、606页。
② 《出使日记续刻》，光绪十八年二月十八日；光绪十八年五月十三日。

先调任太常寺卿，再转任大理寺卿。1892年秋，又升任都察院左副都御史。任满前夕，他撰拟了一副对联曰："情话悦亲朋，莫谈邑中狱讼钱粮事；交游择贤俊，愿识天下学问经济人。"①

并先期寄回家中悬挂，表明他当时已经决定，回国后即退居林下，不再干预地方政事，只愿意结交文人墨客与从事工商业的所谓"经济人"。

1894年5月，薛福成"交卸使任"后起程回国。李鸿章说他"于出洋之初，患染时症"，未及根治；驻节于伦敦，"四面濒海，风雾不时，水土异宜"，"频年调理，迄未痊愈"；回国时"正值盛夏"，途中"感受红海之炎郁，印度、台澎洋面之台飓，病益不支"；7月初"行抵上海，疾剧不能前进，延医调治不效"，延至是月21日溘然长逝，终年57岁。次月，李鸿章专折向朝廷奏报了薛福成病逝的消息，极力称赞他"学识深稳，淹通古今"，"平日讲求经世之学，于洋务利弊尤为洞彻源流"；"其趋功之勇，治事之勤，实为今日所罕见"。并以十分沉痛的口气说："该大臣年未六旬，志力本健"，"当此洋务需才之际，方期得效尺寸之长，中道摧折，深堪痛惜"，请求朝廷"从优赐恤"②。

薛福成为人朴实正直，不善钻营。有人说"其人长厚若老儒，肆应非所长"③。他于任宁绍台道期间，被举荐为出使后备人才，奉旨进京引见，曾登门谒见了时任工部尚书的翁同龢。翁同龢对他印象甚好，在日记中说他"能古文辞""熟洋务""人稳实"④。

薛福成思想敏锐，好学深思，很容易接受新事物，每有所闻、所思，必形诸笔端，其日记涉及的内容十分广泛。薛福成一生学而不厌，即使是公务十分繁忙之际，稍有闲暇，仍笔耕不辍。有人说他的文章"演迤平

---

① 《出使日记续刻》，光绪十九年二月十七日。

② 《李文忠公全集》，奏稿卷78，第39～40页。

③ 《近代名人小传》，薛福成。

④ 《翁文恭公日记》，光绪十年五月初四日。

易，曲尽事理，尤长于论事记载"①。生平著述颇丰，留下了一些脍炙人口的传世之作。其主要著作有《筹洋刍议》《浙东筹防录》《出使奏疏》《出使公牍》《出使四国日记》《出使四国日记续刻》《庸庵文编》《庸庵文续编》《庸庵文外编》《庸庵海外文编》（以上著作汇编为《庸庵全集十种》），《庸庵笔记》《庸庵别集》等。另外，他还主持编撰了《续瀛环志略》等书籍。

三、主张与洋人"商战"的郑观应

郑观应生于道光二十二年（公元 1842 年），本名官应，字正翔，号陶斋，别号杞忧生、慕雍山人、罗浮偫鹤山人（亦作偫鹤山人），广东省香山县（今中山市）人。出身于乡村知识分子家庭，其父郑文瑞"夙承家学"，饱读经书，却始终未能通过科举之途博得功名，只能长期在家乡设帐授徒谋生。

郑观应幼从其父攻读四书五经，也曾想走科举做官之路。1858 年应童子试，未中。即因家境不太宽裕，奉父命弃学从商。

广东香山靠近广州，与香港仅一水之隔，外出经商，至洋行谋事相沿成风，素有"买办故乡"之称。郑观应祖居的雍陌乡与澳门近在咫尺，在洋行任买办的人更多。他的叔父郑廷江当时为上海新德洋行买办，上海宝顺洋行高级买办曾寄圃和怡和洋行著名买办唐廷枢与他家都是亲戚，宝顺洋行的另一位买办徐润与郑家是两代世交。做买办、经商对于郑观应来说，似乎也是顺理成章的事情。

郑观应于 1858 年来到上海，投奔他的叔父郑廷江，一边跟着他学英语，一边充任杂役，"供走奔之劳"。次年，经曾寄圃等介绍，进入宝顺洋行做买办。是年冬，随该行洋人赴天津考察商务，年后才返回上海，旋被分派管理

---

① 《清史稿》第 41 册，第 12481 页。

丝楼与轮船揽载等事务。工作之余，参加英国人傅兰雅开办的英华书馆夜读班，比较系统地学了两年英语，同时粗略地了解了一些西方资本主义国家的社会状况，开始"究心泰西政治、实业之学"①。

1867 年，郑观应与怡和洋行买办唐廷枢、郭甘章等集资 17 万两，伙同洋商士多达等成立中外合办的公正轮船公司，经营长江航运业。郑观应被推为该公司董事。同时还开办了荣泰驳船公司，逐步积累了一些经营近代轮船航运业的经验。翌年，宝顺洋行因竞争过于激烈而歇业，郑观应转而至和生祥茶栈任翻译。随后与卓子和合伙承办了这个茶栈。茶栈业务虽好，但各帮茶商拖欠日多，渐觉周转不灵，遂于 1871 年主动关闭。此后，郑观应一度赴扬州出任宝记盐务总理。

1873 年，英商太古洋行组建轮船公司。该公司总船主麦奎因早先曾在宝顺洋行与郑观应共过事，对郑的才干十分器重。经他极力邀请，郑观应参与了太古轮船公司的创办工作。由他介绍，太古以 26 万两白银的价格买下了公正轮船公司的轮船、码头等一切设备。次年 2 月，郑观应被正式聘任为太古轮船公司总理，并兼管账房、栈房等事务，签订了为期三年的聘用合同。于是，他在经办公正轮船公司时积累的经验这下派上了用场。郑观应千方百计地缩短轮船的运行周期、降低运输成本、争取货源、多装来回货，在提高利润率的基础上，再扩大运输量。在他的成功经营下，太古轮船公司以三艘旧船起家，顶住了美商旗昌轮船公司的竞争，以后"逐年添船，获利更厚"②。太古轮船公司方面见他经营有方，成效显著，于 1877 年 2 月第一次合同期满时，又与他续签了五年的聘用合同。

早先，郑观应自己曾开设有揽载行。进入太古后，为了替太古轮船公司拉拢客货，同时扩大自己经营的商务范围，又相继在沿江各地与沿海的一些

---

① 郑观应：《盛世危言后编》卷 8，第 31 页。
② 郑观应：《盛世危言》卷 3，第 13～15 页。

口岸设立太古昌和太古辉揽载行、天津源泰揽载行、福州宝泰过载行；在营口、牛庄、汕头等地设立北永泰号以"代客办货"，主要经营从东北采购大豆、小麦、豆饼等运往汕头、香港等地的业务；在四川、汉口、上海开设了仁泰昌杂货号和恒吉钱庄。赚钱的门路越来越广，盈利的数额也越来越大了。当时，他在太古的年薪达 7000 两以上，再加上业务上的回扣，年终的红利，也是一笔不菲的收入，郑观应很快积累了可观的资金，成为腰缠万贯的富商。

这段时间，李鸿章任用唐廷枢、徐润、盛宣怀等人先后开办了轮船招商局、开平矿务局、电报总局等近代民用企业，并着手筹办上海机器织布局。唐廷枢等与郑观应关系相当密切，他们在为企业筹集资金时，少不了要请郑观应帮忙。一则碍于亲朋好友的情面，二则为了追逐更大的利润，同时也是出于对中国人自办的近代企业的支持，郑观应曾大量地投资于这些官督商办的洋务企业。仅上海机器织布局，他即先于 1878 年投资 10000 两，又于两年后再认股 50000 两。同时，他还曾投资徐润等附设于轮船招商局的仁济和保险公司。19 世纪 80 年代初，他又与盛宣怀等共同筹划集股开采山东登、莱、青、莒四府和东北锦州等处的五金矿藏，负责筹集资金开办造纸公司。投资于近代企业，使郑观应具备了买办和民族资产阶级的双重身份。

为了提高自己的社会地位，郑观应于 1869 年花钱捐了个员外郎官衔，次年又加捐为郎中。19 世纪 70 年代后期，直隶、山西、河南、陕西等省发生严重灾荒，郑观应与盛宣怀、经元善等江浙绅商在上海设立筹赈公所，募集资金救助灾民，甚至将其母陈氏遗留的 1000 两白银也捐了进去，从而赢得了人们的普遍好评。1878 年，他又与经元善筹集资金 10000 银元，在天津东门外南斜街设立广仁堂，"收养天津、河间两府属遗弃子女、贫苦节妇"。后迁至天津西门外太平庄，共建屋 280 余间，分设六所。其中，慈幼所专门收养男孩；蒙养所设有义塾，"延师课读"；力田所购有土地，种植粮食、蔬菜；工艺所学习"编藤、织蓆、刻字、印书"；敬节所收养节妇、幼女，定额达750名之多；戒烟所延医配药，三年间戒除鸦片烟瘾者达2000余人①。是年，清政府授予他"双月选用"道员官衔。于是他由商而绅，步入了沪上名流的行列。

尤为可贵的是，郑观应在大把挣钱、以钱谋官之际，既未一头扎进钱眼里，也未一心扑在仕途上，而是利用一切机会仔细地观察各种社会现象，深入地分析各种社会问题，及时地将自己的看法和体会写成文章，刊登在《申报》《瀛寰琐记》等报刊上，以警醒国人。1873年，他将自己60年代至70年代初陆续撰写的24篇文章，汇编为《救时揭要》一书刊行。在这本书中，郑观应揭露了西方殖民者掠卖华工的罪行，指出：仅澳门一地专门掠卖华工的"猪仔馆"就有200家，与洋人串通的拐徒达数万人。被拐卖的华工大半死于中途，少数到达外国者亦备受洋人的欺诈凌辱。他主张禁止鸦片，"以重官箴，以齐民俗"；开设议院以安置"无赖丐人"，使之"化莠为良"。对于"洋人入我中国营生，渔我中国之利，反不循我中国之规矩"尤为愤愤不已。他认为，在当时经营长江航运业的外商轮船公司中，"华商之资附洋行而贸易者，十居其九"，希望清政府能够利用这股力量，由商民自造轮船，以发展中国近代航运业；建议将漕粮交轮船海运，以确保其利。他还大力倡导发展机器制造业，努力使中国像西方国家那样，"种田、刈稻、织布、提丝，甚而至于陶、冶、金、殿（殿中）百工之事，皆以机器代人"，方能日益富强。这些方面，体现了郑观应具有反对外来侵略的爱国主义情感和发展资本主义工商业的进步主张，在社会上产生了一定的积极影响。但他同时又一再声称："自古以来，普天之下，未有善而不福、恶而不祸者，惟报应之迟速不等耳。"企图以宣扬因果报应来劝人行善，以达到治人心、救颓世的目的，就未免显得有些天真而幼稚了。

---

① 《李文忠公全集》，奏稿卷43，第37页。

1880年,郑观应又将他于70年代撰写的36篇文章编为《易言》一书,交由中华印务总局排印出版。从这本书中,可以看出郑观应的思想认识较以前有了长足的进步。

在中外关系方面,他认为,西方列强侵略中国的主要手段"不外通商、传教两端";"通商则渐夺中国之利权,并侵中国之地;传教则侦探华人之情事,欲服华人之心",二者是相辅相成的。在外国教会势力的诱导下,一些无耻的莠民往往"以进教为护符,作奸犯科,无所不至",而洋教士对他们则百般加以庇护。这些教士、教民在反洋教斗争中受到民众的惩罚,实在是"有自取之由",因而严正地提出:"外国教士所至之处,应归华官约束,有干预公事、挟诈侵权者,立即咨请该国公使饬遣回国,以儆效尤。"此外,"凡西人所至之地,每以言语不通、律法不同,尊己抑人,任情蔑理";"外国税华货进口从其重,中国税洋货进口求其轻;华人商于西国者按名纳款,岁有常规,洋人商于中国者并无此费";洋人在中国,"一国有利,各国均沾","华船至外国,纳钞之重,数倍于他国"等等,都是极为不合理的,由于以往主持外交的官员愚昧无知,竟让这些内容被写进了条约。他希望各级官员都能用心讲求公法与约章,凡遇"交涉事件,折之以和约之经、公法之理","苟有妨于国计民生者,官可弃,头可断,此事终不可许"!他还进一步认识到:能不能有效地运用公法,完全是以国家的实力为前提的,"势强则理亦强,势弱则理亦弱,势均力敌,方可以言理、言公法"。所以,要改变屈辱的国际地位,首先必须学习西方,致国家于富强。

在学习西方问题上,郑观应提出,中国不但要引进西方的坚船利炮,而且要引进机器生产和近代科学技术,认为"欲制胜于人者,必尽其成法而后能变通,能变通而后能克敌",只有全面地"效其技艺",才能真正"臻于富强",并称之为"救时之要务,保国之良模"。他建议清政府采取切实可行的措施,鼓励商民投资兴办近代企业,大力开采矿产、生产机器、制造轮船、修筑铁路。他满怀信心地声称:"以中国幅员之广、人才之众,竭其聪明智力，何难驾出西人之上哉！"为了便于资本主义工商业的发展，他主张"裁撤厘金，倍增关税"，旨在将国内资产阶级承受的厘金负担分摊到对外贸易上去。而在外贸方面又要贯彻"我国所有者，轻税以广去路；我国所无者，重税以遏来源"的原则，即实行关税保护政策，以"守我利权，富我商民"。他还希望封建统治者能够"轻车减从，游历各邦"，深入了解各国的"风土人情"和"政刑技艺"，择其尤善者"以为经国之谋猷"。在政治制度方面，郑观应特别推崇西方的议会制度，曾颇为羡慕地说：所有政务先交国会讨论，"两院意议符合，则国主决其从违；倘彼此参差，则或令停止不议，或复议而后定。故泰西政事，举国咸知"，"颇与三代法度相符"。并满怀希望地提出：只要清政府"上效三代之遗风，下仿泰西之良法，体察民情，博采众议，务使上下无扞格之虞、臣民泯异同之见，则长治久安之道，固有可预期矣"。

这些观点反映了新兴资产阶级要求参与政权，制定政策，以保护和发展资本主义经济的迫切愿望。郑观应也因为这些新颖的议论而名动公卿，享誉一时，成为著名的早期维新思想家。

李鸿章对郑观应的才干早有所闻，还在他与盛宣怀等一同赈济灾民时，即曾要他"赴津襄办堤工、赈务"。郑观应因为刚刚与太古轮船公司签订续聘合同以及上海筹赈公所事务缠身，而未能成行。四川候补道彭汝琮于1878年赴保定呈请李鸿章批准他筹办上海机器织布局时，亦曾抬出郑观应，说他"公正廉勤，心存干济"，愿意与自己共事，要求李鸿章委派他"会办局务"。李鸿章对彭汝琮本来"甚不相信"，但因久闻郑观应"实心好善，公正笃实"，认为他"可助彭道所不逮也"，是以欣然表示同意。郑观应由卓子和口中获悉此事时，因彭汝琮事先并未征得他的同意而感到"实深骇异"。彭汝琮将李鸿章的委托当面交给他时，郑观应当即"苦言力辞，至再至三"，而彭汝琮"坚不应允"。随后，郑观应又将委札退还彭汝琮，并写信要求他禀请李鸿章予以注销。后因李鸿章对他大加"奖许"，明令彭汝琮遇事与他会商，"并许联衔具禀",感到"遭逢恩睐,优异逾恒",不得不"稍答涓埃"①,勉强接受委任。未及一年,郑观应发现彭汝琮"所称集股五十万两","自始至终未见实际",且办事荒唐,不听劝告,"甚至房租食用亦须代措",只好如实禀告李鸿章,要求辞去会办一职。李鸿章马上予以批准,同时斥责彭汝琮"作事虚伪,专意骗人","可鄙已极";赞扬郑观应"性情谨厚,遇事商劝,尽力维持,至挪垫巨万,而局务仍无就绪,其与人为谋之忠,亦可敬矣"!并专门提及他"于直、晋、豫赈捐,竭力苦劝,集资颇巨,全活饥民甚众,足见志趣迥超庸俗",特意邀请他明年春天"务即北来一晤"②。1880 年,李鸿章续派翰林院编修戴恒、江苏候补道龚寿图等接着筹办上海机器织布局,他们又通过盛宣怀邀请郑观应入局帮忙。郑观应以"才力俱薄,不敢滥竽","既已禀辞,不应预闻其事"等理由加以谢绝,却又表示:"惟大局攸关,中外仰望,倘有所知,若蒙知交下问,又不敢缄默,以期千虑一得之效耳。"③但是,他们还是将他上报到了李鸿章那里。于是,李鸿章先令郑观应与戴、龚两人"分别办理局务",旋又以其"公正廉明,稳练精细,众望允孚",令他驻局"妥慎经理";未几,再次应戴、龚之请,以郑观应"才识并优,条理精密,久为中外商民所信服,若责成专精经理,当可渐收实效",令其"总办局务,常川驻局,将招股、用人、立法诸大端实力经营"。可是,太古轮船公司方面因郑观应续签的合同尚未到期,坚决不允其辞职。郑观应分身乏术,只好在征得戴、龚等人同意后,向李鸿章提出:由于尚"有前事未了,未敢遽奉委任,只可随事襄赞,先招股份"。李鸿章遂改令龚寿图"常川驻局"④,并指定"龚寿图专办官务,郑观应专办商务"⑤。

---

① 《洋务运动》(七),第 479、480、488、477 页。

② 《洋务运动》(七),第 477、478、479 页。

③ 夏东元著:《郑观应传》,华东师范大学出版社 1981 年 11 月版,第 38 页。

④ 《洋务运动》(七),第 480、482、483 页。

⑤ 《李文忠公全集》,奏稿卷 43,第 44 页。

1881 年，郑观应与太古续签的合同即将满期，与郑观应有同宗、同乡之谊的天津海关道郑藻如和盛宣怀等人再三向李鸿章极力推荐。李鸿章以郑观应"一门好善"、捐赈有功，奏请朝廷准许在香山县原籍为郑氏竖立"乐善好施"牌坊，并将有关事迹编入广东省志和香山县志，以笼络其心。盛宣怀马上将奏稿抄寄给郑观应看，郑观应复函称："伯相疏稿，敬谨捧读，感悚交集"，表示"举家顶戴，世世弗谖"。同时，盛宣怀和郑藻如又建议李鸿章委派郑观应"会办津沪电线"，负责在上海验收丹麦大北公司代购的材料，郑观应欣然应允，并表示不要报酬。是年 5 月，又接受李鸿章的委派，担任了上海电报分局总办。此时，唐廷枢也在通过郑廷江做郑观应的工作，希望他在合同期满后辞去太古轮船公司的职务，进入轮船招商局担任坐办，答应每月支付他 200 两薪金，保证连同年终红利每年收入不低于 6000 两，且红利如果有多，则上不封顶。但是，郑观应对于洋务派和洋务企业是有自己的看法的，他常说：中国当时"官之与民，声气不通"，商民与官交往，"每畏官之无信"；近代企业"一归官办，枝节横生，或盈或亏，莫敢过问"[1]。所以，让他以洋行买办的身份为洋务企业出谋划策，他毫无难色；真的要他放弃买办职务进入洋务企业任事，他就顾虑重重了。郑观应致函唐廷枢提出："招商局乃官督商办，各总、会、帮办俱由北洋大臣札委"，尽管现任北洋大臣李鸿章对他相当器重，"恐将来招商局日有起色"，难免会有人出而争夺，一旦北洋大臣"遽易他人，误听排挤者谗言，不问是非，不念昔日办事者之劳，任意黜陟，调剂私人"，则自己"平日既不钻营，安有奥援为之助力"？他说自己本来并不计较"薪水之多寡，惟恐舍长局而就短局，有关名誉耳"。同时向郑藻如表示："所虑官督商办之局，权操在上，不若太古知我之真，有合同可恃，无意外之虑。"一时"心若辘轳，殊难臆决"[2]。这一年，他还投资

---

[1] 《郑观应传》，第 36 ～ 37 页。

[2] 《盛世危言后编》卷 10，第 1 ～ 2 页。

3000 两，与唐廷枢等集股 65000 两，另由开平矿务局入股 65000 两，成立天津沽塘耕植畜牧公司，在天津附近宁河县的新河一带购买荒地 4000 顷，"为开垦、种植、牧畜等用"①。

经过激烈的思想斗争，郑观应最终还是出于挽回利权的爱国立场，毅然在合同期满后辞掉了太古轮船公司的职务，于 1882 年 3 月经李鸿章札委为轮船招商局帮办，"专管揽载事宜"。郑观应曾根据自己多年来为外商管理轮船公司的经历，总结出 10 条成功的经验，用于经营轮船招商局。用他自己的话说，就是"初则学商战于外人，继则与外人商战，欲挽利权以塞漏卮"②。当时，轮船招商局因为兼并美商旗昌轮船公司而成本剧增、债务加重，在与怡和、太古两家洋商轮船公司的竞争中处于劣势地位，营业大受亏损，面额 100 两的股票在市场上的价格由 140 两跌到 30 余两，几乎濒临倒闭的边缘。郑观应很快拟订了"救弊大纲"16 条，抓住了人才使用、多揽客货、降低消耗、加速轮船转运、增加赢利等关键环节，从而大大提高了企业的竞争能力，改善了经营状况。他曾禀告李鸿章："粤东省城至香港来往搭客甚多，如设码头，颇可获利"③，准备购买佛山渡头简姓地产，建造码头，扩充港粤航运业务。次年，又与怡和、太古签订了为期六年的齐价合同，规定：三家公司的运费收入"以船之吨位多少、里数迟速统算均分"。由于轮船招商局分得的运费"占多数，从此股票大涨，每股沽价一百六十两"④。郑观应亦因此于这年 11 月被提拔为轮船招商局总办。

郑观应于第二次兼任上海机器织布局事务期间，还为该局争取到了经营上的垄断权。他先是禀请李鸿章批准："嗣后上海一隅，无论何人有志织务者，只准附入本局合办，不准另立一局，显分畛域。"稍后，他考虑到"洋

---

① 《盛世危言后编》卷 6，第 7 页。

② 《洋务运动》（八），第 84 页。

③ 《盛世危言后编》卷 8，第 7 页。

④ 《郑观应传》，第 45 页。

人如欲仿造，尚未有阻之之说"，同时也为了扩大垄断区域，又请求李鸿章"酌给十五年或十年之限，饬行通商各口，无论华人、洋人均不得于限内另自纺织"。并要求李鸿章同意，该局产品"准照洋货已进口之例完纳子口税，概免抽厘"。李鸿章认为，"织局乃专夺洋人之利，与华民纺织之生计渺不相涉"①，理应多方加以扶持，遂于 1882 年 4 月奏准："十年之内，只准华商附股搭办，不准另行设局"；产品在上海销售，"应照中西通例免完税厘"，销往内地，仅"在上海新关完一正税，概免内地沿途税厘"②。并勉励郑观应"虚衷访察，广益集思，矢以百折不回之志，当可扩利源而前民用"。在郑观应的操持下，上海机器织布局买地、建厂、购机、雇匠、验花等方面工作开展得井井有条。

郑观应进入轮船招商局之初，即推荐经元善接替其上海电报分局总办职务。但他以电报"于利权颇有关系"，仍常参与其事。他曾与经元善等呈请两江总督左宗棠等批准架设长江、闽浙等处电线，遭到了左宗棠的驳斥后，又请王之春去做左宗棠的工作，终于获得了批准。左宗棠还委派他"襄办长江电报事宜"。郑观应还建议设立电报学堂以培养需用的人才，主张派学生"出洋学习制造机器、水陆电线、电气等法"，希望他们"精益求精，或有独出心裁之新器胜于外国者也"③。

1883 年冬，因中法关系紧张，上海发生金融恐慌，轮船招商局亦觉资金周转不灵，该局总办唐廷枢时在北方经营开平煤矿，会办徐润因挪用局款经营房地产事发被撤职，郑观应亦不安于位，便向时在新任粤东防务大臣彭玉麟手下总理湘军营务处的王之春表示，愿赴前敌为抗法战争效力。经王之春推荐，彭玉麟于次年初奏请将郑观应调往广东。是年 3 月，郑观应抵达广州，恰值驻德公使代购的 25 尊克虏伯大炮运经香港时被扣押，当即奉派赴

①《洋务运动》(七)，第 483、484～485、487 页。

②《李文忠公全集》，奏稿卷 43，第 44 页。

③《郑观应传》，第 49、50、51 页。

港将炮取回。数日后，因王之春被派往海南岛署理雷琼道，彭玉麟遂令他接替王之春总理湘军营务处。随后，他又被派往西贡、金边、暹罗（即泰国）、新加坡等地侦察敌情，策划各国"合纵"抗法。8 月回到广东，又奉命办理援台事宜，主要负责租用外商轮船，向台湾运送军械和粮饷。在此期间，他曾上书李鸿章，对抗法战事提出了 10 条建议，疾呼："迄今而不与戮力一战，挫其凶锋，将敌焰日张，我气日馁，噬脐何及！"①

郑观应离开太古轮船公司之际，推荐其香山同乡杨桂轩替代自己，并与李秋坪等一同为杨立下了担保文书。不料，杨桂轩私挪公司款开设茶栈、建造房屋，加上经营不善，"致亏空太古洋行公款十万有奇"，竟一走了之。所欠之款例应由保人代赔，同保诸人分赔之外，尚余 40000 余元，都落在了郑观应身上。1885 年初，郑观应为筹办援台事务而经过香港，太古洋行唆动港英政府将他拘押起来。郑观应一面向亲友筹借了万余金，一面致函太古英国总行说明"所亏多为该行设揽载行折阅所致"。后来，除"以太古各司事欠项及账房、栈房家具，太古昌各揽载行生意抵折外，尚赔银五千两"②。

郑观应经办上海机器织布局时，所招股份有很大一部分"全系股票存局作为押款"，收到的股银也有一部分以股票抵押借了出去。中法战争期间，股市大跌，轮船招商局收押的股票远远不值所抵之款，是以大受亏折。龚寿图挟嫌向李鸿章控告郑观应"擅挪公款，受押股票，利则归己，害则归公"③。李鸿章马上行文彭玉麟，令郑观应回沪清理亏欠。郑观应催令相关的朋友清还欠款后，"复借款赔垫约共两万金，以补票价跌低之数"。

接踵而至的打击使郑观应在心力交瘁之余，一时对世事兴味索然，尝慨叹："年来命途坎坷，事多拂逆，以致上司朋友责于外，父兄妻孥怨于内，进退维谷，申诉无门。反不如冲锋陷阵，效命尽忠，落得一身干净也！"甚至

---

①《盛世危言后编》卷 5，第 28～30 页。

②《郑观应传》，第 60、61 页。

③ 曾国荃：《曾忠襄公奏议》卷 31，第 13 页。

不无悔恨地抱怨自己，"使当日仍在太古，则不致罹此巨厄"①。由于他早已感到《易言》所论之事"多未透彻"，此后数年间便一直隐居于澳门，潜心著述。至1891年，在《易言》的基础上大体完成了《盛世危言》一书的编撰。

郑观应在《盛世危言》中提出："中学其本也，西学其末也；主以中学，辅以西学。"但他在这里所说的西学在内涵上远远超出了洋务派所指的范围。

在政治方面，郑观应已经感觉到，晚清封建专制制度的腐败阻碍了资本主义的发展，使中国终究无法富强起来，是以明确地指出"政治不改良，实业万难兴盛"。倡言"欲行公法，莫要于张国势；欲张国势，莫要于得民心；欲得民心，莫要于通下情；欲通下情，莫要于设议院"，迫切地要求在中国实行君主立宪制度。他主张：广办报纸以披露民隐，对政府实行舆论监督，进而达到"劝善惩恶，兴利除弊"之目的；由民众公举议员和官吏，以防止贿赂、徇私等弊端，确保才德兼备之士能够得到任用；及时裁汰冗员，使"倖位之流、素餐之辈无所托足"；实行官员年老退休制度，以让贤路。

在经济方面，郑观应提出了著名的"商战"理论。他指出："西人以商为战"，一直在对中国进行经济侵略；"兵之并吞，祸人易觉；商之掊克，蔽国无形。我之商务一日不兴，则彼之贪谋亦一日不辍，纵令猛将如云，舟师林立，而彼族谈笑而来，鼓舞而去，称心厌欲，孰得而谁何之哉"？所以他认为"欲制西人以自强，莫如振兴商务"，疾呼"习兵战不如习商战"。同时，他还认识到，发展商业必须以兴办工业为前提。他剖析二者之间的关系曰："西人之富在工不在商。盖商者，运已成之货；工者，造未成之货，粗者使精，贱者使贵，朽废者使有用。有工艺然后有货物，有货物然后有商贾耳。"所以他明确提出要大力发展"商办"的纯资本主义企业，"凡通商口岸、内省腹地，其应兴铁路、轮舟、开矿、种植、纺织、制造之处，一律准民间开设，无所禁止。或集股，或自办，悉听其便，全以商贾之道行之，绝不拘

---

① 《郑观应传》，第63、64页。

以官场体统"。不但要求清政府在税收方面予以优惠，而且希望能够收回海关管理权，以便于在"商战"中力争主动。

在文化教育方面，他主张全面学习西方的语言文字、自然科学以及"一切政教、刑法、食货、制造、商贾、工艺诸技"；要求建立新式学校，废除八股时文，认为"不修学校，则人才不出；不废帖括，则学校虽立，亦徒有虚名而无实际也"；建议清政府"挂牌招考西学"，分设格致、化学、电学、重学、天文、地理、医学、种植新法诸科，以录取具有近代科技知识的人才，坚称"时文不废，则实学不兴；西学不重，则奇才不出。必以重时文者而移之于重西学，俾人人知所趋向，鼓舞而振兴之"，才能使人才辈出，取用不竭。

在对外方面，郑观应已经清醒地认识到了中国当时所面临的严重民族危机，是以公开宣称"闭关自守，患在内忧；海禁宏开，患在外侮"，"当今之世，与古昔情形不同，防外侮更重于防内患"。并特别指出："俄人鲸吞蚕食，战兵数万，距吉林才隔一山，战舰泊于东洋、互为声援者又数十号"，时刻觊觎着中国的领土，堪称最危险的敌人，所以中国"防俄宜先"。

《盛世危言》完稿后，郑观应又一再加以增补修订，至 1894 年始排版付印。该版分为 5 卷，共有正文 57 篇，附录与后记 30 篇。

该书一问世，立即引起朝野轰动，各界人士纷纷设法购求，无不以一睹为快。盛宣怀马上将其"分送都中大老，以醒耳目"，并一再向郑观应函索，声称"如能因此一开眼界，公之功亦巨矣"！甚至期盼它能产生"转移全局"的作用。郑观应第一次印刷了 500 部，很快即被索取一空，求书者仍络绎不绝。次年秋，他增补正文 47 篇，附录"未尽之词及中外通人救时之文"110余篇，将全书分为 14 卷，再次付印，以分送友朋。1900 年，郑观应又将该书重新厘定为 8 卷，第三次付印。而在此期间，因该书实在是供不应求，市肆坊间不断有人翻刻，各种版本多达近 20 种。郑观应自信地声称：该书内容若蒙"当道采择施行，认真举办，于大局不无裨益"。不仅盛宣怀对该书推崇有加，连当时以精通洋务著称的湖广总督张之洞也曾说："论时务之书虽多，究不及此书之统筹全局，择精语详，可以坐而言即以起而行也。"甚至盛赞该书"上而以此辅世，可为良药之方；下而以此储才，可作金针之度"①。维新运动兴起后，军机大臣兼户部尚书翁同龢、礼部尚书孙家鼐、安徽巡抚邓华熙等先后多次向光绪皇帝推荐《盛世危言》。光绪曾令总理衙门将该书印刷2000部，分发给大臣们阅读。

《盛世危言》反映了郑观应一生的主要思想观点。由于它恰恰适应了正在兴起的维新运动的需要，所以其影响遍及于整个思想界。不仅资产阶级维新派代表人物康有为、资产阶级革命派领袖孙中山曾从中汲取思想营养，连无产阶级革命家毛泽东青年时代亦常阅读《盛世危言》，可见其影响之深远。

1891年4月，经盛宣怀举荐，郑观应又被李鸿章委派为开平矿务局粤局总办。他本人投资5000两，与唐廷枢等共集股30000两，组织公司，在广州城南购买地基69亩、升科涨滩地100亩，建造码头、栈房，以便于运销开平煤炭、揽载客货。次年夏，盛宣怀邀请郑观应赴烟台商谈轮船招商局事务，随即禀请李鸿章委派他为招商局帮办。12月，郑观应再次进入轮船招商局。

轮船招商局1883年与怡和、太古签订的齐价合同于1890年到期后，三家公司很快又展开了激烈的竞争，招商局股票价格再次下跌到每股60余两。1892年春，三家公司商订了为期五年的齐价合同草约，但怡和、太古对所得利益感到不满足，一再表示反悔。郑观应入局伊始，即与怡和、太古据理力争，在未作让步的情况下，很快达成了正式的协议，同时向盛宣怀提出了整顿招商局的10条意见，随后在呈送李鸿章的条陈中又将其扩充为14条，主要包括更新轮船以提高运输效率，改造船舱以适应载客要求，改进揽载办法以招徕生意，严定赏罚以堵塞经营中的漏洞，调度得法以加快轮船的周转，合理安排装货程序以缩短轮船靠港的时间，增建厦门、牛庄等处码头

---

① 《郑观应传》，第68页。

以便轮船停泊，直接从外国购买所需材料以节省中介费用，等等，经批准后开始逐条实行。郑观应还在招商局下设立了驾驶学堂，聘请洋人做教习，培养中国自己的驾驶人才，准备以之取代各轮船聘用的洋人。1893 年 3 月底，郑观应又主动要求沿江西上，经过镇江、芜湖、九江、汉口、宜昌、万县、重庆等地，一路访察商情，深入了解招商局在各地营运中的利弊，分析与怡和、太古竞争失利的原因，以便于制定正确的应对策略。经过多方努力，轮船招商局的经营状况大为改观，股票价格又回升至每股 140 余两。

郑观应蛰居澳门期间，认识了经常往来于港、澳两地的香山同乡孙中山，对其"颇留心植物之理"，"欲游学欧洲，讲求新法，返国试办"，颇为赞赏。1894 年夏，孙中山准备出国考察，须先进京赴总理衙门办理护照，打算路过天津时顺便上书于李鸿章，希望能得到他的支持，以便实行自己的救国主张，曾请郑观应代为疏通关系。郑观应专门致函盛宣怀，称赞孙中山"少年英俊"，"留心西学，有志于农桑生植之术"。又说孙中山"兹欲北游津门，上书傅相（指李鸿章），一白其胸中之素蕴"，并"拟自备资斧，先游泰西各国，学习农务"。要求盛宣怀予以引荐，且"代求傅相转请总署给予游历泰西各国护照一纸"①。表现了他对于有志青年的关心和支持。

甲午战争爆发前夕，郑观应即预见到了日本的侵略意图，曾将有关迹象函告盛宣怀与李鸿章之子李经方等人。战争爆发后，他很快提出了查拿日本特务、严密控制电报、不准日船进口、禁止购买日货、监视日本兵船、拨调招商轮船以济官用等项建议，以供政府采择。战争期间，他多方刺探敌情，及时向当局报告。又上条陈提出战、守、备三策，坚决反对"苟且急就以成和局"，主张编练民团以助兵力之不足，呼吁及早变法以挽败局。同时，为了避免遭到日本军舰的袭击，他将轮船招商局的 20 艘轮船"明售暗托"于洋商，悬挂外国旗帜照常运营，战后及时次第收回。既保全了招商局的财产，

---

① 《郑观应传》，第 109、110 页。

又在最大限度内减少了经济损失。《马关条约》签订后，他两次亲赴广东肇庆、广西梧州，考察西江航道，了解商情，购地建造码头，为轮船招商局开辟新航线抢占先机。又在上海抢购适合于建厂、筑路的土地，以防落入外商之手；劝告盛宣怀大量购买矿山，以维护民族权益。

郑观应于1893年春溯江西上途经汉口时即已了解到张之洞创办的汉阳铁厂因经营不善，"势要招商承办"，提醒盛宣怀"如欲接办"，最好"将化铁炉移于大冶铁矿山左右"。1896年5月，盛宣怀接手后，立即请李鸿章、张之洞札委郑观应为该厂总办，并声明："该道为商局（指轮船招商局）必不可少之员，仍当往来鄂、沪，彼此兼顾。"①

郑观应首先致力于解决焦炭供应不足问题，主张自行用机器采炼，筑铁路以省运费。随后制定章程，在厂内附设学堂，让学生"上午读书，下午入厂学习机器"，以培养急需的人才。促使盛宣怀出任芦汉、粤汉铁路督办，以便于推销该厂生产的钢轨。鼓动盛宣怀创办中国通商银行，"藉以维持铁厂、铁路大局"②。1897年2月，盛宣怀又令郑观应兼任粤汉铁路总董。

汉阳铁厂在郑观应的大力整顿下很快出现了转机，可他本人却因刚正不阿而遭到忌恨。1897年3月，有人在《苏报》上发表文章对他大肆诽谤，盛宣怀、经元善等马上联名在《申报》上刊登启事为其辩白。但郑观应还是因"凡事多被掣肘，任意排挤"，于当年7月辞去了该厂总办之职。

维新运动兴起之初，郑观应曾参与组织上海强学会，并提出"开国会，立宪法"等项建议。后因感到"康、梁办事毫无条理，不知度德量力，将来必有风波"，而持冷漠态度。戊戌政变后，他表示尽管自己与康有为"尚无交情，惟念其救国之心，罹此重祸，甚可扼腕"③，还是转送给康有为之父100银圆作为生活费。

---

① 《盛世危言后编》卷10，第29页；卷13，第1页。

② 《郑观应传》，第147、154页。

③ 《郑观应传》，第161、162、165页。

郑观应对义和团运动持极端仇视态度，视为"国之耻，"，同时也十分痛恨八国联军的侵华暴行。1900 年 1 月，慈禧太后立溥儁为储君，欲废掉光绪。经元善联络 1231 人联名上书，要求慈禧收回成命，被清廷斥为"叛逆"。郑观应先帮助他逃往澳门，旋因清政府责令盛宣怀捉拿其归案，转而附和盛宣怀，指责他"干此弥天大罪，累己累人"[①]；事后，当经元善欲著书揭露盛宣怀的隐私时，又致书加以规劝。

1902 年秋，盛宣怀丁父忧回籍，新任直隶总督兼北洋大臣袁世凯乘机从他手中夺走了轮船招商局和电报总局的控制权。广西巡抚王之春将郑观应调往广西，并于次年 6 月令其署理左江道。郑观应响应清廷号令，力行新政，设木匦以求民隐，改防营为巡警，改书院为学堂，并大力捕杀会党。在任仅 40 天，即因王之春被革职而告退。其时，他已被盛宣怀任命为粤汉铁路广东购地局总办，兼办粤汉铁路工程局事务，于是便回广东经办购地局与工程局事务。次年，曾参与收回粤汉路权运动。

1905 年夏广东总商会成立，郑观应被商部札委为协理。粤汉路权收回后，他又于次年 4 月被选举为商办粤汉铁路公司总办。任事一月余，即使该路商股由 200 余万银圆猛增至 800 余万银圆，他本人认购了 5000 股，亲属认购了 8000 股。8 月，因遭人攻击而辞职。

1908 年 11 月，宣统皇帝继位后，袁世凯被撵回河南老家"养病"。次年，郑观应协同盛宣怀纠集同志，召开股东会，一举夺回了轮船招商局的控制权。郑观应在股东会上当选为董事，第三次进入该局。1911 年初，盛宣怀升任邮传部尚书。郑观应再次被委派为招商局会办，支持盛宣怀推行干路国有政策，于 9 月巡察长江各埠分局。武昌首义爆发，一度避乱于重庆乡间，次年 1 月回到上海，中华民国已告成立。此后，郑观应在轮船招商局主要担任稽查工作，曾明确表示反对袁世凯帝制复辟，反对军阀混战。晚年热

---

① 《郑观应传》，第 177 页。

心于倡办教育，一度任招商局公学住校董事兼主任、上海商务中学名誉董事。1922 年 5 月病逝，终年 81 岁。生平著述主要有《救时揭要》《易言》《盛世危言》《盛世危言后编》《罗浮偫鹤山人诗草》等。

四、学贯中西的马建忠

马建忠出生于道光二十五年（公元 1845 年），学名斯才，别名乾，字眉叔，江苏丹徒（今镇江）人，为《文献通考》作者元代史学家马端临的 20 世孙。其父马岳熊信奉天主教，在家乡经商兼行医；三兄马建勋曾入李鸿章幕府，办理淮军粮台；四兄马相伯曾创办震旦学院、复旦公学（今复旦大学前身），为著名的爱国人士。

马建忠幼年聪敏好学，但刚刚进入私塾读书，即逢太平天国起义，只得举家四处避难，"凡十八迁而抵上海"。1853 年进入法国天主教会开办的徐汇公学，主要学习法文、拉丁文等课程，同时"执笔学举子业"。仅数载，已粗通经史，曾以秀才身份数次参加乡试。1860 年，太平军二破江南大营，进据苏南，前锋直抵上海城郊，江南科举告停，阻断了马建忠由科场入仕途的晋身之路。而英、法联军打到北京，火烧圆明园，也深深地刺痛了少年马建忠的心，在为海外夷狄"以师舟于数万里外载一旅之师北上"居然能够打败素以"天朝上国"自居的大清帝国感到惊诧之余，决心"深求其得失之故"，于是便毅然放弃制艺帖括之学，"而学所谓洋务者"[①]，多方搜求有关西学的书籍，研读不辍。未几，又进入耶稣会在上海设立的初学院做修士，进一步深造法文、拉丁文，兼习英文、希腊文。穷十余年之力，大体上修炼成了学贯中西的新型人才。《清史稿》所附本传称："建忠博学，善古文辞，尤精欧文，自英、法现行文字以至希腊、拉丁古文，无不精通。"[②]这种基本素

---

① 马建忠：《适可斋纪言纪行》自序。
② 《清史稿》第 41 册，第 12483 页。

质，在当时的中国社会堪称凤毛麟角。

1870年，由其兄马建勋荐引，马建忠进入直隶总督兼北洋大臣李鸿章的幕府。马建忠"美秀而文"，不但身怀绝学，而且长得十分标致，当时年仅26岁，风华正茂，与那些饱读诗书、多少带点腐儒气的旧式幕宾相比，更是显得卓荦不俗，确实能给人一种耳目一新的感觉。李鸿章对他十分喜爱，让他跟随在自己身边办理洋务，平日将其视同子侄，关怀有加。

1877年初，李鸿章与两江总督沈葆桢、福建巡抚丁日昌、福州船政大臣吴赞诚等经多次往返函商后，奏请派候选道李凤苞与福州船厂法籍监督日意格带领由福州船政局挑选的第一批生徒赴英、法留学，曾向朝廷声明，将马建忠"派充出洋随员，并令于各国交涉、公法、律例等事认真讲求"①。是年3月底，马建忠随同李凤苞等由福州经香港前往法国巴黎，"入政治学堂，专习交涉、律例等事"②。

马建忠在法国留学期间，学习非常用功，经常向李鸿章汇报学习情况，并定期将日记寄呈李鸿章审阅。当年夏天，马建忠向李鸿章汇报说：他在政治学院的期末考试中，各科"俱得学师优奖，刊之新报，谓能洞隐烛微，提纲挈领，非徒钻故纸堆者可比"。随后，因受法国学者鼓励，又参加了法国文学专业的考试，"复得宗师优奖，谓：愿法人之与考者如忠斯可矣。一时，在堂听者不下数百人咸鼓掌称善，而巴黎新闻纸传扬殆遍"。并十分理智地认为，这不过是因为"西人与我华人交涉日浅，往往存藐视之心，故有一知半解，辄许为奇，则其奇之正所以轻之也"。表示要"上无负中堂（指李鸿章）栽培之意，下无忘西学根本之论"，"惟有锐意考求，讵敢以一得自矜哉"。同时还将其所了解的西方社会情况向李鸿章作了介绍，一方面，称赞西方社会制度之进步："近今百年，西人之富不专在机器之创兴，而其要专

① 《李文忠公全集》，奏稿卷37，第37页。

② 《洋务运动》（五），第207页。

在保护商会，善法美政，昭然可举，是以铁路、电线、汽机、矿务成本至巨，要之以信，不患其众擎不举也"。西方各国"或为君主，或为民主，或为君民共主之国，其定法、执法、审判之权分而任之，不责于一身。权不相侵，故其政事纲举目张，粲然可观；催科不由长官，墨吏无所逞其欲；罪名定于乡老，酷吏无所舞其文；人人有自立之权，即人人有自爱之意"。至于"学校建而智士日多，议院立而下情可达"，皆关系到国家之富强。另一方面，又揭露各国政治制度的弊端：英国"君主徒事签押，上下议院徒托空谈，而政柄操之首相与二三枢密大臣，遇有难事则以议院为借口"；美国"每逢选举之时，贿赂公行，更一监国则更一番人物，凡所官者皆其党羽"；法国官场"互为朋比"，除了一些"智能杰出之士"，"苟非族类而欲得一优差、补一优缺，戛戛乎其难之"。尽管有些批评未必确切，甚至恰恰证明了他自己的思想观念尚未能完全摆脱封建传统文化的束缚，但他这种既承认西方社会进步又不盲目崇拜西方的实事求是态度，在当时却是相当难能可贵的。只有出于这种态度，才能通过全面了解、深入研究，对西方社会得出比较真实的认识，才能在学习西方的过程中剔除其糟粕、汲取其精华，从而少走弯路，加快中国社会近代化的步伐。此外，马建忠还提到：驻英、法公使郭嵩焘于6月份赴巴黎呈递国书时，已令其"兼办翻译事务，并承多加薪水"。说这是"长者之赐，忠何敢辞。且翻译事少，不致荒功，无负来欧初意"①。未几，马建忠便获得了郎中官衔。

次年2月，李鸿章在写给郭嵩焘的信中说："马郎中建忠志趣尚好，人亦聪明，法文、法语俱精，现在官学讲习交涉、律例，可备就近驱策，倘能兼翻译又不误所学，则两益矣。"②其用意固然在于表明他对马建忠的关怀和嘉许，希望郭嵩焘也能另眼相看，多予照拂；而更重要的，则是担心当翻译

---

① 《洋务运动》（一），第 426、427、429、428、425 页。
② 《李文忠公全集》，朋僚函稿卷 18，第 5 页。

会影响马建忠的学业，旨在提醒郭嵩焘不要给他加派过多的事务，以保证他有足够的学习时间。

1879年春，李凤苞函告李鸿章：马建忠已经"在法国考取文词第二科"，建议仍让他兼充继任驻英、法公使曾纪泽的法文翻译。李鸿章乘便向总理衙门力言：马建忠"华文本好，法文亦所素谙，向在津署翻译，前年派同闽厂学生出洋肄习，闻其近来洋学大进，屡试高等。其人品、心地毫无浮滑习气，此后进可造之才也"①。为日后进一步保荐他埋下了伏笔。

随着对西方了解的逐步加深，马建忠于这年冬天撰文详细地介绍了有关铁路的知识与西方各国修筑铁路的情况，指出："外洋自创铁路以来"，"或由商贾经营，或由国家创造，甚至官偿其息而商收其利，其所以鼓舞招徕之者，无微不至"。时至今日，"凡寰舆五大洲莫不有其铁轨轮辙焉"。火车之行"飙驰电掣，任重致远，行万里若户庭"，是以"军旅之征调，粮饷之转输，赈济之挽运，有无之懋迁，无不朝发夕至"。可以说，"铁道所通，无水旱盗贼之忧，无谷贱钱荒之弊"。修筑铁路还可以带动社会经济的全面发展，西方各国"昔之经营十数年而度支常不继，今则筹征不数月而帑藏时有余。所以立富强之基者，莫铁道若也"。疾呼："今日之域外，环中国之疆宇无非铁道也。"列强对华虎视眈眈，"吾若不乘其未发之时急行兴作，将不数年，各国之铁道已成，一旦与国失和，乘间窃发，而吾则警报未至，征调未齐，推毂未行，彼已凭陵我边陲，控扼我腹心，绝我粮饷，断我接济"，形势是相当危险的。修筑铁路固然需要大量资金，"国帑虽空，独不能赊贷而化无为有乎？民资虽竭，独不能纠股而积少成多乎？联官商为一气，天下岂有难成之事"！鉴于"欧美诸国铁道、机厂、电报之属日新月异，动用浩繁，专事借贷"，各发达国家都借有大量外债，中国也完全可以借债筑路。甚至称之为"用洋人之本，谋华民之生，取日增之利，偿岁减之息"的好办法。

① 《李文忠公全集》，译署函稿卷8，第24～25页。

只要"仿效西法，参酌得中"，即可以"臻美善而绝流弊"。并提出了路款"不可招洋股"、借债须"杜居间把持之弊"、还债可以尽量延长期限、先筑京津铁路"以为提倡"等项具体建议。总之，"通道为浚利之源，借债乃急标之举，术虽补苴，要皆气数转移之机，国家振兴之兆"[①]。这些见解在当时对于绝大多数中国人来说都是十分新颖的，即使对于李鸿章等少数主张在中国修筑铁路的洋务派官僚也颇有启发意义。翌年，清朝统治者内部即围绕着要不要修筑铁路问题展开了一场大讨论。可惜的是，由于顽固派的多方阻挠，清政府断然否定了筑路之议。

1880 年春，马建忠学成归国。在为期三年的留学生涯中，他不但获得了政治、外交、法律等五个学科的学位，还游历了英、法、德、奥、瑞、比、意等国。所到之处，总要抽出大量的时间来参观工厂、学校、军营等单位，访问学者、名流与各国政要，甚至深入西方人的家庭，以全面地考察西方社会，从而极大地开阔了自己的眼界，丰富了自己的思想。他曾多次上书就通商、开矿、兴学、储才、创设海军等问题提出自己的看法，"北洋大臣李鸿章颇称赏之，所议多采行"[②]，并被保举为候选道。是年 3 月，李凤苞正式备文向李鸿章汇报说："马建忠出洋以来，肄习交涉、公法、律例、格致、政治、文辞，均经考试取中，领有官凭，学已卒业，应即送回供差。该员持躬谨慎，为外人所敬重，允称品学兼优，或备充出使人员，或备咨询例案，以与洋员辩论，均堪胜任。"[③] 可见其对马建忠评价之高。李鸿章旋复函称："马眉叔到沪后，乞病假，尚未来见"，并提及"恐眉叔学馆章程未能照办耳"[④]。稍后，马建忠至天津谒见了李鸿章，将所获学位证书呈请其查验。李鸿章对他"逐加考询"，"历试以事，均能折中剖晰，不激不随"，便将他留在幕府中，作

① 《洋务运动》(一)，第 411、412、415、416～417、418、419、421、422、424、425 页。
② 《清史稿》第 41 册，第 12482 页。
③ 《李文忠公全集》，奏稿卷 37，第 37 页。
④ 《李文忠公全集》，朋僚函稿卷 19，第 12 页。

为办理洋务和外交的主要助手。同年7月，李鸿章专片奏称：马建忠"志趣端正，心地明敏，颇堪造就"，此次出洋不但学业有成，而且周历欧洲各国，"闻见博洽"，"华学既有根底，西学又有心得"，"凡过津各国公使、领事，无不同声引重，实堪胜专对之选"。且于出国期间担任翻译官，"历著辛劳"，要求朝廷将其"赏加二品衔，并交军机处、总理衙门存记，备充出使各国之用"①。

翌年4月，马建忠前往旅顺，勘察了海港的地理形势和修筑炮台、船坞等项工程，了解了当地居民以土法淘金、开采煤矿的情况，称旅顺口"为辽海之关键，亦为北洋水师之总汇"②。当年他即上书李鸿章全面陈述了自己对于兴办海军的一些设想。

马建忠一则曰：欧美各国皆设有海军部以专门负责海军、海防事宜，中国亦应"特设水师衙门，以知兵重臣领之，职掌机要，总决庶务，凡各省之大小兵轮及沿海之机器、船政各局皆归统辖"，以避免"号令不齐，衣械不一，平日既无统属之分，临时难收臂指之效"等弊端。二则曰："中国水师创制伊始，非得一大有力者将一切制度为之厘定，俾得张弛因革，悉协机宜，以垂百世令典。"一切海军章程俱可采自外洋，"器械精者，仿而用之，不必问其为德为英；章程善者，采而行之，不必问其为中为外"。三则曰：近代海军"练将之法自学院始，练兵之法自练船始"。应于沿海城市设立"水师小学"，"于水师衙门左近设一大学院"，"外附水雷学堂"，并根据培养对象的不同分设不同的练船，以培养海军所需的各类人才。四则曰："中国重文轻武之风积重难返，凡居武职者，不复问其才学若何，即睥睨而不屑为伍，甚有以数年充当管驾之员，一二语与长官龃龉，立受杖责。"近代海军人才出自学堂，"因其职掌武事而授以武职，可也；授以武职而令文武兼全之才士

---

① 《李文忠公全集》，奏稿卷37，第37页。
② 《适可斋纪言纪行》，纪行卷1，第1页。

同于引重挽强之粗人，不可也"。是以提出，"凡水师官员所有一切体制，均按品级相当之文官办理"。并称之为"转移风会之枢纽，厘正水师之关键"。五则曰：中国海军"至少约需铁甲六艘，大、中、小三号快舰各十二艘"，除现有与已购各舰外，尚需购舰银 2580 万两。六则曰：经考察，沿海各口，"北惟旅顺，南惟北馆，可以设营，可以建澳，可以造坞，诚足为水师之重镇"，"庙岛、威海卫可为旅顺犄角"。目前，"开办水师以北洋为最要，而北洋水师以旅顺为归宿"，应该"先使旅顺屹然成一重镇，则北洋之门户可固"。七则曰：购买军舰、营建军港、办学堂、置练船、发俸饷，加上各机器局、船政局费用，每年约需银 500 万两；以 9 年为期，共需银 4500 万两。数目虽巨，只要实行鸦片加税、征收水烟旱烟税、铸造银圆、发行纸币、参用金币、仿行邮政等项办法，便可绰绰有余。这么做必然会有人以"日后流弊滋甚"而加以反对，"不知天下无有利无弊之事，知有利而因循坐误，则利源日消；知有弊而立法预防，则弊窦自绝"。八则曰：每逢中外衅起，"今之论者则不问可否、不计成败，惟战是求。至问其所以能战、所以求胜之具，亦不过掇拾三代之遗文，补苴汉唐之故事，以为区区之论可鞭倭俄而答英法"，实在是愚不可及。另有一些"老成宿将，探讨夫人己之长短、事理之曲直，不敢逞意气之私，不敢为孤注之掷，委曲求全，亟欲养元气以维大局"，显然比前者要高明得多。今兴办海军，"必困心衡虑，百折不回，阴求夫所以制胜之道，不惜财货以利其用，不避艰险以要其成，无欲速，无见小，庶几谋出万全、冀得一当"①。这些意见对于李鸿章倡办北洋海军、构建北洋海防极具参考价值。

李凤苞以驻德公使兼任驻意大利、荷兰、奥地利三国公使后，欲奏调马建忠为参赞以资臂助，李鸿章马上以其"在津有经手要事，碍难遣行"而拒绝。时，李鸿章与英国公使威妥玛商谈鸦片加税之事，一直没有结果，拟派

---

① 《洋务运动》（一），第 430、448～449、432、433、436、437、438、444、445、451 页。

马建忠"改装前往香港、印度各埠密察商情，就便赍函径晤各该处总督讨论一切"，"欲先洞悉底细，乃有办法"①，曾函请驻英、法、俄公使曾纪泽代为向英国政府疏通。随后，马建忠在受命与英方交涉此事时，"以鸦片流毒，中外腾谤，当寓禁于征，不可专重税收"。一时，论者"皆称其公"②。

1882 年春，美、英、德等国胁迫朝鲜与其立约通商。受李鸿章委派，马建忠以特派大员身份先后两次赴朝，协助起草条约稿本，参与议约事宜。是年夏，朝鲜发生"壬午兵变"，已经引退的国王之父大院君李昰应乘机复出执掌政权。时李鸿章丁忧在籍，马建忠建议署理直隶总督张树声采取果断措施，以迅雷不及掩耳之势平定变乱，不给日本留下乘机干涉的借口。并受命偕同北洋水师提督丁汝昌率军舰入朝，一举诱擒李昰应，冒雨星夜以肩舆抬上军舰，送回天津。帮助朝鲜国王李熙重掌政权，稳定了朝鲜的局势。9月初，李鸿章奉召返回天津，马建忠又奉命"参稽《会典》掌故，详考《万国公法》"，草拟了中国与朝鲜通商章程八条。10 月，李鸿章奏称：此次朝鲜兵变，马建忠、丁汝昌抵仁川时，"日本已先我而至"，李昰应及其党羽也有可能铤而走险，"办理稍有不当，即不免稽延时日，虚耗帑项，朝事亦未易结束，所关殊非浅鲜"，"而马建忠权衡缓急，操纵排解，悉合机宜，其劳尤不可泯"。并力言："马建忠足智多谋，熟悉公法，能持大体，历办朝鲜与美、英、德议约事宜及此次朝鲜善后各务，均为远人所敬服，实堪胜专对之选。"要求朝廷将其"赏戴花翎"，并"以海关道存记、擢用"。已奉旨允准，"旋经吏部以章程不符议驳"。未几，有人上奏一面弹劾马建忠对于朝鲜与日本签约、赔款 50 万元，"事先绝无闻见，事后复不争持，形同聋瞽"；一面又指责他"擅预日约，任性妄为"。清廷令李鸿章等查复。李鸿章在复奏中列举事实逐一为之辩解，并夸奖他办事"机敏异常，才能应变，即西人亦敬

---

① 《李文忠公全集》，朋僚函稿卷 20，第 11、14 页。
② 《清史稿》第 41 册，第 12482 页。

重之"，声称：似这样难得的洋务人才，理应加以"护惜"[①]。

次年 10 月，法国增兵越南北部，李鸿章以马建忠"熟谙法语"，与法国公使脱利古"尚相投洽，密属其作为闲谈，往探口气"[②]。旋将谈话节略交李鸿章上报总理衙门，以判断法军的动向。此后，由于中法关系日趋紧张，李鸿章又以马建忠在法国留学期间，"与其官绅习处，熟知情伪"，令他至上海"侦访敌情"。1884 年 4 月，法国政府同意由海军舰长福禄诺与李鸿章谈判。马建忠在上海会见了法国海军舰队司令利士比，提出：福禄诺此次进津，"必须开诚致敬，若带兵船随往大沽，略露要挟之状"，李鸿章就不会同意与他会谈了。福禄诺乘军舰到烟台后，果然"换搭商轮赴津"。马建忠亦即赶回天津，协助李鸿章与福禄诺谈判，双方很快签署了"李福天津简明条约"。就在该约签字的当天，李鸿章向朝廷奏报此事时，附片保举马建忠说："该道讲贯中西各学，心地谨饬，才能肆应"；"此次定约，竭诚襄助，不激不随，动中机要"，"往复辩论，颇得刚柔操纵之宜，遂能克期成议，实该道之力居多"，"其劳绩尤不可泯"，要求朝廷将其"擢授关道及出使之任"。是年 8 月，清廷以总理衙门需人，让李鸿章饬令马建忠"即日来京预备引见"。李鸿章奏称："前因法人启衅"，已将马建忠"饬往上海确探军情，随时密报，俾可相机因应"。清廷对法宣战之后，"由沪解赴闽、粤及北路枪炮要件，各船不肯装载"。是以又令马建忠"会同委员密雇商轮设法转运，以资接济。该道熟悉洋情、公法，办理尚能妥慎。现值战守机宜吃紧，侦探、转运均关重要，一时难更生手，致有贻误"，希望朝廷同意让他"暂缓北上"[③]。

先是，轮船招商局因受上海金融风潮影响，处境维艰。该局会办徐润挪用局款事发后，李鸿章即令盛宣怀接管该局，随后又委派马建忠为招商局会办。中法正式绝交前夕，由马建忠倡议并经李鸿章同意，将该局全部财产折

---

① 《李文忠公全集》，奏稿卷 44，第 48、49 页；卷 49，第 52 页；卷 45，第 22、24 页。

② 《李文忠公全集》，译署函稿卷 15，第 8 页。

③ 《李文忠公全集》，奏稿卷 49，第 52 页；卷 51，第 25 页。

价 525 万两售交美商旗昌洋行"代为经管",所有轮船"换用美国旗帜,照常行驶"。双方约定:战争结束后,仍由招商局按原价收回,并由英籍律师担文作保。清廷获悉后,曾严旨查问。李鸿章奏称:此事由马建忠"独肩其责",经"与众商定议",当时"众商为时势所迫,亦属万不得已。至将来收回关键,马建忠惟担文是问,众商惟马建忠是问,节节钤制,断不容稍有反复也"。中法战争结束后,马建忠如约收回了轮船招商局的全部财产,李鸿章及时将有关情况奏报了朝廷。此事诚如李鸿章所言,系属"商人自设法保全成本"之举①,并未损害中华民族的权益,原本无可非议,但马建忠却因之而被目为"汉奸"。时人指责他不该"与夷厮交结",斥之为"市井无赖",甚至编造出他"私取米夷(即美商)银五六十万""素事英夷领事官(应为公使)威妥玛为父"等谣言。侍郎黄体芳"屡疏请诛"马建忠,国子监祭酒盛昱奏请将其"革职羁管",学士延茂也上折要求朝廷把他"立正典刑"。据说:某日,"街市传言将杀马建忠,菜市口之傭贩皆收摊以待行刑"。居然有人为此而赞叹道:"此直道之在人心者也!"②

此后数年间,马建忠一直以会办驻沪主持轮船招商局事务,并不时地应李鸿章之召,往来于津、沪间。1887 年春,马建忠上书李鸿章,建议"仿古屯田之法"开采黑龙江漠河金矿。他自称:"尝详考中外舆图,以求产金之沙",可以判定,漠河一带"金沙之富不少让于美"。只是"该处地苦荒寒,民尠殷实",每年有一半以上时间处于冰封之中,"淘采有时,树艺无术",且交通极为不便,"轮舟所不能达"。若任民间集股购买机器开采,有诸多不便。但是,该地"逼近俄疆,出产旺盛,久为外人觊觎,自应迅图举办"。同时沙俄在黑龙江对岸"戍以重兵,以俯瞰我边陲","眈眈虎视","尤不可无名将、重兵以戍守之"。为兼顾采金、戍边二者之需,最好莫若"选募

---

① 《李文忠公全集》,奏稿卷 50,第 46 页。

② 《越缦堂日记》,光绪十年八月初八日;光绪十年十月二十六日。

近边耐寒之兵勇"驻扎于该地，每年于冰雪消融季节"督令淘金；其有偷挖金坑者，亦招入伍，以兵法部署之"。"如是，岁可得金少亦数十万，且岁省兵饷六十余万"，"部库不劳于挽输，闾里且资其生聚"，"不劳役，不费财，可固防，可制敌；内以戢匪徒之出入，外以杜强邻之窥伺。不数年间，边备益修，军储益裕。当务之急，莫要于此"①。

19世纪80年代末，封建统治者内部再次围绕修筑铁路问题展开激烈论争，因洋务派极力争取，清政府同意先修芦汉铁路。1889年夏，英商汇丰洋行新任大班主动向马建忠表示：愿为芦汉铁路提供2000万两贷款，"每年付息六厘半，至五十年后作为本息均清，掣销借据"。马建忠觉得事属可行，当即电请李鸿章定夺。李鸿章也很感兴趣，认为"所议似颇合算"，但提出"即借款，至多不及千万"；若将年息降为四厘，可以照还本金。后因清政府为加强东北防务决定先筑关内外铁路而不了了之。次年初，李鸿章电令盛宣怀赴沪与马建忠商量，由轮船招商局"酌筹苏、浙济赈银各若干具报"。时，轮船招商局与怡和、太和第二次签订的齐价合同又已到期，三家商谈续订合同时，太古提出要增加运费分配的比例，扬言：若招商局不同意，"只可分手"，再事竞争。马建忠向李鸿章表示："我局断难示弱，外则镇静，姑与因应；内揽客货，期在必斗。"请他出面关照各省，调运大米时，"专准局船装运"。李鸿章马上电请两江总督曾国荃帮忙，并让上海道龚照瑗"交商局运米十余万石到津平粜"。曾国荃也表示：太古"以分手恫喝，自当力为护持"，拟规定；凡转运大米"一律责成沪关给照，必令先取米装局轮保结，方准给发验放"。马建忠旋又函告李鸿章：太古已接本国电示，"以番必要大斗。彼船皆各船厂资本，息仅三厘；我局官本全还，洋债尚巨，漕米甚少，若斗一年，恐数年积累尽付东流。细想除米事无可扶持"，希望他再商请其兄两广总督李瀚章帮忙。同时又面请龚照瑗同意"沪米出口必以护照交商局

---

① 《洋务运动》（七），第339、341、342、343页。

转发各商"，以确保其归招商局运送。尽管如此，轮船招商局还是感到吃不消。是年 3 月，盛宣怀一面令马建忠加强港粤航线，"以扼其吭"；一面向李鸿章叫苦道："照此斗法，一年须少收水脚百余万，各股无利，仍须亏本数十万，操纵两难"。8 月，李鸿章致电马建忠说："今局亏已巨，必难久持"①，示意他在谈判中再稍作让步。但是，马建忠担任会办期间，始终未能与怡和、太古再次达成齐价协议。

　　1890 年春，马建忠撰写了《富民说》一文，倡言："治国以富强为本，而求强以致富为先。""举凡商务之确有把握者，悉心讲贯，竭力推行，自无得不偿失之虑"，"数年之间即可转贫民为富民，民富而国自强"。即不但主张寓强于富，而且要藏富于民，进而提出了求富的三条途径：一是要扩大出口。他指出：中国的外贸入超每年高达 3000 万两，财富尽为外人所夺，必须设法扩大丝、茶出口量，在生产制作方面，要"访求西法，师其所长"，尽量采用近代科学技术；在外贸经营方面，应将"散商股归并为数大公司，公举董事以为经理"，以加强竞争力；同时提出："外洋恤商之策，首在于重征进口货而轻征出口货"，要求清政府降低出口货税。二是要仿造洋货。他说：中国每年进口的洋布值银 3000 万两，洋纱值银 1350 万两，"舍吾自有之棉，坐令我华民为洋棉所衣被，殊非谋国是者所以力求致富之道"。李鸿章"奏设织布局，乃事隔十年，仍未奏效"，吁请"将原设织布局扩充资本，或再立新局"，以期收回权利。"而后推之织绒、织呢、织羽、织毡，皆可次第施行。要使中国多出一分之货，外洋即少获一分之利，而中国工商转多一分生计。"三是要开采矿藏。他认为：矿产有许多种类，"为用则首推煤、铁"，"为富者莫金、银矿若"；"中国而讲求西法以求富，则莫如自开金矿始"；"金矿倡于先，各矿兴于后，而后利源广；利源广则南北之铁路与塞北之耕牧以渐而兴矣"。此外，他还迫切地希望清政府"略仿西国，设一商务

① 《李鸿章全集》，电稿二，第 91、92、165、195、196 ～ 197、201、211、269 页。

衙门"。针对资金不足问题，他主张"向外洋各国贷款二三千万"，"专办商务"。"若金矿、若织布、若丝茶，先易后难，次第分办。其办理之法，总以商人纠股设立公司为根本。"甚而疾呼："国债之举，正居今之世君民一体通塞之机，不可行之于军务，必不可不行之于商务。"① 他站在资产阶级立场上，提出了全面发展资本主义经济、变中国为资本主义社会的要求。

　　不久，马建忠又被李鸿章委派为上海机器织布局总办，并允许他挪用仁济和保险公司公积金30万两以资周转。1891年7月，马建忠电告李鸿章：上海机器织布局拨款已所剩无几，而所办各事在在需款，只有出于借债之一途了。上海道聂缉椝"可借五万，息五六厘；德华银行十万，约息七厘；钱庄可十万，息分余，皆非常期"。并说自己接办该局时，未加以详细估算，"万一蹉跌"，"已百喙莫辨"，是以"实未敢独任"。李鸿章复电批评他"办事一味空阔，未能处处踏实"，并说："聂银可借；德华非抵押不借，徒损声名；钱庄息重，更不合算。吾欲在津筹借，但人皆不信汝"，准备以他和杨宗濂的名义"酌借二十万"，令杨宗濂回沪，"驻局妥细经理，切实整顿"。因杨宗濂时任直隶通永道，一时走不开，后由其弟杨宗瀚代为主持局务。未几，马建忠为驻美、西、秘三国公使崔国因代存的一笔款项倒账。"崔意欲于商局通挪"，李鸿章批令马建忠"自行清理，与局无干"。同时致电马建忠，十分生气地说：听说你"尚有私存法银行之项"，"何不倾囊代垫，自顾前程？"② 并于9月初严令其离开轮船招商局，等候查办。

　　马建忠被"摈斥家居"后，主要从事于著书和翻译工作。1895年3月初，李鸿章致电马建忠称："奉命赴马关会议，事同孤注，弟须随往襄助"，已令李经方赴沪邀约他一同进津，希望他"切勿迟误"。于是，马建忠便随同李鸿章赴日本签订了《马关条约》。随后，清廷令李经方赴台湾办理交割

---

① 《洋务运动》(一)，第403、411、405、406、407、409页。
② 《李鸿章全集》，电稿二，第373、374、392页。

手续，李鸿章又让马建忠随同其一道赴台。此行，马建忠得以"照二等参赞例"领了一个月的薪俸①。翌年春，李鸿章奉命出使欧美各国，曾电告马建忠。是年，马建忠将其一生的重要著述编为《适可斋记言记行》出版。1897 年夏，他曾进京谒见军机大臣、户部尚书翁同龢。翁在日记中说他"前十年人争欲杀，要是俊才，所举严复等，皆通西法者"②。

马建忠"以泰西各国皆有学文程式之书，中文经籍虽皆有规矩隐喻其中，特无有为之比儗而揭示之，遂使学者论文困于句解，知其然而不能知其所以然"，于是，发奋著《马氏文通》一书。该书"因西文已有之规矩，于经籍中求其所同所不同者，曲证繁引，以确知中文义例之所在，务令学者明所区别，而后施之于文，各得其当"。《马氏文通》是中国第一部专门研究古汉语语法的书籍，它的问世，奠定了中国语法学的基础。一时，"学者皆称其精，推为古今特创之作"③。

1899 年 6 月，李鸿章陛见时，慈禧太后当面向他询问"丝、茶如何扩充，各省农工商局何以办无实效，宜如何设法整顿，令具说帖呈览"。当时，李鸿章在京仅任文华殿大学士的虚职，身边殊乏得力幕客，想到马建忠历来关心时务，对此"熟筹已久"，遂电请他"速为详细拟稿，封交邮局迅寄"④。是年 12 月，李鸿章谋得两广总督一缺，未及在京度岁，便忙着赶往广州接任去了。八国联军侵华期间，清政府任命李鸿章为全权大臣，令其迅速北上，与列强议和。时任两广总督的李鸿章于 1900 年 7 月由广州行抵上海后，一度留在那儿静观时变。在此期间，他又将马建忠招入幕府，襄办文案。未几，马建忠积劳成疾，旋于 8 月病死，终年 56 岁。

---

① 《李鸿章全集》，电稿三，第 460、575 页。

② 《翁文恭公日记》，光绪二十三年六月初二日。

③ 《清史稿》第 41 册，第 12483 页。

④ 《李鸿章全集》，电稿三，第 868 页。

第十二章　洋员马格里、德璀琳、金达、琅威理、汉纳根

　　李鸿章不但是洋务运动的主要倡导者，而且是洋务事业的主要经营者。他主持创办了一批洋务企业，长期控制着一些重要的洋务设施，并以熟谙洋情而多次受命主办外交。诸如购买、制造、使用洋枪洋炮，购买机器以开办工厂，置办轮船经营近代航运业，架设电线以通电报，购买军舰建立近代海军，修筑铁路以行火车，开采矿产自行冶炼，设立学校培养新式人才等项活动，对于当时的中国人来说，都是闻所未闻、见所未见的新鲜事物。要学会使用洋枪洋炮、机器、电报，驾驶轮船、火车，了解世界大势、外交惯例，都必须拜洋人为师。李鸿章最先提出了"借才异域"的设想，并在他的幕府与他所管辖的军营、舰艇和洋务企业中聘用了一大批洋人。无论这些外国人是由于什么样的原因来到中国的，是出于什么样的动机受雇于李鸿章的，他们在向中国人传授近代知识方面，都客观地推动了洋务运动的发展，促进了中国社会近代化的进程。

一、创办金陵机器局的马格里

　　马格里，英国人，本名 Samuel Halliday Macartney，尝模仿中国人，为自己取字清臣，以表示其对清王朝的忠诚。1833 年出生于苏格兰，爱丁堡大学医科毕业后，进入军队服役。第二次鸦片战争期间于 1858 年随所在部队来华，参与侵略中国的战争，时在英军第 99 团任助理军医，与曾任常胜军统领的英籍军官戈登私交甚深。1862 年 9 月，常胜军第一任统领美国人华尔在浙江慈溪被太平军击伤，旋死于宁波。10 月，美国人白齐文

继任常胜军统领。马格里于当月辞去在英军中的职务，加入常胜军，担任白齐文的军务秘书。

李鸿章率领淮军到达上海后不久，即写信给曾国藩说：他"尝往英法提督兵船，见其大炮之精纯、子药之细巧、器械之鲜明、队伍之雄整，实非中国所能及"，"每攻城劫营，各项军火皆中土所无，即浮桥、云梯、炮台，别具精工妙用，亦未曾见"。相比较之下，他"深以中国军器远逊外洋为耻，日戒谕将士虚心忍辱，学得西人一二秘法，期有增益"。并宣称："若驻上海久而不能资取洋人长技，咎悔多矣！"①

马格里就是在这种情况下于1863年投入淮军效力的。起初，他在张遇春统领的春字营任炮队教习，先后率队转战于上海、昆山、苏州一带，曾协同潘鼎新部鼎字营攻占江苏嘉善、枫泾（今属上海市）等地，从而受到李鸿章的赏识。

李鸿章很想用洋枪洋炮来武装自己的淮军。可是，由于他一开始对洋枪洋炮的型号、性能、市场行情一点儿也不了解，在购买洋枪洋炮时难免要受到洋商的蒙骗。当马格里获悉他"买一颗从英国炮船上偷来的很普通的12磅炮弹要费30两银子，买一万粒最坏的铜帽也要19两银子"时，马上告诉他，"当时他购买外国军火所付的代价过高"，这样，他将来要用洋枪洋炮来装备淮军，"所需要的军费支出"一定会"过于庞大"。并向他建议："欧洲各国都开办大工厂制造军火，中国若为本身利益着想，也应该建立这样的制造厂。"李鸿章对此项建议很感兴趣，可是又"深恐中国工人制造不出枪炮来"。为了向李鸿章证明中国自行设厂制造洋枪洋炮的可能性，马格里"便造出了一个炮弹、几个药引和几支炮门纸管自来火"送给李鸿章看。李鸿章自己当时根本无法判断这些东西是否能用，于是，便请前来谒见的驻华英军司令士迪佛立加以鉴别。在得到士迪佛立的肯定后，李鸿章马上让马格里在

① 《李文忠公全集》，朋僚函稿卷2，第46页。

松江附近的一座庙里开办了一所军工作坊，并派知州刘佐禹协助他。这家军工作坊与由候补知县丁日昌、参将韩殿甲分别主持的另外两家军工作坊当时被人们合称为"上海炸弹三局"或"上海三洋炮局"。

马格里主持的炸弹局起初"除了锤子和锉刀之外，什么机器、熔铁炉或其它的工具一概都没有"，只是偶然地从上海找到了几名工匠，雇用了50名工人，"临时用附近田野里的黏上造了一座熔化器"，就开始生产了。开头主要制造炮弹，供马格里训练的炮队使用。备足了炮弹之后，炮兵也训练得差不多了，马格里先让他们举行了一次实弹演习，"结果非常满意"。随后，"在本地军队的支援下"，马格里的炮队"竟攻克了枫泾和西塘两地"[①]。这年秋天，该局每天已能制造100颗炮弹。

是年12月，李鸿章利用太平天国纳王郜永宽等人的叛降占领了苏州。经李鸿章批准，马格里主持的炸弹局很快由上海迁往苏州，改称苏州洋炮局。马格里娶了郜永宽的侄女为妻，占用纳王府作为厂房，洋炮局的规模较原先扩大了许多。但是，李鸿章在取得苏州后，马上就背弃了原先的承诺，一举诱杀了献城投降的郜永宽等八名原太平天国将领。率部与淮军一同围攻苏州，又一同参与对太平军诱降活动的常胜军第三任统领戈登指责李鸿章不守信用，嚷着要与他决裂，大有刀兵相见之势。李鸿章让在籍刑部郎中潘曾玮请马格里与总税务司赫德等出面调解。马格里以受害人的身份一再向戈登说明，李鸿章杀降实有迫不得已之势，才基本上平息了此事。

早先，曾国藩、李鸿章等为了尽快攻下太平天国都城天京（即南京），采纳回国休假的英籍中国海关总税务司李泰国的建议，请他从外国代购兵船，组成舰队来华，协同湘、淮军攻剿太平军。李泰国以71000英镑（折合白银213000两）的价格从英国购买了七艘兵船，聘用英国海军大佐阿思本等驾驶来华，于1863年9月抵达上海。但他擅自与阿思本订立协定，规定：

---

① 《中国近代工业史资料》，第一辑上册，第253页。

舰队由阿思本统领，直接听命于他本人，而不受曾国藩、李鸿章等节制、调遣。从而暴露了他企图控制中国海军的野心，引起了双方的争执。时太平天国败局已定，攻占天京只是时间早晚问题，清政府于 11 月决定遣散这支舰队，将兵船退回英国。马格里了解到该舰队配备有制造枪炮子弹的机器，"便竭力怂恿李鸿章把它全部买下来"，用于扩充苏州洋炮局。李鸿章很愿意这么做，却又觉得不便由他本人出面以官府的名义购买，便让马格里等"组织了一个小团体"，以私人名义买下了这部分机器。

当李鸿章看到零乱地散置于地上的机器零件时，曾怀疑马格里是否能把它们组装起来，派上用场。马格里督饬工人安装好机器后，把李鸿章请到现场，先领着他"静悄悄地环视了一周之后"，再下令开动所有的机器，给李鸿章留下了深刻的印象。自此，李鸿章就更加信任马格里了。苏州洋炮局由此成为中国第一家采用机器生产的近代军事工业后，生产能力大大提高。1864 年 4 月，据外国人在上海创办的一家英文报纸报道：该局的产品"除了炮弹、药引及自来火之外，还造了几种迫击炮弹，不久的将来就要有毛瑟枪和铜帽加在产品单子上了"。当时的产量"每星期可以出产一千五百到二千发的枪弹和炮弹"。进而宣称："马格里在种种不利的条件下，百折不挠地克服一切困难，使兵工厂达到了今日的规模，是应该赞扬的。"希望李鸿章"不要忽视他的努力，而能论功行赏，与以鼓励"。并推测：这家兵工厂可能"已经引起北京当局的重视了"[1]。

外国人的推测果然没有错。当时总理衙门确曾致函李鸿章，询问他"募外国人在营教制各种火器，近日是否已有成效？我中国人学制此项火器，何项易于入门？所用外国匠头几名？工食每月若干？买制一切需银若干？"李鸿章复函称："鸿章自抵沪以来，购买外洋各种军火，尽心研究，略知端倪，又雇募精巧匠人，留心仿制，近来稍有把握"；"目前火器自以炸弹为能制胜，而

---

① 《中国近代工业史资料》，第一辑上册，第 257 页。

长炸炮尤为得力，然非用外国全副机器、延请外国巧匠不能入手"，"中国人初学入门，自以短炸炮为易"；"敝处顷购有西人汽炉（即蒸汽机）、镟木、打眼、铰螺旋、铸弹诸机器，皆绾于汽炉"，"汽炉、机器购自外国，约需万金，然未能全备"；"现在汽炉则以英人马格里、委员刘佐禹综理其事，所用外国匠人四五名，每月工食多者三百元，少者一百数十元"，"所用中国匠人五六十名，每月工食多者三十元，少者七八元不等，所出大小炸弹，每月约可四千余个"；苏州洋炮局因"所购机器未齐，洋匠未精，未能制造轮船、长炮"，"但购英、法之长炸炮大小数十尊，自铸炸弹，源源济用，至所制受十八磅弹之铁短炸炮，连架制就不过四十金，受四十八磅弹之铁短炸炮，连架制就不过八十金，炸弹大者每个须洋二三元，小者须洋一元零"。建言："京城火器营尤宜先行学习炸炮，精益求精，以备威天下、御外侮之用。"①总理衙门旋即奏准，选派护军参领萨勒哈春等官兵48人前往李鸿章处学习。李鸿章将萨勒哈春等24人分在马格里的苏州洋炮局，丁日昌、韩殿甲二炮局各分了12人。

是年春间，李鸿章即以马格里"教练西洋枪炮，随队攻剿，颇为得力"，"权行给予四品顶戴，以示奖励"。10月，李鸿章又正式奏称：马格里"设局仿造西洋火器"，"所制开花炮弹无远不中，无坚不摧，得以克复苏州等城，厥功甚伟"，要求朝廷"赏给三品顶戴"②。

1865年5月，李鸿章署理两江总督后，又令马格里等将苏州洋炮局随迁至南京，改称金陵机器局。该局的厂址选定于雨花台，这里原先矗立着一座瓷塔，有"世界奇观"之称，"在1842年被英国军队的鲁莽行为所破坏"，金陵机器局的厂房就是"用瓷塔四周庙宇的砖瓦建起来的"，马格里还"用瓷塔残余的砖瓦给自己盖了一所房子"③。此后，马格里不但经常从国外订购机器和原料，而且由英国聘请了几位"有训练的技师"，金陵机器局的生产

① 《中国近代工业史资料》，第一辑上册，第257、259～260、262页。
② 《李文忠公全集》，奏稿卷7，第34页。
③ 《中国近代工业史资料》，第一辑上册，第324页。

规模不断扩大，产品主要供淮军使用。

这段时间，李鸿章与马格里的关系也越来越密切了，据说"李鸿章遇到疑难问题，总是来找马格里做顾问"，显然会从他那里了解到不少有关西方资本主义社会的新知识。马格里则一再向李鸿章表示，他非常仰慕中国的传统文化，"冀得一中国文职，俾可夸示同类，以远耀岛洋"。1866 年秋，李鸿章在肃清太平军余部保举案内奏称：马格里自上年获赏三品顶戴后，"感极思奋，讲求洋器，制造益精"，"此次克复湖州等城，破敌摧坚，颇得开花炮弹之力。论功行赏"，马格里"亦应酌予奖励"，要求朝廷给他，"赏加道员虚衔"①。马格里依仗着李鸿章的宠信，平时专横跋扈，随意虐待中国工人，稍不从命，即加以鞭笞或解雇，甚至雇用士兵组成了私人武装卫队。

1867 年春曾国藩回任两江总督后，对马格里同样相当信任。是年 10 月，曾国藩亲自到金陵机器局视察，并在日记中记载：该局制造枪炮、弹药各机器"皆用火力鼓动机轮，备极工巧。其中如造洋火铜帽、锯大木如切豆腐二者，尤为神奇"。于是，他也曾令马格里"增加军用品的生产"，将大量的硝磺"从全国各地送到他这儿来"。1869 年，一位赴金陵机器局参观的外国人撰文说：他看到"厂中正在制造各种口径的炮，有的很大；还有炮车、炮弹、枪子及各种军用品，以及数不尽的铜帽"。李鸿章离开南京以后，仍然经常过问金陵机器局事务。该局产品先是用于满足剿捻战场上的淮军之需，李鸿章任直隶总督后，"局中所制造的枪械、子弹等军用品，大部分送往天津，以备大沽炮台和李鸿章的军队之用"②。

曾国藩死后，马格里又向李鸿章"提出各种增加设备和扩充制造的计划，其中包括增制火箭与水雷"。李鸿章于 1872 年 10 月将马格里召往天津，讨论这些计划的可行性与具体实施办法。"马格里谒见李鸿章的结果，是派他赴

---

① 《李文忠公全集》，奏稿卷 10，第 38 页。

② 《中国近代工业史资料》，第一辑上册，第 327、325 页。

欧洲一行，好设法增加制造局的设备和技术人员。"在此之前，马格里与金陵机器局总办刘佐禹产生了矛盾，互相攻讦不息，竟至势同水火。于是，他乘机要求李鸿章将刘佐禹调离金陵机器局。后来，李鸿章经过考察，也认为刘佐禹"人甚懵懂，管局十年，只知赚钱，不解制造，未便复用"①，乃将其撤职。

马格里于1873年9月启程前往欧洲，周转于英、法等国之间，历时约半年，购置了一些新的机器设备，雇募了一批外籍技师，开始试制、生产火箭与水雷。次年，两江总督李宗羲曾饬令"金陵机器局制造水雷数十座，洋式火箭一千支"。但是，该局的这些产品，质量一直不甚过关。据记载：金陵机器局1880年夏秋间"奉各宪檄饬加工趱造，炉火通红，昼夜不息"，"所制者大炮、水雷居多"②。但在一次演习中，前三枚水雷均未能发射成功。第四枚虽然击中了目标，却连木船都没有击沉。

马格里自欧洲回华后，态度愈加蛮横，与继任金陵机器局总办段寿虎时有龃龉，甚至将自己的私人卫队扩充至30余人。连李鸿章也觉得他有点不太像话了，明确要他解散这支卫队，马格里断然拒绝，表示愿意由他自己支付卫队的费用。鉴于马格里的这种态度，李鸿章一气之下，于1874年11月将其降职为工头。马格里表示拒绝接受，甚至以辞职相要挟。次年初，金陵机器局制造的两门发射68磅炮弹的大炮在大沽炮台安装完毕，进行试放，不料炮弹在炮膛内发生爆炸，当场炸死士兵5人，重伤13人。李鸿章将马格里召至天津查询事故原因，马格里拖延至5月中旬才磨磨蹭蹭地进津谒见李鸿章。面对李鸿章的责问，他拒绝承认自己有失职行为，要求进行实地检查后重新演试。结果，马格里亲自到大沽炮台试放，大炮还是炸了膛。经检查，马格里认为系由炮身钢质不良所致，却又寻找种种借口推卸自己的责任。李鸿章让他承认错误，上书自请严处，也遭到他的拒绝。7月7日，李鸿章

---

① 《李文忠公全集》，朋僚函稿卷17，第4页。
② 《中国近代工业史资料》，第一辑上册，第327、329页。

下令撤销了马格里在金陵机器局的职务。

马格里被撤职后，寓居南京。一度意志消沉，幸亏曾国藩之子曾纪泽时相劝慰，并写信给李鸿章为他说情。其后，马格里本人接连五次谒见李鸿章，以求获得他的谅解。适值清政府派遣郭嵩焘出任驻英公使，李鸿章便把马格里推荐给了他。1876 年 10 月，李鸿章致函郭嵩焘说："马格里久寓金陵候信"，英国驻华公使威妥玛"屡称其能，弟亦夙知其忠厚可用，去取悉听尊裁"。至于当时已被任命为驻美、西、秘三国公使的陈兰彬"以携带洋人为非宜"，或因其担心洋人"狡黠者难于驾驭"，或因他"自量无驾驭洋人之才力"，对于郭嵩焘来说是不存在这种问题的。"远适异国，问禁问俗，窃谓带一二土著亦无不宜，但须择其驯良者而遣之。"①

是年，马格里以道员衔充任三等翻译，随同郭嵩焘赴伦敦，协助他建立了中国驻英使馆。郭嵩焘在任期间，在各方面得到了马格里的不少帮助。尤其是有关近代外交礼仪、西方社会风俗等方面的知识，当然要随时向他咨询；起草英文函件，显然也是马格里的专长。此外，马格里还经常向郭嵩焘介绍西方的科学技术、文化理论和社会学说。例如，他曾详细地介绍西方各国优待战俘的做法，致使郭嵩焘认为，由此足见"西洋敦信明义之近古"②。后来，崇厚受俄国人愚弄，签订丧权辱国的《里瓦基亚条约》，清廷欲处以死罪，郭嵩焘与李鸿章等力持异议，才未演成更大的国际交涉。所以说，郭嵩焘以封建官僚首次出任驻英公使，后又兼任驻法公使，能够得到两国政府的尊重，受到两国人士的称颂，以至被誉为国际第一流的外交家，其中也有马格里的襄助之力。

1878 年秋，郭嵩焘辞任回国，马格里亦随其一同返华，后转任英国驻华使馆参赞，直至 1905 年，又被聘为中国驻英使馆顾问。中法战争期间，曾于 1885 年春提出调解方案七条，对中法议和颇具参考价值。

---

① 《李文忠公全集》，朋僚函稿卷 16，第 27 页。

② 胡光麃著：《影响中国现代化的一百洋客》，(台北)传记文学出版社 1983 年 10 月版，第 23 页。

1906年，马格里死于英国，终年74岁。英国国王曾赐以爵位，新中国成立前上海的英租界里甚至有以他命名的街道。

二、屡次参与外交事务的德璀琳

德璀琳，德国人，本名Gustav Detring，生于1842年。1864年进入中国海关任四等帮办，累升至税务司，成为清政府的外籍雇员。由于他曾长期担任天津海关税务司，因而与李鸿章过从甚密，起先虽未正式加入李鸿章幕府，却经常帮助李鸿章办理一些涉外事务，在事实上扮演着幕客的角色。当然，他在为李鸿章办事时，总是要乘机为自己捞取某些好处，或借势抬高自己的地位。

海关总税务司赫德于1876年秋向总理衙门提出：要在"通商口岸及就近地方设立送信官局（即邮政局），由总税司管理"。总理衙门让他赴天津与李鸿章商量，李鸿章原则上表示同意。1878年春，时任天津海关税务司的德璀琳告诉李鸿章：赫德"派令试办信局，现拟先办京城、天津、烟台、牛庄、上海五处，若有利益，再行推广"。李鸿章以有约在先，"自未便拒阻"。未久，西班牙驻华公使出面反对，"谓于各国有碍"，"价钱太大，迟误太多"。李鸿章马上指出：所说"均非确论，似是忌嫉挑唆之语"[1]。希望总理衙门坚持定见，不为所动。此举实为中国近代邮政之肇始。

李鸿章兴办北洋海军之初，兵船"每有损坏，须赴闽、沪各厂修理，程途窎远，往返需时，十分不便"。于是，便听从赫德的建议，令德璀琳负责"在大沽海口选购民地，建造船坞一所"。德璀琳由海关帮办中"分派熟悉工务者帮同筹划，概不另领薪俸"。1880年春开工，当年11月工竣，"屡经海潮震撼，力保无虞"[2]。时德璀琳已获三品衔，次年秋李鸿章又奏请朝廷赏

---

① 《李文忠公全集》，译署函稿卷8，第17、18页。
② 《李文忠公全集》，奏稿卷42，第10页。

给头等宝星。

崇厚以擅签《里瓦基亚条约》获罪后，德璀琳于 1880 年 5 月将赫德收到的函电译送李鸿章，以便他了解西方各国对此事的态度。清廷迫于列强的压力宣布暂免崇厚之罪后，德璀琳又将伦敦来电译送李鸿章，告诉他俄方的态度已经转变。是年冬，德璀琳于报纸上发表文章"痛诋俄商近年借运茶赴恰（即恰克图）为名，多在蒙古私售渔利"。"于是，各国洋商啧有烦言。"俄国驻华署理公使凯阳德斥责他"造言诋诬"。德璀琳多次向李鸿章"禀述各情"，要求他设法"以杜俄商垄断网利之举"。李鸿章遂令天津海关道郑藻如会同税务司拟订了茶叶运销蒙古加征税收的章程。1881 年，李鸿章与英国公使威妥玛商谈鸦片加税之事时，德璀琳曾提出，欲组织公司，以每箱纳税 180 两的条件包揽对华鸦片贸易。次年春，又将来华包揽此项贸易的英国商人沙苗介绍给李鸿章。并向李鸿章透露："胡光墉串同怡和洋行"欲以每箱纳税 150 两包揽鸦片贸易，而后通过"短认箱数，藉以渔利"①。

中法战争期间，时已调任广州海关税务司的德璀琳由欧洲赴粤，途经香港时遇到了法国海军舰长福禄诺。福禄诺早先曾率军舰驻泊天津，当时不但与德璀琳"时相过从"、交往甚密，而且尝为李鸿章"斟酌水师章程，动中款要"。两人谈及中法战局，福禄诺表示他可以从中调停，遂写了一封信让德璀琳带交李鸿章，并说自己将前往烟台等候消息。德璀琳一到广州，马上请两广总督张树声电告李鸿章，"谓有紧要条陈，须赴津面禀"。4 月，德璀琳抵津，向李鸿章面陈一切。李鸿章当即向朝廷作了汇报，认为："与其兵连祸结，日久不解，待至中国饷源匮绝，兵心、民心摇动，或更生他变，似不若随机因应，早图收束之有裨全局矣。"进而指出："若此时与议，似兵费可免，边界可商；若待彼深入，或更用兵船攻夺沿海地方，恐并此亦办不到。"②

① 《李文忠公全集》，译署函稿卷 12，第 15 页；卷 13，第 5 页。
② 《李文忠公全集》，译署函稿卷 15，第 31、32 页。

在征得朝廷同意后，德璀琳前往烟台陪同福禄诺进津与李鸿章谈判，旋于5月11日签订了"李福天津简明条约"。清政府亦认为该约"尚无伤国体，事可允行"。不料，却很快因法军至越南北部谅山的清军驻地强行接防、引起冲突而毁于一旦。此后，德璀琳仍密切关注着中法战局，随时将其获悉的法军动向与各地战况电告李鸿章。8月，他曾向李鸿章报告：法国总理茹费理正在设法刺激国会通过扩大侵华战争的提案，希望他说动清政府，"趁此未甚决裂时"，授予驻法公使李凤苞以议和全权，"令与法庭妥慎讲义，庶偿费较少而保全者大"。10月，又当面建议李鸿章要求清廷"请奥国居间"调停中法关系[①]，李鸿章建议总理衙门召令德璀琳赴京面商，未有结果。次年5月中法议约时，李鸿章曾派德璀琳参与核对条约文字。

时，日本政府派宫内卿伊藤博文来华与李鸿章谈判，以解决中日军队在朝鲜甲申政变中发生冲突问题。德璀琳与"伊藤幕友某英员相识，从旁赞导，颇为得力"[②]。是年，英国为了遏阻俄国势力南下，派军舰强行占据了朝鲜南部的巨文岛。德璀琳密报李鸿章：俄国政府已作出决定，"如中国不催退还，俄亦必夺踞朝鲜口岸一处，倘朝有事，中国派兵往扎，俄亦即派兵往"[③]。促使清政府及时提出了让英军撤出巨文岛的要求。同年，英国政府曾打算以赫德接替威妥玛任驻华公使，李鸿章即准备让德璀琳接任总税务司，后因赫德听从丁韪良的劝告不愿放弃总税务司一职而未果。

当时，法国天主教会在北京城内南海蚕池口建造的教堂过高，且邻近皇宫，可以看到宫廷内的活动。1885年10月李鸿章进京陛见时，慈禧当面谕令他设法妥善处理此事。鉴于德璀琳"为法人教士所信服"，李鸿章遂令其协同处理此事。其后由德璀琳与法国传教士樊国梁议定，将教堂迁至西什库，并由他亲自进京划定了教堂的基址。李鸿章以此请求朝廷赏给德璀琳二

①《李鸿章全集》，电稿一，第129、224、322页。

②《李文忠公全集》，译署函稿卷20，第57页。

③《李鸿章全集》，电稿一，第593页。

品顶戴。但是，德璀琳等建议清政府与罗马教廷互派使节一事，已获罗马教廷同意，却因法国政府的阻挠而未能实现。后来，德璀琳于19世纪90年代初又一再上书李鸿章，重提此事，仍无结果。在此期间，德璀琳赞助白银数千两，与天津道周馥一同创办了博文书院，且以"才识明练，勇于为善"被任命为襄办。

德璀琳还曾干预轮船招商局事务。中法战争期间，该局会办马建忠将局产暂售于美商旗昌洋行，以免被法舰截夺，德璀琳对此"愤激不平"，在李鸿章面前说：招商局"前买旗昌旧船，已吃亏百万；今即事平收回，必吃大亏"；"商局一块肉，吃尽恐难吐出，旗主无密约为凭，他日有何把鼻？"使李鸿章顿时"又添一心事"。战争结束后，德璀琳推荐其任天津税务司时的得力助手美国人马士进入招商局，协同马建忠办理赎回局产的交涉。随后又让马士留局担任帮办，负责处理招商局与汇丰、怡和、太古等洋行之间的往来事务。隔年，马建忠以马士擅自任命璧德生为保大号船长，致使该船失事而将其撤职，德璀琳还为他"代抱不平"，对李鸿章说"商局必坏事"①。

德璀琳推荐德国人善威揽办"旅顺船坞、船澳各工"，"乃经营年余，毫无布置"。上海法兰西银行于1886年春推荐"善做坞船"的法国人德威尼与李鸿章洽谈，"所估旅顺工程较善威精详核实，省费至十余万两，限定三十六个月完工，工竣仍由该银行照料一年，保固十年，有法领事林椿作保"。李鸿章"参酌损益"，认为将旅顺船坞交德威尼承办，既节省，又可靠，便派员与他签订了合同。"当合同甫定时，德璀琳怨谤形于辞色，写入时报，欲引起都中浮议而震撼之"，李鸿章"置之不理"。他又鼓动德国公使巴兰德至总理衙门纠缠，李鸿章向总理衙门表示："理势所在，择善而从，初不问其为德人，为法人也。"1889年夏，朝鲜准备举借洋债，德璀琳极力怂恿李鸿章采纳赫德的建议，由清政府代朝鲜借洋债200万元，同时派赫德

---

① 《李鸿章全集》，电稿一，第203、843页。

总理该国税务，"将朝鲜各口税务收回，由中国自办，约数十年可抵还"①，亦为李鸿章坚决拒绝。

甲午战争爆发之初，德璀琳即向李鸿章呈递条陈，提出：威海卫军港"南口宜填制挡雷铁链、桩，中系大船"，李鸿章马上电令北洋海军提督丁汝昌"参酌妥办"②。此后，德璀琳又积极帮助李鸿章联系购买枪炮、弹药、舰艇事宜。1894 年 10 月，英国建议俄、法、美、德共同出面调停，以结束这场战争。11 月初，总理衙门邀请五国公使商谈调停之事，表示愿意以承认朝鲜独立与对日赔款作为调停的基本前提。但是，由于各国利害关系不一，喧嚣一时的"五国调停"迟迟不见下文。而日军却在占领朝鲜之后，又分兵两路攻入辽东。清廷派户部左侍郎兼总理衙门大臣张荫桓与督办军务处文案道员景星赴天津征询李鸿章的意见。李鸿章提出："闻敌有不愿局外居间之说，各国心志亦不齐"，所以建议派员径赴日本，与其首相伊藤博文洽谈，"较联横说合为捷"③，且可与总理衙门的办法并行不悖。同时，考虑到"目下彼方志得气盈，若遽由我特派大员往商，转虑为彼轻视"。是以他与张荫桓等再三商量后，一致认为："惟有拣择洋员之忠实可信者前往，既易得彼中情伪，又无形迹之疑。"并推荐"在津供差廿余年，忠于为我"的德璀琳承担这一重任④。德璀琳恰于此时将前任德国公使巴兰德的密电转呈李鸿章，该电谓：西方各国都认为日本"甚有奢望"，即使中国放弃对朝鲜的宗主权，答应赔款，日本也未必满意，很可能还要割占台湾，"各国不一定能帮中国"。建议："中国仍当力战，或俟东（指日本）力乏，或俟各国自愿出为调停。或由中国自问东洋意欲何居，东必张大其词，骇人观听，然后中国宣示各国，自必有作不平之鸣者。"清廷即令李鸿章探询他是否愿意代中国出使日本，巴兰德自称"身

①《李文忠公全集》，译署函稿卷 18，第 56 页；卷 19，第 31 页。

②《李鸿章全集》，电稿二，第 831 页。

③《李鸿章全集》，电稿三，第 156 页。

④《李文忠公全集》，译署函稿卷 20，第 57 页。

弱多病"，表示"碍难接受中国全权大臣之任"。清廷只好密谕李鸿章："德璀琳在中国当差有年，忠实可靠，着李鸿章将应行筹办事宜详晰告知"，"令其迅速前往东洋妥办"。德璀琳很爽快地表示："久受朝廷豢养之恩，当此时势艰危，亟应竭诚报效。"又以"恐人微言轻，不足见重于彼族"，要求"转奏赏加头品顶戴，以示光荣"。并建议："如倭人愿望太奢"，再电请巴兰德登诸报纸，"遍告各国，愈见东洋无理取闹，届时或耸劝各国出而弹压调处"。李鸿章当即拟就致伊藤博文的公文、私函各一份，交德璀琳携往日本。他在私函中向伊藤介绍说："德璀琳在中国久任艰巨，为朝廷及本爵大臣所倚重，且深悉两国情形，熟稔和、战利害，从前办理条约，彼亦参赞其间，请即赐见，垂询可知心腹。"但是，日本方面此时根本没有停战的意图，相反，还要进一步扩大战争，以便从中国攫取更多的侵略权益，遂以德璀琳不具备交战国使者资格，李鸿章的书信也不能视为谈判证书，而拒绝加以接见。美国为了单独操纵中日和谈，也示意清政府尽快召回德璀琳。于是，德璀琳于 11 月 26 日抵达日本神户后，仅待了两天，什么事也没办成，即又于 28 日晚返回。德璀琳回到上海后，电告李鸿章：在他离日之后，"神户县出示云，中国并未遣使来议和，意欲虚报，以惑欧洲"，要求准许他"将所有文凭与往来电报列诸报纸，昭示各国，使知趋向"[①]声称自己"有许多要语急欲面陈"。待其回津后，也只是说他"从旁调探，所欲甚奢"；认为"此时赴日，实多不便，如于上海、烟台两处择一地以候晤，庶不致为所要挟"。

是年 12 月，由美国从中牵线，清政府又派张荫桓与湖南巡抚邵友濂赴日议和。张荫桓电请李鸿章转聘德璀琳为参赞，德璀琳复函称：听说张、邵已请美国前国务卿科士达往助，"倭视美重，美人居间有益"，他若"随往，恐美生懈，不如暂在后路相助"。又表示：倘蒙请旨派为参赞，"将来无论何时差遣，只需张钦差（指张荫桓）电召，立即东行不误"。次年 2 月，德璀

---

① 《李鸿章全集》，电稿三，第 173、176、200、199、241 页。

琳函告李鸿章：据俄国公使喀希尼当面告诉他，"俄已与英、法订约，告明日本不得过于得意。现只候阅看日本需索条款，如所索过奢，三国自能设法调停"。建议中方与日方会谈后，"将所索条款告明英、俄、法，即可出而干预"。李鸿章也以为：日本在谈判中"必索占地，若占奉天（今辽宁），俄必不允；若占通商口，英必不允。必与该国有关碍，始肯出为用力，此理甚明"。希望总理衙门能够据此"察度妥办"①。

李鸿章赴日谈判期间，德璀琳又电告他："据巴兰德称，各国议论中国让地事，均不以为然，中国应勿急于成议。"时已走投无路的李鸿章胸中立刻燃起了一线希望，马上复电提出："日索奉天南已据各处并营口，又索让台湾全岛，限期成议，各国应不谓然。何勿急起争论，迟则无及。"可巴兰德于来电询问日本"急于成议"，是否因为"倭军患霍乱死亡甚多"之后，便没了下文。德璀琳收到李鸿章关于日本"意欲急攻京畿，以图要挟，故限期成议"，"并非因病疫"的复电，感到了事态的严重性，便改口说："恐各国非待中日和约签押之后，不能说话。我想最好先将此约于限期届满之日画押，日后各国必将此约翻案另订。"随即又明确告诉李鸿章："各国公会，恐无望也。"《马关条约》签字的当天，德璀琳又致电李鸿章曰："俄国不以日本割据奉天为然，和约虽经画押，仍与俄国不以为然之意两无妨碍。"并说他与巴兰德"皆于此事极为出力"，希望李鸿章将有关情况随时电告他们。此后六天，俄、法、德三国即向日本提出了退还辽东半岛的强硬要求。清朝统治者一度又为是否如期与日本换约而犹豫不定。但日本还是逼迫清政府按期交换了条约批准书。中日换约前夕，巴兰德亦电称："虽即换约，三国仍须费力。"稍后，李鸿章令德璀琳转请巴兰德"极力设法耸动各国，劝阻倭人赴台交割"。可他却反而提出：听说李鸿章正在"设法阴令台民叛拒倭人，显系违约"。至此，李鸿章终于明白了：各国所谓的调停、干涉，与他所想象的远不是一

---

① 《李鸿章全集》，电稿三，第 320、433 页。

回事。所以，他提醒总理衙门注意：德"不愿帮助，俄亦未必与倭兴戎。中朝必应妥慎筹办，勿先违约，自贻后祸"。8月底，德璀琳又向李鸿章表示要"请德会英令倭退辽东，不另偿兵费"；同时提出"北京以南铁路工程归德国承办"，派德璀琳为总办。李鸿章当即复电称："铁路借德款准行"，承包路工须另商。数日后，德璀琳电告李鸿章：已有消息说"倭意已定，辽东准退还，不加索兵费；朝鲜之事，现允归各国保护"，不准某一国占据。李鸿章喜出望外，复电称"枢廷正盼此信"。讵知过了十多天，他由别的渠道获悉，"俄允定与德、法议明，非赔三千万不能退辽"，问德璀琳这是怎么回事。德璀琳说："倭本意肯免赔退辽，今三国议费三千万，全系德主谋"，主要是因为代筑铁路之事清廷"久未定见"。这一次，李鸿章似乎不太相信了，复电德璀琳指出：俄国来电并未说是德国主谋，你的说法"似未确"①。最后还是由李鸿章与日本公使林董签订中日《辽南条约》，清政府以3000万两白银的代价赎回了辽东半岛。

次年春，李鸿章奉命出访欧、美各国，又奏请以德璀琳等为参赞，以备随时咨询。尽管这次出访时间不长，德璀琳毕竟正式加入了李鸿章幕府。德璀琳随李鸿章赴俄后，又先期赶回德国，安排好一切，再来迎接李鸿章一行。李鸿章离开德国前往荷兰时，又令德璀琳以休假为名留下来，就提高中国海关税率等事"徐商外部，并怂恿商会帮助"。是年11月，德璀琳通过驻俄、德、奥、荷四国公使许景澄电告已经回到国内的李鸿章：德国外长马沙尔提出，"须中国让海口或一岛乃允加税"。他"力述让地窒碍"，劝其"就商埠泊舰，请中国用德人、德款造铁路"等条件进行磋商②，马沙尔未作答复。加税之事也就不了了之。

稍后，德国正式向清政府提出了租借胶州湾的要求。这时德璀琳已回到

---

① 《李鸿章全集》，电稿三，第491、496、498、501、522、549、616～617、618、619页。

② 《李鸿章全集》，电稿三，第659、677页。

中国，李鸿章致电盛宣怀查问其行踪，以为："德使正索埠头饶舌，彼来或稍松劲。"尽管德璀琳数日后即取道天津进京，却未能阻止德国胁迫清政府签订《胶澳租界条约》。当时，德璀琳向负责督办铁路的盛宣怀提出：由"英、法、德三国银行公借一万万两，国家给三厘息，造京汉、奉吉干路，用三国工师，铁路大臣之下派洋总铁路司如总税司，以路利归债，债清路全属官，支路则由华商自办。一免各国怀忌，加税方好议办；一干路同时并举，不致迁延"。李鸿章马上给他泼冷水说：清廷上下本来就没有大举兴办铁路的魄力，"至德议更无人主持"，向英、法、德借款修筑奉吉铁路，尚"虑俄有违言"，更难成功。德璀琳出任总铁路司的美梦随之泡了汤。次年，德璀琳揽办治理海河工程亦未成功。是年 11 月，德国以两个德籍传教士在山东巨野县被杀为借口，派军舰强占了胶州湾。时德璀琳已回国，李鸿章又致电许景澄查问其行踪，"询其何时回华"[①]。德璀琳通过许景澄转告李鸿章，将于次年2 月来华。李鸿章见缓不济急，也就没了指望。

先是，德璀琳已于 1895 年被继任开平矿务局总办张翼委任为该局会办。三年后，德璀琳协同张翼向英商墨林公司借款 20 万英镑（折合白银约 140万两），用于修筑秦皇岛港口设施，年息高达一分二厘，并任命墨林公司代理人美籍工程师胡佛（后来曾任美国总统）为该项工程的监工。义和团运动期间，俄军占领唐山，张翼逃入天津租界，委派德璀琳为开平矿务局总代理人。德璀琳与胡佛合谋将开平卖与墨林，改为中外合办的公司，在英国伦敦注册。清廷获悉后，责令张翼负责收回。1904 年，张翼经与德璀琳协商后，前往伦敦控告胡佛等。此案中方虽于 1906 年胜诉，其后几经周折，终未能收回开平矿权。德璀琳因每月由开平矿务有限公司秘密领取数百两车马费，被赫德发现，遂辞去海关税务司职务。后于 1913 年死于天津，终年 72 岁。

德璀琳寓居天津 30 余年，先后 10 次担任英租界工部局董事长。他在天

---

① 《李鸿章全集》，电稿三，第 690、692、693、794 页。

津马厂道建造的欧洲中世纪城堡式的住宅，金碧辉煌，显示了他的阔绰。他参与创办的《天津时报》，聘请李提摩太为主笔，对国际舆论界有一定的影响。有人说，在所有外籍人员中，他对晚清政局的影响仅次于赫德，诚非虚言。

三、铁路工程师金达

金达，英国人，本名 Claude William Kinder，生于 1852 年。其父曾在日本担任工程师多年，金达幼年随父赴日，在日本长大，娶日本女子为妻。曾先后在英国、俄国、日本从事铁路建筑工作，其后以铁路建筑工程师的身份来到中国。

1876 年 11 月，唐廷枢受李鸿章委派，前往开平勘察煤铁矿产资源，当即将有关情况草拟了一份节略，上陈李鸿章。他在这份节略中说："英国煤上海时价每吨八两，新南煤七两，东洋煤六两，台湾煤四两五钱至五两，大抵开平煤块只能按照台煤之价而已。"现在土法开采的煤块在开平的售价为每吨二两七钱，用牛车由开平运至芦台每吨二两二钱，用小船由芦台运至天津每吨五钱，天津上力每吨二钱，共五两六钱。若轮船买用，每吨加税银七钱，下力一钱，已达六两四钱。即使仿照西法用机器开采，每吨工本银只需一两，运至天津仍需四两七钱，"此等价值只可在天津售与民用"。"若运上海以拒洋煤，须加水脚银一两有零，上落、栈租、半税六钱，合计每吨六两有多，断难出售"。若要提高开平煤的竞争力，只有降低运输成本；而要降低运输成本，则必须修筑铁路。他预计：铁路筑成后，每吨开平煤开采成本一两，铁路运费一两一钱，轮船运费一两一钱，装卸费四钱，交税一钱五分，经纪费二钱，栈费一钱，运至上海也"只需成本银四两，不独可拒洋煤，尚属有利五钱"。所以，他明确提出："欲使开平之煤大行，以夺洋煤之利"，并使轮船招商局每年"多得回头载脚十余万两，苟非由铁路运煤，诚恐终难振作也"。并进一步作出了修筑铁路的经费预算：由开平至涧河口约筑铁路100 华里，共需购地款 18000 两，填土费 45000 两，筑路拱 10000 两，更楼等 10000 两，机车 8000 两，木料 50000 两，铁料 200000 两，工费 10000 两，垫砖石 25000 两，筑码头 24000 两，工本合计共 40 万两。铁路开通后，以每年运煤 15 万吨计，即可省下原先用牛车由开平运煤至芦台的运费 33 万两，以一半作为用轮船运煤至上海的运费，还可省下 16 万余两。若每年再由铁路运铁 20 万担，又可省运费 3 万两。这样，两年即可归还路本。"其余承运货客，每年尽可敷衍房租、辛工、饭食等项"。次年秋，唐廷枢再次禀称："煤本不难取，所难者，使其逐日运出费力"，因而"须自筑铁路，方可大见利益"。"若有铁路运煤，便可多开一井"；"两井每年可出煤二十万吨，除熔铁作五万吨，仍净可存十五万吨"。大规模地修筑铁路固然要引起顽固派的反对，但是，"若能仿照台北筑做用马拖车小铁路一条，非但煤、铁容易运出，即熔铁炉锅、拉铁机器等重物，均无难运进矣"①。

也就是说，唐廷枢一直是把修筑铁路作为开采开平煤矿的必要条件的。是以 1878 年夏开平矿务局成立之初，金达即被聘任为承办筑路工程的主任工程师。但是，由于封建顽固势力的坚决反对，次年春，即有外国人在华开办的英文报纸报道："自开平煤矿至海岸修筑铁路之议，业已打消"，其主要原因是"铁路必经之地大半系旗地"，旗人不愿将土地卖给开平供筑路用，"如躲避此等旗地，另筑曲折的路线，则将所费不赀"②。眼看着开平煤矿即将投产，运输问题亟待解决，1880 年 10 月，唐廷枢迫不得已，提出了一个变通的办法，即由芦台至胥各庄挑挖一条长约 70 华里专供运煤的运河，取名"煤河"；再由胥各庄至开平修筑一条长约 15 华里的"快车路"，实际上就是铁路。李鸿章在奏报朝廷时，则称之为"马路"。并约定：该路筑成后，只能用骡马拖曳煤车。但是，唐廷枢坚信铁路一定会被中国人所接纳，"他希望在事机成熟之时，会采用机车曳引"，决定按计划修筑。只是由于开平矿务局

---

① 《中国近代工业史资料》，第一辑下册，第 620、621、625、627 页。

② 《中国近代工业史资料》，第一辑下册，第 638 页。

当时资金不够充裕，他打算把轨距由标准的 4 英尺 8 英寸半缩减为 30 英寸。金达来华之前，在日本修筑铁路已积累了丰富的经验，他了解到，日本当时采用的 3 英尺半轨距对于其整个铁路系统的发展是非常不利的，希望中国能避免在这一点上遭受不必要的损失，所以力劝唐廷枢还是采用标准轨距。唐廷枢懂得了轨距的利害关系后，从善如流地接受了金达的正确意见。

这段铁路于次年 3 月动工修筑，三个多月后即告完成，通常被称为唐胥铁路。与此同时，金达开始利用矿区里所能找到的材料，自行设计并亲自动手制造了中国第一辆蒸汽机车。据记载：这辆机车的"锅炉是原来的一个轻型的卷扬机上的，车轮是当作旧铁买进来的，车架则用槽铁所制，那些槽铁是借用唐山煤矿第一号竖井的架子"。连同人工和这些废旧的材料，这辆机车的造价一共只有 520 元。机车尚未造好，消息已经传了出去，于是很快便接到了停止制造的严厉命令。后经与李鸿章一再协商，制造机车的工作才得以重新继续下去。这年 6 月 9 日，是蒸汽机车发明者乔治·史蒂芬森诞生 100 周年的纪念日。这一天，中国第一辆火车头造好了，开平矿务局总工程师薄内的夫人将这辆机车命名为"中国火箭号"。英国驻天津领事在这一年的商务报告中提到："从矿厂至胥各庄已修成一条单轨的铁路，约长六英里半，轨距四英尺八英寸半，最大斜度为百比一"，"轨系钢制"；"在矿厂中已制成一个火车头，如果中国人不加反对，即可使用，目前拟先用马在轨上拉车"①。

不过，这种马拉火车的现象并未持续多久。据金达向英国领事所作的汇报说：唐胥铁路当时是"中国唯一的一条铁路"。"这条小铁路建造时很谨慎，倡议者一点点地试着运行。第一座火车头是在本地造的，行驶了几个星期，没有引起烦言；但不久便被命令停驶，停了几个星期；过些日子，又可以开行了；以后便一直在使用，直到从英国运来了两个车头。"由于顽固派对铁路一直持深恶痛绝的态度，开头阻力是很大的。据说，有一次，听说清政府

---

① 《中国近代工业史资料》，第一辑下册，第 642 页。

要派员来开平矿区视察，金达不得不让人把火车头给埋了起来，待视察的官员走后，他们再把火车头扒出来继续使用。过不了多久，当地居民就见惯不怪了，开平矿务局也用不着掖掖藏藏了。1884 年 6 月，《华北捷报》通讯员参观了开平之后，撰文报道说："胥各庄是目前中国最有趣的地点之一，因为旅客在此地可以看到火车，矿厂与胥各庄之间的火车每日定时开行。""在一个高棚里可以看到一件新鲜东西：矿局所造的'火箭'号火车头，这是直隶总督、矿局总办和总工程师金达的合作的产品，至于每人贡献多寡，则一言难尽。"① 显然，这时火车的运行已趋于正常，火箭号因已被更新式的机车所取代而告退役。

1882 年薄内退休后，金达接替了开平矿务局总工程师的职位。1885 年，他通过天津海关税务司德璀琳的介绍，谒见了直隶总督李鸿章，当面向他陈述了进一步延长唐胥铁路的必要性。金达受聘于开平矿务局之际，事实上已经具备了李鸿章幕府人员的身份。这次见面之后，他与李鸿章的关系愈加密切了，在修筑铁路问题上，充分发挥了洋幕僚的作用。

李鸿章被金达说动，于是便奏请将唐胥铁路展筑至芦台，并得到了朝廷的批准。遂于次年成立开平运煤铁路公司，推举伍廷芳为总理，招集商股 25 万两，买下了唐胥铁路，并将其由胥各庄展筑至芦台。当时规定："将铁路公司与开平矿局分为两事，出入银两各不相涉。"② 是年 11 月，筑路工程由胥各庄一端动工，翌年 5 月竣工。铁路公司又买来了一辆美国造的机车和 40 辆载重 10 吨的煤车，就正式投入了运营。据外国人在上海创办的英文报纸《字林沪报》报道：该路于 1887 年夏历四月至九月，连闰月共 7 个月间，共收入客货运费 29200 余两，除去费用 16100 余两之外，净盈利 13100 余两，"前三月每月溢利一千余两，后四月每月溢利二千余两，有日增月盛之势"③。

---

① 《中国近代工业史资料》，第一辑下册，第 649～650、651、652 页。

② 《申报》，光绪十二年六月二十六日。

③ 《唐廷枢研究》，第 215 页。

受金达的影响，李鸿章采取了更为积极的态度。1887 年 3 月，上述路段尚未完全竣工，他又奏准将该路由芦台延长至塘沽，再展筑至天津。当即将开平运煤铁路公司改称为中国铁路公司。4 月，该公司在报纸上刊登章程，公开招股 100 万两，指定汇丰银行为该公司的收款银行，入股者只要把股金存入该银行在各通商口岸所设的分行就可以了。同时在外国报纸上刊登公告，招商投标承包 2000 吨钢轨和道钉。由于入股者一时不甚踊跃，李鸿章还发表声明，"强调该公司要按照从外国的股份公司所获得的经验，把公司业务管理权交给由股东大会所推举的董事会，并摒除官方的干涉"[①]。希望持有资金者站在投资者的立场上，在充分认识到该公司计划的可行性和铁路沿线的无穷利益后，能够踊跃认股。

该路于次年 4 月筑至塘沽后，许多人主张将其延伸至大沽，再沿海河南岸筑至天津。但金达指出：这么一来，就必须建造好几座横跨海河的桥梁，将大大增加工程的费用。作为干线的一部分，应该由塘沽沿海河北岸直接筑往天津。这一正确的意见得到了采纳。当年 8 月，铁路延伸至天津。10 月，李鸿章乘火车视察了铁路全线。下月，唐山至天津之间，每天正常开行两次列车。

李鸿章马上又奏请将该路由天津展筑至通州（今北京市郊的通县）。1889 年 1 月，金达陪同伍廷芳等巡视了津通路段，进行了初步的勘测。同年，铁路公司还在海河上架了一座铁桥，以便把北岸的天津火车站与南岸的租界连接起来。这时，他们遭到顽固派的激烈反对，结果，不但修筑津通铁路的计划被搁置在一边，而且李鸿章还不得不下令拆除海河上的铁桥。亲眼目睹了这一切的金达在几年之后痛心地写道："那些石头的桥墩"，"现在是唯一留下的桥址的标志，它们是阴谋和猜忌的纪念碑，是中国进步道路上的真正的障碍物。没有比这更好的例子来说明那重重的困难了：有些人意欲改革中国，可是即使在前所未有的、最没有成见和最有权势的总督的领导之下，根据他的急邃的筑

---

① 肯德著：《中国铁路发展史》，三联书店 1958 年 6 月版，第 29 页。

路的愿望，在他们的前进道路上仍然遭到了如许的阻挠"①。

1889 年秋，李鸿章以东北地区形势紧张为由，促使清政府作出了修筑关内外铁路的决定。先是，中国铁路公司当年已将津唐铁路由唐山向北展筑至开平，因经费不敷，只修筑了 10 华里。次年春，李鸿章拨给公款 30 万银圆，令将该路由开平展筑至林西。接着，成立官办的中国铁路总公司，聘任金达为总工程师，进一步把该路筑向山海关。甲午战争爆发之前，该路已筑至山海关外 40 英里的中后所。同时，李鸿章派人把金达找来，告诉金达说：他已经筹划好要修筑一条从西到东横贯东北地区的铁路，初步计划的路线是由山海关经锦州至新民屯，折而向南越过辽河至奉天（今沈阳市），再转向东北经宁古塔（今黑龙江省宁安县）至中俄边境图们江口附近的珲春，另由奉天南至牛庄修一条支线。令他前往东北进行实地勘察，以选定一条最好的路线。金达率领一支勘测队于是年 5 月出发，由水路抵锦州，再改由陆路至吉林和宁古塔，7 月底到达珲春，而后越过边境来到海参崴。金达的勘路行动，引起了一直觊觎东北地区的沙俄的关注。此后，俄国一面极力阻止清政府在东北筑路，一面加快修筑西伯利亚铁路，一心要抢在中国人前面把铁路修进东北。李鸿章看出了俄国人意图，也想抢在俄国人的前面筑成横贯东北的铁路，以维护民族权益。线路勘定以后，马上积极地向外国订购筑路材料和车辆。由金达提出的材料投标办法规定，竞标者所提供的钢轨等主要材料，必须有伦敦验钢工师的验单，才算合格。这显然是大大有利于英国厂家的，当时就引起了德、比等国的不满。可惜的是，甲午战争的爆发，打断了李鸿章等修筑东北铁路的进程。

甲午战争结束后，李鸿章利用时局的变化，促使朝廷同意他将铁路由天津修向北京。这一次，不是修到通州，而是修到卢沟桥，仍旧聘用金达为总工程师。金达很巧妙地把铁路先由天津修到位于京城西南五里的丰台，再折

① 《中国铁路发展史》，第 34 页。

而西修往距京城稍远一些的卢沟桥。稍后，干脆又由丰台修到了北京永定门外的马家堡。既让铁路尽可能地靠近了北京城，又没有违背修向卢沟桥的谕旨。1907 年春，因英国公使窦纳乐争揽卢汉铁路修筑权，李鸿章让督办铁路总公司的盛宣怀将卢沟桥至保定段筑路工程交由金达负责，该公使"始默然"。未几，金达当面向李鸿章反映，卢保段虽已"勘路购地，而料物一无预备"，担心卢沟桥所需材料由汉阳铁厂自造，"恐难经久"。李鸿章致电盛宣怀，询问是怎么回事。盛复电称："卢保料单四十余纸，已由总公司在沪开标，购外洋居多，汉厂仅造十之一二。"金达有意见，是因为未让他负责开标，"致有怨望"。随后，金达又上呈李鸿章提出："铁路应归一律"，并拟出了详细的章程。李鸿章马上让盛宣怀将其交比利时监工"查阅照办"，告诫他："否则将来与津卢不合辙，为害甚大。"金达旋又面禀李鸿章："卢保用钢轨、垫木，秋间急需"，他已电询盛宣怀，却一直没有复电。李鸿章即令盛宣怀"应速详细告知"[1]。

同时，金达还根据英国驻华公使窦纳乐的指示，极力怂恿李鸿章续修关外铁路，企图借助于此举把英国的势力伸入东北地区。盛宣怀亦于 1897 年 7 月向李鸿章提出："中后所至锦州未完之工即须做完，照金达原图接至老边亦所应办，将来若归比办，俄似不致作难。可否由公司另给一函云：如山海关展至老边，由总公司办，可允照卢汉合同先与比议。"[2] 津卢铁路完工后，李鸿章又说动清政府掉过头继修关外铁路了。他当然不愿意把该路交给盛宣怀的铁路总公司，而是继续由自己组建的中国铁路公司承办，仍由金达主持筑路工程。俄国对于英国企图向东北地区扩张十分不满，强烈要求清政府撤销金达的总工程师职务，改用俄籍工程师，并向俄国借款修筑关外铁路。英国方面声称：俄国要求撤换金达，就因为他是英国人，而只要由山海关向东

---

① 《李鸿章全集》，电稿三，第 713、736 页。

② 《李鸿章全集》，电稿三，第 749 页。

北延伸的铁路是一条中国的铁路，"俄国便没有理由反对中国政府雇佣它所愿意的任何一个国籍的工程师"①。俄国方面回答说："俄国人并没有因为金达是英国人而要撵掉他的意图，而是因为他不是俄国人"；并明确表示："俄国政府不打算把与俄国贴邻的中国几个省份置于除掉她自己以外的任何国家的势力之下"②。但是，英国驻华公使窦纳乐依然坚定地宣称：由于金达是一个受雇于中国政府的英国公民，"他的责任是使金达的利益受到严格的保护"。最后，英、俄双方勉强达成一项协议，宣布：该路"应认为中国永远产业，无论何国不得借端侵占"③。同时，中、英签订《关内外铁路借款合同》，英国为该路提供了 160 万两贷款。1898 年冬，督办关内外铁路大臣胡燏棻被撤职，改由张翼接任。张翼因与金达产生了意见分歧，便匿名攻击他缺乏经验、办事无能，企图撤换他。声望很高的《工程学》杂志载文称赞"金达非但是一个爱好铁路工程的人"，而且具有丰富的筑路经验，由他担任该路总工程师，会让投资者感到放心。英国维多利亚女王也适时地授予金达圣密契尔圣乔治骑士勋位，以表示英国政府对他的信任和支持。未几，张翼的督办职务因受义和团运动影响而被撤销。该路工程于 1898 年秋启动，次年 10 月修至锦州，而后由沟帮子修了一条通往营口的支线，至 1900 年 2 月完工，干线由沟帮子向东修了没多远，即因义和团运动爆发而再次中止。八国联军占领北京后，铁路由军方接管，金达又被聘为总工程师，但他很快因与军方意见不合而辞职。战后，中国政府收回这条铁路时，又聘请金达担任了顾问。1902 年 10 月该路收回，次年秋展筑至新民屯而告结束。

金达还为中国培养了一批铁路建筑人才。80 年代中后期，早先以幼童派往美国留学的邝景扬、周谋谏、陆锡贵、詹天佑等被调入铁路公司任职，他们在金达的指导下，承担各项筑路工作，受到了锻炼，积累了经验，逐步

---

① 宓汝成著：《帝国主义与中国铁路》，上海人民出版社 1980 年 8 月版，第 76 页。

② 《中国铁路发展史》，第 50 页。

③ 《帝国主义与中国铁路》，第 77、78 页。

成为可以独当一面的技术骨干。其中，詹天佑在该公司曾先后主持过塘沽至天津段铺轨工作、唐山至山海关段铺轨与架桥工作。后于 1905 年担任京张铁路总办兼总工程师，成为第一个独力主持完成重大铁路工程的中国人。

金达死于 1936 年，终年 85 岁。

四、北洋海军总教习琅威理

琅威理，英国人，本名 William M Lang，生卒年份不详。原为英国海军军官，1863 年海关总税务司李泰国代清政府购买兵船，组成阿思本舰队，琅威理曾受聘于该舰队，随同阿思本率舰队一道来华。后因李泰国欲控制该舰队，不让其听命于曾国藩、李鸿章等人。清廷下令解散该舰队，琅威理亦被遣送回国。

1874 年 5 月，日本政府派陆军中将西乡从道率兵 3000 余人侵犯台湾，引起了清朝统治阶级的震惊，于是，部分洋务派官僚大声疾呼要筹办海防。次年 5 月，清政府明令两江总督兼南洋大臣沈葆桢与直隶总督兼北洋大臣李鸿章分别负责督办南、北洋海防事宜，并令每年由广州、福州、厦门等地海关和江、浙等六省厘金项下拨解白银 400 万两作为海防经费，南、北洋各半。沈葆桢起先主动提出将此项专款全部解交北洋统一使用，后于 1878 年又请求将其中的 200 万两拨归南洋。但各省并未照额拨足，拖欠甚多，头三年"实解不过二百万，是每年仅得数十万两"[1]。李鸿章用这笔钱从外国购买舰艇，创办近代海军。由于中国当时缺乏近代海军人才，他不得不雇用洋人来训练中国的海军。

李鸿章先于 1875 年奏请海关总税务司赫德在英国阿摩士庄船厂代为订造了飞霆、策电、龙骧、虎威四艘炮艇。嗣因船少不敷发配，李鸿章又于 1878 年秋仍由赫德等在该厂订造了镇北、镇南、镇东、镇西四艘炮艇。翌

---

[1] 《李文忠公全集》，奏稿卷 29，第 50 页。

年，炮艇造好后，李鸿章派海军将领邓世昌等前往接收并驾驶回华，赫德恐有疏失，乃向英国海军部借用琅威理等帮同邓世昌等驾送炮艇来华，于当年11月驶抵大沽口。恰值前任福建巡抚丁日昌在奏陈海防事宜时提出，所购舰艇应"延请洋官教练"。李鸿章在奉命议复时说：丁日昌的建议"确有见地"，这次受雇统带炮艇来华的英国水师副将琅威理，"英提督古德及出使大臣曾纪泽皆称其能，臣接晤数次，调阅操演，尚为勤干明练"，已与其协商，请他留在中国效用。但他回答说：须先回国向海军部请假，获得批准，"乃可复来"。李鸿章当即函请驻英、法公使曾纪泽代为向英国海军部商谈，尚未有结果。赫德声称，琅威理"如不复来"，他还可以"另觅妥人"①。

随后，李鸿章"拟设立练船，选派熟谙兵船规制西员，教习"海军弁兵。琅威理回国后，果然未能应约来华，赫德"保荐四品衔英弁葛雷森堪膺是选"。李鸿章便任命葛雷森为北洋海军总教习，令其"妥拟章程"并负责"照料北洋前购蚊子船（即炮艇）随时出洋操巡"。随着北洋海军的日渐扩充，人手益觉不够，赫德再次向李鸿章推荐琅威理，遂由曾纪泽与其联系，聘请来华。1883年春，李鸿章曾奏称：由于在德国订造的第一号铁甲舰即将完工，必须先事预备，他已挑选了一批留学回国的船政学生，招募了一些水勇，延请英国水师副将琅威理协同北洋水师提督丁汝昌带领他们随威远、超勇、扬威、操江等船"逐日在旅顺、烟台一带洋面严勤操练，以期熟习风涛沙线、渐成劲旅"，以备管驾铁甲舰之用。中法战争爆发，英国宣布中立，琅威理"以回避去职"②，北洋海军一度聘用德国人式百龄为总教习。

中法战争结束后，清廷总结战争教训，认为："陆路各军屡获大胜，尚能张我军威；如果水师得力，互相应援，何至处处牵制？"决定："当此事定之时，惩前毖后，自以大治水师为主。"遂于1885年10月在京师成立海

---

① 《李文忠公全集》，奏稿卷35，第29～30页。

② 《洋务运动》（二），第461、540页。

军衙门，任命醇亲王奕谡为总理海军事务大臣，李鸿章与庆郡王奕劻为会办大臣，曾纪泽与善庆为帮办大臣，以统一全国海军的指挥权，大力发展海军。海军衙门的实权其实掌握在李鸿章手中，为了适应海军发展的需要，他立即电促琅威理来华复职，赫德也同时去电劝驾。琅威理要求北洋海军尽量多雇用英国人，采用英国制度，并授予他训练北洋海军的全权。李鸿章表示同意后，他才于第二年再次受聘来华。

琅威理训练北洋海军极为认真，不但传授驾驶技术、作战阵法，而且十分讲究在海上与其他军舰相遇时互相往来、迎送、庆吊、交接等礼仪。平时对官兵的要求十分严格，决不允许有任何违反纪律的行为，结果使北洋海军的军容大为整肃，给人以一种气象一新的感觉。琅威理勤于职守，勇于任事，"刻不自暇自逸，尝在厕中犹命打旗传令"[①]。事事都能以身作则，为自己树立了较高的威望，素"为海军官佐所敬惮，中外称之"[②]，并被清廷授予海军提督衔。以至于北洋海军中一度流传着"不怕丁军门（指丁汝昌），就怕琅威理"的说法[③]。

除训练海军弁兵外，琅威理还对北洋海军建设与北洋海防设施做出了多方面的贡献。1886年夏，琅威理与丁汝昌一同率舰队赴胶州湾进行实地勘察，亲自草拟了"布置胶澳说帖"交李鸿章上呈醇亲王奕谡，称赞胶州湾"得海军地利，为南、北水师总汇之区"。经认真筹划，建议："该处须设炮台六座，分筑土垒数处，共需大小后膛炮约四十尊，大小雷艇十二只，鱼雷一百具，浮雷七十个，灯楼数座，另设船坞、机器厂、军械库，暂驻守台陆军六营。"[④]可惜，李鸿章以经费竭蹶，断难远顾，而未能采纳其意见。琅威理与丁汝昌率舰队"自胶州湾回烟台装煤"后，又驶往朝鲜的釜山、元山。时李鸿章听说俄国

---

① 余思贻：《舰海琐记》下册，第8页。

② 《洋务运动》（八），第485页。

③ 戚其章：《北洋舰队》，第209页。

④ 《李文忠公全集》，海军函稿卷1，第23页。

军舰正在窥伺朝鲜的永兴湾，遂令他们"由元山驶巡永兴，聊作声势"；奉命勘查中俄边界的吴大澂"欲由海参崴乘我兵船内渡"，李鸿章又令他们率"各船即往崴游历，顺便接吴"①。而后，琅威理与丁汝昌率铁甲舰赴日本长崎，进船坞维修。8月，北洋海军弁兵在长崎与日本巡捕发生冲突，伤亡、失踪达50余人。琅威理力请对日开战，但李鸿章令将此案交驻日公使徐承祖通过法律程序来解决。同时，听说朝鲜要求俄国予以保护，急令琅、丁率修好的铁甲舰前往仁川，并绕赴巨文岛以促使英国尽快撤走那里的军队。

是年，有英国商人到天津推销一只夹板帆船，经琅威理复勘，认为"改作水师练船甚为合式"，遂以14500两白银的价格买下，稍加改装，命名为敏捷号。琅威理还托"英水师总兵德勒塞"为北洋海军"代雇鱼雷教习三、操炮教习六，月薪各百三十两"。后因所募教习须经英国政府批准方能来华，又禀请李鸿章电令驻英公使刘瑞芳与英外部交涉。琅威理在训练中发现，定远、镇远、济远三舰"所配大炮罩碍事"②，马上禀告李鸿章，以便新订造的各舰加以改进。李鸿章在光绪十一至十二年（公元1885—1886年）北洋海防经费报销案中，即列有"水师总查洋员琅威理由英来津川资银三百三十三两零""水师副统领提督衔洋员琅威理薪俸银八千一百四两零"两项开支③。

次年春，李鸿章以其在英、德两国续订的致远、靖远、经远、来远四舰即将造好，奏称：琅威理"精通船学，又与弁兵情谊相孚，堪以派充总理接船事宜"④，令其率邓世昌、叶祖珪、林永升、邱宝仁及弁兵、水手400余人赴英、德接收军舰并驾驶回华。李鸿章原拟在琅威理统一指挥下，由邓世昌等分别驾驶各舰回华的，琅威理主动提出："由北洋现用洋弁内抽带六人，可

① 《李鸿章全集》，电稿一，第689页。

② 《李鸿章全集》，电稿一，第676、720页。

③ 《洋务运动》（三），第83、86页。

④ 《洋务运动》（三），第38页。

省费六七千。"李鸿章很高兴地同意了他的意见。不料,德国伏耳铿造船厂以中国驻德公使许景澄与该厂原订合同规定,该舰回华时,船主、大副、管轮须由厂方推荐,该厂才愿意"保固船之工料"。德国驻华公使巴兰德甚至提出要由德国政府派人将军舰送回中国,并明确表示"不愿英人搀越"。李鸿章一面正告巴兰德:清廷既将"琅威理派往统带",德方"须作中国水师官看待",驾舰人员"虽由德廷选雇,应仍归中国水师官节制";一面密嘱琅威理"但居统船之名,不管德船雇员行海之事,亦可不担德船由德船抵华之责成"。琅威理抵英后,马上赴阿模士庄船厂查验了所造的致远、靖远两舰,为两舰配备了"用电机放炮"的装置,为北洋海军选购了一批在中国买不到的物品。旋又赴德考察了经远、来远两舰,与厂方"续议两船添改数十事","又添购表仪图式等项及机舱备件"等项。8月,经远、来远由德国驶往英国与致远、靖远汇齐。9月,琅威理率四舰由英启程回华。舰队行驶至苏伊士运河时,琅威理电告李鸿章:因拖带鱼雷艇,航行速度较慢,不能按预定计划于河水封冻前驶至大沽口,要求准许各舰在"中国南省海口操练过冬"。德璀琳建议让琅威理先带两舰驶抵大沽,以便李鸿章查验,让另外两舰拖着鱼雷艇慢慢开。李鸿章以为不妥,仍令琅威理率四舰边操练边行驶。德璀琳又提出让各舰在香港过冬,李鸿章则认为"似宜在厦门度冬,操路更广"①。舰队驶抵新加坡时,琅威理又电请李鸿章转令丁汝昌带领配备于四舰的弁兵至香港等候上舰。12月中旬,琅威理率四舰驶至厦门,并与在此等候的丁汝昌逐一验收了各舰,随即由李鸿章奏报了朝廷。此行不但使北洋海军的一大批官兵经受了锻炼、增长了经验,而且节省了一大笔保险费。

　　先是,李鸿章曾令驻英、法公使刘瑞芬与英国海军部交涉,欲由天津水师学堂选派部分学生至驻华英舰上实习。英方拖了一段时间才表示同意。致远等四艘新舰回华后,琅威理马上通过丁汝昌向李鸿章提出:英国派驻远东

---

① 《李鸿章全集》,电稿一,第766、790、791、825、838、870页。

的军舰上"无新式炮械"，且多驻扎在通商口岸，"相待客气"，派学生上英舰反而"不及在本军学习切实"。李鸿章觉得他说得很有道理，立即下令取消了上述计划。1888 年夏，台湾巡抚刘铭传以"后山番变戕官，围攻卑南大营半月，消息不通"，电请李鸿章"速派快船来台，前往查办救援"。李鸿章令丁汝昌"速统致远、靖远两快船赴台听调"。丁汝昌即将"操练各事"交琅威理与林泰曾"认真会商妥办"。稍后，琅威理谒见李鸿章时，李鸿章与他谈起，因海军经费不足，各军舰一直购用优质的松白煤有困难。琅威理说，开平煤矿出产的煤砖亦合用。但开平矿务局提出：若北洋海军全用煤砖，须向英国购买机器并添加油料制作，可以使之"坚结少烟，但价稍昂"。李鸿章询问琅威理是怎么回事，琅威理复电称："前试用煤砖，比开平碎煤稍好，但不如大块煤"，要求李鸿章令开平"再送煤砖二百吨，从细比试，应否购机，再行禀办"。是年秋，琅威理以"目疾，请假回国"[1]。次年假满复来华。

琅威理凭借其丰富的航海阅历与踏实的工作作风在北洋海军中建立了较高的威信，李鸿章对他也相当信任，每有建白，多被采纳。但其刚愎骄矜之气也越来越重。1890 年 3 月，北洋舰队巡游香港，提督丁汝昌有事离舰，右翼总兵刘步蟾按海军惯例降下提督旗，改升总兵旗。琅威理以为自己曾被清廷赏加提督衔，换旗是对他的不尊重，因而大为不悦，当即质问刘步蟾："丁去我固在也，何得遽升镇旗？"[2] 又直接致电李鸿章请示。其实琅威理的"提督"仅仅是虚衔，是一种荣誉，与其实际职务完全不是一回事。事实上，李鸿章在当时也不可能让一个外国人与丁汝昌同时担任北洋海军的提督，共同掌握中国海军的指挥权。所以他复电林泰曾等说：琅威理来电"请示应升何旗，章程内未载，似可酌制四色长方旗，与海军提督有别"。琅威理弄明白自己一直引以为荣的提督官衔竟然中看不中用时，顿时有一种被愚弄的感

---

[1]《李鸿章全集》，电稿一，第 902、988、1003、1005、1007 页。

[2]《洋务运动》(八)，第 490 页。

觉。为了挣回面子，他立即要求清政府授予他提督官职，这当然是李鸿章所不能接受的。于是，琅威理一气之下，便辞职回了国。此后，他还到处宣扬他在中国受到了侮辱。是年8月，继任驻英公使薛福成电告李鸿章：英国外务部准备电令驻华公使查复此事，甚至扬言要饬令所有受雇于中国的英国人一起辞职，希望他能设法"转圜"，以期有益于邦交。李鸿章回答说："琅威理要请放实缺提督未允，即自辞退"，坚定地表示自己"向不能受此要挟"，且说明此事"似与邦交无涉"①，要他尽量向英外交部解释清楚。中日甲午战争爆发后，清军节节败退。为了扭转战局，清政府一度积极向外国求购战舰，以期增强军事实力。同时令赫德电邀琅威理迅即由英国选募洋将来华助战，琅威理未接受邀请。

琅威理辞职后，北洋海军的训练受到严重影响，军纪日渐松懈。据知情人士说："前琅威理在军中时，日夜操练，士卒欲求离船甚难。是琅之精神所及，人无敢差错者。自琅去后，渐放渐松，将士纷纷移眷，晚间住岸者，一船有半，日间虽照章操作，未必认真，至有事之秋，安耐劳苦？"②这种状况当然有可能影响到战争的进程。至于有人把北洋海军在甲午战争中被歼灭的主要原因归结为琅威理的辞职，则未免过于夸大了琅威理的个人作用。

五、营建北洋海军基地的汉纳根

汉纳根，德国人，本名 Constantinvon Hannecken，出生于1855年，后娶天津海关税务司德璀琳的长女为妻。早年入德国陆军服兵役，任陆军要塞工程师，军衔为少尉。1879年退役后，恰值中俄关系紧张，经德璀琳推荐，被中国驻德公使李凤苞聘请来华，至天津任淮军军事教官兼充李鸿章的副官。李鸿章早先派往外国留学的武弁卞长胜等，已先后回国，担任李

---

① 《李鸿章全集》，电稿二，第205、272页。
② 盛宣怀档案资料选辑之三《甲午中日战争》下册，上海人民出版社1982年9月版，第399页。

鸿章部亲军教习，当时俱受汉纳根领导。汉纳根至津未久，"即觉其营伍中但率扫荡'发匪'（指太平军）之旧法，绝无奇谋深算，至于泰西武备新学，更梦想所不到，以之临敌"，必有"战无不败之势，遂尔心灰意懒，旋改而从事于测算之役"①。

　　时，李鸿章正在筹建北洋海防，已选定威海卫、旅顺口、大连湾作为北洋海军的基地。当他得知汉纳根具有修筑台垒等方面的特长后，遂改派其负责建造海军基地的各项设施。汉纳根于 1880 年受命至旅顺口进行了实地勘查，"继又至威海卫、大连湾等处，诸凡兴作之工程，皆余构运之心计"。此后 10 年间，汉纳根主持设计并修建了旅顺船坞、威海卫军港与旅顺、大连、威海的各炮台。营建旅顺船坞时，汉纳根事先督饬工匠"挑挖澳身，疏浚海口船路，盖造库房"②。至于石坞等技术要求较高的工程，则又招聘专造船坞的法籍工程师德威尼督造。此外，汉纳根还在旅顺安装了电灯，建造了水陆弁兵医院和教习住房。

　　1881 年春，时在李鸿章幕府的马建忠曾随汉纳根赴旅顺考察，向他询问防守机宜，亲眼看着他放炮炸去碍事的巉岩怪石。1886 年，醇亲王奕譞以其"监造旅顺口炮台，工程坚固"，在出海校阅北洋海军保举案内，奏请"赏给三等第一宝星"，并赏加三品顶戴。1890 年秋，李鸿章令汉纳根与山海关道诚勋、直隶候补道刘含芳一道至营口进行实地勘查，建议于海口西岸扼要之处添筑炮台，配置不同口径的克虏伯炮 10 尊，"使与东岸之台势成犄角，互为声援，布置方称完密"③。

　　汉纳根鉴于所筑炮台"只能顾及海中，不能兼顾后路"，曾特地具禀加以说明，并上条陈提出：应慎防敌军从陆上掩袭炮台的后路。"惜有胶执成法者，妄谓但须于台后树立木栅，已保无虞。"汉纳根当然以为不可，"职是之故，遂

---

① 中国近代史资料丛刊《中日战争》（七），第 537 页。

② 《洋务运动》（三），第 71 页。

③ 《李文忠公全集》，奏稿卷 75，第 40 页；卷 69，第 7 页。

与当事者意见不洽"①，便于 1891 年任期满后，返回了德国。1893 年初，李鸿章奏称：汉纳根"近年监造威海卫日岛炮台、营房、药库等工，仿照西洋新式，将一切做法，不惮繁难，逐细讲求，悉心指授，俾在工员弁匠役皆知"，成效显著，"于海防颇有裨助"。要求朝廷"赏给二等第三宝星"②。据报纸报道，汉纳根曾于这年夏天与外商"合伙筹划大规模开发华北的矿业资源"。为此，他"曾赴欧洲去订购特别适宜于运载矿石出入大沽口的船只"，并以 55000 英镑的价格"订购了两艘载量很大的汽船"③。据说，他于次年春被开平矿务局委派为该局驻英国的代理人，并有可能兼任中国铁路公司的代理人。

中日甲午战争爆发前夕，德璀琳再次将汉纳根推荐给李鸿章。汉纳根主动向李鸿章表示愿赴朝鲜观察局势，旋搭乘受雇于清廷运兵赴朝鲜的英商轮船"高升"号前往朝鲜。7 月 25 日，"高升"号在丰岛海面遭到日本军舰拦击，船上官兵推举汉纳根与日舰谈判，但该船仍被日舰蛮横地击沉，汉纳根凫水上岸逃得性命。随即被李鸿章任命为北洋海军总查，登定远舰，会同丁汝昌督率全军伺机与日舰决战。9 月 17 日，北洋舰队与日本舰队遭遇于黄海海面，激战中汉纳根与丁汝昌都受了伤。李鸿章听说日本将以舰队护送陆军在旅顺一带登陆，即令汉纳根等将定远、镇远两艘铁甲舰"择要修理"，尽快出海。强调只要有"此二船暂往来威、旅间，日运兵船必不敢深入，关系北洋全局甚大"。未几，清廷谕令："洋员汉纳根在海军当差，教练有方，此次大东沟之战，奋勇效力，深堪嘉奖，加恩赏给二等第一宝星，以示鼓励。"但汉纳根意犹未尽，又由德璀琳向李鸿章力言："汉纳根为人信服，惟以船上无用弁兵甚多，极为难处，非奏派汉以提督衔任海军副提督，赏穿黄马褂，不肯再上船。""又欲海军人才任汉弃取，以能战为要，可用者留，否则撤退。"又请派德璀琳"为总稽查，凡修船、购械、发饷、用洋员，皆会同

---

① 《中日战争》(七)，第 537～538 页。

② 《李文忠公全集》，奏稿卷 75，第 40 页。

③ 《中国近代工业史资料》，第一辑下册，第 657 页。

认真妥办"。连李鸿章也认为德璀琳"夸张汉功"，迹近要挟①。但是，为了利用他们以加强北洋海军的战斗力，还是奏称：洋人"应募来华"效力，"尤以得中国官号为荣"，"汉纳根本有花翎总兵衔，此次在船督战，尤为出力，可否并请赏加提督衔，以示优异"②。

10月23日，清廷又以汉纳根"果敢性成，打仗奋勇，其平日训练有方，总理衙门现有面询事件"③，令其即刻进京。李鸿章令德璀琳陪同他一道前往。汉纳根一一回答了总理衙门大臣的咨询，并拟具节略，针对当时的战局提出了三点意见：一是仿照德国军制募练陆军10万人，"一统帅主之，一其号令，一其军械，一其阵法"，"大帅用一洋员为军师，各营统将亦各延一洋员为教习"，速购洋枪洋炮以装备之，"始可御强敌而操胜算"。二是立即成批地从外国购买新式战舰，"并聘募外国将弁、水手同船来华"，"另派一洋员为全军水师提督，当可与倭海军相见于东瀛渤海中，使之只轮不返"。三是令在辽东督师的四川提督宋庆"以退为守"，牵制日军，待援军渐集，兵力渐厚，再与之决战，"庶可制胜"。光绪皇帝读了汉纳根的节略后，认为"其说颇多中肯"，"实为救时之策"。责令广西按察使胡燏棻会同汉纳根"悉心筹划"一切章程，"一面迅购船械，一面开招新勇，招募洋将即日来华，赶速教练成军"；"至一切教练之法，悉听该员约束"，倘有故意违犯者，则"按律严办，决不宽贷"。胡燏棻赴天津与李鸿章会商后，向朝廷指出，汉纳根所拟办法在筹款、购械、选将等方面存在很大难处，未必都能施行；究其"此次建言本意，似欲多购船械，为牟利起见，窃恐事权过重，所用洋员过多，积久难以钤束"④。遂使此事消弭于无形之中。

大山岩部日军在辽东半岛的花园口登陆后，于11月6日进犯金州，清

① 《李鸿章全集》，电稿三，第10、34、44页。

② 《李文忠公全集》，奏稿卷79，第22页。

③ 《李鸿章全集》，电稿三，第70页。

④ 《中日战争》(三)，第178～180、211、238页。

廷令李鸿章派北洋海军"前往游弋截击,阻其后路"。旋又令以舰队护送章高元部淮军八营赴旅顺增援。李鸿章担心北洋舰队"力量夙单,未便轻进,致有损失",要求朝廷让汉纳根回津"妥商办理"①。汉纳根到津后,亦认为北洋海军尚剩六艘主力舰,仅定远、镇远两铁甲舰可恃。现在日军已占领金州、大连,"其快船、雷艇必聚大连湾海澳,时在旅口游弋,我舰挟运船往旅,必有大战。以寡敌众,定、镇难保,运船必毁;定、镇若失,后难复振。力劝勿轻一掷"。随后,又谓:旅顺周围"山径险阻,现有二十一营分守前后,当可暂支,即冒险添兵往助,似无大益"。建议将章高元所部八营用轮船由登州(今山东省蓬莱县)运至营口登陆,而后由陆路进援旅顺。是月,清廷又令汉纳根与胡燏棻一同"前往山海关一带勘察布置情形"。李鸿章亦拟"挈汉纳根往沽塘详细查阅"②。此后,汉纳根还曾积极联络购买船舰、枪炮等事宜。

甲午战争后,汉纳根仍任清军教官。李鸿章赴日本议和时,他尝表示"心殊悬系"。《马关条约》签订后,乃"束装告辞",取道回国,途经新加坡时,遇西方记者采访,谈及清廷战败的原因,他认为主要有两端:"一曰无总帅,督抚各自保封疆,分而不能合;一曰无名将,提镇各未谙韬略,愚而不能明。"③多少有一点为李鸿章开脱责任的意味。1896年,李鸿章出访欧美由俄赴德时,汉纳根曾随同先期回德安排一切的德璀琳至俄迎接。

后来,汉纳根又来华致力于经营矿务,尝于1908年与直隶井陉矿务局订立合办合约。1917年中国政府对德宣战,汉纳根于翌年底被遣送回国。1921年再度来华,四年后死于天津,终年71岁。

---

① 《中日战争》(三),第190、192页。

② 《李鸿章全集》,电稿三,第144、152、166、171页。

③ 《中日战争》(七),第539、535页。

附录：主要参考书目

1. 宝鋆等编：《大清穆宗毅皇帝实录》

2. 世续等编：《大清德宗景皇帝实录》

3. （台湾）中央研究院近代史研究所编：《海防档》

4. （台湾）中央研究院近代史研究所编：《矿务档》

5. 朱寿朋编：《光绪朝东华录》，中华书局1958年版

6. 宝鋆等编：《筹办夷务始末》，同治朝，故宫博物院影印本

7. 王彦威编：《清季外交史料》，1934年北京铅印本

8. 刘锦藻编：《清朝续文献通考》，商务印书馆1936年版

9. 《清史列传》，上海中华书局1928年版

10. 赵尔巽等撰：《清史搞》，中华书局1976—1977年版

11. 徐珂辑：《清稗类钞》，商务印书馆1917年版

12. 缪荃孙编：《续碑传集》，江楚编译书局宣统二年版

13. 闵尔昌编：《碑传集补》，燕京大学国学研究所1932年版

14. 蔡冠洛编著：《清代七百名人传》，中国书店1984年版

15. 费行简：《近化名人小传》，中国书店1988年影印本

16. 王瀛洲辑：《清代名人轶事》，上海交通图书馆1917年版

17. 小横香室主人：《清朝野史大观》，中华书局1915年版

18. 金天翮：《皖志列传稿》，苏州利苏印书社1936年版

19. 黄鸿寿：《清史纪事本末》，上海文明书局1915年版

20. 金梁辑:《近世人物志》,1934 年铅印本

21. 李鸿章:《李文忠公全集》,光绪三十一年至三十四年刊本

22. 李鸿章:《李文忠公尺牍》,(台湾)文海出版社影印本

23. 顾廷龙,叶亚廉主编:《李鸿章全集》,上海人民出版社 1985—1987
年版

24. 窦宗一:《李鸿章年(日)谱》,(台湾)文海出版社 1980 年版

25. 李书春:《李文忠公年谱》,(台湾)商务印书馆 1978 年版

26. 蔡尔康,林乐知:《李傅相历聘欧美记》,(台湾)文海出版社影
印本

27. 梁启超:《李鸿章》,光绪三十二年新民丛报社刊本

28. 年子敏编注:《李鸿章致潘鼎新书札》,中华书局 1960 年版

29. 李国杰编:《合肥李氏三世遗集》,光绪三十一年刊本

30. 周维立编:《清代四名人家书》,1936 年刊本

31. 曾国藩:《曾文正公全集》,光绪二年传忠书局刻本

32. 曾国藩:《曾文正公手书日记》,上海中国图书公司宣统元年影
印本

33. 江世荣编:《曾国藩未刊信稿》,中华书局 1959 年版

34. 中国社会科学院近代史研究所资料室编:《曾国藩未刊往来函稿》,
岳麓书社 1986 年版

35. 曾国藩等:《湘乡曾氏文献》,台湾学生书局 1965 年版

36. 李瀚章:《合肥李勤恪公政书》,光绪末年石印本

37. 胡林翼:《胡文忠公遗集》,同治六年黄鹤楼雕版

38. 左宗棠:《左文襄公全集》,光绪十六年至二十三年刊本

39. 张之洞:《张文襄公全集》,1928 年刊本

40. 刘坤一:《刘忠诚公遗集》,宣统元年刊本

41. 沈葆桢:《沈文肃公政书》,光绪六年刊本

42．曾国荃：《曾忠襄公全集》，光绪二十九年刊本

43．丁宝桢：《丁文诚公奏稿》，光绪二十二年刊本

44．刘铭传：《刘壮肃公奏议》，光绪三十二年刊本

45．张树声：《张靖达公奏议》，光绪二十五年刊本

46．刘秉璋：《刘尚书奏议》，光绪三十四年江宁刊本

47．周盛传：《周武壮公遗书》，光绪三十一年金陵刊本

48．聂士成：《东征日记》，1914年石印本

49．郭嵩焘：《养知书屋遗集》，光绪十八年刊本

50．郭嵩焘：《玉池老人自叙》，光绪十九年养知书屋版

51．郭嵩焘：《郭嵩焘奏稿》，岳麓书社1983年版

52．郭嵩焘：《郭嵩焘日记》，岳麓书社1981—1983年版

53．曾纪泽：《曾纪泽遗集》，岳麓书社1983年版

54．袁保龄：《阁学公集》，宣统三年项城袁氏家集本

55．李元度：《天岳山馆文钞》，光绪四年刻本

56．涂宗瀛：《涂朗轩尚书年谱》，芜湖江东印书局1920年版

57．周馥：《周悫慎公全集》，1922年秋浦周氏石印本

58．周馥：《周悫慎公自撰年谱》，1922年秋浦周氏石印本

59．冯桂芬：《显志堂稿》，光绪二年校邠庐刊本

60．冯桂芬：《校邠庐抗议》，光绪二十四年北京荣华书局刊本

61．刘瑞芬：《养云山庄遗稿》，光绪年间刊本

62．刘瑞芬：《刘中丞奏稿》，光绪年间刊本

63．钱鼎铭：《钱敏肃公奏疏》，光绪六年刊本

64．丁日昌：《抚吴公牍》，光绪三年刊本

65．丁日昌：《丁禹生政书》，海宝全电脑排版植宇有限公司1987年版

66．吴汝纶：《桐城吴先生全书》，光绪三十年刊本

67．吴汝纶：《桐城吴先生日记》，1928年莲池书社刻本

68. 吴汝纶:《吴汝纶尺牍》,黄山书社 1990 年版

69. 郭立志编:《桐城吴先生年谱》,1944 年雍睦堂丛书版

70. 张佩纶:《涧于集》,1918 年刊本

71. 张佩纶:《涧于日记》

72. 徐世昌编:《大清畿辅先哲传》

73. 盛宣怀:《愚斋存稿》,1939 年武进思补楼刻本

74. 北京大学历史系近代史教研室编:《盛宣怀未刊信稿》,中华书局 1960 年版

75. 盛宣怀档案资料选辑之三:《甲午中日战争》,上海人民出版社 1980—1982 年版

76. 徐润:《徐愚斋自叙年谱》,1927 年刊本

77. 杨寿枏等:《杨藕芳行状》

78. 薛福成:《庸盦全集》,光绪丁酉年上海醉六堂石印本

79. 薛福成:《浙东筹防录》,光绪十三年刊本

80. 薛福成:《出使疏牍》,光绪二十年刊本

81. 薛福成:《庸盦笔记》,上海进步书局版

82. 丁凤麟,王欣之编:《薛福成选集》,上海人民出版社 1987 年版

83. 郑观应:《易言》,光绪六年中华印务总局版

84. 郑观应:《盛世危言》,光绪二十四年刊本

85. 郑观应:《盛世危言后编》,1920 年刊本

86. 夏东元编:《郑观应集》,上海人民出版社 1982 年版

87. 马建忠:《适可斋纪言纪行》,光绪二十四年上海著易堂石印本

88. 马建忠:《东行三录》,神州国光社 1946 年版

89. 伍廷芳:《共和关键录》,1912 年著易堂书局版

90. 李凤苞:《使德日记》,光绪二十三年刊本

91. 吴赞诚:《吴光禄奏稿》,光绪十二年刊本

92. 吴云：《两罍轩尺牍》，光绪十年刻本

93. 陈其元：《庸闲斋笔记》，中华书局 1989 年版

94. 李伯元：《南亭笔记》，上海大东书局 1926 年版

95. 赵烈文：《能静居士日记》，台湾学生书局 1964 年影印本

96. 秦缃业等辑：《平浙纪略》，同治十二年浙江书局刊本

97. 杜文澜：《平定粤寇纪略》，光绪元年诒谷堂刊本

98. 夏燮：《粤氛纪事》，同治八年雕版

99. 钱勖：《吴中平寇记》，同治四年刊本

100. 吴永：《庚子西狩丛谈》，岳麓书社 1985 年版

101. 徐宗亮：《归庐谈往录》，光绪十二年刊本

102. 刘成禺：《世载堂杂忆》，中华书局 1960 年版

103. 陈夔龙：《梦蕉亭杂记》，1925 年刻本

104. 震钧：《天咫偶闻》，北京古籍出版社 1982 年版

105. 俞樾：《春在堂杂文》，光绪二十五年德清俞氏刊本

106. 欧阳兆熊，金安清：《水窗春呓》，中华书局 1984 年版

107. 胡思敬：《国闻备乘》，1924 年南昌退庐刻本

108. 徐一士：《一士类稿·一士谈荟》，重庆出版社 1998 年版

109. 继昌：《行素斋杂记》，上海书店 1984 年版

110. 金梁：《光宣列传》，北平文奎堂 1934 年版

111. 金梁：《四朝佚闻》，1936 年铅印本

112. 程道一：《同光遗事》，森宝书局 1915 年版

113. 李岳瑞：《春冰室野乘》，宣统三年上海广智书局版

114. 翁同龢：《翁文恭公日记》，上海商务印书馆 1925 年影印本

115. 王闿运：《湘绮楼日记》，上海商务印书馆 1927 年版

116. 叶昌炽：《缘都庐日记钞》，1933 年上海蝉隐庐石印本

117. 李慈铭：《越缦堂日记》，商务印书馆 1920 年影印本

118．李慈铭：《越缦堂詹詹录》

119．袁世凯：《养寿园奏议辑要》，1917年项城袁氏宗祠版

120．经元善：《居易初集》，光绪辛丑年刊本

121．容闳：《西学东渐记》，湖南人民出版社1981年版

122．刘声木：《苌楚斋随笔》，1929年直介堂丛刻本

123．魏允恭：《江南制造局记》，光绪三十一年江南制造总局刊本

124．方浚师：《蕉轩随录》，同治十一年退一步斋刊本

125．王之春：《椒生随笔》，光绪七年上海文艺斋刊本

126．朱学勤等编：《剿平粤匪方略》，同治十一年刊本

127．朱学勤等编：《剿平捻匪方略》，同治十一年刊本

128．段光清：《镜湖自撰年谱》，中华书局1960年版

129．欧阳利见：《金鸡谈荟》，光绪十五年宁波提署刊本

130．王伯恭：《蜷庐随笔》，民国初年无冰阁刊本

131．柴萼：《梵天庐丛谈》，上海中华书局1926年版

132．王萃元辑：《星周纪事》，中华书局1936年版

133．黄浚：《花随人圣盦摭忆》，上海古籍书店1983年版

134．周世澄：《淮军平捻记》，光绪三年申报馆聚珍版

135．刘体智：《异辞录》，辟园史学石印本

136．方浚颐：《二知轩文存》，光绪四年刊本

137．张德彝：《欧美环游记》，湖南人民出版社1981年版

138．马其昶：《桐城耆旧传》，宣统三年桐城马氏刻本

139．孙宝瑄：《忘山庐日记》，上海古籍出版社1983年版

140．冯自由：《革命逸史》，中华书局1981年版

141．邵镜人：《同光风云录》，（台湾）文海出版社影印本

142．余思诒：《楼船日记》，光绪三十二年刊本

143．劳乃宣：《桐城劳先生遗稿》，1927年桐乡卢氏校刊本

144．李兴锐：《李兴锐日记》，中华书局 1987 年版

145．朱德裳：《三十年闻见录》，岳麓书社 1985 年版

146．严璩：《侯官严先生年谱》

147．张謇：《啬翁自订年谱》，1925 年版

148．刘厚生：《张謇传记》，龙门联合书局 1958 年版

149．坐观老人：《清代野记》，巴蜀书社 1988 年版

150．郑逸梅：《逸梅闲话二种》，齐鲁书社 1987 年版

151．福州船政局编：《船政奏议汇编》，光绪二十四年刊本

152．交通史编纂委员会：《交通史航政篇》，1935 年刊本

153．王云生辑：《六十年来中国与日本》，天津大公报馆 1932 年版

154．杜春和等编：《荣禄存札》，齐鲁书社 1986 年版

155．汪宗沂纂：《续修庐州府志》，光绪十一年刊本

156．中国近代史资料丛刊：《太平天国》，神州国光社 1952 年版

157．中国近代史资料丛刊：《捻军》，上海人民出版社 1957 年版

158．中国近代史资料丛刊：《洋务运动》，上海人民出版社 1961 年版

159．中国近代史资料丛刊：《中法战争》，新知识出版社 1955 年版

160．中国近代史资料丛刊：《中日战争》，新知识出版社 1956 年版

161．中国近代史资料丛刊：《戊戌变法》，上海人民出版社 1957 年版

162．中国近代史资料丛刊：《义和团》，神州国光社 1951 年版

163．中国近代史资料丛刊续编：《中日战争》，中华书局出版

164．太平天国历史博物馆编：《太平天国史料丛编简辑》，中华书局
　　　1961 年版

165．太平天国历史博物馆编：《太平天国资料汇编》，中华书局出版

166．静吾，仲丁编：《吴煦档案中的太平天国史料选辑》，三联书店
　　　1958 年版

167．江世荣编：《捻军史料丛刊》，商务印书馆 1957—1958 年版

168. 孙毓棠编:《中国近代工业史资料》第一辑,中华书局 1962 年版

169. 汪敬虞编:《中国近代工业史资料》第二辑,中华书局 1962 年版

170. 李文治编:《中国近代农业史资料》,三联书店 1957 年版

171. 宓汝成编:《中国近代铁路史资料》,中华书局 1963 年版

172. 王铁崖编:《中外旧约章汇编》,三联书店 1957 年版

173. 对外贸易部海关总署研究室编:《帝国主义与中国海关》

174. 魏子初编:《帝国主义与开滦煤矿》,神州国光社 1954 年版

175. 故宫博物院编:《清光绪朝中法交涉史料》,1936 年刊本

176. 故宫博物院编:《清光绪朝中日交涉史科》,1932 年刊本

177. 故宫博物院编:《清末预备立宪档案史料》,中华书局 1979 年版

178. 国家档案局明清档案馆编:《戊戌变法档案史料》,中华书局 1958
年版

179. 国家档案局明清档案馆编:《义和团档案史料》,中华书局 1959
年版

180. 张侠等编:《清末海军史料》,海洋出版社 1982 年版

181. 北京大学历史系中国近现代史教研室编:《义和团运动史料丛编》,
中华书局 1964 年版

182. 马士:《中华帝国对外关系史》,三联书店 1957 年版

183. 朱有瓛主编:《中国近代学制史料》,华东师范大学出版社 1983
年版

184. 王尔敏:《淮军志》,中华书局 1987 年版

185. 李鼎芳:《曾国藩及其幕府人物》,岳麓书社 1985 年版

186. 江村:《丁日昌生平活动大事记》,广东人民出版社 1988 年版

187. 汪敬虞:《唐廷枢研究》,中国社会科学出版社 1983 年版

188. 夏东元:《郑观应传》,华东师范大学出版社

189. 马昌华主编:《淮系人物列传》,黄山书社 1995 年版

190. 朱东安：《曾国藩幕府研究》，四川人民出版社 1994 年版

191. 尚小明：《学人游幕与清代学术》，社会科学文献出版社 1999 年版

192. 刘绍唐主编：《民国人物小传》，（台北）传记文学出版社 1981 年版

193. 胡光麃：《影响中国现代化的一百洋客》，（台北）传记文学出版社 1983 年版

194. 肯德：《中国铁路发展史》，三联书店 1958 年版

195. 宓汝成：《帝国主义与中国铁路》，上海人民出版社 1980 年版

196. 郭廷以：《太平天国史事日志》，商务印书馆 1946 年版

197. 郭廷以：《近代中国史事日志》，中华书局 1987 年版

198. 戚其章：《北洋舰队》，山东人民出版社 1981 年版

199. 清史编委会：《清代人物传稿》下编，辽宁人民出版社 1984—1994 年版

200. 张国辉：《洋务运动与中国近代企业》，中国社会科学出版社 1979 年版

201. 李时岳，胡滨：《从闭关到开放》，人民出版社 1988 年版

202. 苑书义：《李鸿章传》，人民出版社 1991 年版